2020

安吉年鉴

ANJI NIANJIAN

安吉县人民政府地方志编纂室　编

方志出版社
Publishing House of Local Records

图书在版编目(CIP)数据

安吉年鉴. 2020/安吉县人民政府地方志编纂室编.
--北京:方志出版社,2020.11
ISBN 978-7-5144-4516-9

Ⅰ.①安… Ⅱ.①安… Ⅲ.①安吉县—2020—年鉴
Ⅳ.①Z525.54

中国版本图书馆 CIP 数据核字(2020)第 238096 号

安吉年鉴(2020)

编　　者: 安吉县人民政府地方志编纂室
责任编辑: 丛　珺

出 版 者: 方志出版社
地址　北京市朝阳区潘家园东里9号(国家方志馆4层)
邮编　100021
网址　http://www.zgfzcb.cn
发　　行: 方志出版社图书经销中心
电话 (010) 67110500
经　　销: 各地新华书店
设计排版: 杭州美迪图文设计有限公司
印　　刷: 浙江全能工艺美术印刷有限公司

开　　本: 889×1194　1/16
印　　张: 31
字　　数: 870 千字
版　　次: 2020 年 11 月第 1 版　2020 年 12 月第 1 次印刷
印　　数: 0001～1000 册

ISBN 978-7-5144-4516-9　　定价: 200.00 元

○9月12日，深入贯彻落实习近平总书记系列重要指示精神暨新时代浙江（安吉）县域践行“两山”理念综合改革创新试验区建设工作大会召开

○6月4日，2019年世界环境日·中国环境与发展国际合作委员会年会安吉现场交流活动举行

○9月17日，2019乡村振兴交流会暨第二届海峡两岸美丽乡村论坛开幕式在安吉举行

○3月26—27日，全国工商联推进实施乡村振兴战略现场会在安吉召开

○10月11日，全省稳外贸稳外资工作现场会在安吉召开

○9月18日，2019世界银行贷款中国医疗卫生改革促进项目构建以人为本的整合型医疗卫生服务体系国际研讨会在安吉召开

○5月30日，国家创新型县建设推进大会在安吉召开

○6月12日，司法部部长傅政华（前中）带队到天荒坪镇余村调研司法行政工作

○4月2日，司法部党组书记、副部长袁曙宏（左七）率队到安吉县公共法律服务中心调研司法行政工作

○5月8日，省委书记车俊（右一）陪同中共中央政治局委员、天津市委书记李鸿忠（前中）率党政代表团到安吉县考察生态文明建设

○10月11日，省长袁家军（前中）调研安吉上港国际港务有限公司

○3月19日，市委书记马晓晖（中）调研安吉龙山古城项目

○7月19日，市长钱三雄（左三）率队调研安吉县工业项目

○9月3日，市委常委、县委书记沈铭权（前左二）督查全国文明城市创建工作

○10月30日，代县长宋波（左一）调研新时代“两山”试验区建设

○4月1日，县人大常委会主任陆为民（前中）在上墅乡开展“服务企业、服务群众、服务基层”活动

○9月25日，县政协主席叶海珍（中）视察指导县内垃圾分类工作

○4月8日，县委副书记、政法委书记赵德清（右一）检查扫黑除恶工作

○9月11日，安吉县“不忘初心、牢记使命”主题教育工作会议召开

○9月30日，安吉县庆祝中华人民共和国成立70周年主题晚会举行

黄杜村村委会主任钟玉英

第四小学学生徐永富

“最美奋斗者”鲍新民

余村党支部书记汪玉成

鲁家村村委会主任裘丽琴

○“最美奋斗者”鲍新民受人力资源社会保障部（国家表彰奖励办公室）邀请，黄杜村村委会主任钟玉英受中央扶贫办邀请，第四小学少先队员徐永富受团中央全国少工委邀请参加观礼；余村支部书记汪玉成受农业农村部邀请，鲁家村村委会主任裘丽琴受环保部邀请参加国庆花车巡游

○3月1日，安吉椅业品牌专列首发仪式在上海虹桥高铁站举行

○6月28日，申嘉湖高速公路湖州鹿山至安吉孝源段通车仪式举行

○11月16日，以“改革创新·绿色发展”为主题的2019新时代“两山”试验区·安吉县第十二届投资贸易人才洽谈会开幕式举行

○3月2日，2018年度安吉经济发展风云榜颁奖盛典举行

○5月28日，海游天地度假城项目启动仪式举行

○8月18日，蔓塘里“大地之光”项目开业

○2月18日，浙江大学医学院附属第一医院安吉分院揭牌仪式在安吉县人民医院举行

○12月28日，安吉图书馆新馆落成开放仪式举行

9月1日，新安吉县第三小学启用

10月31日，安吉龙山107号墓（八亩墩）考古发掘成果公布，图为安吉龙山107号墓（八亩墩）

○4月26日，安吉籍运动员季博文在中华人民共和国第二届青年运动会皮划艇静水比赛中夺得金牌

○8月27日，安吉学子杨应政在俄罗斯喀山第45届世界技能大赛上获“管道与制暖”项目银牌，实现了安吉县、湖州市本土选手获世界技能大赛奖项“零”的突破

○10月1日，中国邮政发行《中华人民共和国成立七十周年》纪念邮票，安吉元素跃然其中

○6月1日，在安吉县首次发现国家珍稀濒危植物连香树和象鼻兰的分布

编 辑 说 明

一、本年鉴以马克思列宁主义、毛泽东思想、邓小平理论、"三个代表"重要思想、科学发展观、习近平新时代中国特色社会主义思想为指导，坚持辩证唯物主义和历史唯物主义的立场、观点和方法，全面系统地逐年记载安吉县政治、经济、文化、社会的基本面貌和发展状况。

二、本年鉴记载时间为 2019 年 1 月 1 日至 12 月 31 日。

三、本年鉴分为特载、专记、大事记、概述、政治、基础设施、经济、教科文(旅)卫、社会生活、名录、乡镇街道概况 11 个类目，采取类目—分目—次分目—条目四级框架结构，个别内容较复杂的在次分目下增设三级分目。

四、本年鉴所采用的稿件，均由有关单位专人撰写或提供，并经供稿单位领导把关，县保密局作保密审查。凡涉及县内国民经济和社会发展全局性的数据，以县统计局统计为准，统计局未作统计的，由各业务部门提供。个别数据因资料来源和统计口径各不相同，而不尽一致。

五、本年鉴所采用图片由县新闻集团及各相关单位提供，不单独标注摄影者和供稿者信息。

《安吉年鉴》编辑部

主　　编　唐银荣

副 主 编　江　燕

责任主编　徐基本

责任编辑　李　凌　毛丽云

编辑人员　鲍根贵　梅　松　胡江伟　张　倩

特　载

专　记

大事记

概　述

政　治

基础设施

经　济

教科文(旅)卫

社会生活

名　　录

乡镇街道概况

索　　引

Important Notes

Special Materials

Chronicle of Events

Overview

Politics

Infrastructure

Economy

Education, Science and Technology, Culture (Tourism) and Health

Social Life

Directory

Profile of Towns and Streets

Indexes

深化改革创新　加强县域治理
全面推进新时代“两山”试验区建设
奋力夺取中国最美县域高质量发展新胜利

——在县委十四届八次全体(扩大)会议暨经济工作会议上的报告

（2020年1月6日）

中共湖州市委常委、安吉县委书记　沈铭权

同志们：

这次全会的主要任务是：高举习近平新时代中国特色社会主义思想伟大旗帜，深入学习贯彻党的十九大、十九届二中、三中、四中全会以及省市委全会精神，按照中央和省市委经济工作会议的部署要求，总结2019年工作，部署2020年任务，审议通过《中共安吉县委关于认真学习贯彻党的十九届四中全会精神 奋力争当推进县域治理现代化先行地排头兵的决定》，进一步动员全县上下深化改革创新、加强县域治理，全面推进新时代浙江(安吉)县域践行“两山”理念综合改革创新试验区建设，奋力夺取中国最美县域高质量发展新胜利。

一、全面实施“一零三六”改革发展工作部署，美丽事业取得新成效

刚刚过去的2019年，是新中国成立70周年，是全面建成小康社会的关键之年，也是新时代“两山”试验区建设的开局之年。这一年，县委常委会认真学习贯彻落实习近平总书记重要批示指示精神，聚焦奋力争当践行“两山”理念样板地模范生标杆县重大使命，按照市委对安吉县提出的“一个目标、三个坚定不移、五个时代样板”工作要求，团结带领全县广大党员干部群众，全面实施“一零三六”改革发展工作部署，推动经济社会发展取得了新成效。2019年，全县财政总收入90.09亿元，增长12.5%，其中地方财政收入53.56亿元，增长14.2%；预计：地区生产总值突破470亿元，增长8%，城乡居民人均可支配收入分别增长8.5%和9%。

一年来，我们坚决恪守忠诚政治本色，推动“两个维护”持续深化。县委常委会始终保持政

治定力、提高政治站位，不忘初心、牢记使命，推动“四个意识”树得更牢、“四个自信”扎得更深、“两个维护”落得更实。系统学习新思想。县委先后6次专题学习研讨习近平总书记对浙江、对湖州、对安吉的重要批示指示精神，不断推动学习贯彻习近平新时代中国特色社会主义思想往深里走、往心里走、往实里走。对标贯彻新思想。扎实开展“不忘初心、牢记使命”主题教育。总结提炼“余村经验”之价值，丰富发展新时代乡村治理“余村经验”。扎实开展余村“两山”示范区建设，积极打造新时代“两山”实践的重要窗口。大力弘扬为党分忧、先富帮后富精神，持续跟踪落实“白叶一号”茶苗捐赠帮扶工作。高质量高标准完成全县机构改革任务。创新践行新思想。我县践行“两山”理念推进美丽乡村建设的做法，经中央深改委会议审议入选全国十大改革案例。积极谋划推动新时代“两山”试验区总体方案出台落地，围绕“3363”主体内容分解推进落实85项重点任务，争取到省级部门17个专项支持政策，推动22项省级以上改革创新试点落地安吉。

一年来，我们牢牢抓住发展第一要务，推动县域经济持续向好。县委常委会始终聚焦高质量发展、加速度赶超，推动产业结构持续优化、新旧动能持续转换、发展方式持续转型。聚力项目“双进双产”。全年累计签约项目85个，完成市定“大好高”项目38个，工业项目占比明显提升，百亿级工业项目实现新突破。亿元以上项目累计开工入库65个，竣工47个，预计全年固定资产投资同比增长14%。全力稳企业稳外贸。积极应对中美贸易摩擦，抓好“三服务”、用好“政策包”、打好“组合拳”。全年新增减税降费12.9亿元，办理出口退税24.4亿元，各项贷款余额760亿元，预计规上工业增加值同比增长7%，自营出口同比增长7.5%。全省稳外贸稳外资工作现场会在我县召开，“订单＋清单”等工作得到袁家军省长肯定。推进产业竞相发展。加快农业绿色发展，安吉白茶成为全省首个获得国家三大地理标志认定的茶叶品牌，笔架山农业高新区、国家安吉竹产业示范园区建设稳步推进。家具及竹木制品行业居全省第二批传统制造业改造提升分行业试点第一名，绿色家居产业入选国家新型工业化示范基地。灵峰国家级旅游度假区、山川省级旅游度假区承载能力进一步提升。安吉入选首批国家全域旅游示范区，成为2019中国县域旅游竞争力百强县。

一年来，我们着力用好改革关键之招，推动发展动能持续释放。县委常委会始终着眼重点领域、着力关键环节，推动改革不断深化、创新不断加强、开放不断扩大。纵深推进“最多跑一次”改革。全市率先完成中介联合体创建、“无证明县”创建，发布全国首个《县域营商环境评价准则》团体标准，成为2019中国营商环境百强县，再次入选全国绿色发展百强县和全国投资潜力百强县。深入实施“亩均论英雄”改革。深化“6＋N”亩均提升行动，推进“低散乱”企业整治提升，推行“标准地＋承诺制”改革，预计2019年规上工业亩均税收达20万元以上。“五未”土地处置工作成效明显，累计消化批而未供土地2137亩。持续加快创新驱动。深入推进国家创新型县建设，椅艺产业创新服务综合体加快提升，东方基因成为全市首家科创板上市企业。切实扩大开放融入。申嘉湖高速公路鹿山至孝源段全面通车，商合杭高铁安吉段建设快速推进，入选交通强国第一批县级试点。开发区浙澳(安吉)经贸合作区建设持续推进，示范区监地合作取得突破性进展。对口支援、扶贫协作进一步深化，对外交流合作不断扩大，成功承办世界环境日全球主场活动现场交流会等国际会议。

一年来，我们不断厚植生态特色优势，推动人居环境持续提升。县委常委会始终坚持生态为基、全域共建，推动生态环境越来越好、城乡环境越来越美、人文环境越来越优。系统推进生态环境治理。打好蓝天、碧水、净土、清废“四大战役”，空气质量优良率达到86.5%，$PM_{2.5}$浓度均值33微克/立方米，县控以上断面水质达标率保持100%，获评美丽浙江建设先进县。持续深化“三美”共建。有序推进优雅竹城建设，加快城市有机更新。小城镇环境综合整治顺利收官。发布《新时代美丽乡村建设规范》省级标准，新增美丽乡村精品示范村11个，入选省数字乡村试点示范县。深入开展全国文明城市创建。大力弘扬社会主义核心价值观，志愿服务等文明新风成为靓丽风景，吕挺烈士先进事迹广为传颂，市民文明素质、城市文明程度进一步提高。无物业小区、背街小巷、农贸市场等专项整治成效明显，机关部门分时段开放停车位得到群众点赞。积极倡导绿色生活方式。城镇垃圾分类实现全覆盖，农村垃圾分类智能化建设稳步推进。积极响应新“限塑令”，酒店住宿全行业取消“六小件”。

一年来，我们始终坚持为民价值追求，推动民生福祉持续改善。县委常委会始终突出民生优先、注重成果共享，推动广大群众的获得感幸福感安全感不断提升。深入实施乡村振兴战略。新增乡村经营示范村10个，创建省级善治示范村22个，成为全国乡村治理体系建设试点县。全市率先完成40个行政村“消薄”任务。着力优化公共服务供给。“安吉游戏”成为中国学前教育一张靓丽的国际名片，高考一段上线人数六年连增，职业教育实现世界级奖牌零突破。县域医共体建设稳步推进，全省率先与上海医疗机构实现双向刷卡就医。2019年十大民生实事全面完成。有效加强社会治理。着力健全“一中心、四平台、大网格”治理体系，纵深推进扫黑除恶专项斗争，实现省平安县“十四连冠”。县人大创新开展代表“电视问政”，实现县乡两级民生实事项目人大代表票决制全覆盖。县政协创新构建“请你来协商”等工作平台，《协商工作规范》入选全省政协工作创新案例。

一年来，我们着力夯实党建根本保障，推动政治生态持续优化。县委常委会始终做到从严从紧、常抓不懈，推动党的建设全面加强、全面进步、全面过硬。夯实思想基础。组织党员领导干部讲专题党课570多场次，集中轮训党员2.9万余名。高标准推进全国新时代文明实践中心试点县建设，开展庆祝新中国成立70周年主题活动，我县有5名代表受邀到北京参加国庆70周年观礼活动。持续抓好“三服务”。组织开展“开门大走访”“问难帮困稳增长”等活动，抓实基层减负，问题化解率达99.9%。提升基层组织力。建立基层党建突出问题专项整治专班制度，行政村第一书记选派全覆盖，统筹抓好各领域党建工作。建强干部队伍。着力提升“拼比争”精气神，选派315名干部一线驻点服务，开设“两山”青干学堂，建立党员干部澄清保护机制，干部为事业担当、组织为干部担当的机制逐步健全。深化清廉安吉建设。建立清廉安吉“1＋1＋8”制度体系，深入开展警示教育月活动，深化正风肃纪，累计查处不作为、慢作为、乱作为等问题23个，问责干部23名。完成对90个单位的常规巡察。

与此同时，县委常委会坚持总揽全局、协调各方，大力支持县人大及其常委会、政府、政协、监委和法检两院积极履行职能，召开县委人大、政协工作会议，先后出台加强和改进新时代人大、政协工作“两个意见”。着力构建“大统战”工作格局，推动民主党派、工商联、社会各界人士积极发挥作用。切实强化党管武装工作，工会、共青团、妇联、科协、残联、慈善、红十字会、老干部、关心下一代、退役军人等工作取得新进展。

同志们，以上报告的是过去一年县委常委会所做的主要工作。过去一年取得的成绩，是党中央和省市委坚强领导的结果，是广大党员干部真抓实干的结果，是全县人民共同奋斗的结果。在此，我代表县委常委会，向大家表示衷心的感谢和崇高的敬意！

一年来，我们不仅取得了丰硕的发展成果，也积累了丰富的实践感悟。主要有以下四方面：

一是必须保持定力，久久为功抓落实。我们始终心怀感恩之情，牢记习近平总书记对安吉的谆谆嘱托、点赞勉励，积极把这份深情关怀转化为发展定力、前进动力，一步一个脚印、一棒接着一棒往前走，将总书记对安吉的重要批示指示精神抓实抓细抓到位，有力推动了“两山”理念根植全民、深入人心。

二是必须敢谋善谋，放眼全局大胆闯。我们始终坚持着眼当前谋长远、跳出安吉看安吉，牢牢把握“两山”实践新的重大机遇，勇于下好改革创新先手棋，积极打好绿色发展主动仗，主动谋划、全力对接、抓牢不放，有效推动了新时代“两山”试验区、长三角大型云数据中心等重大载体和项目落地安吉，为加快赶超发展注入了强劲动力。

三是必须咬定目标，集中精力破难关。我们始终保持奋进状态、奋斗姿态，积极防范化解中美贸易摩擦等经济社会发展各领域风险，苦练内功、武装自己、克难攻坚，咬定青山不放松，集中精力办好自己的事，确保年度各项目标任务顺利完成、达到预期,持续推动了县域经济高质量发展行稳致远。

四是必须合心合力,众志成城勇登攀。我们始终做到心往一处想、劲往一处使,面对紧要关头、重大任务,全员上阵、全力以赴、众志成城,积极推动全国文明城市创建打开新局面、村集体经济“消薄”攻坚完成硬任务、超强台风“利奇马”抢险救灾取得全胜,为加快中国最美县域建设提供了有力保证。

以上四个方面,既是实践中的感悟体会,也是我们做好今后工作的重要原则,必须长期坚持并不断发展。

在总结成绩的同时,我们也要认真审视经济社会发展中存在的矛盾和问题。主要体现在:一是对照“两山”高质量转化要求,产业层次还不够高、产业结构还不够优,“大好高”项目还比较缺乏,绿色发展体系有待进一步构建;二是全域美丽还不均衡、不充分,美丽环境建设的基础还不牢固,村集体经济发展壮大、农民增收致富与乡村全面振兴要求还有差距;三是干部队伍“拼比争”的精气神还需进一步强化,服务的质量、标准、效果还需进一步提升。对于这些问题,我们一定要高度重视,认真研究,切实加以解决。

二、全面推进新时代“两山”试验区建设,书写改革发展新答卷

2020年是全面建成小康社会决胜之年、“十三五”规划收官之年、“十四五”规划谋划之年,是习近平总书记在我县余村发表“绿水青山就是金山银山”重要讲话十五周年,同时也是我县高质量推进新时代“两山”试验区建设的关键之年。处在这个重要时间节点,我们更要客观、全面、辩证、积极地分析判断形势。一方面,要看到今年困难和挑战不少,国际形势错综复杂,各类矛盾问题交织,不稳定不确定因素增多,国内经济“三期叠加”影响持续深化,下行压力继续加大。另一方面,也要看到我国经济稳中向好、长期向好的基本趋势没有改变,国内经济具有强大韧性、巨大潜力和市场规模优势,减税降费等宏观政策效应持续强化,改革红利不断释放,长三角一体化发展等重大战略带来巨大机遇,作为“两山”理念诞生地的安吉,更处于发展的大好时期。为此,做好今年工作,最首要的就是要坚定不移贯彻落实习近平总书记对安吉的重要批示指示精神,进一步提高站位、拉高标杆、放眼全局,不断将安吉践行“两山”理念的先发优势转化为长久领先优势,努力抢占新时代“两山”实践制高点,登高望远、走在前列、勇争一流;做好今年工作,最关键的就是要坚定不移扛起高质量赶超发展之责,干不一定能成,不干一定不成,为了成一定要干,干成事业就要勇于自我加压、自我挑战、自我革新,不断将接续奋斗精神转化为推进新时代“两山”试验区建设的不竭动力,努力抢占新时代区域竞争制高点,实干担当、走在前列、勇争一流;做好今年工作,最根本的就是要坚定不移恪守发展为民理念,深入服务企业、服务基层、服务群众,不断将“两山”实践的丰硕成果转化为人民群众的美好福祉,努力抢占新时代高水平全面小康制高点,务实为民、走在前列、勇争一流。

基于以上认识,2020年工作的总体要求是:高举习近平新时代中国特色社会主义思想伟大旗帜,全面贯彻党的十九大、十九届二中、三中、四中全会以及省市委全会精神,认真落实中央和省市委经济工作会议精神,按照省委“八八战略再深化、改革开放再出发”和市委“一四六十”工作体系部署要求,坚决扛起争当践行“两山”理念样板地模范生标杆县、推进县域治理现代化先行地排头兵重大使命,紧扣高水平全面建成小康社会目标任务,坚持稳中求进工作总基调,坚持新发展理念,坚持以供给侧结构性改革为主线,持续深化“一零三六”改革发展工作部署,加快实施重点领域十大工程,深入开展“招大引强攻坚、亩均改革推进、营商环境优化”三大行动,全力构建“高标准生态保护、高质量绿色发展、高水平开放合作、一体化城乡融合、市场化要素配置、现代化县域治理”六大机制,全面推进新时代浙江(安吉)县域践行“两山”理念综合改革创新试验区建设,奋力夺取中国最美县域高质量发展新胜利。2020年主要预期目标为:全县地区生产总值冲刺500亿元;财政总收入力争突破100亿元;城乡居民人均可支配收入分别增长8%和9.2%以上。

做好今年工作,要坚持着眼长远、聚力当前,以“两山”理念为引领,高水平推进新时代“两山”试验区建设,突出重点、攻坚破难,持续深化改革创新,切实把试验区建设的“任务书”转化为推动中国最美县域高质量发展的“工具箱”“组合拳”。重点要抓好以下六个方面：

（一）着眼提质提效，聚力增强绿色发展新动能。我们要坚持以打造全国绿色发展标杆为目标，不断提升产业竞争力、项目牵引力、平台承载力，为新时代“两山”试验区建设稳固坚实底盘。

1.狠抓产业转型升级。以提升核心竞争力为重点，优化“1＋2＋3”产业布局，大力谋划培育新兴产业，加快发展总部经济、金融服务等新经济，推动旅游业与体育、会展等新业态加速融合，创新产业提档升级新模式。以数字变革为契机，加快建设长三角大型云数据中心，形成数字经济发展特色优势，积极推广区块链、“互联网＋”等技术，加快绿色家居等传统产业改造提升。以培大育强为引领，分类实施“凤凰行动”和“双金”“双高”“小巨人”培育行动，确保新增1家上市企业，促进实体经济做大做强。

2.狠抓项目“双进双产”。强化精准专业招引，全力招引强链补链延链建链的重大项目、龙头企业，努力在招引投资50亿元、100亿元项目上有新突破。构建灵活高效招商体系，积极拓宽专业招商渠道，培养一支高素质、专业化招商队伍，形成县级层面统筹抓、专业部门精准抓、平台园区重点抓、乡镇（街道）配合抓的招商格局。联动推进项目落地见效，坚持“产出才是硬道理”，以投资量、实物量、工作量“三量”论英雄，建立健全工作机制，加快在建项目进度，着力推动重点项目落地，进一步提高投资效率。

3.狠抓平台能级提升。开发区要突出抓产业、促融合，推动绿色家居、大数据等产业集聚发展，聚力打造产业新城、城市新区，全力争取列入省“万亩千亿”新产业平台第二批培育对象。示范区要突出以治理拓空间，积极推进监地融合发展，推动高端装备、新材料等产业集聚发展，加快建设工业新区、高铁新城、通航小镇，全力打造苏浙皖产业合作新高地。灵峰旅游度假区要统筹“吃住行游购娱”各要素，大力招引标杆型龙头项目，推动休闲度假、绿色金融等产业集聚发展，努力打造全域美丽、乡村旅游、产城融合新高地。笔架山农业高新区、国家安吉竹产业示范园区要围绕“早出形象、早见效益”，抓实园区整体开发，大力引进产业“大好高”项目、科技研发机构，推动一产接二连三、现代农业集聚发展，争创国家级农业高新技术产业示范区。加快推进余村“两山”示范区建设，突出全域美丽提升、全域绿色发展、全域现代治理，推动研学体验、绿色康养、智慧农业等业态集聚，全力争创国家5A级景区，努力争当新时代美丽乡村“两山”转化和乡村治理新标杆。加快推动特色小镇、小微企业园等平台高效建设、良性运营。

（二）着眼创新创强，聚力释放要素配置新活力。我们要坚持以加快建设国家创新型县为抓手，扬优势、抓重点、补短板、强弱项，不断提升改革效率、创新能力、服务水平，为新时代“两山”试验区建设注入新鲜活力。

1.加快重点领域改革。发挥改革撬动效应，加快“最多跑一次”改革向基层延伸、向民生扩面、向机关深入，树立全生命周期服务理念，构建完善“微改革”体系，鼓励基层主动靠前、大胆创新，确保改革满意率、实现率全省领先。提升资源配置效率，开展全域土地综合整治，深化“亩均论英雄”“标准地”改革，推进“五未”土地处置，加快低效企业出清，推动资源要素配置更精准、利用更高效，确保工业企业亩均税收继续走在全市前列。深化国资国企改革，有序推进国企平台公司市场化转型。加强绿色金融支持，设立践行“两山”理念产业基金，探索开展“两山银行”试点，确保新增金融要素保障200亿元以上。

2.强化科技人才创新。加强创新平台建设，完善提升“2＋2＋N”科创平台体系，发挥科创园、“两山”创客小镇创新平台引领作用，加快开发区、示范区加速器提档升级，全力创建南太湖精英计划产业园，推进椅艺产业创新服务综合体建设，力争全社会研发经费支出占地区生产总值比重较快提升。强化企业创新主体作用，加快实施科技型企业三年培育行动计划，推动科技型企业微成长、小升高、高壮大、大上市。深化与浙江大学、上海交大、浙江科技学院、湖州师范学院等高校政产学研合作。大力引进各类创新人才，制定科技、人才新政3.0版，加快中高端人才和研发机构集聚，吸引更多高校毕业生来安吉实习就业、创新创业。

3.持续优化营商环境。以务实举措稳企业，深入开展“稳外贸攻坚行动”，用好“订单＋清单”监测预警系统，加快推进涉企审批制度改革，推动企业“准入”“准营”“准转”同步提速。积极落实减税降费政策，进一步推动企业降本增效。以精准服务惠企业，坚持有问必答、有需必应，设立企业“集中服务日”，推动各级各部门开展组团上门服务，比联系企业的紧密度，拼解决问题的效率，赛服务企业的成果。以浓厚氛围暖企业，完善企业和企业家司法保护机制，注重企业“客户”体验，更好地解决涉企就学就医等问题，优化“十大明星企业”评选机制，大力弘扬企业家精神，努力营造重商尊商亲商安商的良好氛围。

（三）着眼互通互利，聚力构筑开放合作新格局。我们要坚持以深度融入长三角一体化为重点，站得更高、拉得更近、融得更深，不断提升战略融入度、设施连通度、合作开放度，为新时代“两山”试验区建设打开更大发展空间。

1.融入大战略。大力创新“融杭接沪”载体，积极融入G60科创走廊和杭州城西科创大走廊，推动沪杭“飞地”项目再出成果。全面融入长三角一体化战略，深化与沪苏浙皖在各个领域的合作共建和一体化共享，主动参与长三角一体化绿色发展示范区建设，深度融入长三角产业链、创新链、价值链。积极参与“一带一路”国际合作，大力推进浙澳（安吉）经贸合作区建设，积极发展跨境电商，着力优化安吉连通国际市场的整体布局。

2.建设大交通。加速进入高铁时代，全面完成商合杭高铁安吉段项目建设，积极争取杭宁高铁第二通道设站安吉，努力构建“一纵一横”铁路格局。加速升级县域公路网络，加快申嘉湖高速孝源至唐舍岭段等项目建设，谋划推动德安高速、杭安高速，全力构建“两纵两横”高速布局。深入推进“四好农村路”建设，加快国省道改造提升，推动高铁大道与场站同步建成并通车。加速提升综合运输能力，推进长湖申航道西延工程，争创省“美丽航道”试点，对照通用航空国际标准，提高天子湖通航机场运营能力。

3.推进大开放。搭建高层次开放载体，以“两山”理念发表十五周年为契机，积极筹办各类高层次峰会、会展及赛事活动，全面拓展践行“两山”理念合作空间。完善多元化合作体系，扎实做好对口支援协作，把“白叶一号”扶贫工作做实做好做出成效。有效整合生态文明教育培训资源，筹备成立“两山”智库，加强生态文明理论研究、实践探索和交流合作。增进多领域文化交流，充分挖掘安吉古越文化、昌硕书画文化、孝文化、昌硕文化、竹文化、茶文化等特色文化资源，扩大政府、民间、社会等领域文化交流，彰显安吉深厚的历史底蕴和文化魅力。

（四）着眼全程全域，聚力创造生态环境新优势。我们要坚持以打造全国美丽宜居大花园典范为目标，强化问题导向、目标导向、效果导向，不断提升管控能力、治理能力、引领能力，为新时代“两山”试验区建设厚植生态底色。

1.高标准实行生态管护。注重以制度为引领、考核为导向、严管为常态，不断强化刚性约束，牢牢守住县域生态环境“家底”。强化制度执行，严格落实“三区三线”分级管控和“三线一单”约束制度，健全完善生态补偿等制度，确保各项制度落得实、管得严、用得好。强化源头管控，加快建立智慧环保大数据平台，开展污染成因溯源分析，建立重点污染源清单库，综合运用政策引导、科技创新等手段，实现污染源头减量。强化常态监管，组建生态环境保护委员会，更好地推动环境保护常抓长管、常态长效。

2.全方位深化环境治理。注重依法治理，坚持源头治理、深度治理、系统治理相结合，持续打好环境治理“组合拳”，全面推进全省大花园典型示范建设。突出源头治理，加快编制县域“污染源电子地图”，开展线上线下联动治理。加强深度治理，高标准推进“污水零直排区”建设，推行环境保护重点企业“领跑者”制度，建立健全“环保管家”制度，积极争创“无废城市”。开展系统治理，大力推进山水林田湖草生态修复试点建设，加快西苕溪全流域生态修复，统筹抓好各领域生态环境系统治理。

3.常态化推进绿色生活。积极推进垃圾分类，加快完善配套设施，全面深化垃圾分类“二级四分”模式，建立健全再生资源回收利用体系，不断提升处置能力。积极倡导绿色消费，加快建设“乡村智慧能源大脑”，支持企业开展绿色产品认证，鼓励

"光盘行动"。积极开展绿色创建,广泛发动各类主体参与绿色创建行动,建立生态"绿币"制度,加大新能源交通投入,为绿色出行提供便利、汇聚合力。

(五)着眼共建共享,聚力打造城乡融合新样板。我们要坚持以打造全国城乡融合样板为目标,推动城乡联创、"四美"共建、三生融合,不断提升美丽指数、宜居指数、幸福指数,为新时代"两山"试验区建设提升内涵品质。

1.提升全域规划。高质量编制国土空间总体规划,推动城、镇、村梯次衔接、功能互补、相互协调,提升业态、形态、生态融合发展水平。优化城乡布局,统筹"山水、人文、城市、集镇、乡村、园区"一体,加强"三度三线"立体管控,全面增强城乡融合发展的空间合理性、风貌整体性、文脉延续性。深化"多规合一",坚持产城融合、产镇联动、产村共进,加强城市、镇村、片区规划布局设计,有机衔接美丽公路、美丽廊道、美丽乡村精品观光带,推动全域美丽串村成链、连镇接城、城乡共美。严格规划执行,加强规划衔接配套,强化规划刚性落地。

2.推进"四美"共建。抓好美丽县城创建,积极发展城市经济,加快提升城市能级。推进新时代美丽城镇建设,围绕"十个一"和"六个美"的要求,巩固提升小城镇环境综合整治成果,积极争创省级美丽城镇。高水平建设新时代美丽乡村,以片区联动化为路径、产业项目化为支撑,积极破解土地等资源要素制约,深入实施"两进两回"行动,打造一批美丽乡村精品示范村、乡村经营示范村和乡村治理示范村。大力开展美丽园区创建,加快推进园区有机更新,提升管理水平,打造全省示范。

3.优化服务供给。坚持教育优先发展,加快实施农村教育卫生基础设施 PPP 项目,提升"安吉游戏"品牌,支持中德工程师学院、浙江宇翔职业技术学院加快发展。大力推进"健康安吉"建设,加快医疗卫生体制改革,稳步推进县域医共体建设,不断提升基层医疗服务水平。广泛开展群众性体育活动,争创全国全民运动健身模范县。着力夯实民生保障,完善为民办实事长效机制,构建多层次社会化养老服务体系,统筹推进就业创业、参保扩面、妇幼保健、助残帮困等工作,确保高水平全面小康路上"一个不少、一户不落"。

(六)着眼有为有序,聚力建设县域治理新高地。我们要坚持以推进县域治理现代化为引领,总结推广新时代乡村治理"余村经验",不断提升社会治理法治化、智能化、专业化水平,为新时代"两山"试验区建设营造更优环境。

1.创新治理体系。紧扣新时代乡村治理"余村经验",全面加强党组织领导下的"三治融合",积极构建全员上阵、全网联动、全域推进的社会治理体系。深化"一中心、四平台、大网格"治理体系,继续做好领导干部下访接访,充分发挥全科网格员、平安家园卫队等群防群治队伍作用,推动矛盾纠纷调处化解"最多跑一地"走在全省前列,加快推进全国乡村治理体系试点县建设,统筹抓好安全生产、灾害防治、食药监等工作,奋力夺取省平安县"十五连冠"。以"微治理"为载体,创新基层治理方式,深化扫黑除恶专项斗争,完成"七五"普法。建设社会治理共同体,充分发挥群团组织、自治组织、社会组织和平台企业等在社会治理中的作用,加快构建人人有责、人人尽责、人人享有的县域治理格局。

2.深化文明共建。深入推进文明创建,持续巩固创建成果,建立健全常态长效管理机制,努力提升市民文明素养,决战决胜全国文明城市创建。扎实开展文明实践,大力弘扬社会主义核心价值观,加强思想道德建设,充分发挥县级融媒体中心作用,深入开展有温度的志愿服务活动,打造一批新时代文明实践先行点、示范点。加快建设"信用安吉"。

3.加快数字赋能。紧扣数字变革重大机遇,加快推进数字政府、未来社区、数字乡村建设,积极构建数字化、智能化、智慧化管理服务体系。加快政府数字化转型,全面提升"政务云"平台,实现"掌上办事""掌上办公"核心业务全覆盖。推进城市智慧化管理,加快建设"城市大脑",集成推进一批示范性应用工程,争取未来社区列入省级试点。提升乡村信息化水平,加快打造自治、法治、德治协同的数字化乡村治理平台,推动数字赋能乡村治理。

同志们,以上六方面,是新时代"两山"试验区建设的年度重点任务,我们要紧紧围绕"3363"

主体内容,建立健全“每日落实”“每周报送”“每月督查”“每季考评”等制度,细化任务、分步推进、销号更新、滚动实施,确保新时代“两山”试验区建设有力有效推进,加快把美好蓝图变成美丽现实,努力为全市、全省发展大局作出更大贡献。

三、全面提升党的建设质量,展现实干担当新作为

事业成败,关键在党、关键在人。我们要以全面提高党的建设质量为根本,坚决扛起主责、抓好主业,奋力推动全面从严治党向纵深发展,为推进新时代“两山”实践提供坚强保障。

(一)强化政治引领,铸造忠诚之基。坚持思想先行、凝聚人心,坚决做到对党忠诚、对人民忠诚、对事业忠诚。坚定政治方向。建立“不忘初心、牢记使命”长效机制,自觉用习近平新时代中国特色社会主义思想武装头脑、指导实践、推动工作,不断增强“四个意识”,坚定“四个自信”,做到“两个维护”。精心组织开展纪念“两山”理念发表十五周年系列活动,全面掀起新时代“两山”实践新高潮。强化政治自觉。严肃党内政治生活,全面贯彻民主集中制,以上率下、层层落实,推动党的政治纪律和政治规矩抓在经常、融入日常,更好扛起建设新时代“两山”试验区的使命担当。提升政治能力。充分发挥县委统揽全局、协调各方的作用,带领人大及其常委会、政府、政协、监委和法检两院,步调一致抓好改革发展各项任务落实,更好发挥武装、统战、群团、社会组织等工作优势,广泛凝聚各方智慧力量,汇聚起推进中国最美县域建设的磅礴合力。

(二)强化基层基础,打造坚强堡垒。坚持大抓基层、重抓基层,全面增强基层组织凝聚力、战斗力、创造力。狠抓责任落实。完善项目清单、述职评议、约谈问责等工作机制,深化“党建+治理”模式,不断健全一级抓一级、层层抓落实的责任体系,把全面从严治党要求贯穿到县域治理现代化全过程。严密组织体系。以“双创双全”组织力提升工程为总载体,深化“美丽党建”强基行动,着力建强农村党组织,突出“拼比争、看变化”导向,完善村(社区)党组织书记季度工作交流会机制,切实加强城市党建,探索“把支部建到小区里”,扎实推进各领域党建工作,全面打造“红色堡垒”集群。激发基层活力。加强派驻攻坚、驻村帮扶等工作,着力抓好基层党组织带头人队伍,进一步发挥“第一书记”作用,全面落实基层减负各项措施,推动更多优质资源向基层倾斜,不断优化充满活力的创业创新环境。

(三)强化实干导向,锻造过硬团队。坚持担当为要、实干为先,不断磨炼干部担当的“铁肩膀”、干事的“真本领”。系统化选用干部。坚持新时代好干部标准,树优实干担当选人用人导向,完善干部选、育、管、用机制,建立健全精准化考核评价体系,注重培养选拔优秀年轻干部,继续深化干部轮岗交流、调整退出机制,着力推进干部能上能下。多元化历练干部。全面强化政治历练、实践锻炼、专业训练,办好“两山”青干学堂,深化导师帮带制、上挂下派、实绩比拼等制度,推动干部在调查研究中寻求办法,在克难攻坚中增长才干,在服务基层中实现价值。常态化管护干部。坚持把严管厚爱贯穿于干部队伍建设全过程,用好谈心谈话“传家宝”,及时纠正苗头性、倾向性问题,打好激励干部担当作为“组合拳”,为挺在一线、敢抓善为、默默坚守的干部撑腰鼓劲。

(四)强化挺纪在前,营造清廉生态。坚持整合资源、注重实效,不断完善监督体系,提升“清廉安吉”建设水平。压实主体责任。强化主体责任动态监管,构建“四责协同”闭合链条。严格执行中央和省市委各项纪律规定,开展政治性警示教育活动,认真抓好“党性党纪教育一刻钟”,教育引导广大党员干部常修敬畏之心、感恩之心、奋进之心。深化正风肃纪。持之以恒贯彻落实中央八项规定精神,切实整治形式主义、官僚主义突出问题,进一步精文简会,大力弘扬求真务实作风,不断加强制度执行监督检查,确保各级重大决策部署和重要决定落实到位、执行到位。优化监督实效。高效整合纪律、监察、派驻、巡察“四个全覆盖”监督资源,完善“民情在线”“电视问政”,构建全方位、立体式、动态化干部监督体系。深入开展县委巡察,实现村(社区)巡察全覆盖,坚决管好群众身边的“微权力”,以零容忍的态度严肃查处各类腐败问题,持续优化风清气正、绿水青山的政治生态。

四、关于《决定》稿的说明

党的十九届四中全会聚焦

“中国之治”，研究了“坚持和完善中国特色社会主义制度、推进国家治理体系和治理能力现代化”若干重大问题，为各地探索实施推进基层治理现代化指明了前进方向、提供了根本遵循。“两山”理念不仅是发展理念，也是治理理念，安吉作为“两山”理念诞生地，全面贯彻落实党的十九届四中全会、省委十四届六次全会、市委八届八次全会精神，更应走在前列、勇争一流、争当标杆。为此，县委常委会提议本次全会作出《中共安吉县委关于认真学习贯彻党的十九届四中全会精神 奋力争当推进县域治理现代化先行地排头兵的决定》。

《决定》稿起草是在县委常委会的直接领导下进行的，并在一定范围内充分征求了意见，县委常委会专门作了研究。在《决定》稿起草过程中，坚持贯彻习近平总书记对安吉的重要批示指示精神，贯彻中央和省市县委各项决策部署，着重安排了七个方面内容：

第一，总体要求和奋斗目标。《决定》稿对我县县域治理现代化提出的总体要求是：高举习近平新时代中国特色社会主义思想伟大旗帜，深入践行“两山”理念，加快建设中国最美县域，深化发展新时代乡村治理“余村经验”，深化运用“最多跑一次”改革理念，纵深推进新时代“两山”试验区建设，全力推动县域治理体系全面创新、治理能力持续提升，不断增强人民群众的获得感、幸福感、安全感和认同感。具体目标安排是：到我们党成立一百年时，各方面制度体系与安吉高水平全面建成小康社会相匹配；到二〇三五年时，各方面制度体系与高水平全面建成中国最美县域相匹配；到新中国成立一百年时，各方面制度体系与高水平全面建成社会主义现代化强县相匹配。

第二，着力健全党的领导制度体系。坚定不移加强党对县域治理各领域各方面各环节的全面领导，不断完善“两个维护”保障机制、党的领导工作机制、思想文化引领机制、服务群众长效机制、权力运行监督机制，推动党中央、省市委各项决策部署在安吉落地生根、开花结果，确保安吉高水平推进县域治理现代化各项任务落到实处。

第三，着力健全依法行政制度体系。坚定不移走依法治县道路，确保法治政府建设持续走在前列，通过构建新型权责关系、推进机关效能建设、强化干部依法行政和保障社会公平正义，推动严格执法、公正司法、全民守法的法治环境更加优化，“法治安吉”建设迈向新境界。

第四，着力健全绿色发展制度体系。坚定不移扛起绿色发展、高质量发展、可持续发展大旗，以供给侧结构性改革为主线，大力发展绿色产业，推进要素配置改革，健全科技创新体系，打造一流营商环境，加快对外开放合作，深化全域美丽机制，推动形成更为绿色协调的经济生态，再创经济治理新优势。

第五，着力健全社会治理制度体系。坚定不移深化“最多跑一次”改革，推进“最多跑一地”改革，创新治理共同体建设，优化为民办实事机制，完善社会信用链体系，加快政府数字化转型，不断提高社会治理法治化智能化专业化水平，加快形成具有安吉特色的现代化社会治理方案。

第六，着力健全乡村治理制度体系。坚定不移强化党建全面引领，深化发展新时代乡村治理“余村经验”，充分激发基层活力，不断创造新时代“三治融合”基层治理经验样本。

第七，着力健全治理能力保障体系。坚定不移强化县域治理现代化综合保障，把各项任务落实到“人”这个最大因素上，加强组织领导，提升治理能力，发扬实干作风，推动全民自觉，全面汇聚推进县域治理现代化、推动高质量赶超发展的强大合力。

现将《决定》稿提交全会审议。希望《决定》通过后，成为我县贯彻落实党的十九届四中全会精神、推进县域治理现代化的指导性文件，请大家抓好各项任务落实。

同志们，2020 年是具有里程碑意义的一年。让我们高举习近平新时代中国特色社会主义思想伟大旗帜，牢记总书记关于“今后的目标是建设一个更加和谐的安吉”的殷切期望，在省市委的坚强领导下，团结带领全县广大干部群众，不忘初心、牢记使命，只争朝夕、不负韶华，全面推进新时代“两山”试验区建设，奋力夺取中国最美县域高质量发展新胜利！

安吉县人民代表大会常务委员会工作报告

——在安吉县第十六届人民代表大会第四次会议上的报告

(2020年5月8日)

安吉县人大常委会主任　陆为民

各位代表:

我受县人大常委会委托,向大会报告工作,请予审议,并请列席会议的同志提出意见建议。

2019年主要工作

过去一年,是新中国成立70周年、地方人大设立常委会40周年,也是我县改革发展卓见成效、新时代"两山"试验区扬帆奋进的一年。一年来,县人大常委会在县委的坚强领导下,坚决贯彻习近平总书记一系列重要讲话和重要指示,坚持不忘初心、牢记使命、创新实干、依法履职,全年共召开常委会会议11次、主任会议16次,听取和审议专项工作报告38次,开展专项执法检查和视察、调研71次,作出决议决定和审议意见25项,圆满完成了县十六届人大三次会议确定的各项目标任务,为高质量建设中国最美县域发挥了积极作用、作出了积极贡献。

一、坚持党的领导,始终把牢政治方向

常委会坚持党的全面领导,旗帜鲜明讲政治、忠诚担当干事业,推动人大工作沿着正确方向发展前行。

切实抓好理论武装。坚持学习常态化长效化,党组专题学习16次,努力在学深悟透上下功夫,在转化落实上见成效。深入学习习近平新时代中国特色社会主义思想、党的十九届四中全会和省市县委全会精神,树牢"四个意识"、坚定"四个自信",做到"两个维护"。认真贯彻习近平总书记关于坚持和完善人民代表大会制度的重要思想、对地方人大及其常委会工作的重要指示,确保人大工作坚定正确的政治方向。

深入推进主题教育。抓牢学习贯彻习近平新时代中国特色社会主义思想这条主线,全面把握守初心、担使命,找差距、抓落实这一总要求,深入学习习近平总书记系列重要讲话精神、党的路线方针政策和党章党规等重点,形成民营经济高质量发展等7项调研成果,推动破解"三个一批"难题和"十大专项整治"问题18个,建立健全长效机制9项,落实整改问题31项,做到学懂弄通、笃行做实。

坚决贯彻县委决策。将县委领导贯穿人大工作全过程、各方面,自觉贯彻县委决定,发挥常委会党组把方向、管大局、保落实作用,确保县委主张依法转化为全县人民的共同意志,保证县委决策部署在人大工作中全面贯彻实施。协助县委召开人大工作会议、出台《关于高水平推进新时代人大工作和建设的意见》,为依法履职夯实制度保障。

自觉扛起责任担当。坚持县委有号召、人大有行动,主动投身县委中心工作,主任会议成员牵头领办余村"两山"示范区、长龙山抽水蓄能电站等19个重点项目,一线破难题,全力抓推进。深化"三服务"活动,深入企业、基层和群众身边,认真开展问难帮困稳增长、外贸企业走访、重点村帮扶、后进村党组织整转等行动,共协调解决孝丰镇大河村农民饮用水、恒林椅业用地等问题90余个。

二、围绕中心大局，全力服务改革发展

常委会始终紧扣中心、融入中心、服务中心，主动站位一线，突出实干履职，促进高质量发展再提速。

助力经济稳健运行。围绕经济发展重点领域，作出奋力推动民营经济高质量发展的决议，支持政府打好稳中求进组合拳。做好民营经济专项调研，紧盯落实"六个稳"要求，走访企业110余家，收集反馈问题50余个，助推经济稳中向好。开展稳外贸攻坚行动，调研70余家外贸企业经营状况，提振发展信心，指导应对风险，化解问题30余个，促进企业加快转型。听取和审议半年度政府工作报告、计划报告，推动提升发展质效。跟踪政府性债务情况，调研四大国企经营管理、资产负债等现状，督促抓好风险防控。

积极融入"三个年"。紧扣营商环境优化年、招大引强攻坚年、亩均改革推进年三大活动，坚持"看听议评"百个重点项目，推动其较快较好建设，评出推进有力15个，推进正常60个，并督促滞缓项目提速建设。跟踪"最多跑一次"改革，督促职能部门加快破解数据壁垒等制约。跟踪视察营商环境建设、招商引资等工作，踏看开发区、示范区项目落地情况，要求选准选优项目。调研"五未"土地处置等工作，审议专项报告，促进资源盘活和亩均提效。

主动服务创城推进。聚焦文明城市创建重点难点，督查专业市场整治、规范养犬等工作，开展文明行为促进条例、市容和环境卫生管理条例执法检查，促进社会文明不断提升。作出加快推进城乡生活垃圾精准分类的决定，推动做好"关键小事"，并打好常委会专项督、基层人大同步督、四级代表联动督组合拳，推动垃圾分类成为自觉、形成常态。领办无物业小区和责任路段，协调"五线"整治等工程，常态化巡检劝导和入户宣传，推动环境美化和居民素质提升。

强化预算审查监督。出台加强支出预算、政策和预算绩效监督暂行办法，审议预算执行、决算、审计等报告，跟踪审计查明问题整改，促进规范理财、高效用财。出台专项资金监督办法，审议专项报告，加强备案审查，督促提升使用绩效。启用预算联网监督系统，建立查阅发现问题处理等4项制度，实现监督实时高效。落实国资管理监督要求，审议综合报告和专项报告，推动管好国资"账本"。指导各乡镇（街道）人大加强预算审查监督，规范预算行为。

三、聚焦群众关切，持续推进民生事业

常委会践行以人民为中心的发展思想，着力听民意、解民忧、促民生，让人大工作切实走进群众心里。

聚焦生态文明建设。深入践行"两山"理念，作出调整"3·25生态日"为"8·15生态文明日"的决定，进一步凝聚生态文明共识。落实生态环境状况报告制度，实现全覆盖。扎实做好三大水库污染源特定问题调查，审议调查报告和技术专项报告，推动政府加大水源地保护力度。联动开展大气污染防治专项监督，督促抓好扬尘、废烟、废气等重点治理。对接宁国、广德人大，探索跨区域联合监督治水，共同做好水环境源头管控。视察小城镇环境综合整治、城中村拆后改造利用、矿资管理等工作，推动巩固治理成效。

助推乡村振兴发展。聚焦全面建成小康社会目标，实施"消薄"专项监督，积极推动相关主体落实项目嫁接、多村联创、资产资源盘活等措施，加快可持续发展。开展美丽乡村建设条例专项监督，抓牢规划实施、产业振兴发展、文化传承保护等重点，推动美丽乡村建设管理纳入法治化轨道。视察竹产业示范园区、笔架山农高区，要求做到高标准高质量建设经营。调研文化助推旅游业发展、少数民族村振兴、农村电商发展、家庭农场运营、白茶原产地保护工作，推动激发乡村发展新动能。

推动办好民生实事。全覆盖落实民生实事代表票决制，全县共产生117件民生实事，涉及旧城改造、公共卫生健康管理、农村联网公路提升等多个领域，普惠性日益加大。开展"看听问评"全程督办，现场督查40余次，审议完成情况报告，并开展满意度测评，推动实事全面落地。向代表征集市县乡实事建议，共175项转交各级政府，厚植民意基础。

关注社会公共服务。重视精神文明建设，开展正能量典型选树活动，各乡镇（街道）采取"群众推荐、党委审定、代表决定、政府实施"四步法，共选树方铁成等15名典型人物，进一步激发精神力量。聚焦“看病难”问题，视察医疗保障、医共体建设工作，推动医疗服务更优质。助力教育事业均衡发展，视察宇翔职业技术学院建设、学前教育资源供给、就业创业工作，助推办好群众满意教育。积极回应社会关切，督查电梯安全、残疾人保障等工作，促进社会建设更好发展。加强信访工作，协调解决难题29件。

四、紧扣厉行法治，切实保障公平正义

常委会坚持维护宪法权威、弘扬法治精神，以法治思维和法治方式推进工作，保障依法治县深入实施。

*督促法律法规执行。*配合省市人大立法调研，共90余名代表参与其中，注入基层民意。紧盯法律法规贯彻执行，开展防洪法、水污染防治法、学前教育条例等执法检查，实施专项监督30余次，推动防洪短板加固提升、小区幼儿园配套等一批工作。跟踪“七五”普法执行，督促“谁执法、谁普法”责任制落实，促进法治理念更加深入人心。

*推进严格依法行政。*深化部门工作监督，对县民政局开展工作评议，进行满意度测评，督促落实评议意见，推动提升依法行政能力。加强执法办案监督，对市生态环境局安吉分局、县人力社保局行政处罚案件办理情况开展专项评审，督促抓好整改，促进规范执法。做好26件政府规范性文件备案审查，提升审查质量和效率，维护法制统一。

*促进社会公平公正。*出台常委会听取和审议县监察委员会专项工作报告试行办法，支持监委依法开展工作。持续关注“两院”司法体制改革效果。推动法院落实“切实解决执行难”目标。作出加强检察院开展公益诉讼工作的决定，要求深化法律监督职能、提升公益诉讼实效。视察扫黑除恶专项斗争、人民调解等工作，推动营造和谐社会氛围。

*依法开展人事任免。*坚持党管干部原则和依法行使人事任免权相统一，全力保障深化机构改革，依法及时任免政府工作部门主要负责人。完善国家机关工作人员任免办法，优化任免程序。加强干部任后监督，开展政府工作部门主要负责人以及员额法官、员额检察官述职测评，强化任命干部法治意识和履职责任。全年任免地方国家机关工作人员97人次。

五、突出代表主体，充分发挥代表作用

常委会充分发挥代表来自人民、根植人民的优势，引导代表当好代言人、筑牢连心桥、唱响履职好声音。

*加强代表履职管理。*加大学习培训力度，举办综合素质提升班，开展代表中心组长集中轮训，不断增强履职能力。跟踪代表履职动态，加强全程考评，实行代表述职，进一步激发履职热情。密切常委会联系代表，邀请代表列席会议活动，加强小组活动指导，畅通知情知政渠道。深入开展“永葆初心、履职为民”等主题实践，代表积极投身环境治理、乡村振兴等中心工作，促成解决难题110余项。

*深化五星级联络站。*加强联络站“提标创星”，五星级联络站实现全覆盖。做精一站一品，打造孝丰“智慧”联络站、上墅“五岗示范”等特色。出台规范五星级联络站运行标准，保障联络站制度化规范化运行。全县各级代表积极进站履职，接待选民，听取意见，各联络站共开展主题接待160余次，收集意见建议610余条、推动解决问题430余项，联络站“代表之家、履职之所”的作用不断显现。

*首次举办电视问政。*突出民需导向，围绕养老金年审、“五线”整治、停车难等17项社会热点，共举办2期电视问政。代表们事前深入调研、现场直指问题，职能部门当场答复承诺，事后积极解决。坚持问政问而有果，以“销号清单”全程跟踪，推动省道改造、车位增设等工作落实，电视问政聚民意、集民智、惠民生的作用有效发挥。

*认真督实代表建议。*持续加大建议督办力度，明确11件重点建议，对其个案赋分纳入综合考核，倒逼提升办理质效。紧盯大户承办单位，通过集体面商、集中督办，促进提高问题解决率。针对“重答复轻落实”等老大难问题，综合施策，督促改进。开展115件B类建议“回头看”督办，推动73件转化为A类件。今年134件代表建议均按期办结，问题解决率和基本解决率同比提高4.7个百分点。

六、顺应时代要求，不断夯实自身建设

常委会紧抓自身建设不放松，深入贯彻新时代对人大工作和建设的新要求，切实增强履职能力和水平。

持续优化工作作风。深入贯彻“清廉安吉”建设要求，加强党风廉政建设，严格贯彻中央八项规定及其实施细则精神，修订完善办文办会、公务接待等内部管理制度。重视抓好制度执行，持之以恒转作风、提效能。力戒形式主义、官僚主义，落实密切联系群众要求，建立人大联企联村服务制度，自觉做到为民履职。深化一线理念，巩固提升“四新”、“拼比争”等主题实践成果。坚持党建引领，认真执行“三会一课”等制度，机关党员先锋作用进一步发挥。

深入做好调研宣传。围绕改革发展重点和民生热点，形成加强企业专技工人管理体制建设等13项调研成果，为县委决策和政府落实有关工作提供重要参考。充分运用微信公众号等载体，讲好履职故事，传递人大声音，共在市级以上媒体登稿80余篇，获评全省人大信息宣传先进集体，《安吉县人大常委会助推生态文明建设主要做法》在省委人大工作会议上交流。加强人大信息化建设，用好预算联网监督、建议网上办理等系统，为履职注入“智慧动力”。

扎实推进组织建设。认真落实省市县委意见要求，设立社会建设工委，不断优化人大组织设置。加强基层人大指导，密切工作联系联动，总结推广创新经验，充分凝聚人大工作合力。推动街道议政会常态化、规范化运行，建立健全议政员调整退出、履职绩效考核机制，促进议政员更好更有效履职。

各位代表，过去一年的成绩，是在县委的坚强领导下，全体常委会组成人员、专委会组成人员和代表共同努力的结果，是“一府一委两院”密切配合的结果，是全县人民、各乡镇（街道）人大以及社会各方面大力支持的结果。特别是年初以来，面对突如其来的新冠肺炎疫情，全县人大干部和各级人大代表积极响应县委号召，将疫情防控作为重大政治任务，以践初心、担使命的实际行动，全员上阵奋战疫情。人大机关干部亮身份、作表率，主动投身社区“三洗”、无物业小区驻守，协助管牢“关键小门”；同时，落实联企专员责任制，帮助55家企业解决口罩紧缺、产业链脱节等难题20余项，在排忧解难中助推开复工。乡镇（街道）人大干部站位镇村一线，严防输入扩散，严管重点对象，尽心尽责守好主阵地；并以“三服务”为载体，抓好民生保障，抓实联企帮扶，全力以赴打好复工复产主动仗。全县共810余名代表战疫在行动，带头当好政策宣传员、洗楼排查员、村社守门员、助企服务员，为“两战赢”共聚代表合力。在此，我谨代表县人大常委会，向各级人大代表和全体人大干部致以最崇高的敬意和最衷心的感谢。

同时，我们也清晰地看到，常委会工作还有一些差距和不足，主要是：监督刚性有待进一步增强、代表建议解决率还要进一步提高、常委会联系代表机制仍需进一步优化。我们将高度重视这些问题，认真研究，切实改进。

2020年指导思想和主要任务

3月30日，习近平总书记考察安吉，对我们而言，是具有历史性、标志性、里程碑意义的一件大事。总书记的深深关怀和谆谆嘱托，既为我们“两手硬、两战赢”坚定了信心、注入了力量，也为我们加快绿色发展、高质量发展指明了方向、提出了要求。我们在学习贯彻中认识到：

——必须要坚持党的领导不动摇。坚持党的领导，是做好人大工作的根本保证。我们要进一步增强“四个意识”、坚定“四个自信”、做到“两个维护”，自觉在思想上政治上行动上同以习近平同志为核心的党中央保持高度一致，坚决维护核心，坚守政治定力，坚定制度自信，保证人大工作在把牢正确方向中更高水平推进、更高质量发展。

——必须要坚持服务发展不动摇。坚持服务发展，是做好人大工作的第一要务。我们要深入贯彻落实习近平总书记在浙江、安吉考察时提出的新指示、新要求，围绕“两山”转化、绿色发展、乡村振兴、治理现代化等重点领域，主动站位一线，积极融入全局，切实履行职责，保证人大工作在紧贴中心大局中更有效助推中国最美县域建设。

——必须要坚持担当实干不动摇。坚持担当实干，是做好人大工作的必然要求。我们要以人民为中心，坚持民有所呼、我有所应，用实际行动为民担责、为民尽责。我们要自觉厉行法治，依法履职行权，为发展强化法治保障。我们要驰而不息加强自身建设，崇尚担当精神，突出实干导向，保证人大工作在同心合力中焕发更大生机活力。

2020年，县人大常委会工作的指导思想是：高举习近平新时代中国特色社会主义思想伟大旗帜，深入学习贯彻党的十九大、十九届四中全会和省市县委全会精神，时刻牢记和践行习近平总书记对安吉"再接再厉、顺势而为、乘胜前进"的指示要求，在县委的坚强领导下，坚持党的领导这一履职之魂，聚焦服务中心这一履职之要，牢记为民宗旨这一履职之本，强化"重要窗口"意识，扛起"县域样本"担当，依法履行人大职责，充分发挥人大作用，为全面推进新时代"两山"试验区建设，奋力夺取中国最美县域高质量发展新胜利作出新的更大的贡献。

根据指导思想，常委会今年工作的主要任务是：

一、坚持实干履职，在服务发展大局上有新作为。聚焦深化基层治理、加快"两山"转化等重大事项，依法精准作好决议决定，全力助推县域治理现代化和新时代"两山"试验区建设。开展本届决议决定"回头看"督查，确保全面有效执行。紧扣试验区建设和县委"一零三六"改革发展工作部署，聚焦高质量绿色化转型、新兴产业培育、数字赋能、传统制造业升级等重点，用好决定和监督等职能，推动跑出高质量发展加速度。坚持"把牢图"，加强规划实施监督，督促"十四五"规划科学编制，促进多规融合。关注"疫"后经济运行，视察民营经济高质量发展、工业经济发展、产业链修复、对外贸易、风险防范化解等工作，监督落实民营企业发展促进条例，促进经济质效并举。积极助力"三大行动"，调研"亩均论英雄"改革，视察营商环境优化、信用安吉建设、招商引资等工作，问效"跑改"再深化，推动惠企政策落实落细。深化重点项目监督，跟踪重大交通设施建设和"511行动计划"实施，推动高标准建设落地。立足全域旅游发展，视察国家级旅游度假区建设，促进文旅加快融合，激发行业新动能。切实"管好钱"，深化预算全过程审查监督，加强政府性债务防范化解、国资管理、专项资金管理、项目资金绩效评价、审计查明问题整改等监督，用好联网监督系统，推动严格规范理财和精准高效用财。

二、坚持为民履职，在促进民生改善上有新成果。围绕生态文明建设，跟踪生态文明日决定执行，督查特定问题调查意见落实，关注"无废城市"、"未来社区"建设，视察资源节约集约循环利用、生活垃圾精准分类、西苕溪全域建管等工作，促进环境质量提升。紧扣文明城市创建，监督推动"走通递铺港"，督查重点领域整治，保障创城取得实效。紧扣乡村全面振兴，跟踪农村基层治理和产权制度改革，调研农高区推进、农合联建设、家庭农场发展、农村路网提升工作，督促巩固"消薄"成果，助力全面小康。重视先进文化建设，发挥正能量典型示范作用，以精神之力激发干劲、引领发展。聚焦"疫"后卫生事业发展，开展动物防疫、野生动物保护"两法、两条例和两决定"执行情况检查，调研疾病预防与健康管理、医疗服务、医养结合、居家养老服务进小区工作，视察乡镇卫生院标准化建设，推动夯实公共卫生应急管理体系。紧扣多元化民生需求，视察北部供水主管建设、市民卡落地使用、义务段学校硬件设施建设、农村饮水工程实施工作，推动筑牢民生保障网。立足加强和创新社会治理，关注"最多跑一地"改革，调研旅游特种设备安全管理、信用体系建设、应急管理、退役军人管理、矛盾纠纷多元调处等工作，促进治理效能整体提升，推动县域治理现代化。

三、坚持依法履职，在推动法治建设上有新突破。牢牢"盯住法"，配合省市人大做好数字经济促进条例等立法调研。充分发挥执法检查"法律巡视"利剑作用，跟踪文明行为促进条例、美丽乡村建设条例的实施效果，开展妇女权益保障法、乡村旅游促进条例等执法检查，保障宪法法律有效实施，推动"法治安吉"建设。强化部门工作监督，关注综合行政执法体制改革，抓好部门工作评议和案件评审监督，推动依法行政和严格规范公正文明执法。跟踪司法体制改革效果，调研禁毒、适用认罪认罚从宽制度落实、行政争议实质性化解工作，支持检察院深化公益诉讼，推动司法责任制有效落实。坚持党管干部和人大依法任免相统一，加强任命干部全程监督，规范做好述职测评，推动依法履职。抓好规范性文件备案审查，加强合宪性及合法性审查，探索信息化应用，提高审查能力。

四、坚持活力履职，在展现代表作用上有新气象。深化主题实践，推动代表动起来、履职活起来。加强代表素质建设，保障知情知政，组织基层代表集中轮训，进一步提高履职能力。优化代表履职档案，建立健全履职制度，不断完善代表履职管理。密切常委会联系代表、代表联系群众，常态化开展代表述职。优化五星级联络站建设，创优一站一品，健全意见建议处理反馈等机制，实现高效运行。完善电视问政，做到问准督实有成效，推动乡镇（街道）探索代表（议政员）问政。加强视察调研，确保代表建议量质并举。抓好代表建议全程督办，创新监督方式方法，进一步提高问题解决率。认真贯彻街道人大工作条例，密切上下联系联动，支持基层人大实践创新，推动人大工作整体发展。

五、坚持创新履职，在加强素质能力上有新提升。深入学习贯彻习近平总书记在浙江、安吉考察时的重要讲话精神以及党的十九届四中全会和省市县委全会精神，进一步加强理论武装，提高政治站位，夯实做好新时代人大工作思想根基。认真落实省市县委人大工作会议精神和文件要求，加强能力、组织制度等建设，推进人大工作高质量发展。积极探索实践，创新履职新机制新方法，增强人大工作生机活力。用好"不忘初心、牢记使命"主题教育成果，深化"三服务"，强化制度意识，重抓制度执行，加强党风廉政建设和机关党建，锻造忠诚干净担当的高素质干部队伍。

各位代表，同志们，新时代要有新作为，接续奋斗方可不辱使命，善作善成才能无愧嘱托。让我们紧密团结在以习近平同志为核心的党中央周围，在县委的坚强领导下，以时不我待、奋发有为的精神状态，以干在实处、走在前列、勇立潮头的自我要求，全面推进新时代"两山"试验区建设，为努力打造新时代全面展示中国特色社会主义制度优越性重要窗口的县域样本，全力夺取中国最美县域高质量发展新胜利而努力奋斗。

政府工作报告

——在安吉县第十六届人民代表大会第四次会议上的报告

(2020年5月8日)

安吉县人民政府代县长　宋　波

各位代表:

现在,我代表安吉县人民政府,向大会作工作报告,请予审议,并请县政协委员和其他列席人员提出意见。

一、2019年以来工作回顾

2019年是新中国成立70周年,是全面建成小康社会的关键之年,也是中国最美县域建设承上启下的重要一年。一年来,我们高举习近平新时代中国特色社会主义思想伟大旗帜,在省委省政府、市委市政府和县委的坚强领导下,在县人大、县政协及各方面的监督支持下,聚焦奋力争当践行"两山"理念样板地模范生标杆县,全面落实"一零三六"改革发展工作部署,扎实推进"三个年"行动,较好地完成了县十六届人大三次会议确定的各项目标任务。地区生产总值达到469.6亿元,增长7.8%;完成财政总收入90.09亿元,增长12.5%,其中地方财政收入53.6亿元,增长14.2%,增幅全市第一;城乡居民人均可支配收入分别达到56954元、33488元,增长8.2%、9.6%;十方面民生实事项目全面完成。

2019年,我们在"不忘初心、牢记使命"主题教育中汲取担当原动力、跑出赶超加速度。这一年,我们成功获批并全面启动建设新时代浙江(安吉)县域践行"两山"理念综合改革创新试验区,绿色发展指数全省第十、全市第一,成为省大花园示范县创建唯一优秀县,美丽乡村、美丽县域做法分别入选全国十大改革案例、全省改革创新最佳实践特别贡献案例。这一年,我们着力推动中国最美县域建设驶上高质量发展快车道,成功入选绿色发展、投资潜力、营商环境、创新和县域旅游竞争力、旅游综合实力6个全国"百强县"。这一年,我们扎实开展"三服务"活动,在全市率先消除集体经济薄弱村,累计解决民生痛点问题47个,全省稳外贸稳外资工作现场会在我县召开,"订单+清单"工作得到袁家军省长充分肯定。这一年,我们隆重庆祝中华人民共和国成立70周年,5名安吉代表受邀参加群众国庆游行观礼,"两山"儿女在礼赞祖国中收获更多自信。

(一)经济发展加速赶超

产业质效不断提升。工业经济加速动能转换。规上工业增加值增长7.3%,其中战略性新兴产业、高新技术产业、装备制造业增加值分别增长6.5%、8.1%和12.2%,绿色家居产业成功入选国家新型工业化示范基地。整治提升"低散乱"企业(作坊)485家,家具及竹木制品行业居全省分行业改造提升试点第一。现代服务业加速融合,三产增加值增长9.7%,获省服务业发展综合评价Ⅲ类地区第一名,成功创建全国首批全域旅游示范区、浙江旅游十佳县,接待国内外游客、旅游总收入分别增长12.1%、19.6%。实现社会消费品零售总额186.5亿元,内河集装箱吞吐量达到29.88万标箱,绿色信贷余额占比全市第一,银行不良贷款控制率排名全市第二。生态农业加速提升,农业现代化发展水平居全省第八,世界园艺博览会"安吉日"在京成功举办,安吉白茶成为全省首个获得国家三大地理标志认定的茶叶品牌。提标改造粮食生产功能区7429亩,生猪稳产保供扎实有力。

项目“双进双产”有效发力。固定资产投资增长13.1%，其中工业投资增长31.2%，增幅全市第一。集聚招商力量，设立上海、北京、苏南、深圳、浙江五大分局，新引进亿元以上项目85个。亿元以上项目开工入库65个、竣工47个。新增省重大产业项目5个、市定“大好高”项目38个，国动云数据基地、远洋数据中心和扬子江安吉生物医药产业园等重大项目成功签约，长龙山电站、商合杭高铁等项目快速推进。工业平台投入6.9亿元，新建园区道路16.9公里，开发区成为全省首批美丽示范园区，示范区监地融合拓展空间2392亩。

实体实业加速壮大。大力度推进降本减负，全年为企业减税降费12.9亿元，办理出口退税24.4亿元，规上企业利税、“百强”企业销售收入分别增长7%、9.4%。新增小微企业贷款62亿元。推进市场主体升级，“金象”企业实现零突破，“双金”企业达到3家次，培育“瞪羚”企业30家，完成股改35家、“个转企”442家、“小升规”49家，东方基因成为全市首家科创板上市过会企业，恒林股份成功收购欧洲高端办公家具品牌。加强质量品牌建设，新增“品字标”企业6家、国家绿色产品认证企业4家。

（二）改革创新汇聚动能

重点改革持续深化。全面实施新时代“两山”试验区“3363”主体内容，圆满完成81项年度工作任务。“最多跑一次”改革深入推进，在全市率先完成中介联合体、“无证明县”创建，“无差别全科受理”实现乡镇（街道）全覆盖。发布全国首个《县域营商环境评价准则》。“一证通办”网上办、掌上办均达100%，一般企业投资项目开工前审批用时全市最短。深化“亩均论英雄”改革，出清低效企业868家，盘活土地6444.5亩，处置“五未”土地3573亩，规上工业企业亩均税收预计21万元。省级以上工业平台100%实现“标准地”出让。

创新动能快速集聚。加快建设国家创新型县，全社会研究与试验发展经费支出增长27.4%，增幅全市第一。落实人才强县“1+N”新政，引育海内外顶尖和领军人才36名，入选“南太湖精英计划”项目43个，招引大学生及各类人才2.01万人，我县选手获得世界技能大赛银牌。新增国家高新技术企业32家，获批省级博士后工作站3家、企业研究院6家、企业研发中心19家，惠嘉生物获国家科技进步二等奖，永艺股份入选国家级工业设计中心，丰虹新材料获评国家级专精特新“小巨人”企业。

开放合作稳步推进。区域交流合作步伐加快，世界环境日现场交流会、杭州都市圈第十次市长联席会议在我县成功召开。完成自营出口265.2亿元，占省市份额分别达到11.7‰、32%，完成合同外资5.6亿美元、实到外资3.1亿美元。申嘉湖高速鹿山至孝源段建成通车、孝源至唐舍岭段快速推进，长湖申航道等项目提质提速，S306椅子塔至王家庄段完成“四改六”。东西部扶贫协作成效明显，“白叶一号”茶苗捐种扩至三省五县。

（三）城乡建设协调共进

城市品质不断提升。加快推进“优雅竹城”五年行动，2000年以来建成区征迁遗留问题全面清零，新建绿道网40公里，凤凰路、递铺路、齐云路等7条道路完成改造，乌象坝、石马港、灵溪等滨水公园建成开放。中医院2号住院楼投入使用，新图书馆建成开馆，浙江自然博物院成为新网红。全国文明城市创建成效明显，73个无物业小区基本完成整治，生活垃圾分类精准扩面，新时代文明实践中心实现全覆盖。小城镇环境综合整治圆满收官，省级样板点位数量全省第一。

乡村振兴加速深化。获评国家电子商务进农村综合示范县、省数字乡村试点示范县、省级乡村振兴产业发展示范县。成立全市首个县级乡村振兴公司，新增“飞地抱团”村90个、乡村经营示范村10个、“两山”转化教学基地10个。整治城乡人居环境问题点位9.2万个，创成省级美丽乡村特色精品村2个，农村饮用水达标提标行动新惠及群众4.5万人。农村综合产权流转与公共资源交易实现整合。加快推进“511”行动，新改建农村公路146公里，2个乡镇成为“四好农村路”省级示范。

生态环境稳步提升。蓝天、碧水、净土、清废四大行动深入推进。$PM_{2.5}$浓度均值33微克/立方米，空气优良率86.5%，居全市第一。建成“污水零直排区”64个，新改建污水管网50公里，地表水环境功能区、饮用水水源地、出境交接断面水质达标率保持“三个100%”。成为全国县域秸秆全量化利用试点县、省级山水林田湖草生态保护修复试点，静脉产业园被列为省级资源循环利用示范基地。完成建设用地复垦

1600亩、废弃矿山生态修复141亩，新增珍贵彩色森林2.9万亩。县级自然资源资产负债表编制全国试点全面完成。

(四)社会民生持续改善

公共事业更有力度。启动民生改善PPP项目。新三小、五小、少体校、安高综合楼投入使用，六小主体建成，“安吉游戏”写入国务院报告，浙江宇翔职业技术学院正式去筹设立，高考一段上线数实现“六连增”，幼小学段放学后托管服务实现全覆盖。医疗改革深入推进，公立医院综合改革和县域医共体建设全省优秀。首届吴昌硕国际艺术奖评选活动成功举办，媒体智慧化融合获评全国典型案例。退役军人服务体系健全完善，实现省双拥模范县“二连冠”。民宗、台侨、外事、史志、档案、邮政、关心下一代等工作进一步加强，红十字、慈善等社会事业提质发展。

社会保障更有温度。全力稳就业，城镇登记失业率控制在2.05%以内。基本养老、医疗保险参保率分别达到98.7%、99.5%，全省率先实现与沪苏医疗机构双向刷卡就医。发放困难群众救助资金5100万元，保障困难家庭住房457户，新增住房公积金缴存2.5万人，重点人群家庭医生签约服务率86.6%，示范型居家养老服务中心实现全覆盖，免费为5.89万名60岁以上老年人接种流感疫苗。赋石、老石坎水厂建成运营。新增停车位8100个，28个城区机关企事业单位停车场对外开放，公交“两元一票制”、纯电动、移动支付全面完成。

治理创新更有深度。圆满完成新中国成立70周年维稳安保任务，扫黑除恶专项斗争深入推进，矛盾纠纷调解创新开展，社会大局保持稳定，平安建设实现“十五连冠”，获全省首批一星平安金鼎。扎实开展“七五”普法，成为全国首批乡村治理体系建设试点县，创成全国乡村治理示范村2个，新增省级善治示范村16个、民主法治村15个，乡村治理“余村经验”全市推广。食品安全提标扩面，教育养老机构可视厨房实现全覆盖。应急管理体系不断完善，安全生产、火灾、交通事故分别下降21.3%、42.1%和13.3%，成功抗击超强台风“利奇马”。

(五)政府建设切实加强

全面落实从严要求。增强“四个意识”，坚定“四个自信”，做到“两个维护”，严格落实中央“八项规定”精神，扎实履行全面从严治党主体责任。落实“基层减负年”要求，持续深化精文简会。开展重点领域专项审计，加强财政资金绩效管理，“三公”经费连续5年实现负增长。政府债务化解完成年度任务。

全面提升工作效能。政府机构改革全面完成，部门间“最多跑一次”深入开展，五大领域综合行政执法体制改革顺利推进。全面打响“安吉360、全方位服务”品牌，“三服务”问题办结率99.8%，“12345”政府阳光热线满意率99.5%。支持民主党派、工商联、工青妇、科协及残联等人民团体开展工作。

全面深化法治建设。主动接受人大依法监督和政协民主监督，落实重大事项向人大报告、与政协协商制度，高质量办理人大代表议案建议134件、政协委员提案129件，办结率、满意率均为100%。推进行政复议体制改革，完成全县规范性文件“立改废”，主动公开各类政府信息2.59万条。

各位代表！今年以来，面对突如其来的新冠肺炎疫情，各级党组织和广大党员干部职工紧急行动、全力奋战，广大医务人员义无反顾、冲锋在前，广大公安民警、社区工作者、志愿者坚守岗位、迎难而上，广大企业和群众众志成城、守望相助，全力打好疫情阻击战和发展总体战。我们坚持“坚守湖州西南大门、坚守安吉一方净土”，着力早部署快启动、强统筹明职责、防输入控集聚、保供给重引导，成为全省11个“零病例”县区之一；我们坚持“全国一盘棋”，在抓好本地疫情防控的同时，先后派出12名医务人员驰援湖北；我们坚持“两手硬、两战赢”，率先出台应对疫情稳企业稳经济稳发展系列政策，扎实开展“深化‘三服务’、助企开复工”专项行动，全面推进专员助企、员工共享、直播带货，全县经济社会发展秩序全面恢复；我们坚持“大疫有大爱”，累计接待16批、1265名一线医务人员来安休养。在这场新中国成立以来传播速度最快、感染范围最广、防控难度最大的突发公共卫生事件中，安吉人民以自己的大智、大勇和大义，书写了和平年代保家护国的壮丽篇章。

成绩来之不易，是省委省政府、市委市政府和县委坚强领导的结果，是县人大、县政协监督支持的结果，是全县上下齐心协力、顽强拼搏的结果。在此，我代表县人民政府，向包括全体人大代表、政协委员、离退休老同志在内的全县人民，向各民主党派、无党派人士、人民团体和社会各界人士，向驻安部队官兵、公安民警、社区工作者和志愿者们，向所有关心支持安吉发展的海内外朋友，表示衷心的感谢，致以崇高的敬意！

同时，我们也清醒看到，我县经济社会发展和政府工作中还存在一些短板和问题：突如其来的疫情对经济社会发展带来前所未有的冲击，经济增长压力增大，企业发展困难增多，外贸出口面临较大挑战；产业层次总体偏低，战略性新兴产业培育不够，缺乏引领性、支撑性的重大产业项目；综合交通体系还不健全，开放融合基础还不坚实；生态环境对标“样板地模范生”还有差距，$PM_{2.5}$浓度、空气优良率改善幅度还不够大，资源利用效率还不够高；社会治理不够精细，城市经营有待提升，满足群众美好生活向往还需持续发力；部分干部创新担当意识不强，干事创业氛围仍需进一步浓厚。我们一定高度重视这些问题，采取有效措施，切实加以解决。

二、2020 年工作目标和主要任务

对安吉来说，2020 年是具有里程碑、标志性意义的一年。我们不仅要高水平全面建成小康社会、实现“十三五”规划的圆满收官，更迎来了习近平总书记在我县发表“两山”理念 15 周年。3 月 30 日，习近平总书记时隔 15 年后再次亲临我县考察，对安吉工作又作出一系列重要指示，强调安吉要走可持续发展之路，安吉的美丽乡村可以成为一个示范，要进一步总结推广安吉的基层治理经验，要求我们再接再厉、顺势而为、乘胜前进，为我们指明了奋斗方向。我们要自觉把学习贯彻习近平总书记重要讲话精神作为当前和今后一个时期的首要政治任务，坚定不移沿着总书记指引的路子走下去，努力成为展示新时代中国特色社会主义制度优越性“重要窗口”的县域样本。学习好贯彻好习近平总书记重要讲话精神，就是要顺应长三角一体化加速推进的大趋势、站上全省“四大”建设加速比拼的大擂台、绘就新时代“两山”试验区建设加速实施的大画卷，把安吉打造成长三角中央花园、绿色发展高地、“两山”实践样板。当前，要抢抓国家出台对冲疫情政策“窗口期”的重大机遇，以大项目引领大投资、带动大发展。

今年政府工作总的要求是：高举习近平新时代中国特色社会主义思想伟大旗帜，全面贯彻党的十九大、十九届二中、三中、四中全会和省市县委全会精神，时刻牢记和践行习近平总书记对安吉的指示要求，按照省委“八八战略再深化、改革开放再出发”、市委“一四六十”工作体系和县委“一零三六”改革发展工作部署，坚决扛起争当践行“两山”理念样板地模范生标杆县、推进县域治理现代化先行地排头兵的重大使命，坚持稳中求进工作总基调，坚持新发展理念，坚持以供给侧结构性改革为主线，坚持以改革开放为动力，做好“六稳”工作，落实“六保”任务，全面深化“三服务”，扎实开展“招大引强攻坚、亩均改革推进、营商环境优化”三大行动，推动新时代浙江（安吉）县域践行“两山”理念综合改革创新试验区建设取得新成效，确保高水平全面建成小康社会和“十三五”规划圆满收官，奋力夺取中国最美县域高质量发展新胜利。

综合各方面考虑，建议今年全县经济社会发展主要预期目标为：地区生产总值增长 7.5% 以上；财政总收入和地方财政收入均增长 8%；城乡居民人均可支配收入分别增长 8% 和 9.2% 以上；规上工业增加值增长 8%；服务业增加值增长 8.5%；社会消费品零售总额增长 8.5%；固定资产投资增长 12%；研究与试验发展经费支出占地区生产总值比重 2.8% 以上；全面完成节能降耗减排任务。

工作中坚持以下原则：一是生态优先、绿色发展。继续沿着选对了的路子走下去，真正把绿色发展理念落实到经济社会发展全过程各方面，努力把绿水青山建得更美，把金山银山做得更大，让绿色成为安吉发展最动人的色彩。二是聚焦改革、协同发力。以“最多跑一次”改革撬动各领域改革，紧紧围绕发展最迫切、问题最集中、社会最期盼的重要领域和关键环节，推进县镇村联动、各部门协同，加快取得更多实质性、突破性、系统性成果。三是用心做事、务实为民。践行以人民为中心的发展思想，抓住人民群众最关心最直接最现实的利益问题，深化为民办实事长效机制，用心办好百姓“关键小事”，让群众生活“芝麻开花节节高”。四是精细治理、闭环高效。把“整体智治”的理念、“唯实惟先”的文化贯穿现代政府建设，坚持精准精细精确、求实务实扎实，坚持专项专班专人、定岗定事定责，做到决策闭环、推进闭环、责任闭环。

重点抓好六个方面工作：

(一)坚定践行"两山"理念

全力建设新时代"两山"试验区。精心筹备"两山"理念15周年系列活动,争取新时代"两山"试验区上升为国家试点,创成首批省级大花园典型示范县。探索建立绿色制造标准体系,加快绿色园区、绿色工厂、绿色产品等探索实践,规上工业企业星级绿色工厂创评全覆盖,新增省级以上绿色企业工厂3家、国家绿色产品认证企业2家。淘汰整治落后产能企业15家、"低散乱"企业200家。争创省级文旅融合改革试验区,启动省森林养生城市建设,加快安吉"两山"文化产业示范带建设,大力发展"绿水"经济,确保生态旅游增加值占比7.5%以上。开展全国农业绿色发展先行先试支撑体系试点县建设。抓好省级生态产品价值实现机制试点,探索设立"两山"转化指数,GEP的GDP转化率达30%以上。全面创建绿色金融改革创新示范县,完成"两山"银行挂牌运营,力争农行安吉支行扩权升格。加快余村"两山"示范区建设,争创国家5A级景区。

决胜污染防治攻坚战。高标准完成第二轮中央环保督察整改,实现污染防治目标。深化治气工作,实施$PM_{2.5}$和臭氧协同治理、涉挥发性有机物企业治理,确保$PM_{2.5}$年均值32微克/立方米,空气优良率86%以上。深入推进"五水共治",开展全域高标准治水,启动县城区、开发区、示范区污水管网提升整治,新改建污水管网60公里以上,加快清源污水处理厂三期扩建,完成3家污水处理厂提标改造,实现"污水零直排区"全覆盖,奋力夺取"大禹鼎"。加强土壤污染防治,实施"肥药两制"改革,完成测土配方推广58.4万亩次,确保土壤安全利用率92%以上,农药废弃包装物回收处置动态平衡。全面推进治废工作,加快实施省级"无废城市"试点,启动静脉产业园二期,建成小微企业危废收贮运营一体化中心和污泥综合处置项目。

统筹山水林田湖草生态保护修复。完成国土空间总体规划编制,科学划定"三线三区"。推进"三线一单"综合管控排污许可改革试点。实施浙北生态廊道、西苕溪滨水生态廊道建设和美丽河湖创建,加快省水生态环境示范试点建设,完成珍贵彩色森林1.5万亩、森林抚育1万亩,新增造林4300亩,治理重点河道8.5公里,完成6条小流域水土流失综合治理,争创首批国家森林乡村,力争省级森林城镇全覆盖。加强生态资源利用,加快鞍山矿地利用试点,开展丝毛山矿地综合利用开发,持续推进老石坎水库等河湖塘库清淤轮疏。探索建立县域内上下游生态补偿机制。

(二)加速壮大实体经济

全力稳企助企惠企育企。坚决落实降本减负和应对疫情减税减费减息减租措施,全年为企业减负30亿元。落实民营企业发展促进条例,推进企业"集中服务日"活动,支持企业拓展国际国内市场,提高中小企业生存发展能力。深化融资畅通工程,完成金融保障200亿元,确保绿色信贷增速领跑全市。打好"双金双高、凤凰行动、扶小育精、科技倍增"等企业培育组合拳,新增"双金"企业1家、"双高"企业20家,新增股改企业20家,完成企业上市1家、申报2家,完成"个转企"280家、"小升规"40家,新增国家高新技术企业30家、省级及以上知识产权示范企业5家、省级科技型中小企业100家,着力培育一批行业内"小巨人""隐形冠军""单打冠军"等专精特新企业。打好质量品牌组合拳,新增"品字标"企业3家,发布"浙江制造"标准3项。推进国企市场化改革,开展国资清查和优化配置,完成AA+信用等级国企创评。

全力抓好项目"双进双产"。实施"六个一"招商机制,力争新引进亿元以上项目100个,其中百亿元以上项目1个,50—100亿元项目2个,10—50亿元项目7个,新增省级重大产业项目5个,完成市定"大好高"项目36个,确保主导产业项目签约、落户主平台"两个80%以上"。开展项目全过程闭环管理,优化项目竣工联合验收机制,完成开竣工"破百"任务,确保亿元以上项目开工入库65个、竣工投运54个,工业性投资增长15%以上,其中新引进项目固定资产投资完成率70%以上。深入实施省市县长工程,确保新增项目5个,落地率70%以上,长龙山抽水蓄能电站实现蓄水。

全力做强现代产业。实施一个产业、一个规划、一个专班、一个基金、一个政策"五个一"机制。大力发展生物医药、电子信息等产业,加快建设生物健康产业园,确保战略性新兴产业增加值增长10%以上。实施数字经济"一号工程",推动安吉云数据中心产业园建设，完成数字经济重点项目10个、“两化”融合项目6个、企业上云500家，建成智能化项目30个，新增工业机器人250台，确保数字经济核心产业增加值增长12%，高新技术产业增加值增长10%以上。加速绿色家居产业发展，推进供应链协同创新，建成椅业行业级工业互联网平台，创建国家级新型工业化示范基地，争取国家智能坐具检验检测中心批筹，确保绿色高端装备制造业增加值增长9%以上。加快发展现代服务业，实施全域旅游“五百”行动，大力发展高端文创、生态康养、研学体验等新业态，启动安吉数字物流港建设。

全力推动平台集聚发展。明确平台产业定位，推进园区企业集聚、行业集成、产业集中。支持开发区加快推进产城融合，聚力打造产业新城、城市新区。支持示范区积极推进监地融合，加快打造工业新区、高铁新城。支持灵峰旅游度假区推动休闲度假、绿色金融等产业集聚发展，努力打造全域美丽、乡村旅游新高地。支持笔架山农业高新区、国家安吉竹产业示范园区抓实园区整体开发，确保早出形象、早见效益。推进椅艺产业创新服务综合体建成投用，完成示范区科创园主体工程。深入开展科技创新加速行动，启动国家级企业技术中心攻坚，新增省级高新技术企业研发中心10家、企业研究院3家，力争新增国家、省、市首套台产品各1个以上。实施人才新政4.0版，新引育海内外顶尖和领军人才50名以上、“南太湖精英计划”项目23个以上、大学生及各类人才2.25万人以上。

（三）持续深化改革开放

深化“最多跑一次”改革。持续推进个人和企业全生命周期“一件事”全流程“最多跑一次”，推进商事登记“网上办”“掌上办”“跑零次”三个100%，实现“无差别全科受理”全覆盖。深化“承诺＋代办”制度，确保一般企业投资项目开工前审批不超过50天。落实民生事项就近办，实现高频民生事项100%乡镇（街道）可办。深化“无证明县”建设，确保证明事项取消比例95%以上，力争营商环境排名进入全省前25位。

推进“亩均论英雄”改革。健全亩均效益评价体系，全面完成低效工业企业整治提升，力争规上工业企业亩均税收增长20%以上，启动示范区亩均税收两年倍增行动。持续推进“五未”土地处置，力争消化“批而未供”1800亩、盘活存量建设用地500亩、低效用地再开发700亩，处置“用而未尽”“建而未投”“投而未达标”工业用地800亩，完成全域土地综合整治2990亩。推动区域评价和“标准地”扩面，新批工业用地全部实现“标准地”出让。开展预征土地专项整治。

提升对外开放水平。全面落实国家长三角一体化发展规划纲要，承接长三角地区主要领导座谈会溢出效应，全力推动建设沪苏浙皖产业合作区。加快浙澳（安吉）经贸合作区建设。主动融入杭州都市圈、G60科创走廊，谋划建设杭州城西科创大走廊北部板块。有效应对疫情影响，做实“订单＋清单”监测预警系统，推进省级跨境电商绿色家居产业集聚试点建设，确保自营出口维持占省份额，跨境电商交易额增长30%。大力度引进优质外资项目，完成合同外资5亿美元，实到外资2.5亿美元。全力推进申嘉湖高速孝源至唐舍岭段、S304德清至安吉段等项目建设，做实G235天子湖至长弄口段、S306梅溪至马家渡段前期，奋力突破宁杭高铁二通道、杭安高速、德安高速等项目，确保商合杭高铁建成通车，高铁大道、杭长高速南北庄互通等工程建成投用。深化东西部扶贫协作，做好“白叶一号”茶苗捐赠后续工作。

（四）着力提升城市品质

确保创成全国文明城市。启动新一轮控制性详规编制，开展中心城区城市设计，实施城市社区优化。开展沿街商铺、工地围挡、户外广告、餐饮油烟、“五线六箱”专项整治，推进小区物业管理规范化，启动“美丽小区”评比。加强城市环卫保洁，推进生活垃圾“定点定时”投放和清运扩面，完善城区餐厨垃圾收运体系，新增垃圾分类省级高标准示范小区15个。加快湖州城市大脑安吉分平台建设，提升城市管理智慧化水平。抓好人防工程产权制度改革。推进生活方式绿色化，深化绿色细胞创建，限制一次性消费用品，力争城市公交分担率再提高1.5个百分点，绿色公交出行100%。

加快城市有机更新。高质量完成“优雅竹城”五年行动，实施城市更新、畅通、环境、服务“四大工程”，加快城市“双修”和微更新，完成递铺北路、翠竹路等道路改造,改造提升公园广场3处、老旧小区5个。新增机动车停车位1000个、公共自行车站点10个,建成港湾式公交停靠站50个,新改建5G基站300个以上。加快北部区块供水工程,推进赋石水厂二期扩建,新改建供水管网32公里。

发展壮大城市经济。优化城市商圈布局,集聚金融、众创、会展等业态,加快推进凤凰中心广场、城东美颂广场等项目,力争税收千万级楼宇累计达到15幢。大力发展夜间经济,推进灵峰"月光经济示范带"建设。深化"放心消费在安吉"行动,新增放心消费单位7000家以上,打造乡村放心消费浙江样板。加快推进快递业"两进一出"工程,完善电子商务产业园区功能配套,确保网络零售额增长10%以上。探索发展"网红"经济。鼓励建筑业做大做强,力争产值、税收分别增长8%和10%以上。

(五)全面深化乡村振兴

继续深化农村改革。加速城乡融合,加大"两进两回"力度,新增农村实用人才1000人以上。稳妥推进农村闲置宅基地和住房"三权分置"改革,探索建立集体经营性建设用地入市制度,争创省"三位一体"农合联改革示范县。新组建乡村振兴产业基金2亿元以上。完成省级数字乡村试点县建设,新增数字农业融合项目5个,益农社覆盖率达96%,创成文旅融合示范村5个。

推动农业提效农民增收。实施乡村农业产业"1+1+N"品牌发展战略,做强安吉白茶、笋竹等品牌,培育高山蔬菜、天赋渔鲜、竹林鸡等产品,完成全国绿色食品原料标准化生产基地建设,建成竹笋链式发展试点2个。落实生猪增产保供稳价措施,稳定粮食生产能力,建设高标准农田1.5万亩、粮食产储加销一体化示范点3个。拓宽农民增收渠道,新增林下多模式融合经营1300亩,新培育农产品电子商务经营主体10个,推进省级以上全产业链产值增加14亿元以上。消除30%年经营性收入50万以下的村。

全面优化镇村环境。深化"千万工程",开展"四无"专项整治,启动2个省级美丽城镇创建,推进梅溪省级小城市培育试点,新增新时代美丽乡村精品示范村5个、经营示范村10个,创成省级美丽宜居示范村3个。实施"千年古城"复兴计划,加强历史文化名镇、名村保护,争取全国第一批农村住房建设试点。加快中国安吉白茶小镇、吴昌硕艺术小镇等项目建设,建成白茶飘香精品观光带二期。加快推进"511"行动,提升改造农村公路50公里、危桥5座。建成全国新时代乡村电气化试点。

(六)切实保障改善民生

大力发展社会事业。健全公共卫生应急管理体系,推进重大疫情防控体制机制改革。深入实施健康安吉行动,开展妇幼保健机构机制创新工作试点县创建,启动妇幼保健院等5家医疗机构迁改建,树兰医院建成投运。加强无症状感染者筛查和管理,抓紧抓实抓细常态化疫情防控。深化县域医共体建设,实现长三角城市群医保直接结算,完成医疗服务价格调整和公立医院耗材集中采购。办好人民满意教育,力争义务教育争先进位、高考成绩稳中有升、艺术教育特色发展,通过全国学前教育普及普惠督导评估。加快推进民生改善PPP项目,启动新一小、第四初中建设,完成公办中小学校"空调进校园"工程。开展群众性精神文明创建,深化新时代文明实践中心建设,新增农村文化礼堂20家以上,推进古城国家遗址公园争创国家级文物保护利用示范区。完成农村饮用水达标提标行动。做好外事、台侨、民宗、档案、史志、气象等工作,支持工商联、关工委等人民团体开展工作,大力发展红十字、慈善等社会事业。做好第七次人口普查。

加大社会保障力度。动态管理就业困难人员,新增城镇就业1.26万人以上,城镇登记失业率控制在2.98%以内。深化参保扩面,确保基本养老保险、医疗保险参保率稳定在97%、99%以上。扩大住房公积金覆盖面,加快危旧房治理,力争保障低收入人群住房300户以上。推动养老服务综合体建设,实现养老机构、日间照料中心"医养结合"全覆盖,完成生活困难老年人家庭适老化改造100户。加强妇女儿童和未成年人保护,完成15个乡镇(街道)未成年人救助保护基地建设,健全3岁以下婴幼儿照护服务体系。完善"一站式"社会救助信息化平台,实现特困人群参保补助、待遇享受"两个100%",免除1.8万重点人群家庭医生签约服务费,残疾人"两项补贴"惠及8500人次。加强国防动员教育,深入开展"双拥”创建，推进“新时代枫桥式退役军人服务站”建设。启动新四军三次反顽战役纪念馆扩建。

维护社会和谐稳定。深化矛盾纠纷调解“最多跑一地”改革，以创建省“无信访积案县”为目标，加快推进县乡村三级矛调中心建设，加强基层治理四平台运行管理，全面推广乡村治理“余村经验”，努力实现“小事不出村、大事不出镇、难事不出县、矛盾不上交”。完善社会治安防控体系，深入推进“家园卫士”工程，深化“扫黑＋打伞”专项行动，严厉打击通讯网络诈骗、食药品安全等违法犯罪。推进信用安吉建设。加快全国乡村治理体系建设试点县、农村社区治理实验区建设，新增省级民主法治村10个，完成“七五”普法验收。深入推进“雪亮工程”，新增物联网安防小区48个。建成县级应急指挥中心，新建规范化避灾安置场所35个，治理地质灾害点13处，整改县级挂牌重大隐患100处以上，确保事故起数、死亡人数均下降20%以上，实现平安创建“十六连冠”。

各位代表，民生连着民心，民心指引初心。今年，我们继续按照“群众提、代表定、政府办、人大评、政协商”的理念，经过公开征集、对比筛选和反复征求意见，梳理形成了十个方面、十二项的民生实事候选项目，提请本次大会票决。民生实事项目确定后，我们将全力组织实施，确保高质量完成。

三、全面提升政府治理能力

2020年，我们将增强“四个意识”，坚定“四个自信”，做到“两个维护”，把“不忘初心、牢记使命”作为政府建设的永恒课题、全面深化“三服务”，推进政府治理体系和治理能力现代化。

打造法治政府。深化县政府常务会议学法，完善政府权责清单，全面实施政府法律顾问和公职律师制度。坚持重大行政决策法定程序，严格落实“三重一大”事项决策制度。认真执行县人大及其常委会决议决定，支持县政协履行职能，高质量办理人大议案建议、政协提案。开展行政复议质量提升年行动，加强诉源治理，建设行政争议化解“一站式”平台。深化综合行政执法改革，完善“司法行政＋综合行政执法”机制，推进“综合查一次”，提升跨部门跨领域联合执法规范化水平。

打造高效政府。设立主要指标“保三争二拼第一”目标，全力争取国务院、省政府大督查大激励。统筹推进数字技术应用和制度创新，加快政府数字化转型，建成政务服务平台2.0，深化部门间“最多跑一次”，集成推进一批重大智慧化示范性应用。深化招投标交易机制改革，基本实现线下无交易。优化税收共治共享信息平台。全力推进县政府重大改革重大事项，构建闭环运行机制，确保定一件干一件成一件。

打造阳光政府。坚持公开是常态、不公开是例外，加强信息公开制度化、标准化建设，深化“开门听建议”“开门作决策”“开门晒结果”，邀请县人大代表、县政协委员列席县政府常务会议，注重听取咨询委等各方面意见，推进决策、执行、管理、服务、结果“五公开”。完善权力运行监督机制，主动接受各方面监督。持续加强电视问政、“12345”政府阳光热线等平台建设，进一步提高问题解决率和群众满意率，增强政府的公信力和执行力。

打造廉洁政府。认真履行全面从严治党主体责任和“一岗双责”，坚定不移推进反腐败斗争。坚持集中财力办大事，加强预算绩效评价管理。持续推进重点领域审计监督，推进部门预算执行全覆盖审计、政府投资项目全过程管理，开展经济合同履约、购买中介服务专项清理。牢固树立过“紧日子”思想，勤俭节约办一切事情，非刚性、非重点项目支出压减20%。以上率下严格落实中央“八项规定”精神，着力整治形式主义、官僚主义，深入推动清廉安吉建设，进一步营造政治上的绿水青山。

今年，我们还要研究编制“十四五”规划。我们将坚持大格局、大视野、大谋划、大思考，紧紧围绕事关安吉当前和长远发展的重大项目、重大改革、重大平台、重大政策，充分发扬民主，凝聚各方智慧，努力编制一个体现新发展理念、引领高质量发展、切合安吉实际、经得起历史检验的五年规划，顺势而为、乘胜前进，奋力开启现代化建设新征程。

各位代表，实干收获希望，奋斗创造未来。让我们更加紧密地团结在以习近平同志为核心的党中央周围，高举习近平新时代中国特色社会主义思想伟大旗帜，在中共安吉县委的领导下，不忘初心、牢记使命，只争朝夕、不负韶华，为奋力夺取中国最美县域高质量发展新胜利而努力奋斗！

中国人民政治协商会议
第九届安吉县委员会常务委员会工作报告

——在政协第九届安吉县委员会第四次会议上的报告

(2020年5月7日)

政协安吉县常委会主席　叶海珍

各位委员：

我代表政协第九届安吉县委员会常务委员会，向大会报告工作，请予审议，并请会议列席人员提出意见。

2019年工作回顾

2019年是中华人民共和国成立70周年，也是人民政协成立70周年。一年来，县政协常委会在中共安吉县委的坚强领导下，认真学习贯彻习近平新时代中国特色社会主义思想，全面贯彻落实中央和省、市、县委政协工作会议精神，切实发挥专门协商机构作用，为我县奋力争当践行“两山”理念样板地模范生标杆县做出了积极贡献。

一、坚持党建引领，在强化理论武装中增强政治定力

(一)着力强化理论学习。我们立足“两山”理念诞生地的政治高度，始终把理论学习摆在首位，先后召开县政协党组会议、主席会议、常委会议等，采取集中学习、专题辅导、座谈交流、委员培训等多种形式，引导政协干部和广大政协委员在学习党的创新理论上入脑入心，在推动党的决策部署上见行见效，切实担负起把各方面智慧力量凝聚起来的政治责任。理论文章《基层政协协商标准化建设的探索与思考—以浙江省安吉县为例》获省政协理论研讨评比二等奖。

(二)扎实开展“不忘初心、牢记使命”主题教育。按照县委统一部署，紧扣“守初心、担使命，找差距、抓落实”的总要求，认真做好主题教育各项工作。强化示范引领，县政协党组成员以上率下，带头学研查改，带头上好党课，指导带动县政协机关党组主题教育。紧扣主题主线，学原著、读原文、悟原理，围绕习总书记系列重要讲话，尤其是习总书记对安吉的指示批示精神开展深入学习研讨。突出即查即改，对照党章党规对标找差距、广泛听取意见建议，认真组织召开专题民主生活会，制定检视问题清单，扎实开展专项整治，切实以主题教育成果推动政协各项工作高质量发展。

(三)切实加强政协系统党的建设。深入贯彻落实中共中央、全国政协和中共浙江省委关于加强政协系统党的建设部署要求，完善政协党组织体系，落实党员领导干部双重组织生活制度，推动党的组织对党员委员的全覆盖、党的工作对政协委员的全覆盖。充分发挥政协党组的领导核心作用，切实做到重大事项及时向县委请示，重要活动及时向县委报告，重点意见建议及时向县委汇报。支持派驻县政协机关纪检监察组履行职责，认真落实县委巡察组巡察机关党组问题反馈整改工作。

(四)深入开展“新时代人民政协的新样子”专题研讨。按照省政协统一部署，县政协围绕如何把新时代人民政协的政治责任担当起来、如何把新时代人民政协的精神风貌焕发出来等“五个如何”，组织“新时代人民政协的新样子”专题研讨24场。全县三级政协委员、政协机关干部积极参与新时代新风貌笔谈、金点子征集等“六个一”活动，收到笔谈文章31篇、金点子80余条，更好展现了人民政协的时代气质，使“政治是坚定的、定位是聚焦的、履职是有效的、精神是振奋的”新样子成为全县政协人的共识和追求。

二、倾力服务大局，在助推县域发展中彰显使命担当

（一）助推县域经济发展。围绕“破解土地要素制约，加快两山转化”课题，深入开展调查研究，提出了“向规划要土地、向空间要土地、向项目要土地、向整治要土地”等6条意见建议，被县政府相关部门吸纳到新一轮土地规划编制之中。围绕“深化安吉全域旅游示范区建设”开展课题调研，从旅游规划、产业品牌、夜间经济等方面提出建议，为我县推进全域旅游发展提供决策参考。围绕“竹笋产业健康发展”“专业市场提升”“‘最多跑一次’改革”“城镇生活垃圾分类处置”等议题开展双月对口协商，聚焦“电商产业发展”“快递业健康发展”“智慧医疗信息化建设”“国家（安吉）竹产业示范园区建设”等专题开展委派民主监督小组协商，提交《调查与建议》《民主监督建议书》9篇，得到相关乡镇、部门的支持和采纳，有力推进了相关工作的落实。

（二）助推全国文明城市创建。围绕“全国文明城市创建”，开展专题议政性常委会，就如何全民发动、全员参与、全力以赴开展文明城市创建等重点提出9条意见建议。围绕“全国文明城市创建”，开展县委书记与政协委员“面对面”活动，12名委员和界别群众代表直面问题，提出意见建议38条，得到县委沈铭权书记充分肯定并现场交办，有力推进了相关政策举措的落地见效。围绕“全国文明城市创建”，开展“城镇生活垃圾分类处理”三级政协委员专项集体民主监督，反映问题建议22条，其中15条建议已得到乡镇（街道）和相关部门的落实整改。围绕“全国文明城市创建”，根据县委要求，县政协牵头开展全县面上全国文明城市创建督查、暗访42次，县政协机关干部和政协委员主动参与志愿服务，切实将政协的组织优势转化为创建动能。

（三）助推县域治理现代化。围绕“乡村治理创新”主题，举行县长与政协委员“面对面”活动，9名政协委员和群众代表深入调研，从“自治理村、法治护村、德治润村”三方面提出29条建议，有效推动了农村集体“三资”管理、小额公共资源交易管理等相关政策机制的出台和完善。助推治理效能提升，持续聚焦“最多跑一次”改革，开展协商式监督、重点提案办理协商和界别委员视察，以《信息专报》《调查与建议》等形式向相关部门提出建议，有力推动了失业保险“掌上办”一条龙服务和行政争议化解机制等工作。

三、强化履职创新，在聚焦主责主业中实现提质增效

（一）明确“专门协商机构”定位。我们将协商作为履职尽责的主战场，依照县委关于《安吉县政协“请你来协商”平台建设实施意见》的要求，深化协商平台建设，丰富完善“2＋6＋X”协商体系，首次将“标准化”引入到政协工作之中，首次将“特色协商”融入整个协商体系之中，首次将“双向发力”纳入评价体系之中，首次将“品牌概念”注入协商平台建设之中，首次将“互联网”导入协商议政过程之中，使协商活动的重点、层次、特色进一步彰显，各类履职协商平台的优势得以充分发挥。

（二）制定“专门协商机构”标准。我们着眼于推动人民政协制度更加成熟更加定型，注重用标准对政协工作进行规范和管理，会同浙江省标准化研究院共同研究完成了全国首个基层政协《政协协商工作规范》，以新闻发布会的形式向社会发布。去年6月21日，全国政协汪洋主席就安吉《政协协商工作规范》作出重要批示；6月24日，《人民政协报》头版头条以《一项基层政协工作标准的诞生》为标题进行了专题报道；7月份，省政协葛慧君主席就安吉政协相关工作两次作出批示。安吉县协商标准化建设工作入选2019年度全省政协系统8个创新工作案例之一。

（三）彰显“专门协商机构”特色。开展“四季提案办理协商”，围绕“古道旅游开发”“交通信号灯管理”“工业垃圾处理”“培育和提供租赁公寓房”等提案举行重点办理协商会，提升了提案办理的协商实效和影响力。我们把提高质量作为反映社情民意信息工作的出发点和着力点，累计编报社情民意信息221篇，其中全国政协录用15篇；省政协和省委办录用12篇，获省部级领导批示5篇。安吉县政协信息工作考核列省政协反映社情民意信息直报点第一名，连续6年获市政协社情民意信息考核一等奖。

四、推进双向发力，在广泛联络联谊中凝聚发展共识

(一)精心组织人民政协成立70周年系列庆祝活动。我们结合政协特色，挖掘政协资源，围绕“两山路，政协情”主题，成功举办主题晚会，所有节目由三级政协委员和机关干部自编、自导、自演，整个活动喜庆热烈，氛围浓厚。围绕“我和人民政协”主题，开展演讲比赛，我县参赛委员在省、市演讲比赛中分别获得二等奖，同时征集委员履职的优秀文章51篇，充分展示了新时代政协委员的新风采新样子。

(二)深化惠民服务活动。扎实开展“三服务”活动，结合县领导“六联”工作，围绕双进双产、亩均改革、营商环境、“消薄”脱贫等工作，实地走访企业、村(社区)82家，帮助解决企业、群众和基层反映的困难和问题40余个。连续8年开展政协委员“走进美丽乡村·真情服务群众”“六下乡”惠民服务活动，连续6年开展政协委员公益林植树活动。主动做好上级政协视察调研和兄弟政协学习考察的服务保障工作，切实当好中国最美县域的“讲解员”和“宣传员”。

(三)广泛凝聚各界共识。积极探索互联网+，热情拥抱互联网，我们在各类协商活动中开展融媒体直播和电视访谈7场(次)，形成了“线上与线下”“场内与场外”的立体协商格局，及时把党委政府的主张转化为社会各界的共识，切实打通建言资政和凝聚共识双向发力的通道。坚持“亲历、亲见、亲闻”原则，编撰出版《安吉文史记忆》《两山路，政协情》。《打造“请你来协商”的安吉模式》一文入选省政协《70年，70人》史料专辑。加强政协宣传工作，《人民日报》《人民政协报》《联谊报》等媒体报道我县政协特色工作文章34篇，省政协新媒体“同心苑”发布专题报道12篇；《一项基层政协工作标准的诞生》获评浙江省政协年度好新闻，切实扩大了政协组织的影响力。

五、加强队伍建设，在提升履职能力中树立政协形象

(一)发挥表率作用，让机关干部“严起来”。我们按照“甩开膀子能干、坐下来能写、站起来能讲”的要求加强干部队伍建设。注重发挥政协班子的“关键少数”作用。注重发挥机关干部的参谋与服务作用，把“悠闲”的工作意识转变过来，做到“眼中有活、主动找活、用心干活”，把踏实做事、注重实效的作风落实到政协工作的各个方面。

(二)加强考核管理，让政协委员“紧起来”。我们着力解决委员考核偏之于“软”、管理偏之于“散”的问题，修订《委员履职管理暂行规定》《委员任期履职情况综合评价办法》等制度，建立委员列席政协常委会机制，强化对中共党员身份政协委员的管理，实行党员委员履职情况向所在党组织通报制度，在政协全会上表扬履职成绩突出委员，激发委员履职的责任感和荣誉感。举办政协委员履职能力提升班，邀请全国政协和省政协领导做专题讲座，努力提高委员的履职意识和能力。

(三)丰富协商载体，让履职氛围“活起来”。我们致力于拓展协商领域、丰富协商层次、增加协商频次，搭建各类微协商载体，以激发委员履职的活力。深化县政协“桥梁”工作室品牌，围绕“青年返乡创业”等主题开展“微协商”4场，提交社情民意信息被市级以上政协录用20篇。按照“成熟一个、创建一个”的要求，从严遴选、分步推进，新建工商联、妇联、教育、文化和侨台5个界别议事厅，全年开展微协商11场，激活了界别协商的活力，推动了政协协商向基层延伸。

各位委员，同志们！今年1月，新冠肺炎疫情暴发。面对突如其来的疫情，县政协紧紧围绕“两手硬、两战赢”目标，政协班子成员和机关干部深入走访服务联系乡镇、企业和项目，以现场协调、现场办公形式解决企业开复工等各类问题20余个；疫情防控期间，撰写社情民意信息41篇，提出建议34条。广大政协委员自觉响应“抗击疫情、人人有责”倡议，立足各自岗位，发挥自身优势，积极投身一线抗疫。全县政协委员和政协机关为抗击疫情捐款150余万元、捐赠口罩20余万只及其他防疫物资，用责任、用行动，展示了安吉政协的责任担当。

各位委员、同志们！回顾过去一年，县政协各项工作取得了新进展新成效。习近平总书记在中央政协工作会议上的重要讲话，为我们推进人民政协事业发展提供了根本遵循。中共中央政治局常委、全国政协主席汪洋对县政协工作的专门批示，给我们以极大的鼓励和鞭策。

2019年年初，省政协葛慧君主席率相关领导专程来我县调研，坚定了我们不断创新的信心和决心。中共安吉县委对县政协工作领导坚强有力，县委常委会会议多次听取县政协工作情况汇报；县委书记沈铭权、代县长宋波多次出席县政协重大会议活动并作重要讲话；县领导领办14件重点提案并亲自主持办理协商。县政协先后在全省政协“请你来协商”平台建设工作推进会上作经验介绍、在省政协主席暑期读书会暨市县政协工作交流会上作交流发言；在省委政协工作会议上，县政协作为全省唯一的基层政协代表作典型发言。我们深切感到，九届三次会议以来县政协取得的成绩，是省、市政协关心指导和中共安吉县委坚强领导的结果，是县人大、县政府和社会各方面大力支持的结果，也是参加县政协的各党派团体，各界人士和广大政协委员共同努力的结果。在此，我代表县政协常委会表示衷心感谢！

同时，我们也清醒地认识到，政协工作中还存在一些问题和不足。主要是：建言资政和凝聚共识“双向发力”的实效还需要进一步提升；调查研究的方法还需要进一步深入；协商议政的成效还需要进一步强化等等。以上这些问题和不足，需要高度重视，认真改进。

2020年工作任务

各位委员，同志们！2020年是具有里程碑意义的一年，“两个百年”目标在今年交汇，“两个五年”规划在今年交接，中华儿女孜孜以求的“小康梦”将在今年成真。于安吉而言，2020年更是肩负特殊使命的一年，习近平总书记时隔十五年再次来到安吉，赋予了我们“再接再厉，顺势而为，乘胜前进”的重大使命。全县政协组织和全体政协委员要坚定信心、奋力拼搏，切实扛起成为“重要窗口”县域样本的使命担当，助推安吉绿色发展行稳致远，直抵胜利彼岸。今年，县政协工作的指导思想是：高举习近平新时代中国特色社会主义思想伟大旗帜，深入学习贯彻习近平总书记在安吉考察时的重要讲话精神，全面落实中共十九届四中全会和中央、省、市、县委政协工作会议精神，按照县委十四届八次全会的部署要求，聚焦新时代浙江（安吉）县域践行“两山”理念综合改革创新试验区建设的目标任务，进一步擦亮专门协商机构牌子、更好凝聚共识、提升履职能力水平，以更快更好的工作成效展现安吉作为“两山”理念诞生地的责任担当，全力助推安吉打造“重要窗口”的县域样本，为奋力夺取中国最美县域高质量发展新胜利贡献智慧和力量！

一、坚决维护核心，在强化思想政治引领上更进一步

（一）要“学”字为先提高思想认识。进一步完善学习制度，把习近平总书记在安吉历次重要讲话和对安吉重要批示指示精神，尤其是今年3月30日在安吉考察时的重要讲话精神，同党的十九届四中全会、中央政协工作会议和省、市、县委政协工作会议精神结合起来学习、贯通起来理解、统筹起来落实，引导全体政协委员、各参加单位、政协机关干部切实把科学理论转化为共同思想政治基础，融入“两山”理念在安吉的生动实践之中。

（二）要“合”字在前树立大局意识。要进一步营造“党委重视，政府支持，政协努力”的良好氛围，坚持多请示、多汇报，坚定地与县委思想上同心，目标上同向，行动上同步；坚决执行县委的决策部署，同唱一台戏，共谋一盘棋。全面落实县政协党组成员联系各民主党派、专委会与各部门对口联系制度，以合力促活力，实现履职效果的最大化。

（三）要“干”字当头凝聚发展共识。要团结带领广大政协委员、各民主党派和政协各参加单位，主动围绕“新时代浙江（安吉）县域践行‘两山’理念综合改革创新试验区”建设，立足协商主业，办好一件件实实在在的事情，解决一个个突出的问题，让政协工作干出感觉、干出味道、干出成绩，从而实现思想上从“不干不好意思，干点意思意思”到“干好才够意思，越干越有意思”的质变。

二、突出围绕中心，在助推新时代“两山”试验区建设上更进一步

（一）紧扣“促发展”议政建言。紧扣“‘十四五’规划编制，加快新时代‘两山’试验区建设”和“深化全国文明城市创建，推进县域治理现代化”主题，开展县委书记、县长和政协委员“面对面”活动；围绕“安吉民宿（农家乐）规范提升”和“推进安吉无废城市建设”课题，开展年度重点课题调研；选择“残疾人机动车管理”“物流业规范管理提升”“完善学校公共卫生安全体系建设”“工业固废处置”等主题，开展双月对口协商。

(二)立足“补短板”协商监督。继续围绕“城乡生活垃圾分类”主题开展三级政协联动专项集体民主监督;围绕“小区物业管理”“加强土地综合利用”“社会组织培育与管理”“发挥文化礼堂作用”等主题,向相关部门委派民主监督小组,做到在参与中支持,在支持中服务,在服务中监督。

(三)聚焦“增动能”有效服务。要积极主动融入产业转型升级,项目“双进双产”、平台能级提升工作,在项目引进、项目服务上持续发力。广大政协委员要立足本职,强化创新创业,以自身行动助推营商环境优化、亩均论英雄改革等重点工作,为加快高质量发展发挥政协优势。

三、坚守履职匠心,在擦亮专门协商机构牌子上更进一步

(一)协商机制要更完善。要在“选题”上体现“专业”,把党政所想、党政所需、党政所急,转变为政协所思、政协所商、政协所能。要在“搭台”上发挥“专长”,健全完善“请你来协商”体系和“2+6+X”协商格局,打造党政重视、群众欢迎、委员赞许的协商平台。

(二)调查研究要更深入。坚持把调查研究作为制度性安排贯穿于各项履职工作始终,真正做到不调研不协商、先调研后协商、边调研边协商,力求一个建议产生一个效果、一条意见改进一项工作。鼓励委员深入一线,“调”得广泛深入,“查”得实在认真,“研”得充分透彻,“究”得精准到位,切实树立政协组织和政协委员的良好形象。

(三)品牌特色要更彰显。进一步夯实安吉政协的工作品牌,要强化《政协协商工作规范》在协商工作中的基础性作用,严格按照协商层次开展各类协商,防止主题重复、层级交叉。进一步发挥“桥梁”工作室作用,继续推进界别议事厅建设,切实以委员常态化履职推进政协工作高质量发展。

四、广泛凝聚民心,在践行协商为民、真情惠民上更进一步

(一)要高标准开展“四季”提案办理,当好“发展助推器”。深化“四季提案办理协商”品牌,将反映问题相对集中、承办单位相对集中的民生提案予以整理归类,以“一年有四季、四季有协商、协商有主题”为原则开展提案办理协商,切实提升提案办理实效。

(二)要高质量反映社情民意,打造“民意直通车”。继续探索反映社情民意信息的新方法,不断拓宽信息反映渠道和领域。加强信息员队伍建设,进一步完善反映社情民意信息工作考核办法,修订完善编报通报制度,不断激发社情民意信息工作活力。

(三)要高要求推进履职惠民,搭起“百姓连心桥”。继续开展政协委员“走进美丽乡村,真情服务群众”“六下乡”惠民服务活动,努力解决“怎么送”“送什么”的问题。进一步发挥政协文史工作“存史、资政,团结、育人”的重要作用,启动编撰《安吉政协志》。进一步总结挖掘政协工作先进事迹,以先进理念、过硬作风、人格魅力来引导人、影响人、凝聚人。

五、始终不忘初心,在练就与新时代要求相匹配的能力水平上更进一步

(一)要珍惜岗位,切实发挥班子成员的“领头雁”作用。班子成员是政协组织的“关键少数”,要切实增强“四个意识”、坚定“四个自信”、做到“两个维护”。要牢牢把握新时代人民政协的新方位新使命,进一步增强创新意识和进取精神;要深化“不忘初心、牢记使命”主题教育成果,进一步彰显初心、践行使命。

(二)要珍惜荣誉,切实发挥政协委员的主体作用。政协委员是一份荣誉,更是一份责任。广大政协委员要始终牢记习总书记“坚持为国履职、为民尽责”的谆谆教诲,把事业放在心上,把责任扛在肩上,以自身模范行为展现新时代政协委员的新风采。政协组织要更加重视委员学习培训和服务管理,完善委员履职综合考评,激发委员干事担当激情。

(三)要珍惜机会,切实发挥机关干部的保障作用。政协机关是政协工作高质量发展的重要基础,需要政协这个“大家庭”每位成员的共同努力。政协机关干部要树立“文经我手无差错,事交我办请放心”的工作标准,始终保持奋发有为的履职热情,不断增强做好新时代政协工作的自觉性和主动性。

各位委员,同志们!生逢伟大时代,是人生难得际遇;奉献伟大时代,是政协应有担当。让我们更加紧密地团结在以习近平同志为核心的中共中央周围,悉心感悟习总书记的关心关怀,时刻铭记习总书记的谆谆嘱托,再接再厉,顺势而为,乘胜前进,在中共安吉县委的坚强领导下,坚定扛起“两山”理念诞生地的责任担当,全力助推安吉打造“重要窗口”的县域样本,为奋力夺取中国最美县域高质量发展新胜利作出新的更大贡献!

忠诚印寸心——烈士吕挺英勇事迹

吕挺，男，汉族，浙江省东阳市人，1990年5月出生，2012年12月入伍，2014年6月提干，2016年6月入党，大学文化，生前系湖州市消防支队安吉大队安吉中队中队长，三级指挥员消防救援衔，先后参加各类灭火救援战斗2000余次，参与处置“11·26”安吉恒林椅业火灾、“8·10”安吉县报福镇深溪村洪水救助等多个重大灭火救援行动，成功营救被困群众200余人，3次受到个人嘉奖，2次被评为全省消防救援队伍“优秀警官”。

2019年8月14日17时59分，湖州市消防支队安吉大队接到报警：湖州市安吉县鹤鹿溪村西苕溪水域一对父子在乘皮划艇戏水时，不慎被河水冲到下游漩涡处，皮划艇侧翻，2人落水。接警后，中队长吕挺同志立即带领2辆消防车16名指战员，携带皮划艇、救生衣、救生抛投器等水域救援装备赶赴现场处置，并联动安吉民安救援队等民间力量前往支援。

当日，因安吉县上游老石坎水库水位超警戒线，正在泄洪，河道水流湍急，现场河面宽约60米，落水的这对父子，正处于最危险的滚水坝正中区域，其中儿子王某瑜年仅15岁，营救行动刻不容缓。指挥员吕挺，迅速部署救援。在尝试用抛投救生圈方式救援无效，而两名被困人员因承受太久的水流冲击和暗流吸力，体力已达极限，已无力呼救，身体逐渐沉没，情况万分危急。危急关头吕挺立即改变救援方案，招呼另一名消防员“穿好水域装备，做好个人防护，跟我上！”并迅速佩戴好个人救援装备，扣好牵引绳，在激流中全力向落水人员靠近。克服湍急的河水、涌动的暗流，他们一点点地朝着被困人员游动，激流又一次次将他和被困人员冲开。当他用尽全身的力气划水、蹬腿、挪动……终于抓住了被困人员王某瑜，但是急速的水流让他根本没有办法同时和王某瑜共同脱离“白水区”。此时，增援到场的民安救援队驾驶冲锋艇勉强靠近到他们身边。吕挺拼尽所有的力气，将王某瑜托上了冲锋艇。水流越来越急，另一名消防员也因体力不支，被拉上岸时已经晕倒。

河岸边，负责警戒的安全员，发现吕挺体力透支。但白水线前的他，仍未放弃对另一名被困群众王某章的搜救，再次一头扎进水中。随着夜幕的降临、视线越来越差，水位越涨越高，洪水像洗衣机桶一样的翻滚，刚刚接近涡流区的吕挺又被迅速卷了进去。当岸边的队员直接拉拽保护绳，想将吕挺拖上岸时，挂钩的那边却只剩下救生衣，“队长！”绳索的这头深深的扎进了队员心里，那头则挂满了无尽的期盼。

8月16日9时5分，失联37小时的吕挺在失联处下游的1.8

公里处被发现,不幸壮烈牺牲。耳边的嘶声呐喊,却已然唤不醒沉睡的吕挺,他的青春和汗水一如他苍白而坚毅的脸庞,永远无悔地映射在了这片土地。吕挺用自己的行动为队员树起了永远的旗帜,用壮美的青春践行了“全心全意为人民服务”的庄严承诺。

人民卫士铸忠魂,绿水青山悼英烈。8 月 19 日上午 7 时 30 分,吕挺烈士遗体告别仪式在安吉县殡仪馆举行。吕挺烈士的亲属、省市县各级领导,湖州消防各级指战员和自发前来的社会各界群众深情吊唁和送别这位在营救落水群众时英勇牺牲的英雄。告别仪式结束后,烈士家属捧着烈士骨灰盒走出殡仪馆,送往烈士家乡东阳烈士陵园安放。“这座城市感谢您!英雄吕挺,一路走好!”“安吉人民不会忘记您!”英雄的骨灰被送往家乡东阳的烈士陵园安葬,灵车所过之处,数万名安吉群众不顾烈日与高温,自发聚集肃立在道路两旁,他们手握菊花、拉着横幅,载着英雄骨灰的车队驶过,很多人泣不成声;车队渐渐远去,而送别的群众仍驻足路边,久久不愿离去……

为表彰吕挺烈士“初心易得、始终难得”的坚定信念和“赴汤蹈火、舍己为人”的奉献精神,8 月 17 日,应急管理部政治部批准吕挺同志为“烈士”,应急管理部消防救援局追记他“一等功”。浙江省消防救援总队党委追授他“优秀共产党员”称号。共青团浙江省委追授“浙江青年五四奖章”,他被评为 2019 年度“最美湖州人”、2019 年度 11 月“中国好人”、2019 年度“最美浙江人·浙江骄傲”荣誉称号。

9 月 20 日,召开吕挺烈士先进事迹报告会

1月

2—4日 县委书记沈铭权，县委副书记、县长陈永华，县人大常委会主任陆为民，县政协主席叶海珍，县委副书记、政法委书记赵德清等县四套班子领导及县人民法院院长、县人民检察院检察长分别带队赴开发区和递铺街道，示范区和天子湖镇、梅溪镇，开发区和示范区，开发区和天荒坪镇，开发区和昌硕街道、杭垓镇等地开展“服务企业服务群众服务基层”活动。

2—3日 省人大常委会副主任李学忠率队到安吉县开展“服务企业服务群众服务基层”活动，并分别对安吉县河长制及水污染防治工作和人大工作进行调研。

4日 安吉县消防救援大队举行授衔和换装仪式。仪式上，县消防救援大队主要负责人宣读授予消防救援衔命令，全场消防救援人员集体宣誓。沈铭权代表县委县政府向消防救援大队全体消防指战员佩戴新肩章、喜换新队服表示热烈祝贺，并向奋战在一线的队员致以崇高的敬意。

6日 县委举行十四届县委第64次常委会，传达学习省委经济工作会议精神，传达学习全省巡视巡察工作现场推进会主要精神及听取全县贯彻落实会议精神的建议等汇报。

8日 天荒坪镇、山川乡、上墅乡、鄣吴镇、灵峰街道5个全县首批美丽乡镇（街道）就美丽经济、美丽环境、美丽文化、美丽民生、美丽党建“五位一体”协同发展方面作综合考核验收。美丽乡镇（街道）创建旨在补齐全域美丽中的乡镇短板，与乡村振兴战略实施相结合，与乡镇（街道）加快“两山”转化相结合，将打造成为中国最美县域建设的一张新名片。

11日 县委十四届五次全体会议召开。出席这次全会的县委委员35人、候补委员7人。县委常委会主持会议。县委书记沈铭权讲话。县委常委、组织部长吕立传达《安吉县机构改革方案》有关情况。全会深入贯彻习近平总书记关于深化党和国家机构改革的重要论述，传达学习省委省政府、市委市政府关于深化机构改革工作的有关精神要求，研究部署机构改革组织实施工作。

同日 全县机构改革动员大会召开，标志着机构改革正式全面实施。根据方案，机构改革后，县委机构9个，县政府机构包括县政府办公室和工作部门26个。县委书记沈铭权在动员讲话中强调，要深入学习贯彻习近平总书记关于深化党和国家机构改革的重要论述，坚决落实党中央和省市委关于深化机构改革的重大决策部署，把握政策标准、紧盯时间节点、抓住关键环节，周密安排、精心组织，有组织、有纪律、有步骤地推进和落实，确保高质量完成机构改革任务，为“两山”理念新实践、改革开放再出发，高质量建设中国最美县域提供坚强的制度保证。县委副书记、县长陈永华主持，陆为民、叶海珍、赵德清等县四套班子领导参加。

12日 县委政策研究室、县应急管理局、县退役军人事务局、县农业农村局、县自然资源和规划局、县文化和广电旅游体育局、县大数据发展管理局和县医疗保障局、县卫生健康局9家新组建单位举行挂牌仪式。县领导赵德清、陈旭华、潘鸣、任贵明、杨绍军、杜尉栋分赴各单位参加挂牌仪式。

15 日 县委十四届六次全体(扩大)会议暨经济工作会议召开。出席这次全会的县委委员 37 人,候补委员 7 人。县委常委会主持会议,县委书记沈铭权代表县委常委会向全会报告工作。县委副书记、县长陈永华部署 2019 年经济工作。全会回顾总结 2018 年工作及改革开放 40 年来安吉县取得的主要成就,研究部署 2019 年及今后一个时期的重点改革任务,进一步动员全县上下坚定改革开放,创新“两山”实践,奋力开创中国最美县域高质量发展新局面,以优异的成绩迎接新中国成立 70 周年。

16 日 县委举行十四届县委第 65 次常委会会议。传达学习习近平总书记在十九届中央纪委三次全会上的重要讲话精神,研究部署贯彻落实意见;听取县人大常委会党组、县政府党组、县政协党组、县法院党组、县检察院党组工作汇报,并讨论拟提交县“两会”审议的有关工作报告稿。会议还传达市委常委会、市政府常务会议有关精神,听取全县扫黑除恶专项斗争工作的情况、2019 年干部教育培训计划建议方案等汇报,并研究制定相关工作落实意见。

同日 安吉县发布全国首个《政协协商工作规范》,由县政协、浙江省标准化研究院共同起草。《政协协商工作规范》首次将标准化引入政协工作中、首次将特色协商融入协商体系中、首次将“推进建言资政和凝聚共识双向发力”纳入评价体系汇总、首次将品牌概念注入协商平台建设中。

同日 由中央军委政治工作部原副主任贾廷安带领的军队在京第 1 组全国人大代表到安吉考察,市人大常委会主任胡菁菁、副主任张兰新,县人大常委会主任陆为民参加。

17 日 县人民法院在最高法院召开的全国高级法院院长会议上,被授予“全国优秀法院”称号。

同日 农业农村部 2019 年第一批农产品地理标志登记产品名单公布,安吉白茶成功入选,成为全省首个获得地理标志证明商标认证、地理标志产品认证、国家农产品地理标志登记三大认证的茶叶品牌(全国共 3 个)。

21—23 日 中国人民政治协商会议第九届安吉县委员会第三次会议在行政中心召开。

22 日 安吉县成功入选改革开放四十周年最佳营商环境百强县名单。

22—23 日 安吉县第十六届人民代表大会第三次会议在行政中心召开。

24 日 开展第 72 个环境综合治理集中推进日活动。县领导陆为民、叶海珍、赵德清分别率队赴一线检查指导。

25 日 县委常委会召开 2018 年度民主生活会。会议认真学习贯彻习近平总书记在中央政治局民主生活会上的重要讲话精神和省市委常委会民主生活会精神,紧扣“强化创新理论武装,树牢‘四个意识’,坚定‘四个自信’,做到‘两个维护’,勇于担当作为,以求真务实的作风坚决把党中央决策部署落到实处”的主题,深刻进行自我检查、党性分析,找准找实突出问题,严肃开展批评和自我批评。县委书记沈铭权主持会议并作总结讲话。市委主要领导和市委办、市纪委监委、市委组织部有关同志到会指导。

同日 市委书记马晓晖到安吉看望慰问基层群众,向他们表示亲切问候并致以新春祝福。市县领导夏文星、沈铭权参加。

31 日 中国林业产业联合会公布 2018“中国森林体验基地”“中国森林养生基地”和“中国慢生活休闲体验区、村(镇)”名单,江南天池入选“中国森林养生基地”,为全省唯一。

2 月

1 日 县委举行十四届县委第 66 次常委会会议。听取关于贯彻落实省、市纪委全会精神及县纪委十四届四次全会筹备情况的汇报,传达学习省“两会”精神。听取关于 2018 年度两区、乡镇(街道)、机关部门考核结果情况和关于 2018 年全县表彰奖励评选结果的汇报。会议还研究有关干部人事工作。会议书面汇报《中共安吉县委关于 2018 年度意识形态工作责任制落实情况的报告》《安吉县全面推进“学习强国”学习平台建设运用工作方案》。

2 日 “田园鲁家”成功入选首批国家农村产业融合发展示范园。国家发展改革委、农业农村部、工业和信息化部等 7 部委联合发布首批国家农村产业融合发展示范园名单,在省级推荐、第三方评审的基础上,全国有100个单位被认定为首批国家农村产业融合发展示范园。

同日　安吉县成功获评全国基层中医药先进单位。

8日　潜逃14年的肇事司机叶某自广州押解回安吉，2005年"8·15"重大交通肇事逃逸案告破，安吉交警的历史积案清零。

11日　全县作风建设大会发出动员召开。县委书记沈铭权动员全县广大党员干部要迅速收心归位，以倍加昂扬向上、倍加奋发有为的精神状态投入到新一年的工作中去，并以永远在路上的执着把作风建设引向深入，为中国最美县域建设提供更加坚强有力的作风保障。会议表彰了2018年度各类先进。

同日　沈铭权、陈永华、陆为民、叶海珍、赵德清等县四套班子领导，县法院院长、县检察院检察长、人武部政委、政协秘书长齐赴老石坎、共登凤凰山，参加"坚定'两山路'奋进新时代"学习考察活动。一同追忆峥嵘岁月，不忘初心；回望来路，坚定决心；登高望远，充满信心。活动中，县委书记沈铭权，县委副书记、县长陈永华分别为"浙北第一党支部旧址"和"安吉县党史学堂"揭牌。

14日　省政协主席葛慧君带队到安吉，就"请你来协商"平台建设进行调研。省政协领导郑继伟参加，市、县领导钱三雄、杨建新、沈铭权、陈永华、叶海珍陪同。调研组一行还实地调研了县政协"桥梁"工作室、共青团界别议事厅等。

15日　市人大常委会主任胡菁菁带队先后走进杭摩合成材料股份有限公司、鑫盛永磁科技有限公司、恒林椅业股份有限公司、天草生物科技股份有限公司，走访在新一轮新生代企业家"311"领航计划中与之结对的安吉新生代企业家。县人大常委会主任陆为民陪同。

18日　浙江大学医学院附属第一医院安吉分院揭牌仪式在安吉县人民医院举行。浙大一院党委书记梁廷波，常务副院长裘云庆，常务副书记、副院长顾国煜等出席仪式。县委书记沈铭权致辞，县委副书记、县长陈永华主持，县领导陆为民、叶海珍参加。浙江大学医学院附属第一医院是集医疗、教学、科研于一体的大型三级甲等综合医院，与县人民医院建立亲密的合作伙伴关系，选派优质的技术团队和管理团队到安吉工作，让浙大一院的优质医疗资源下沉到基层，为安吉老百姓提供更加优质的服务。

20日　县委举行十四届县委第67次常委会会议。传达学习2019年全省统战部长会议精神、全市加快打造美丽宜居城市暨"三服务"活动推进大会精神，研究部署全县贯彻落实意见，听取关于《安吉县"服务企业服务群众服务基层"活动实施方案》的汇报。会议书面审议《中共安吉县委2019年巡察工作方案》《关于适应中国最美县域建设需要大力发现培养选拔优秀年轻干部的实施意见》。

21日　安吉中通快递有限公司总经理陈义受邀参加"团中央与全国人大代表、全国政协委员面对面"活动。活动中与五位全国人大代表、五位全国政协委员面对面座谈交流。

25日　省发改委网站发布《省发展改革委 省交通运输厅关于调整浙江省综合交通运输发展"十三五"规划的通知》，本次调整，浙江省共新增实施类项目80个，其中安吉4个，分别为申嘉湖高速公路孝源至唐舍段项目、平湖至安吉公路吴址至乌泥坑段项目、商合杭高铁安吉站综合客运枢纽项目、235国道马家渡至横塘段整治工程。

同日　安吉县成功入选"中国创新百强区县"名单，名列第35位。

26日　县委副书记、县长陈永华主持召开县政府第18次常务会议，研究讨论《安吉县工业经济政策》(2019年修订)、《关于深化"亩均论英雄"改革推进企业分类综合评价工作的实施意见》(2019年修订)、《安吉县加快科技创新若干政策》(2019年修订)等事项。会议通报《安吉县明星企业评选办法》(2019年修订)、《安吉国家创新型县建设方案》等事项；书面通报《关于科创园项目准入办法》《关于规范公安机关警务辅助人员管理工作的实施办法》。

27日　县委举行十四届县委第68次常委会(扩大)会议。专题传达学习市"两会"精神，研究部署安吉县贯彻落实工作。县委副书记、县长陈永华传达《湖州市政府工作报告》有关精神，县人大常委会主任陆为民传达市八届人大四次会议精神，县政协主席叶海珍传达市政协八届三次会议精神。

同日　开展第73个环境综合治理集中推进日活动。绵绵细雨中，县领导沈铭权、陈永华、陆为民、叶海珍分别率队赴一线督查指导。

28日 浙江宇翔职业技术学院(筹)与上海琢云航空集团签订校企合作办学协议,并共同揭牌成立航空与交通学院。

3月

1日 安吉椅业品牌专列首发仪式在上海虹桥高铁站举行。县委书记沈铭权致辞,并宣布"安吉椅业号"高铁专列出发;新华社《中国名牌》杂志社总编辑周志懿致辞;县委副书记、县长陈永华与新华社总经理室总经济师陈于农互赠3D打印安吉座椅模型、高铁模型礼物。与会嘉宾和领导共同为安吉椅业品牌专列首发仪式揭幕。这是全国首例以工业制造集群品牌推广为目标的高铁宣传,也是安吉县创新思路为实体经济发展提供公共服务的又一新的尝试。

同日 召开2019年县委巡察工作动员会,对县委第五和第六轮巡察工作进行动员部署。县委副书记、政法委书记赵德清参加。

同日 全县新能源汽车分期租赁二期正式投入运行,场站从一期的县城扩展到乡镇(街道)。

2日 2018年度安吉经济发展风云榜颁奖盛典举行。沈铭权、陈永华、陆为民、叶海珍、赵德清等县四套班子领导,县法检两长,县政协秘书长出席,并为获得各项荣誉的优秀企业及先进集体、个人颁奖。恒林椅业、永艺家具、洁美电子、中源家居、天振竹木、中力机械、永裕竹业、杭摩合成材料、博泰家具、大东方家具获评十大明星企业,并在生态广场竖旗一年表彰。

5日 溪龙乡黄杜村最后一批150万株扶贫"白叶一号"茶苗启程前往四川省青川县。至9日,最后一车50万株茶苗启运,黄杜村向三省捐献的总数为1500万株"扶贫苗"捐运完毕。

同日 县首批674项计时办理事项公布,涉及24个部门,其中5分钟内办结事项165项、10分钟内办结事项67项、15分钟内办结事项224项、30分钟内办结事项115项、60分钟内办结事项103项。

11日 县委举行十四届县委第69次常委会会议。学习《中共浙江省纪委关于2018年度全省查处违反中央八项规定问题情况的通报》,传达学习省委农村工作会议精神,传达学习全市金融支持民营经济高质量发展暨绿色金融改革创新试验区建设推进会精神,并研究部署贯彻落实意见。会议书面审议《安吉县工业经济政策》(2019年修订)、《新时代文明实践中心建设推进暨2019年"3·25"生态日活动筹备情况汇报》,书面通报《关于全省人大促进民营经济高质量发展专项监督视频会议主要精神及县人大贯彻落实情况的汇报》。

14日 省委常委、组织部长黄建发到安吉调研"三服务"工作,走访大康控股集团和双一村,在双一村组织召开了减轻基层负担座谈会。市委常委、组织部长徐仲仪陪同,县领导沈铭权、陈永华参加相关座谈。

15日 省委副书记郑栅洁到安吉县调研省委农村工作会议精神贯彻落实情况。在余村考察村庄建设和乡村经营等内容;在鲁家村,深入调研乡村产业融合发展、深化"千万工程"、农村改革、乡村治理、农村党建等工作。市县领导马晓晖、陈浩、沈铭权、赵德清陪同。

同日 县第十六届人大常委会第20次会议作出《关于奋力推动我县民营经济高质量发展的决议》。

18日 "坚持绿色发展 共享'两山'成果"安吉白茶推介会在京举行。农业农村部中国绿色食品发展中心主任张华荣致辞。县委副书记、县长陈永华在会上发布,2019年安吉白茶于3月27日正式开采。县领导赵德清参加。

同日 递铺路综合改造工程昨启动。至11月4日完工。

19日 市委书记马晓晖到安吉走访乡村,实地调研"三服务"活动开展情况。在安吉分别调研了递铺街道古城村白茶市场项目和三官村旅游集散中心及民宿开发项目,并召开座谈会。市委常委、组织部长徐仲仪参加;县委书记沈铭权陪同。

21日 县委举行十四届县委第70次常委会(扩大)会议。专题传达学习全国两会精神和省市贯彻落实两会精神有关要求,对全县学习贯彻工作作出部署。

同日 县纪委十四届四次全会召开。总结上年度工作,部署今年正风肃纪反腐工作。县委书记沈铭权讲话。县委副书记、县长陈永华主持会议,并传达贯彻省纪委十四届四次全会、市纪委八届三次全会精神。陆为民、叶海珍、赵德清等县四套班子领导，县法院院长、检察院检察长、政协秘书长等参加会议。县委常委、县纪委书记、县监察委代主任柏建华代表县纪委常委会作题为《坚守职责定位 忠诚履职担当 开创安吉纪检监察工作高质量发展新局面》的工作报告。会上，4家单位党委（党组）主要负责人报告主体责任履行情况。会议还通报一批2018年度纪检监察工作先进集体、先进个人。

21—23日 中国国际广播电视信息网络展览会（CCBN2019）在北京中国国际展览中心举行。安吉新闻集团作为唯一县级台受邀参加，向全国展示县级融媒体中心建设的安吉方案。

22日 2019中国安吉白茶博览会开幕式暨“安吉白茶·共享绿色生活”主题论坛举行。农业农村部中国绿色食品发展中心副主任陈兆云，副市长施根宝，县委书记沈铭权分别致辞；县委副书记、县长陈永华主持；县委副书记、政法委书记赵德清参加。开幕式上，安吉成为中国茶产业指数数据采集点之一，并举行了授牌仪式。

同日 安吉县与省中医院第二轮合作签约仪式举行。国医大师葛琳仪，省中医药管理局局长徐伟伟，省中医院党委书记黄琦、院长毛威出席仪式；县委书记沈铭权致辞；县委副书记、县长陈永华代表签约；县人大常委会主任陆为民、县政协主席叶海珍参加。

同日 新时代巾帼文明实践工作现场推进会暨“两山女儿”品牌发布会举行。县委副书记、政法委书记赵德清参加。

23—24日 中国驻外文化和旅游机构主任到安吉，就全域旅游、乡村旅游在乡村振兴战略实施过程中的重要作用和相关经验做法进行调研。中编办一局副巡视员孙传波，中外文化交流中心主任、文化和旅游部海外设施建设管理中心主任段周武参加，县委书记沈铭权陪同。

25日 县委举行十四届县委第71次常委会会议。学习《党政领导干部选拔任用工作条例》，听取关于全省教育大会精神及安吉县贯彻落实建议、关于市委书记马晓晖到安吉县调研讲话精神和全市发展壮大村级集体经济工作推进会议精神及安吉县贯彻落实建议、关于安吉县纪委县监委派驻机构改革有关情况、县十四次党代会以来县民政局工作情况的汇报，并研究制定相关工作落实意见。会议听取《关于省、市、县三级“担当作为好干部”评选表彰活动以及推荐建议人选的情况汇报》。会议还研究有关干部人事工作。

同日 全国新时代文明实践中心（试点）建设推进暨安吉县第十六个“3·25”生态日活动启动仪式在生态广场举行。副市长蒋伟峰、县委书记沈铭权分别致辞，县委副书记、县长陈永华主持，县领导陆为民、叶海珍、赵德清、参加。

同日 举行第74个集中推进日活动。县委书记沈铭权，县委副书记、县长陈永华，县人大常委会主任陆为民，县政协主席叶海珍，县委副书记、政法委书记赵德清分别率队赴一线检查指导。

同日 安吉退休干部胡百顺撰写的论文《文艺典型论的新发展——学习习近平关于文艺的系列论述》在《中国当代文学研究》2019年第2期发表，5月5日在《安吉新闻》全文转载。

27日 全国工商联推进实施乡村振兴战略现场会在安吉召开。全国工商联副主席谢经荣，省委统战部副部长、省工商联党组书记、常务副主席徐旭致辞，市县领导施根宝、方新旗、陈永华参加。

28日 浙江安吉·第四届“两山杯”创新创业大赛新闻发布会在上海“两山”双创园举行。县委书记沈铭权致辞。

同日 国家统计局党组成员、副局长盛来运带队到安吉县考察，县人大常委会主任陆为民陪同。

29日 在全省建设平安浙江工作会议上，安吉县被省委、省政府授予2018年度“平安县”称号，喜获十四连冠。县委书记沈铭权在主会场参加会议，县领导陈永华、赵德清在安吉分会场参加会议。

同日 县委副书记、县长陈永华主持召开县政府第19次常务会议，研究讨论《2019年安吉县乡村振兴战略实施意见》、《关于加快发展现代农业的若干意见》（2019年修订）、《关于实施乡村振兴战略发展壮大村集体经济的若干意见》（2019年修订）等事项。

4月

2日 司法部党组书记、副

部长袁曙宏率队先后到县公共法律服务中心、天荒坪镇余村村调研司法行政工作，详细了解公共法律服务、乡村治理创新等情况。市委书记马晓晖，省司法厅厅长马柏伟，市县领导蒋伟峰、陈永华、赵德清参加。

8日 县委举行十四届县委第72次常委会会议。传达学习全国巡视工作会议暨十九届中央第三轮巡视动员会议精神，传达学习市委常委会议、全省建设平安浙江工作会议、中央扫黑除恶第11督导组督导浙江省工作动员会等会议精神，研究部署贯彻落实意见。会议还听取《2019年安吉县乡村振兴战略实施意见》、《实施乡村振兴战略发展壮大村级集体经济若干意见》(2019年修订)起草说明和关于安吉县国土空间总体规划(2020—2035年)编制工作相关情况的汇报，并研究制定相关工作实施意见。会议书面审议《2019年度落实全面从严治党主体责任考核办法》《关于深入推进安吉白茶"百亿产业 百年品牌"的实施意见》《县委理论学习中心组(扩大)会议建议方案》《关于全市两新党建工作会议精神及我县贯彻落实建议的汇报》《2019年关于"人民满意的公务员"和"人民满意的公务员集体"评选表彰推荐工作情况的汇报》《关于2018年度美丽乡镇考评结果的汇报》。

8日 县委书记沈铭权专题督查全县扫黑除恶专项斗争推进情况。强调要深刻认识开展扫黑除恶专项斗争的重大意义，坚决把思想和行动统一到中央和省市委的部署和要求上来，强化责任、狠抓落实，借势借力、标本兼治，坚决打赢这场硬仗，切实增强人民群众获得感幸福感安全感。县委副书记、政法委书记赵德清参加。

同日 由银润和蓝城集团共同打造的蓝润天使学校奠基仪式举行。县委副书记、县长陈永华参加。

9日 全县农村工作暨乡村振兴战略推进大会举行。部署全面打赢"消薄"(消除集体经济薄弱村)攻坚战、大力推进品牌农业和绿色农业发展、打造更多美丽乡村精品示范村、经营示范村和乡村治理示范村。强化改革引领，落实创新举措，奋力打造全国乡村振兴先导区和农业绿色发展先行区。县政府出台了《2019年安吉县乡村振兴战略实施意见》、《关于加快发展现代农业的若干意见》(2019年修订)、《关于实施乡村振兴战略发展壮大村集体经济的若干意见》(2019年修订)和《关于深入推进安吉白茶"百亿产业 百年品牌"的实施意见》。县委书记沈铭权讲话。县委副书记、县长陈永华主持。会议以视频会议形式召开，各乡镇(街道)设分会场。县农业农村局、梅溪镇、农商银行、天子湖高禹村、宋茗白茶等单位作交流发言。

10日 县委理论学习中心组(扩大)"深化县级媒体融合发展"学习会举行。县委书记沈铭权主持并讲话，县委副书记、县长陈永华，县人大主任陆为民，县政协主席叶海珍，县委副书记、政法委书记赵德清，县委常委、宣传部长陈旭华分别作中心交流发言，县委理论学习中心组其他成员，县级机关各部门主要负责人，各乡镇(街道)党委书记，县委办、宣传部、政研室分管领导参加。会上，县新闻集团作安吉媒体融合发展情况介绍；教育部青年长江学者，中山大学传播与设计学院教授、院长，广东省舆情大数据分析与仿真重点实验室主任张志安作题为《媒体深度融合与报道模式创新》的专题辅导报告。

同日 安吉县成功入选国家级农村职业教育和成人教育示范县名单。

11日 公布第一批取消证明材料清单，"无证明县"创建工作全面启动。首批清单包括69项证明材料，涉及办事项目50项，涉及证明需求部门11个。

同日 由教育部、科学技术部、农业农村部、国家林业和草原局、国家粮食和物资储备局等五部门联合召开的国家级农村职业教育和成人教育示范县创建工作总结会在广东召开。会上，安吉县被授予"国家级农村职业教育和成人教育示范县"的荣誉奖牌。

12日 生态环境部副部长赵英民率队到安吉县检查世界环境日主题活动筹备工作。省生态环境厅副厅长单锦炎，副市长蒋伟峰，县领导陈永华参加。

14日 市委副书记、市长钱三雄到安吉调研工业项目推进情况。分别调研浙江天草生物科技、龙威家具、浙江敏泰科技、浙江速普科技、浙江路联装饰材料、浙江力晟玻璃科技、浙江中力机械等企业和项目现场。县领导沈铭权、陈永华参加。

16日 全市县区"互看互学互比"活动走进安吉。马晓晖、钱三雄、杨建新、陈浩等市四套班子领导，专项督查组组长和各县区党委政府、市直机关部门主要负责人先后到浙江天草生物科技股份有限公司、安吉椅艺产业创新服务综合体项目，现场了解一季度主要经济指标完成情况，以及部分在建项目推进情况。县委书记沈铭权介绍一季度主要经济指标完成情况以及项目“双进”“三服务”活动等开展情况。

22日 县委举行十四届县委第73次常委会会议。学习《中国共产党重大事项请示报告条例》，传达学习全市加快打造枢纽门户城市会议精神，研究部署贯彻落实建议；听取县住建局工作情况、安吉县土地资源要素保障情况等汇报，并研究制定相关工作落实意见。会议还研究有关干部人事工作。会议书面通报《关于中央扫黑除恶第11督导组督导安吉县工作汇报会精神及我县贯彻落实建议的汇报》《关于全市年轻干部座谈会精神及我县贯彻落实建议的汇报》《部分县委议事协调机构组成名单》。

同日 安吉县笔架山农业高新技术产业园区党工委成立。

23日 开展第75个“集中推进日”活动。县委书记沈铭权、县人大常委会主任陆为民分别带队赴一线检查指导。

同日 最高人民法院审判委员会副部级专职委员贺小荣调研浙江行政争议调解中心建设工作情况，走访天荒坪镇余村村和县人民法院等地，并举行座谈会。省高级人民法院院长李占国，副市长蒋伟峰，市中级人民法院院长李章军，县委副书记、政法委书记赵德清，县人民法院院长沈芳君参加。全省法院系统相关负责人参加会议。

24日 在第三届中国（上海）国际竹产业博览会上，杭垓镇获评中国竹木园艺制品之乡，系全国唯一。

25日 在北京召开的“大国攻坚 聚力扶贫——第二届中国优秀扶贫案例报告会”上，安吉帮富党员群体获得东西协作与定点扶贫优秀案例。

27日 安吉县域“两山”转化综合改革试验区总体方案专家咨询评审会在京举行。国家发改委、文化和旅游部、生态环境部等部门代表和高校、智库代表等共同组成专家咨询组，生态环境部环境规划院院长、中国工程院院士王金南任专家咨询组组长，省发改委副主任徐幸，市县领导杨六顺、陈永华参加。经咨询评审认为，安吉开展县域“两山”转化综合改革试验区建设，是深入践行习近平生态文明思想和“两山”理念、进一步打开“两山”转化通道的重要途径。安吉生态资产雄厚、文化底蕴厚重，在绿色发展、“两山”转化等方面进行长期探索并取得积极成效，具备开展试验区建设的条件。

28日 庆“五一”暨第二届安吉“两山”工匠颁奖典礼举行。市政协副主席、总工会主席钟鸣致辞，县领导沈铭权、陆为民、叶海珍、赵德清参加，中建八局总工程师、第44届和45届世界技能大赛管道与制暖项目中国技术专家组组长李本勇应邀出席。

同日 在第二届全国青年运动会皮划艇静水项目比赛的男子单人划艇1000米决赛项目中，安吉籍运动员季博文以3分50秒724的成绩夺得金牌，实现安吉县全国青运会金牌“零”的突破。

30日 县委举行十四届县委第74次常委会（扩大）会议。专题传达学习省委十四届五次全会精神和全省防范化解重大风险培训班相关精神，以及市委常委扩大会议精神、市委常委会议精神，部署全县学习贯彻工作。

同日 县委副书记、县长陈永华主持召开县政府第20次常务会议，研究讨论《安吉县重点建设项目管理和推进工作办法》《安吉县“厨房革命”实施方案》《安吉县农村饮用水达标提标行动方案（2019—2020年）》等事项。

同日 石马港（胜利桥至天目桥段）河道整治及景观工程完工，标志着安吉县首条生态河道正式完成建设。

同日 举行纪念五四运动100周年主题活动。县领导沈铭权、陆为民、叶海珍、赵德清等参加，并为第四届“安吉美丽青年”“安吉美德少年”以及“青年说”大赛五强选手颁奖。

4月 《安吉县森林康养产业发展总体规划（2019－2025）》通过评审，这是全省首个针对森林康养产业发展编制的规划。

5月

5日 县委举行十四届县委第75次常委会会议。学习《习近平总书记关于宗教工作重要论述》，传达学习全省产业创新服务综合体建设现场推进会议精神，研究部署贯彻落实工作；听取县人力社保局工作和世界环境日主题活动筹备工作情况等汇报，并研究制定相关工作落实意见。会议书面审议《关于平安湖州“十二连冠”拟记功集体和个人情况汇报》《县委理论学习中心组学习计划》。

同日　县人民法院公开宣判一起污染环境案件，以污染环境罪判处被告人张某等3人相应刑罚。同时，该院还当庭发出全省首例“土壤生态修复令”，要求被告人限期完成对所污染土壤的生态修复。

6日　浙江宇翔职业技术学院(筹)与上海琢云航空集团共同成立的航空与交通学院举行开班仪式。首批12名飞行学员正式开班。

8日　中共中央政治局委员、天津市委书记李鸿忠率党政代表团到安吉县考察生态文明建设。代表团先后赴天荒坪镇余村、灵峰街道大竹园村考察调研。省市县领导车俊、任振鹤、陈金彪、马晓晖、钱三雄、梁雪冬、沈铭权、陈永华陪同。

同日　县委书记与政协委员“面对面”活动举行。围绕“全国文明城市创建”这一主题，县委书记沈铭权与政协委员面对面座谈交流，零距离听取建议。县政协主席叶海珍主持。

10日　“无愧缶孙·纪念吴长邺先生百岁诞辰书画展”举行开展仪式。县政协主席叶海珍参加，来自上海书画界的嘉宾、吴长邺弟子和亲友等出席仪式。

12日　举行庆祝第108个国际护士节暨“最美护士”颁奖典礼。县委书记沈铭权为“天使之翼”志愿服务总队授旗。县委副书记、县长陈永华致辞。县领导陆为民、叶海珍参加。

13日　在全省高质量建设美丽浙江暨高水平推进“五水共治”大会的杭州主会场上，2018年度“五水共治”(河长制)工作和美丽浙江建设工作考核结果公布，安吉县获得2018年度美丽浙江建设工作优秀县(市、区)荣誉。县委书记沈铭权代表安吉领奖，县领导赵德清在安吉分会场参加。

同日　四川省委副书记、省长尹力率党政代表团到安吉县考察乡村振兴战略实施、助推西部地区脱贫攻坚等工作情况。省市县领导李卫宁、钱三雄、沈志华、沈铭权、陈永华陪同。

同日　中央组织部发布30例“贯彻落实习近平新时代中国特色社会主义思想、在改革发展稳定中攻坚克难的生动案例”编选结果，安吉县报送的《“美丽乡村”的中国范本——浙江安吉坚持生态立县的新农村建设之路》成功入选。

13－15日　“安吉·真游戏”国际研讨会在安吉召开。国家教育部基础教育司副司长姜瑾，中央人民政府驻香港特别行政区联络办公室教科部副部长刘建丰，省教育厅副厅长韩平，县领导陈永华、赵德清、王爱民、任贵明、杨建新、伍水荣参加。县委副书记、县长陈永华首先致辞。在“安吉·真游戏”国际研讨会闭幕式上，安吉县发布首本“安吉游戏”课程教材《放手游戏　发现儿童》。

18日　市委副书记、市长钱三雄率队调研安吉县“三农”工作。先后对宋茗茶博园是安吉白茶一二三产业融合试点项目、天子湖镇受荣村架空玻璃水滑道项目和富民农业生态园工项目进行调研。市县领导蒋伟峰、沈铭权、陈永华参加。

20日　县委举行十四届县委第76次常委会会议。传达车俊同志在省委十四届五次全体(扩大)会议第二次全体会议上的讲话摘要及车俊在省法纪教育基地参观警示教育展时的讲话摘要，传达学习全省高质量建设美丽浙江暨高水平推进“五水共治”大会、全市加快打造生态样板城市大会、全市平安建设夺金鼎总结暨推进基层治理现代化动员会等会议精神，研究部署贯彻落实意见；听取县十四次党代会以来科技局工作情况的汇报，并研究制定相关工作意见。会议还研究干部人事工作，书面审议《关于召开全县领导干部教育警示大会的方案(建议)》。

22日　开展第76个“集中推进日”活动。县委副书记、县长陈永华，县人大常委会主任陆为民，县政协主席叶海珍分别带队赴一线检查指导。

24日　县委举行十四届县委第77次常委会(扩大)会议，宣布省市委干部有关任职通知。省委决定，沈铭权任中共湖州市委常委，并继续兼任安吉县委书记。市委副书记、政法委书记陈浩讲话，县委书记沈铭权作表态发言，县委副书记、县长陈永华主持。陆为民、叶海珍等四套班子领导、县法检两长、人武部政委参加。

同日　全县领导干部警示

教育大会召开，深入贯彻落实中央关于全面从严治党的决策部署，要求广大党员干部以案示警、以案明纪、以案为鉴，始终坚定理想信念，始终保持清醒头脑，始终严明纪律规矩，努力锻造一支忠诚干净担当的干部队伍，全力打造绿水青山的政治生态，为高质量赶超发展提供坚强保障。县委书记沈铭权讲话，县委副书记、县长陈永华主持，陆为民、叶海珍等县四套班子领导，县法检两长、人武部政委参加。会议以视频形式召开，与会人员集中观看警示教育片《以案为鉴 警钟长鸣——党的十九大以来浙江省查处的违纪违法领导干部案件警示录》。

27 日 县委副书记、县长陈永华主持召开县政府第 21 次常务会议，研究讨论《关于全面深化新时代教师队伍建设改革的实施意见》《关于促进民办教育发展的实施意见》《关于全面推进义务教育优质均衡发展的实施意见》《安吉县全面实施差别化停车收费方案》等事项，通报《安吉县"美丽城镇"长效管理行动实施情况》。

同日 首期人大代表电视问政录制完成。县领导陆为民出席录制现场。部分省、市、县人大代表，县人大机关相关负责人，各乡镇(街道)人大负责人，昌硕街道、递铺街道议政员代表以及相关部门、乡镇(街道)有关负责人参加。

28 日 海游天地度假城项目启动仪式举行。市县领导钱三雄、沈铭权、闵云、陈永华参加，国家发改委城市中心规划设计院院长张国华等受邀出席。

29 日 国家开发银行党委副书记、副董事长、行长郑之杰率队到安吉，先后赴天荒坪镇余村、递铺街道鲁家村等地，考察安吉县乡村振兴战略实施和特色产业发展情况。县委副书记、县长陈永华参加。

30 日 国家创新型县建设推进大会举行。县委书记沈铭权讲话，县委副书记、县长陈永华作安吉县国家创新型县建设工作情况介绍，县人大常委会主任陆为民、县政协主席叶海珍为"安吉科技最具影响力事件和人物"颁奖。中国电子信息产业发展研究院与浙江省安吉县人民政府关于共同加快"两山"实践合作项目、浙江省农业科学院与安吉县人民政府关于加快"两山"转化共推乡村振兴合作项目、安吉椅业创新研究院项目、浙江敏泰科技有限公司院士专家工作站四大科技创新项目落户安吉。

同日 成立"两山"科技智库并举行座谈，县委书记沈铭权主持，县委副书记、县长陈永华作安吉国家创新型县建设和"两山"科技智库建设相关情况介绍。县领导陆为民、叶海珍参加。中国两院院士钱逸泰、沈寅初、陈凯先、龚昌德、都有为，俄罗斯自然科学院外籍院士牛济泰，以及国内知名学府、科研机构专家学者出席座谈，并围绕安吉科技创新、"两山"实践、绿色发展等主题建言献策。

同日 安吉县绿洲新农村建设有限公司通过上海证券交易所成功发行 2019 年非公开发行绿色公司债券，这是安吉县首单绿色公司债券。

6 月

1 日 联合国助理秘书长、联合国环境署代理执行主任乔伊斯·姆苏亚率团队先后到灵峰街道大竹园村、天荒坪镇余村村考察生态文明建设，听取安吉法院环境资源审判情况，以及安吉妇联河嫂工程的情况介绍。副省长彭佳学，市县领导沈铭权、蒋伟峰陪同。市中级人民法院院长李章军、县人民法院院长沈芳君参加座谈。

同日 县自然资源和规划局湿地与野生动植物保护中心工作人员首次发现连香树科植物连香树和兰科植物象鼻兰两种国家珍稀濒危植物在安吉县的分布新纪录。

3 日 县委举行十四届县委第 78 次常委会会议。传达学习习近平总书记在亚洲文明对话大会上重要讲话，听取 2019 年两区、乡镇(街道)和部门考核意见(办法)的汇报，听取商务局工作、《关于全面深化新时代教师队伍建设改革的实施意见》起草情况的汇报。会议还听取关于安吉县庆祝新中国成立 70 周年系列活动方案(讨论稿)等汇报，并研究制定相关工作落实意见。会议研究干部人事工作。会议书面审议《部分县委议事协调机构组成名单》《关于安吉县中心城区户外广告整治方案的情况汇报》《安吉县教育发展大会会议方案》。会议书面通报《关于安吉县"美丽城镇"长效管理行动实施情况的汇报》。

同日 中央宣传部组织中央媒体对县内乡村治理"余村

经验”进行主题采访，来自《人民日报》、新华社、中央广播电视总台、《光明日报》、《经济日报》、《中国日报》、《农民日报》、《法制日报》、中国新闻社以及《浙江日报》、浙江卫视等中央、省级新闻媒体齐聚安吉，详细了解“余村经验”的成绩和做法。

同日 举行首届天赋龙舟邀请赛暨孝丰镇第九届孝文化风情活动之“十里渔村”欢乐游活动。县人大常委会主任陆为民出席启动仪式，并宣布活动启动。活动共邀请宁国市宁墩尖峰龙舟队、长兴公安龙舟队、五峰山龙舟队等两省三县的12支队伍共百余名龙舟竞技者参加。

4日 2019年世界环境日·中国环境与发展国际合作委员会(以下简称国合会)年会全球主场活动安吉现场交流活动举行。来自国家发改委城市和小城镇改革发展中心的专家作“中国乡村绿色发展”介绍。国合会代理外方执行副主席赫尔格森、国合会副主席索尔海姆，国合会秘书长、生态环境部副部长赵英民，市县领导钱三雄、陈浩、沈铭权、蒋伟峰、陈永华、赵德清参加。参会嘉宾分组考察美丽乡村建设。

12日 司法部部长傅政华带队先后到天荒坪镇余村、县公共法律服务中心、递铺街道司法所调研司法行政工作。司法部党组成员、副部长刘炤参加。市县领导陈浩、沈铭权、赵德清陪同。

13日 县政府第一届咨询委员会第一次全体会议召开。县委副书记、县长陈永华出席并讲话。县第十五届人大常委会主任、咨询委主任梁为民主持会议。县第十四届人大常委会主任、咨询委副主任吴向明等参加。

17日 县委举行十四届县委第79次常委会会议。学习习近平总书记出席十三届全国人大二次会议解放军和武警部队代表团全体会议的重要讲话精神，学习全国加强乡村治理体系建设工作会议精神，听取综合执法局(城管局)工作情况的汇报。会议听取关于安吉县“担当作为好干部”表彰建议人选名单的汇报，书面审议《关于2019世界环境日·国合会年会安吉考察活动情况的汇报》《关于湖州市“五水共治”工作先进集体和先进个人评选情况汇报》《安吉县干部教育培训主体班次办班管理办法建议方案的汇报》《安吉县涉村(社区)“七多”问题清理整顿实施方案》。会议书面通报《关于全省基层党建工作骨干培训班精神、全市“双创双全”组织力提升工程推进会暨全市基层党建工作骨干培训班精神及我县贯彻落实建议的汇报》。

21日 召开县委书记专题会议，听取十四届县委第五轮巡察工作情况专题汇报，研究部署下一阶段工作。县委书记沈铭权主持会议并讲话，县领导陈永华、赵德清、柏建华参加。

22日 浙江省高考成绩和各类别各段分数线揭晓。全县高考普通类一段上线531人，实现连续六年增长。安吉高级中学教育集团学生鲍越恒以703分位列全省第90名、湖州市第3名，成为安吉县新高考以来首次进入全省前100名的学生。

23日 浙江安吉小鲵国家级自然保护区开展人工保育安吉小鲵野外放归活动。经过多年努力，浙江自然博物院和保护区通过院区合作，成功实现安吉小鲵仿生态人工繁育，并选择在适合其生长的地方将其放归野外。

24日 县委举行十四届县委第80次常委会会议。研究有关干部人事工作。

25日 纪念中国共产党建党98周年座谈会举行，悟初心、担使命、谈体会，共同追忆党的光辉历程，缅怀党的丰功伟绩，进一步激励全县各级党组织和广大党员干部不忘初心、牢记使命，继续奋勇前进。县委书记沈铭权讲话，县委副书记、政法委书记赵德清主持。

同日 庆祝中国共产党建党98周年晚会暨“红色传唱人”首场展演举行。县委书记沈铭权致辞，陈永华、陆为民、叶海珍、赵德清等县四套班子领导，县法检两长出席。

26日 开展第77个“集中推进日”活动。县委副书记、县长陈永华，县政协主席叶海珍分别带队赴一线检查指导。

27日 国家发展改革委公布第二批国家新型城镇化综合试点经验，安吉县“毛竹收购价格指数保险”作为全市扩大政策性农业保险范围的重要组成部分，成功入围并获全国推广。

28日 申嘉湖高速公路湖州鹿山至安吉孝源段举行通车仪式。市委副书记、市长钱三雄宣布通车，副市长项乐民主持仪式，县委副书记、县长陈永华致辞。于30日24时正式通车。

7月

3日 2019年全市第一批“南太湖精英计划”创新领军人才项目名单公布，安吉县浙江中法新材料有限公司申报的“MDF用低温固化粉末涂料的研制”项目被评为A等，成功实现安吉县此类评级“零”突破。

8日 县委举行十四届县委第81次常委会会议。学习习近平总书记在“不忘初心、牢记使命”主题教育工作会议上的重要讲话精神，传达学习中共中央政治局常委、中央纪委书记赵乐际在全国市县巡察工作推进会的讲话精神和中央巡视办主任王鸿津在浙江调研时的讲话精神，研究部署贯彻落实工作；传达学习省委全面深化改革委员会第四次会议关于新时代浙江（安吉）县域践行“两山”理念综合改革创新试验区总体方案议题的相关精神，传达学习“不忘初心，牢记使命”中央指导组及省委常委、组织部长黄建发在安吉调研时的讲话精神；听取《长江三角洲区域一体化发展规划纲要》相关内容解读，学习浙江省推进长三角一体化发展大会精神，研究部署贯彻落实工作。会议还听取县水利局工作情况汇报，并研究制定相关工作落实意见。会议书面审议《关于“平安护航新中国成立70周年大会战”维稳安保工作方案》，书面通报《中共安吉县委党校、安吉县行政学校关于开展办学质量创优评估的自评报告》。

同日 第八届浪漫山川风情旅游系列活动暨云上草原项目试运行启动仪式举行。县领导陈永华参加。

9日 副省长朱从玖率队调研安吉县“稳外贸”工作。在浙江恒林椅业股份有限公司，详细了解企业进出口情况、经验做法和政策诉求，在之后的座谈会上，与恒林股份、五星家具、博泰家具、峰晖竹木、伟誉家具等企业负责人进行座谈。市县领导沈铭权、施根宝、陈永华参加。

10日 县人大常委会组织对赋石水库、老石坎水库和凤凰水库污染源溯源解析工作进行专题视察。县人大常委会主任陆为民带队。

13日 市委书记马晓晖来安吉检查指导防汛工作。先后到赋石水库、孝丰镇赋石村，实地检查指导安吉县防汛工作。市县领导杨六顺、沈铭权参加。

13日 灵峰街道剑山村蔓塘里的“大地之光”文创灯光项目试运营。

18日 杭州某公司11名员工进入山川乡井空里大峡谷游玩时失联。接警后，县应急管理局立即启动应急联动机制，组织消防救援大队、天荒坪派出所、文化和广电旅游体育局、山川乡、山川乡家园卫队、船村村、九亩村，以及凌峰、龙山、蓝天、民安四支民间救援队等奔赴现场展开搜寻，22时发现11位失联人员，于次日凌晨1点左右成功将11名失联人员带回农家乐。

19日 市委副书记、市长钱三雄率队调研安吉新开工工业项目推进情况。走访浙江华力仓储、浙江天璇智控科技、浙江华翊铁芯、安吉祖名豆制品、浙江天名包装、谢菲尔考克碳酸钙、浙江杭摩新材料、中力玻璃、浙江丽孚科技、浙江华策橡塑科技等企业项目现场。市县领导沈铭权、项乐民、陈永华参加。

22日 县委举行十四届县委第82次常委会会议暨县委议军会。会议认真学习贯彻习近平强军思想，落实党管武装工作原则，听取2018年以来全县武装工作推进情况，研究部署安吉县国防动员、后备力量建设和双拥等工作。

同日 县委举行十四届县委第83次常委会会议。学习贯彻全国、全省、全市公安工作会议精神，听取全县公安工作情况汇报，研究部署安吉县贯彻落实工作；听取关于县委十四届七次全体扩大会议安排及全委会报告起草情况和关于开发区、示范区、灵峰旅游度假区、笔架山农高区调研情况以及全县上半年对口帮扶工作进展情况的汇报，并研究制定相关工作落实意见。会议书面审议《安吉县建设全国新时代文明实践中心（试点）工作考核细则（试行）》和《中共安吉县委2019年上半年落实意识形态工作责任制情况的报告》。

24日 省委全面深化改革委员会印发《新时代浙江（安吉）县域践行“两山”理念综合改革创新试验区总体方案》。

同日 全国人大常委会副委员长沈跃跃率调研组先后赴递铺街道鲁家村、灵峰街道大竹园村、天荒坪镇余村和永艺家具股份有限公司调研生态文明建设；到灵峰街道代表联络站调研地方人大工作。省人大常委会党组书记、副主任梁黎明主持座谈，市委书记马晓晖作全市经济社会发展和生态文明建设情况汇报，市县领导钱三雄、胡菁菁、沈铭权、陈永华、陆为民陪同。

同日 举行县长与政协委员"面对面"活动。围绕"乡村治理创新"主题，县委副书记、县长陈永华与政协委员们面对面协商议政，零距离听取意见建议。县政协主席叶海珍主持。

25日 县委副书记、县长陈永华主持召开县政府第22次常务会议，研究讨论《安吉县小额公共资源交易管理办法》《安吉县建筑业提升发展的实施意见》等事项。

29日 县委十四届七次全体(扩大)会议举行。出席这次全会的县委委员33人，候补委员7人。县委常委会主持会议。县委书记沈铭权作大会报告，县委副书记、县长陈永华部署下半年经济工作，县委副书记赵德清出席。会议听取和讨论沈铭权受县委常委会委托作的工作报告，回顾总结上半年工作，研究部署下半年任务，审议通过《中共安吉县委关于高质量推进新时代浙江(安吉)县域践行"两山"理念综合改革创新试验区建设的决定》，进一步动员全县上下坚定信心、实干创新，奋力开创中国最美县域高质量发展新局面，以优异成绩向新中国成立70周年献礼。

31日 县委副书记、县长陈永华带队走访慰问驻地官兵、军人家属、退役军人，并通过他们向驻安吉部队全体官兵和全县军队离退休干部、转业退伍军人、革命伤残军人、烈军属、民兵预备役人员等致以诚挚的问候。

同日 举行庆祝"八一"建军节暨双拥创建主题晚会。县委书记沈铭权致辞，陆为民、叶海珍、赵德清等县四套班子领导、县人武部政委出席，并为"最美退役军人""最美军属""最美民兵"等先进典型颁发荣誉证书。

7月 中央组织部组织编选的《贯彻落实习近平新时代中国特色社会主义思想・在改革发展稳定中攻坚克难案例・生态文明建设》图书出版。安吉县美丽乡村建设经验作为案例之一入选。

8月

2日 县政协"发展竹笋产业，助推竹林生态发展"双月协商会在昌硕街道双一村召开。县政协领导叶海珍等参加。

3日 安吉县2019年度全国文明城市创建推进大会召开。县委书记沈铭权讲话，县委副书记、县长陈永华主持，县领导陆为民、叶海珍、赵德清参加。

9日 县委举行十四届县委第84次常委会会议。学习习近平、丁薛祥在中央和国家机关党的建设工作会议上的讲话精神，传达学习全国人大常委会副委员长沈跃跃在安吉调研讲话精神，传达学习市委第86次常委会议精神，听取《新时代浙江(安吉)县域践行"两山"理念综合改革创新试验区建设工作方案》起草情况、交通投资发展集团有限公司筹建工作情况等汇报，并研究制定相关工作贯彻落实意见。会议讨论有关干部人事工作，书面审议《安吉县违建别墅问题清查整治专项行动实施方案》。

同日 受台风"利奇马"影响，县内大部分地区出现持续暴雨、大暴雨，9日8时至11日9时全县平均降雨量276.6毫米；10个乡镇(街道)极大风速超8级；14座水库超台汛水位；西苕溪梅溪段超警戒水位1.47米。15时，县防指将防台风III级应急响应提升至Ⅰ级应急响应。

13日 省发改委印发《新时代浙江(安吉)县域践行"两山"理念综合改革创新试验区总体方案委内处室工作分工方案》。该方案针对安吉的"两山"试验区建设，明确省发改委各处室分工和具体职能。这是首个省直部门印发支持"两山"试验区建设的文件。

14日 "两山特展"开展暨浙江生态研究院挂牌仪式在浙江自然博物院安吉馆举行。此次"两山特展"活动，设置"安吉余村的故事""重回绿水青山的怀抱""我们可以做什么"等展区，通过图文、视频和历史资料，直观展示在"两山"理念指引下的安吉生态文明建设成果，以期提高全民投身生态文明建设的责任意识与参与意识。省委宣传部副部长葛学斌、中国计量大学校长宋明顺、县委书记沈铭权分别致辞。

14日 20时许，市消防支队安吉大队安吉中队中队长吕挺为营救落水遇险群众，不幸被急流冲走失联。至16日9时9分，搜救队搜寻到吕挺的遗体。

15日 2019中国北京世界园艺博览会"安吉日"活动在北京举行。市委副书记、政法委书记陈浩，市委常委、安吉县委书记沈铭权分别致辞。中国林学会理事长赵树丛、国家林业和草原局副局长刘东生、国际竹藤组织总干事穆秋姆、中国林学会副理事长兼秘书长陈幸良、省林业局局长胡侠、北京世园局总经济师林晋文出席活动。浙江安吉、江西井冈山、四川长宁和青神、福建永安四省五地共同签署发布《竹产业助力攻坚脱贫北京宣言》。

16日 世行项目皈山区域赋石水厂项目、配套管网项目宣告收官，赋石水厂全线通水。

17日 全国21个“贯彻落实习近平新时代中国特色社会主义思想、在改革发展稳定中攻坚克难的生动案例”名单公布，《打造法治建设护航乡村振兴的“余村样板”——浙江省湖州市建设法治乡村的探索与实践》入选。

19日 吕挺烈士遗体告别仪式举行。省应急管理厅厅长凌志峰，省消防救援总队政治委员梁云红、总队长杨国宏参加，市委常委、常务副市长杨六顺讲话，市委常委、安吉县委书记沈铭权主持，陈永华、陆为民、叶海珍、赵德清等县四套班子有关领导参加。

同日 中共安吉县委、安吉县人民政府作出决定，号召全县各级党组织、广大党员干部向吕挺烈士学习。

20—21日 市人大常委会学习会在安吉县召开。会议以实地考察、座谈交流等方式，传达学习习近平总书记对地方人大及其常委会工作的重要指示以及省委人大工作会议、全省各级人大常委会主任学习会精神。市人大常委会党组书记、主任胡菁菁出席并讲话，有关副主任参加。县人大常委会党组书记、主任陆为民作交流发言。

22日 第十三届全国人大常委会第十二次会议听取国务院关于学前教育事业改革和发展情况的报告。“安吉游戏”被写入其中，“学前教育重点工作情况”的“推进科学保教”段落中明确指出，“‘安吉游戏’的实践探索得到国际学前教育界高度肯定，成为中国学前教育一张靓丽的国际‘名片’。”

23日 县委副书记、县长陈永华主持召开县政府第23次常务会议，研究讨论《安吉县企业投资工业项目“标准地”制度实施细则》《安吉县企业投资项目“标准地”奖惩办法（试行）》《安吉县“标准地”企业投资项目信用监管试点实施细则（试行）》《安吉县一般工业固废管理暂行办法（试行）》《进一步推进节地生态安葬的实施方案》等事项。

26日 县委举行十四届县委第85次常委会会议。学习《中国共产党机构编制工作条例》，传达学习省委人大工作会议精神，研究部署贯彻落实工作；分别听取落实省委“不忘初心、牢记使命”主题教育九大专项整治行动、全县垃圾分类工作推进、司法局工作、全县“十四五”规划编制工作方案、“十四五”规划重大前期研究课题计划的起草情况、安吉县防御9号台风“利奇马”工作总结等情况汇报，并研究制定相关工作落实意见。会议书面审议《安吉县城区机关企事业单位开放内部停车场的指导意见》。

同日 省科技厅党组副书记、副厅长宋志恒率各处室负责人来安吉县，调研新时代浙江（安吉）县域践行“两山”理念综合改革创新试验区建设。县领导沈铭权、陈永华、赵德清陪同。

27日 安吉学子杨应政结束为期3天的俄罗斯喀山第45届世界技能大赛，勇夺“管道与制暖”项目银牌，实现安吉县、湖州市本土选手获世界技能大赛奖项“零”突破。杨应政2016年获得浙江省选拔赛第一名、全国选拔赛第二名，2018年获得浙江省选拔赛第一名、全国选拔赛第三名。2019年3月，在第45届世界技能大赛集中阶段性考核中，以第一名的成绩晋级世界技能大赛，赢得第45届世界技能大赛“管道与制暖”项目的唯一参赛名额。

同日 安吉县成功入选2019年国家级电子商务进农村综合示范县名单。

28日 安吉县举行垃圾分类工作推进大会暨二季度村（社区）书记工作视频交流会。县委书记沈铭权强调，安吉作为“两山”理念诞生地，生态文明先行地，必须自加压力、拉高标杆，以样板地、模范生的更高要求，发扬钉钉子精神，创新破难、久久为功，在更高水平上把事关生态文明建设的各项工作做实做好，为全市全省全国提供更多“安吉标准”“安吉样板”。陆为民等县四套班子领导，县检察院检察长参加。

同日 开展第79个生态文明建设（环境综合治理）集中推进日活动。县委书记沈铭权、县人大常委会主任陆为民分别带队，赴一线检查指导。

同日 新中国成立七十周年人才献礼活动暨安吉县第四届“两山杯”创新创业大赛颁奖典礼举行。县委书记沈铭权致辞，县领导陆为民、赵德清出席，并为获奖者颁奖。

29日 举行新时代浙江(安吉)县域践行“两山”理念综合改革创新试验区任务解读培训会，学习领会新时代“两山”试验区总体方案内容，研究部署下阶段重点工作。县委书记沈铭权主持并作小结。副县长杜尉栋作方案任务解读。

同日 省卫生健康委党委书记、主任张平带队到安吉县，就整合型医疗卫生服务体系建设、新时代浙江(安吉)县域践行“两山”理念综合改革创新试验区建设等工作开展调研。县委书记沈铭权参加。

30日 安吉县十六届人大常委会第二十四次会议作出加快推进城乡生活垃圾精准分类的决定。

9月

5—6日 受台风“玲玲”外围环流和冷空气共同影响，晚间安吉县南部山区、主城区和北部平原等地均出现暴雨或大暴雨天气。5日14时至6日8时，全县面雨量91.5毫米，最大天荒坪余村262.1毫米，两项雨情指标均为全省第一。城乡部分道路塌方、群众被困，城区部分路段、居民区积水严重。

6日 城区首批28个机关事业单位错时开放内部停车场。

7日 市委副书记、市长钱三雄到安吉县调研工业投产项目情况。实地调研浙江天振竹木有限公司年产1000万立方米高档复合地板项目、中源家居股份有限公司年产15万套家具生产线项目、永艺家具股份有限公司年产240万套智能家具生产线项目等10个工业项目。市县领导沈铭权、项乐民、陈永华参加。

同日 一名血型为Rh阴性血的患者，向安吉“熊猫血之家”进行求助后，安吉3名Rh阴性血志愿者钟李红、石晶晶、杨启娥在浙江省血液中心及时给予援助。

9日 县委举行十四届县委第86次常委会会议。传达学习《中国共产党宣传工作条例》，传达学习全省美丽城镇建设工作会议精神，听取全县“不忘初心、牢记使命”主题教育总体安排建议、关于世界银行贷款中国医疗卫生改革促进项目国际研讨会筹备情况、县市场监管局工作情况等汇报，并研究制定相关工作贯彻落实意见。会议讨论有关干部人事工作，书面审议《关于中共安吉县委常委分工情况汇报》。

同日 全县教育大会召开。县委书记沈铭权强调，要深入学习贯彻习近平总书记关于建设教育强国的重要论述，围绕“高水平实现教育现代化”这一总目标，抓住机遇、加快发展、提高水平、乘势而上，奋力开创安吉县教育现代化工作新局面，不断提高人民群众对教育的满意度和认可度。县委副书记、县长陈永华主持，县人大常委会主任陆为民、县政协主席叶海珍出席，县委副书记、政法委书记赵德清通报全县教育系统优秀个人，一批正高和特级教师、从教三十周年教师、优秀班主任等受到表彰。

9—12日 省委第十二督导组来安吉县开展“三改一拆”(违建别墅整治)、“五水共治”、小城镇环境综合整治和生活垃圾分类督导工作。9日召开汇报会，县委副书记、县长陈永华汇报相关工作。12日反馈会县委副书记、政法委书记赵德清参加。

10日 举行庆祝第35个教师节暨“敏实杯”最美教师颁奖典礼。县领导沈铭权、陈永华、陆为民、叶海珍、赵德清与现场观众一同向辛勤的园丁致以节日的问候，并为“最美教师”“最美教师”入围奖以及市县“绿叶奖”获得者分别颁奖。

同日 《安吉县垃圾分类推进工作方案》印发，《方案》按照中央和省市工作部署和要求，结合安吉实际，首次统筹兼顾农村生活垃圾、工业固废、城镇生活垃圾，计划通过实施七大专项行动，实现涉及群众知晓率、资源化利用率、无害化处理率、精准分类覆盖率、生活垃圾增长率等方面的三大目标，做到全县域、全行业、全覆盖、全方位、全过程推进垃圾分类。

11日 全县“不忘初心、牢记使命”主题教育工作会议举行。根据中央、省、市委部署安排，县委决定从9月开始，集中3个月时间，以县处级以上领导干部为重点，在全县党员中开展“不忘初心、牢记使命”主题教育。县委书记、县委“不忘初心、牢记使命”主题教育领导小组组长沈铭权和市委“不忘初心、牢记使命”主题教育第十巡回指导组组长王后明分别讲话。12月5日，根据中央和省市委“不忘初心、牢记使命”主题教育部署要求，县委常委会召开主题教育专题民主生活会。会议紧扣学习贯彻习近平新时代中国特色社会主义思想这一主线，聚焦“不忘初心、牢记使命”主题，突出力戒形式主义、官僚主义这一重要内容，围绕理论学习有收获、思想政治受洗礼、干事创业敢担当、为民服务解难题、清正廉洁作表率的目标，按照习近平总书记关于“四个对照”“四个找一找”的要求，盘点收获、检视问题、深刻剖析。市委副书记、市长钱三雄到会指导并讲话，县委书记沈铭权主持会议并代表县委常委会班子作表态发言。市委主题教育第十巡回指导组组长王后明作点评。

同日　省政协港澳委员、华侨委员及港澳台侨代表人士考察团到安吉考察。省政协港澳台侨和外事委员会主任李剑飞参加，县政协主席叶海珍陪同。

12日　深入贯彻落实习近平总书记系列重要指示精神暨新时代浙江(安吉)县域践行“两山”理念综合改革创新试验区建设工作大会召开。省委常委、常务副省长冯飞讲话，市委书记马晓晖致辞，市委副书记、市长钱三雄主持，市委常委、常务副市长杨六顺出席，市委常委、安吉县委书记沈铭权代表安吉作表态发言，陈永华、陆为民、叶海珍、赵德清等县四套班子领导参加。省发展改革委、省生态环境厅、省自然资源厅、省交通运输厅相关负责人分别作交流发言，一批合作项目签约。

同日　全县各乡镇(街道)、县级机关各部门、各组织第一时间行动，动员部署本单位“不忘初心、牢记使命”主题教育开展工作。

17日　2019乡村振兴交流会暨第二届海峡两岸美丽乡村论坛开幕式在安吉县举行。海峡两岸关系协会副会长孙亚夫，市县领导高东、陈永华参加。孙亚夫、陈永华分别致辞。

18日　世界银行贷款中国医疗卫生改革促进项目构建以人为本的整合型医疗卫生服务体系国际研讨会在安吉县举行。国家卫生健康委员会副主任、国务院医改领导小组秘书处副主任王贺胜作情况介绍，国家卫生健康委员会体改司司长梁万年主持，省政府副秘书长蔡晓春致辞；省卫生健康委员会党委书记、主任张平，市委常委、安吉县委书记沈铭权，副市长闵云，副县长任贵明以及世界银行项目团队成员、国家代表、国际研究机构代表等参加。

19日　县委举行十四届县委第87次常委会(扩大)会议。开展“不忘初心、牢记使命”主题教育第一次专题学习活动。

同日　安吉县庆祝人民政协成立70周年主题晚会在新闻集团梅地亚演播大厅举行。晚会以“同心同行‘两山’路”为主题，分为不忘初心·共走过、情系民生·助发展、同心同向·永相随、牢记使命·共追梦等板块。市委常委、安吉县委书记沈铭权致辞，全国政协委员、杭州市政协副主席谢双成，市政协副主席竺鸰受邀出席，县领导陈永华、陆为民、叶海珍、赵德清，担任过安吉县政协主席职务的老领导徐序培、肖金莲参加。

20日　全市首场“致敬新时代英雄”吕挺烈士先进事迹报告会在安吉县行政中心举行。陆为民、叶海珍、赵德清等县四套班子领导，县人民法院院长、县政协秘书长等，与现场党员干部一同用心聆听报告会，缅怀吕挺烈士的英雄壮举，学习吕挺烈士优秀品质。

24日　市政府新闻办在湖举行庆祝新中国成立70周年安吉专场新闻发布会。发布会以“践行‘两山’理念奋力开创中国最美县域高质量发展新局面”为主题，新华社、《人民日报》、中新社等30余家主流媒体记者参加。县委副书记、县长陈永华作主题发布并回答记者提问，县委常委、常务副县长潘鸣回答有关提问。

25日　安吉县开展第80个生态文明建设(环境综合治理)集中推进日活动。县委书记沈铭权、县政协主席叶海珍分别带队，赴一线检查指导。

同日　安吉县成功入选首批国家全域旅游示范区名单。

26日　省委“不忘初心、牢记使命”主题教育第五巡回指导组组长陶时梅带队，到安吉指导调研主题教育开展情况。市委常委、组织部长徐仲仪陪同，市委常委、安吉县委书记沈铭权，县委副书记、县长陈永华参加。

28日　“吾心吾怀——献礼新中国成立七十周年”曹寿槐捐赠百幅书法作品展暨《捐赠作品集》首发式在生态博物馆举行。省文史研究馆专职副馆长章斐龙，民进浙江省委会副主委、杭州市政协副主席谢双成,市县领导杨六顺、沈铭权、李红等出席。

29日 县委举行十四届县委第88次常委会会议。传达学习习近平总书记关于党的问责工作的重要指示精神及新修订《中国共产党问责条例》要点,学习《浙江70年发展的重要启示》,传达学习省委关于《进一步加强检察机关法律监督工作的若干意见》、全市“不忘初心、牢记使命”主题教育推进会议精神,研究部署安吉县贯彻落实工作。会议还听取全国文明城市创建工作推进情况和县财政局工作的汇报,并研究制定相关工作落实意见。会议还研究全县扫黑除恶相关工作推进情况,书面审议《县委第七轮常规巡察方案(审议稿)》。

30日 安吉县公祭革命烈士仪式在孝丰革命烈士陵园举行。沈铭权、陈永华、陆为民、叶海珍、赵德清等县四套班子领导,县检察院检察长、人武部政委参加。

同日 县委书记沈铭权,县委副书记、县长陈永华,县委副书记、政法委书记赵德清,县委常委、组织部长朱伟分别带队,走访慰问新中国成立前参加革命工作的老干部,送去党和政府的关怀和温暖。

同日 “讴歌新中国 奋斗新时代”——安吉县庆祝中华人民共和国成立70周年主题晚会在县城生态广场举行。县委书记沈铭权致辞,县委副书记、县长陈永华主持开幕式,陆为民、叶海珍、赵德清等县四套班子领导,县法检两长、政协秘书长等出席。

同日 安吉虎哥分拣中心正式启用。分拣中心是县城镇生活垃圾分类工作的重要内容之一,也是全市第一个生活垃圾分拣中心。

10月

1日 在庆祝中华人民共和国成立70周年大会上,安吉县有5人受邀到国庆现场。“最美奋斗者”鲍新民受人力资源社会保障部(国家表彰奖励办公室)邀请,黄杜村村委会主任钟玉英受中央扶贫办邀请,第四小学少先队员徐永富受团中央全国少工委邀请参加现场观礼;余村支部书记汪玉成受农业农村部邀请,鲁家村村委会主任裘丽琴受环保部邀请参加国庆花车巡游,分别出现在“希望田野”“乡村振兴”方阵。

同日 中国邮政发行《中华人民共和国成立七十周年》纪念邮票,该套邮票共5枚,其中图案内容为“建设美丽中国”的纪念邮票中出现安吉元素——余村“绿水青山就是金山银山”石碑。

3—7日 县领导沈铭权、陈永华、陆为民、叶海珍分别带队,走访慰问安吉县百岁老人、老专家、老劳模、老干部等,衷心祝愿他们健康长寿、家庭幸福,并通过他们向全县广大老年人致以节日的祝福和问候。

11日 全国政协副主席汪永清率政协视察团先后到递铺街道鲁家村、天荒坪镇余村调研乡村治理创新工作;在座谈会上,视察团与天荒坪镇余村、天子湖镇高禹村、灵峰街道横山坞村等村党组织书记、村民代表面对面交流,认真了解各村乡村治理的创新做法。视察团一行对安吉乡村治理工作取得的成绩表示充分肯定,称赞安吉深入践行“两山”理念,走出了一条生态美、产业兴、百姓富的可持续发展之路,同时也探索走出了一条以“余村经验”为典型代表,以“支部带村、发展强村、民主管村、依法治村、道德润村、生态美村、平安护村、清廉正村”为主要特点的乡村治理之路,希望安吉在乡村治理方面继续进行有益探索,让安吉老百姓有更多的获得感幸福感和安全感,为全国乡村治理现代化贡献更多安吉经验。省政协副主席孙景淼,市县领导杨建新、沈铭权、钟鸣、叶海珍参加。

同日 省长袁家军先后到上港国际、大康控股、中源家居等出口企业调研,详细了解生产经营、科技创新、市场拓展等情况,鼓励企业坚定发展信心,大力弘扬新时代浙商精神,依靠创新发展不断开拓多元国际市场,在激烈的市场竞争中把握先机、赢得主动;要求各地各有关部门要深入开展“三服务”活动,统筹创新企业帮扶工具和手段,助力企业高质量发展,协同联动打赢攻坚战。

同日 全省稳外贸稳外资工作现场会在安吉召开。省长袁家军讲话,副省长朱从玖主持会议。市县领导马晓晖、钱三雄、沈铭权、施根宝、陈永华参加。会上,湖州、安吉等5个市、县区和2家省级单位作交流发言。

同日 全国人大常委会委

员、全国人大宪法和法律委员会委员郑淑娜带领部分山东省全国人大代表到安吉县调研美丽乡村建设，市县领导张兰新、陆为民陪同。

12日　安吉鄣吴·吴昌硕艺术小镇项目举行签约仪式。县领导陈永华、潘鸣、梁蕴伟、任贵明出席。国开行和伟光汇通相关人员参加签约仪式。

16日　县委举行十四届县委第89次常委会会议，传达学习袁家军省长在安吉调研和全省稳外贸稳外资工作现场会上的讲话精神，听取《中共安吉县委关于高水平推进新时代人大工作和建设的意见(审议稿)》起草情况、安吉县五大领域综合行政执法改革工作以及县审计局工作情况的汇报。

23日　开展第81个生态文明建设(环境综合治理)集中推进日活动。县政协主席叶海珍，县委副书记、政法委书记赵德清分别带队，赴一线检查指导。

26日　2019安吉山川·“两山杯”全国山地户外运动多项赛开赛。

28日　安吉县县级领导干部会议举行，宣布省委、市委关于县政府主要领导人事调整的决定。省委、市委决定：宋波任中共安吉县委委员、常委、副书记，提名为安吉县县长候选人；陈永华任湖州师范学院党委副书记，免去其中共安吉县委副书记、常委、委员职务，提议不再担任安吉县县长职务。市委常委、组织部长徐仲仪代表市委到会指导并作重要讲话；市委常委、县委书记沈铭权主持并讲话，陈永华、宋波分别发言。陆为民、叶海珍、赵德清等县四套班子领导，县人民法院院长、人民检察院检察长参加。

29日　县委举行十四届县委第90次常委会会议。学习习近平总书记关于“三农”工作重要论述及《中国共产党农村工作条例》。会议传达学习省委政协工作会议精神，研究部署安吉县贯彻落实工作；听取全县网络意识形态工作，新时代“两山”试验区·安吉县第十二届投资贸易人才洽谈会筹备工作等情况汇报，并研究制定相关工作落实意见。会议讨论有关干部人事工作。

同日　县第十六届人大常委会第二十六次会议作出决定，将“3月25日安吉县生态日”调整为“8月15日安吉县生态文明日”。

31日　安吉龙山107号墓(八亩墩)考古发掘成果专家论证会召开，首次对外公布自2016年以来墓园的考古发掘成果：历时3年，共发掘陪葬墓31座，出土陶、瓷、玉、石等随葬器物346件；其中原始瓷器反映越国原始瓷的最高水平。墓葬位于递铺街道古城村，秦汉时期的鄣郡郡治——安吉古城遗址东南侧约850米处，是龙山越国贵族墓群中规模最大、等级最高的一座。

同日　湖州市暨安吉县人民防空实战演习和全市人防指挥部会议在安吉举行。本次演习代号“湖州金盾—19”，突出人民防空总体筹划、人民防空临战准备、指挥控制人民防空行动3个阶段9个重点课目，采取网上同步、异地联演、室内演习与现场实兵相结合的形式展现。副市长施根宝，湖州军分区政委傅斌，县领导宋波、陆为民、县人武部政委刘小翔，全市各县(区)人防指挥部指挥长和人防办主任参加。

10月　智慧用能平台控制系统PC侧应用、手机软件和大屏综合展示系统正常投入运行，是全国首个面向乡村的“能源大数据中心”。

11月

2日　全县领导干部会议召开。会议认真传达学习贯彻党的十九届四中全会以及省委常委会议和常委扩大会议、全市领导干部会议精神，部署安吉贯彻落实工作。县委书记沈铭权主持，宋波、陆为民、叶海珍、赵德清等县四套班子领导，县法院院长、检察院检察长、政协秘书长出席。会上，沈铭权、宋波分别作有关会议精神传达。

同日　县委人大工作会议召开。县委书记沈铭权在会上强调，要进一步贯彻落实好习近平总书记对地方人大及其常委会工作的重要指示精神，围绕中央和省市委部署，找准人大工作的聚焦点、切入点、发力点，持续用力、坚定前行，以新担当新作为奋力开创新时代安吉人大工作新局面。县委副书记、代县长宋波主持，县人大常委会主任陆为民讲话，县政协主席叶海珍和其他县委常委、县人大常委会副主任，县法院院长、检察院检察长等出席会议。会上，孝丰镇、昌硕街道、天子湖镇、杭垓镇、上墅乡党委或人大作交流发言。

4日 俄罗斯访华记者和代表团一行到安吉余村考察。

7日 继2018年黄杜村捐赠的1500万株"白叶一号"茶苗在西部三省四县落地生根后，2019年首批再向贵州雷山县捐赠300万株中的75万株茶苗在黄杜村装车启运。

同日 县车管所发放安吉县第一张残疾人机动轮椅车牌照。

8日 县委副书记、代县长宋波值第20个中国记者节之际赴安吉新闻集团，慰问新闻工作者，向他们致以节日的问候和美好祝愿。县领导陆为民、叶海珍参加。

12日 县委举行十四届县委第91次常委会会议。传达学习习近平总书记在第二届中国国际进口博览会上的主旨演讲精神。传达学习全省传统制造业改造提升现场推进会，全省深化"千万工程"、建设新时代美丽乡村现场会等会议精神，研究部署安吉县贯彻落实工作；听取做好第二轮中央生态环境保护督察迎检工作情况的汇报，并研究制定相关工作落实意见。

同日 启动抗旱Ⅳ级应急响应。9月7日至11月12日，全县雨量、雨日异常偏少，累计雨量仅27.9毫米，比常年少182.4毫米，雨日8天，比常年少17.4天，均创历史同期新低。至11月24日晚，实施第五轮人工增雨作业后，迎来较长时间的降水。

同日 赛迪顾问县域经济研究中心完成的2019年赛迪县域营商环境百强县研究成果在北京发布。在此次百强榜中，湖州2个县上榜，其中安吉县位列第64位，较长兴县高1位。

13日 在由中国信息通信研究院主办的第二届中国县域工业经济发展论坛上，发布2019年中国创新百强县(市)榜单，安吉列第26位。

14日 省委常委、省纪委书记许罗德到安吉调研经济社会发展情况和纪检监察工作情况。市县领导梁雪冬、沈铭权、柏建华陪同。

15日 在第十七届中国国际农产品交易会上，发布中国农业品牌目录300个具有代表性的特色农产品区域公用品牌、100个农产品区域公用品牌价值评估榜单和影响力指数评价榜单，安吉白茶成功入选，全市唯一。

16日 以"改革创新·绿色发展"为主题的2019新时代"两山"试验区·安吉县第十二届投资贸易人才洽谈会开幕式举行。市委书记马晓晖宣布开幕，外交部原副部长何亚非出席，市委常委、县委书记沈铭权，副市长施根宝分别致辞；县委副书记、代县长宋波主持，陆为民、叶海珍、赵德清等县四套班子领导，县法检两长参加。中国标准化研究院联手安吉，发布全国首个《县域营商环境评价准则》团体标准，填补中国县域营商环境评价关键技术标准的空白。县委常委、常务副县长潘鸣作安吉产业及招商招才政策推介。本次开幕式上共有25个产业项目签约，总投资401.3亿元。其中，场内集中签约项目23个，总投资270.3亿元，10个人才项目在场外签约。举行以"建设新时代'两山'试验区——安吉高质量绿色发展的机遇与展望"为主题的主旨论坛。

19日 县委副书记、代县长宋波主持召开县政府第24次常务会议，研究讨论《安吉县"乡村振兴·电力先行"实施方案》《安吉县现役军人立功受奖人员奖励实施办法》《安吉县绿色小额贷款保证保险(绿贷险)试点实施方案》《安吉县巡游出租车价格改革(试点)实施方案》《关于促进生猪生产保障市场供应的意见》《安吉县农村饮用水价格管理指导意见》等。

同日 国家林业和草原局、中国农林水利气象工会全国委员会印发《关于表彰第四届"中国林业产业突出贡献奖、创新奖"获得者的决定》，安吉自然资源和规划局获得突出贡献奖，浙江耕盛堂生态农业有限公司的竹笋全笋利用开发、水煮竹笋生物保鲜方法及其生物保鲜剂两个项目获得创新奖。

20日 重庆市政协主席王炯带队到安吉县考察。省、市、县政协领导马光明、杨建新、钮建新、叶海珍、杨绍军、杨慧伟陪同。

21日 县人大常委会第二十七次常委会审议通过《关于加强县人民检察院开展公益诉讼工作的决定》。

25日 县委举行十四届县委第92次常委会会议。传达关于《对桐庐县等20个县(市、区)党委巡察工作开展专项检查的情况通报》精神；围绕学习贯彻党的十九届四中全会精神，开展"不忘初心、牢记使命"主题教育专题学习研讨；听取关于《中共安吉县委关于新时代加强和改进人民政协工作的实施意见》起草、市生态环境局安吉分局工作等情况汇报，并研究制定相关工作落实意见。会议书面审议《2019年度落实全面从严治党主体责任检查方案（审议稿）》《县委常委会“不忘初心、牢记使命”专题民主生活会方案（审议稿）》《安吉县机关事业单位工作人员调动管理办法（试行）（审议稿）》《关于推进新时代安吉产业工人队伍建设改革的实施方案（审议稿）》。

同日 县委举行十四届县委第93次常委会（扩大）会议，传达学习省委十四届六次全会和市委常委（扩大）会议精神。会议传达学习省委全会报告和省委《关于认真学习贯彻党的十九届四中全会精神，高水平推进省域治理现代化的决定》的主要精神，传达学习车俊书记在全会结束时的重要讲话精神和市委常委（扩大）会议马晓晖书记的讲话精神。

26日 杭州都市圈一体化发展新闻发布会在安吉召开。会议发布一年来杭州都市圈的建设成果，总结建设经验，在新使命的更高起点展望未来。

27日 杭州都市圈第十次市长联席会议在安吉召开。会议围绕“把握长三角一体化机遇、共创都市圈数字化未来”主题，回顾总结前阶段工作成效，共商共议推动杭州都市圈高质量发展的新思路和新举措。市委书记马晓晖致辞，市委副书记、市长钱三雄和杭州市委常委、常务副市长戴建平，嘉兴市委常委、常务副市长徐淼，绍兴市委副书记、市长盛阅春，衢州市副市长田俊，黄山市委副书记、市长孙勇讲话，市委常委、县委书记沈铭权作都市圈节点区、县（市）合作经验和成果介绍，副市长施根宝主持。同日，与会领导和嘉宾先后到天荒坪镇余村、永艺家具股份有限公司、递铺街道鲁家村等地，考察特色产业发展、乡村振兴战略推进等情况。

同日 2019年全省禁毒文艺巡演活动在浙江科技学院中德工程师学院举行。国家禁毒委副主任、公安部党委委员刘跃进，市县领导钱三雄、夏文星、沈铭权、喻运鑫、宋波、赵德清观看。

28日 县委举行十四届县委第94次常委会会议。听取关于《安吉县综合管理类公务员职级晋升实施办法（试行）》及新增职级配套规范津贴补贴标准有关情况的汇报。

29日 中国少年先锋队安吉县第五次代表大会在县行政中心开幕。县委书记沈铭权出席开幕式并讲话，县委副书记、代县长宋波接受少先队员报告并宣布开幕，县人大常委会主任陆为民、县政协主席叶海珍出席，团市委副书记代旻致辞。

同日 首届“吴昌硕国际艺术奖”颁奖典礼在鄣吴镇举行。

30日 数字化转型助推新时代浙江（安吉）县域践行“两山”理念综合改革创新试验区建设启动仪式举行，为新时代“两山”试验区建设提供数字动力和智慧支撑。启动仪式上，与杭州数梦工场科技有限公司签订绿色智慧城市建设战略合作协议；县大数据发展管理局和杭州电子科技大学签订战略合作协议，并为“两山转化”数字研究院和杭州电子科技大学继续教育学院安吉大数据培训中心揭牌，为4名首批大数据工程师代表颁发证书。

12月

5日 县委政协工作会议召开。县委书记沈铭权在会上强调，干出新时代人民政协新样子，全力推动新时代安吉县政协工作高质量发展。县委副书记、代县长宋波主持，县人大常委会主任陆为民出席，县政协主席叶海珍讲话，县委副书记、政法委书记赵德清和其他县委常委，县政协副主席，县人民法院院长、县人民检察院检察长、县政协秘书长等参加会议。会上，昌硕街道、梅溪镇、教育局、综合执法局4家单位负责人作交流发言。

同日 县委常委会召开主题教育专题民主生活会。市委副书记、市长钱三雄到会指导并讲话，县委书记沈铭权主持会议并代表县委常委会班子作表态发言。市委主题教育第十巡回指导组组长王后明作点评。

6日 省委第十二督导组安吉情况反馈会举行，就安吉县“三改一拆”、“五水共治”、小城镇环境综合整治和垃圾分类工作进行情况反馈。省委第十二督导组组长寿丽萍，县委副书记、代县长宋波参加。

8日 第三届国际“竹产业·竹建筑·竹文化”绿色发展高峰论坛暨2019全国高校竹设计建造大赛颁奖典礼举行。原国家质检总局副局长葛志荣，县委副书记、代县长宋波，县委副书记赵德清参加。上海同济大学获2019全国高校竹设计建造大赛一等奖;香港大学和东南大学获二等奖;北京林业大学、沈阳建筑大学、湖南大学、合肥工业大学获三等奖。

13日 县委举行十四届县委第95次常委会会议。传达学习《中共中央关于加强中国特色社会主义参政党建设的意见》有关精神,传达学习区县委书记工作座谈会精神和市领导在安吉县委常委会专题民主生活会上的讲话精神,传达学习全省县级社会矛盾纠纷调处化解中心建设现场推进会会议精神,研究安吉县贯彻落实工作;听取2020年度县政府民生实事项目筛选情况、2019年度全县表彰表扬工作情况、县委统战工作领导小组工作情况、县统计局工作情况的汇报,并研究制定相关工作落实意见。会议研究干部人事工作。

同日 举行2019年安吉县企业家座谈会。县委书记沈铭权讲话,县委副书记、代县长宋波主持,座谈会上,恒林家居股份有限公司、中源家居股份有限公司、浙江洁美电子科技股份有限公司等13家企业负责人发言。

15日 召开县委书记专题会议,听取十四届县委第六轮巡察工作情况专题汇报,并就进一步提升巡察队伍能力建设和2020年工作谋划进行部署。县委书记沈铭权主持会议并讲话,县委副书记、代县长宋波,县委副书记、政法委书记赵德清,县委常委、县纪委书记、县监委代主任柏建华。

16日 湖州师范学院党委书记金佩华、党委副书记陈永华率队到安吉考察,并围绕深化地校产学研合作等开展座谈,总结前期合作成果,研究进一步深化合作路径,共同推进地校合作再上新台阶。市委常委、县委书记沈铭权,县委副书记、代县长宋波,县人大常委会主任陆为民、县政协主席叶海珍,县委副书记、政法委书记赵德清陪同。

17日 第十二届安洽会重点项目集中开竣工暨格力安吉智能制造产业园项目开工仪式进行。本次参加集中开竣工活动的项目共计35个,其中开工项目20个,竣工项目15个,计划总投资143亿元,涵盖装备制造、绿色家居、文化旅游、基础设施等领域。格力安吉智能制造产业园项目的开工,将推动县内在高端制造业领域取得重大进展。市委副书记、市长钱三雄宣布项目集中开工、竣工。格力电器股份有限公司董事长董明珠,市委常委、县委书记沈铭权分别致辞,县委副书记、代县长宋波主持,县人大常委会主任陆为民,县政协主席叶海珍,县委副书记、政法委书记赵德清等参加。

18日 县委理论学习中心组扩大会议举行,深入学习贯彻党的十九届四中全会精神,交流研讨习近平总书记在浙江工作期间到安吉调研时重要讲话精神和习近平总书记对安吉的重要指示批示精神。县委书记沈铭权主持并讲话,宋波、陆为民、叶海珍、赵德清等县四套班子领导,县法检两长、政协秘书长等参加。

同日 杭州联合银行安吉绿色支行授牌签约仪式举行。杭州联合银行董事长张海林,县委副书记、代县长宋波参加。

19日 杭州知识产权法庭(安吉)巡回审判庭揭牌仪式举行。法庭是经最高人民法院批复成立,跨区域管辖杭州、湖州等六市专利技术类知识产权案件的专门法庭。巡回审判庭的设立将为安吉知识产权保护工作提供强有力的支撑,为营商环境持续优化注入新的活力。浙江高院审委会专职委员许惠春出席,市委常委、县委书记沈铭权致辞,湖州中院党组书记、院长李章军,杭州中院党组成员、副院长邵景腾,县委副书记、政法委书记赵德清等参加。

20日 县委举行十四届县委第96次常委会会议。传达学习中央经济工作会议和省委常委扩大会议、市委常委会议精神,研究部署安吉县贯彻落实意见;听取关于全省机关党的建设工作座谈会精神及安吉县贯彻落实建议的汇报,并研究和制定相关工作落实意见。会议还研究干部人事工作。

25日 县委副书记、代县长宋波主持召开县政府第25次常务会议,研究讨论《关于进一步深入加强推进小区物业管理工作实施意见》《安吉县城镇排水管理实施细则(试行)》《进一步加强城市社区专职工作者队伍建设的实施意见》《安吉县治水治气工作量化问责暂行规定》《关于进一步加强乡镇街道(开发区、示范区)统计队伍建设的实施意见》《安吉县职业技能提升行动实施方案(2019－2021

年)》《安吉县政府贯彻落实“三重一大”事项决策制度实施细则(征求意见稿)》等。

同日 开展第83个“集中推进日”活动。县委副书记、代县长宋波带队赴一线检查指导。

27日 县道霞大线(山川至大里)公路改建工程正式开工建设。

同日 中国传媒大学国际传媒教育学院和安吉新闻集团签订战略合作协议,双方将在人才培养、科学研究、社会服务等方面开展广泛合作。

28日 安吉图书馆新馆落成开放仪式举行。县委书记沈铭权宣布新馆落成并正式对外开放,县委副书记、代县长宋波致辞,省图书馆馆长褚树青,省漫画家协会主席陶小明出席。

同日 安吉县少年儿童体育学校新校区落成仪式暨建校30周年庆活动举行。县委书记沈铭权宣布新校区落成并正式启用。县委副书记、代县长宋波致辞。

31日 县委举行十四届县委第97次常委会会议。传达学习近期中央和省委、市委有关巡视巡察工作会议精神,传达学习省委经济工作会议和市委八届八次全会精神,听取关于《县委十四届八次全体(扩大)会议暨经济工作会议报告(讨论稿)》《中共安吉县委关于认真学习贯彻党的十九届四中全会精神,奋力争当推进县域治理现代化先行地排头兵的决定(讨论稿)》《县委十四届八次全体(扩大)会议暨县委经济工作会议安排(审议稿)》《中共安吉县委贯彻落实“三重一大”事项集体决策制度实施办法》,以及关于安吉县贯彻落实全省深入落实中央八项规定精神持续发力纠治“四风”工作视频会议和全市清廉机关建设推进会精神情况和安吉县城市基层党建工作推进情况的汇报,并研究和制定贯彻落实意见。会议还听取关于圈选市“乡村振兴优秀带头人”推荐人选的情况汇报,书面审议《关于进一步加强城市社区专职工作者队伍建设的实施意见》的汇报。

概 述

县情简介

安吉县隶属浙江省湖州市，素有“中国第一竹乡、中国白茶之乡、中国椅业之乡”之称，县域面积1886平方公里，户籍人口47.22万人，下辖8镇3乡4街道209个行政村(社区)和1个国家级旅游度假区、1个省级经济开发区、1个省际承接产业转移示范区，是习近平总书记“绿水青山就是金山银山”理念诞生地、中国美丽乡村发源地和绿色发展先行地。2019年，全县地区生产总值469.59亿元，增长7.8%；完成财政总收入90.09亿元，增长12.5%，其中地方财政收入53.56亿元，同比增长14.2%。

生态优美，环境宜居。境内“七山一水两分田”，山清水秀、风光旖旎，拥有101万亩竹林、海拔1587米的浙北第一高峰龙王山、总面积1244公顷的安吉小鲵国家级自然保护区，共有河道1633条、总长度1533公里，各类水库山塘4545座、总库容4.35亿立方米。多年来，全县森林覆盖率、林木绿化率均保持在70%以上，空气质量优良率保持在85%以上，地表水、饮用水、出境水达标率均为100%，被誉为气净、水净、土净的“三净之地”，获评全国首个生态县、联合国人居奖首个获得县。

区位优越，交通便捷。地处长三角经济圈的几何中心，是上海黄浦江的源头、杭州都市圈重要的西北节点。全县拥有高速公路2条、国道1条、省道3条、县道49条，公路总里程2236公里；拥有码头16座，航道总里程50公里；拥有通用航空机场1座。未来几年，随着商合杭高铁、申嘉湖高速(二期)等工程的建成使用，综合交通网络更加完善，真正实现30分钟到杭州、湖州，90分钟到上海、苏州、南京、合肥的快捷出行。

历史悠久，人文深厚。建县于东汉灵帝中平二年(公元185年)，县名取自《诗经》“安且吉兮”，是古越国的重要活动地和秦三十六郡古鄣郡郡址所在地。境内的上马坎旧石器文化遗址，将浙江境内人类的历史提前到距今80万年前。全县拥有4个全国重点文物保护单位，数量居全省各县(区)第一，文物蕴藏量居全国各县(区)前十位，非物质文化遗产数量在全省名列前茅。境内地域文化丰富，竹文化、茶文化、昌硕文化、移民文化互相交融，是南朝文学家吴均、艺术大师吴昌硕、林学家陈嵘的故乡。

改革创新，绿色崛起。坚持改革引领，创新“两山”实践。安吉县践行“两山”理念推进美丽乡村建设做法，经中央深改委会议审议入选全国十大改革案例。2019年6月，新时代浙江(安吉)县域践行“两山”理念综合改革创新试验区总体方案经省委深改委会议审议通过并正式实施。加快高质量赶超发展，初步形成了具有地方特色的“1+2+3”生态产业体系，“1”即健康休闲一大优势产业，“2”即绿色家居、高端装备制造两大主导产业，“3”即信息经济、通用航空、现代物流三大新兴产业，三次产业比为5.9∶45.1∶49。至2019年，全县有主板上市企业5家、新三板挂牌企业14家，白茶产业品牌价值达40.92亿，椅业产业占国内市场1/3、出口市场1/2，竹产业以全国1.8%的立竹量创造了全国10%的竹业产值，集民宿、高端旅游综合体、特色小镇于一体的全域旅游全面兴起。

城乡融合，社会和谐。加快"美丽乡村、美丽乡镇、美丽县城"三美共进，全力建设中国最美县域。美丽乡村创建实现全覆盖，建成精品示范村55个、乡村经营示范村15个、善治示范村34个、精品观光带4条，建成区面积达37.6平方公里。由安吉县为第一起草单位的《美丽乡村建设指南》经国家标准委员会于2015年6月发布施行，成为美丽乡村建设国家标准。勇夺省平安县十四连冠，获评全国平安建设先进县，探索走出一条以"余村经验"为典型代表的乡村治理之路。2019年城乡居民人均可支配收入分别为56954元和33488元，同比增长8.2%和9.6%，城乡收入之比为1.7∶1。

气候概况

2019年总的气候概况是：年平均气温偏高，其中7月偏低，2月、5月、6月、9月正常，8月偏高，1月、4月、10月显著偏高，3月、11月、12月异常偏高。年雨量正常，但各月起伏较大，其中10月显著偏少，4月、11月偏少，1月、3月、5—7月正常，12月偏多，8月显著偏多，2月、9月异常偏多。年日照正常，其中2月显著偏少，7月偏少，其余月份均属正常。

2019年极端天气气候事件多发，民生和工农业生产影响较为复杂，有10件重要的天气、气候事件，分别为：1. 变暖趋势持续，岁末偏暖显著；2. 冬季阴雨寡照；3. 强对流频多发；4. 梅雨期长，雨量多气温低；5. 台风"利奇马"袭城；6. 台风"玲玲"引发首次暴雨红色预警；7. 连续高温来迟，总体强度不强；8. 秋季少雨干旱，人工增雨缓解；9. 夏长秋短；10. 八次暴雨，追平纪录。

·主要气候因子变化·

【气温】 全年平均气温偏高，为17.0℃，比常年16.1℃高0.9℃，与上年持平，主要表现为：7月偏低，2月、5月、6月、9月正常，8月偏高，1月、4月、10月显著偏高，3月、11月、12月异常偏高。极端最高气温为37.9℃，出现在7月30日；极端最低气温为−3.6℃，出现在1月27日。

全年日最高气温≥35℃的高温日25天，比常年偏少3.5天；日最低气温≤0℃的天数16天。全年无霜日267天，初霜时间为11月19日，上年度终霜日为本年2月24日。

【降水】 全年降水量偏多，为1706.2毫米，比常年1423.4毫米多282.8毫米，比上年1861.4毫米少155.2毫米，各月降水量起伏较大。主要表现为：其中10月异常偏少，2月偏少，5月、9月偏多，1月、4月、11月显著偏多，8月、12月异常偏多，其余都正常。

全年雨日（雨量≥0.1毫米）150.0天，比常年152.8天少2.8天，比上年174.0天少24.0天。

【日照】 全年日照正常，为1648.2小时，比常年少123.5小时，比上年少413.3小时。全年六分之五月数日照正常，2月显著偏少，7月偏少。

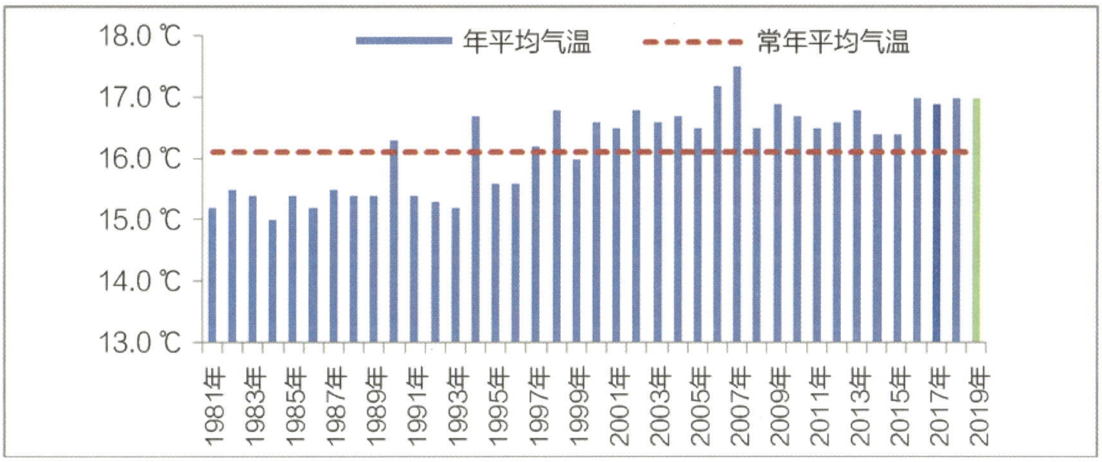

图1　1981—2019年安吉年平均气温示意图（虚线为常年值）

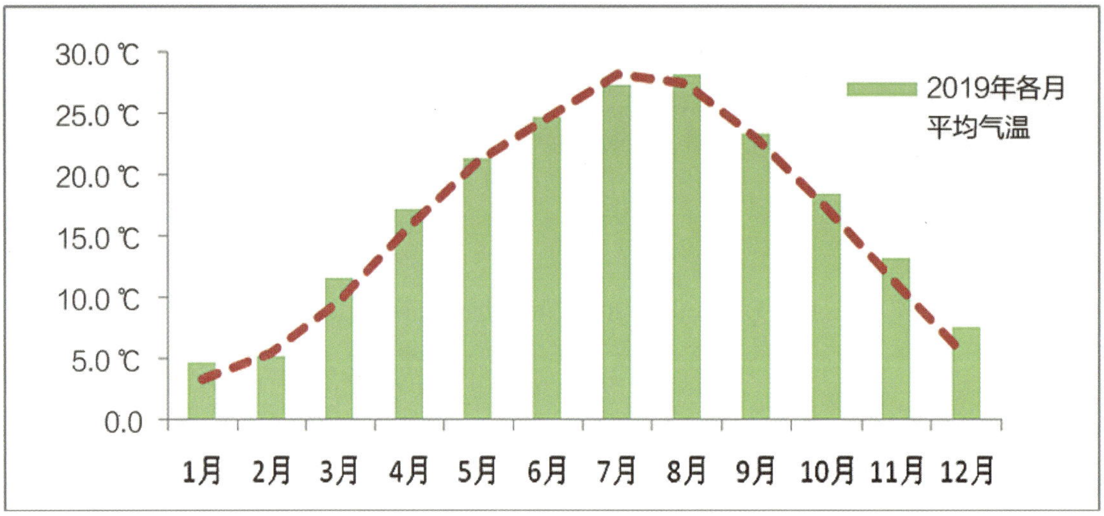

图 2　2019 年安吉各月平均气温示意图(虚线为常年值)

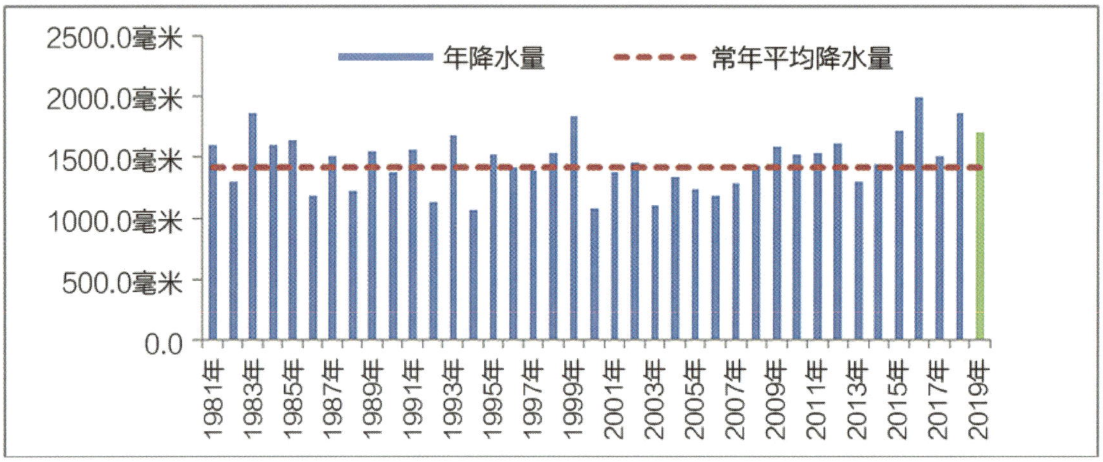

图 3　1981～2019 年安吉年降水量示意图(虚线为常年值)

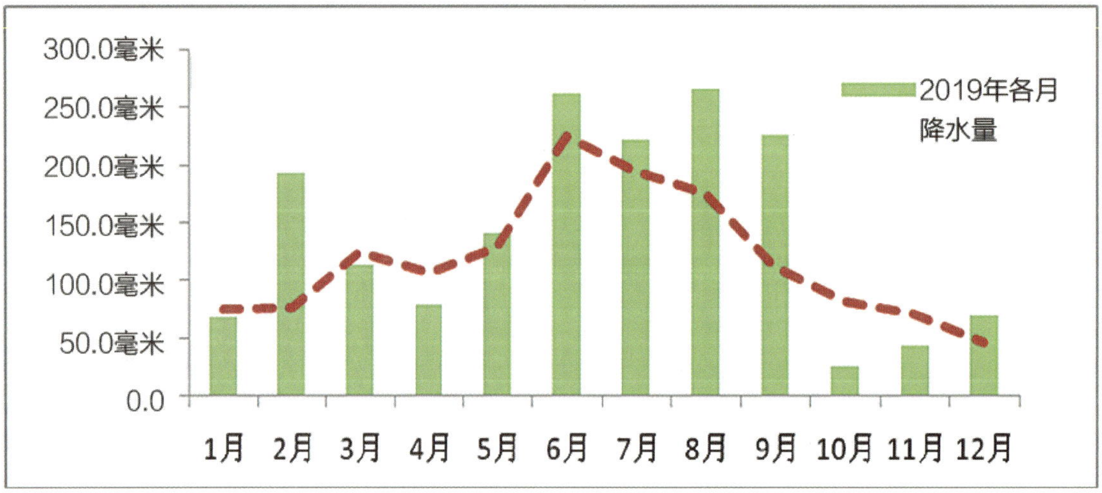

图 4　2019 年安吉各月降水量示意图(虚线为常年值)

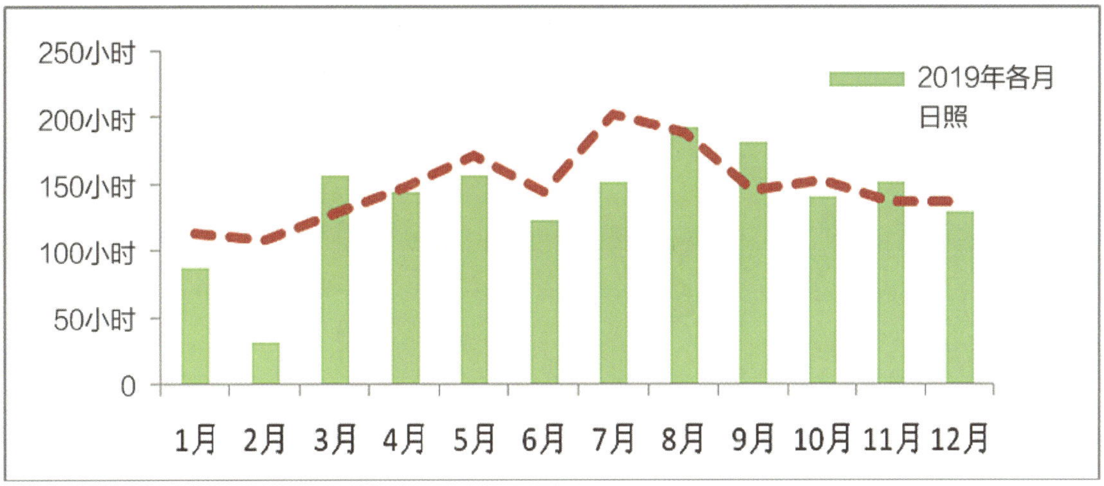

图 5　2019 年安吉各月日照时数示意图(虚线为常年值)

· 重要天气、气候事件 ·

【变暖趋势持续，岁末偏暖显著】 全年平均气温显著偏高，气温变暖趋势持续。2019 年安吉年平均气温为 17.0℃，与 2018 年持平，比常年高 0.9℃，为历史第 4 高值。2019 年 11 月至 12 月平均气温异常偏高，为 10.4℃，较常年偏高 2.2℃，位居历史同期第二高。

【冬季阴雨寡照】 2018 年 12 月至 2019 年 3 月初，安吉县出现历史罕见的冬季长期持续阴雨寡照天气。2018 年 12 月 1 日至 2019 年 3 月 6 日，全县雨量 483.6 毫米，是常年的 2.2 倍，创历史最多；雨日 61.0 天，比常年多 70%，位居历史第二多；日照 187.5 小时，比常年少一半多，创历史新低。

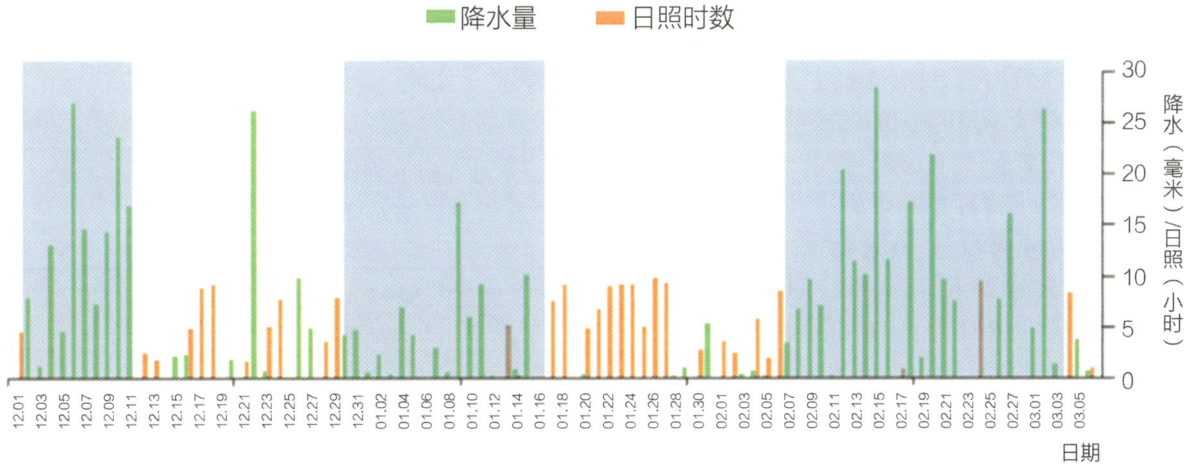

图 6　2018 年 12 月 1 日至 2019 年 3 月 6 日日降水量和日照时数分布图

【强对流频多发】 年内安吉县强对流天气多发，主要出现在 3 至 9 月，其中多次过程伴有冰雹天气。3 月 20 日，杭垓地区出现直径 1 厘米左右的冰雹；4 月 9 日，多地出现短时暴雨和 9—10 级雷雨大风，最大雨量鄣吴 62.6 毫米，最大阵风梅溪 24.5 米/秒(10 级)；6 月 10 日，安吉罗村最大雨量 116.5 毫米，最大雨强 69.4 毫米/小时，伴有小冰雹，并出现 32.6 米/秒(11 级)暴风；8 月 18 日，上墅刘家塘村出现冰雹天气。

3 月 20 日，杭垓地区出现冰雹

【梅雨期长,雨量多气温低】 2019年安吉县6月17日入梅,7月17日出梅,梅期30天,入梅时间比常年(6月16日)略偏迟,出梅时间比常年(7月8日)偏迟,梅期比常年(22.3天)偏长。全县面雨量468.1毫米,比常年偏多7成左右,各地雨量分布较均匀,最大姚村561.8毫米。梅雨期内全县共出现6次阶段性强降水过程,分别是6月18—19日、6月20—21日、6月29—30日、7月6—7日、7月9—10日、7月12—13日。梅雨期内安吉县平均气温异常偏低,为24.7℃,比常年偏低2℃左右。

【台风"利奇马"袭城】 2019年第9号台风"利奇马"于8月4日14时在西北太平洋洋面生成,生成后一直向西北方向移动,强度不断加强,登陆前一直维持超强台风强度,8月10日1时45分在台州市温岭城南镇登陆,登陆时中心附近最大风力16级(52米/秒),中心最低气压930百帕。登陆后向北偏西方向移动,9时减弱为强热带风暴,穿过台州市、金华市、绍兴市、杭州市、湖州市等地,于10日22时离开浙江省进入江苏省。台风"利奇马"是新中国成立以来的第三个超强台风,登陆强度排第三位,仅次于0608号台风"桑美"和5612号台风。

受"利奇马"影响,8月9日8时至11日8时安吉县普降大暴雨,局部特大暴雨,全县面雨量275.8毫米,最大天荒坪上水库雨量615.6毫米和最大小时雨强47毫米,三项均为全市第一,平原普遍出现7~8级大风,

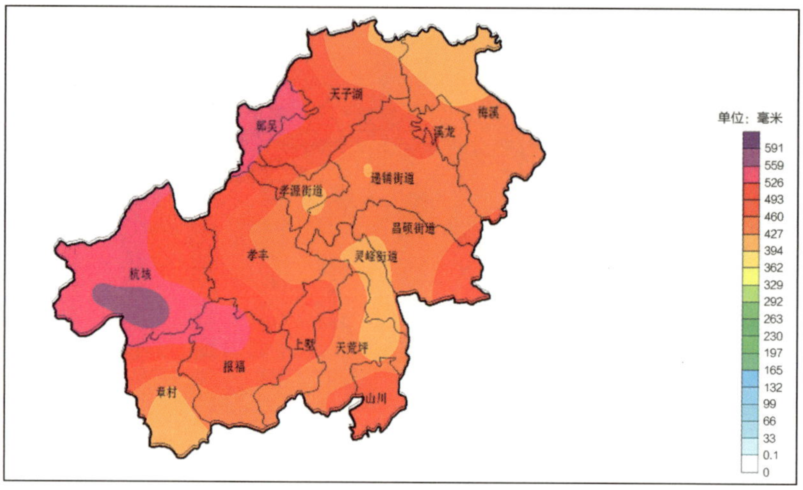

图7 2019年全县梅雨量分布图

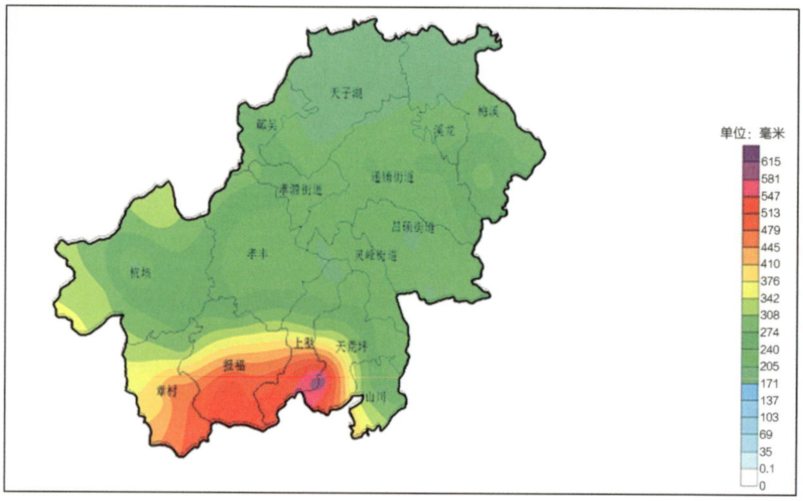

图8 8月9日8时至11日8时,
安吉县气象自动站降水量分布图

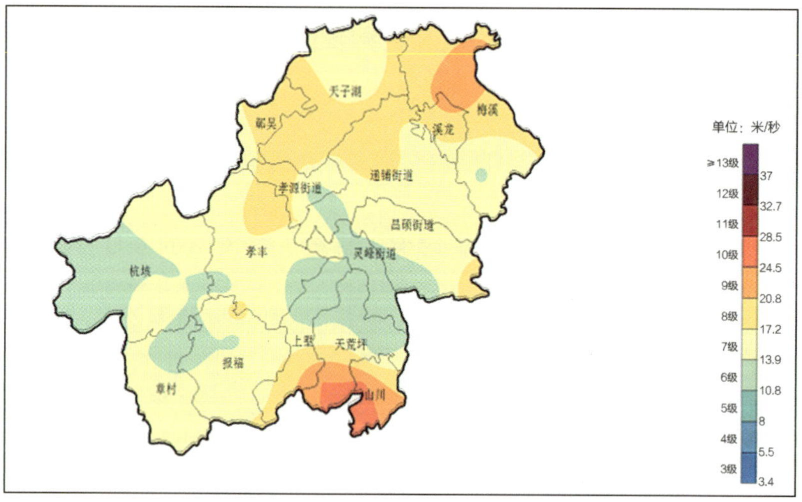

图9 8月9日8时至11日8时,
安吉县气象自动站极大风分布图

高山区 9～10 级大风。“利奇马”对安吉县影响严重，狂风暴雨导致全县江河湖库水位迅猛上涨，造成塌方、山体滑坡、堤防塌陷决口、漫堤、管涌、房屋受损倒塌、树木倒伏、短时停电、道路积涝、学校停课、企业停工、客运停班、航区封航、景区关闭等。

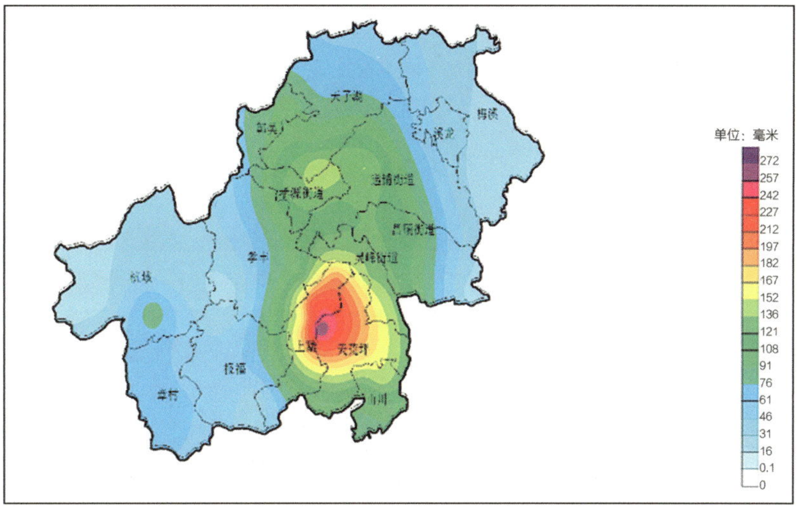

图 10　9 月 5 日 12 时至 6 日 12 时全县气象自动站雨量分布

【台风“玲玲”引发首次暴雨红色预警】 受第 13 号台风“玲玲”外围环流影响，9 月 5—6 日安吉局部出现大暴雨一特大暴雨，雨量中心位于上墅乡、天荒坪镇。据全县自动气象站资料统计，9 月 5 日 12 时至 6 日 12 时，全县面雨量 91.1 毫米，共 19 站超 100 毫米，3 站超 200 毫米，最大为安吉余村 271.6 毫米。最强降水时段出现在 6 日 1 时—3 时，港口、山川 1 小时雨量超 70 毫米，最大 1 小时雨量出现在港口(水文)站达 89.0 毫米。县气象台首次发布暴雨红色预警信号。受强降雨影响，全县河网水库水位，尤其是西苕溪流域迅速上涨，天荒坪镇、递铺街道受灾最重。据浙江新闻网报道，截至 9 月 6 日 8 时，安吉县发生房屋损毁 24 间，房屋进水 300 户，部分企业厂房进水，围墙倒塌 5 处，公路受损 21 处，塌方 41 处，全县断电 14 处。安吉县城大部分道路受淹，最深处达 1.2 米，部分小区和地下停车位进水，车辆受淹严重。

【连续高温来迟，总体强度不强】 2019 年安吉县 6 月至 7 月中旬气温偏低，主要连续高温(≥35℃)时间为 7 月 21 日至 8 月 2 日，时间略有偏迟。年内≥35℃日数为 25 天，≥37℃日数为 4 天，其中最高气温为 37.9℃，总体强度不强。

【秋季少雨干旱，人工增雨缓解】 9 月上旬后期至 11 月下旬前期，安吉县持续少雨干旱，对全县农林业生产、部分地区人民生活用水等带来严重影响，森林火险等级居高不下。9 月 7 日至 11 月 23 日，安吉国家站雨量 30.6 毫米，仅占常年同期的一成多；雨日 10 天，不到常年同期的四成，雨量雨日均创历史新低。县气象局抢抓有利形势，5 次安全实施人工增雨作业，有效缓解旱情。

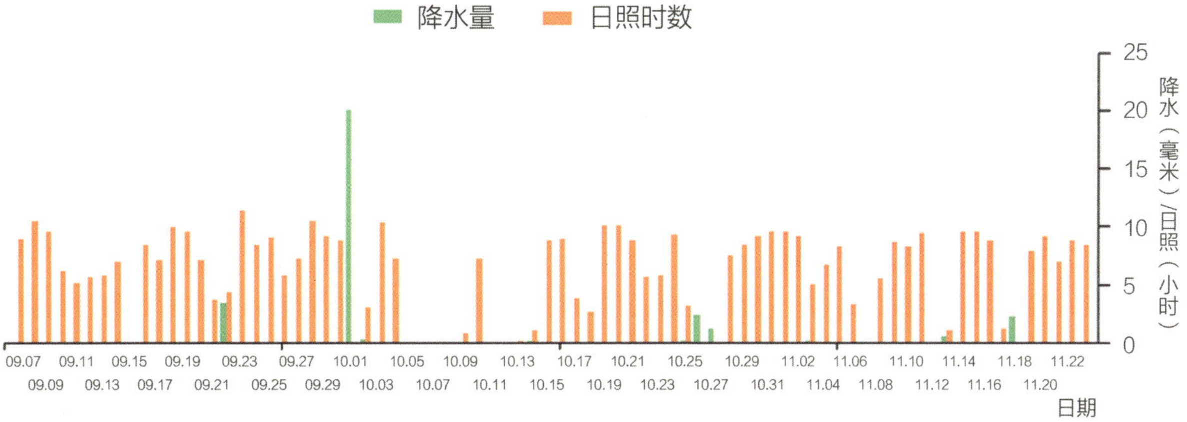

图 11　9 月 7 日—11 月 23 日日降水量和日照时数分布图

安吉县气象局实施人工影响天气作业

【夏长秋短】 2019年5月22日,安吉入夏,比常年偏早2天;10月12日入秋,比常年偏晚20天,为有气象记录以来入秋最晚的年份;11月25日入冬,接近常年略偏早。2019年安吉夏季持续时间长达143天,仅次于2009年,为有气象记录以来第二长的夏季;秋季持续时间仅44天,仅次于2003年、2009年,为有气象记录以来第三短的秋季。

【八次暴雨,追平纪录】 根据安吉国家站数据统计,2019年安吉县暴雨(≥50毫米)日数多达8天,与1960年、1999年并列首位,其中大暴雨(≥100毫米)日数2天,位居第二多。

· 气象防灾减灾体系建设 ·

【气象站建设】 2019年全县新建老石坎、董岭、云上草原区域气象自动站,改建赤坞区域气象自动站,其中云上草原站海拔1090米,为全市海拔最高自动站。2019年安装6套雪深仪,全县累计17个雪深自动测量气象站。

【部门合作】 与县自然资源和规划局联合印发《2019年安吉县突发地质气象风险预(警)报工作方案》,进一步规范工作模式、流程等,明确责任分工。与其他县防指成员单位建立安吉县汛情联合会商专班制度,形成常态化工作机制,更好地服务全县防汛防台抗旱、地质灾害工作。联合县防汛办、县安委办、应急局等7部门开展湖州市安吉县汛期综合应急救援暨小流域山洪及地质灾害防御演练。

【科普宣传】 以"3·23"世界气象日、"5·12"防灾减灾日、安全生产月等为载体,加强对气象防灾减灾科普宣传力度。在电视气象节目及《安吉新闻》"谈天说地"栏目定期发布气象科普知识。充分利用微博、微信、"爱安吉"App、纸媒等,广泛开展人工影响天气有关知识科普宣传。大力推进气象科普进农村文化礼堂工作,将气象科普纳入文化礼堂建设内容。

【基层防灾减灾建设】 2019年18个村(社区)创建省级气象防灾减灾标准化村(社区),全县省级气象防灾减灾标准化村(社区)覆盖率达82.7%。2019年,浙北大峡谷和安吉浪漫山川景区入选全省首批夏季避暑气候胜地。2019年10月20日,由安

云上草原区域气象自动站(海拔高度1090米,全市最高)

10 月 20 日，《美丽乡村气象防灾减灾指南》国家标准在浙江义乌发布

吉县主导制定的国家标准《美丽乡村气象防灾减灾指南》(GB/T 37926—2019)在浙江义乌发布。

（张　莹）

国民经济和社会发展概况

2019 年，安吉县牢牢把握稳中求进的工作总基调，紧扣“1036”改革发展工作部署，坚守初心，勇担使命，刷新赶超发展新成效，打开“两山”建设新局面，全年经济高开稳走、趋稳向好，产业质效不断提升，实体实业加速壮大，社会福祉保障越来越实。

【综合】 初步核算，全年生产总值(GDP)469.59 亿元，比上年增长 7.8%。其中，第一产业增加值 27.72 亿元，第二产业增加值 211.83 亿元，第三产业增加值 230.04 亿元，分别增长 1.8%、6.7%和 9.7%。按户籍人口计算，全县人均生产总值 99612 元，比上年增长 7.3%，按平均汇率(1∶6.895)计算达到 14447 美元。三次产业增加值结构由上年的 6.2∶46.2∶47.6 调整为 5.9∶45.1∶49.0。

2019 年，安吉县居民消费价格总水平(CPI)比上年上涨 3.7%，其中服务项目价格上涨 2.1%，商品零售价格总指数上涨 2.2%。从八大类商品和服务价格看，食品烟酒上涨 6.6%，医疗保健上涨 0.7%，教育文化和娱乐上涨 6.5%，其他用品和服务上涨 4.8%，衣着上涨 1.7%，生活用品及服务上涨 1.2%，居住上涨 3.4%，交通与通信下降 1.4%。

全县实现财政总收入 90.09 亿元，增长 12.5%，其中地方财政收入 53.56 亿元，增长 14.2%。从主要税种看，增值税 18.00 亿元，下降 7.8%；企业所得税 6.15 亿元，增长 87.9%；个人所得税业税为 6.14 亿元，增长 9.3%。全县财政支出 87.56 亿元，增长 17.8%。从支出类别看，一般公共服务支出为 9.09 亿元，增长 14.0%，公共财政民生支出 71.89 亿元，增长 21.49%。其中，节能环保支出 11.97 亿元，增长 41.4%；教育支出 14.98 亿元，增长 0.9%；医疗卫生支出 8.61 亿元，增长 11.4%；科技支出 4.37 亿元，增长 10.1%；社会保障和就业支出 5.53 亿元，增长 12.5%。

2019 年分行业增加值一览表

表 1　　　　单位：万元

指　标　名　称	2019 年	比上年增长(%)
地区生产总值	4695871	7.8
第一产业	277192	1.8
第二产业	2118313	6.7
#工业	1930628	7.3
第三产业	2300366	9.7
#交通运输、仓储和邮政业	124681	1.7
批发和零售业	523105	6.1
住宿和餐饮业	142084	5.7
金融业	374271	12.1
房地产业	280227	10.0
营利性服务业	381682	13.7
非营利性服务业	469272	11.9

2019年居民消费、商品零售和农业生产资料价格比上年涨幅情况表

表2

类　　别	涨　幅(%)	类　　别	涨　幅(%)
居民消费价格总指数	3.7	居住	3.4
食品烟酒	6.6	生活用品及服务	1.2
#粮食	1.6	交通和通信	-1.4
鲜菜	1.8	教育文化和娱乐	6.5
畜肉	27.9	医疗保健	0.7
水产品	-6.3	其他用品和服务	4.8
蛋	6.6	商品零售价格总指数	2.2
鲜果	32.4	农业生产资料价格指数	3.5
衣着	1.7		

2019年规模以上工业增加值一览表

表3

指标名称	绝对数(亿元)	占规上工业增加值比重(%)
工业增加值总计	145.55	100
在总计中：轻工业	81.19	55.78
重工业	64.36	44.22
在总计中：		
#绿色家居	70.89	48.71
#特色椅业	56.48	38.80
绿色竹业	11.49	7.89
生态家纺	2.93	2.01
健康休闲	11.80	8.11
#绿色食品	5.43	3.73
健康医药	6.13	4.21
装备制造	18.76	12.89
#高端装备	8.82	6.06
信息经济	5.19	3.56

【农业和农村建设】 2019年，全县农林牧渔业生产稳中有升，实现农林牧渔业增加值28.20亿元，同比增长1.9%。其中，农业增加值18.99亿元，林业增加值6.21亿元，分别增长1.0%、1.2%；牧业增加值6825万元，下降4.5%；渔业增加值1.84亿元，农林牧渔服务业增加值4770万元，增长18.5%和10.3%。全年粮食播种面积1.39万公顷，增长0.1%；粮食总产量8万吨，增长0.2%。分品种看，稻谷、小麦等主要谷物播种面积和产量均有所下滑，其中稻谷分别下降2.8%、1.9%；小麦分别下降7.9%、1.8%；豆类、薯类则实现种产两增。经济作物播种面积1.49万公顷，增长3.5%，其中油菜籽面积1641公顷，增长4.5%；蔬菜面积7312公顷，下降0.8%；花卉苗木面积3257公顷，增长2.1%。油菜籽产量0.35万吨，增长8.2%；蚕茧产量269吨，下降7.2%；生猪出栏7.62万头，下降19.6%；淡水产品产量1.69万吨，与2018年持平。

2019年末拥有无公害农产品认定的农产品达160个、基地123个，面积达25.51万亩；获得绿色食品认定农产品有73个，基地面积达6.32万亩；获得农产品地理标志1个，认定面积18万亩。全县累计建成“中国美丽乡村”187个村，其中精品示范村55个、122个精品村、8个重点村和2个特色村，完成乡村经营示范村创建15个；15个乡镇美丽乡村全覆盖，全县美丽乡村创建覆盖率达100%。完成农村公路提升改造84.1公里，建成农村联网公路26.61公里，完成农村公路大中修65.89公里，实施农村公路安保工程14.21公里。2019年全县农村饮用水达标提标项目共11个，其中省级提升项目9个，受益人口1.95万人。

【工业】 全年实现规模以上工业增加值145.55亿元，比上年增长7.3%，其中轻工业增加值81.19亿元，增长14.2%；重工业增加值64.36亿元，和上年同期持平。规模以上工业销售产值596.28亿元，增长2.9%，工业产品产销率96.25%。规模以上工业企业完成出口交货值229.52亿元，增长4.2%；出口交货值占销售产值的比重为38.5%，比上年同期下降0.3个百分点。新产品产值233.94亿元，增长12.7%；新产品产值率达37.8%，比上年同期提高2.6个百分点。

全年规模以上工业实现营业收入600.94亿元，比上年增长2.9%；利税71.75亿元，其中利润47.01亿元，分别增长7.0%、12.4%。14个工业行业达到“营业收入超10亿元或利税超亿元”，共实现营业收入531.41亿元、利税总额64.24亿元，分别占全部规模以上工业的88.43%和89.53%。利税超亿元的行业中，家具制造业28.35亿元，增长20.4%；非金属矿物制品业4.70亿元，增长3.1%；通用设备制造业3.28亿元，增长190.6%；化学原料和化学制品制造业2.61亿元，增长15.0%；医药制造业2.53亿元，增长36.8%。全县营业收入超10亿元企业有9家，5亿—10亿元企业有10家。

全年高新技术产业营业收入增长4.7%，利税和利润分别增长17.5%和24.1%。战略新兴产业营业收入、利税和利润分别增长5.9%、12.9%和12.2%。装备制造业实现营业收入105.70亿元，比上年增长11.2%；实现利税10.44亿元，增长20.0%。

【固定资产投资和建筑业】 全年固定资产投资项目497个，完成固定资产投资175.43亿元，比上年增长13.1%，其中基础设施投资50.63亿元，增长67.4%。第二产业投资53.03亿元，增长31.2%，其中技术改造投入36.51亿元，增长16.0%。第三产业投资122.40亿元，增长6.8%。全年完成房地产开发投资70.99亿元，比上年增长2.7%。全年房屋施工面积476.88万平方米，增长24.5%；房屋竣工面积28.36万平方米，下降15.0%；商品房销售面积124.10万平方米，下降4.9%，其中住宅113.98万平方米，下降0.6%；商品房销售额146.28亿元，下降0.8%，其中住宅137.66亿元，增长2.8%。

全县年末在库建筑企业86家，其中一级资质企业5家、二级资质企业53家。全年建筑业企业完成建筑业总产值64.13亿元，增长6.1%，其中建筑工程产值52.43亿元，增长2.0%。安装工程产值8.53亿元，增长41.7%；房屋建筑施工面积433.77万平方米，增长31.3%；竣工面积191.47万平方米，增长33.7%。

【国内贸易和旅游】 全县实现社会消费品零售总额186.47亿元，增长8.8%。从限上单位看，全县消费品零售总额38.36亿元，下降0.5%。其中，粮油、食品类2.98亿元，增长13.4%；金银珠宝类1.04亿元，增长29.0%；汽车类5.66亿元，下降13.9%；石油及制品类5.80亿元，增长0.6%；家用电器和音像器材类2.72亿元，增长20.2%。市场成交额超亿元的市场7个，成交额26.42亿元。

【对外经济】 全年进出口总额276.52亿元，比上年增长8.3%，其中进口6.49亿元，同比下降4.7%，外贸出口270.03亿元，增长8.6%。全县共有出口实绩企业868家，其中2019年新增128家。出口实绩企业中，家具类企业556家，累计出口190.36亿元，同比增长7.2%，占全县出口总额70.9%；塑料制品企业累计出口26.24亿元，同比下降5.8%；竹木制品企业89家，累计出口8.07亿元，同比下降18.0%；化工产品企业累计出口8.32亿元，同比增长5.2%；纺织服装企业累计出口8.68亿元，同比增长57.6%；五金金属制品企业累计出口6.76亿元，同比增长47.3%；机电产品累计出口6.59亿元，同比增长32.9%。

全年共备案外资项目47个，其中新批外商投资企业35家，批准增资项目8个。全年合同外资5.64亿美元；实到外资3.10亿美元，同比增长54.1%。全年新批投资总额千万美元以上项目16个。备案的47个项目中，其中二产项目8个，合同外资10804万美元；三产项目37个，合同外资45535万美元。

【交通运输和邮电】 2019年末全县公路通车里程2236公里，其中高速公路59公里、国道49公里、省道119公里、县道463公里、乡道603公里、村道943公里。全年完成客运量1270万人，同比增长5.9%；客运周转量

4.07亿人公里,同比增长3.7%。完成货运量3831万吨,增长9.7%,其中公路2407万吨,增长18.8%,水路1424万吨,下降3%;货运周转量38.60亿吨公里,增长1.5%,其中公路12.80亿吨公里,增长2.8%,水路25.79亿吨公里,增长0.9%。全年内河港口货物吞吐量29.88万标箱。

2019年末,全县汽车保有量达到17.58万辆,比上年增加8870辆,增长5.3%。其中,小型汽车保有量15.13万辆,比上年增加1.18万辆,增长8.4%。全年小型汽车上牌照1.74万辆,比上年减少668辆,下降3.7%。

全年实现邮政电信业务收入10.94亿元,比上年增长86.4%;全县年末固定电话用户10.25万户,比上年减少9231户;移动电话用户74.31万户,减少2.09万户;年末互联网宽带用户31.77万户,增加1.92万户,增长6.4%;年末互联网光纤用户20.79万户,减少0.36万户,减少1.7%。

【金融】 金融机构年末本外币存款余额678.38亿元,贷款余额761.82亿元,分别比上年增长11.3%和20.5%;全年新增贷款129.64亿元,新增额同比减少2.56亿元。年末住户本外币存款余额328.34亿元,新增32.91亿元,新增额同比多增2.14亿元。

【教育和科技】 2019年末,全县共有小学27所,招生5832人;在校生31429人,比上年增加1269人,小学学龄儿童入学率为100.0%。小学生均校舍建筑面积9平方米,比上年减少1.6平方米;生均图书32.3册,比上年增加6册;每百名学生拥有计算机20台,比上年增加1台。共有初中18所,招生4735人;在校生13646人,比上年增加872人,初中入学率为100.0%。初中生均校舍建筑面积21平方米;生均图书40.5册;每百名学生拥有计算机30台。全县各类中等职业教育学校4所,招生2504人,在校生6322人;普通高中5所,在校生9672人,毕业生3074人。

全县共有专任教师5000人,比上年增长5.7%,具有硕士以上学位教师143人,比上年增加23人。其中,义务教育中小学专任教师2718人,比上年增长2.9%;中等职业教育专任教师475人,比上年增长10.2%。

全县共有幼儿园27所,在园幼儿14841人,下降1.9%。幼儿园专任教师1028人,比上年增加101人。

全年专利申请量4565件;专利授权量4308件,其中发明专利授权103件。全年经认定登记的技术成交项目98项,技术成交金额7.41亿元。年末已

金融机构存贷款余额情况表

表4　　单位:万元

指标名称	2019年末	比年初增减额
金融机构本外币存款余额	6783825	690393
金融机构人民币存款余额	6631803	689370
#住户存款	3275966	328860
金融机构本外币贷款余额	7618173	1296396
金融机构人民币贷款余额	7604876	1300103
#住户贷款	3471711	698734
#短期贷款	1532789	312176
中长期贷款	1938922	386559
#非金融企业及机关团体贷款	4131081	599381
#短期贷款	1086410	6434
中长期贷款	3001937	573628

2019年学校基本情况表

表5

学校类别	学校数(所)	招生数(人)	在校生数(人)	毕业生数(人)	专任教师数(人)
中等职业学校	4	2504	6322	1915	475
普通中学	23	8288	23318	6901	1844
#高中	5	3553	9672	3074	763
小学	27	5832	31429	4703	1637

拥有省级高新技术企业研发中心79家，省级企业研究院23家；拥有国家级高新技术企业159家。全年获省级以上政府奖的科技成果1项。

【文化和体育】 2019年开展电影下乡放映3271场次，举办大型广场文化活动62场，组织基层文化活动902场。年末县图书馆藏书35万册，乡镇文化站藏书21万册。县博物馆建筑面积15924平方米，藏品总量12214件/套，三级以上藏品1343件。2019年末数字电视用户13万户，当年新增1800户。全年出版各类报纸535万份。

2019年全县累计开展各类体育赛事200余场，其中国家级比赛9场、省级比赛16场。新创建省级中心村全民健身广场1个，市级中心村全民健身广场3个、市级中心村体育休闲公园3个、体育设施进公园项目2个。新建省级小康体育提升工程20个，省、市便民体育设施共计38个。新增体育场地面积约15024平方米。培训社会体育指导员新增169人，完成国民体质监测5000人，体彩销售总额达2.6亿元。

【卫生】 2019年末拥有医疗卫生机构205个，其中县级医院5家、县级卫生机构2家、乡镇（街道）卫生院16家、社区卫生服务站125家、民营医疗机构57家。拥有医疗机构核定床位2374张，开放2351张（南湖监狱未纳入）；卫生技术人员3258人，其中执业医师1210人、执业助理医师318人、注册护士1730人。每万人拥有医院（卫生院）床位数50张；每万人拥有卫生技术人员69.3人，其中医生32.5人。全县婴儿死亡率、5岁以下儿童死亡率分别为2.02‰、3.03‰。全县基本医疗保险参保率为99.74%，其中全县年末城乡居民医疗保险参保人数26.45万人，全年报销金额4.19亿元，比上年增长6.9%。

【人口、就业和人民生活】 全县年末户籍人口47.22万人，其中男性23.36万人、城镇人口17.38万人；60岁以上人口11.05万人，占总人口的23.4%，占比比上年提高0.3个百分点。全年出生人口4373人，出生率为9.3‰；死亡人口3101人，死亡率为6.6‰；人口自然增长率为2.7‰。全年新增城镇就业21370人，失业人员再就业6817人，其中困难人员就业1143人，城镇登记失业率2.05%。

据城镇居民家庭抽样调查，全年城镇居民人均可支配收入达到56954元，比上年增长8.2%。其中，工资性收入增长8.2%，经营净收入增长9.6%，财产净收入增长7.8%，转移净收入增长5.8%。人均消费支出37035元，增长8.9%。据农村居民家庭抽样调查，全年农村居民人均可支配收入达到33488元，增长9.6%。其中，工资性收入增长9.3%，经营净收入增长9.5%，财产净收入增长9.7%，转移净收入增长12.5%。人均生活消费支出22935元，增长9.8%。

【社会保障】 全县年末参加城镇基本养老保险人数达到28.68万人，比上年增加2.18万人；参加城乡居民基本医疗保险人数26.45万人，比上年减少0.46万人；参加城镇职工基本医疗保险人数23.11万人，比上年增加1.67万人；参加失业保险人数15.27万人，比上年增加1.32万人；参加工伤保险人数23万人，比上年增加7.39万人；参加生育保险人数15.11万人，比上年增加0.04万人；参加生活保障和生活补助制度的被征地农民1025人，比上年减少112人。

2019年末住房公积金正常缴存人数达到7.06万人，比上年增加1.21万人；全年归集住房公积金9.68亿元，增长14.0%；当年发放个人住房贷款4.22亿元（含公转商贷款），增长12.0%。

全县年末各类收养性社会福利单位拥有床位5076张，收养人数1566人；年末城镇“三无”、农村五保集中供养对象249人，集中供养率90.0%。全年得到政府最低生活保障的家庭4190户，人数6239人，其中城镇579人、农村5660人；全年发放低保保障金5263.6万元；低保标准为每月810元。全年销售社会福利彩票2.02亿元，筹集社会福利资金572万元。

【资源和社会安全】 全年共完成造林面积68公顷，封山育林面积7770公顷，全年森林覆盖率达到70.2%。

全县地表水水质总体良好。100%的监测断面达到Ⅱ、Ⅲ类水质，100%的监测断面水质满足功能区要求，县出境断面水质达标率100%。县域环境空气质量综合指数为3.78，环境空气质量优良率为86.5%。

全年规模工业能耗消费比上年下降5.9%；单位工业增加值能耗降低率为12.3%。全社会用电量35.86亿千瓦时，同比增长6.9%，其中工业用电22.56亿千瓦时，同比增长4.7%。全社会用电量35.86亿千瓦时，同比增长6.9%，其中工业22.56亿千瓦时，同比增长4.7%。

中心城区自来水普及率达100%；中心城区污水处理率达96.66%；生活垃圾无害化处理率达100%；农村生活垃圾分类处理行政村全覆盖；城市建成区面积38.53平方公里，人均公园绿地面积17.35平方米，绿化覆盖率达到45.9%。

2019年除火灾事故外，全县共发生各类安全生产口径事故37起、死亡24人、受伤13人，同比分别下降21.3%、20%、56.7%；没有发生特种设备、农业机械、水上交通领域事故。

安吉县村、社区行政区划情况表

表6

序号	乡镇（街道）	村(169)	社区(40)	
			城市社区(21)	村改居社区(19)
1	递铺街道(33)	双河、雾山寺、吉庆桥、南北庄、鲁家、义士塔、赤芝、三官、银湾、荷花塘、老庄、赵家上、青龙、东山垓、鹤鹿溪、六庄、康山、安城、兰田、古城、垅坝、横塘、蚕桑场、马家、鞍山、万亩	阳光、浦源、桃城	长乐、塘浦、东浜、净土
2	昌硕街道(25)	双一、双溪口、高坞岭、石鹰	天目、玉磬、凤凰、云鸿、灵峰、广场、昌硕、桃园、新街桥、灵芝、铜山桥	上郎、递二、余墩、穆王城、递铺、山头、范潭、芝里、三友、朗里
3	灵峰街道(8)	碧门、霞泉、横山坞、剑山、灵峰、大竹园	浒溪	城南
4	孝源街道(5)	皈山场、孝源、观音桥、尚书圩、洛四房		
5	梅溪镇(26)	武康桥、马村、龙口、红庙、甲子、梅溪、荆湾、章湾、小溪口、板桥、华光、石龙，独山头、干溪桥、长林垓、三山、管城、上舍、路西、钱坑桥、梓坊、铜山	白云、龙翔、紫梅	晓墅
6	溪龙乡(5)	溪龙、徐村湾、后河、新丰、黄杜		
7	天子湖镇(20)	高禹、高庄、余石、吴址、南北湖、吟诗、古苑、张芝、南店、五福、良朋、里沟、溪港、晓云、长隆、西亩、良村、乌泥坑、受荣、迂迢		
8	鄣吴镇(6)	鄣吴、玉华、景坞、民乐、上吴、上堡		
9	杭垓镇(18)	杭垓、松坑、桐杭、唐舍、尚梅、新上塘、磻溪、文岱、桐坑、杭河、岭西、高村、姚村、吴村、缫舍、大坑、七管、和村		
10	孝丰镇(21)	狮古桥、潴口溪、横溪坞、赤坞、白杨、夏阳、赋石、新村、竹根前、大竹竿、大河、老石坎、下汤、横柏、溪南	三眼井、北街、南台	孝丰、城东、城北
11	报福镇(10)	报福、汤口、上张、中张、深溪坞、洪家、石岭、景溪、彭湖、统里		
12	章村镇(8)	章村、长潭、河垓、郎村、浮塘、高山、章里、茅山		
13	上墅乡(7)	刘家塘、田垓、上墅、罗村、施阮、龙王、董岭		
14	天荒坪镇(11)	山河、白水湾、井村、马吉、余村、银坑、横路、大溪、西鹤、港口、五鹤		
15	山川乡(6)	山川、高家堂、马家弄、大里、船村、九亩		

注：行政区划调整时间为2015年12月14日。

中国共产党安吉县委员会

重要会议

【中共安吉县委十四届六次全体(扩大)会议暨经济工作会议】 2019年1月15日，县委十四届六次全体(扩大)会议暨经济工作会议在县城召开，出席全会的县委委员37人，候补委员7人。

县委常委会主持会议，县委书记沈铭权代表县委常委会向全会报告工作。县委副书记、县长陈永华部署2019年经济工作。县委副书记赵德清等参加。

全会高举习近平新时代中国特色社会主义思想伟大旗帜，深入学习贯彻党的十九大精神，按照中央、省市委全会和经济工作会议的部署要求，回顾总结2018年工作及改革开放40年来安吉县取得的主要成就，研究部署2019年及今后一个时期的重点改革任务，进一步动员全县上下坚定改革开放，创新“两山”实践，奋力开创中国最美县域高质量发展新局面，以优异的成绩迎接新中国成立70周年。

1月15日，县委十四届六次全体(扩大)会议暨经济工作会议召开

全会指出，改革开放40年来，全县上下砥砺奋进，综合实力实现历史跨越，城乡面貌翻天覆地变化，安吉人民不断走向美好生活。2018年是改革开放40周年，是全面贯彻党的十九大精神开局之年，也是安吉大事要事集中、好事喜事不断的一年。2018年，县委常委会团结带领全县广大党员干部群众，以十大重点改革发展领域三年行动为总抓手，纵深推进中国最美县域建设。安吉始终聚焦高质量、高实效、高品质、高水平、高标准，经济发展提速提质，改革开放出新出彩，环境治理有力有效，民生保障更实更优，党的建设从严从紧，全县经济社会发展取得了新成效。

全会强调，县委必须认清形势，在生态文明建设系统谋划、“两山”理念创新实践路径、全域美丽共建共享等方面，增强责任感，持续创造优势；在加强项目支撑、提升平台能级、引进科技人才等方面，增强紧迫感，加快赶超发展；在创新乡村振兴机制、增强民生保障后劲、提升服务群众水平等方面,增强方向感,引领美好生活,继续保持与时代同行。要切实用好"改革"这个关键一招,以改革之力,全力构建生态文明新秩序,打通"两山"转化新通道,共筑民生福祉新格局,高水平推动安吉美起来、富起来、强起来,高质量谱写践行"两山"理念建设中国最美县域新篇章。

全会强调,2019年是新中国成立70周年,是全面建成小康社会的关键之年,也是实现第一个百年奋斗目标的关键之年。县委要始终保持战略定力,一以贯之抓落实;又要不断创新实践,更加注重用改革的思路、举措和方法推进中国最美县域建设。做好2019年工作的总体要求是:高举习近平新时代中国特色社会主义思想伟大旗帜,深入贯彻落实党的十九大和中央、省市委全会以及经济工作会议精神,按照省委"八八战略再深化、改革开放再出发"和市委"一四六十"工作体系部署要求,坚持深化市场化改革、扩大高水平开放,持续推进重点改革发展领域十大工程,全面开展"招大引强攻坚年、亩均改革推进年、营商环境优化年"行动,切实抓好"改进要素配置、改进动能转换、改进服务效能、推进生态治理、推进城乡治理、推进社会治理"六方面重点工作,奋力开创中国最美县域高质量发展新局面。

全会强调,围绕2019年全县工作指导思想和目标任务,重点抓好六个方面工作:改进要素配置,全面激发市场活力;改进动能转换,全面提升创新能力;改进服务效能,全面增强内生动力;推进生态治理,持续提升全域美丽;推进城乡治理,持续增进民生福祉;推进社会治理,持续巩固平安大局。

全会强调,切实加强和改进党的领导,是全面深化改革的根本保障。全县各级党组织和广大党员干部要全面落实新时代党的建设总要求,始终做到党的决策部署在哪里,思想行动就跟进到哪里,确保各项重点改革任务落地落实。要坚持思想先行,增强行动自觉,凝聚智慧力量,营造崇尚改革的好氛围。要强化实干导向,强化从严管理,强化关心关爱,打造勇于改革的好团队。要落实主体责任,打造服务集群,激发工作活力,筑牢深化改革的好阵地。要严明纪律、严实作风、严惩腐败,培育护航改革的好生态。

全会强调,做好2019年经济工作,要看清大势、拉高标杆、坚定信心,紧盯财政总收入冲90亿元这一目标,全面开展招大引强攻坚年、亩均改革推进年、营商环境优化年"三个年"行动;做好突出重大改革牵引、聚力狠抓项目"双进"、全面落实惠企帮扶、全力提升亩均效益、增强平台能级承载、坚决打好"三大攻坚战"、统筹推进城乡一体、持续增强民生保障、持续深化工作作风、确保一季度"开门红"这十项重点工作,只争朝夕、砥砺奋进、开拓创新,奋力开创县域经济高质量发展的新局面,为安吉实现赶超发展作出新的更大贡献。

全会号召全县广大干部群众要更加紧密地团结在以习近平同志为核心的党中央周围,在省市委的坚强领导下,以更加奋发有为的精神状态,逢山开路、遇水架桥,坚定改革开放,创新"两山"实践,奋力开创中国最美县域高质量发展新局面。

全会还对岁末年初的各项工作进行了部署,要求全县上下进一步增强紧迫感和责任感,结合实际精心谋划、统筹安排、真抓实干,确保实现"开门红";要统筹做好县委全会精神的学习贯彻及任务分解、深化"三服务"、推进机构改革、社会保障和民生改善、安全生产、党风廉政等具体工作。

县纪委委员;县人大、县政府、县政协党组成员;退出现职的县级党员领导,担任过副县级以上领导职务的老党员;各乡镇(街道)党委书记、副书记、纪委书记;开发区、示范区党工委副书记;县级机关部门党委(党组)书记、副书记和党员行政主要负责人;县人大各专(工)委、县政协各专(工)委主要负责人;县纪委、县监委各派驻各纪检监察组组长;县委办、县人大办、县政府办、县政协办党员副主任;县委组织部、宣传部、统战部副部长;县委政法委副书记;消防大队、供电公司、邮政公司、烟草公司、电信公司、移动公司、联通公司、人民银行、银监办等单位党委(党组)和党员行政主要负责人;各金融机构主要负责人;村(社区)党组织书记代表;部分基层党代表;相关经济部门中层正职以上干部等列席本次会议。部分县重点企业负责人、非中共党员县级领导、县级部门非中共党员主要负责人、县各民主党派主要负责人;省南湖监狱、天荒公司、长龙山公司、省广电安吉公司、海关安吉办事处、高速交警安吉大队等单位主要负责人等受邀参加本次会议。

【中共安吉县委十四届七次全体(扩大)会议】 2019年7月29日，县委十四届七次全体(扩大)会议在县城召开。出席全会的县委委员33人，候补委员7人。

县委常委会主持会议。县委书记沈铭权作大会报告，县委副书记、县长陈永华部署下半年经济工作，县委副书记赵德清出席。

全会高举习近平新时代中国特色社会主义思想伟大旗帜，深入学习贯彻党的十九大和十九届二中、三中全会精神，按照省委十四届五次全会、市委八届七次全会部署要求，听取和讨论沈铭权受县委常委会委托作的工作报告，回顾总结上半年工作，研究部署下半年任务，审议通过《中共安吉县委关于高质量推进新时代浙江(安吉)县域践行“两山”理念综合改革创新试验区建设的决定》，进一步动员全县上下坚定信心、实干创新，奋力开创中国最美县域高质量发展新局面，以优异成绩向新中国成立70周年献礼。

全会指出，2019年以来，县委常委会在党中央和省市委的坚强领导下，坚持把贯彻落实习近平总书记对浙江、对湖州、对安吉的重要指示精神作为首要政治任务，坚决扛起争当践行“两山”理念样板地模范生标杆县重大使命，按照市委对安吉县提出的“一个目标、三个坚定不移、五个时代样板”工作要求，以高质量发展为导向，一以贯之抓落实，推动全县经济社会发展稳中有进、稳中向好、稳中趋优。上半年，县委常委会集中精力抓好了全面实施“一零三六”改革发展工作部署、全力推动《新时代浙江(安吉)县域践行“两山”理念综合改革创新试验区总体方案》出台、总体完成全县机构改革任务、深入开展“服务企业、服务群众、服务基层”活动、持续提升县域美丽形象这五件大事要事。上半年，全县发展质量持续提升，人居环境持续改善，民生福祉持续增进，党的建设持续加强。

全会指出，2019年是实施“十三五”规划的关键一年，从现在到2020年，是“十三五”规划的收官期，是“十四五”规划的谋划期，更是全面建成小康社会，实现第一个百年奋斗目标的决胜期。县委要提高站位、提高标杆，进一步提升全局观；咬定目标、加快赶超，进一步增强发展观；坚定清醒、行稳致远，牢固树立正确政绩观。

全会对下半年工作作出部署，要求必须始终坚持底线思维、切实增强忧患意识、持续保持奋斗状态，全面深入贯彻落实上级决策部署，高度关注、全力打好防范化解政治安全、意识形态、经济科技、社会民生、生态环保、党的建设这六大领域的重大风险攻坚战，为高质量赶超发展营造良好环境。要扛起发展之责，切实抓牢新时代“两山”试验区建设契机，着力深化改革创新；扎实推进“三个年”行动，着力加快经济转型升级；全面实施乡村振兴战略，着力加快城乡深度融合；持续深化文明创建，着力提升全域文明水平；深入推进“三服务”活动，着力提高群众幸福指数。

全会要求，全县各级党组织要把开展“不忘初心、牢记使命”主题教育作为贯彻落实新时代党的建设总要求的有效抓手，扎扎实实开展主题教育，以主题教育凝聚思想共识、锤炼实干团队、打造坚强堡垒、涵养政治生态，持续推动全县广大党员干部不断在思想上紧起来、作风上实起来、纪律上严起来、标准上高起来、节奏上快起来，为奋力开创中国最美县域高质量发展新局面提供坚强保障。

全会强调，做好下半年经济工作，要把抓项目作为首要任务，坚持招商引资“一号工程”不动摇，坚持“打桩论英雄”，形成招商引资“一盘棋”。要把促改革作为核心动力，深化“亩均论英雄”改革，深化开展“三服务”活动，积极争取支持，强化协同配合。要把强保障作为突出重点，聚焦土地、资金、交通、人才四大要素，做好保发展、促开放、增后劲三篇文章。要把优环境作为关键举措，深入推进省级“大花园”典型示范县建设，开展城乡人居环境“百日攻坚”行动，以全国文明城市创建为抓手，全面提升群众文明素质。要把惠民生作为根本要求，着重解决群众关切问题，完善资源配置支持乡村经营。要把抓落实作为最大担当，按照务实、高效、干净的要求，将更多精力用在抓发展、抓环境和抓服务上。

全会强调，推动县委各项决策部署落地生根，关键要抓好落实。全县上下要拿出“百米冲刺”的拼劲抓落实，拿出“甩开膀子”的干劲抓落实，拿出“敢为人先”的闯劲抓落实，拿出“抓铁有痕”的狠劲抓落实，拿出“久久为功”的韧劲抓落实，奋力推动各项工作再上新台阶。

全会号召全县各级党组织和党员干部，更加紧密地团结在以习近平同志为核心的党中央周围，在省市委的坚强领导下，不忘初心，牢记使命，实干担当，奋勇争先，不断坚定改革开放，持续创新“两山”实践，为奋力开创中国最美县域高质量发展新局面作出更大贡献。

会上，举行季度流动红旗颁奖，县委政研室（县委改革办）、经信局、天子湖镇、县委宣传部、综合执法局、县委组织部6家单位作相关表态发言。

县纪委委员；县人大、县政府、县政协党组成员，县人武部政委；退出现职的县级党员领导，担任过副县级以上领导职务的老党员；各乡镇（街道）、县级机关各部门党政主要负责人，县人大各专（工）委主要负责人、县政协各专委主要负责人，开发区、示范区常务副主任，笔架山农高区副书记；城投集团、文旅集团、产投集团等单位董事长、总经理，交投集团筹建组组长；国企监事会、消防大队、供电公司、邮政公司、烟草公司、电信公司、移动公司、联通公司、人民银行、银保监、各金融机构主要负责人；部分村（社区）党组织书记代表；部分基层党代表等参加会议。非中共党员县级领导、县各民主党派主要负责人，省南湖监狱、天蓄公司、长龙山公司、中德工程师学院、省自然博物院安吉馆、海关安吉办事处、高速交警安吉大队主要负责人，以及部分企业代表等受邀参加会议。

【常委会议】 2019年，中共安吉县委共举行常委会会议34次，会议具体情况如下：

1月6日，中共安吉县委举行十四届县委第64次常委会会议。传达学习中央和省委经济工作会议精神，传达学习全省巡视巡察工作现场推进会主要精神并听取安吉县贯彻落实会议精神的建议的汇报，听取县十六届人民代表大会三次会议、政协安吉县第九届委员会第三次会议筹备情况的汇报，听取《安吉县政协“请你来协商”平台建设实施意见》的汇报，并研究制定相关工作贯彻落实意见。会议还研究其他事项。会议书面汇报关于2019年民生实事项目筛选的情况。

1月16日，中共安吉县委举行十四届县委第65次常委会会议。传达学习习近平总书记在十九届中央纪委三次全会上的重要讲话精神，研究部署贯彻落实意见；听取县人大常委会党组、县政府党组、县政协党组、县法院党组、县检察院党组工作汇报，并讨论拟提交县“两会”审议的有关工作报告稿。会议还传达市委常委会、市政府常务会议有关精神，听取全县扫黑除恶专项斗争工作的情况、2019年干部教育培训计划建议方案等汇报，并研究制定相关工作落实意见。

2月1日，中共安吉县委举行十四届县委第66次常委会会议。听取关于贯彻落实省、市纪委全会精神及县纪委十四届四次全会筹备情况的汇报，传达学习省“两会”精神。听取关于2018年度两区、乡镇（街道）、机关部门考核结果情况和关于2018年全县表彰奖励评选结果的汇报。会议还研究有关干部人事工作。会议书面汇报《中共安吉县委关于2018年度意识形态工作责任制落实情况的报告》《安吉县全面推进“学习强国”学习平台建设运用工作方案》。

2月20日，中共安吉县委举行十四届县委第67次常委会会议。传达学习2019年全省统战部长会议精神、全市加快打造美丽宜居城市暨“三服务”活动推进大会精神，研究部署全县贯彻落实意见，听取关于《安吉县“服务企业服务群众服务基层”活动实施方案》的汇报。会议书面审议《中共安吉县委2019年巡察工作方案》《关于适应中国最美县域建设需要大力发现培养选拔优秀年轻干部的实施意见》。

2月27日，中共安吉县委举行十四届县委第68次常委会（扩大）会议。专题传达学习市“两会”精神，研究部署安吉县贯彻落实工作。县委副书记、县长陈永华传达《湖州市政府工作报告》有关精神，县人大常委会主任陆为民传达市八届人大四次会议精神，县政协主席叶海珍传达市政协八届三次会议精神。

3月11日，中共安吉县委举行十四届县委第69次常委会会议。学习《中共浙江省纪委关于2018年度全省查处违反中央八项规定问题情况的通报》，传达学习省委农村工作会议精神，传达学习全市金融支持民营经济高质量发展暨绿色金融改革创新试验区建设推进会精神，并研究部署贯彻落实意见。会议还听取卫健局工作情况和全县2018年对口帮扶工作总结与2019年工作思路的汇报，并研究制定相关工作的贯彻落实意见。会议书面审议《安吉县工业经济政策》(2019年修订)、《新时代文明实践中心建设推进暨2019年“3·25”生态日活动筹备情况汇报》，书面通报《关于全省人大促进民营经济高质量发展专项监督视频会议主要精神及县人大贯彻落实情况的汇报》。

3月21日，中共安吉县委举行十四届县委第70次常委会(扩大)会议。专题传达学习全国“两会”精神和省市贯彻落实两会精神有关要求，对全县学习贯彻工作作出部署。会议强调，全县上下要进一步严起来、实起来、紧起来，保持奋进的精神状态，锤炼严实的工作作风，把贯彻落实两会精神与当前工作有效衔接，在深化改革创新、扩大高水平开放、壮大民营经济、推进全域美丽、推动乡村振兴、加强社会治理、保障和改善民生这七个方面持续发力。具体要做好：以县域“两山”转化综合改革试验区建设为契机，增强改革思维，大胆创新实践，强化顶层设计，注重基层创新，将改革创新始终贯穿到县委“1036”改革发展工作部署中来；认真研究落实国家对长三角一体化发展战略的决策部署，抢抓机遇、发挥优势，实现自身高质量发展；结合“三服务”活动，深入企业问难帮困，强化“亩均论英雄”改革，着力抓好项目“双进”等各项工作；始终坚持问题导向，大力推进“蓝天、碧水、净土、清废”四大行动，坚决打好环境整治“组合拳”，积极培育和树立全民生态文化；抓好经济薄弱村“消薄”工作，全面深化农村改革，大力发展乡村经营、发展美丽经济；继续推广好发展好乡村治理“余村经验”，着力打造更多“善治村”，持续深化全国新时代文明实践中心试点县建设；坚持以人民为中心，努力抓好“关键小事”，积极做好社会事业，切实回应全县群众的关注和期待。会议强调，全县各级党组织要坚持把学习宣传贯彻好全国两会精神作为当前的一项重要政治任务，充分运用各种形式和载体组织开展学习，全面吃透上级的最新要求，明确做好各项工作的思路目标、重点任务和具体措施，提高工作的前瞻性、针对性和有效性。同时要做好深入解读，营造良好舆论氛围，推动全国“两会”精神家喻户晓、深入人心。

3月25日，中共安吉县委举行十四届县委第71次常委会会议。学习《党政领导干部选拔任用工作条例》，听取关于全省教育大会精神及安吉县贯彻落实建议、关于市委书记马晓晖到安吉县调研讲话精神和全市发展壮大村级集体经济工作推进会议精神及安吉县贯彻落实建议、关于安吉县纪委县监委派驻机构改革有关情况、县十四次党代会以来县民政局工作情况的汇报，并研究制定相关工作落实意见。会议听取《关于省、市、县三级“担当作为好干部”评选表彰活动以及推荐建议人选的情况汇报》。会议还研究有关干部人事工作。

4月8日，中共安吉县委举行十四届县委第72次常委会会议。传达学习全国巡视工作会议暨十九届中央第三轮巡视动员会议精神，传达学习市委常委会议、全省建设平安浙江工作会议、中央扫黑除恶第11督导组督导浙江省工作动员会等会议精神，研究部署贯彻落实意见。会议还听取《2019年安吉县乡村振兴战略实施意见》、《实施乡村振兴战略发展壮大村级集体经济若干意见》(2019年修订)起草说明和关于安吉县国土空间总体规划(2020－2035年)编制工作相关情况的汇报，并研究制定相关工作实施意见。会议书面审议《2019年度落实全面从严治党主体责任考核办法》《关于深入推进安吉白茶“百亿产业 百年品牌”的实施意见》《县委理论学习中心组(扩大)会议建议方案》《关于全市两新党建工作会议精神及我县贯彻落实建议的汇报》《2019年关于“人民满意的公务员”和“人民满意的公务员集体”评选表彰推荐工作情况的汇报》《关于2018年度美丽乡镇考评结果的汇报》。

4月22日，中共安吉县委举行十四届县委第73次常委会会议。学习《中国共产党重大事项请示报告条例》，传达学习全市加快打造枢纽门户城市会议精神，研究部署贯彻落实建议；听取县住建局工作情况、安吉县土地资源要素保障情况等汇报，并研究制定相关工作落实意见。会议还研究有关干部人事工作。会议书面通报《关于中央扫黑除恶第11督导组督导安吉县工作汇报会精神及我县贯彻落实建议的汇报》《关于全市年轻干部座谈会精神及我县贯彻落实建议的汇报》《部分县委议事协调机构组成名单》。

4月30日,中共安吉县委举行十四届县委第74次常委会(扩大)会议。专题传达学习省委十四届五次全会精神和全省防范化解重大风险培训班相关精神,以及市委常委扩大会议精神、市委常委会议精神,部署全县学习贯彻工作。就做好当前工作,会议强调,要以严实的作风,全力以赴抓好"半年红"、项目"双进"、改革创新、环境建设、安全生产等工作落实。具体要做好:树立"拼、争、抢"意识,对标找差、倒排进度,全力以赴冲刺"半年红";主动出击、盯紧盯牢,做好服务对接和要素保障,招引"大好高"项目,推动项目早出形象、早日投产;做好县域"两山"转化综合改革试验区总体方案的谋划与推进,不断深化各领域、各条线工作的改革创新,以更多务实管用的举措破解发展中遇到的新问题;聚焦环境建设的重点难点,坚持问题导向,加快解决、抓好落实、补齐短板;时刻紧绷安全生产这根弦,切实强化应急值守、落实防控举措,加强重点部位和重点场所的监管,严防各类事故发生,确保全县人民群众度过一个平安祥和的节日。

5月5日,中共安吉县委举行十四届县委第75次常委会会议。学习《习近平总书记关于宗教工作重要论述》,传达学习全省产业创新服务综合体建设现场推进会议精神,研究部署贯彻落实工作;听取县人力社保局工作和世界环境日主题活动筹备工作情况等汇报,并研究制定相关工作落实意见。会议书面审议《关于平安湖州"十二连冠"拟记功集体和个人情况汇报》《县委理论学习中心组学习计划》。

5月20日,中共安吉县委举行十四届县委第76次常委会会议。传达车俊在省委十四届五次全体(扩大)会议第二次全体会议上的讲话摘要(警示教育部分)及车俊在省法纪教育基地参观警示教育展时的讲话摘要,传达学习全省高质量建设美丽浙江暨高水平推进"五水共治"大会、全市加快打造生态样板城市大会、全市平安建设夺金鼎总结暨推进基层治理现代化动员会等会议精神,研究部署贯彻落实意见;听取县十四次党代会以来科技局工作情况的汇报,并研究制定相关工作意见。会议还研究干部人事工作,书面审议《关于召开全县领导干部教育警示大会的方案(建议)》。

5月24日,中共安吉县委举行十四届县委第77次常委会(扩大)会议。宣布省市委干部有关任职通知。浙江省委决定,沈铭权同志任中共湖州市委常委,并继续兼任安吉县委书记。湖州市委副书记、政法委书记陈浩讲话,县委书记沈铭权作表态发言。沈铭权说,他对本次省市委的决定完全拥护、坚决服从,并对省市委高度重视安吉发展、充分肯定安吉工作表示衷心感谢,对县四套班子全体、历届历任老领导和全县广大干部群众的支持帮助包容表示衷心感谢。接下来,要继续和大家一起努力奋斗,进一步提高政治站位、拉高工作标杆、提升能力素养、强化廉政勤政,不忘初心、感恩奋进,公道正派、干净干事,把全部的精力和汗水投入到安吉这片热土上,全身心地推动安吉改革发展各项事业再上新台阶。沈铭权表示,县委要在中央和省、市委的坚强领导下,坚决贯彻落实好习近平总书记对湖州、对安吉的重要指示精神,紧紧围绕省委"八八战略再深化、改革开放再出发"战略布局和市委"一四六十"工作体系,特别是市委对安吉提出的"一个目标、三个坚定不移、五个时代样板"的定位要求,坚定不移强化政治建设,坚定不移持续创造优势,坚定不移加快赶超发展,坚定不移引领美好生活,坚定不移全面从严治党,以更加奋发有为的精神状态,坚定改革开放,创新"两山"实践,奋力开创中国最美县域建设新局面,为全市加快高质量赶超发展多作安吉贡献。县委副书记、县长陈永华在主持会议时代表县四套班子表示坚决拥护省市委的决定,坚持讲大局、讲团结,继续在以沈铭权为班长的县委领导下,坚定"功成不必在我"的决心,强化"功成必定有我"的担当,牢牢锁定县委、县政府既定的发展定位、发展战略和发展目标,一张蓝图绘到底,一以贯之抓到底。把省市委各项决策部署落到实处,坚决把打基础、利长远的项目抓紧抓实,把惠民生、谋民利的实事办实办好。同时继续保持和发扬团结干事的优良传统,持续提升全县干部队伍的凝聚力、战斗力,上下一条心、拧成一股绳,共同营造上下团结奋斗、干群鱼水相依、百姓安居乐业、政企风雨同舟的发展局面。

6月3日，中共安吉县委举行十四届县委第78次常委会会议。传达学习习近平总书记在亚洲文明对话大会上重要讲话，听取2019年两区、乡镇（街道）和部门考核意见（办法）的汇报，听取商务局工作、《关于全面深化新时代教师队伍建设改革的实施意见》起草情况的汇报。会议还听取关于安吉县庆祝新中国成立70周年系列活动方案（讨论稿）等汇报，并研究制定相关工作落实意见。会议研究干部人事工作。会议书面审议《部分县委议事协调机构组成名单》《关于安吉县中心城区户外广告整治方案的情况汇报》《安吉县教育发展大会会议方案》。会议书面通报《关于安吉县“美丽城镇”长效管理行动实施情况的汇报》。

6月17日，中共安吉县委举行十四届县委第79次常委会会议。学习习近平总书记出席十三届全国人大二次会议解放军和武警部队代表团全体会议的重要讲话精神，学习全国加强乡村治理体系建设工作会议精神，听取综合执法局（城管局）工作情况的汇报。会议听取关于安吉县“担当作为好干部”表彰建议人选名单的汇报，书面审议《关于2019世界环境日·国合会年会安吉考察活动情况的汇报》《关于湖州市“五水共治”工作先进集体和先进个人评选情况汇报》《安吉县干部教育培训主体班次办班管理办法建议方案的汇报》《安吉县涉村（社区）“七多”问题清理整顿实施方案》。会议书面通报《关于全省基层党建工作骨干培训班精神、全市“双创双全”组织力提升工程推进会暨全市基层党建工作骨干培训班精神及我县贯彻落实建议的汇报》。

6月24日，中共安吉县委举行十四届县委第80次常委会会议。研究有关干部人事工作。

7月8日，中共安吉县委举行十四届县委第81次常委会会议。学习习近平总书记在“不忘初心、牢记使命”主题教育工作会议上的重要讲话精神，传达学习中共中央政治局常委、中央纪委书记赵乐际在全国市县巡察工作推进会的讲话精神和中央巡视办主任王鸿津在浙江调研时的讲话精神，研究部署贯彻落实工作；传达学习省委全面深化改革委员会第四次会议关于新时代浙江（安吉）县域践行“两山”理念综合改革创新试验区总体方案议题的相关精神，传达学习“不忘初心、牢记使命”中央指导组及省委常委、组织部长黄建发在安吉调研时的讲话精神；听取《长江三角洲区域一体化发展规划纲要》相关内容解读，学习浙江省推进长三角一体化发展大会精神，研究部署贯彻落实工作。会议还听取县水利局工作情况汇报，并研究制定相关工作落实意见。会议书面审议《关于“平安护航新中国成立70周年大会战”维稳安保工作方案》，书面通报《中共安吉县委党校、安吉县行政学校关于开展办学质量创优评估的自评报告》。

7月22日，中共安吉县委举行十四届县委第82次常委会会议暨县委议军会。会议认真学习贯彻习近平强军思想，落实党管武装工作原则，听取2018年以来全县武装工作推进情况，研究部署安吉县国防动员、后备力量建设和双拥等工作。会议强调，党管武装工作使命光荣，责任重大。全县上下要团结在以习近平同志为核心的党中央周围，开拓创新、奋发进取，军地协力、真抓实干，更加扎实有效地做好党管武装各项工作，以优异成绩向新中国成立70周年献礼。

7月22日，中共安吉县委举行十四届县委第83次常委会会议。学习《中国纪检监察报》评论员文章——《摒除“官本位”，营造良好营商环境》，学习贯彻全国、全省、全市公安工作会议精神，听取全县公安工作情况汇报，研究部署安吉县贯彻落实工作；听取关于县委十四届七次全体扩大会议安排及全委会报告起草情况和关于开发区、示范区、灵峰旅游度假区、笔架山农高区调研情况以及全县上半年对口帮扶工作进展情况的汇报，并研究制定相关工作落实意见。会议书面审议《安吉县建设全国新时代文明实践中心（试点）工作考核细则（试行）》和《中共安吉县委2019年上半年落实意识形态工作责任制情况的报告》。

8月9日，中共安吉县委举行十四届县委第84次常委会会议。学习习近平、丁薛祥在中央和国家机关党的建设工作会议上的讲话精神，传达学习全国人大常委会副委员长沈跃跃在安吉调研讲话精神，传达学习市委第86次常委会议精神，听取《新时代浙江（安吉）县域践行“两山”理念综合改革创新试验区建设工作方案》起草情况、交通投资发展集团有限公司筹建工作情况等汇报，并研究制定相关工作贯彻落实意见。会议讨论有关干部人事工作，书面审议《安吉县违建别墅问题清查整治专项行动实施方案》。

8月26日，中共安吉县委举行十四届县委第85次常委会会议。学习《中国共产党机构编制工作条例》，传达学习省委人大工作会议精神，研究部署贯彻落实工作；分别听取落实省委“不忘初心、牢记使命”主题教育九大专项整治行动、全县垃圾分类工作推进、司法局工作、全县“十四五”规划编制工作方案、“十四五”规划重大前期研究课题计划的起草情况、安吉县防御9号台风“利奇马”工作总结等情况汇报，并研究制定相关工作落实意见。会议书面审议《安吉县城区机关企事业单位开放内部停车场的指导意见》。

9月9日，中共安吉县委举行十四届县委第86次常委会会议。传达学习《中国共产党宣传工作条例》，传达学习全省美丽城镇建设工作会议精神，听取全县“不忘初心、牢记使命”主题教育总体安排建议、关于世界银行贷款中国医疗卫生改革促进项目国际研讨会筹备情况、县市场监管局工作情况等汇报，并研究制定相关工作贯彻落实意见。会议讨论有关干部人事工作，书面审议《关于中共安吉县委常委分工情况汇报》。

9月19日，中共安吉县委举行十四届县委第87次常委会（扩大）会议。开展“不忘初心、牢记使命”主题教育第一次专题学习活动。在天荒坪镇余村，县委书记沈铭权指出，余村是“两山”理念诞生地，是坚定不移践行“两山”理念的现实例证，备受全省、全国关注。要把深入贯彻落实习近平总书记对安吉的系列重要指示精神作为首要政治任务，紧紧围绕新时代浙江（安吉）县域践行“两山”理念综合改革创新试验区建设，用发展实绩回答好“绿水青山”如何源源不断转化为“金山银山”这一时代命题。沈铭权强调，当前，安吉正处在“两山”实践的“黄金期”，赶超发展的攻坚期，建设全域美丽的关键期，需要进一步汲取奋进的力量、实干的动能，高起点高标准高质量开展好主题教育，众志成城走好新时代的长征路。要永葆政治本色，以坚定的理想信念坚守初心，增强“四个意识”、坚定“四个自信”、坚决做到“两个维护”，确保党中央和省市委决策部署在安吉一贯到底。要永葆担当本色，用继往开来、不懈奋斗、顽强拼搏诠释矢志不渝的初心，以永不懈怠的精神状态和一往无前的奋斗姿态投身新的伟大实践，高质量推进新时代浙江（安吉）县域践行“两山”理念综合改革创新试验区建设，奋力当好践行“两山”理念样板地模范生。要永葆为民本色，坚守为民初心，深入开展“三服务”活动，用心办好一件件民生实事和“关键小事”，始终与人民同呼吸、共命运、心连心，不断增强群众的认同感、获得感、幸福感、安全感和满意度。

9月29日，中共安吉县委举行十四届县委第88次常委会会议。传达学习习近平总书记关于党的问责工作的重要指示精神及2019年修订的《中国共产党问责条例》要点，学习《浙江70年发展的重要启示》，传达学习省委关于《进一步加强检察机关法律监督工作的若干意见》、全市“不忘初心、牢记使命”主题教育推进会议精神，研究部署安吉县贯彻落实工作。会议还听取全国文明城市创建工作推进情况和县财政局工作的汇报，并研究制定相关工作落实意见。会议还研究全县扫黑除恶相关工作推进情况，书面审议《县委第七轮常规巡察方案（审议稿）》。

10月16日，中共安吉县委举行十四届县委第89次常委会会议。学习贯彻习近平总书记在庆祝中华人民共和国成立70周年大会上的重要讲话精神，传达学习袁家军省长在安吉调研和全省稳外贸稳外资工作现场会上的讲话精神，听取《中共安吉县委关于高水平推进新时代人大工作和建设的意见（审议稿）》起草情况、安吉县五大领域综合行政执法改革工作以及县审计局工作情况的汇报，并研究制定相关工作贯彻落实意见。会议书面审议《关于成立余村经验研究促进会情况的汇报》《关于安吉县2019年党风廉政建设和反腐败工作组织领导与责任分工》。

10月29日，中共安吉县委举行十四届县委第90次常委会会议。学习习近平总书记关于“三农”工作重要论述及《中国共产党农村工作条例》。会议强调，安吉是中国美丽乡村的发源地，近年来，在农村环境整治、农业产业发展、推动乡村经营、促进农民致富增收等方面一直走在全省乃至全国前列。要进一步拉高标杆、持续发力,结合实际、创造性开展工作,不折不扣抓好中央决策部署和《条例》各项规定,加快实现农村产业、人才、文化、生态、组织全面振兴,不断推动安吉县"三农"工作水平再上新台阶。会议强调,要牢牢坚持党的农村工作原则,切实加强党对农村工作的全面领导,保证农村改革发展沿着正确的方向前进;尤其要进一步强化属地乡镇(街道)党委主体责任,充分发挥村书记"领头雁"作用,进一步配强配优村党组织书记。各部门和乡镇(街道)要落实好安吉县出台的乡村振兴战略政策文件,强化协作、形成合力,不断推动要素、资金、人才、公共服务向农村倾斜,为农村发展提供强劲动力。会议传达学习省委政协工作会议精神,研究部署安吉县贯彻落实工作;听取全县网络意识形态工作,新时代"两山"试验区·安吉县第十二届投资贸易人才洽谈会筹备工作等情况汇报,并研究制定相关工作落实意见。会议讨论有关干部人事工作。

11月12日,中共安吉县委举行十四届县委第91次常委会会议。传达学习习近平总书记在第二届中国国际进口博览会上的主旨演讲精神。传达学习全省传统制造业改造提升现场推进会,全省深化"千万工程"、建设新时代美丽乡村现场会等会议精神,研究部署安吉县贯彻落实工作;听取做好第二轮中央生态环境保护督察迎检工作情况的汇报,并研究制定相关工作落实意见。

11月25日,中共安吉县委举行十四届县委第92次常委会会议。传达关于《对桐庐县等20个县(市、区)党委巡察工作开展专项检查的情况通报》精神;围绕学习贯彻党的十九届四中全会精神,开展"不忘初心、牢记使命"主题教育专题学习研讨;听取关于《中共安吉县委关于新时代加强和改进人民政协工作的实施意见》起草、市生态环境局安吉分局工作等情况汇报,并研究制定相关工作落实意见。会议书面审议《2019年度落实全面从严治党主体责任检查方案(审议稿)》《县委常委会"不忘初心、牢记使命"专题民主生活会方案(审议稿)》《安吉县机关事业单位工作人员调动管理办法(试行)(审议稿)》《关于推进新时代安吉产业工人队伍建设改革的实施方案(审议稿)》。

11月25日,县委举行第93次常委会(扩大)会议,传达学习省委十四届六次全会和市委常委(扩大)会议精神。会议传达学习省委全会报告和省委《关于认真学习贯彻党的十九届四中全会精神,高水平推进省域治理现代化的决定》的主要精神,传达学习车俊书记在全会结束时的重要讲话精神和市委常委(扩大)会议马晓晖书记的讲话精神。会议强调,学习贯彻省委全会精神,最根本的是要落实在行动中,体现在工作成效上。要进一步锤炼"工作紧起来、纪律严起来、作风实起来、标准高起来"的严实作风,努力把各方面工作做得更加扎实、更加深入、更加有效,以奋力冲刺"全年红"、扎实开展主题教育、全力攻坚文明创建迎检、切实筑牢平安稳定防线、认真做好2020年工作谋划等实际工作成果来检验学习贯彻成效。

11月28日,中共安吉县委举行十四届县委第94次常委会会议。听取关于《安吉县综合管理类公务员职级晋升实施办法(试行)》及新增职级配套规范津贴补贴标准有关情况的汇报。会议指出,实施职务职级并行制度是干部人事制度的重大调整,是持续激励公务员担当作为、健全完善公务员制度体系的重要举措,体现了关心关爱基层干部的鲜明导向。会议强调,各级各部门要切实提高政治站位,强化责任担当,周密部署、精心组织,切实把好事办好,不断提振广大党员干部新时代新担当新作为的精气神。要始终坚持党管干部原则,注重新旧制度衔接,规范职级晋升程序,按照《办法》要求的原则、程序、标准不折不扣地贯彻执行下去,确保改革不跑偏、不跑歪。要将政策用足用好,把实施职务职级并行制度与推动干部能上能下结合起来、与培养使用年轻干部结合起来、与调动老同志积极性结合起来,进一步激励广大党员干部干事创业、担当作为。要严守纪律规矩,压紧压实责任,加强对政策的学习、研究和宣传,将各项工作做实做细,推动改革平稳有序推进。

12月13日,中共安吉县委举行十四届县委第95次常委会会议。传达学习《中共中央关于加强中国特色社会主义参政党建设的意见》有关精神,传达学习区县委书记工作座谈会精神和市领导在安吉县委常委会专题民主生活会上的讲话精神,传达学习全省县级社会矛盾纠纷调处化解中心建设现场推进会会议精神,研究安吉县贯彻落实工作;听取2020年度县政府民生实事项目筛选情况、2019年度全县表彰表扬工作情况、县委统战工作领导小组工作情况、县统计局工作情况的汇报,并研究制定相关工作落实意见。会议研究干部人事工作。

12月20日,中共安吉县委举行十四届县委第96次常委会会议。传达学习中央经济工作会议和省委常委扩大会议、市委常委会议精神,研究部署安吉县贯彻落实意见;听取关于全省机关党的建设工作座谈会精神及安吉县贯彻落实建议的汇报,并研究和制定相关工作落实意见。会议还研究干部人事工作。

12月31日,中共安吉县委举行十四届县委第97次常委会会议。传达学习近期中央和省委、市委有关巡视巡察工作会议精神,传达学习省委经济工作会议和市委八届八次全会精神,听取关于《县委十四届八次全体(扩大)会议暨经济工作会议报告(讨论稿)》《中共安吉县委关于认真学习贯彻党的十九届四中全会精神,奋力争当推进县域治理现代化先行地排头兵的决定(讨论稿)》《县委十四届八次全体(扩大)会议暨县委经济工作会议安排(审议稿)》《中共安吉县委贯彻落实"三重一大"事项集体决策制度实施办法》,以及关于安吉县贯彻落实全省深入落实中央八项规定精神持续发力纠治"四风"工作视频会议和全市清廉机关建设推进会精神情况和安吉县城市基层党建工作推进情况的汇报,并研究和制定贯彻落实意见。会议还听取关于圈选市"乡村振兴优秀带头人"推荐人选的情况汇报,书面审议《关于进一步加强城市社区专职工作者队伍建设的实施意见》的汇报。

【县委议事协调机构会议】

县委全面深化改革委员会会议

3月21日,县委全面深化改革委员会第一次会议召开。会议听取了关于安吉县2018年全面深化改革工作情况和2019年推进工作打算的汇报,以及《安吉县域"两山"转化综合改革试验区总体方案》、2019年安吉县深化"最多跑一次"改革工作计划、安吉县生态文明建设工作运行机制调整等情况的汇报。县委书记、县委全面深化改革委员会主任沈铭权主持会议并在讲话中指出,要切实重视改革,把改革工作摆在引领全局的重要地位。要务实推进改革,努力打造安吉的改革品牌和亮点。要全力保障改革,构建全员参与、运转流畅的体制机制。要突出重点、抓住要点,全力推动安吉县域"两山"转化综合改革试验区建设;要推动顶层设计和基层探索良性互动,善于从群众关注的焦点、百姓生活的难点中寻找改革切入点、有机结合,大力推动微改革;要创新建设与深化改革相配套的体制机制,用考核不断撬动改革激情。沈铭权指出,建设县域"两山"转化综合改革试验区是安吉更好实现"两山"转化、建设中国最美县域的重要载体,要摆到重中之重的位置来谋划、设计和推进。要进一步完善方案内容,充分突出重点,体现安吉特色和综合性特点。要进一步深入研究,高效做好向上对接工作。要进一步加快推进,分解落实具体任务,画好路线图、明确时间表、落实责任人,确保试验区建设各项任务落地落实。沈铭权指出,继续深化"最多跑一次"改革,要以"最多跑一次"改革撬动各领域改革,助推中国最美县域建设全面推进。要提高站位,以更强担当、更高标准、更实业绩回应中央和省市工作部署要求,以及群众呼声。要聚焦重点,扭住"最多跑一次"改革关键,主动加强与上级部门对接,争取更多改革试点和创新政策在安吉先行先试,切实提升全县跑改实现率和群众满意率。要强化协同,打破信息孤岛,让数据多跑路,结合"三服务"活动开展,探索创新各项制度,为全省"最多跑一次"改革注入更多安吉元素、提供更多安吉经验。在充分肯定生态文明办近年来的工作成果后,沈铭权强调,生态文明运行体制机制要更加适应形势发展、更加务求实效,乘着这次机构改革的东风,将生态文明建设综合统筹的功能发挥到位,推动部门乡镇主体责任履行到位。要深入研究工作着力点,把生态文明建设贯穿中国最美县域建设的各个方面,对标好的做法、标准和理念,拿出安吉的方案、经验和样板。县委副书记、县长、县委全面深化改革委员会副主任陈永华,县委副书记、政法委书记、县委全面深化改革委员会副主任赵德清，有关县领导出席。

4月24日，县委全面深化改革联席会议召开。县委副书记、政法委书记赵德清出席会议并指出，会议将“最多跑一次”改革工作、“三服务”工作等重点工作融合在一起，旨在更好地统筹联动、协同发力，进一步提升安吉县全面深化改革和“三服务”活动的成效和影响力。县委改革办、“三服务”办等要在统筹设计推进改革过程中有意识地将各类工作融会贯通，各部门、乡镇（街道）作为改革的执行者，要抓关键问题、抓实质内容、抓管用举措，确保各项改革落地生根。赵德清强调，改革是大势所趋、发展所需和民心所向，中央、省、市、县对改革均做出要求，改革也是安吉县促发展、谋赶超，提升群众幸福感和满意度的一大抓手，要以足够的认识抓改革，以务实的举措推改革。“微改革”是安吉县创新推出的改革工作品牌，要以小见大、以点带面；“最多跑一次”改革是牵一发动全身的标志性、关联性、引领性改革，要多方着力，同时加快推进机关内部“最多跑一次”改革；“三服务”工作和改革有较强关联性，要用改革的思路促进“三服务”往深里走。要加强组织领导、营造舆论氛围、强化督查考核，以有力的保障强改革，为全市、全省乃至全国创造更多的“安吉经验”。县委常委、常务副县长潘鸣参加。

8月29日，县委全面深化改革工作联席会议暨8月份“最多跑一次”改革工作例会召开。县委副书记、政法委书记赵德清出席并强调，要强化认识抓改革，深刻认识到改革已经进入向经济社会全面延伸覆盖、引领撬动的攻坚阶段；要突出重点抓改革，把优化营商环境作为改革的重中之重，确保10月底前安吉县部门联办“一件事”全部实现线上办理；要夯实基础抓改革，以群众、企业眼中的“一件事”为标准，扎实推进“一件事”全流程“最多跑一次”；要延伸扩面抓改革，不断提升群众和企业获得感；要落实责任抓改革，对照《2019年全面深化改革工作要点》，一抓到底；要浓厚氛围抓改革，形成全县改革“大合唱”。

县委审计委员会会议

4月22日，县委审计委员会第一次会议召开，贯彻落实中央和省市委审计委员会第一次会议精神，研究部署安吉县审计工作。会议听取2018年全县审计工作主要情况和2019年审计工作总体安排情况，以及2019年审计项目计划安排情况的汇报，书面审议《中共安吉县委审计委员会工作规则》《中共安吉县委审计委员会办公室工作细则》等。县委书记、县委审计委员会主任沈铭权主持会议并在讲话中指出，做好新时代审计工作必须旗帜鲜明讲政治。要增强方向感、责任感、紧迫感，自觉把党对一切工作的领导贯穿到新时代审计工作的全过程和各环节，坚决贯彻中央和省市委关于审计体制改革的制度性安排和对审计工作的各项部署要求，切实把学习贯彻习近平总书记关于审计工作的重要论述精神和习近平在浙江工作时关于审计工作的创新理念紧密结合起来，加快构建集中统一、全面覆盖、权威高效的审计监督体系，加强审计工作统筹，优化审计资源配置，拓展审计监督的广度和深度，推动县委审计工作高起点开局、高标准起步。沈铭权强调，要切实把“三个加大”“四个促进”全面落实到安吉的审计工作中去。做到审计围着重大部署转、围着重点项目转、围着重要改革转，助推经济高质量发展。要创新思路、举措和方法，将绿色审计理念贯穿到各类审计中，助推生态文明建设。要进一步拓展审计领域，更好地规范资金管理和支出行为，更有力地保障各项政策落地，更有效地盘活闲置资金，助推财政绩效提升。要加强民生领域的审计监督，促进民生政策落地见效、民生资金发挥作用，为全面打赢“消薄”攻坚战提供有力审计保障，助推民生福祉改善。要紧紧盯住重点环节和重点领域，持续关注中央八项规定精神及实施细则落实情况，助推清廉安吉建设。沈铭权强调，要健全统一的组织领导机制、高效的统筹协调机制、完备的整改落实机制。具体要做好：强化顶层设计和统筹协调，充分整合力量资源，形成衔接顺畅、保障有力、配合有效的审计工作氛围；巩固加强与审计的统筹协作机制，同时还要将审计成果充分运用到监督、考核、选拔制度中；认真抓好问题整改，建立健全长效机制，强化问责，防止屡审屡犯；加强审计机关自身建设，做到理想信念坚定、能力突出、清廉务实，努力打造一支“素质高、业务精、作风优”的高素质专业化审计干部队伍。县领导陈永华、赵德清、吕立、柏建华、潘鸣、梁蕴伟参加。

县委教育工作领导小组会议

5月16日,安吉县召开县委教育工作领导小组第一次会议,审议通过《中共安吉县委教育工作领导小组议事规则》等文件。县委副书记、政法委书记赵德清出席会议并强调,要牢牢把握教育工作的政治方向,把党中央各项部署要求贯彻落实到安吉县教育工作各环节、全过程,培养德智体美劳全面发展的社会主义建设者和接班人;要科学谋划教育工作的发展路径,精准聚焦教育领域的深层次矛盾,把握教育的公益属性,坚持问题导向、效果导向,制定符合安吉实际、社会认可、切实可行的教育工作实施方案;要全面建立教育工作的协同机制,紧紧围绕教育工作中亟待解决的难题,齐心协力,共同推动安吉教育高质量发展;要积极营造教育工作的育人环境,丰富校外课堂、提高服务效率、提升服务质量,重视学校的诚信教育,扎实推进“清廉教育”“清廉学校”建设,营造教育生态上的“绿水青山”。县领导吕立、任贵明参加。

县委网络安全和信息化委员会会议

5月20日,县委书记沈铭权主持召开县委网络安全和信息化委员会第一次会议。会议传达省委、市委网络安全和信息化委员会第一次全体会议精神;听取安吉县2018年网信工作情况和2019年推进工作打算;审议《安吉县委网信办2019年工作要点(讨论稿)》。在认真听取相关工作情况汇报后,沈铭权指出,近年来,在全县网信战线的共同努力下,安吉县网信工作推进扎实有效,网络主旋律更加突出、意识形态主阵地更加巩固、网络安全保障更加有力、数字经济和信息惠民更加深入,在维护网上意识形态安全、提升全县信息化工作水平等方面,取得明显成效、积累有益经验。沈铭权强调,网信工作事关国家安全和发展、事关广大人民群众生产生活。各地各部门要牢牢把握网信工作新要求,坚持以习近平总书记关于网络强国的重要思想为指导,认真贯彻落实党中央、省市委关于网信工作的战略部署,树牢“四个意识”、坚定“四个自信”、做到“两个维护”,旗帜鲜明把牢政治方向、舆论导向、价值取向,切实将网信工作做实做好做到位。沈铭权要求,要扭住关键环节、狠抓工作落实,奋力开创网信工作新局面。要以深化县级融媒体建设为抓手,牢牢把握正确舆论导向,巩固壮大主流思想舆论,弘扬主旋律,传播正能量。要坚持依法用网、依法管网、依法治网,加快网络空间法治化建设,筑牢网信工作“防护网”。要增强“互联网+”思维,抓住互联网、物联网发展机遇,助推产业转型、提升社会治理、推进网络惠民,努力激发“互联网+”活力。沈铭权要求,全县上下要共织“一张网”、共下“一盘棋”,切实扛起网信工作新使命。要加强领导、落实责任,深化全县网信工作的顶层设计、总体布局,形成大统筹的工作格局。要优化机制、系统推进,加快形成党委统一领导、网信部门统筹协调、职能部门密切配合、社会力量积极参与的工作机制。要建强队伍、提升能力,引导广大党员干部学网、懂网、用网,着力打造一支懂网络、会技术、敢担当的网信铁军,更好地唱响主旋律、凝聚正能量。县领导陈永华、潘鸣、杨建新参加。

县委人才工作领导小组会议

5月28日,2019年县委人才工作领导小组第一次会议举行,审议相关政策文件,研究部署2019年人才工作。县委书记沈铭权主持会议并在讲话中对安吉县人才工作取得的成效表示肯定。他指出,2018年,在各级各部门的通力协作、密切配合下,安吉县人才工作进步快、势头好,人才资源不断集聚,平台能级不断提升,人才效益不断凸显,服务环境不断优化。下一步,要继续在牢固工作基础、创新引才聚才载体、加大自主培育力度、提高环境吸引力上下功夫。沈铭权强调,当前的安吉正处于高质量建设中国最美县域的关键时期,要牢固树立“人才为王”理念,把人才工作放在战略高度来推进,把人才资源作为战略资源来重视,以人才高水平集聚引领高质量发展。要不拘一格引人才、立足县情育人才、优化环境用人才,要突出以才引才、产业引才、市场引才、柔性引才,大力引进与安吉县产业发展方向高度契合的高层次人才和创新团队;坚持引育并重,重点抓好企业家人才、专业技能人才、农村“两创”人才和乡土人才、青年人才四支队伍,优化人才存量,提升人才质量,做大做强人才队伍;不断提升人才双创平台能级，打造一流人才生态，搭好平台、做好保障、搞好服务，让人才心无旁骛地干事创业。沈铭权强调，人才工作是一项系统工程，要用务实的态度和举措来抓好人才工作，确保做到有安排、有督查、有落实，推动县委县政府关于人才工作的各项部署落到实处。各级各部门要逐项对照和分析人才政策，厘清缓急、把握重点、形成合力，确保目标任务落实到位，为全县高质量赶超发展提供更加有力的人才保障。县领导吕立、潘鸣参加。

县委机构编制委员会会议

6月10日，县委机构编制委员会召开第一次会议，认真学习贯彻习近平总书记在中央机构编制委员会第一次会议上的重要讲话精神，以及省委书记车俊在省委机构编制委员会第一次会议上的讲话精神，审议《中共安吉县委机构编制委员会工作规则（建议稿）》以及近期机构编制具体工作。县委书记、县委机构编制委员会主任沈铭权主持会议并在讲话中指出，机构编制工作是党的一项重要工作，要始终将政治性作为机构编制工作的本质特征，牢记机构编制工作是为政治服务的这一基本理念，坚决贯彻落实好党中央和省市委对机构编制工作的决策部署。要把学习《中国共产党机构编制工作条例》作为加强机构编制依法依规管理的关键大事，贯彻落实好《浙江省机构编制监督检查办法》。要把准机构职责定位，把机构编制工作与县委县政府中心工作有机结合，努力为高质量建设中国最美县域提供有力体制机制保障。沈铭权强调，新时代、新任务、新要求，机构编制工作必须要有新举措、新担当、新作为。要自觉把机构编制工作放到全县大局中去思考、谋划和部署，切实巩固和深化机构改革成果。要有序推进承担行政职能的事业单位改革，加大公益类事业单位改革力度，大力推进“最多跑一次”改革，统筹做好重点领域各项改革工作。要科学分配机构编制资源，保障关键环节机构编制需求，强化机构编制实名制管理，管活、用好安吉县机构编制资源。沈铭权强调，做好机构编制工作需要各级各部门协同配合、共同发力。县委机构编制委员会要加强顶层设计，委员会办公室要发挥好参谋和督查作用，各成员单位要各司其职、密切配合。要健全统筹协调机制，积极做好机构编制规范性文件制定等事项的配合和回应。要健全联合督查机制，形成监督检查合力，充分利用县委巡察等“平台”，优化运行流程，力促机构编制工作水平上台阶、出实效。县委副书记、县长、县委机构编制委员会副主任陈永华，县委常委、组织部长、县委机构编制委员会副主任吕立出席。

县委全面依法治县委员会会议

6月17日，县委全面依法治县委员会召开第一次会议，深入学习贯彻习近平总书记关于全面依法治国的重要论述，认真落实中央和省市委要求，研究部署下一步法治安吉建设主要任务。县委书记、县委全面依法治县委员会主任沈铭权主持会议并在讲话中充分肯定近年来法治安吉建设取得的成绩。他指出，2019年是新中国成立70周年，也是县委全面依法治县委员会履职的开局之年。全县上下要进一步提高政治站位，切实把思想和行动统一到党中央关于全面依法治国决策部署和省市县委关于法治建设的工作要求上来，突出重点、彰显特色，以更强定力、更高标准、更实举措、更大力度抓好依法治县各项工作。沈铭权强调，要始终把贯彻落实习近平新时代中国特色社会主义思想作为首要政治任务，把握好党的领导和依法治县的关系，使党的领导真正贯彻到全面依法治县的全过程、各方面；把握好关键少数和绝大多数的关系，领导干部带头尊法学法守法用法，不断增强全民法治意识；把握好统筹协调和分工负责的关系，切实凝聚强大合力，确保中央和省市县委的决策部署落地生根、开花结果。沈铭权强调，必须牢固树立法治意识，深入推进法治服务大局，深入推进法治政府建设，深入推进司法体制改革，加快推进全面依法治县，更好地运用法治思维和法治方式平衡社会利益、调解社会关系、规范社会行为，充分发挥法治对经济社会发展的保驾护航作用。要坚持统筹协调，不断建立健全各项工作机制，坚持法治保障改革，推进法治社会建设，加强营造法治氛围，构建全面依法治县体系，确保全面依法治县各项工作落地落实。县领导陈永华、陆为民、叶海珍、赵德清、杨建新、杨绍军，县检察院检察长陈章等出席。

县委财经委员会会议

5月5日，县委财经委员会

召开第一次会议，研究《中共浙江省委浙江省人民政府关于全力打好高质量发展组合拳的意见》贯彻落实工作。县委书记、县委财经委员会主任沈铭权主持并讲话。在听取县委财经委会议制度起草情况的汇报后，沈铭权指出，建立县委财经委会议制度，是贯彻党中央和省市委机构改革有关决策部署的实际需要，是加强和改进党对经济工作领导的实际需要，有利于进一步提升安吉县财经工作的科学性和规范性，为安吉高质量发展保驾护航。要加强专业队伍建设，强化部门联动，做好借智借力文章，进一步突出财经工作的专业性；要强化财经政策起草、决策和执行落实的绩效评估，加强与经济发展密切相关的要素保障的研究，进一步突出财经工作的针对性。在听取《中共浙江省委浙江省人民政府关于全力打好高质量发展组合拳的意见》贯彻落实情况的汇报后，沈铭权强调，要提高站位，积极主动对接，认真研究安吉高质量发展的目标和举措，确保目标任务提得准、谋得实；要统筹谋划，运用系统思维，紧扣"两聚一美"发展大局，紧密结合长三角一体化发展、县域"两山"实践综合改革试验区建设等中长期战略，做好结合文章；要明确目标任务和责任单位，对照任务表，逐项抓落实，确保抓出安吉高质量发展的新成效。在听取县发改局等关于当前全县经济运行情况的汇报后，沈铭权指出，2019 年以来，全县财税指标增长快、产业结构更优化、服务质效有提升，大家要珍惜成果，进一步提振发展信心。沈铭权强调，安吉正处于"两山"转化、高质量绿色发展的建设关键时期，要保持清醒，正视问题，抢抓机遇、加快赶超，通过精准谋划、精准服务、精准改革，促进实体经济发展、项目提质、动能增强、持续发展以及大事落地。县领导陈永华、陆为民、叶海珍、赵德清、柏建华、赵怀君、潘鸣、杜尉栋参加。

7 月 20 日，县委财经委员会第二次会议暨全县 7 月份"一把手工程"例会召开。县委书记沈铭权出席会议并在讲话中强调，全县上下要坚定信心、保持定力、正视问题、精准施策，抓重点、补短板、强弱项、争一流，以实实在在的举措和成效进一步筑牢"稳"的基石，彰显"进"的态势，推动"质"的提升。沈铭权指出，上半年，全县经济运行保持了总体平稳、稳中有进的良好势头，总体态势稳健，指标加快回升，后劲持续增强。当前的发展形势，对做好经济工作提出更高要求，要善于运用辩证思维，立足当前、着眼长远、谋划未来，重点把握和处理好新与旧、大与小、内与外、实与虚、硬与软这五对关系。具体为：要抓好新产业、新技术、新业态的培育和发展，让新产业有新希望，也要抓好椅、竹等传统产业的改造提升，让老产业有新绝活；要充分发挥大企业的龙头带动作用，也要实现小企业的快速成长，统筹抓好大平台、大产业、大项目、大企业和小平台、小产业、小项目、小企业的建设与发展；要引导企业练好内功、增强实力，也要深度参与"一带一路"建设和"长三角洲区域一体化发展"战略，积极拓展新兴市场；要坚持做强实体经济，也要把数字化转型作为主攻方向，推动大数据创新成果与实体经济深度融合；要持续抓好生态环境、公共事业等工作，进一步强化硬环境支持，也要加大改革创新力度，持续优化营商环境，努力打造富有竞争力的软环境。沈铭权强调，在半年度这一关键节点，要加大分析力度，认真对标对表，查找问题、分析不足、剖析原因，全力推动主要经济指标，提速提效，达标进位。要加大攻坚力度，全力抓有效投资，努力在招大引强上实现新突破，切实把项目签约率、工程开工率、资金到位率、投资完成率抓到位。要加大扶持力度，积极抓培大育强，深化"亩均论英雄"改革，持续推进股改上市，加大企业梯度培育。要加大开放力度，着力抓战略融入，打好"两山"牌，用好"试验区"这一敲门砖，围绕长三角一体化七大重点领域，争取在对外交通、能源建设、数字经济、环境合作等方面打造重点板块、重点工程和重点项目。要加大服务力度，稳妥抓风险防控，用好"政策包"、打好"组合拳"、抓好"三服务"，持续推进"稳外贸攻坚行动"，打造外贸新的增长点。沈铭权强调，抓工作的关键是要有一支坚强有力的干部铁军，大家要进一步严起来、紧起来、实起来、高起来、快起来，推动各项工作争先进位。要提振精神，充分发挥"钉钉子""跳起来摘桃子"精神，拼比争、看变化，把各项工作干出新水平、新气象。要提高本领，时刻保持学习钻研的韧劲，进一步提升经济形势的分析力、政策走势的洞察力、发展趋势的预判力。要提升合力，时刻以大局为重，共同营造群策群力抓发展、团结一致促赶超的浓厚氛围。县委副书记、县长陈永华主持。就做好贯彻落实工作，陈永华要求，各乡镇（街道）和部门要在主要指标上争先进位，在项目“双进”上攻坚破难，在改革创新上持续深化，在企业服务上坚持问题导向，在要素资源上强化破解。要增强大局意识、责任意识、协作意识，在工作中加强协调、优化服务，真正凝聚起赶超发展的强大合力。要进一步强化目标意识、争先意识，层层抓落实，将指标落到实处，把项目抓出成效。督查考核部门要强化考核，坚持绩效导向，以目标倒逼进度，以督查倒逼落实，确保各项措施落到实处、各项目标圆满完成。陆为民、叶海珍、赵德清等县四套班子领导参加。

10 月 28 日，县委财经委员会召开第三次会议，总结三季度全县经济运行状况，分析研判当前经济形势，进一步指导做好四季度和今后一段时间经济工作。县委书记、县委财经委员会主任沈铭权主持并讲话。在听取县发改局关于全县三季度经济运行和“全年红”谋划情况工作汇报以及其他部门补充发言后，沈铭权对安吉县经济工作取得的成效表示充分肯定。他指出，2019 年以来，全县上下保持定力、多措并举、积极应对，主要经济指标增长稳健，发展后劲不断增强，营商环境持续优化，全县经济发展呈现“总体平稳、稳中向好”态势。成绩来之不易，要全力做好科学研判，强化机遇意识，抢抓有利契机；切实增强忧患意识，更加突出稳增长工作；强化攻坚意识，全力打好高质量发展“组合拳”。沈铭权强调，距离年底收官只剩下两个多月时间，要集中精力、狠抓落实，咬定目标抓收官，确保夺取“全年红”。要对标对表，强化数据指标分析，精准研究、全力挖潜，科学调度、查漏补缺，在数据指标上争先赶超；要一以贯之抓实项目这一“牛鼻子”，盘点梳理项目线索，充分发挥四大平台作用，紧抓项目推进各阶段关键点，在项目“双进双产”上攻坚破难；要深入推进“最多跑一次”改革，持续深化“三服务”，积极推动股改上市、科学做好统计监测等工作，精准有效开展企业服务。要以“亩均论英雄”改革为抓手，围绕人、地、钱等资源要素，积极做好“优存量、提增量”文章，在要素保障上双向发力。沈铭权强调，安吉是“两山”理念诞生地，要在生态文明建设上继续走在前列，不断护美绿水青山，持续做大金山银山。要多管齐下做好风险防范工作，在防范化解金融风险、持续推进平安建设等方面持续发力；做好民生项目落地落实，着力解决百姓关心的“关键小事”；提前做好来年工作谋划，围绕新时代浙江（安吉）县域践行“两山”理念综合改革创新试验区建设，扎实做好重大项目储备，科学安排主要经济指标任务，做好“十三五”收官和“十四五”开局，为 2020 年工作开好局、起好步，确保实现“开门红”，同时积极研究新经济新产业新业态新模式，为安吉发展增添新动能。县领导宋波、陆为民、叶海珍、赵德清、徐卫勇、潘鸣、项侃文、杜尉栋、管永丰参加。

12 月 26 日，县委财经委员会召开第四次会议，听取 2019 年全县主要经济指标预计完成情况和 2020 年指标预安排建议，以及 2020 年经济工作载体设想等情况汇报。县委书记、县委财经委员会主任沈铭权主持并在讲话中指出，2019 年以来，面对错综复杂的经济发展形势，全县上下坚定不移推动高质量赶超发展，经济运行呈现高开稳走的良好态势，较好地完成各项主要经济指标，项目储备丰富、“双进双产”成效显著，发展动能不断增强。沈铭权指出，2020 年是全面建成小康社会和“十三五”规划收官之年，是习近平总书记发表“绿水青山就是金山银山”重要讲话十五周年，也是全面推进新时代浙江（安吉）县域践行“两山”理念综合改革创新试验区建设的关键之年。要强化担当、主动作为，紧扣完成全面建成小康社会和“十三五”规划任务需要，做到无缝衔接，科学安排 2020 年指标任务，充分体现可行性、积极性、创造性和匹配性，确保经济实现量的合理增长和质的稳步提升，努力为全市全省发展大局多作贡献。沈铭权强调，做好新一年经济工作要突出新、稳、改、优、责。要践行新发展理念，坚决摒弃拼要素、拼能耗的发展模式，大力培育新经济新业态新产业新模式。要全力稳固发展态势，稳中求进、以进固稳。要全面推动改革攻坚，结合“招大引强攻坚”“亩均改革推进”“营商环境优化”三大行动，突出“六大机制”改革。

要全力优化服务保障，以“最多跑一次”改革为牵引，进一步优化营商环境，深入开展“三服务”活动，破解难题促发展。要全力落实抓经济工作的主体责任，以机制撬动平台和乡镇(街道)发展活力。在听取关于2020年经济工作载体设想的汇报后，沈铭权强调，全县上下要切实增强全局观念，形成抓经济工作的合力，及时排定新时代“两山”试验区建设重点任务，落实好“三大行动”各项举措，层层传导责任，在实践中不断完善经济工作载体，用发展实绩检验经济工作载体成效。县领导宋波、陆为民、赵德清、徐卫勇、潘鸣、项侃文、杜尉栋、陈小龙、管永丰参加。

组织工作

【概况】 2019年，按照安吉县机构改革方案部署，将县机构编制委员会办公室、县直属机关工作委员会、县委老干部局的职责以及县人力资源和社会保障局的公务员录用调配、考核奖惩、培训和工资福利等职责划入县委组织部，挂县委新经济与新社会组织工作委员会、县委机构编制委员会办公室、县委直属机关工作委员会、县委老干部局、县公务员局牌子；安吉县关心下一代工作委员会机关与县委组织部合署办公。是年，安吉县组织系统坚持以习近平新时代中国特色社会主义思想为指导，以“不忘初心、牢记使命”主题教育为抓手，以落实“三服务”为主线，统筹推进干部、组织、人才工作同时发力、齐头并进，推动新时代组织工作高质量发展。国务委员、秘书长肖捷对安吉县“导师帮带制”有关做法给予批示，4月14日《光明日报》以《浙江安吉对年轻干部实施“导师帮带制”帮出真本领 带出好作风》为题头版刊登。全市率先完成40个欠发达村整转，天子湖镇20村联营提前完成“消薄”任务的相关做法得到多位市领导批示肯定。全面推行村党组织书记备案管理，全市率先开发运用村社干部管理信息系统。指导杨应政获世界技能大赛银牌(全市零突破)和全国技术能手称号(安吉零突破)，叶锏入选省“首席技师”(安吉首次)，郭才宝入选浙江工匠。

2019年，安吉县组织工作围绕中央和省市县委关于“不忘初心、牢记使命”主题教育工作部署，把握“守初心、担使命，找差距、抓落实”总要求，将学习教育、检视问题、服务群众、整改落实四项重点措施贯穿始终。服务县委常委会主题教育，严要求抓实面上主题教育开展。推出党性教育“初心地图”，建好用好党史学堂、党员使命教育馆，创新“万名党员进党校”集中轮训、“红色传唱人”展演等载体，大力宣传“担当作为好干部”、吕挺烈士等先进典型，推动党员干部见贤思齐。围绕助推乡村振兴，开展城乡环境提升、基层治理深化、村级“消薄”攻坚等行动，建立基层党建突出问题整治专班制度，推进40个欠发达村消薄、13个后进村党组织整转。开展“调研解难题，深化‘三服务’”活动，创新建立“五访”工作机制，打造“党群服务圈”，推进54个镇村党群服务中心改造提升。全市率先开发村社干部备案管理系统，结合“七多”整治，取消村社机构牌子2700余块、上墙制度5360项。坚持边学习边调研边检视边整改，层层组织召开检视问题专题会和对照党章党规找差距会，开好专题民主生活会。推进“十大专项整治”和“三个一批”赶超破难行动，真刀真枪抓实整改。对11名受不实举报的党员干部澄清正名，营造实干担当浓厚氛围。

6月25日，安吉县庆祝建党98周年暨“红色传唱人”首场展演举行

【老干部工作】 2019年，安吉县有离休干部68人（年内过世11人），县处级退休干部25人（年内过世1人）。继续开展“123456”服务老干部工作模式，深化“五有及时响应机制”，为老干部提供高效服务。做到有需必到、有问必答、有难必帮、有病必访、有故必送。深化智慧养老。做好离退休干部信息化服务管理系统，完成安吉县5200余名离退休干部信息录入及更新；为101名离退休老干部配备智能孝心手环，及时掌握离退休干部基本身体状况、活动轨迹等；做优家政服务，在老干部活动中心安装智能后台监控设备，可以随时了解离退休干部家政服务日期、时长、满意度等。办好惠老实事。开展爱心理发，每月一次，就近就便选点，对行动不便有特殊需求的离休干部上门理发；每月5日、20日固定两次看望了解生病住院离退休干部127人次，不定期看望生病住院离退休干部23人次；持续开展离退休干部春送祝福（春节前走访慰问离退休干部及离退休干部无固定收入遗孀）、夏送清凉（开展进家庭、进医院、进支部“三进”活动）、秋送健康（组织离退休干部健康体检、重阳节上门祝寿）、冬送温暖（冬季开展大走访，送去县委县政府的关心）“四季送”行动；开展新中国成立七十周年离退休干部走访慰问；提供贴心服务，邀请公职律师义务为部分离退休干部提供法律援助，帮助离休干部解决遗嘱设立、财产分割、家庭矛盾调解等问题，提供代办异地看病住院、医药费用报销，登报挂失丢失治疗医药发票事宜；参加11名过逝离退休老干部吊唁，协助遗属做好告别仪式等。倡导价值养老。打造老干部发挥正能量的动力平台、领域平台、培训平台，健全老干部发挥正能量的协调机制、交流机制和经费保障机制。坚持离休干部例会学习制度。每月10日，组织离休干部在老干部活动中心集中阅文、观看视频、专家授课等学习，对中央、省、市文件、政策进行学习传达，对老干部先进榜样进行学习宣传，对全县中心工作进行通报；开展县处级退休干部“走看促”活动。结合“三服务”，每季组织活动，为发展助力、为破难献策。深化老干部参事议事制度。县委经济工作会议、安吉县域践行“两山”理念综合改革创新试验区会议、“不忘初心、牢记使命”主题教育动员大会及其他重大活动，均邀请老干部代表参加。

老年大学日常活动开展。学校教学情况。按照“政治建校、质量兴校、平安立校”办学方针，持续提升办学质量。2019年春季学期共开设教学班41个，招生1370人，2158人次。秋季学期共开设教学班41个，招生1411人，2254人次。现有社团10个，每学期参加学员310人左右。为破解县老年大学“一座难求”局面，建立家门口老年大学，满足更多老年人精神文化需求，2019年新增天子湖、天荒坪、章村镇等老年大学分校（教学点）7个，累计开设老年大学分校（教学点）18个，新增受教育人次1400多人次。围绕智慧校园建设目标，新增电子触控设备，可实时查看楼层分布、教师信息、课程安排等相关内容，方便老年学员就学；协调人民医院、仁安医院开展2次免费义诊活动；联合邮储银行开展防诈骗知识宣传月活动，提升老年学员防范诈骗常识，减少诈骗案件发生。文化活动情况。围绕新中国成立70周年，举办系列庆祝活动。开展“我看新中国成立70周年新成就”征文、摄影活动，共收集征

“谈鲁鲁”调解工作室

文18篇,摄影20篇,并集中参加全市巡展;老年大学艺术团开展文化街景、送文化下乡演出48场次;老年书画研究会创作110幅书画作品在吴昌硕纪念馆展出,其中20幅送市里参展、76幅作品在鲁家巡展,开展送书画下乡、进社区活动3次;老年大学多次作为宣传部新时代文明实践点省市考察参观点,并获县级新时代文明实践工作季度先进。志愿服务情况。持续打响安吉老年大学"金灿灿"志愿服务团品牌,开展第二届平安建设、"法进万家"冬季大巡防、青山陵园义务劝导文明祭祀发放黄丝带(风铃)等志愿服务活动;参与新时代文明实践暖心亭、志愿服务365空间等志愿服务;落实垃圾分类开学第一课,实施垃圾分类课前十分钟宣传,开展课间监督、课后巡查。与综合执法局昌硕执法所共同成立由27名老年大学学员组成的老干部"萤火虫"志愿服务队,开展市容管理、文明养犬宣传、无证无照摊点劝离、规范停放车辆等志愿服务活动6场次。

老干部党建品牌。组织开展全县老干部党组织书记"不忘初心、牢记使命"主题教育专题读书会,邀请县委党校副校长王甲作"习近平新时代中国特色社会主义思想"的专题讲座。联合全县16家机关部门老干部党组织组建党建联盟,依托老年大学,成立全市首家老党员驿站。在明确三个定位、面向三大组织、服务三支队伍常规基础上,创设"凝心阁、乐学港、红枫湾"三大区块,体现组织活动和志愿团队孵化两大功能。老党员驿站结合实际,开展"一月一主题"活动。通过老党员驿站孵化"四银志愿服务团队"15个,成立由兰林富、杨根法、顾水娣、毛金明、李云初组成的"银色宣讲团",在全国文明城市创建、"两山"转化、党史学习等方面发挥积极作用。拓宽组织覆盖、深化作用发挥,打造"功能型、融合型、聚合型、复合型、嵌入型""五型"老干部党建品牌。已建成21个"五型"老干部党组织、3家银发党建联盟,实现党组织从有形覆盖到有效覆盖、局部覆盖到全域覆盖转变。2019年,获评省级最美老干部(共和国最美同龄人)、最美志愿者共3人,省级最美党支部、最美老干部团队共2个,省级"离退休干部党建共享基地""最美老干部品牌工作室"共7家,省级"离退休干部先进集体和先进个人"共2个,省级"银尚达人""银尚之家"共2个。获评全省老干部工作优秀"创新案例"1篇。《"两山"夕阳先锋——田园银辉照鲁家》在浙江卫视党建栏目《先锋视界》播出,并入选全省老干部工作十佳信息。以"亮身份、促凝聚,亮岗位、促实效,亮机制、促长效""三亮三促"为抓手,推动老干部助力社会治理。动员1000余名老干部到社区亮出党员身份、认领服务岗位,已打造"谈鲁鲁"、"家圆融冰"、老干部物业纠纷调解等一批"365"式社会治理品牌工作室,累计受理解决社会矛盾纠纷670余起。"谈鲁鲁"工作室的《安吉有个鲁柏青》在中央电视台社会与法频道(CCTV12)专题播放。

【关心下一代】 2019年机构改革后,县关工委与组织部合署办公,关工委专职副主任同时担任组织部部务会议成员,进一步明确工作职责,增强关工委统筹协调能力。会同组织部优化乡镇(街道)关工委班子结构,明确由乡镇(街道)党委副书记兼任关工委主任,选配"五老"担任专职副主任,吸收优秀年轻干部兼职

1月30日,奶奶关爱团慰问青少年

工作人员，做到老青结合、优势互补。顺应机构改革等形势，在文体旅游局等涉改部门及时跟进关工委组织建设，平稳完成人员更替。定期召开季度工作例会，建立乡镇、部门定期联络机制，晒进度、亮实绩，增强“拼比”氛围。以“五好关工委”建设为抓手，全面推进乡镇（街道）、社区（村）、学校和企业关工委因地制宜，纵深发展。动员刚退休的“五老”加入“五老”讲师团、奶奶关爱团、关爱帮教队、网吧义务监督队、代理家长团、“美丽阿姐”、“蓝天温情护苗队”7 支队伍，进一步壮大队伍力量。以培养提升“五老”帮扶能力为目标，组织“五老”开展青少年教育实践基地考察，举办“合适成年人”参与制度微课堂，开展家庭纠纷预防化解、心理健康教育等培训 5 场。

深化主题教育，激发学生向心力。深化社会主义核心价值观教育。围绕“庆祝新中国成立 70 周年”主题，开展“红领巾相约中国梦，核心价值观见行动”“童心爱中华·童梦绘我心”“辉煌 70 年·我心中的祖国”“小百灵歌颂祖国”等主题活动 180 余场，不断增强青少年对伟大祖国、中华民族、中华文化、中国共产党、中国特色社会主义的认同感和维护民族团结的认同感和责任感。开展红色研学活动。根据红色教育、践行“两山”、乡村振兴主题，推出 3 条红色研学线路，即孝丰烈士陵园—安吉县党史学堂—老石坎村、余村—大竹园村—鲁家、余村—横山坞村—黄杜村。组织青少年走进爱国主义教育基地和安吉美丽乡村，通过参观学习、听讲革命历史故事、感受乡村变化等方式，引导青少年当好红色基因传承者、绿色发展的践行者。传统文化教育。将传统文化融入课堂教学，组建国学经典传承小分队、文化继承人小分队等队伍，创新开展“铸茶人品质 育雅致少年”“迎端午·体验旱地龙舟”“新生开笔礼·朱砂点智”等活动，选树第四届安吉美德少年。

构建“两山少年”育人体系。以“践行两山路、奋进新时代”为重点，动员全县各级关工委建立百支“两山小团队”、树千名“两山好少年”、育万名“两山小卫士”，引导全县青少年争当“河小青”“路小青”“气小宝”“虎娃”。广泛开展“虎妈虎爸带虎娃”垃圾分类、“同在蓝天下，共植一片绿”植树、“不文明现象‘找茬’”等活动 195 场，“两山”小导游团接待外地考察团 18 批次，约 700 人次，引导青少年在实践中领会“两山”理念，坚定绿色发展之路。在原天荒坪余村展示馆、孝源街道尚书圩村农耕学堂等 10 个青少年教育实践基地的基础上，新建灵峰街道新时代文明实践所、孝丰镇横溪坞村“蛹工坊”（垃圾分类科技馆）、鄣吴古鄣学堂等“两山少年”先锋工程教育基地。组织“五老”开展生态认领志愿活动，带领小学生志愿队伍，开展文明劝导、平安宣传、垃圾清扫，教育中小学生知文明学文明，争做新时代文明好少年；动员“五老”宣讲员鲍新民为青少年宣讲余村发展故事，宣传“两山”理念，“五老”志愿者裘松伟为青少年宣讲横溪坞垃圾不出村的故事，让青少年进一步理解“两山”的重要意义，了解家乡的生态文明建设，成为“两山”理念的播种者、实践者。

开展关心关爱，增大爱心聚合力。实施“万名五老结对关爱未成年人”行动，组织各级关工委开展摸底调查，建立困难青少年信息库，多方筹措资金，积极展开帮扶，为青少年的成长进步“爱心护航”。争取中华慈善总会宝马爱心基金“童悦之家”项目落户安吉杭垓小学。争取长龙山抽水蓄能有限公司对全县困难青少年建立资助基金 20 万元，争取县民政局福彩资助金 37.1 万元，开展“福彩助力·点亮梦想”“爱在两山·追梦未来”等资助青少年活动 2 场，累计帮扶困难青少年 182 名。结合基础设施改造，实施关爱儿童之家提升工程。在杭垓镇松坑村和昌硕街道广场社区展开关爱儿童之家设立绘本阅读室、心灵关怀室、学业辅导室、架设亲情连线电话网络沟通电话，定期开放爱心电影放映室，文体活动场所。在长乐社区新建假日小屋，将退休干部、爱心妈妈及青年志愿组织起来，开展结对帮扶活动，增强片区关爱辐射力，形成关爱儿童的强大合力。充分发挥“奶奶关爱团”“关爱帮教队”“蓝天护苗队”作用，做好青少年思想引导、心理疏导、文化辅导、行为指导、困难帮扶工作，精准解决青少年教育成长问题。组织报福镇“家圆融冰工作室”庄月林等持续开展结对帮教，2019 年，入户走访 100 余人，结对帮扶 35 人（含 2018 年 24 人），帮助学历提升 10 人，帮助创业指导、政策咨询 18 人，家庭矛盾化解 5

起,介绍工作10余人。

主动参与社会治理,扩大“五老”影响力。以法制教育为重点,联合团县委、县教育局、县司法局举办《中华人民共和国未成年人保护法》集中宣传启动仪式暨“亲青帮”专家进校园主题活动,在中小学生中开展主题班会、法治课、宣传报、模拟法庭等活动80余场。以“不让毒品进我家,健康生活你我他”为主题,组织学生观看禁毒宣传片380余次,组织开展禁毒知识竞赛、禁毒征文比赛、禁毒教育主题班会400余场。联合检察院邀请10名热心于未成年人保护工作,具有法律知识背景和丰富工作经验的“五老”组建“蓝天护苗队”,担任合适成年人职责,全年开展3次心理辅导,帮扶青少年5人。在2018年基础上新增20余名热心老大姐参与“美丽伊家”婚姻纠纷调解,为孩子挽回一个个完整的家,截至2019年底,共接待1732对想离婚的夫妻,劝和593对,劝返率34.24%。联合教育局、滴水公益组织在溪龙小学开展“滴水未来班”项目,组织“滴水未来班”茶宝小分队认领爱心储蓄罐,为贫困地区的孩子提供书籍等学习用品,改善他们的求学环境。

【公务员管理】 2019年,通过四级联考共招录公务员49名,面向全国“双一流”和省内12所重点建设高校择优选调应届毕业生8名。根据省、市统一部署,经过录用计划收集整理、网络报名初审、笔试、面试、体检、考察、公示等环节,历时8个月,49名公务员已全部到岗上班。10月,8名选调生根据省委组织部统一部署,全部安排到村任职。

根据国家、省、市《公务员职务并行规定》,安吉县积极贯彻落实,做好政策解答,对部分公务员预期过高、部分特殊群体借机表达利益诉求等,联合各主管部门稳妥做好管控,确保此项改革不跑偏、不跑歪。安吉县列入《公务员职务与职级并行制度实施方案》范围的县直机关82个、乡镇街道机关17个(含示范区、开发区)。2019年9月,对全县1487名综合类管理公务员进行首次套转,其中套转为二级调研员7人、四级调研员87人、二级主任科员381人、四级主任科员503人、一级科员505人、二级科员4人。年内完成“学法用法三年轮训行动计划”,3年内全县2695名公务员参与培训并顺利通过考核。加强对副科级领导以下公务员参与“网络学堂”学习的管理,强化考核运用,对不按时完成学习任务的人员及时提醒,并作为年度评先评优的重要依据。联合县人社局、行政学院做好2019年新录用公务员及新聘用事业人员初任培训工作,组织对全县90名新录用公务员及事业人员开展为期12天的初任培训。严格按照公务员法及配套法律法规,做好涉及公务员交流调动、奖励惩处、辞职辞退、工资福利等各项工作流程和制度规范的梳理,全年共办理公务员转任69名、登记145名、辞职8名、提前退休5名、审批工资晋升1012名,对公务员管理中的一些步骤、环节进行优化,使各项管理工作都有规可依、有章可循。扎实做好全县约2680名公务员信息的维护工作,确保公务员数据库信息准确、内容全面。

【机关党建】 2019年,安吉县机关党工委班子有书记1名,专职副书记1名,委员6名;下辖64个县直机关部门168个机关党组织,有党员2803名。制定完善县直机关工委议事制度,跟进机构改革后机关党组织设置调整,理清隶属关系,新增开设党员管理信息系统账号,及时转接党员组织关系,规范机关党组织换届选举、委员补选等有关程序。全年共涉及调整变更部门28个,调整机关党组织设置43个,其中新增机关党组织10个;改补选机关党组织委员261人,其中党组织书记68人。

结合“不忘初心、牢记使命”主题教育,建立月度党建责任清单,明确各项任务时限要求,常态化督促指导,推动机关部门主题教育有序开展。牵头机关和企事业单位党员干部违背社会公序良俗专项整治工作,推行信息摸排“两上两下、双线核实”办法,每周开展正风肃纪督查,较快完成整治任务。安吉县76个单位均未发现充当拆迁“钉子户”对象,54名拖欠物业费机关党员干部全部自行整改到位,补缴物业费24.9万元。建立县机关党建科室与机关党务者常态交流、走访指导机制,举办全县机关党组织专职副书记研讨班,加强党务工作者业务水平。全面开展2019年度机关党建课题调研工作,提报调研课题45个,其中获评市优秀课题研究成果二等奖2个,三等奖1个。组织参加全市第二期“铁军模范好支书”竞演，县综合执法局昌硕所党支部书记郭施舒获评市“十佳铁军模范好支书”称号。结合主题教育，创新实施“最美核心·季度比拼”创评，以落实“三大核心、三大行动、三大工程”(思想引领核心、组织提升核心、清廉守正核心；分类推进行动、比拼竞赛行动、联盟共建行动；品牌提质工程、业务增效工程、中心深融工程)为重点，细化“双创双建”7项评估细则，采取科室梳理核查、网上亮晒投票、工委圈选审定方式，每季推选6个“美丽核心”机关党组织，以比拼推动模范机关建设落地生根。紧扣乡村振兴大局，配合组织部门择优选拔51名优秀机关党员干部，派驻后进村、欠发达村帮扶整改，提前3个月全市率先完成40个村“消薄”任务。结合“三服务”、全国文明城市创建等中心工作，深化拓展“双联系双报到”服务，实现部门、乡镇机关党组织全覆盖。强化党群联动，组织开展无偿献血、创城志愿服务、平安夜巡、认领西藏那曲贫困青少年“微心愿”等活动。

【机构编制管理】 坚持以“深化改革”为突破，全面激发创新发展潜能。做好机构改革“后半篇”文章。完成37个部门“三定”规定、15个乡镇(街道)机构改革实施方案制定和指导实施，统筹完成机构改革干部人事调整149人，稳妥转隶795人。开展机构改革“回头看”，全面督查评估改革成效，梳理部门职责边界35项。优化调整开发区等主平台体制机制，推进事业单位改革和5大领域综合行政执法改革。“最多跑一次”改革。持续推进权力事项和公共服务事项精细化标准化，统筹部署权力事项库规范比对工作，调整完善部门权力事项。配合有关部门规范一体化政务服务数据，深化“减证便民”，指导42个部门梳理部门间办事事项352项，“一件事”23项。持续深化机构编制管理。科学配置编制资源，推动实名制管理标准化，开展全县实名制管理系统培训，持续规范编外用工管理，开展事业单位登记管理，完成事业单位设立注销登记179家，267家事业单位年度报告公示。完成部门统一社会信用代码赋码、中文域名注册和网站挂标工作。

【服务助推乡村振兴】 坚持以“三服务”为统领，全力服务助推乡村振兴。开展“服务创优先锋”行动。推进干部绩效比拼，选派295名干部分赴招商引才、项目推进等一线驻点服务。配合开展做好东西部扶贫协作工作，有序推进干部上挂外派，提高能力素质。开展“三服务”行动。部署开展“助力‘三服务’当表率、保障‘三个年’当先锋”活动。开展“三服务”走企访才活动，深入150余家重点人才企业，分析解决人才企业难题40个。每季开展县处级退休干部“走看促”活动，组建县处级老领导、农业专家组成白茶产业发展顾问团，围绕壮大白茶产业开展“三服务”专题活动，调研报告获县委书记沈铭权批示。开展“强县扩权”改革。按照新时代“两山”试验区建设“强县扩权”工作要求，指导29个县级部门通过“三上三下”梳理拟向省、市争取下放经济社会管理权限219项，全力争取上级支持。

【人才发展】 坚持以“人才强县”为指引，聚力引智为改革发展提供人才支撑。构筑更高效人才工作运行格局。深化人才工作领导小组双组长制，调整充

7月11日，2019年安吉县第四届“两山杯”创新创业大赛项目评审会召开

实县委人才工作领导小组成员单位和县委人才办兼职副主任，起草出台驻外专职引才干部管理考核办法，优化实施乡镇街道差异化考核办法，完善上下联动、协同推进工作机制。统筹各类人才队伍更均衡发展。推行“中介引才、招商招才、以才引才、活动引才”等模式，新建上海、西安、苏州3家引才工作站，聘请引才大使10名，举办“两山杯”双创大赛、海内外高层次人才洽谈会等活动13场，全年引育国家级高端人才33名、入选“南太湖精英计划”43名。全年引进紧缺专业硕博人才74名，招引大学生及各类人才两万余人。指导申报入选“南太湖特支计划”12名，涌现省突出贡献中青年专家赖建红、“浙江工匠”郭才宝、省首席技师叶锎。推动更完善人才平台链式体系建设。推进科创园二期、“两山”创客小镇二期等重点平台建设，新引进孵化入驻项目15个，10个人才项目入驻上海“人才飞地”。探索与清华大学合作推进生物健康产业研究院建设，指导建成省级博士后工作站3家、省级企业技术中心2家、市级院士专家工作站2家、市级技能大师工作室3家。厚植更优质人才成长生态。全面落实人才强县“1+N”新政，完善“百名硕博引才计划”、人才公寓租住管理办法等政策。新增产业化项目21个，新增人才公寓130套，推动“两山”双创基金等产业基金投资人才项目实投2000万元，发放人才信用贷款840万元，协调解决人才子女就学等“关键小事”70余件。

【基层党组织建设】 坚持以“提升组织力”为重点，推动基层党组织全面进步、过硬。抓强农村基层党建。以“双创双全”组织力提升工程为总抓手，深入实施“美丽党建”强基行动，深化“百千”专项行动，培育市级先进乡镇(街道)党委1个、先锋示范村党组织6个，党建示范点28个。实施村级班子整固提升行动，落实村党组织书记县级备案管理、“三色”管理等制度，开展村干部任职资格条件县级常态化联审。抓实两新组织党建。落实服务企业“十二项举措”，成立电商产业联盟党委、旅游行业联盟党委。推广“红色动力信用贷”，29家企业成功获得1.12亿元授信贷款。成立三社创新发展学院，举办首个“双强”企业与退役军人局“双创”战略合作活动。推进“红智引擎”品牌建设，举办“红智引擎杯”党建知识竞赛，开展3期“红智引擎、四季争先”主题活动。赴遂昌开展项目帮扶联席活动，首批150万元项目帮扶资金拨付到位。抓优各领域基层党建。牵头拟定《城市基层党建工作实施意见》，梳理落实城市基层党建31项重点任务，全面落实专职社区工作者绩效薪酬制度，选树2位市“最美社区书记”。制定完善县委直属机关工委议事制度，全面落实机关党组织“最美核心·季度比拼”工作机制。出台《加强国企党建若干举措》，举办国企党务工作者培训班等，持续深化“强根固魂”工程。全面推行党组织领导下校长负责制，实施“三强”主题实践活动。召开加强医院党的建设大会，加强医共体党组织体系建设。

【干部队伍建设】 坚持以“高素质专业化”为目标，全面打造符合最美县域建设需要的干部队伍。事业为上选干部配班子。突出政治首要标准，综合考虑班子配备和人岗相宜，统筹完成机构改革人事和联动调整工作，实现班子结构优化、整体功能增强。突出关键岗位重点配备，将6名勇于担当、敢于破

12月6日，“两山”青干学堂开班授课

难"狮子型"干部选拔使用到部门正职岗位。选拔培养优秀年轻干部。出台《大力发现培养选拔优秀年轻干部的实施意见》，梳理汇总优秀年轻干部初步人选240余名。开展"中国最美县域大讲坛"，持续办好全县年轻干部能力提升培训班，创新举办"两山"青干学堂。全年举办主体班次28期，培训学员3900人次。出台《机关事业单位工作人员调动管理办法》，有序做好840余名公务员职级晋升工作，不断激发干事创业热情。提升亲情化服务水平。实施离退休干部党建"五百工程"，建立全市首个老党员驿站，新增老年大学分校7个。打造"五型"老干部党建品牌，建成21个"五型"老干部党组织、3家银发党建联盟。以"三亮三促"为抓手，推动老干部助力社会治理，打造"谈鲁鲁""家圆融冰"等一批社会治理品牌工作室，受理解决社会矛盾纠纷670余起。争取长龙山电站、福彩公司关爱青少年基金57.1万元，惠及182个困难青少年。抓好干部监督管理。统筹推进基层选人用人和干部因私出国（境）违规违纪问题专项整治。对4批132人次开展"两圈"（领导干部生活圈、社交圈）考察。规范中层干部选用，对54家单位选拔任用工作进行预审。

【2018年度全县党委（党组）书记抓基层党建和人才工作述职评议会】 1月20日，召开2018年度全县党委（党组）书记抓基层党建和人才工作述职评议会。县委书记沈铭权，县委副书记、县长陈永华，县委副书记、政法委书记赵德清和其他县委常委出席。县委书记沈铭权作重要讲话。县委常委、组织部部长吕立主持。

【机构改革实施方案全部印发】 3月8日，安吉县37个部门"三定"规定、15个乡镇街道机构改革实施方案全部印发，完成省、市下达的改革任务。改革后，安吉县设置党政机构35个；党委机构9个，其中纪检监察机关1个，工作机关8个；政府办公室和工作部门26个；市级部门派出机构1个。

【行政职能事业单位改革工作】 3月，完成承担行政职能事业单位改革工作，49家承担行政职能事业单位"还政予政"，根除"事业局"，不再以"委、办、局"命名事业单位。

【全县第一期"红智引擎、四季争先"主题活动暨两新组织区域化"党建＋妇建"工作推进会】 4月29日上午，由县委组织部、县委两新工委和县妇联领衔主办的全县第一期"红智引擎、四季争先"主题活动暨两新组织区域化"党建＋妇建"工作推进会在天子湖镇召开。市委组织部副部长、两新工委书记饶如锋，县委常委、组织部部长吕立出席活动并讲话。

【全县抓党建促乡村振兴研讨班暨一季度村社党组织书记工作交流视频会】 5月8—9日，举办全县抓党建促乡村振兴研讨班暨一季度村社党组织书记工作交流视频会。集体经济欠发达村党组织书记、县派"第一书记"等90余人参加专题培训研讨班。9日下午，召开交流视频会，县委书记沈铭权，县委副书记、政法委书记赵德清，县委常委、组织部部长吕立出席会议。

【安吉县委人才工作领导小组第一次会议】 5月28日，2019年安吉县委人才工作领导小组第一次会议召开。县委书记沈铭权主持并讲话。县委常委、组织部部长、县委人才办主任吕立；县委常委、常务副县长潘鸣出席会议。

【"两山杯"创新创业大赛总决赛】 7月11日，2019年第四届"两山杯"创新创业大赛总决赛在安吉举办。自2018年10月发布大赛公告以来，安吉县招才引智团先后赴上海、雄安新区、西安、苏州等地举办大赛发布会、政策解读会、项目洽谈会12场，累计吸引涵盖现代农业、电子信息、通用航空、新材料等领域145个项目参赛，通过初赛预审、项目路演、专家答辩等形式，遴选优质项目20个。

【全县村社党组织书记集中轮训】 7月25—26日，举办全县村社党组织书记集中轮训，组织全县村（社区）党组织书记围绕习近平新时代中国特色社会主义思想、宏观经济形势、党风廉政建设、乡村治理、村庄建设等方面内容，采取专题讲座、互动交流、经验分享等形式，开展集中培训。

【城市社区成立老干部党支部】 8月13日下午，县委组织部、县委老干部局、县委直属机关工作委员会组织县级机关各部门、昌硕街道等11个城市社区召开离退休干部党员社区亮身份助力文明城市创建工作会议，为城市社区成立老干部党支部，引导老干部发挥作用，助力文明城市创建打下基础。

【杨应政获管道与制暖项目大赛银牌】 8月22—27日，第45届世界技能大赛在俄罗斯喀山举行。安吉高级技工学校的杨应政参加管道与制暖项目的角逐，最终勇夺该项目的银牌，实现湖州市本土选手荣获世界技能大赛奖项零的突破。

【全市文化旅游行业党建工作现场推进会】 8月30日，全市文化旅游行业党建工作现场推进会在安吉召开，市委常委、组织部部长徐仲仪出席会议并讲话，市委宣传部常务副部长吴伟主持会议。市直机关党委、市文化广电旅游局等有关部门，各区县委组织部分管副部长，文体旅游局主要领导以及全市各旅游职能部门单位领导、旅游行业代表和负责人等人员参加会议。

（汤　潮）

宣传工作

【概况】 2019年，安吉县委宣传部机构改革后，加挂县政府新闻办公室、县精神文明建设委员会办公室、县新闻出版局、县互联网信息办公室牌子。宣传思想文化战线增加政治意识、大局意识、核心意识、看齐意识，学习宣传贯彻习近平总书记新时代中国特色社会主义精神，按照年初确定的各项目标任务，全县宣传思想工作战线推动“两聚一美”建设大局不断向前、助力新时代“两山”试验区建设振翅扬帆，各项工作取得重要进展。

【意识形态工作】 2019年，县委宣传部将意识形态工作作为党的建设和政权建设的重要内容，以落实党委（党组）意识形态工作责任制为抓手，加强制度、阵地、队伍建设，夯实工作基础。制定下发《安吉县党委（党组）网络意识形态工作责任清单》《安吉县党委（党组）网络意识形态工作责任制计分办法》《突发公共事件网上舆论应急预案》。

【理论武装工作】 2019年，县委宣传工作把学习贯彻习近平新时代中国特色社会主义思想作为首要政治任务，在学懂弄通做实上下功夫，展现宣传思想战线高举旗帜的使命担当。以中心组学习为龙头，明确学习专题，健全学习制度，创新学习形式，全年开展8次交流研讨。充实教学力量，邀请外交部原副部长何亚非、中山大学传播与设计学院院长张志安、省委党校原副校长郑仓元等专家学者作专题辅导报告。“两山”宣讲团被中宣部授予“全国基层理论宣讲先进集体”荣誉称号。完成12场“社科理论下基层”活动。发挥县领导的示范表率作用，开展宣讲100余场次，完成蹲点调研课题38项，全县各级党委（党组）开展专题学习600多场次，撰写调研报告、体会文章800余篇。改革先锋安吉县天荒坪镇余村村原党支部书记鲍新民在杭州电子科技大学、湖州师范学院开展宣讲。安吉县递铺街道鲁家村的村委会主任裘丽琴代表浙江参加中选组“时代新人说——我和祖国共成长”演讲比赛并获全国第八名的好成绩。举办吕挺英雄事迹报告会。开展微党课宣

8月27日，安吉高级技工学校选手杨应政荣获第45届世界技能大赛管道与制暖项目银牌

11 月 29 日，全国书法教师"蒲公英计划"大型公益培训志愿服务活动启动仪式在安吉举行

讲活动，组织全县微党课宣讲 32 场，理论宣讲人数 2000 余人，安吉县杭垓镇妇联副主席、经济发展办公室干部黄灿在省市微党课大赛中获第一名的好成绩。推进"学习强国"学习平台的推广运用，"学习强国"学习平台覆盖率 97.15%。争取 1 个省级社科联专项课题"'两山'转化的安吉实践路径研究"、2 个市级课题，县级课题立项 34 项，全年新增 2 个市级社科普及基地，溪龙白茶文化园成功创建省级社科普及基地，完成市社科理论下基层宣讲服务 22 场，开展各类社科人文主题讲座、送教下乡、基层宣讲等活动共 300 余场次，受众 5 万余人。

【新闻宣传工作】 2019 年，县委宣传工作坚持内宣外宣、网上网下联动，汇聚正能量，唱响好声音，展现宣传思想战线能打硬仗的能力素质。聚焦主题宣传，扶贫白茶苗有关头版报道 20 次（含综合），县内媒体相继开设《乡村振兴 安吉实践》《真心真意"三服务"》《聚焦最多跑一次改革》等专题专栏，全媒体刊发报道 1000 余篇（条）。聚焦"两山"实践、乡村振兴发展等中心工作，在省级以上媒体刊发报道 2300 余篇（条）。借助世界老式汽车长三角公开赛活动、首届吴昌硕国际艺术奖等一系列重大活动，最大限度放大安吉元素。全年刊发活动类报道 200 余篇（条）。办好民生类栏目，在县内媒体开设《亮短揭丑曝光台》《文明出行》《百姓连线》《平安安吉》等专栏，畅通百姓沟通渠道、反映强烈社会热点，相继刊发报道 100 余篇（条）。围绕"三服务"活动，实现新华社 8 个新闻通稿、《浙江日报》8 个头版、浙江卫视联播 4 个专题、"湖州 365"公众号 79 条首页刊播的裂变效应。优化《机关部门提升效能创新奖考核新闻报道认定办法》。持续推进媒体融合发展，组织开展例如"照着这条路走下去"大型主题新闻行动，促使记者深入田间地头、企业车间、街道社区，写出沾泥土、冒热气、带露珠的新闻作品。

【公民思想道德建设】 2019 年，县委宣传部全面提升安吉发展软环境，结合全国新时代文明实践中心试点建设，着力培育时代新人、弘扬时代新风，以文明之美提升安吉的生态宜居风貌，展现宣传思想战线实干为民的鲜明导向。发挥县创建办的督查指导职能，持续浓厚创建氛围。整治提升中心农贸市场，推进"牛皮癣"专项整治。调整"路长制"为"街巷长制"，实行无物业小区领办制。对城区 70 条背街小巷进行专项整治，新建停车场，新增机动车位及非机动车车位，在夜间和节假日免费对市民开放部分停车位，缓解"停车难"问题。全域推进新时代文明实践中心试点县建设，建成 1 个中心、15 个所、209 个站、641 个点和 66 个实践家园，创新开发"文明超市"线上平台。组织开展文明实践志愿服务活动 5000 多场次，20 多万人次受益。提出志愿县域研究中心概念，组织开展各类专业化培训 50 余场次，推动安吉的志愿服务工作规范化、专业化。坚持典型引领，推荐湖州好人 11 人，浙江好人 2 人，中国好人候选人 2 人，中国好人 1 人。深入挖掘各行各业涌现出来的优秀人物和典型事迹，鲍新民被中宣部、中组部等部门评为"最美奋斗者"、吕挺烈士入选 2019

年“浙江骄傲”荣誉。借助全国文明城市创建时间节点，一批安吉好人得到省、市全媒体专题报道，在社会上引起强烈反响，为全县干部群众干事创业树起时代楷模。开展“最美家庭”的创建工作，4个家庭获浙江省“最美家庭”称号。深化未成年人思想道德建设，联合浙江科技学院开展入村定点的春泥计划活动，受益孩子10000余人。承办浙江省乡村学校少年宫现场会，申报天荒坪小学为新一轮中央彩票支持建设的乡村学校少年宫。深化“我的中国梦”主题教育实践活动，开展童谣的征集和传唱、“童心向党”、“向国旗敬礼”、“向烈士寄托哀思”网上签名寄语等活动，择优报送30首童谣参加省市评选并获奖。

【互联网管理】 2019年，规范政务新媒体建设，多次在全市新媒体排行中位列第一。开展“五个一百”等网络正能量活动，征集各类作品80件，吸引网民近十万余人次。围绕“两聚一美”“最多跑一次”“国庆70周年”“两会”等中心工作和网上热门话题发布各类正能量信息5万余条，全方位、立体化展示近年来安吉社会发展取得的成效。

【文化艺术】 2019年，以改革为牵引，提升文化的创新力、感召力和生命力，展现宣传思想战线锐意进取的精神状态。举办“讴歌新中国 奋斗新时代”安吉县庆祝中华人民共和国70周年晚会，中央电视台新春特别节目《唱响新时代走进湖州安吉》在竹博园录制。完成歌曲《绿水青山就是金山银山》、长篇儿童文学《石榴红》等创作，启动电视纪录片《一路茶香》(《一片叶子的委托》)、电影《他的名字有一抹红》(暂定名)筹备工作，一件作品获评省“五个一”工程奖、三件作品获评市“五个一”工程奖。举办首届“吴昌硕国际艺术奖”，填补书画界无以“吴昌硕”命名独立奖项的空白。承办世界老式汽车长三角公开赛安吉赛段活动，提升安吉休闲生态品牌在长三角地区及海外传播影响力。新建20家农村文化礼堂，培育提升15家最美农村文化礼堂。开展“送文化到礼堂”系列展览展示、书法惠民、文艺演出、公益电影放映等活动近3000场。组织参加省市文化礼堂村晚，在市文化礼堂村歌大赛中夺得一金三银。

12月29日，首届“吴昌硕国际艺术节”启动仪式举行

【公共文化服务和文化产业发展】 做好公益放映工作，2019年累计放映公益电影3117场次，受惠群众24万余人次。电影工作获省委宣传部高度肯定，被直接推荐参加第八届全国服务农民、服务基层文化建设先进集体评选。继续开展最美影院集群创建，全年指导完成6家新建农村影院建设。全县文化产业结构持续优化，文化制造业与文化服务业占比趋于平衡。申报市级重点文化产业项目15个，总投资209亿元，年度投资16.68亿元，年度重点项目开工率完成100%。云上草原、大地之光两个项目投入试运行。出台《安吉县“两山”文化产业示范规划》《安吉县文化产业园区、文化创意街区及小微文创园创建标准》，成立安吉县文化产业促进会，4家企业获评市级成长型文化企业，2个团队参评2019年湖州市宣传文化优秀创新团队。

【省新建中央专项彩票公益金支持乡村学校少年宫项目管理培训班(现场会)在安吉举行】 4月25—26日，省新建中央专项彩票公益金支持乡村学校少年宫项目管理培训班(现场会)在安吉举行。省委宣传部申中华处长、市委宣传部部长王有娣，县委常委、宣传部部长陈旭华参加。

【全国书法教师“蒲公英计划”大型公益培训活动启动仪式在安吉举行】 11月29日，全国书法教师“蒲公英计划”大型公益培训活动启动仪式在安吉举行。市委宣传部部长王有娣，县委常委、宣传部部长陈旭华参加。

【首届“吴昌硕国际艺术奖”颁奖典礼在鄣吴镇举行】 11月，首届“吴昌硕国际艺术奖”颁奖典礼在鄣吴镇举行。自1月举办吴昌硕国际艺术奖活动以来，共评出108件获奖和入展作品，作品展在吴昌硕纪念馆举行，并出版《吴昌硕国际艺术奖作品集》。

【中宣部副部长蒋建国赴安吉县调研新时代文明实践工作】 11月，中宣部副部长蒋建国赴安吉调研新时代文明实践工作，对安吉县“两中心一平台”（新时代文明实践中心、县级融媒体中心、文明超市线上平台）给予高度评价。

（张鸣阳）

创建全国文明城市工作

【概况】 安吉县创建全国文明城市工作是纳入全县“十三五”规划的重要内容，并写入县党代会报告和政府工作报告。全国文明城市创建与建设中国最美县域、打造“两山”实践示范县是一脉相承，相互辉映的。2017年，安吉县被列入全国新一轮（2018－2020年）创建全国文明城市提名资格城市，标志着安吉县正式进入全国文明城市创建比拼序列。

2018年2月1日，安吉县创建全国文明城市领导小组办公室（县创建办）正式启用运行，抽调20人在原新闻中心7楼集体办公。2月22日，召开四套班子主要领导参加的“全县干部作风大会暨全国文明城市创建动员大会”。2019年7月18日，湖州市委常委、县委书记、县创建全国文明城市领导小组组长沈铭权对全国文明城市创建工作作出重要批示：文明创建永远在路上。对创建检查中发现的各类问题，各责任单位要引起高度重视，迅速排定整改责任书、时间表、路线图、责任人，抓紧时间整改到位。同时，各单位各部门要举一反三，对照创建标准，自查自纠、建章立制，巩固长效。截至2019年底，在全省15个县（县级市）创建测评中，安吉县获第四名的好成绩。

11月19日，中宣部副部长蒋建国（左二）来安吉调研新时代文明实践工作

【宣传工作】 县创建办和各部门、各乡镇（街道）全方位做强公益宣传、媒体宣传和社会宣传，文明创建的舆论氛围、社会氛围、参与氛围不断浓厚。县城主次干道、公园广场、路口护栏设置各类大型小品50余处、宣传牌780余处、道旗2300多杆、墙绘1100多平方米，打造社会主义核心价值观主题广场（生态广场）、志愿服务主题公园（驿站广场）、新时代文明实践好人主题公园（昌硕公园）。电视、报纸等传统媒体和文明安吉等新媒体开设“创建全国文明城市进行时”“创建启示录”“文明安吉精彩故事”等多个专栏专题，高密度推出各类文明创建新闻报道。《人民日报》《精神文明报》《浙江日报》《凤凰新闻》及央视《新闻联播》等主流媒体纷纷聚焦安吉文明创建的特色亮点。2018年

有扶老人过马路的90后快递小哥贾伟、2019年有坚持多年捡烟头的78岁老干部钱元明，还有成千上万无私奉献的志愿者，引起媒体和社会广泛关注，传递了文明正能量。文明创建市民知晓率、支持率、参与率不断提升，市民参与创建的载体和渠道不断拓宽。

【合力“创城”】 县四套班子主要领导带头走街督查，累计走街50多次；县人大开展“电视问政”、县政协举办委员与书记面对面活动，聚焦停车难缓解、农贸市场整治、背街小巷整治等创建重点、难点、群众关注点；县创建办积极发挥牵头抓总的协调功能，明确各部门、各乡镇(街道)职责分工，加大督查、指导力度，凝聚各部门创建合力，实现从“要我创”到“我要创”的根本转变。在中心农贸市场前期整治中，昌硕街道发挥属地管理职能，市场监管、综合执法、公安交警等部门通力协作，成立现场指挥部，改观市场环境卫生、宣传氛围基本到位、停车秩序不断改善、购物环境明显改观；在转椅市场、新天地建材市场和水果市场等专业市场前期整治中，商务局、昌硕街道、市场监管、综合执法、公安交警等单位分工合作，市场环境发生明显变化。正式实施执法力量进小区，公安、城管、消防、交警、市监等单位抽调人员成立联合执法组，在创建办集中办公，进入小区、街巷开展抄牌、拖车等执法行动，强有力治理车辆违停、占道经营等顽疾。由公安局牵头，各部门密切配合，堵疏结合，“牛皮癣”专项整治行动深入推进，处理相关人员69人(拘留40多人，警告教育31人)，同时大力开展集中清理行动(楼道粉刷等)，城区大面积“牛皮癣”基本消灭(主要集中在200多个无物业小区和商住楼)。

【突破“创城”难点堵点】 调整“路长制”为“街巷长制”，由街面转向背面，对城区70条背街小巷进行专项整治，各单位认领一条负责长效管理；实行无物业小区领办制，73个机关部门和企事业单位分别领办73个无物业老旧小区，投入大量人力物力，平整地面、刷白墙面、整理“五线”、施划标线、增加亮化、补充绿化，浓厚宣传氛围、开展长效管理，大部分小区面貌焕然一新，真正实现旧貌换新颜；完成城区14个老旧宿舍楼(30年以上)立面、围墙、道路简易改造及周边整体环境整治，对86个开放式老旧小区墙面及楼道粉刷7.2万平方米，场地硬化8000多平方米；实行专业市场领办制度，对中心农贸市场、转椅市场、新天地建材市场等14个专业市场安排部门领办，一些多年遗留下来的老大难问题得以整治；对城南社区、安乐加油站周边区块、铜山桥社区对面区块、山头社区葡京大酒店区块等城郊接合部进行专项整治；多管齐下、综合施策，2019年新建6个停车场，新增4785个机动车位、2215个非机动车位，28家机关、企事业单位1650个停车位夜间和节假日免费对市民开放，较大程度上缓解“停车难”，得到广大市民的认可。安装中央隔离护栏6291米、机非隔离护栏8982米、人非隔离护栏2927米，道路交通安全硬件设施更加完善。

【举行2019年度创建全国文明城市推进大会】 8月3日，召开安吉县2019年度全国文明城市创建推进大会。大会下发《关于调整“责任路段”实行“街巷长

8月3日，2019年度创建全国文明城市推进大会召开

制"的通知》《关于印发〈安吉县创建全国文明城市工作问责方法(实行)〉的通知》《关于明确各类专业市场创建全国文明城市责任主体的通知》《关于印发〈安吉县机关部门(含企事业单位)领办无物业小区助推文明创建工作实施方案〉的通知》等重要文件。县委书记沈铭权讲话,县委副书记、县长陈永华主持,县领导陆为民、叶海珍、赵德清、陈旭华、潘鸣、何承明、杨建新参加。

【举行 2019 年度创建全国文明城市第二次推进大会】 10 月 8 日召开 2019 年度全县创建全国文明城市第二次推进大会,回顾总结前一阶段创建工作成效,动员全县上下聚焦问题短板,进一步提高认识、精准施策、形成合力,确保打赢创建攻坚战。县委副书记、县长陈永华出席并讲话,县领导陆为民、叶海珍、赵德清、陈旭华、潘鸣、何承明、任贵明、杨建新、王捷、陈小龙参加。

【举行 2019 年度创建全国文明城市第三次推进大会】 12 月 5 日,举行创建全国文明城市第三次推进大会。县委书记沈铭权强调,要进一步动员全县上下再接再厉、乘势而上,以坚定不移的目标、决战决胜的勇气、高效有力的举措、求真务实的作风,全力做好全国文明城市创建各项工作,不断增强群众获得感、幸福感和安全感。县委副书记、代县长宋波主持,陆为民、叶海珍、赵德清等县四套班子有关领导参加。

(姜天安)

统战工作

【概况】 2019 年,县委统战部严格落实机构改革有关工作要求,与县民族宗教事务局、县政府侨务办公室合署办公,对外保留县民族宗教事务局、县政府侨务办公室牌子,内设办公室、党派科、民宗科、侨务科四个科室,下属股级事业单位民族宗教事务管理所。是年,安吉县统一战线工作贯彻落实党的十九大和中央、省市县委全会精神,围绕市委"一四六十"工作体系和县委"1036"改革发展工作部署,按照"1135"工作思路,不断优化全县统一战线工作格局、夯实全县统一战线思想共识、提升全县统一战线工作活力、凸显全县统一战线品牌特色,为安吉县中国最美县域建设和高质量赶超发展汇聚全县统一战线的智慧和力量。

【推动民营企业发展】 加强企业家思想政治引领,组织企业家代表学习习近平总书记《在民营企业座谈会上的讲话》,坚定民营企业发展信心。开展新中国成立 70 周年 20 家民营企业典型选树活动,放大民营企业头雁效应。重视新生代企业家教育培养,组织 40 位青年企业家赴中山大学南方学院开展安商创业培训班,举办两期"传承大讲堂",赴延安开展"红色之旅"活动,接受革命传统和爱国主义教育。争取全国工商联推进实施乡村振兴战略现场会到安吉县召开,全国工商联和 30 余个省、自治区、直辖市、兵团工商联、企业家代表 150 余人到安吉考察乡村振兴工作,安吉中南百草原公司村企结对助力乡村振兴做法获全国工商联副主席谢经荣批示肯定。举办 2019 年绿色家居产业对接会,促成多家企业与异地安吉商会建立合作关系;组织"百亿企业行"活动,向优秀企业学习取经;新成立义乌安吉商会,搭建安吉与义乌交流平台。组织民营企业参与东西部扶贫协作、"万企帮万村"结对帮扶和"千企联千村"结对"消薄"等行动。广泛动员企业与四川木里等西部地区产业合作,全年新增投资额 1.2 亿元,带动脱贫 1800 多人,带动就业 1300 余人;推进 15 家执常委企业与青海乌兰县 15 个村结对帮扶;持续推进丽水遂昌县"消薄"专项行动,组织 9 家企业负责人赴遂昌实地考察,探讨产业帮扶措施,支持结对消薄资金 150 余万元。

【推动多党合作】 2019 年,以庆祝新中国成立 70 周年、中国共产党领导的多党合作和政治协商制度确立 70 周年为主题,安吉县委统战部牵头各民主党派、统战团体开展"七个一"主题活动,包括大别山红色教育培训、主题演讲比赛、统一战线读书会、"同心同行两山路"主题晚会、"我爱我的祖国"书画摄影展、主委论坛和"风雨同舟·同心筑梦"主题展示,涉及 800 多人次。制定下发《2019 年度政党协商计划》稳步推进政党协商制度化、规范化、程序化开展,首次召开统一战线读书会,党派团体代表与县委书记作面对面交流;下发《关于开展民主党派基层组织规范化建设"261 双基"工程的

9月19日晚上,政协安吉县委员会主办、中共安吉县委统战部协办的“同心同行两山路”主题晚会在安吉新闻集团梅地亚演艺中心举行

实施方案》,强化基层组织建设,服务基层发展。

【乡镇统战工作】 2019年,将统战工作纳入乡镇(街道)党委主要领导年度述职,健全乡镇党委主要领导“亲自抓”、分管领导“具体抓”、班子成员“协同抓”的统战领导小组工作机制,明确分工、落实责任,加强乡镇(街道)党委对统战工作的统一领导能力。实施“业务指导、片区联系”“双向”联系指导机制,根据全县统战工作思路,指导15个乡镇(街道)党委专题研究年度目标任务,制定下发县级层面《乡镇统战规范化建设实施方案》,15个乡镇(街道)分别制定个性化落实方案,领导班子会议专题讨论并正式发文,排出年度重点工作项目清单合计873项。持续完善“队伍+组织+机制+阵地+品牌”“五位一体”基层统战工作体系,不断夯实乡镇统战工作基础,提升基层统战能力水平。

【服务侨务】 2019年,安吉统战工作坚持把紧扣中心、发挥侨力作为关键点,在拓展侨务资源的基础上,全力参与海外浙商回归工程,实施“汇聚侨智侨力·助推两山实践”专项行动,针对安吉四大平台的产业分布、发展动向以及侨商投资意向,推动项目落地,先后举办“侨界精英走进安吉”“百名侨商走进孝丰镇、天子湖镇园区项目洽谈会”“百名侨界青年走进美丽乡村”等大型活动,多方宣传安吉投资创业政策,搭建交流合作平台。用心荐才,以侨架桥搭平台。开展安吉投资环境和引才政策推介6次,推荐对象通过南太湖精英项目12个。加强海外联络联谊,邀请“欧美同学会”20余位来自不同行业的海外留学归国人员代表走进美丽安吉,举办“两山有情·美丽有约”活动。以维护侨益作为落脚点,深入推进涉侨事项“最多跑一次改革”,完成政务服务网站点界面优化完善工作。坚持把服务侨资企业发展作为自己的工作重点,确定重点服务侨企19家,通过走访调研为侨企解决供地、合同纠纷及子女就学等困难、问题10余件。

【农工党浙江省社会服务工作会议暨社会服务工作培训班在安吉召开】 4月25—26日,农工党浙江省社会服务工作会议暨社会服务工作培训班在安吉县召开。农工党中央社会服务部负责人耿丽丽,农工党浙江省委会专职副主委田野,农工党浙江省委会副主委周智林,市政协副主席、市委会主委魏明,市委统战部副部长任玉林,县委统战部副部长、侨联主席王欢及来自全省农工党市委会相关负责人参加。

【举办“两山有情,美丽有约”活动】 5月9日,来自全球25个国家70名浙江籍女侨胞到安吉县举办“两山有情,美丽有约”活动,在余村共同唱响《我爱你中国》。省侨联党组书记、主席连小敏,副主席张维仁,市委统战部常务副部长李晓良,县领导陈永华、任烽、黄根凤等出席活动。

【举办2019年上海安吉商会第六届“圆梦助学”活动】 8月20日,举办2019年上海安吉商会第六届“圆梦助学”活动。县委常委、统战部部长任烽,副部长、县工商联党组书记李建人,县驻沪联络处副主任余明华,上海安吉商会会长丁国其及商会企业家代表，及受捐助学生等50余人参加。自2014年“圆梦助学”行动启动以来，上海安吉商会筹集的助学金90余万元，帮助近60位安吉学子。

（夏灵鹏）

台湾事务

【概况】 2019年，安吉县对台工作以重大活动为契机，开辟对台交流交往新平台。与县发改局联合制定惠台活动方案，将注册登记的39家台企按属地原则进行分解，要求乡镇（街道）对各自辖区内的台企、台胞以及台属开展“三服务”工作。排查梳理台企、台胞、台属存在的问题和困难，严格落实责任单位、责任领导和责任人实行分头化解、分类处置。以深化结对互惠为抓手，开创两地民心相亲新进展。举办山川、鱼池第五届“两岸邻里节”活动，村民们特意为台湾同胞准备马家弄村的威风锣鼓、特色美食，别院山川的“古琴雅集”表演，大竹园村文化礼堂的村民“草台越剧”，在黄杜村品“安吉白茶”，在鲁家村乘“阿鲁阿家”号小火车。

【2019乡村振兴交流会暨第二届海峡两岸美丽乡村论坛开幕式在安吉举行】 9月17日，2019乡村振兴交流会暨第二届海峡两岸美丽乡村论坛开幕式在安吉举行。海峡两岸关系协会副会长孙亚夫，市、县领导高东、陈永华、任烽、黄先国、陈小龙、杨绍军参加会议。来自海峡两岸共400余位嘉宾（其中台湾嘉宾150余位）参加，论坛期间乡村休闲旅游专题讲座、台湾基层乡亲走亲、美丽乡村建设研讨、美丽产业合作推介、美丽乡村示范村考察学习等多项活动完成。

政策研究

【概况】 2019年1月12日，中共安吉县委政策研究室（简称县委政研室）挂牌成立，是县委负责研究理论、政策及拟订重要文稿，统筹推进“两山”转化综合改革的职能部门，为县委工作机关，正科级，挂安吉县两山实践示范县建设办公室（简称县两山办）牌子。中共安吉县委生态文明建设办公室、中共安吉县委全面深化改革委员会办公室、中共安吉县委财经委员会办公室设在县委政研室。3月15日，设立下属事业单位安吉县发展研究院。全年中共安吉县委政策研究室贯彻落实党的十九大精神以及中央和省、市、县委决策部署，围绕新时代“两山”试验区建设等中心工作，主动进取、奋发有为，努力当好深化改革的“战士”、生态文明的“卫士”、县域发展的“谋士”，打开安吉全面深化改革工作的局面。

【全面深化改革工作】 深刻领会习近平总书记全面深化改革重要思想，按照中央、省、市、县委的改革部署，着力推动改革攻坚，形成一批“安吉经验”。紧盯重点领域，提升改革获得感。坚持以“最多跑一次”改革为牵引，不断优化营商环境，提升经济社会发展质效。政务服务办事事项网办率、掌办率、跑零次比率实现率分别达100%、96%、100%，在全市率先完成无证明县创建。大力推进“一件事”改革，加快实现全县38项“一件事”全流程网上并联审批。不断推动“最多跑一次”向各领域延伸。推进机关内部“最多跑一次”改革，124项机关内部事项实现网上办，网办率达93%。推动公共场所“最多跑一次”改革，启动“智慧医院”“智慧图书馆”“数字少年宫”建设，不断提升公共服务便利化、智慧化水平。推动重点改革项目，实现常态化企业开办“一日办结”，在全省范围内率先实施消防审批承诺报备制

1月12日，中共安吉县委政策研究室揭牌成立

改革,建立“五未”土地处置与“增存挂钩”联动机制。打造特色品牌,提高改革知名度。用好安吉的“两山”理念诞生地的优势,打响县域综合改革创新的安吉品牌。推动新时代“两山”试验区建设,全力以赴推动方案编制出台。构建“1+1+N”组织领导体系,举全县之力抓推进、抓落实,为建设中国最美县域提供强大动力。做好安吉改革经验的提炼传播,《安吉县践行“两山”理念推进美丽乡村建设》的经验经中央深改委会议书面审议,成为全国改革十大案例之一。安吉县失业保险、文化礼堂建设、行政争议化解、融媒体建设等改革经验入选省委改革办“竞跑者”案例。完善制度体系,持续强化改革执行力。做好顶层设计。制定县委全面深化改革委员会“两规则一细则”,印发改革专项小组组成人员名单,建立“1+8”的全面深化改革组织体系。制定出台《县委全面深化改革委员会 2019 年工作要点》《安吉县 2019 年重点改革项目》,明确全年深化改革的具体任务。建立改革委会议、改革工作例会、改革办主任会议等会议制度,做好全县面上各项改革工作的统筹。浓厚改革氛围。设立改革金点子征求热线,向全社会招募“跑改志愿者”“深改助推手”“微改观察员”三支队伍,充分利用广播、电视、报纸、网络、大屏等各种渠道向社会征集改革建议、传播改革理念。在全社会形成支持改革、参与改革、共享改革成果的良好氛围。强化机制保障。完善改革考核机制,将全面深化改革工作纳入乡镇部门综合考核,充分发挥考核指挥棒的作用,明确导向、创导压力,确保抓好改革任务的落实。完善容错免责制度,按照“三个区分开来”的要求,保护好勇于创新、担当履职的干部,最大程度的激发干部改革创新的勇气和底气。

【生态文明建设】 聚焦民生根本,加强生态环境保护,持续提升环境质量,推动生态文明建设持续走在前列。创新开展路域环境监管。以营造“畅、安、舒、美”路域环境为目标,成立路域环境长效管理工作领导小组,深入开展公路沿线路域环境大提升。根据“条权授予块,属地负总责”原则,按车辆通行频次和基础设施建设情况,确定重点示范道路、示范道路和重点道路标准。牵头负责协调、巡查、督查与考核,实行每周一巡查,半月一会巡制度,同时结合全县污染防治攻坚例会设立路域环境曝光环节,将路域环境工作纳入县委、县政府中心工作,加强督考。全年顺利保障各类重大活动 48 次。持续开展“集中推进日”工作。将环境综合治理“集中推进日”更名为生态文明建设“集中推进日”,在更高层面、更广领域整合提升生态文明建设相关内容,更好地服务于新时代“两山”试验区建设。2019 年开展活动 12 次,超 1 万人参与,解决各类环境问题 500 余个。探索开展生态文明集成化。构建“生态绿币+”金融体系。成立生态绿币银行,建立个体绿色生活方式评价体系,通过“生态绿币”的融通功能,将无形的百姓绿色生活方式行为转化为有形的生态文明信用指数,建立将生态文明信用转化为绿币额度,绿币额度与普惠金融政策(授信贷款额度,存款利率等方面给予优惠支持)挂钩的生态信用链,鼓励群众保护生态,提倡群众绿色生活,真正实现政府搭平台,银行唱主角,百姓得实惠。对民宿业主的生态文明践行进行规范,践行结果与生态文明信用指数挂钩。探索与周边建立省际生态文明共建共享联盟,优化跨区域的生态文明共建制度。

【当好县委参谋助手】 坚持问题导向,紧盯关键节点,本着唯实求真精神抓好调查研究和文件文稿起草,积极发挥好参谋助手作用。有“深度”的调研。紧贴党委政府中心工作和领导要求,完成《关于横溪坞村毛竹集体经营模式的调研与思考》《关于加强无物业小区管理的几点建议》《夏阳水库尾段游客不文明行为带来环境问题亟需关注》《梅溪老龙坝的美丽蝶变》等 6 篇调研报告,其中 3 篇获县委书记沈铭权的重要批示,2 篇调研成果正在实现转化落地。开展“四区”调研、国土空间总体规划调查研究等重点研究课题调研。围绕群众关心、社会关注的热点难点问题开展各类“微调研”,完成微调研报告 14 篇。做好调研文章的报送,“安吉游戏”的实践探索及有关建议被浙江政研录用刊登。有“广度”的刊物。深度挖掘县域经济、社会管理创新、党建等领域的第一手资料,有重点、有针对性地报送领导参阅,全年编辑《一周动态》48 期、

6月29日，安吉县委政研室与清华大学经济管理学院"领航之江"实践活动座谈会召开

《改革与创新》17期，为县领导掌握中央、省、市委市政府的重要工作部署、熟悉长三角周边县区动态、了解最新改革发展政策方向等提供平台，并通过该平台为县委重大决策部署提供参考。有"高度"的文稿。按照县委领导要求，以"创精品、上层次、争一流"为目标，完成一批重要文稿起草工作，推动《新时代"两山"试验区建设方案》的编制，完成新时代"两山"试验区工作大会接待、会务及市委书记马晓晖讲话和市长钱三雄主持材料起草等工作。共撰写县委领导在全县重要会议上的讲话稿12篇、汇报材料11篇，整理各类会议纪要11篇。集中力量完成县委十四届七次和八次全体(扩大)会议报告等一批重要文稿起草工作。

【党建工作】 深入贯彻上级关于党建工作的各项决策部署，紧紧围绕服务中心、建设队伍两大核心任务，全面提升凝聚力、组织力和战斗力。抓好主题教育。做好"不忘初心、牢记使命"主题教育。坚持读原著悟原理，自觉学习党的理论，学习《习近平关于"不忘初心、牢记使命"重要论述摘编》《习近平新时代中国特色社会主义思想学习纲要》等著作，跟进学习习近平总书记最新重要讲话文章，结合实际深入学习领会习总书记对浙江、对安吉工作的重要指示批示精神，在学深悟透的过程中提升思想境界，促进实际工作。制定《中共安吉县委政策研究室开展"不忘初心、牢记使命"主题教育实施方案》，落实规定动作。规范支部活动。落实"三会一课"制度，坚持每季度至少召开党员大会1次，班子成员每人每年至少讲党课1次。按照有场地、有设施、有标志、有党旗、有党报党刊、有制度的"六有"标准，建设党员活动室。严格规范发展党员工作程序，认真做好对入党申请人的考察教育工作。党员干部自觉按月缴纳党费，并在党务公开栏进行公示。加强队伍建设。制定《中共安吉县委政策研究室有关工作规则》等制度，完善单位内部管理。持续充实人员力量，全年招录公务员1名，编外工作人员1名，招引硕士研究生1人，公开选调中层干部1名。通过上挂下派、合署办公等多种形式，多元化培养历练干部。建立学习例会制度，通过专家授课、干部讲堂等制度，持续提升全体干部的政治素养和能力水平，促进干部工作能力不断提升。严格纪律作风。组织党员干部深入学习《中国共产党廉洁自律准则》等党纪法规，召开专题会议传达违纪违法案件，集中观看等警示教育片，认真学习上级通报的纪律作风方面的典型案例，要求党员干部引以为戒。组织全体干部参加党纪法规知识竞赛，班子成员为全体干部职工讲廉政党课5次。抓住节庆等时间节点，通过微信、短信等方式向党员干部发送廉政信息，让党员干部时刻警醒自己。

【打造安吉"微改革"工作品牌】 紧盯切口小，牵一发动全身的民生小事，创新推进"微改革"，打造安吉改革品牌。自微改革工作开展以来，共发放微改革建议35份，形成一批安吉改革的特色亮点，其中无证明县创建、酒店农家乐禁用六小件等微改革举措均被《浙江日报》头版报道。10月31日，《浙江日报》整版报道《安吉探索基层改革落地机制——"微改革"打通微堵点》的经验做法。

7月，安吉县"最多访一次""最多跑一地"工作推进会暨信访业务培训会召开

【长三角省际政研联盟筹备会议在安吉召开】 10月29日，长三角省际政研联盟筹备会议在安吉大年初一召开，广德、郎溪、溧阳、宜兴、长兴等地政研室派员参加。

（董昉杰）

信访工作

【概况】 2019年，安吉县信访部门参与完成全国文明城市创建、扫黑除恶、主题教育等重大任务。同时，把党风廉政建设与业务工作有机结合，做到统筹安排，为全县社会稳定添砖加瓦。全年重要数据实现"三下降"：信访总量下降、越级访大幅下降、群体访大幅下降。承办县领导热线接听22次，做到倾听民声、倾情服务，把群众诉求投诉作为县委、县政府决策的民意基础。

【"最多访一次、最多跑一地"工作】 紧跟"最多跑一次"改革步伐，创新工作载体，构建全覆盖、全领域、全流程的信访代办工作机制。2019年在全县镇、村(社区)两级建立信访代办服务站(点)209个。

【创建"无积案县"】 围绕"减存量、控增量"工作目标持续开展信访积案攻坚行动，全年共化解信访积案43件，其中国家级7件、省级2件、市级34件，完成率98%，被评为省"无信访积案"县。

【重点工作】 主动聚焦"全国文明城市"创建，将送上门的社情民意转化为创建工作的突破口，向创建办转达合理建议12条，向相关部门提供问题线索58项。助力"扫黑除恶"专项斗争深入开展，排查梳理有价值线索12条。严厉打击信访活动中的违法犯罪行为，树立依法信访、违法必究的正确导向。5月15日，省委常委、统战部部长熊建平赴安吉约访，针对徐某建房规划审批及土地征用相关信访事项进行调处，现场依法提出两条解决方法，信访人对此表示满意，该信访事项得到解决。

【建设安吉县社会矛盾纠纷调处化解中心】 2019年4月，安吉县社会矛盾调处化解中心建成运行，总占地2622平方米，吸收县信访局、县纪委监委、县委政

4月，安吉县社会矛盾纠纷调处化解中心建成运行

法委、县法院、县司法局、县人力社保局6家单位联合入驻，设立1个导引区、6个功能区、10个开放式接访窗口、多个功能室，共同调处矛盾、化解纠纷，实现矛盾纠纷化解“一站式联合接待、一揽子调处纠纷、一条龙服务群众”，成为全县人民群众提出意见建议、反映利益诉求、解决矛盾纠纷的主窗口、主平台和主渠道。

（王　升）

党校教育

【概况】 2019年，中共安吉县委党校（安吉县行政学校、安吉县社会主义学校、“两山”讲习所、安吉中华文化学院）牵头举办各类培训班次26个，合计培训天数292天，参训学员6300余人次。其中，党校（行政学校）主体班19个（24期），培训天数279天，参训学员近4300人次；社会主义学校主体班次2个，全县党员发展对象培训班等其他班次5个，“中国最美县域大讲坛”专题讲座3期。全年举办各类县内外培训班147期，培训各级党政干部突破3万人次，累计培训约302天。其中，开办县内培训63期，总计培训约64天、参训10583人次、涉及30个部门乡镇（街道）；开办县外培训84期，参训20372人次，招来学员在安吉住宿4577间。

与组织部联合开展“万名党员进党校”活动，报福镇、章村镇等农村普通党员走进党校接受培训。选派、联系优秀师资赴部门、乡镇、村（社区）、企业开展“送宣讲进基层”活动，全年宣讲50余场，听课党员干部8000多人次。动员全校力量开展好全县县管领导干部“不忘初心、牢记使命”主题教育专题读书班。师资上坚持外请专家授课与县领导授课相结合，课程安排实现集中教学与自主学习的有机统一。强化课程体系建设，形成6大模块5大领域的课程体系建设，即党的基本理论教育、党性教育、乡村振兴、社会治理、“两山”实践等6个教学模块，全面涵盖经济、政治、文化、生态、民生5个领域，满足广大干部学员的培训需求。组织教学新专题申报，开展“迎七一”专题党课试讲，组织优秀年轻教师开发精品课程“‘两山’路上的余村故事”等活动，为教师成长搭建锻炼的平台。深挖“两山”理念精髓，把县内各层级、有温度、有干货的课程纳入精品课程库，如横溪坞村书记裘松伟的“盘活乡村资源，做活乡村经营”、大里村书记应忠东的“紧扣‘户外天堂·乡野大里’品牌 全力推进‘乡村振兴’上新台阶”等。优化管理模式，制定《主体班教学操作规程和工作要求》，明确培训全流程工作内容、工作要求及责任人，并召开班主任培训会进行落实。落实主体班双班主任工作制度，在2周以上长班、100人以上大班中实行项目化管理。

9月20—28日，召开安吉县县管领导干部“不忘初心、牢记使命”主题教育专题读书班在党校举办，全县726名领导干部参加

【扩大“两山”对外影响】 2019年，开办县外培训84期，由培训拉动的各类收入总计突破1200万元，涉北京、广东、西藏、辽宁等十余个省、市，六十余个地区。其中包括三期中国浦东干部学院实施乡村振兴战略专题研讨班、山东省乡村振兴示范创建村党组织书记千人培训班等重点班次，举办中联部古巴共产党省市委领导干部代表团、浙江大学竺可桢学院留学生“百贤·安吉”领导力提升培训班等重要班次。参训学员囊括厅局级到村（社区）书记广大领导干部。创新开发合作，办班渠道多元化。

经培训部参与协商接洽，县委党校与山东省农业广播电视学校、大别山干部学院、安徽小岗干部学院以及红旗渠干部学院4家单位相互认定为“党员干部教育培训异地教学基地”，建立长期稳定、互利共赢的友好合作关系，构建优势互补、协调共建的合作机制。创新教学模式，提升教学实效性。主动适应市场变化和培训对象的需求，深化培训教学方式。围绕“两山”重要思想实践示范县创建工作，突出“两山”实践教学；丰富教学内容，集中力量打造“乡村治理”“乡村振兴”等多个主题的精品课程；创新教学模式，设置特色人物访谈等课程传输政策理论；拓展教学点，新增康山村、水土保持生态示范园等13个“两山”讲习点，使培训形式和内容更具灵活性、多样性。夯实基础保障，服务管理规范化。围绕规范化、精细化管理要求，提升服务保障水平。健全培训档案管理，制定详尽的培训档案清单，及时收集整理每期培训班次的实施方案、培训教学讲义、课件、照片、学员名册、教学效果反馈表、培训班总结、培训班宣传报道稿件等台账资料。优化后勤保障服务，突出纪律与安全教育，提出“开班前、培训中、结束后”全过程密切沟通、精细服务的管理模式。加强学习锻炼，研训队伍强有力。根据“分类教育、整体提升”的原则，打造高素质干部队伍。深入基层调研，围绕“乡村振兴”主题，分别于2019年3月、10月赴潴口溪村、康山村等10多个村（企）组织开展现场教学点集中调研，全面掌握县情村情，提升现场教学水平。

【发挥智库建设作用】 聚焦社会形势分析、安吉发展大局、党校自身发展等主题开展研究调查。承接2019年县委理论学习中心组交办的调研课题“关于乡村振兴先导区建设的探索和实践”。调研报告《创新干教培训模式 助力年轻干部成长》获省委党校副校长陈立旭肯定性批示，《坚持改革创新 助力“两聚一美”“两山”对外培训迈向高质量发展新台阶》获市委常委、县委书记沈铭权和县人大主任陆为民重要批示。由校委班子成员分别领衔担任各调研组组长，党校全体教职员工结合专业特长和科室分工共同开展课题研究。围绕“加强新时代党校自身建设的思路和对策研究（兼含‘两山’讲习所的办学机制研究）”“实施创新推动加快安吉高质量发展的对策研究”“长三角一体化背景下安吉乡村振兴的机遇和对策研究”开展调研，并已全部结项；参与安吉县“十四五”规划前期重大课题研究，牵头“安吉县‘十四五’时期加快发展康养产业的思路研究”。撰写中组部委托的“不忘初心、牢记使命”主题教育案例、参与环保部委托的美丽乡村中国样本案例的组织编写；与浙江省委党校合力撰写《大力发展飞地经济，促进长三角一体化》资政报告获浙江省省长袁家军的重大批示（县委党校首获正部长级领导批示）。结合全省、市、县“服务企业服务基层服务群众”活动，以及安吉县创建全国文明城市、新时代文明实践中心试点等活动，从安吉实际出发，深挖乡村振兴关键密钥，完成《当前我县工商资本下乡情况调研》报告。针对文明城市创建中存在的问题撰写《关于加强无物业小区管理的几点建议》。上报《“两山”对外培训呈井喷式增长现象未来可期亟待关注》供县领导参阅，获县人大主任陆为

7月19日，党校创新举办村支书大讲堂全国知名村党组织书记“乡村振兴”专题研讨会，邀请来自黑龙江、山东、河南及安吉县的10位全国知名村党组织书记，共同交流分享乡村振兴经验做法

民重要批示。为改善提升群众生活水平出谋划策，提出《关于优化城区农贸市场管理的建议》，获政协主席叶海珍肯定。组织校内教师赴基层调研，实地考察，掌握基本的村情民况。开展下乡进企走访活动50余次，联系群众超1500人次。全年组织教师申报各级各类课题32个，申报立项数为近三年最多。借助省、市委党校课题研究平台，积极申报理论研究课题，组织申报市委党校课题8个，与2018年同期增比75%，立项7个；申报省委党校课题“乡村振兴之鲁家经验与思考”立项1个；申报县社科联课题14个，与2018年同期增比85.7%，申报市社科联课题立项1个，占社科联立项课题总数41.2%。

【党校自身建设】 严守政治纪律和政治规矩，做到“学术领域无限制、党校课堂有纪律”，守牢党校在意识形态的理论阵地，狠抓党风廉政建设，制定完善校园规章制度。班子带头，营造风清气正校园环境。制定并下发《2019年度党风廉政建设工作计划》和《2019度年党风廉政建设责任制分工》，开展“党纪教育一刻钟”活动和“正风肃纪”检查，校内制度不断完善，三重一大集体决策程序规范高效，用餐用车等更加严格规范，完善公务接待流程，明确要求，实行公务接待办公室一个口子出，严格控制接待标准，杜绝违规，避免浪费。基础设施、教学设备全面改造升级，餐厅、学员住宿楼焕然一新，建造800平方米报到大厅，并投入使用。完成县内主体班次、县外“两山”培训班次和各级各类领导考察的用餐和住宿任务。开展对外宣传。组织安排、协调开展中组部干教局、古巴班、河南全省经管领导干部班等各类高层次座谈会，接待来自包括中央党校、省委党校、上海市委党校、浙江大学等全国各地领导超50批次，其中处级以上考察团超10个。总结提炼党校工作，微信公众号已对外推送各类工作信息60篇，2055人关注，阅读总量66282次；以《绿水青山就是金山银山的生动实践》文章在《求是》刊登为代表，有28篇总结提炼党校工作信息在各级各类媒体刊登。对标创建要求，做好责任路段、背街小巷、无物业小区的长效保洁、文明劝导工作，开展新时代文明实践志愿活动。

12月1日，“一带一路”融合“两山”理念协作论坛在安吉县委党校举行，来自阿塞拜疆、俄罗斯、白俄罗斯、乌克兰等“一带一路”沿线国家著名学者和中国社会科学院、同济大学、华东师范大学、“一带一路”研究院、阿塞拜疆大使馆杰出专家以及党校领导30余人参加

【创新建立“3＋”干部素质培养体系】 2019年，县委党校坚持“党性锻炼＋知识传授＋能力培养”三位一体，聚焦主题，按照“一个月理论学习＋五个月实践锻炼”模式，采用课堂上领导专家专题授课，驻点招商、部门轮岗时导师帮带，学员讲堂中研讨交流等方式，探索形成“党校熔炉＋导师帮带＋自我学习”的培养模式，学员得到全方位锻炼和复合式培养。结合培训实际需求，个性化开发融座位安排、日程查看、学员签到、教学测评、用餐统计、班主任在线点名、在线换人等功能的培训管理系统，并在主体班次中全面推行。

【创新“党校＋国企＋专业机构”后勤运营模式】 投入5000余万元实施全面改造后，实行“三位一体”管理方式，与安吉县文旅集团合作，实行租赁的模式运行，同时引进雷迪森品牌管理公司，后勤保障能力得到提升，服务质量得到县内外广大学员高度评价，住宿满意度100%、餐饮满意度98%,实现国有资产高效运行。

【成立安吉中华文化学院】 在安吉县委的领导下和县委统战部的指导下,为更好总结安吉"两山"理念实践、转化的创新举措和成功案例,面向港澳台同胞、华侨,以及海外各界,发挥"两山"文化传播的原发地优势,把安吉打造成浙江"两山"文化品牌的第一窗口。8月29日,中共安吉县委机构编制委员会《关于安吉中华文化学院挂牌的函》,根据《社会主义学院工作条例》规定,经研究,安吉县社会主义学校加挂安吉县中华文化学院牌子。

【参加浙江省市县党校行政学院(校)办学质量创优评估】 10月23—24日,党校迎来浙江省市县党校行政学院(校)办学质量创优评估工作。省委党校第四评估组按照评估流程,听取工作汇报,实地考察党校(行政学校)校园基础设施和现场教学基地,调取查阅档案42册,问询交流10余人次,从坚持党校姓党原则、组织领导、教育培训、科研咨询、队伍建设、服务保障和特色创新等方面,对党校(行政学校)办学情况进行全面评估。评估结果为优秀,并名列全省前茅。

(周靓靓)

档案工作

【概况】 2019年,安吉县档案馆共接待社会各界和群众查档1487人次,复印档案资料13128页。指导中介公司完成天子湖、鄣吴、递铺3个乡镇农户档案整理工作。对13个撤销单位和1个临时机构上门进行对结服务,指导实体档案整理、大事记、组织沿革、全宗介绍编写,其中人防办、编办、生态办已移交进馆,共3605件。提前接收国土资源局6种业务档案,计45万余卷。完成馆藏154个全宗1949—2001年按卷整理的文书档案装盒,档案数量为47000卷左右。完成馆藏196个全宗34万多卷(件)案卷备考表的检查,对无备考表的进行粘贴,填写不规范的进行补充完善。对馆藏36万多卷(件)档案图书资料进行清点核对,对档案资料缺少的全宗、年度、案卷逐一进行登记造册。对馆藏196个全宗病变档案进行检查,对检查的虫蛀、霉变、破损、变形档案都登记造册,并都采取措施。完成历年来接收进馆的文化礼堂档案的整理工作,计100件、照片56张,并入库上架。完成历年来征集进馆的125位名人档案的整理,其中文书档案342件、照片87张、光盘30张、实物档案102件、录像带1盘,并入库上架。完成2014—2018年接收进馆的图书、期刊、安吉文献、综合资料(包括家谱)950册的整理、编目、上架入库。完成馆藏11个乡镇20卷3331件整理不规范的婚姻档案的整改,并全部重新整理、编号、编目、扫描挂接。做好4个民国时期全宗2117卷档案的抢救修复工作。做好馆藏1986—1989年档案开放鉴定工作。做好196个全宗2014—2017年全宗卷的补充完善工作(主要包括全宗介绍、档案收集、整理、鉴定、保管、统计、利用、新技术运用8个方面的完善工作)。完成馆藏各全宗各门类历年来档案数量情况统计、馆藏资源建设情况统计、民生档案数量统计;完成各全宗2018年度利用档案台账统计,档案利用目的统计;完成2018年度档案查阅登记表整理、装订工作。

服务机构改革。改革全程与县编办等部门保持密切沟通,第一时间获取涉改单位名单,全面梳理分类,安排专人负责联系跟进;2019年,对13个撤销单位上门指导50余次,帮助制定档案归档和移交方案,督促规范整理、及时移交,其中县人防办、编办3028件档案已移交进馆;指导其他涉改单位档案工作规范化开展,帮助制定文件材料归档范围和文书档案保管期限表,确保机构改革过程中档案不散、管理不乱、工作不停。

服务"最多跑一次"。指导各单位"一窗受理"平台归档配置,在线归档综合执法局、农业局等22家单位664个事项6412件电子文件,完成全年计划的100%,助力逐步在全县范围内实现政务事项在线办理、自动归档、长久保存、方便利用的科学工作机制,全面提升电子文件归档的管理与服务水平。

服务土地确权。指导县农业农村局完成天子湖镇、鄣吴镇、递铺街道的27686户农户档案的整理、编号、编目、扫描、装订、装盒等工作,保障全县5个标段15个乡镇(街道)的土地确权档案在本年度移交进馆。

落实业务建设要求。按照

国家综合档案馆业务建设工作要求，对标对表逐项查漏补缺，全面提升对实体档案的管理力度。对全馆188个全宗的实体档案进行全面的检查整改。重新装盒47000卷按传统文书立卷方法整理的未装盒档案，检查补充34万余卷（件）案卷备考表，清点馆藏36万余卷（件）档案图书资料，对虫蛀、霉变、破损档案进行登记造册并针对性开展修复工作，规范整理并上架历年文化礼堂档案、125位名人档案、950册家谱资料等档案，整改3331件婚姻档案，完成历年到馆藏资源建设情况统计、2018年度各类台账统计等统计工作，重新编写《安吉县档案馆指南》，年内编写档案馆概况、馆藏档案资料介绍等内容。

提升查阅利用质量。全面梳理规范查档制度流程，开展馆内窗口人员培训班，提高窗口服务水平，全年共接待社会各界和群众查档1487人次，复印档案资料13128页，受理浙江政务网上申请查档53件，查档满意度100%。充分发挥史料中心作用价值，对外开放全国各地县志694册，吴昌硕等书籍417册，家谱159册，安吉各类史料304册。执行《政府信息公开条例》等相关规定，通过提供纸质文本或互联网检索的方式，为广大群众提供查阅政府机关已经公开的信息。

强化档案文化建设。贯彻落实省“两办”《关于加快推进新时代档案资源建设的意见》文件精神，加强重要领导在安吉、民间家谱宗谱、名家书画等珍贵档案的征集，开展对安吉改革开放过程中的重大活动、重大事件、杰出人物等具有典型性、代表性、稀缺性的档案资源的收集建档，新征集到《潘氏宗谱》等家谱3套9册，《国家生态文明建设示范县》等国家级荣誉奖牌档案2件，《党和国家领导人接见改革开放杰出贡献受表彰人员和亲属代表合影》等照片411张，《安吉县志》《曹寿槐书法艺术》等安吉籍人士出版物和地方特色刊物51册，志愿军何伏的相关书籍8套13册等；推动“安吉履痕——安吉县历史文化档案陈列展”建设，展厅建设详细方案已编制完成，在年底前基本完成建设。

6月6日，县档案馆在生态广场开展“6·9国际档案日”活动

服务基层全覆盖。2019年9月至年底，班子领导及业务科长赴所有乡镇街道为全部镇、村级档案员提供上门业务培训，详细讲解档案业务、查档系统操作等内容，累计培训220余人，破解了基层档案员普遍业务水平不高，是档案工作规范化开展的难题。

【创新实现查档不出村】 安吉县山区乡镇多，章村镇、杭垓镇等多个乡村到县档案馆山路偏远，查档服务存在“路程小半天，查档两分钟”短板。2019年，通过强化风险防控、完善软硬件设施等举措，首次将档案查阅服务延伸至所有村（社区），只要证件齐全符合规定，能够查阅所有馆藏档案。该项工作被湖州市三服务专栏及中国档案报二版头条刊登。丰富资源库。与民政、农业农村、资源规划等涉民部门沟通，扩大与群众密切相关的民生档案进馆种类，提前婚姻等高查阅率档案的进馆时间，已建立一个9万余卷包含移民、土地房产、山林延包等多样齐全的民生档案资源库，在房产过户、待遇享受等事项上，为群众提供关键性凭证。构建安全墙。通过与所有村社区档案员及分管领导签订安全责任书、规范查档前的认证登记流程、数据管理员后台监督检查、最小化下放权限等措施，保障档案数据在线上传输中的安全。配齐软硬件。根据村社区需求,邀请工程师优化完善系统功能,仅10—11月就已完善30余个。从自身紧张的经费中专门挤出5万元,帮助基层配备设施设备,补齐硬件短板。全年向余村村、递铺社区、马村村、溪南村、杭河村赠送计算机、专业高拍仪、彩色打印机等设备。

【数字档案建设】 2019年,根据“最多跑一次”事项电子化归档工作和查档服务功能等需要,调研制定馆藏档案管理、馆室一体化、数据质量检测三套系统的建设方案。自6月以来,经过数十项软件功能的逐一调试、上百个系统漏洞的逐项修复,全新的查档系统建设完成并通过专家验收。加强数据管理,对所有数据进行抽检、修复,补充扫描县委办、县府办等23个全宗187件档案;将900万余件17.6TB电子档案的格式全部优化为jpg,并纳入长久保全系统,实现数据在线双套备份、安全实时监测和无损恢复功能,同时落实每周手工巡检制度;完成所有馆藏188个全宗110TB、室藏74家单位24.8TB数据的2套在线备份、1套离线硬盘备份。推动基层档案室建设,指导余村等41个村(社区)创建村级数字档案室;指导杭河村等50个村开展村级数字档案室建设,对档案员开展目录录入、数字化加工等培训;指导机关事务管理中心等12家单位创建示范、规范化数字档案室;指导水利局等9家单位争创2019年度数字档案室。完善安全保障,及时向专业技术公司采购机房软硬件维保、网站防护等安全服务;落实数据利用审批制度,重要数据查阅利用一律需要经过馆长审批;涉密数据单独存放于保密机,对保密机房实行实时监控和非数据管理员禁入制度。

【接受社会群众捐赠的清同治版《安吉县志》】 1月3日,接受社会群众葛玉龙向安吉县档案馆捐赠清同治版《安吉县志》,班子领导鲁婷君及科室长蔡有远出席接受捐赠,并向捐赠人发放捐赠证书。

【开展“6·9”国际档案日活动】 6月6日,县档案馆在生态广场开展“6·9”国际档案日活动,举办“安吉生态文明建设成果图文展”,集中展示1999年至2018年安吉在生态文明建设方面成果和荣誉,开展档案知识有奖问答活动,提升社会群众档案意识。

【现场通过县级国家综合档案馆业务建设评价】 12月11—12日,专家组对安吉县档案馆县级国家综合档案馆业务建设开展现场评价。专家组详细查看工作台账,实地检查档案库房、档案机房、监控录像等。经评价,专家组一致肯定安吉县档案馆业务建设工作成绩,宣布高分通过。

(施玮行)

史志工作

【概况】 安吉县史志办公室主要负责全县地方党史资料的征集编研工作;贯彻执行县委、县政府有关党史工作的方针、政策,为县委、县政府制定长期和近期的党史工作规划,配合有关部门进行党史的宣传教育工作,充分发挥党史工作资政育人的社会功能。2019年,安吉县史志工作紧紧围绕“资政、存史、育人”的职责,服务、服从于县委、县政府的中心工作,不断推进安吉史志工作新的发展。

12月11—12日,专家组对安吉县档案馆县级国家综合档案馆业务建设开展现场评价

【中共安吉县委执政纪实系列丛书】 整理编印"2018年度安吉县执政纪实系列丛书"，包括《安吉县执政纪实(2018)》《在省级以上会议和活动中的交流材料汇编(2018)》《县级机关部门和乡镇(街道)工作纪事(2018)》《中共安吉县委理论学习中心组课题集(2018)》等10本书稿。丛书真实展现了2018年度中共安吉县委、县政府领导全县人民在践行"两山"思想、建设最美县域中作出的重要贡献和取得的重要成果。

【中共安吉党史第三卷】 完成《中国共产党安吉历史(第三卷)》初稿编辑工作。《中国共产党安吉历史》全书分五编35万字左右，时限从1978年12月党的十一届三中全会召开起至2002年10月中共十六大召开止，全书跨度为25年。从安吉实际出发，全面、科学、系统、准确地体现改革开放时期，中共安吉县委带领全县人民贯彻落实中共中央和省委、市委关于深化改革、扩大开放的一系列方针、路线、政策、决定，在政治、经济、文化、社会生活各个领域所取得的伟大成就。

【文献资政工作】 编印《安吉"两山"实践文献文件选编》，收集整理习近平的"两山"论断和文章，历任省委书记、市委书记及县委书记关于安吉"两山"实践的讲话，国家部委、省委省政府、省级各厅委对安吉创建"两山"理念实践示范县的支持文件等。于1月编印成册并发行，为全县各级领导推进安吉"两山"科学转化、建设"中国最美县域"提供参考。

收集黄杜村捐献白茶苗扶贫有关文献，如习近平总书记、汪洋、胡春华、黄坤明及省市县领导车俊、袁家军、马晓晖、钱三雄、沈铭权等批示，并撰写《白茶捐献纪实》，列入《安吉年鉴(2019)》专记。

【《安吉县志(1989—2012)》】 《安吉县志(1989—2012)》是1994年版《安吉县志》的续志，全志以生态文明建设为主线，以改革开放为时代背景，力求全面、系统、客观地记录历届安吉县委、县政府坚持以经济建设为中心，坚持生态立县发展道路，实现经济快速发展、社会全面进步的历史现实，反映安吉"中国美丽乡村"建设取得的成就。年内，继续完善《安吉县志(1989—2012)》内容。

【《安吉年鉴》】 《安吉年鉴》是中共安吉县委员会、安吉县人民政府主办，安吉县史志办公室编纂的综合性地方年鉴。是集知识、信息于一体，具有政府公报性质的综合性资料工具书，旨在全面系统地逐年记载安吉县政治、经济、文化、社会的基本面貌和发展状况。2019年，史志办年鉴编辑人员在乡镇(街道)部门及单位提供的基础稿件的基础上完成《安吉年鉴(2019)》初稿编撰，并送交当代中国出版社审校，年底前完成了出版发行工作。

【《〈浙江日报〉安吉史料》】 整理编印文献史料系列丛书——《〈浙江日报〉安吉史料(1992—1999)》，这是系列丛书的第四本。该套丛书记录《浙江日报》自1949年5月至1999年12月间关于安吉县(含孝丰县)的新闻报道。该套丛书具有原始记录的性质，真实反映了新中国成立以来，安吉县的历史事件和社会现象，为研究安吉政治、经济、文化、社会发展提供史料参考。

(李　凌)

中共安吉县纪律检查委员会
安 吉 县 监 察 委 员 会

【概况】 2019年，机构改革后将原17家派驻机构整合重组为10家，全面落实派驻机构“六个一体化”管理，提升派驻机构履职能力。推进县属企业纪检体制改革，新设立2家县属企业纪委，选优配强专职纪检干部，进一步强化领导和业务指导。推进纪律检查体制改革，落实对乡镇(街道)纪委“两为主一报告”双重领导体制和派驻机构“三为主一报告”工作机制，强化对乡镇(街道)纪委(监察办公室)、派驻机构的领导和管理。推进监察体制改革，完善建立与公安、检察、审判等部门协作配合机制，规范检察机关提前介入、监察机关向检察机关移送案件等事项，推动纪检监察机关与司法机关、执法部门高效协作配合。全年安吉县各级纪检监察组织增强“四个意识”，坚定“四个自信”，做到“两个维护”，忠诚履行党章和宪法赋予的职责，坚持稳中求进，纪检监察工作呈现高质量发展的良好态势。

加强对贯彻落实习近平总书记重要指示批示精神和中央、省市县委重大决策部署执行情况的监督检查，重点对白茶苗扶贫捐赠项目、新时代“两山”试验区建设、全国文明城市创建、“最多跑一次”改革等工作开展专项检查，确保上级决策部署在安吉得到有效落实。推动“不忘初心、牢记使命”主题教育开展，以“三个一批”难题破解和十大专项整治行动持续落实“三服务”要求，开展群众投诉突出问题专项督查，督促职能部门完成整治群众反映强烈的突出问题27个。推进基层减负，督促整改村级“七多”问题130余个，摘除村(社区)办公场所机构牌子2710块。加强对各级党委(党组)全面从严治党主体责任落实情况的监督，由县党政班子成员带队对34家单位开展专项检查，并督促抓好反馈意见整改。推进清廉安吉建设，推动制定出台8个子领域建设方案，落实项目化管理，形成“1+1+8”工作体系。强化问责督责，对履行主体责任不到位的23人进行问责，党纪政务处分11人。

9月28日，县纪委监委在浙北第一党支部进行“不忘初心、牢记使命”主题教育

开展扶贫民生领域漠视侵害群众利益问题集中整治，共查处群众身边不正之风和腐败问题43件53人，党纪政务处分32人。开展村集体资产资源租赁(承包)合同专项督查，清理“问题合同”106份。推进扫黑除恶专项斗争，以“六大行动”推进“打伞破网”工作，深挖“村霸”、涉恶势力背后腐败问题及其“保护伞”，全年排查问题线索66个，党纪政务处分7人，第一种形态处理5人，监察立案2人。深化清廉乡村建设，出台《清廉正村八项要求》，完成46个村(社区)的创建验收；建立村级

"三务"公开栏、电视端、手机端"三公开"模式；在全市率先制定村务卡结算清单，推动完善村级工作餐、集体"三资"、劳务用工、小微工程等管理办法，健全监督链条，严防截留挪用、侵吞抢占等问题；深化清廉家庭"细胞工程"创建，制定清廉家庭评选标准，不断夯实清廉乡村建设基础。市委常委、市纪委书记、市监委主任梁雪冬先后3次批示安吉在规范"三务"公开、推行村务卡结算、推进村级廉情工作站建设中的经验和成效。

认真贯彻习近平总书记关于作风建设的重要批示精神，严格落实中央八项规定及其实施细则精神和省、市办法要求，建立正风肃纪"六查"工作机制，围绕违规公款吃喝、公务接待、发放津贴或福利、收受礼品礼金等突出问题以及隐形变异"四风"问题，常态化开展"清风行动"，坚决防止"四风"反弹回潮。全年查处违反中央八项规定精神问题33件，处理党员干部40人，其中党纪政务处分32人，同比分别增长136%、111%、256%。深化形式主义、官僚主义整治，加大执纪问责力度，共查处形式主义、官僚主义问题22起，处理35人，其中党纪政务处分10人。全年"581"账户收到上缴礼金79.6万元，接受主动上缴各类礼卡、礼品48批次，接受主动报备个人重大事项451项次。

坚守政治巡察定位，重点突出"六围绕一加强"和"三个聚焦"，开展县委第五、第六、第七轮常规巡察，深入查找被巡察党组织落实中央大政方针不到位不到底、管党治党"宽松软"以及发生在群众身边的腐败和作风问题。全年巡察党组织90个，发现问题1671个，移交问题线索44件，党纪立案11件，党纪政务处分15人。推进巡察上下联动，做好"巡驻""巡访""巡审""巡查"相结合文章，对开发区下属绿色家居产业园开展延伸巡察，对2个乡镇(街道)、4个村(社区)和2个部门开展扫黑除恶专项巡察，对人防系统开展"机动式"巡察。坚持把整改作为巡察监督的重要环节，压紧压实整改主体责任，对19家被巡察党组织开展整改情况质效评估，被巡察党组织2个月内问题整改率上升至90%以上。推动巡察工作规范化建设，完善"1+1+3"巡察工作架构，出台县委巡察机构干部管理办法等5项制度。在全市率先设立巡察数据信息管理中心，推进巡察工作信息化管理。

做深做细做实日常监督，出台《关于推进"六个贯通"健全基层公权力监督体系的实施意见》，整合纪律监督、监察监督、派驻监督、巡察监督"四个全覆盖"监督资源，发挥乡镇(街道)监察办公室和村级廉情工作站作用，打通纪检监察监督与基层群众监督双向融合通道。坚持执纪执法贯通、有效衔接司法，在运用"四种形态"上下功夫。全年运用"四种形态"处置600人次，其中第一种形态420人次，占70%；第二种形态128人次，占21.3%；第三种形态33人次，占5.5%；第四种形态19人次，占3.2%，推动监督执纪由"惩治极少数"向"管住大多数"有效转变。严把选人用人政治关、廉洁关，全年审核拟提拔干部237人次，审核拟评优评先人选1573人次。推动制定《安吉县政商交往行为指南》《安吉县公职人员防范利益冲突"十不准"》，构建"亲""清"政商关系。坚持严管厚爱相结合，出台《安吉县党员干部信访举报失实澄清正名办

7月4日，孝源街道纪委正按照村级小微权力清单的流程要求对村级工程施工情况开展监督

法》,为11名受到错告、诬告的党员干部公开澄清正名,激发党员干部干事创业热情。

始终保持惩治腐败的高压态势,强化不敢腐的震慑,全年受理信访举报347件,同比下降27.1%;处置问题线索653件,同比增长18.9%;共立案183件,同比增长10.2%;党纪政务处分178人,其中县处级干部1人,乡科级干部17人,采取留置措施6人,移送司法机关5人,挽回直接经济损失500余万元。重点查办浙江省南湖监狱九大队原政治教导员顾某受贿案及上级纪委监委指定管辖的重大职务犯罪案件,形成惩治腐败的有力震慑。加强和改进信访举报工作,推进信访超市和检举举报平台建设,拓宽信访发现问题主渠道。坚持以案明纪、以案为鉴、以案促改,督促发案单位查找管理监督的薄弱环节和制度漏洞,开好专题民主生活会,抓好各领域监督机制完善,促进权力规范运行,持续扎牢不能腐的笼子。推进警示教育月活动,召开全县领导干部警示教育大会,开展科级干部"家庭助廉"活动和职务犯罪案件庭审旁听活动,常态化开展"党性党纪教育一刻钟"1560余场次,受教育党员干部6.4万余人次,不想腐的自觉不断增强。坚持"一案一评",制定《〈纪律检查建议书〉和〈监察建议书〉工作办法》,提升案件审理专业化水平。完善留置场所规范化管理,出台《关于严格规范"走读式"谈话工作的若干规定》,规范使用各类调查措施,保证被调查对象和涉案人员"双安全"。

县纪委常委会自觉站在"两个维护"的高度,高标准、高质量推进委机关主题教育工作。领导班子成员带头加强学习教育、调查研究、检视问题、整改落实,先后17次围绕专题开展集中学习和研讨交流,走访乡镇(街道)、村(社区)、企业23个,形成调研报告9篇,查摆检视问题26条并全部整改落实到位。组织开展纪检监察干部全员培训,全年受训2700余人次。开展纪检监察业务"大比武",推选1名干部参加全省纪检监察系统"锻钢铸魂"大比武并获一等奖。统筹选派138人次参与审查调查、执纪监督、正风肃纪、巡视巡察等工作,多途径提高干部综合业务能力。完善内控机制,健全纪检监察干部廉政档案,规范个人有关事项报告,执行监督执纪工作规则,严格审批权限。建立健全纪检监察干部职工关心关爱机制,多方位、多层次加强对干部职工的关心关爱。

【召开县纪委十四届四次全会】 3月21日,召开县纪委十四届四次全会。县委副书记、县长陈永华主持会议。县委书记沈铭权出席会议并讲话,县领导陆为民、叶海珍等参加。县委常委、县纪委书记、县监委代主任柏建华作工作报告。

【启动深化村级廉情工作站建设】 1月,启动建设深化村级廉

3月21日,中国共产党安吉县第十四届纪律检查委员会第四次全体会议召开

情工作站工作。激活联村干部、村监委成员、廉情监督员三支力量，建立监督联查、会议联席、问题联处三项机制，构建村级联合监督模式，推进监察职能向村居延伸。

【出台《关于构建“六查”正风肃纪机制保障“三服务”活动的意见》】 3月19日，制定下发《关于构建“六查”正风肃纪机制保障“三服务”活动的意见》。明确构建“六查”整治重点、工作举措、工作要求等方面，严明纪律和规矩，着力惩治群众身边的不正之风和腐败问题，为“三服务”保驾护航。

【召开派驻(出)机构改革工作会议】 4月1日，召开派驻(出)机构改革工作会议。县纪委县监委班子成员参加。制定印发《安吉县纪委县监委派驻(出)机构改革方案》《关于深化安吉县纪委县监委派驻机构改革的意见》。

【出台《关于推进“六个贯通”健全基层公权力监督体系的实施意见》】 5月21日，制定下发《关于推进“六个贯通”健全基层公权力监督体系的实施意见》。明确推进“六个贯通”工作任务、工作举措、工作要求等方面，加强六项监督，强化六个有效贯通，构建监督网络密、发现问题早、督促整改实、推动治理好的监督闭环，推动基层监察从“有形覆盖”向“有效覆盖”转化，为深化清廉乡村建设，实施乡村振兴战略提供坚强保障。

【开展审理辅助信息系统试运行】 5月，中共安吉县纪委作为试点单位之一，在全省率先开展审理辅助信息系统试运行工作，初步在乡镇(街道)纪委试运行，稳步推进纪检监察信息化建设工作，推动案件审理工作高质量发展。

【出台《安吉县关于推进县属企业纪检监察体制改革的实施意见》】 6月26日，制定印发《安吉县关于推进县属企业纪检监察体制改革的实施意见》。明确对县属企业纪检监察体制改革工作各方面的部署，把健全监督体系、全面从严治党贯彻县属企业纪检监察体制改革始终。

【成立中共安吉县纪委监委机关委员会】 6月27日，成立中共安吉县纪委监委机关委员会。7月1日召开全体党员大会，以无记名投票方式，选举产生新一届机关委员会委员，按得票情况张永玲、余菊慧、王凯、周颖、李斌、陈东、魏建刚7人当选为新一届机关委员会委员。新一届机关委员会委员选举张永玲为机关委员会书记。

【出台《安吉县清廉正村八项要求》】 7月31日，制定出台《安吉县清廉正村八项要求》。明确规定清廉正村“八项要求”，着眼乡村治理的薄弱环节和群众反映的突出问题，坚持把监督挺在前面，着力强化日常监督、精准监督、合力监督，深化运用监督执纪“四种形态”，助推清廉乡村建设再上新台阶。

【出台《安吉县公职人员防范利益冲突“十不准”》】 8月，制定《安吉县公职人员防范利益冲突“十不准”》。明确规定公职人员防范利益冲突，不准有违背职务廉洁性、市场公平性的行为，切实保障公职人员正确履行职责，维护公共利益。

(余菊慧)

安吉县人民代表大会

【安吉县第十六届人民代表大会第三次会议】 2019年1月22—23日，安吉县第十六届人民代表大会第三次会议在递铺举行。本次会议应到代表226名，实到226名，列席266人。大会听取和审查了县人民政府县长陈永华所作的县人民政府工作报告、县人大常委会主任陆为民所作的县人大常委会工作报告、县人民法院院长沈芳君所作的县人民法院工作报告、县人民检察院检察长陈章所作的县人民检察院工作报告，审查安吉县2018年国民经济和社会发展计划执行情况、2019年国民经济和社会发展计划(草案)的报告，审查安吉县2018年财政预算执行情况、2019年财政预算(草案)的报告，审查安吉县2018年度环境状况和环境保护目标完成情况的报告。大会通过上述7个报告的决议。会议依法补选吴有才、刘小翔为安吉县第十六届人民代表大会常务委员会委员。会议票决“全县60周岁(含)以上老年人免费接种流感疫苗工程”“完成20个老旧小区雨污分流改造工程”“完成农村公路改造提升60公里(含联网公路)，危桥改造7座”“完成60个物联网安防小区建设”“完成困难残疾人生活补贴3500人，重度残疾人护理补贴4200人”“完成7个农贸市场提升改造”“西苕溪流域生态修复工程(城区流域、塘浦段至荆湾段流域)”“完成6个乡镇(街道)‘污水零直排区’建设”“完成3个农村饮用水安全提升项目，新增受益人口1.34万人”“‘电子社保卡’便民服务项目”为2019年安吉县人民政府民生实事项目。会议通过关于设立县人大社会建设委员会，将县人大法制(内务司法)委员会更名为县人大监察和司法(法制)委员会的决定，并通过县人大社会建设委员会组成人员名单。本次大会，收到代表议案80件，代表建议54件，全部议案转为建议办理。

【安吉县第十六届人大常委会第十八至二十八次会议】 2019年1月12日，安吉县第十六届人民代表大会常务委员会第十八次会议举行。县人大常委会主任陆为民，副主任吴佩勋、王爱民、孙松、黄先国、梁蕴伟及24名委员出席会议。县人民政府副县长何承明，县监察委员会副主任王昌慧，县人民法院院长沈芳君，县人民检察院检察长陈章，

1月22—23日，举行安吉县第十六届人民代表大会第三次会议

县人大机关党组成员、县人大常委会各委室副主任，县政府办主要负责人，县人大代表章健勇、毛金标列席会议。会议听取和审议县人民政府副县长何承明代表县人民政府所作的关于2018年政府民生实事项目完成情况的报告。会议还对2018年政府民生实事项目开展满意度测评。会议听取和审议县人民政府副县长何承明代表县人民政府所作的关于2019年政府民生实事候选项目情况的报告。会议根据县人大常委会主任会议的提请，按照《中华人民共和国地方各级人民代表大会和地方各级人民政府组织法》的规定，以无线表决系统表决的方式，任命陈杰同志为县人大常委会递铺街道工作委员会委员，吴正明、陈兆辉、何强同志为县人大常委会孝源街道工作委员会委员；免去王幸福、马武明、马荣达同志的县人大常委会孝源街道工作委员会委员职务。会议根据县人大常委会主任会议的提请，按照《中华人民共和国地方各级人民代表大会和地方各级人民政府组织法》《中华人民共和国全国人民代表大会和地方各级人民代表大会选举法》《中华人民共和国监察法》的规定，以无记名投票表决的方式，决定接受杨新初同志辞去县监察委员会主任、县第十六届人大代表职务的请求，并报县第十六届人民代表大会第三次会议备案。会议根据县人大常委会主任会议的提请，按照《中华人民共和国地方各级人民代表大会和地方各级人民政府组织法》《中华人民共和国全国人民代表大会和地方各级人民代表大会选举法》的规定，以无记名投票表决的方式，决定接受杨绍军同志辞去县人民政府副县长职务的请求，并报县第十六届人民代表大会第三次会议备案。会议根据县人大常委会主任会议的提请，按照《中华人民共和国全国人民代表大会和地方各级人民代表大会选举法》《中华人民共和国地方各级人民代表大会和地方各级人民政府组织法》的规定，以无记名投票表决的方式，决定接受俞兆松同志辞去县第十六届人大常委会代表与选举任免工作委员会委员、县第十六届人大代表职务的请求；决定接受肖家青同志辞去县第十六届人大代表职务的请求；决定接受吴丹妮同志辞去县第十六届人大代表职务的请求，并报县第十六届人民代表大会第三次会议备案。会议根据县人大常委会主任会议的提请，按照《中华人民共和国地方各级人民代表大会和地方各级人民政府组织法》的规定，以无记名投票表决的方式，任命莫骄同志为县人民代表大会财政经济委员会副主任委员，郁斌同志为县人大常委会昌硕街道工作委员会副主任；免去莫骄同志的县人大常委会教育科技文化卫生工作委员会主任职务，顾小宝同志的县人大常委会农业与农村工作委员会主任职务，干永海同志的县人大常委会昌硕街道工作委员会副主任职务。会议根据县人民政府的提请，按照《中华人民共和国地方各级人民代表大会和地方各级人民政府组织法》的规定，以无记名投票表决的方式，决定任命童师祥同志为县发展和改革局局长，高安兵同志为县经济和信息化局局长，王红缨同志为县人力资源和社会保障局局长，陈志文同志为县自然资源和规划局局长，马洪滨同志为县住房和城乡建设局局长，赵双勤同志为县交通运输局局长，乐叶都同志为县水利局局长，杨忠义同志为县农业农村局局长，彭忠心同志为县文化和广电旅游体育局局长，顾建强同志为县卫生健康局局长，张军同志为县退役军人事务局局长，樊锡宏同志为县应急管理局局长，王有富同志为县市场监督管理局局长，杨鹤云同志为县统计局局长，戴先才同志为县医疗保障局局长，章熙翔同志为县综合行政执法局（县城市管理局）局长，唐宝城同志为县大数据发展管理局局长；决定免去童师祥同志的县发展和改革委员会主任职务，高安兵同志的县经济和信息化委员会主任职务，马洪滨同志的县住房和城乡建设局（县规划局）局长职务，乐叶都同志的县综合行政执法局（县城市管理局）局长职务，杨忠义同志的县农业局局长职务，彭忠心同志的县文化广电新闻出版局局长职务，顾建强同志的县人力资源和社会保障局长职务，王有富同志的县安全生产监督管理局局长职务，戴先才同志的县水利局局长职务，章熙翔同志的县市场监督管理局局长职务，郑继农同志的县政府法制办公室主任职务，吴有才同志的县林业局局长职务，肖家青同志的县卫生和计划生育局局长职务，朱昌发同志的县统计局局长职务，管永丰同志的县风景与旅游管理委员会主任职务。

1月12日,安吉县第十六届人民代表大会常务委员会第十九次会议举行。县人大常委会主任陆为民,副主任吴佩勋、王爱民、孙松、黄先国、梁蕴伟及24名委员出席会议。县人民政府副县长何承明,县监察委员会副主任王昌慧,县人民法院院长沈芳君,县人民检察院检察长陈章,县人大机关党组成员、县人大常委会各委室副主任,县政府办主要负责人,县人大代表章健勇、毛金标列席会议。会议审议通过《安吉县第十六届人民代表大会第三次会议有关事项》。

3月15日,安吉县第十六届人民代表大会常务委员会第二十次会议举行。县人大常委会主任陆为民,副主任吴佩勋、王爱民、黄先国、俞立安、梁蕴伟及25名委员出席会议。县人民政府副县长杜尉栋,县监察委员会副主任王昌慧,县人民法院院长沈芳君,县人民检察院检察长陈章,县人大机关党组成员、县人大常委会各委室副主任,县政府办、发改局、经信局、财政局、自然资源和规划局、水利局、市场监管局主要负责人,杭垓镇人大主席徐渊,县人大代表潘建刚、赵西民列席会议。会议审议通过《县人大常委会2019年工作要点》。会议审议通过《关于奋力推动我县民营经济高质量发展的决议》。会议听取和审议县自然资源和规划局局长陈志文受县人民政府委托所作的关于国有自然资源资产管理情况的专项报告。会议根据县人大常委会主任会议的提请,按照《中华人民共和国地方各级人民代表大会和地方各级人民政府组织法》《中华人民共和国监察法》的规定,以无记名投票表决的方式,任命柏建华同志为县监察委员会副主任。会议根据县人民政府的提请,按照《中华人民共和国地方各级人民代表大会和地方各级人民政府组织法》的规定,以无记名投票表决的方式,决定任命陈小龙同志为县人民政府副县长。会议根据县人民法院的提请,按照《中华人民共和国地方各级人民代表大会和地方各级人民政府组织法》的规定,以无记名投票表决的方式,任命包静怡同志为县人民法院立案庭庭长,刘方同志为县人民法院刑事审判庭庭长,卞子彦同志为县人民法院民事审判第一庭庭长,程思瑶同志为县人民法院民事审判第二庭副庭长,黄银霞同志为县人民法院立案庭副庭长,王洪波、潘晶晶同志为县人民法院执行庭副庭长,冯涛同志为县人民法院环境资源审判庭副庭长,王笑同志为县人民法院递铺人民法庭副庭长,方勇同志为县人民法院梅溪人民法庭副庭长,程泰寅同志为县人民法院天子湖人民法庭副庭长;免去顾少白同志的县人民法院副院长、审委会委员职务,陈浩同志的县人民法院刑事审判庭庭长职务,毛效龙同志的县人民法院民事审判第一庭庭长职务,刘方同志的县人民法院民事审判第二庭庭长职务,方勇、黄银霞同志的县人民法院民事审判第一庭副庭长职务,包静怡同志的县人民法院民事审判第二庭副庭长职务,卞子彦同志的县人民法院梅溪人民法庭副庭长职务,冯涛同志的县人民法院天子湖人民法庭副庭长职务,程泰寅同志的县人民法院环境资源审判庭副庭长职务,王洪波同志的县人民法院递铺人民法庭副庭长职务,程思瑶同志的县人民法院执行庭副庭长职务。会议根据县人大常委会主任会议的提请,按照《中华人民共和国地方各级人民代表大会和地方各级人民政府组织法》《中华人民共和国监察法》的规定,以无记名投票表决的方式,决定柏建华同志代理县监察委员会主任职务。

5月10日,安吉县第十六届人民代表大会常务委员会第二十一次会议举行。县人大常委会主任陆为民,副主任吴佩勋、王爱民、孙松、俞立安、梁蕴伟及24名委员出席会议。县委常委、县人民政府副县长王海稳,县监察委员会副主任王昌慧,县人民法院副院长孟黎明,县人民检察院检察长陈章,县人大机关党组成员、县人大常委会各委室副主任,县政府办、公安局、财政局、审计局负责人,天子湖镇人大主席施明军、孝丰镇人大副主席龚晓云,县人大代表夏元凤、赵森华列席会议。会议听取和审议县公安局关于报请许可对县人大代表王某某依法采取刑事强制措施的报告。会议按照《中华人民共和国全国人民代表大会和地方各级人民代表大会代表法》的有关规定,以无线表决系统表决的方式,决定许可县公安局对县人大代表王某某依法采取刑事强制措施。会议审议通过《安吉县人大常委会财政专项资金监督办法》。会议根据县人大常委会主任会议的提请,按照

《中华人民共和国地方各级人民代表大会和地方各级人民政府组织法》的规定，以无记名投票表决的方式，任命盛文明同志为县人大常委会农业与农村工作委员会主任，施霞同志为县人大常委会教育科技文化卫生工作委员会主任，王宏之同志为县人大常委会递铺街道工作委员会副主任；免去施霞同志的县人大常委会灵峰街道工作委员会主任职务。会议根据县人民检察院的提请，按照《中华人民共和国地方各级人民代表大会和地方各级人民政府组织法》的规定，以无记名投票表决的方式，免去金须丰同志的县人民检察院检察员职务。

5月31日，安吉县第十六届人民代表大会常务委员会第二十二次会议举行。县人大常委会主任陆为民，副主任吴佩勋、王爱民、孙松、黄先国、俞立安、梁蕴伟及24名委员出席会议。县人民政府副县长陈小龙，县监察委员会副主任王昌慧，县人民法院院长沈芳君，县人民检察院副检察长蒋正平，县人大机关党组成员、县人大常委会各委室副主任，县政府办、经信局、司法局、自然资源和规划局负责人，上墅乡人大主席肖建忠、报福镇人大副主席张世根，县人大代表张国栋、周颖列席会议。会议听取和审议县人民政府副县长陈小龙代表县人民政府所作的关于"七五"普法工作情况的报告和县人大监察和司法（法制）委员会主任委员鲍亚红代表县人大常委会调研组所作的关于"七五"普法工作情况的调研报告。会议听取和审议县人民政府副县长陈小龙代表县人民政府所作的关于"五未"土地处置情况的报告和县人大常委会城建环资工委主任林立辉代表县人大常委会调研组所作的关于"五未"土地处置情况的调研报告。会议根据县人大常委会主任会议的提请，按照《中华人民共和国地方各级人民代表大会和地方各级人民政府组织法》的规定，以无线表决系统表决的方式，任命沈洁、夏中金、徐启龙同志为县人大财政经济委员会委员，施明军同志为县人大常委会教育科技文化卫生工作委员会委员，徐渊、戴开林、戴泽万同志为县人大常委会代表与选举任免工作委员会委员；免去施霞、盛文明同志的县人大财政经济委员会委员职务。会议根据县人民法院的提请，按照《中华人民共和国人民陪审员法》的规定，以无线表决系统表决的方式，任命万平、马雪红、王卫、王静思、文雯、方忠华、巴媛、卢生宏、卢婷、叶玉琴、叶凯、叶萍、付奕波、朱永忠、任超、刘杰、刘志威、刘忠旻、刘盛凤、刘勤、李云峰、李水荣、李冬晴、李群刚、杨肖俊、杨金鸿、杨勋人、杨莉、杨峰、肖丽华、肖锡宝、吴美兰、吴清泉、何莹、汪开军、沈璐、张子翔、张伟、张仲国、张咏梅、张晨霞、张群、张静、陈丹、陈培青、陈跃跃、陈超敏、陈新、郘璜芸、欧爱红、易玮、易国兵、竺胜奇、金艳、郑江泉、郑敏、郑喜、赵勇、胡鹏、胡巧敏、胡忠杰、俞虹、洪美萍、祝小燕、聂铜、顾振华、徐仁根、徐志宏、徐宏、徐莉、徐基强、徐笛、徐滨、郭文秀、诸茂龙、谈立生、黄亦丹、曹勇、符翔、章慧芳、董蓓蕾、蒋国、喻向前、喻远桃、喻丽娟、程峰、裘雪兰、赖叶芳、赖建华、雷松云、蔡军、缪芬、滕力红、潘明丽同志为县人民法院人民陪审员；免去王为林、卢成宝、江楠、汤美兰、李成杰、周莎莎、周雪逵、钟勤松、姜笑、诸东冬同志的县人民法院人民陪审员职务。会议根据县人民政府的提请，按照《中华人民共和国地方各级人民代表大会和地方各级人民政府组织法》的规定，以无记名投票表决的方式，决定任命项侃文同志为县人民政府副县长。会议根据县人民法院的提请，按照《中华人民共和国地方各级人民代表大会和地方各级人民政府组织法》的规定，以无记名投票表决的方式，任命刘方同志为县人民法院审判委员会委员，彭瑞森同志为县人民法院民事审判二庭（破产审判庭）庭长，孙发国同志为县人民法院民事审判四庭庭长；免去高峰同志的县人民法院审判委员会委员、孝丰人民法庭庭长、审判员职务，徐文祥同志的县人民法院梅溪人民法庭副庭长职务，孙发国同志的县人民法院执行庭副庭长职务。会议根据县人民检察院的提请，按照《中华人民共和国地方各级人民代表大会和地方各级人民政府组织法》的规定，以无记名投票表决的方式，免去金旭岭、刘伟栋、王舜源同志的县人民检察院检察员职务。

7月22日，安吉县第十六届人民代表大会常务委员会第二十三次会议举行。县人大常委会主任陆为民，副主任吴佩勋、王爱民、孙松、黄先国、俞立安、梁蕴伟及24名委员出席会议。县委常委、县人民政府常务副县长潘鸣,县监察委员会副主任王昌慧,县人民法院院长沈芳君,县人民检察院常务副检察长胡秀义,县人大机关党组成员、县人大常委会各委室副主任,县政府办、发改局、财政局、审计局主要负责人,天荒坪镇人大主席盛琦丽、县人大昌硕街道工委副主任郁斌,县人大代表邵林峰、卢英列席会议。会议听取和审议县委常委、县人民政府常务副县长潘鸣代表县人民政府所作的关于2019年上半年工作情况报告。会议听取和审议县发改局局长童师祥受县人民政府委托所作的关于2019年上半年国民经济和社会发展计划执行情况的报告。会议听取和审议县财政局局长徐勇受县人民政府委托所作的关于2018年财政决算(草案)的报告、县审计局局长沈卫江受县人民政府委托所作的关于2018年财政预算执行和其他财政收支情况的审计工作报告、县人大财政经济委员会主任委员徐存林所作的关于2018年财政决算(草案)审查结果的报告。会议审议通过《安吉县人大常委会关于加强支出预算、政策和预算绩效监督的暂行办法》。会议审议通过《关于修订〈安吉县人大常委会任免国家机关工作人员办法〉的决定》。会议书面审议县政府关于2019年上半年财政预算执行情况的报告。会议书面审议县政府关于2018年财政专项资金管理和使用情况的工作报告。会议根据县人大常委会主任会议的提请,按照《中华人民共和国全国人民代表大会和地方各级人民代表大会选举法》的规定,以无线表决系统表决的方式,决定接受王金土同志辞去安吉县第十六届人民代表大会代表职务的请求。

8月30日,安吉县第十六届人民代表大会常务委员会第二十四次会议举行。县人大常委会主任陆为民,副主任吴佩勋、王爱民、孙松、俞立安及25名委员出席会议。县委常委、县人民政府副县长项侃文,县监察委员会副主任王昌慧,县人民法院院长沈芳君,县人民检察院检察长陈章,县人大机关党组成员、县人大常委会各委室副主任,县政府办、农业农村局、综合执法局、市生态环境局安吉分局主要负责人,章村镇人大主席陈国庆、天子湖镇人大副主席康敏良,县人大代表余云颖、徐正军列席会议。会议审议通过《安吉县人民代表大会常务委员会听取和审议县监察委员会专项工作报告办法(试行)》。会议审议通过《安吉县人大常委会关于加快推进城乡生活垃圾精准分类的决定》。会议根据县人民政府的提请,按照《中华人民共和国地方各级人民代表大会和地方各级人民政府组织法》的规定,以无记名投票表决的方式,决定任命管永丰同志为县人民政府副县长,决定免去何承明、王海稳、陈瑶同志的县人民政府副县长职务。会议根据县人民法院的提请,按照《中华人民共和国地方各级人民代表大会和地方各级人民政府组织法》的规定,以无线表决系统表决的方式,任命孙红波同志为县人民法院副院长,沈伟同志为县人民法院副院长、审判委员会委员、审判员;免去潘柏强同志的县人民法院副院长、审判委员会委员、审判员职务,孙红波同志的县人民法院递铺法庭庭长职务。

9月25日,安吉县第十六届人民代表大会常务委员会第二十五次会议举行。县人大常委会主任陆为民,副主任王爱民、孙松、黄先国俞立安、梁蕴伟及25名委员出席会议。县人民政府党组成员黄根凤,县监察委员会副主任王昌慧,县人民法院院长沈芳君,县人民检察院检察长陈章,县人大机关党组成员、县人大常委会各委室副主任,县政府办、民政局、财政局、审计局主要负责人,山川乡人大主席朱毅、县人大灵峰街道工委副主任王德才,县人大代表周挺、俞亚琴列席会议。会议听取和审议县民政局局长姜平所作的关于县民政局接受人大评议的自查工作报告和县人大社会委主任委员吴有才代表县人大常委会工作评议调研组所作的关于对县民政局工作评议的调研报告。会议还对县民政局工作进行评议。会议听取和审议县审计局局长沈卫江受县人民政府委托所作的关于安吉县2018年度财政预算执行和其他财政收支审计查明问题整改情况的报告。会议听取和审议县人民政府党组成员黄根凤代表县人民政府所作的关于县十六届人大三次会议代表议案、建议办理情况的报告和县人大常委会代表与选任工委主任谭丽丽所作的关于县十六届人大三次会议代表议案、建议督办情况的报告。会议根据县人大常委会主任会议的提请，按照《中华人民共和国地方各级人民代表大会和地方各级人民政府组织法》的规定，以无线表决系统表决的方式，任命林立辉同志为县人大社会建设委员会副主任委员，应秋平同志为县人大常委会灵峰街道工作委员会主任，孟振华同志为县人大常委会办公室副主任，王小平同志为县人大常委会教育科技文化卫生工作委员会副主任，任强松同志为县人大常委会城乡建设与环境资源保护工作委员会副主任；免去林立辉同志的县人大常委会城乡建设与环境资源保护工作委员会主任职务，王小平同志的县人大常委会办公室副主任职务，任强松同志的县人大常委会教育科技文化卫生工作委员会副主任职务，王炜同志的县人大常委会城乡建设与环境资源保护工作委员会副主任职务。会议根据县人民政府的提请，按照《中华人民共和国地方各级人民代表大会和地方各级人民政府组织法》的规定，以无线表决系统表决的方式，决定任命李明同志为县住房和城乡建设局局长；决定免去马洪滨同志的县住房和城乡建设局局长职务。

10 月 29 日，安吉县第十六届人民代表大会常务委员会第二十六次会议举行。县人大常委会主任陆为民，副主任吴佩勋、王爱民、孙松、黄先国、俞立安、梁蕴伟及 24 名委员出席会议。县委常委、县人民政府常务副县长潘鸣，县监察委员会副主任王昌慧，县人民法院院长沈芳君，县人民检察院检察长陈章，县人大常委会各委室副主任，县政府办主要负责人，报福镇人大主席戴开林、天荒坪镇人大副主席杜又喜，县人大代表程驰、边月明列席会议。会议审议通过《关于调整“3·25 生态日”为“8·15 生态文明日”的决定》。会议根据县人民政府的提请，按照《中华人民共和国地方各级人民代表大会和地方各级人民政府组织法》的规定，以无记名投票表决的方式，决定任命宋波同志为安吉县人民政府副县长。会议根据县人大常委会主任会议的提请，按照《中华人民共和国地方各级人民代表大会和地方各级人民政府组织法》的规定，以无记名投票表决的方式，决定接受陈永华同志提出的辞去安吉县人民政府县长职务的请求，报县第十六届人民代表大会第四次会议备案。会议根据县人大常委会主任会议的提请，按照《中华人民共和国地方各级人民代表大会和地方各级人民政府组织法》的规定，以无记名投票表决的方式，决定宋波同志代理安吉县人民政府县长。会议根据县人民检察院的提请，按照《中华人民共和国地方各级人民代表大会和地方各级人民政府组织法》的规定，以无线表决系统表决的方式，免去申江、汪莹同志的安吉县人民检察院检察员职务。

11 月 21 日，安吉县第十六届人民代表大会常务委员会第二十七次会议举行。县人大常委会主任陆为民，副主任王爱民、孙松、黄先国、俞立安、梁蕴伟及 22 名委员出席会议。县人民政府副县长陈小龙，县监察委员会副主任王昌慧，县人民法院院长沈芳君，县人民检察院检察长陈章，县人大常委会各委室副主任，县政府办、财政局、文体旅游局主要负责人，县人大灵峰街道工委主任应秋平、孝丰镇人大副主席何向华，市人大代表郁艳、陈东山、张秋华、王春燕、江乐琴、张文秀、陈国玉、鲍俞林、汤国强，县人大代表李亚财、裘卫星列席会议。会议听取和审议县文体旅游局局长彭忠心受县人民政府委托所作的《关于全县文化助推旅游业发展情况的工作报告》和县人大常委会教科文卫工委主任施霞代表县人大常委会调研组所作的《关于全县文化助推旅游业发展情况的调研报告》。会议听取和审议县人民政府副县长陈小龙代表县人民政府提请的《关于提请审议安吉县 2019 年一般公共财政支出预算调整方案（草案）的议案》、县财政局局长徐勇受县人民政府委托所作的《关于安吉县 2019 年一般公共财政支出预算调整方案（草案）的议案的说明》、县人大财经委主任委员徐存林所作的《关于安吉县 2019 年一般公共财政支出预算调整方案（草案）的审查结果报告》。会议决定批准安吉县 2019 年一般公共财政支出预算调整方案。会议听取和审议县人大社会委副主任委员顾小宝代表县人大常委会特定问题调查委员会所作的《关于安吉县赋石、老石坎、凤凰三大水库污染源特定问题调查的报告》。会议审议通过《安吉县人大常委会关于加强县人民检察院开展公益诉讼工作的决定》。会议听取和审议市人大代表述职报告。会议还对市人大代表进行测评。会议根据县人大常委会主任会议的提请，按照《中华人民共和国全国人民代表大会和地方各级人民代表大会选举法》《中华人民共和国全国人民代表大会和地方各级人民代表大会代表法》的规定，以无记名投票表决的方式，决定接受陈永华、梁为民同志辞去湖州市第八届人民代表大会代表职务的请求，并报湖州市人民代表大会常务委员会备案。会议根据县人大常委会主任会议的提请，按照《中华人民共和国全国人民代表大会和地方各级人民代表大会选举法》《中华人民共和国全国人民代表大会和地方各级人民代表大会代表法》的规定，以无记名投票表决的方式，决定接受陈永华、吕立、符海滨、何伟锋、胡朝阳同志辞去安吉县第十六届人民代表大会代表职务的请求，并报安吉县第十六届人民代表大会第四次会议备案。会议根据县人大常委会主任会议的提请，按照《中华人民共和国全国人民代表大会和地方各级人民代表大会选举法》《中华人民共和国地方各级人民代表大会和地方各级人民政府组织法》的规定，以无记名投票表决的方式，决定补选宋波、胡朝阳同志为湖州市第八届人民代表大会代表。会议根据县人民法院的提请，按照《中华人民共和国地方各级人民代表大会和地方各级人民政府组织法》的规定，以无记名投票表决的方式，任命王笑同志为安吉县人民法院民事审判四庭庭长，黄银霞同志为安吉县人民法院立案庭庭长，陈超磊同志为安吉县人民法院刑事审判庭副庭长，苏娈同志为安吉县人民法院民事审判一庭副庭长，彭莎同志为安吉县人民法院审判员、灵峰人民法庭副庭长，金辰蕾同志为安吉县人民法院审判员；免去包静怡同志的安吉县人民法院立案庭庭长职务，孙发国同志的安吉县人民法院民事审判四庭庭长职务，王笑同志的安吉县人民法院递铺人民法庭副庭长职务，黄银霞同志的安吉县人民法院立案庭副庭长职务，冯萍、陈鹤明、陈永祥、徐文祥同志的安吉县人民法院审判员职务。会议根据县人民检察院的提请，按照《中华人民共和国地方各级人民代表大会和地方各级人民政府组织法》的规定，以无记名投票表决的方式，任命马兰、李琳同志为安吉县人民检察院检察员。

12月24日，安吉县第十六届人民代表大会常务委员会第二十八次会议举行。县人大常委会主任陆为民，副主任吴佩勋、王爱民、孙松、黄先国、俞立安、梁蕴伟及26名委员出席会议，县委常委、县人民政府常务副县长潘鸣，县监察委员会副主任王昌慧，县人民法院院长沈芳君，县人民检察院检察长陈章，县人大常委会各委室副主任，县人大机关党组成员，县政府办、民政局、交通运输局、退役军人事务局、综合行政执法局、大数据发展管理局主要负责人，梅溪镇人大副主席李一鸣，县人民法院员额法官王笑、王文德、卢洁、肖建平、黄银霞、梁赟，县人民检察院员额检察官王永功、史建国、李国芳、张如君，县人大代表张吉林、谢传超列席会议。会议听取和审议县委常委、县人民政府常务副县长潘鸣代表县人民政府所作的关于2019年政府民生实事项目完成情况的报告。会议还对2019年政府民生实事项目开展了满意度测评。会议听取和审议县委常委、县人民政府常务副县长潘鸣代表县人民政府所作的关于2020年政府民生实事候选项目情况的报告。

12月24日，安吉县第十六届人大常委会第二十八次会议召开

会议审议通过《安吉县人大常委会工作报告》。会议审议通过《关于安吉县第十六届人民代表大会代表资格的审查报告》。会议听取和审议县人大常委会任命的政府工作部门负责人述职报告。会议还对政府工作部门负责人进行测评。会议听取和审议员额法官、员额检察官述职报告。会议还对员额法官、员额检察官进行测评。会议书面审议县民政局关于工作评议意见整改落实情况的报告。会议根据县人大常委会主任会议的提请，按照《中华人民共和国全国人民代表大会和地方各级人民代表大会选举法》和《中华人民共和国全国人民代表大会和地方各级人民代表大会代表法》的规定，以无记名投票表决的方式，决定接受沈斌、乔明军同志辞去湖州市第八届人民代表大会代表职务的请求，并报湖州市人民代表大会常务委员会备案。会议根据县人大常委会主任会议的提请，按照《中华人民共和国全国人民代表大会和地方各级人民代表大会选举法》和《中华人民共和国全国人民代表大会和地方各级人民代表大会代表法》的规定，以无记名投票表决的方式，决定接受刘小翔同志辞去县第十六届人民代表大会常务委员会委员、县第十六届人民代表大会代表职务；决定接受黄承文同志辞去县第十六届人民代表大会常务委员会委员职务；决定接受张敏同志辞去县第十六届人民代表大会社会建设委员会委员、县第十六届人民代表大会代表职务，并报安吉县第十六届人民代表大会第四次会议备案。会议根据县人大常委会主任会议的提请，按照《中华人民共和国地方各级人民代表大会和地方各级人民政府组织法》《中华人民共和国全国人民代表大会和地方各级人民代表大会选举法》的规定，以无记名投票表决的方式，决定补选陈发瑶、张曦同志为湖州市第八届人民代表大会代表。会议根据县人大常委会主任会议的提请，按照《中华人民共和国地方各级人民代表大会和地方各级人民政府组织法》的规定，以无记名投票表决的方式，任命黎逢林同志为县人大常委会城乡建设与环境资源保护工作委员会主任，熊国斌同志为县人大常委会递铺街道工作委员会主任，王雪尧同志为县人大常委会孝源街道工作委员会主任，周长青同志为县人大常委会办公室副主任；免去黎逢林同志的县人大常委会递铺街道工作委员会主任职务，黄承文同志的县人大常委会孝源街道工作委员会主任职务，沈晓波同志的县人大常委会办公室副主任职务，高岳林同志的县人大常委会农业与农村工作委员会副主任职务。会议根据县人民政府的提请，按照《中华人民共和国地方各级人民代表大会和地方各级人民政府组织法》的规定，以无记名投票表决的方式，决定任命沈强同志为安吉县科学技术局局长，决定免去马联国同志的县科学技术局局长职务。会议根据县监察委员会的提请，按照《中华人民共和国监察法》的规定，以无记名投票表决的方式，免去姚斌同志的安吉县监察委员会委员职务。

【陪同省人大领导开展“三服务”调研】　1月2—3日，县人大常委会主任陆为民、副主任孙松、梁蕴伟陪同浙江省人大常委会副主任李学忠在安吉县开展“三服务”调研。先后召开企业座谈会、水污染防治及河长制工作座谈会、人大工作座谈会，实地走

1月1日，省人大常委会副主任李学忠视察安吉“三服务”工作

访华逸化纤等企业、西苕溪荆湾段等重要水域，详细了解相关情况和问题困难，并在省人大的指导下，对降费减税、工业垃圾处理、土地指标、水污染防治等问题一一作了回应，并对一时难以解决的问题作了梳理，带回研究解决。

【开展民营经济高质量发展调研审议工作】 2019 年，县人大分三个层面开展民营经济高质量发展调研审议工作。开展初步调研，出台决议。从 1 月起，通过实地走访企业、召开民营企业家座谈会，详细了解安吉县民营经济发展现状，并于 3 月 15 日作出《关于奋力推动我县民营经济高质量发展的决议》，向政府部门提出一系列贯彻落实的要求。省、市、县联动，开展专项审议。组织参加省人大促进民营经济高质量发展专项监督视频会议，在县委常委会上专题汇报全省视频会议情况，出台《关于调研和审议我县促进民营经济高质量发展情况的实施方案》，召开 16 个部门参加的调研审议工作布置会，根据省人大财经委的要求完成关于填报减税降费“两张清单”的有关工作，根据省、市人大财经委要求开展《民营经济高质量发展情况企业调查问卷》并进行统计分析，县人大常委会主任会议听取和讨论县政府办关于安吉县民营经济高质量发展情况的报告。课题调研，形成报告。开展民营经济高质量发展课题调研，在座谈、资料搜集、实地走访的基础上，于 7 月份再次开展问卷调查，着重摸清民营企业存在的问题和需求，收回问卷 617 份，其中规上工业企业 110 份，小微企业 507 份，梳理问题与需求 116 个。最终形成《我县民营经济高质量发展的思考》的调研报告，提出一系列推进民营经济高质量发展的对策措施。

【专题调研全县扫黑除恶工作】 2 月 26 日，县人大常委会主任陆为民、副主任吴佩勋率队专题调研全县扫黑除恶工作，副县长、公安局长杨建新参加。调研组座谈听取 2018 年扫黑除恶工作汇报以及 2019 年工作计划，实地查看公安局扫黑办运行情况、昌硕派出所扫黑除恶工作开展情况，并提出要提高工作站位、加强打击力度、扩大影响范围等意见建议。

1 月 16 日，军队在京第 1 组全国人大代表考察安吉

【开展“防洪法”执法检查】 3 月 1 日，根据市人大统一部署，县人大常委会副主任黄先国率队专题检查安吉县贯彻执行《中华人民共和国防洪法》情况，实地踏看防洪薄弱点、地质灾害点等关键领域，并建议政府部门加大“防洪法”宣传力度，不断增强全社会防灾减灾意识；强化责任落实，确保防汛工作部署、督促、落实到位；全面排查隐患点，保障人民群众生命财产安全。4 月 17 日，县人大常委会副主任黄先国带队开展《防洪法》执法检查。检查组实地检查部分防洪薄弱点、地质灾害点情况，并发动代表分区分块对全县防洪薄弱点和地质灾害点开展检查，及时将检查中发现的问题转交部门整改落实，有效推动工程进度、部分短板加固提升。

【专题视察全国文明城市创建工作】 3 月 14 日，县人大常委会主任陆为民、副主任吴佩勋、王爱民率队专题视察安吉县文明城市创建工作，县委常委、宣传部部长陈旭华应邀参加视察活动。视察组先后实地查看三里亭北门、昌硕西路原六合盛酒店、天目路就业中心停车场地以及智慧停车公司等地情况，座谈听取相关部门汇报，并建议政府部门，提高认识，担负起应有责任；聚焦薄弱环节，加大整改力度；提高市民素质，构建文明体系；强化人文关怀，办好民生实事；维护和谐稳定，提升生活品质；加强公众宣传，浓厚创建氛围。

【县人大常委会作出《关于奋力推动我县民营经济高质量发展的决议》】　3月15日，县第十六届人大常委会第二十次会议作出《关于奋力推动我县民营经济高质量发展的决议》。决议以习近平总书记在全国民营企业座谈会上的讲话为指导，分析安吉县民营经济发展的现状和存在问题，强调民营经济在全县经济社会发展中的地位，提出要提高民营企业和企业家的政治社会地位，落实民营经济高质量发展的政策措施，创造民营经济高质量发展的温馨环境，营造全社会大力支持民营经济高质量发展氛围的要求。

【审议国有自然资源资产管理情况的专项报告】　3月15日，县第十六届人大常委会第二十次会议听取和审议县政府关于国有自然资源资产管理情况的专项报告。会议认为，报告内容全面、数据翔实，呈现出安吉县国有自然资源资产的总体概貌，相关部门在国有自然资源资产管理中，认真扎实、依法规范，各项工作取得较好成效。会议要求，要做好多规合一工作，统一认定口径，进一步摸清家底；要加强精细化管理，充实基层管理力量，进一步保护好地方自然资源；要树立合规、合理使用资源的理念，创新资源利用手段，确保对乡村振兴、重点项目建设、优质民营企业用地等各项工作的支持。

【建设预算联网监督系统】　3月，为加强县级人大对县级财政预算监督工作，县人大启动预算联网监督系统建设，至11月20日完成建设工作，共呈现三方面显著成效：完善栏目设置，上传各栏目文档。系统栏目由6个增设到10个；上传的文档包括县、部门、乡镇的预算文本，县人大及其常委会、专委会有关财经监督的决议、决定、调研报告、审议意见等，上传文档300余篇。建立预算联网监督系统4项管理制度。建成预算联网监督系统查阅室。9月25日系统建成，10月14日系统延伸至乡镇人大代表联络站，11月14日县人大机关查阅室建成，11月20日递铺街道代表联络站查阅室建成。同时，建立用户群，扩大人大代表对财政预算的监督面。

【专题视察潴口溪村美丽乡村建设工作】　4月4日，县人大常委会主任陆为民，副主任吴佩勋、王爱民、孙松、俞立安、梁蕴伟带队赴孝丰镇潴口溪村视察美丽乡村建设工作。视察组先后参观抗建大院、生态湿地公园、孝子灯公园等地，观看潴口溪村美丽乡村建设宣传片，详细听取潴口溪村在美丽乡村建设中有关环境治理、村庄规划、基础设施建设等方面的汇报，并建议该村进一步完善长效管理机制，发挥村民自治作用，巩固创建成果，提高群众满意度；提升美丽乡村建设水平，积极做好美丽乡村经营文章，把美丽乡村成果转化为美丽经济。

【视察全县犬类规范管理工作】　4月11日，县人大常委会副主任吴佩勋率队视察全县文明养犬工作。视察组通过实地踏看犬类管理收容所、走访群众、听取汇报等方式，深入了解工作推进情况，提出要加强工作合力、强

4月4日，县人大常委会主任陆为民带队赴孝丰镇潴口溪村视察美丽乡村建设工作

化执法力度、转变管理方式、加大宣传力度等建议。

【监督助推生活垃圾精准分类】 为推进城镇生活垃圾精准分类，2019年4月11日，县人大常委会副主任吴佩勋带队视察餐厨垃圾处理建设项目、“虎哥”服务站、居民小区等地，对垃圾分类投放、收集、运输、处理的全过程进行实地踏看，听取县综合执法局有关工作情况汇报，针对分类知识不全、分类质量不高、部门联动不够等问题提出意见建议。8月23日，县人大常委会主任会议通过《安吉县人大常委会关于推进城乡生活垃圾精准分类的监督方案》。8月30日，县人大常委会第二十四次会议作出《关于加快推进城乡生活垃圾精准分类的决定》。常委会领导分别带领七个监督组赴乡镇和有关部门开展监督检查，并通过代表进联络站接待选民、主题教育包乡走村等方式，督促全县垃圾分类工作有序开展。

【专题调研“七五”普法工作】 4月18日，县人大常委会副主任吴佩勋带队调研全县“七五”普法工作。调研组赴县司法局全面了解普法成效，并进行认真梳理分析，提出落实责任、精准发力、深化创新、完善机制等工作建议。同时结合县委中心工作，对如何有效发挥普法在文明城市创建中的作用进行深入研究，形成《关于提高普法质效、助推文明城市创建的思考》的调研报告，吴佩勋副主任在县委理论学习中心组会议上作交流发言，为县委、县政府决策提供参考。

【视察矿产资源管理工作】 4月16日，县人大常委会副主任孙松率队视察安吉县矿产资源管理工作。视察组实地踏看天子湖南方水泥石矿、天子湖洁源沙场、安城双龙码头等多个类型的矿资管理点，座谈听取工作情况，并建议政府部门要坚持生态优先，严格控制矿资项目开发；强化环境科学治理，加强全方位、全领域监管，加大队伍建设力度，防控生产和管理安全风险。

【开展“水污染防治法”执法检查】 5月6日，受市人大常委会委托，县人大常委会副主任孙松带队开展《中华人民共和国水污染防治法》执法检查。检查组现场踏看了部分河流、排污口、污水处理厂等重要点位，座谈听取安吉县“水污染防治法”贯彻实施情况，并提出要加快推进污水处理厂三期、赋石和老石坎水库城乡一体化供水等项目建设，抓好农业面源污染治理，加强农村生活污水运维管理等意见建议。

【调研少数民族村振兴工作】 5月7日，县人大常委会副主任王爱民带队赴报福镇中张村和章村镇郎村村调研少数民族村振兴工作。视察组分别与两地镇村干部进行深入交流探讨，实地考察中张村花舞江南项目和郎村村中草药基地项目，细致了解两个少数民族村民族特色村寨建设现状及规划、特色产业发展等情况，并建议镇、村做好特色文化与乡村旅游结合文章，广泛发动多方力量、联系各方资源，真正将手头项目落实落细，帮助少数民族村走出一条可持续的绿色发展之路。

【视察外贸工作】 5月7日，县人大常委会副主任梁蕴伟带队视察全县外贸工作。视察组实地走访安吉超亚家具有限公司、浙江绿世界生物工程有限公司、浙江五星家具有限公司3家外贸企业，了解国际贸易摩擦背景下的企业外贸情况，听取县商务局的工作汇报，并建议政府部门，要相信和依靠外贸企业，主动实现高质量发展；要落实各项政策措施，提供各项优质服务，推动实现高质量发展；要引导外贸企业开拓新兴市场，实现多元化高质量发展。

【专题视察全县重大交通基础设施项目】 5月8日，县人大常委会副主任孙松带队视察全县重大交通基础设施项目推进情况。视察组对申嘉湖高速鹿山至孝源段工程、孝源至唐舍段工程以及商合杭高铁及场站配套工程开展全程视察，并建议交通、发改等部门梳理问题、突出重点、强化措施，加快申嘉湖高速鹿山至孝源段工程扫尾工程进度，为6月底通车做好充分准备。

【出台《安吉县人大常委会财政专项资金监督办法》】 5月10日，县第十六届人大常委会第二十一次会议通过《安吉县人大常委会财政专项资金监督办法》。该办法明确县人大常委会对专项资金监督的主要内容、方式方法和重点，改变以往财政专项资金预算监督只有年初人代会财政报告中一张预算表的局面。

5月10日，安吉县第十六届人大常委会第二十一次会议通过《安吉县人大常委会财政专项资金监督办法》

【检查《浙江省残疾人保障条例》执行情况】 5月16日，县人大常委会副主任吴佩勋带队检查《浙江省残疾人保障条例》执行情况。检查组先后走访安吉新新残疾人托养所、康复中心等地，听取县残联关于《浙江省残疾人保障条例》执行情况的工作汇报，并建议政府部门，要加大宣传力度，营造助残氛围；要完善体制机制，落实助残政策；要创新工作方法，拓宽就业渠道。

【开展《浙江省学前教育条例》执法检查】 5月21日，县人大常委会副主任王爱民带队开展《浙江省学前教育条例》执法检查。检查组实地走访孝丰中心幼儿园、孝丰中心幼儿园城北教学点、安吉智博幼儿园、凤凰山幼儿园双一教学点，认真检查学前教育规划落实、经费保障、消防安全、小区幼儿园配套、师资配备、食品安全监管等内容；并针对安吉县城区幼儿园资源紧张、个别乡镇教师力量不足等现状，督促政府建立整改清单，明确整改责任、措施和时限，加大对个别"老大难"事项的跟踪力度，推动难题有效破解。

【视察"五未"土地处置工作】 5月21日，县人大常委会副主任孙松带队视察全县"五未"土地处置工作。视察组实地调研安工机械有限公司、路联装饰材料有限公司、卡诺办公家具有限公司3家企业存在的情况，座谈听取全县"五未"土地处置工作情况，并就安吉县较为突出的未处置"五未"土地存量较大、新增"五未"土地管控压力较大、低效土地清理难度较大3方面重点问题，向县政府提出针对性的意见建议。

【调研国有企业】 5月21—22日，县人大常委会副主任梁蕴伟带队调研国有企业。调研组实地走访县城投集团、文旅集团、交投集团、产投集团4家国企，全面听取工作汇报，了解4家企业的经营情况、资产负债情况、存在问题和下一步工作，提出国有企业要坚持以经济效益为中心，加强管理团队建设，充分发挥政府给予的土地、资金等资源优势，做大做强主业，服务县域经济社会发展和民生改善，逐步消化债务，实现良性循环等意见建议。

【视察美丽乡村建设工作】 5月23日，县人大常委会副主任黄先国带队视察美丽乡村建设工作。视察组实地参观山川乡大里村、报福镇统里村，走访当地的百姓和村镇干部，并就下一步结合《湖州市美丽乡村建设条例》颁布实施契机，建立长效机制，提升百姓素质，资金保障，人才支撑等方面提出对策建议。

【创新举办首次人大代表电视问政】 5月27日，县人大在县新闻中心演播大厅创新举办首次人大代表电视问政，深入探索人大监督履职的新载体和新模式。经过前期征集线索、甄选问题、探索对策、模拟问政等充分准备，14名县人大代表分别针对交通违章罚款缴费、215省道建设等14个问题，向政府部门逐一发问，并配以现场视频照片、百姓采访等佐证。问题直击要害，综合执法、公安等部门直面询问，从成因、解决对策等方面答复说明，并现场表态。

【调研宇翔职业技术学院筹建工作】 5月28日，县人大常委会副主任王爱民带队调研宇翔职业技术学院筹建工作。调研组详细了解学院近一年来的工作情况，并就下一步如何加快推进工作，提出要落实好支持政策和措施，明确定位，突出重点，打造具有特色的专业品牌，配强高质量师资队伍和管理团队；优化课程设置，深化产学研等合作，立足培养实用型技能人才等意见建议。

【开展防范和化解金融风险调研】 5月，县人大常委会副主任梁蕴伟带队开展全县政府性债务情况调研。调研组通过走访部门、国有企业，查看资料等方式，掌握全县债务总量，了解当年偿债情况和债务总量动态，提出落实中央和各级要求，切实做好金融风险防控的要求。7月10日，配合市人大常委会调研组开展隐性债务调研，董立新副主任提出深化认识、摸清底数、强化监管的要求。

1月14日，全县乡镇（街道）人大工作交流会召开

【视察调研全县重点项目建设情况】 6月开始，县人大根据《2019年重点建设（民生实事）项目进展情况视察、调研与评价工作方案》要求，成立7个专项视察调研组，利用3个月时间，对全县110个重点建设（民生实事）项目的服务、建设进度、存在问题、下步加快建设和落实的对策措施等方面开展视察调研。评价结果：100个重点建设项目，推进有力的15家，进展正常的60家，进展滞缓的25家，推进有力与正常的占比75%。10个民生实事项目，4个推进有力、6个推进正常。8月23日，县第十六届人大常委会第37次主任会议专门听取和审议县政府关于重点建设（民生实事）项目进展情况报告和各视察调研小组的汇报，提出下一步工作建议：推动已有项目加快建设，严格落实省市“项目要实在，项目要真实”的要求，做好未来招商选资和项目储备工作。

6月10日，安吉县文艺界“三服务·强四力”实践活动暨安吉县文化领军人才工作室揭牌仪式举行

【召开全县乡镇（街道）人大选树“正能量典型人物”现场会】 6月14日，县人大在溪龙乡组织召开全县乡镇（街道）人大选树“正能量典型人物”现场会，县人大常委会主任陆为民参加。与会人员参观刘益民、盛振乾两位先进人物铜像，详细了解两位人物的先进事迹，并座谈交流，学习溪龙乡关于选树铜像人物的具体做法。陆为民主任强调选树“正能量典型人物”活动的意义，并提出要选好人物、规范程序、优化设计、选准位置、加大宣传等意见建议。

【视察全县大气污染防治工作】 6月14日，县人大常委会副主任孙松率队视察安吉县大气污染防治工作。视察组按道路扬尘、工业企业废气、在建工地扬尘三类大气污染，选取安吉县鞍马线道路、浙江欣业包装有限公司、凤凰山中心广场等具有代表性的场地进行视察，并召开座谈会，听取市生态环境局安吉分局关于全县大气污染防治工作情况的汇报，提出要增强责任感，凝聚各方合力，统筹推进防治工作，调动群众参与积极性，营造全民治气氛围，加大监管执法力度，实行全覆盖、全天候监管防控，依法严格打击相关违法行为，防治并举，科学施策等意见建议。

【代表议案建议办理"回头看"】 6月15日，县人大启动代表议案建议办理"回头看"活动。此次代表议案建议办理"回头看"工作共梳理议案建议115件，其中2017年议案建议54件，2018年议案建议61件，截至10月，115件"回头看"议案建议面商率、按期办结率、代表满意率均达100%，有73件议案建议由原本的B类转化为A类，转化率为63.5%。

【开展部门工作评议】 根据县人大常委会2019年工作安排和《安吉县人大常委会关于对县民政局开展工作评议的实施方案》要求，6月下旬，县人大成立评议工作组，启动对县民政局的工作评议。评议期间，专题听取县民政局的工作自查报告，面向全县乡镇（部门）干部群众、人大代表等发放民主测评表348份，与部门领导班子成员和中层干部进行个别谈话20余人次，广泛听取人大代表和服务对象的意见，同时还向有关部门了解该局依法行政、勤政廉政等方面的情况，形成科学全面的评议报告，并提交县人大常委会审议。会后形成评议意见，督促民政局整改落实。

【视察全县就业工作情况】 6月17日，县人大常委会副主任吴佩勋带队视察安吉县就业工作情况。视察组一行先后走访递铺街道双河社区青年创业园、县就业人才中心，座谈听取县人力社保局关于全县就业工作情况的汇报，并针对安吉县就业结构性矛盾突出、培训平台层次不够高等问题，建议政府部门，要畅通就业信息，拓宽就业渠道；要强化政企合作，促进重点人群就业；要加强技能培训，提高就业质量；要支持激励创业带动就业，实现大众就业。

【视察笔架山农高区建设工作】 6月18日，县人大常委会副主任黄先国带队视察笔架山农业高新园区建设工作情况。视察组实地踏看园区现状，详细听取园区建设、驻园干部工作、招商成果等情况，并就下一步工作，提出要高起点规划、高标准建设、高水平经营等意见建议。

【出台《县人大常委会关于规范五星级人大代表联络站运行的工作标准》】 6月25日，县人大常委会第36次主任会议通过《县人大常委会关于规范五星级人大代表联络站运行的工作标准》。《标准》明确基本要求、履职内容、接待流程、交办落实程序等内容，进一步规范代表联络站运行。

【指导人大代表联络站建设】 截至2019年5月底，安吉县24个人大代表联络站，实现五星级建设的有19个，其余5个代表联络站已完成各项设施的建设工作，等待市人大验收。6月，县人大常委会第36次主任会议通过《安吉县人大常委会关于规范

6月25日，县人大常委会第36次主任会议召开

五星级人大代表联络站运行的工作标准》后,各代表联络站严格按照工作标准,全员进站,规范化运行,依据各地代表工作的特色亮点,全力推进“一站一品”建设。截至2019年年底,全县24个人大代表联络站五星级代表联络站全覆盖,完成“五岗示范”“智慧人大”等品牌建设全覆盖。

【开展对行政处罚案件办理情况的评审工作】 6月,县人大根据《关于对县人力社保局、市生态环境局安吉分局行政处罚案件办理情况开展评审的工作方案》要求,启动对县人力社保局、市生态环境局安吉分局行政处罚案件办理情况的评审工作。通过部门自查、评审组抽查、邀请专业人员随机阅卷评审、梳理汇总形成评审报告、主任会议评审等方式,重点评审严格执法、规范执法、公正执法、文明执法以及法律效果和社会效果等情况,提出要规范行政执法行为、围绕中心工作、注重队伍建设等意见建议,并跟踪推动整改落实,有效推动部门规范执法。

【调研农村集体经济薄弱村工作】 6月至9月,县人大常委会副主任黄先国带队开展消除农村集体经济薄弱村的工作。调研组先后走访农户20余家,与镇村干部面对面交流,对消除集体经济薄弱村提出思想上再重视,措施上再扎实等要求,并进一步深入调研,形成调研报告,有效助推经济薄弱村从“输血型”向“造血型”转变。10月,安吉县40个经济薄弱村完成消薄工作。

【开展水环境联动治理监督】 7月8—9日,县人大常委会副主任孙松带队赴安徽广德和宁国两县,分别与两地人大和部门一起实地踏看县域上游过境河道水质情况和污染源情况,详细梳理可能存在的水污染隐患种类,并就下一步整治、监管、补偿等工作交换意见建议。

【视察电梯安全工作】 7月9日,县人大常委会副主任吴佩勋带队视察全县电梯安全工作。视察组实地走访浙江安吉长运汽车运输有限公司、深圳市彩生活物业管理有限公司安吉分公司、安吉绿洲物业管理有限责任公司等地,现场查看电梯维保信息、电梯安全装置、机房工作环境等情况,听取县市场监管局关于全县电梯安全工作的汇报,并提出要加大对电梯维保质量的监管,引导电梯维保市场有序竞争,推行电梯安全责任保险,严格电梯井坑、机房等建设标准,加强电梯使用日常管理等意见建议。

【调研小城镇环境综合整治工作】 7月11日,县人大常委会主任陆为民带队赴孝丰镇调研小城镇环境综合整治工作。调研组先后实地调研306省道孝丰主入口、孝丰中心农贸市场、南门商业广场建设项目现场,并沿通德路感受小城镇环境综合整治带来的变化,随后座谈听取孝丰镇小城镇环境综合整治情况汇报,并建议政府部门,要立足百姓需求,完善生活配套;要健全管理机制,巩固整治成效;要挖掘当地文化,提升群众素养。

【配合市人大调研生活垃圾精准分类工作】 7月19日,县人大常委会主任陆为民率队陪同市人大调研组调研安吉县生活垃圾精准分类工作。调研组实地察看龙山玺园等垃圾分类点,详细了解虎哥模式运营情况,并通过现场模拟了解垃圾上门回收流程,座谈听取安吉县生活垃圾分类工作情况的汇报。调研组提出要思想重视、协同推进、细化标准、加强执法、营造氛围等意见建议。

【出台《安吉县人大常委会关于加强支出预算、政策和预算绩效监督的暂行办法》】 7月22日,县第十六届人大常委会第二十三次会议审议通过《安吉县人大常委会关于加强支出预算、政策和预算绩效监督的暂行办法》,《办法》共5章36条,为人大财政预算审查监督作出规范。

【调研农村电商发展工作】 8月2日,县人大常委会副主任黄先国带队调研农村电商发展工作。调研组实地踏看报福镇统里村、灵峰街道碧门村的村级电子产业孵化园情况,听取相关工作情况汇报,并针对安吉县农村电商发展配套不完善,政策制度不完善等问题提出要引进人才、发展农旅休闲产业、吸引工商资本投入等意见建议。

【视察“最多跑一次”改革工作】 8月6日,县人大常委会集中视察“最多跑一次”改革工作。视察组实地查看窗口服务情况,座谈听取县政务办、县民政局和大数据局等部门的工作汇报,并提

8月6日，县人大常委会集中视察“最多跑一次”改革工作

出要做好引导服务，防止简单过度造成新问题，整个改革要依法有据，关心窗口工作人员身心健康等意见建议。

【征集《安吉县人大志》资料】 8月8日，为全面系统记述人民代表大会制度在安吉发展的历史，以及安吉县人民代表大会及其常务委员会发展变化的历程，保证《安吉县人大志》编纂质量，确保志书的真实性、准确性和完整性，使志书真正起到“存史、资政、育人”的作用，县人大发布关于向社会各界公开征集《安吉县人大志》资料的公告。公告明确征集内容范围、征集方法及要求等事宜。

【专题调研文化助推旅游产业发展工作情况】 8月21—22日，县人大常委会副主任王爱民带队开展文化助推旅游产业发展调研。调研组实地走访圣氏生物、龙王山白茶、山水灵峰田园加勒比等9个旅游企业和项目，现场与相关部门和乡镇（街道）、企业、项目业主等进行座谈交流，收集相关问题和意见建议并形成调研报告。11月21日，县人大常委会第二十七次会议听取和审议安吉县文化助推旅游产业发展工作情况，并建议政府部门，要抓住新时代“两山”试验区建设契机，提前谋划编制相关规划，积极向上争取政策、项目等支持，完善行业管理体系，切实巩固文旅融合的支撑力；要深入挖掘地方传统特色文化，充分整合文化旅游资源，推动形成“你中有我、我中有你”的深度融合，进一步提高互促共进的紧密度；要注重文旅项目的高层次高质量，瞄准高端精品，突出特色亮点，打造文旅产品“旗舰号”，不断满足新时代文旅消费的新需求；要着力做好全方位、立体化的宣传营销，积极构建“智慧旅游”模式，不断提升安吉县文化旅游的知名度和影响力。

【调研家庭农场发展情况】 8月30日，县人大常委会副主任黄先国带队调研安吉县家庭农场发展情况。调研组实地查看天荒坪镇野猪塘家庭农场和天子湖镇果弥家庭农场的经营现状，倾听农场主提出的政策支持、农旅结合、农业保险等方面的问题，并提出针对性的意见建议。

【出台听取和审议监委专项工作报告办法】 8月30日，县第十六届人大常委会第二十四次会议审议通过《安吉县人民代表大会常务委员会听取和审议县监察委员会专项工作报告办法（试行）》。《办法》对议题确定、报告形式和内容、审议流程、意见处理等进行详细规定，为依法监督监察工作提供制度规范。

【市、县领导干部人大代表进联络站】 9月，县人大组织17位市、县领导干部人大代表进代表联络站开展接待活动，面对面听取代表和选民意见建议，就2019年度民生实事的办理满意度情况、2020年民生实事项目线索的征集进行深入交流，并对热点民生领域如垃圾分类工作、“最多跑一次改革”等问题进行沟通答复，对存在的问题提出解决措施、改进完善等建议。本次活动共接待代表、选民200余人次，收集意见建议100余条，已解决25条。

【推动街道人大议政会实施生态环境报告制度】 2018年年初，县人大推动生态环境报告制度在县乡两级人代会上实现全覆盖，2019年，县人大又借助街道议政会平台，在4个街道全面推开实施,实现在街道层面由街道办事处向街道议政会报告生态环境状况和环境保护目标完成情况。

【集中视察小城镇环境综合整治工作】 9月11日,县人大常委会集中视察全县小城镇环境综合整治工作,详细了解杭垓镇区、孝丰镇区、孝源村、康山村等验收点整治情况,查找问题和不足,并就长效管理、经验推广、后期经营等方面提出意见建议。全年安吉县32个整治集镇全部通过验收,其中12个被评为小城镇环境省级样板镇。

【视察“城中村”拆后改造及利用工作】 9月26日,县人大常委会副主任孙松带队视察“城中村”拆后改造及利用工作。视察组实地踏看,了解石马港公园建设成果、凤凰中心广场建设情况和天目南路凤凰菜场南侧土地规划情况,并从整体规划、业态布局等方面提出意见建议,助推完善城市功能、提升城市品位。

【专题视察全县人民调解工作】 9月29日,县人大常委会副主任吴佩勋带队视察全县人民调解工作。视察组走访孝丰司法所、县物业管理矛盾纠纷调解中心,听取司法局工作汇报,全面了解人民调解工作现状,并建议司法行政部门要加强人民调解机制创新,积极探索新路子;凝聚各方力量,多元化解矛盾纠纷;发挥人民调解优势,促进文明城市创建,筑牢社会稳定的“第一道防线”。

【调研安吉白茶原产地保护工作】 10月8日,县人大常委会副主任黄先国带队调研安吉白茶原产地保护工作。调研组先后对3个部门和10家茶农、茶企、茶商等进行走访调研,详细了解安吉县白茶发展情况和保护工作情况,并针对外来白茶冲击等情况提出要规范市场秩序,加大品牌营销,精准管控白茶市场交易,注重安吉白茶品质提升和不断延伸产品开发,推动形成安吉白茶原产地保护追溯闭环体系建设等意见建议。

9月12日,县人大常委会党组召开常委会及机关“不忘初心 牢记使命”主题教育工作会议

【调研农村社区集体经济股份合作制工作】 10月9—10日,县人大常委会副主任黄先国带队调研农村社区集体经济股份合作制工作。调研组先后走访山头社区,范潭社区,芝里社区等7个社区,详细了解相关做法和成效,并提出要立足旧城改造关键时期,积极盘活存量资产,努力壮大集体资产,用心经营集体资产,依法依规坚持和完善农村集体资产股份合作制,实现集体资产保值增值,做到广大股民长期受益等意见建议。

【专题调研医保工作】 10月14日,县人大常委会副主任王爱民带队开展医保工作专题调研。调研组专题听取县医保局在搭建组织架构、服务中心民生、推进医保支付方式改革、强化医保基金执法监管等方面的工作情况,并赴医共体单位开展走访,听取县级医院和基层医疗单位的反映和意见。针对当前医保基金支出压力不断增大、控费任务艰巨等问题,提出要强化改革创新、强化风险防控、推行精细化管理、加大医保监督稽查力度等意见建议,努力推动医保惠民落到实处。

【视察招商引资工作】 10月16日,县人大常委会副主任梁蕴伟带队视察全县招商引资工作。视察组走访开发区、示范区,实地踏看杭州鸿泉物联网技术股份有限公司项目、卡塞尔机械(杭州)有限公司项目、养生堂有限公司项目、杭州安费诺飞凤通信产品有限公司4个项目，听取县投资促进中心关于2019年前9个月全县招商引资工作的汇报，并提出要严格落实省、市“项目要实在，项目要真实”的总体要求，优选“有效益、有实力、有诚意、有贡献”的企业和项目；坚持以经济效益为中心的“招商选资观”等意见建议。

【县委召开人大工作会议】 11月2日，县委召开人大工作会议。县委副书记、代县长宋波主持会议。孝丰镇、昌硕街道党委，天子湖镇、杭垓镇、上墅乡人大分别作交流发言。县委书记沈铭权充分肯定近年来安吉县人大工作取得的成绩，强调要进一步贯彻落实好习近平总书记对地方人大及其常委会工作的重要指示精神，并对各级人大提出要坚守党委全面领导，坚持服务中心大局，坚持改革创新发展等要求，对各级党委提出要进一步支持保障人大工作的要求，对“一府一委两院”提出要自觉接受人大监督、主动支持配合人大依法履职的要求。县委副书记、代县长宋波要求全县政府系统，要更加自觉接受人大监督，全力支持人大依法行使职权，在全县范围内营造尊重人大、关注人大、支持人大的良好氛围。同时希望人大及其常委会一如既往地支持政府工作，加强对政府工作的指导和建议。县人大常委会党组书记、主任陆为民要求全县各级人大，要在县委的坚强领导下，强化政治站位，始终把牢正确方向；强化责任担当，切实履行法定职责；强化服务保障，充分激发代表活力；强化自身建设，不断增强能力水平，以更高质量的人大工作，为新时代浙江(安吉)县域践行“两山”理念综合改革创新试验区建设和中国最美县域建设贡献更大力量。

【员额法官、员额检察官述职测评】 11月13日，根据县人大常委会《关于开展对员额法官、检察官述职测评的实施方案》要求，启动第二轮员额“两官”述职测评工作。县人大常委会调研组开展评前调研，全面了解“两官”在办案数量、办案责任制完成、所办案件是否存在重大瑕疵、获得荣誉、违纪违法处理等方面的情况，并进行梳理汇总。县人大常委会第二十八次会议上，39名员额法官、16名员额检察官参加述职，其中10名口头述职、45名书面述职，常委会组成人员对“两官”进行述职测评。

【专题视察农作物秸秆综合利用试点项目建设工作情况】 11月19日，县人大常委会主任陆为民带队专题视察全县农作物秸秆综合利用情况。视察组一行先后前往安吉欣农农业有限公司秸秆有机肥生产示范点、安吉长隆学健再生资源有限公司秸

11月2日，县委人大工作会议召开

11 月 19 日,县人大常委会主任陆为民专题视察全县农作物秸秆综合利用情况

秆综合利用示范点,实地了解全县农作物秸秆综合利用试点项目建设情况及农作物秸秆综合利用情况,并提出要提高思想站位,加大政策研究力度,优化秸秆综合利用产业结构,总结推广先进技术,提升社会效益和生态效益等意见建议。

【县人大常委会作出《关于加强县人民检察院开展公益诉讼工作的决定》】 11 月 21 日,县人大常委会第二十七次常委会审议通过《关于加强县人民检察院开展公益诉讼工作的决定》。《决定》从强化法律监督职能、推动工作有序开展、保障公益诉讼效果、营造良好舆论氛围等方面提出具体要求,进一步规范和保障检察机关依法履行提起公益诉讼的职能。

【特定问题调查工作】 赋石、老石坎和凤凰三大水库是安吉县的主要饮用水源地。全县 70% 的居民饮用水来自于三大水库。为了科学定量解析三大水库水质情况,提出针对性对策建议。2018 年 4 月,县人大常委会决定成立特定问题调查委员会,并选定浙江大学水环境研究院罗安程教授团队为水质情况调研提供技术支持。经过一年半的调查研究,基本查明影响三大水库水质的主要污染因子,来源及其比例,并撰写形成《关于对赋石、老石坎、凤凰水库污染源问题开展特定问题调查的报告》。2019 年 11 月 21 日,县人大常委会第二十七次会议听取和审议该《报告》,并建议政府和相关部门,要加大研究力度,抓牢改善水质的“牛鼻子”,加强源头治理,严格落实水源地保护责任和各项措施,建立健全生态补偿机制,切实提高三大水库水质。

【沈铭权专题调研全县人大工作】 12 月 3 日,县委书记沈铭权专题调研全县人大工作。汇报会上,陆为民主任汇报县人大常委会 2019 年十八项特色亮点工作和 2020 年工作思路。沈铭权充分肯定县人大常委会工作,并要求要坚持党的领导,把牢正确方向;要坚持实干担当,服务发展大局;要坚持改革创新,强化自身建设。

【调研乡村振兴工作】 12 月 4 日,县人大常委会主任陆为民、副主任孙松带队赴上墅乡调研乡村振兴工作。调研组一行深入上墅乡“6+N”改革创新试点地龙王村、董岭村,深入了解闲置宅基地有偿退出和无偿置换、农家乐行业整治提升、全域竹林股份化合作社等创新试点工作,并建议上墅乡:要以《新时代浙江(安吉)县域践行“两山”理念综合改革创新试验区总体方案》为引领,统筹规划,探索总结经验,为乡村振兴提供更多样本;要深入推进环境整治,高标准规划、建设、管理美丽乡村,打响美丽品牌;要强化基层党建,凝聚人心,让每名党员都成为一面鲜红的旗帜,每个支部都成为党旗飘扬的战斗堡垒;要确保平安稳定,乡域和谐,让发展成果惠及更多百姓。

(盛少华)

安吉县人民政府

【县政府常务会议】 2019年召开8次县政府常务会议。

2月26日，举行第18次常务会议，会议集中听取经信局高安兵关于《安吉县工业经济政策》(2019年修订)和《关于深化“亩均论英雄”改革推进企业分类综合评价工作的实施意见》(2019年修订)的汇报，听取科技局马联国关于《安吉县加快科技创新若干政策》(2019年修订)的汇报，听取公安局何敏捷关于《关于加强禁毒社会工作者队伍建设的意见》的汇报。会议通报《安吉县明星企业评选办法》(2019年修订)和《安吉国家创新型县建设方案》《关于全县2019年度生态环保重点任务清单编制情况》《政府工作报告任务分解》《2019年政府办理议案建议和提案工作方案》《关于完善残疾儿童康复服务制度的实施意见》。书面通报《关于科创园项目准入办法》《关于规范公安机关警务辅助人员管理工作的实施办法》和县政府第17次常务会议落实情况。

3月30日，举行第19次常务会议，会议集中听取农业农村局杨忠义关于《2019年安吉县乡村振兴战略实施意见》、《关于加快发展现代农业的若干意见》(2019年修订)、《关于实施乡村振兴战略发展壮大村级集体经济的若干意见》(2019年修订)的汇报。会议通报《安吉县“大棚房”问题专项清理整治情况》。会议书面通报《安吉县行政事业单位国有资产配置管理暂行办法》《安吉县公共数据管理办法(试行)》《安吉县信息化项目管理办法(试行)》《关于进一步加强家庭教育工作的实施意见》《关于安吉城区部分水域禁止洗澡游泳洗涤捕捞等活动的通告》《关于深入推进安吉白茶“百亿产业 百年品牌”的实施意见》《安吉县新型农业经营主体提升工程实施意见》和县政府第18次常务会议落实情况。

4月30日，举行第20次常务会议，会议集中听取发改局童师祥关于《安吉县重点建设项目管理和推进工作办法》的汇报，听取财政局徐勇关于《县属国有企业相关人员身份转变后有关待遇实施方案》的汇报，听取投资促进中心曹宏华关于《安吉县招商引资考评奖励方案》(2019年修订)和《2019年度安吉县县级机关部门招商引资服务工作考核办法》《2019年度安吉县两区、乡镇(街道)、城投集团招商引资考核办法》的汇报，听取市场监管局王有富关于《安吉县“厨房革命”实施方案》的汇报。会议通报《安吉县农村饮用水达标提标行动方案》。书面通报《2019年安吉县“五水共治”工作实施方案》《2019年安吉县大气污染防治工作实施方案》《2019年安吉县河湖长制工作实施方案》《2019年安吉县土壤污染防治工作计划》和县政府第19次常务会议落实情况。

5月27日，举行第21次常务会议，会议集中听取投资促进中心曹宏华关于《2019年“两山”总部经济和商服类项目招引的实施意见》的汇报，听取教育局施明清《关于全面深化新时代教师队伍建设改革的实施意见》《关于促进民办教育发展的实施意见》《关于全面推进义务教育优质均衡发展的实施意见》的汇报，听取综合执法局章熙祥关于《安吉县全面实施差别化停车收费方案》的汇报。会议通报《安吉县“美丽城镇”长效管理行动实施情况》。会议书面通报《安吉县行政事业单位国有资产报表管理暂行办法》《安吉县行政事业单位国有资产处置管理办法(试行)》《安吉县行政事业单位国有资产出租出借管理暂行办法》《关于深化产教融合的实施意见》《安吉县新闻发布工作管理办法(试行)》《安吉县人民政府关于调整安吉县笔架山农业高新技术园区管委会班子成员名单的通知》和县政府第20次常务会议落实情况。

7月25日，举行第22次常务会议，会议集中听取经信局李丰关于《加快建设椅艺产业创新服务综合体推动椅业产业高质量发展的若干政策(试行)》的汇报，听取政务办朱车生关于《安吉县小额公共资源交易管理办法》的汇报，听取住建局马洪滨关于《安吉县加快建筑业提升发展的实施意见》的汇报,听取税务局杨斌关于《安吉县建筑业税收联合管理工作方案》的汇报,听取交投集团筹建组屠继忠关于《安吉县交通投资发展集团有限公司筹建方案》的汇报,听取自然资源和规范局陈志文关于《安吉县违建别墅问题清查整治专项行动实施方案》的汇报。会议书面通报《2018年度“亩均论英雄”改革推进暨工业企业分类综合评价结果》《安吉县本级行政规范性文件制定主体清单》《安吉县中心城区声环境功能区划分方案》《2019年上半年全县扫黑除恶专项斗争工作情况》《安吉县农村饮用水工程运行管理办法(试行)》《关于成立安吉县两库引水项目及配套工程建设指挥部的通知》和县政府第21次常务会议落实情况。

8月23日,举行第23次常务会议,会议集中听取发改局童师祥关于《安吉县企业投资工业项目“标准地”制度实施细则》《安吉县企业投资项目“标准地”奖惩办法(试行)》《安吉县“标准地”企业投资项目信用监管试点实施细则(试行)》的汇报,听取商务局孙莉《关于支持外贸稳定增长的实施意见》的汇报,听取交通局赵双勤关于《安吉县政府购买公共交通服务办法(试行)》的汇报,听取生态环保局马洪亮关于《安吉县一般工业固废管理暂行办法》的汇报,听取民政局姜平关于《进一步推进节地生态安葬的实施方案》的汇报。会议通报《安吉县“十四五”规划编制工作方案》和《安吉县“十四五”规划重大前期研究课题计划》,书面通报《安吉县外贸“订单+清单”监测预警推进方案》《安吉县市政基础设施工程建设管理办法(试行)》和县政府第22次常务会议落实情况。

11月19日,举行第24次常务会议,听取公安局张军关于《安吉县现役军人立功受奖人员奖励实施办法》的汇报,听取发改局童师祥关于《安吉县绿色小额贷款保证保险(绿贷险)试点实施方案》《安吉县巡游出租车价格改革(试点)实施方案》的汇报,听取农业农村局杨忠义关于《关于促进生猪生产保障市场供应的意见》的汇报,听取水利局乐叶都关于《安吉县农村饮用水价格管理指导意见》的汇报,书面通报《安吉县全面构建集中财力办大事财政政策体系组织实施方案》《全面落实预算绩效管理的实施意见》《安吉县人民政府办公室关于公布行政规范性文件清理结果的通知》和县政府第23次常务会议落实情况。

12月25日,举行第25次常务会议,会议集中听取住建局李明关于《进一步深入加强推进小区物业管理工作实施意见》的汇报,听取综合执法局章熙翔关于《安吉县城镇排水管理实施细则(试行)》的汇报,听取民政局汪钟鸣关于《进一步加强城市社区专职工作者建设的实施意见》的汇报,听取生态环保局马洪亮关于《安吉县治水治气工作量化问责暂行规定》的汇报,听取统计局杨鹤云关于《进一步加强乡镇街道(开发区、示范区)统计队伍建设的实施意见》的汇报,听取人力社保局王红缨关于《安吉县职业技能提升行动实施方案(2019—2021年)》的汇报,听取县政府办郑继农关于《安吉县政府贯彻落实“三重一大”事项决策制度实施细则》的汇报。

【安吉白茶成为全省首个获三大地理标志认定茶叶品牌】 1月17日,农业农村部2019年第一批农产品地理标志登记产品名单公布,安吉白茶成功入选,成为全省首个获得地理标志证明商标认证、地理标志产品认证、国家农产品地理标志登记三大认证的茶叶品牌(全国共3个)。近年来,安吉县全面实行禁限用农药退市工作,开展“省级标准化名茶厂”建设,不断提升产品品质。推行“茶园证”管理模式,并配套推出“互联网+茶叶+金融”金溯卡,实现安吉白茶全程跟踪与溯源。同时,加大执法检查力度,及时查处违规使用安吉白茶地理标志证明商标、地理标志产品保护专用标识行为。截至2019年底,已累计发放茶园证15800本,查处商标侵权案件155起。

【安吉县荣获改革开放四十周年中国最佳营商环境百强县称号】 1月22日,改革开放四十周年最佳营商环境百强县名单公布,安吉县成功入选。近年来,针对企业税费负担重、融资难、土地因素制约明显等问题,安吉县出台包含降税减费、人才招引、政务服务等内容的扶持政策。出台全省首个营商环境监测办法,按季度发布监测报告,分析当前投资环境存在的问题并提出工作建议。同时,在全县运营企业、在建项目、行业协会等地挂牌环境监测点，推广营商环境监测App，不断畅通企业反映问题的渠道。2018年，全县发布投资环境监测报告4份，借助App为企业解决问题60个。

【安吉县获评“全国基层中医药先进单位”】　2月2日，全国基层中医药先进单位名单公布，安吉县成功获评。自开展创建工作以来，安吉县制定《关于扶持和促进中医药事业发展的意见》文件，加大专业人才培育、设备采购、建设基础设施等方面的政策支持力度。并逐步形成县中医医院以中医药专科为特色、综合医院以中医药服务为补充、乡镇卫生院和村卫生室以适宜技术为亮点的中医药服务网络。同时，立足中药材资源优势，发展中医药产业，不断扩大药材种植规模、拓展药材深加工渠道。截至2018年底，已累计投入专项补助资金2000余万元，实现全县公立医疗机构中医馆建设全覆盖。

【安吉县获评“中国创新百强区县”】　2月25日，“中国创新百强区县”名单公布，安吉县成功入选，名列第35位。据悉，此次评选能够有效度量中国各区域技术创新产出成效及其反映出的创新实力及潜力，对推进区域产业投资、科技园区建设与运营具有重要参考及指引意义。近年来，安吉县不断调整科技创新政策，在科技创新投入、支持科技创新创业平台建设、提升企业创新能力、加强专利创造应用、加快科技投融资体系建设等方面对各类科技项目进行配套奖励。并以成果转化券、委托服务券、专利服务券等形式，鼓励企业和创业者开展科技创新。仅2018年度，落实各类政策奖补资金6000万元，发放使用创新券800万元。

【2018年度经济发展风云榜颁奖盛典举行】　3月2日，2018年度安吉经济发展风云榜颁奖盛典举行。盛典为获得各项荣誉的优秀企业及先进集体、个人颁奖。恒林椅业、永艺家具、洁美电子、中源家居、天振竹木、中力机械、永裕竹业、杭摩合成材料、博泰家具、大东方家具获评十大明星企业，并在生态广场竖旗一年以表彰。

【2019中国安吉白茶博览会开幕】　3月22日，2019中国安吉白茶博览会开幕式暨“安吉白茶·共享绿色生活”主题论坛举行。农业农村部中国绿色食品发展中心副主任陈兆云出席论坛。活动现场，还进行了中国茶产业指数数据采集点授牌仪式、安吉白茶相关项目签约仪式。

【全县农村工作暨乡村振兴战略推进大会举行】　4月9日，全县农村工作暨乡村振兴战略推进大会举行。会议回顾2018年全县农业农村工作的成效，强调要重点围绕“全面打赢消薄攻坚战”这一战役、“大力推进品牌农业和绿色农业发展”两大重点、“打造更多美丽乡村精品示范村、经营示范村和乡村治理示范村”三个示范，奋力打造全国乡村振兴先导区和农业绿色发展先行区。

【安吉县获评国家级农村职业教育和成人教育示范县】　4月10日，国家级农村职业教育和成人教育示范县名单公布，安吉县成功入选。近年来，安吉县建立以县社区教育学院为龙头、以乡镇街道社区教育分院为骨干、以乡村社区居民学校为基础的三级社区教育网络，实现社区教育阵地全覆盖。并以此广泛开展农村劳动力和进城务工人员技能

3月22日，2019中国安吉白茶博览会开幕式暨“安吉白茶·共享绿色生活”主题论坛举行

培训、职业技能培训和就业创业培训。同时,围绕装备制造、新型纺织、新能源新材料、新医药和绿色食品五大新兴产业及椅业、竹业、茶业等传统特色产业需要,深入推进中职院校专业结构调整和优化。截至2019年底,全县已建成县级社区教育学院1所,乡镇(街道)社区教育分院15所,乡村居民学校207所,累计培养专业技能人才3.7万人。

【安吉县实现全国青运会金牌“零”突破】 4月28日,第二届全国青年运动会皮划艇静水项目比赛落下帷幕,在男子单人划艇1000米决赛中,安吉籍运动员季博文以3分50秒724的成绩夺得金牌,实现安吉县全国青运会金牌“零”的突破。近年来,安吉县不断加大体育专项资金投入,完成赋石皮划赛艇基地等体育基础设施建设,并结合安吉县竞技体育的优势项目,引进皮划艇、赛艇等专业的优秀教练员,提升备战训练的针对性。

【安吉县首条城市生态河道完工】 4月30日,石马港(胜利桥至天目桥段)河道整治及景观工程完工,标志着安吉县首条生态河道正式完成建设。建设主体总长约550米,景观面积约37000平方米,绿化率达58%,主要包括水利生态驳岸、景观绿化、游步道、景观照明、文化小品等建设项目。项目建设过程中,一方面创新采用生态砌块进行护坡施工,复原植物和水生动物的生活环境;另一方面积极向上争取政策支持,成功获得中央水污染防治资金补助700万元。

【安吉县一案例入选“贯彻落实习近平生态文明思想案例”】 5月13日,中央组织部发布30例“贯彻落实习近平新时代中国特色社会主义思想、在改革发展稳定中攻坚克难的生动案例”编选结果,安吉县报送的《“美丽乡村”的中国范本——浙江安吉坚持生态立县的新农村建设之路》成功入选。据悉,此次编选的案例将作为全国“不忘初心、牢记使命”主题教育活动和全国党政领导干部培训学习的重要教材,用于展示地方生态环境部门贯彻落实习近平生态文明思想的生动实践,对推广应用安吉县成功经验、推动生态文明建设攻坚克难具有重要意义。

4月30日,石马港(胜利桥至天目桥段)河道整治及景观工程完工

【安吉县发行首单绿色公司债券】 5月30日,安吉县绿洲新农村建设有限公司通过上海证券交易所成功发行2019年非公开发行绿色公司债券(简称“G19绿洲1”),这是安吉县首单绿色公司债券。据悉,本次债券发行规模15亿元,发行利率7.3%,发行期限为5年,募集资金主要用于全县居住区环境综合整治、海绵体道路建设、湿地生态修复等项目。本次绿色企业债券的发行,为安吉县创建中国美丽乡村国家级开发区、全面建成践行“两山”理念示范区提供有力资金支持。

【安吉县一项试点经验获国家发展改革委发文推广】 6月28日,国家发展改革委公布第二批国家新型城镇化综合试点经验,安吉县“毛竹收购价格指数保险”作为全市扩大政策性农业保险范围的重要组成部分,成功入围并获全国推广。据悉,该保险以正常生产经营的毛竹为标的,由人保财险安吉支公司牵头组建毛竹收购价格指数保险共保体,实行共保体经营。县发改局建立保险毛竹山下收购价采集点名录库,当年在名录库内随机选取20个采集点,将各采集点数据的平均值定为保险毛竹山下收购价。在保险责任期内,当保险毛竹山下收购价低于保险毛竹生产成本价和收益浮动值之和时，视为保险事故发生，保险公司需按照每百斤保险毛竹生产成本价加上收益浮动值减去毛竹山下收购价负责赔偿。截至 2019 年底，全县参加该项保险的毛竹林约 5.3 万亩，保费金额达 131.4 万元。

【农村人居环境整治安吉经验入围全国住建系统典型案例】 6 月，《中国建设报》“壮丽 70 年 奋斗新时代”大型主题报道栏目在浙江取材，安吉县的“农村人居环境整治安吉经验”入选全国住建系统典型案例。《中国建设报》“壮丽 70 年 奋斗新时代”大型主题报道活动由中宣部统一部署、住房和城乡建设部组织推荐，旨在通过挖掘报道新时代各地区各部门蹄疾步稳推进高质量发展的措施成效和经验做法，充分展示新中国 70 年来的伟大历程和宝贵经验，生动反映党的十八大以来的历史性变革和成就。

【“余村经验”入选全国政治建设案例】 8 月 17 日，全国 21 个“贯彻落实习近平新时代中国特色社会主义思想、在改革发展稳定中攻坚克难的生动案例”名单公布，《打造法治建设护航乡村振兴的“余村样板”——浙江省湖州市建设法治乡村的探索与实践》入选。近年来，余村村完善村级重大事项“五议一审两公开”机制，突出村民自治主体地位，出台村级权力清单，对涉及农村重大决策和民生问题的权力事项进行流程公开和全面规范，确保决策透明公开。创新设立村级“四会”（村民议事会、道德评议会、红白理事会、健康生活会）组织，增强民主参与效能。并全面推行“全科网员”，建立全省首个直通村级的社会治理综合指挥室，确保矛盾纠纷调解不出村。

【“安吉游戏”学前教育模式被写入国务院报告】 8 月 22 日，在国务院关于学前教育事业改革和发展情况的报告中，“安吉游戏”学前教育模式被作为科学保教方法写入其中，受学前教育界高度肯定。据悉，与传统幼儿教育方式不同，“安吉游戏”可由孩子自主选择跟谁一起玩、玩什么、怎么玩，教师只负责为孩子尽可能提供游戏材料、创设游戏环境、规划游戏时间。在之后的游戏分享课堂里，老师再根据每个孩子的不同兴趣点和能力大小施教，有效提高孩子的语言组织能力、表达能力、想象力等能力。截至 2019 年底，已有 20 多个国家和地区的 221 位专家学者到安吉县考察研究，40 个国内外机构合作研究推广“安吉游戏”。

【安吉县获评为国家级电子商务进农村综合示范县】 8 月 27 日，2019 年国家级电子商务进农村综合示范县名单公布，安吉县成功入选。近年来，安吉县积极推进“电商换市”战略，充分利用特色产业优势，打造农村电商生态圈。同时，充分发挥农村电商在促进县域优质品牌打造、特色产业升级、企业竞争力提升等方面的作用，大力推进农村产品和服务标准化、规模化进程，提升产销对接能力，切实推进农业增效。并建立农产品配套支撑体系，拓宽网络销售渠道，促进农村物流现代化水平全面提升，有序推进电商扶贫发展。2018 年，全县共实现网络零售额 117.9 亿元，同比增长 34.3%，其中农产品网零 8.77 亿元。

【2019 乡村振兴交流会暨第二届海峡两岸美丽乡村论坛开幕】 9 月 17 日，2019 乡村振兴交流

9 月 17 日，2019 乡村振兴交流会暨第二届海峡两岸美丽乡村论坛开幕式在安吉举行

会暨第二届海峡两岸美丽乡村论坛开幕式在安吉举行。海峡两岸关系协会副会长孙亚夫,市县领导高东、陈永华、任烽、黄先国、陈小龙、杨绍军参加。开幕式进行浙台农业合作示范基地授牌仪式;安吉县委党校、中国财政科学研究院金融研究中心、台湾新北市农业局、递铺街道鲁家村等单位相关负责人作主题演讲;县投资促进中心、开发区、笔架山农业高新区等单位作产业合作推介;天津康农食品集团现代化农业生产项目、天荒坪绿道航空牡丹种植观光园项目与安吉县签约。

【世界银行贷款中国医疗卫生改革促进项目国际研讨会在安吉县举行】 9月18—20日,世界银行贷款中国医疗卫生改革促进项目构建以人为本的整合型医疗卫生服务体系国际研讨会在安吉县举行。国家卫生健康委员会副主任、国务院医改领导小组秘书处副主任王贺胜作情况介绍,国家卫生健康委员会体改司司长梁万年主持,省政府副秘书长蔡晓春致辞。研讨会期间,与会嘉宾还分组考察了安吉县县域医共体建设情况。

【安吉县入选首批国家全域旅游示范区名单】 9月25日,首批国家全域旅游示范区名单公布,安吉县成功入选。近年来,安吉县重点打造浙江自然博物院、古城国家大遗址公园、江南天池滑雪场、通用航空等一批产业融合领头项目,推出滑雪漂流、农事体验、研学科普、低空飞行、森林康养等融合类产品。并深入挖掘昌硕文化、畲族文化等本地文化,建成生态博物馆群和文化名村。同时,创新实施"公路休闲驿站"建设,建成安吉大道、两山示范大道、国家度假区浮玉大道等七纵七横全域旅游风景主干道及覆盖乡村的网格化旅游道路。2018年,接待境内外游客2504.5万人次,旅游总收入324.7亿元。

【申嘉湖高速孝源至唐舍段用地指标获国家级批复】 9月26日,申嘉湖高速公路孝源至唐舍段工程用地指标获国家自然资源部批复。据悉,该项目总用地280.72公顷,其中涉永农39.16公顷,是全市首个获批的涉永农报自然资源部项目。此次土地报批自2019年4月开始,经由省、市、县三级政府和主管部门审查,于7月上报自然资源部,从项目组建到获得批复用时5个月,较原定计划提前3个月。此次土地批复将为该项目高质量按时完成建设提供有力保障。

【安吉县举行庆祝新中国成立70周年主题晚会】 9月30日,"讴歌新中国　奋斗新时代"——安吉县庆祝中华人民共和国成立70周年主题晚会在县城生态广场举行。县委书记沈铭权致辞,县委副书记、县长陈永华主持开幕式,陆为民、叶海珍、赵德清等县四套班子领导,县法检两长、政协秘书长等出席。

【《中华人民共和国成立七十周年》纪念邮票收入安吉元素】 10月1日,中国邮政发行《中华人民共和国成立七十周年》纪念邮票,其中图案内容为"建设美丽中国"的邮票中出现余村"绿水青山就是金山银山"石碑。据悉,该套纪念邮票共5枚,旨在展现经济持续健康发展、社会主义民主政治推进、文化繁荣兴盛、人民生活不断改善、建设美丽中国、祝福祖国等主题,全套邮票面值12元。安吉元素被收入此套纪念邮票,不仅有效展现安吉县文化旅游产业发展情

9月30日,安吉县举行庆祝中华人民共和国成立70周年主题晚会

况，还对宣传安吉县“两山”理念转化和美丽乡村建设具有重要意义。

【2019 新时代“两山”试验区·安吉县第十二届投资贸易人才洽谈会开幕】 11 月 16 日，以“改革创新·绿色发展”为主题的 2019 新时代“两山”试验区·安吉县第十二届投资贸易人才洽谈会开幕式举行。市委书记马晓晖宣布开幕，外交部原副部长何亚非出席，市委常委、县委书记沈铭权，副市长施根宝分别致辞；县委副书记、代县长宋波主持。本次开幕式上共有 25 个产业项目签约，总投资 401.3 亿元；其中场内集中签约项目 23 个，总投资 270.3 亿元，10 个人才项目在场外签约。

【杭州都市圈第十次市长联席会议在安吉县召开】 11 月 27 日，杭州都市圈第十次市长联席会议在安吉县召开。会议围绕“把握长三角一体化机遇、共创都市圈数字化未来”主题，回顾总结前阶段工作成效，共商共议推动杭州都市圈高质量发展的新思路和新举措。

（严晓培）

外事工作

【概况】 2019 年，安吉县呈报因公出国（境）团组 24 批 52 人次，其中自行组团 6 批 25 人次；全年办理邀请函（电）申请表 20 份 31 人次；共接待外宾团组 10 批 260 人次。开展“不忘初心、牢记使命”主题教育，坚持学习与工作高度结合。县外事办加强与市委“不忘初心、牢记使命”主题教育领导小组办公室、县委“不忘初心、牢记使命”主题教育领导小组办公室、县纪委、县委组织部、县公安局等有关部门的沟通协调和联动配合，及时发现问题，妥善处理。全年安吉县未出现一起出访团组违反外事纪律、违反有关规定的事件，未发生一起严重涉外事件。

【因公出国（境）管理】 2019 年，县外事工作贯彻执行中央和省、市关于因公出国（境）管理的各项政策规定。做到严格要求、规范运作，准确把握“有事才去、因事定人、完事即回”的出访原则，科学规划引导团组出访，严格指标控制，实施分类管理、计划量化管理和预算管理，执行团长负责制和出访报告等相关制度；按规定做好因公出国（境）任务和人员审核上报工作。重点落实好国（境）外引资引智、重点项目洽谈相关人员的出访及企业参展人员的出访。做好领导因公出国（境）的参谋助手。根据《浙江省因公临时出国经费管理规定》做到预算先行。如实做到因公临时出国（境）团组信息公开，确保组团单位和派出单位要事前通过内部局域网、公开栏等方式如实公示有关团组和人员信息，公开时间不少于 5 个工作日。坚持“谁组团、谁负责”和“谁派出、谁负责”原则，明确组团单位和派员单位的责任。搭建交流平台，全方位服务安吉县团组“走出去”。2019 年，安吉县呈报因公出国（境）团组 24 批 52 人次，其中自行组团 6 批 25 人次。县外事工作在严格把关的同时认真谋划，统筹利用外事渠道信息平台，做好各类投资洽谈会和人才交流会的外事服务工作，做到提早介入，做足功课，为落实合作项目打好基础；同时及时认真做好出访任务报批、签证等各项工作，为全县对外交流提供政策支持和效率保障，加强对出访团组的服务力度，做到特事特办、急事急办，确保全县因公出国（境）团组如期出访，执行经贸项目洽谈交流、参展参赛、文化展演、业务培训等任务。出访期间，各团组充分发挥自身优势，通过上门拜访、召开座谈会、招商说明会，发放推介材料，与意向单位进行洽谈等多种形式，宣传安吉县区位优势和良好的投资环境和生态环境。

【文化交流与经济合作】 2019 年，县外事工作接待外宾团组 10 批 260 人次。在外宾接待时，了解到访外宾要求，组织与县内相关部门、行业组织、企业负责人开展交流洽谈，为双方合作建立直接通道；同时有针对性地组织外宾考察代表性企业与景点，观摩、体验茶艺与书法表演，向外宾全方位多角度展示安吉县经济社会的快速发展，深厚文化底蕴与丰富的城市内涵。2 月，以英国共产党总书记罗伯特·格里菲斯为团长的美大北欧地区共产党干部联合考察团到安吉县天荒坪镇余村村、灵峰街道目莲坞自然村进行参观访问，县外事办向来宾充分展示安吉县在“两山”理念引领下的经济社会发展、生态文明建设、美丽乡村建设和基层党建工作，有力配合国家总体外交，宣介安吉县改革开放新成就。3月,60多位驻伦敦、墨西哥、柏林、新加坡、曼谷、埃及等中国驻外文化和旅游机构主任们到安吉县进行为期2天的考察,多方位了解安吉全域旅游发展及乡村旅游脱贫致富工作。4月3日,中国环境与发展国际合作委员会专题政策研究项目组代表,国合会捐助方及合作伙伴代表,国合会秘书处及国际支持办公室(IISD)代表共50余人到安吉县考察。2019年“安吉·真游戏”国际研讨会5月13—15日在安吉县召开,主题是“真游戏,儿童早期学习的革命”,来自22个国家的国际代表参加会议。安吉游戏曾获得2014年首届国家级基础教育教学成果一等奖,并多次在欧美及“一带一路”国家推广传播。6月,联合国助理秘书长、联合国环境署代理执行主任乔伊斯·姆苏亚率团队到安吉考察生态文明建设,代表团一行先后考察安吉县灵峰街道大竹园村、天荒坪镇余村村,并通过座谈的方式了解安吉妇联河嫂工程。

通过文化教育类团组的出访,宣传安吉社会经济发展,推介安吉,让世界了解安吉,为经济发展搭建平台。2019年,安吉县派出的文化教育交流团组主要有:安吉同行残疾人艺术团赴西班牙参加萨拉戈萨市第28届国际民俗节。该团是唯一受邀代表中国参加此届民俗节的艺术团,也是西班牙萨拉戈萨市有史以来首次邀请的残疾人艺术团。安吉技工学校后勤服务技术保障团赴俄罗斯喀山参加第45届世界技能大赛,参赛选手安吉技工学校学生杨应政以全国第一名的成绩代表中国参加大赛“管道与制暖”项目,夺得银牌。安吉县文化教育交流团走进英国和爱尔兰,与英国“我们的儿童世界”洽谈“安吉游戏”的交流合作项目,与爱尔兰梅约郡政府洽谈安吉竹乐赴该郡演出事宜。县发改局组团赴俄罗斯和韩国,全面推介安吉的全域旅游示范县和安吉通航产业,并向俄罗斯联邦ETANA公司了解冰雪小镇项目进展情况、落实下一步项目推进计划。

10月27日—11月3日,文化教育考察团在县政协副主席梁霜带领下一行5人先后考察英国、爱尔兰两国文化、教育等相关情况

【外事服务工作】 2019年,安吉县办理邀请函(电)申请表20份31人次。县外事办始终以提升服务效率为宗旨,完善“外事为民”的服务手段和服务体系,精准服务全县企业办理邀请外国人来华和APEC商务旅行卡等相关业务。在严把邀请外国人来华审核关的同时,为企业提供便利渠道和服务,做到一次性详尽告知企业办理商务邀请的条件及所需资料。3月,县外事办对原已核准的5家邀请外国人来华直报企业进行一次核查,根据实际调查走访情况,提出保留、取消意见;并遴选、推荐7家具有一定规模、外向度高、管理比较规范的企业作为新一批直报企业,完成全县企业邀请外国人来华直报扩面工作,现有邀请外国人来华直报企业12家。期间,县外事办多措并举,与县工商联、县商务局、县投资促进局以及县发经局沟通,通过发放APEC商务旅行卡宣传册、微信群推、QQ群推、官网推介、LED电子屏幕滚动播放等方式,同时结合安吉县“三服务”活动,在实地走访企业时面对面宣传,把APEC商务旅行卡的种种便利告知企业主,采取“集中推、借台推”等方式,引导企业积极申办APEC商务旅行卡。同时,协助推进机关内部事项,因公出国(境)审核“最多跑一次”改革。参与配合县、市大型涉外活动,

推进民间对外交往。调动外事资源，参与协助办好安吉县吴昌硕纪念馆“师缶妙新——师村妙石篆刻书法艺术展”开幕式和“第二届世界五子棋公开赛”“2019年世界银行贷款中国医疗卫生改革促进项目国际研讨会”“2019年浙江省·全罗南道学术研讨会方案”“老外在湖州”等大型涉外活动。同时做好到访外国媒体记者涉外采访报道工作。协助湖州市人民对外友好协会完成第四届理事会换届工作，助推友协在民间对外交往中的平台作用和纽带作用，安吉县有7家单位入选市友协第四届理事会团体理事；协助湖州市外办做好“外事交流基地”和“定点外事参观单位”申报工作。全县确定“定点外事参观单位”5家、“外事交流基地”1家。

（钱周瑜）

大数据发展管理

【概况】 2019年1月12日，安吉县大数据发展管理局挂牌成立，县大数据局前身为县政府办党政信息中心，于2018年4月成立县大数据管理中心，2018年7月成立大数据工作推进组，2019年1月成立大数据局，为正科级单位，内设办公室、发展规划、数据资源、应用推广4个科室，下属股级事业单位大数据服务中心。县大数据局围绕省委、省政府关于政府数字化转型“四横三纵”架构体系，结合安吉县实际按照“8＋13”“12346”等建设总要求开展各项工作。主要职责为负责统筹全县公共数据资源，打破信息孤岛，促进数据整合开放共享，推进智慧城市建设和政府数字化转型。

搭建“3＋N”总体架构。顺应趋势，因地制宜，搭建完善组织机制体系。“3”是指县大数据局、县数字资产经营有限公司和“两山转化”数字研究院，“N”是N家服务安吉智慧发展的专业信息化技术公司。县大数据局是信息化建设的主管部门，数字公司是投融资和建设主体，研究院是信息化建设的智囊团，N家信息化技术公司是市场化的生态伙伴。

1月12日，安吉县大数据发展管理局挂牌成立

【建立健全制度规范体系】 为促进全县大数据事业健康发展，2019年县大数据局结合实际加强制度体系建设。统筹数据发展，出台《公共数据管理办法》，规范公共数据发展，统筹公共数据资源整合，促进公共数据资源共享和开放；统筹项目建设，制定《信息化项目管理办法》，规范信息化项目建设，实现项目统一管理和整合共享，提高财政资金绩效水平，全面提升政府现代化综合治理能力；统筹项目管理，印发《信息化项目审核细则》，规范信息化项目管理，推动全县信息化项目统筹协调与资源整合工作；统筹云资源管理，起草《电子政务节点云管理办法》，解决电子政务基础设施重复建设、资源分散等问题，降低行政运行成本，实现集约化管理和应用；统筹安全管理，建立《网络安全责任制度》《机房管理制度》《应急预案》等制度，将安全技术和安全管理相融合，使信息系统安全建设和管理工作更加规范。

【夯实基础设施体系】 首先全面摸底，掌握情况。全县信息化项目建设主要起于2010年，已建成的各类项目108个，涉及44家单位，共投入2.88亿元，其中按资金来源分县财政投入2.4亿元，其他自筹、上级补助等0.48亿元；按建设方式分类，自建76个、1.31亿元，托管27个、0.2亿元，租赁5个、1.37亿元；单个单位最多的是公安局8个、1.64亿元；单项内容最多的是监控租赁及雪亮工程监控项目6

个、1.43亿元。年均运行维护费约0.4亿元。其次扩增能力,更新建设。根据全县专网整合和数据资源共享的需要,投资147万元推进电子政务外网带宽升级工作,将电子政务外网2条互联网出口带宽由原来400MB/条提升至1GB/条,同时对部分老旧基础网络设备进行更新替换。最后落实要求,同步建设。按照全市政务云平台"一中心三节点"部署要求,投资3000余万元收购整合县内已有云资源,打造安吉县政务节点云平台。节点云平台包括大数据采集、数据目录与共享交换等功能组件,网络依托电子政务外网。2019年国庆期间完成节点云平台V2至V3的版本升级,升级后云资源达2676核5.8TB内存520TB存储空间,综合算力水平较高,满足全县大数据建设需要。2019年底已在节点云平台上为32家单位创建前置机,确保数据上下互联互通、安全可靠。节点云平台运维配套高级云计算驻场工程师1名和飞天远程运维专家团队10人,支持包含ECS、SLB、VPC、OSS、RDS等云产品的服务;平台已上线49个项目,共使用云主机182台、数据库21个、负载均衡19个。

【构建数据资源体系】 为构建共建共享的数据资源体系,2019年全面启动数据治理工作。2019年6月,组织专业工作组分64批次上门服务各机关部门和乡镇街道,做好数据调研、填报辅导等工作,摸清信息系统和数据结构情况。7月,发布首批县级公共数据目录,涉及32家单位,850张数据表,19081个字段。8月,开设为期一个月的数据归集工作专班,分目录编制和技术攻坚两个阶段全力推进数据归集工作。截至2019年底,县级数据归集工作基本完成,县节点云平台数据交换量达5.28亿条/日,累计交换总量达45.91亿条。同时做好专项突破,补充完善,多次召开水、气企业数据归集治理专题工作协调会,有效推动水、气数据质量提升并向市局归集水气数据70万条。

5月28日,召开安吉县公共数据资源共建共享工作动员会

【丰富业务应用场景】 2019年,尝试探索创新,共享共建,在丰富业务应用场景上下功夫,推进经济调节应用,为强化政府投资建设项目和民宿(农家乐)两类重点税源数字化监管,联合税务局开展专项税源数据分析,探索构建"用数据说话、用数据决策、用数据管理"税收领域协同治理机制,2019年完成目录编制、数据采集等基础工作。推进市场监管应用,基于县公共数据共建共享平台,支撑市场监管局搭建健康证一体化管理服务平台,集成健康体检、培训考试、制证发证、预警监测等业务单元一体化管理。推进公共服务应用,围绕民生补贴精准化管理要求,开发民生数据服务平台,汇聚融合社保、民政、残联、卫计、退役军人等部门业务数据,按业务主题分类,建立民生数据仓库,有力支撑部门和乡镇实现人员、项目、资金发放的精细化管理;支持医保局依托该平台搭建数据应用系统,实现精准服务动态监测、全民参保动态监测和社保卡服务动态监测;联合卫健局和医保局开发智慧医疗医保移动支付公共服务平台,共同打造移动端医疗服务,2019年已实现覆盖全县公立医疗机构,实现医保移动支付、非医疗性生活缴费。推进社会治理应用,按照"网格化管理、组团式服务"的网格建设理念,配合县政法委搭建基层治理综合信息平台,将公安、司法、综合行政执法等多个部门纳入网格,构建城乡一体的社会治理一张网;支撑综合执法局开发智慧

城管平台，部署150套城区违停自动抓拍系统，助力文明城市创建；搭建养犬信息管理系统，实现全县养犬规范化管理；建立"好停车"收费系统，提升公共车位停车管理效率；支撑公安局建设智慧安防小区，为建设平安安吉筑起一道智能"围墙"；支持出租房门锁智能管理，拟通过1年时间，将5万间出租屋承租数据、开关门数据纳入公安分析平台；支撑建设雪亮工程，2019年已在公共区域、干道、学校和医院周边，部署1万多路监控和703套智能抓拍系统。推进生态环保应用，指导环保局完成智慧环保综合平台，集成污染源综合管理、环境质量综合管理、行政处罚、信访投诉、在线监测、固废管理、全省农村生活污水监管等功能。

【加速政府数字化转型】　2019年注重协调沟通，强化部门联动，打牢数字运行基础，基于"浙政钉"体系，完成"掌上OA"和"掌上会务"两大基础应用开发，实现办文办会高效协同；2019年底已有91家单位"浙政钉"注册激活7659人，平均日均活跃度达68%。组建专班集中推进，开设一体化在线政务服务平台建设专班，会同政务办、编办、档案局全面推进22项指标落实，牵头"网办、掌办、一证通办、跑零次、材料电子化"5项指标100%目标落实，协助三部门推进"即办、承诺时限压缩、电子归档、事项颗粒度细化、国家目录匹配"等指标落实。此外，协助市场监管局，做好"互联网＋监管"后台三套系统用户认证打通和应用推广工作。助力"最多跑一次"，启动"内跑"支撑平台建设，提升机关部门高效运行；2019年底，已调查研究4家服务商方案，争取到市大数据局政务协同平台支撑，同时完成全县25项"内跑"事项会审，16家部门事项已入库；将结合"内跑"事项开展OA改造对接、电子签章接入等工作，为各部门统一提供技术支撑服务。同时，开展"外跑"技术支持工作，着力构建数字化服务型政府，2019年，"逝者身后一件事""出生一件事"及"退役军人一件事"已上线运行，医保局"无证明报销"一件事已进入联调测试，卫健局"医后付""刷脸进医院"系统已上线运行。支撑住建局"公租房一件事"、供电公司"刷脸办电"等应用场景实现。深化"无证明县"创建成果，持续深化远程协查系统建设和应用，建立"证小二"钉钉群，覆盖全县部门、乡镇(街道)及村(社区)，为工作推进建立顺畅的"沟通渠道"；督促指导全部人员完成"浙政钉"实名认证；收集需求部门材料清单47项，完成基础配置；指导部门登录系统进行具体操作。

【打造数字顶层设计】　2019年，注重调研，助力两山，科学打造顶层设计。开展智慧城市建设工作调研，对接省、市大数据局，调研县内相关部门，召开业界人士座谈会等形式，提出打造"绿色智慧城市"，开展工作调研。安吉绿色智慧城市建设将以"两山"理念、新型智慧城市、政府数字化转型为引领，依托湖州城市大脑安吉分平台，通过体制、机制、技术创新，促进社会治理现代智能、政府运行开放透明、公共服务均等普惠、生态保护实时全域、产业发展绿色生态。在统一架构、统一标准的要求下，加快全县政府、社会、产业数字化转型步伐，建设绿色智慧政务，绿色智慧生活，绿色智慧治理，绿色智慧经济之城，助推安吉县"两山"综合改革试验区建设取得突破性进展。2019年，调研启动安吉数字乡村建设，为推动安吉县数字乡村建设，做好"两山"转化文章，联合农业农村局、文澜公司，对余村村、鲁家村、黄杜村、横溪坞村和横山坞村进行实地调查，对各村的信息化建设、特色平台特点进行分析，并形成"数字乡村"建设的初步设想方案，在彰显各村的特色下，提出整合现有系统平台资源的建设方案。2019年，着重打造余村数字乡村建设，依托大数据和地理信息技术，构建数字乡村信息管理平台，制定一张地图实时掌握余村村生产、生活、生态变化态势，数字余村综合管理平台将结合多部门多平台资源，一个平台展示多方面数据。

【筑牢安全防护体系】　年内推进等级保护工作，制定网络等级保护工作方案，委托第三方公司，对物理设备、网络、主机系统、应用、数据和管理机构、管理制度、管理人员、系统管理等方面进行详细测评分析，作出风险评估和差距分析，形成安全等级保护测评报告；提高安全防护能力，摸清网络安全现状，制定网络安全规划，对所有涉及的硬件设备、系统软件和应用软件进行全面测试，找出存在的风险和漏洞，以等保测评报告为依据，有针对性地加强网络安全监测、预警和应急处置能力。

11月30日,举行安吉数字化转型助推“两山”试验区建设启动仪式

【启动数字化转型助推新时代浙江(安吉)县域践行“两山”理念综合改革创新试验区建设】 2019年11月30日上午,举行启动仪式,为新时代“两山”试验区建设提供数字动力和智慧支撑。市委常委、县委书记沈铭权致辞,县领导项侃文、梁蕴伟、伍水荣,以及省大数据发展管理局等单位有关负责人参加。启动仪式上,“两山”转化数字研究院揭牌,同时发布绿色智慧城市建设方案。安吉县与杭州数梦工场科技有限公司签订绿色智慧城市建设战略合作协议;县大数据局和杭州电子科技大学签订战略合作协议,并为“两山转化”数字研究院和杭州电子科技大学继续教育学院安吉大数据培训中心揭牌,为4名首批大数据工程师代表颁发证书。

(方云岚)

政务服务管理

【概况】 2019年3月,安吉县政务服务管理办公室(简称县政务办)是县政府派出机构,正科级,挂安吉县最多跑一次改革办公室(简称县跑改办)牌子。县政务办下属事业单位安吉县建设工程招标投标管理站撤销,连人带编并入安吉县公共资源交易中心,行政职能回归县公共资源交易管理办公室,其他职责划入安吉县公共资源交易中心。安吉县公共资源交易管理办公室(简称县公管办)是县政府派出机构,与县政务服务管理办公室合署办公。安吉县公共资源交易中心为下属事业单位。2019年,县政务工作实施“一四六十”工作体系和“三服务”活动,真抓实干,心齐气顺,全力推动政务服务再提速、交易监管再规范、队伍建设再加强。全县行政审批服务平台累计办理各类项目30余万件,按时办结率100%,群众满意率99%以上;全县公共资源交易项目共1264项,交易涉及金额88.628亿元,节资(增值)10.011亿元。

【“最多跑一次”改革】 2019年,县政务办围绕“五个更加”,全面深化“最多跑一次”改革。2632个政务办事事项全部做到“跑一次”,覆盖率100%。推进“无差别全科受理”,1555个政务办事事项与“一窗受理”平台实现对接。按照省定41件“一件事”改革,组织实施38项,实施率100%。水务、燃气、供电、广电、电信、银行、公积金等与生活生产密切相关的开户、过户、贷款等事项全部进驻。乡镇(街道)、村(社区)“无差别全科受理”全覆盖。民生事项向乡镇便民服务中心延伸230项,占比64.6%。全市率先完成“无证明县”创建,梳理行政审批和主要公共服务事项证明材料427项,取消409项,取消比例95.8%。同步推进“无证明乡镇(街道)”“无证明村(社区)”创建,梳理乡镇证明材料60项,公布取消56项;梳理村级证明材料48项,仅保留6项。实行审批服务事项限时办理,15分钟内办结率达84.02%。深化“互联网+政务服务”建设,推进“网上办、掌上办、一证办、自助办”,除纳入负面清单114项外,网办、掌办实现率均达100%。综合自助服务终端实现乡镇(街道)全覆盖。推进高频民生事项多点办、就近办,将社会保障卡申领挂失、公积金提取等70个涉企涉民高频事项延伸至银行网点办理。深化“智慧医院”服务,推进基层医疗卫生机构预约诊疗,打造全县域检查检验共享平台。打通医务科、门办、财务科、医保办等多个对外业务服务流程,纳入门诊综合服务窗口,实现费用结算医后付、医事一站式服务。全省率先实现安吉与上海两地医保门诊直接刷卡结算。加快推进“智慧图书馆”建设，新安吉图书馆实现全流程网上办证、借还网上预约、图书馆与各城市书房通借通还等功能。推进机关内部“最多跑一次”改革，实现37个部门159项机关内部事项网上办，非涉密事项网办率达62.6%。深化企业投资项目审批制度改革，加强代办队伍能力建设，为企业提供“标准地”项目“一窗代办、全程服务”，开工前审批“最多60天”实现率100%，2019年共代办项目140个，平均用时全市最短。组建安吉县首批中介联合机构4家，建立公开透明、开放竞争、便捷高效的中介服务“大市场”。深化商事登记制度改革，推进“证照联办+承诺准营+同步备案”的涉企证照通办模式，实现通办改革事项100%；加快“证照分离”改革，实现网上办理营业执照、网上申请印章刻制、在线银行开户。常态化企业开办1个工作日办结，申请材料压减至6份，企业开办网上申报率96%以上。深化工程建设项目审批制度改革，全面启用工程建设项目审批管理系统，政府投资类工程项目审批压缩到89个工作日。整合竣工验收、人防验收与消防验收环节，竣工联合验收时间控制在14个工作日内。依托平安家园卫队、全科网格员，建立覆盖基层的跑改志愿者队伍，并搭建代办帮办系统，为群众提供上门服务，打通服务群众“最后一公里”，已累计为群众提供服务2000余次。持续落实《审批服务便民化工作指南》《安吉县“最多跑一次”行政服务窗口工作规范》，委托省标准化协会开展政务服务标准化建设。加强窗口服务质量考评，开展“美丽窗口”和“美丽之星”评选，“正向激励”与“反向警示”相结合，优化窗口管理。常态化落实“最多跑一次”窗口告知制度及每月“12345”满意度回访制度，由原来的定量回访变为100%回访。

8月2日，省委改革办副主任董继鸿(中)调研安吉“最多跑一次”改革

【公共资源交易与管理】 2019年，县政务办突出“四个关键”，持续优化公共资源交易与管理。开展扫黑除恶专项斗争。广泛开展扫黑除恶宣传活动，向办事群众发放“应知应会”宣传手册，向评标专家发送扫黑除恶知识，在网站发布扫黑除恶公告，电子屏滚动播放扫黑除恶知识，召集工程招标代理机构布置扫黑除恶工作，做到扫黑除恶宣传不留死角。根据省、市相关要求，制定专项工作方案，定期召开联席会议，研究部署招标投标领域违法行为专项治理工作。联合公安、住建、交通、水利、市场监管、法院等部门重点围绕“五大行业”“五类主体”和“五类情形”开展全方位分析排查，梳理上报招标投标行政处罚信息15起、串通投标等刑事处罚信息2起。会同县公安局挂牌成立县公安局派驻县公管办联络室，建立联动工作机制和定期研判机制，及时有效打击招投标领域围标串标等违法行为。健全完善公共资源交易监管机制。修订《安吉县小额公共资源交易管理办法和评标办法》，经政府常务会议审议并发布执行。出台《“评定分离”操作指南》，充分落实业主的招标主体责任和权利义务。推行“网上不见面”报建，规范开展招投标项目前期报备工作。规范注册建造师(总监)变更流程，推行监理企业业绩、奖项提前公示制度，防止投标企业造假。推行代理机构编制清单“限时承诺”，提高代理机构业务水平。印发《关于进一步加强评标专家规范管理的通知》，杜绝评标专家委托他人或代替他人评标、应当回避而未回避等情况。

2019年共处罚评标专家5人,处理和约谈代理机构2家。牵头行业主管部门在全县范围内开展重点工程建设项目标后履约情况联合检查行动,对近两年已完成招标的在建工程项目进行检查。全年检查项目49个,发现问题120余个,督促中标企业进行即时整改或由行业主管部门书面通知限时整改。提高公共资源交易服务水平。全省率先成立首个"政采云"平台县级精品馆,突出安吉特色椅业、绿色竹业、白茶产业三大类别,首批入驻企业60家,发布商品380件,开启"互联网+政府采购+安吉制造"的新模式。对满足"政采云"平台准入条件的供应商实时申请入围,改变以往集中申请入围的方式。简化优化投标企业入库备案模式,以承诺和抽查相结合的方式代替审核,实现投标企业入库在线快速备案。试行由银行、保险公司电子保函保单代替投标保证金的模式,推进企业减负。优化公共资源交易电子平台。围绕"互联网+招标投标",继续推进全县电子招投标平台建设。进中心交易的市政、房建、交通、水利等工程建设项目全部实行电子交易,实现交易信息的动态记录、留痕追溯,技术上增加串通投标难度。推进电子交易平台公共信用产品运用,做到凡企业备案和逢企业办事"两个必查"。全年查询投标企业2245家次,取消企业投标资格21家。

【安吉县公布首批限时办理事项清单】 3月6日,县政务办公布安吉县首批限时办理审批服务事项清单,以项目审批、企业开办、不动产交易登记、社保、医保、公积金等量大常办事项为切入点,进一步优化办事环节、挖掘提速空间,分事项梳理建立5分钟、10分钟、15分钟、30分钟、60分钟办结事项清单,首批清单共涉及事项674项。

【公共服务事项进驻政务服务大厅】 5月,水务、燃气、供电、广电、电信等与群众企业生活生产密切相关的报装、开户、过户等事项全部进驻县政务服务大厅,实现企业和群众"进一门、跑一次"就能完成水电气、电话电视、网络等相关业务。

【完成"无证明县"创建工作】 5月30日,县政务办向社会公示所有证明事项取消和保留清单,全市率先完成"无证明县"创建,基本实现"无证明是常态、要证明是例外"的工作目标。同时,建立证明事项动态调整机制,并全方位接受社会监督。

【"政采云"平台"安吉精品馆"开馆运营】 7月23日,浙江省"政采云"平台首个县级精品馆,即"安吉精品馆"开馆运营,开启"互联网+政府采购+安吉制造"的新模式。该馆集聚椅业、茶业、竹业三大安吉特色产业产品,进一步提升安吉特色品牌影响力。

【现场管理标准化工作启动】 10月10日,县政务办召开现场管理标准化工作动员大会,全面启动现场管理标准化工作,提升政务服务大厅整体环境,进一步优化窗口秩序、提升人员素质、提高办事效率、规范服务行为。

(尉　青)

应急管理

【综述】 2019年1月12日,安吉县应急管理局挂牌成立,在原安全生产监督管理局职能的基础上,应急管理局整合了政府办、公安局、民政局、原国土资源

7月23日,"政采云"平台"安吉精品馆"开馆仪式举行

1月12日，安吉县应急管理局挂牌成立

局、水利局、原林业局、原安监局、科技局8个部门以及防汛抗旱指挥部、森林消防指挥部、防震救灾指挥部、救灾委员会4个协调机构的相关职责，主要承担安全生产、自然灾害应急处置和减灾救灾三大方面17项具体工作职责。自成立以来，以构建“大应急、大安全、大减灾”体系和坚决遏制较大以上安全生产事故为总目标，不断健全完善全县基层安全生产责任制，深化重点行业领域安全隐患专项整治，夯实应急管理工作基础，构建适应新形势的应急能力体系，提升防灾减灾救灾水平，筑牢安全生产底线。

·安全生产工作·

【概况】 2019年，安吉县共有市场主体77960家，省级以上科技园区2个，省级以上开发区1个，小微企业园7个，特色小镇1个，工业生产企业4800余家，其中规上企业数451家，规下企业1394家，小微企业2000余家(数据动态调整)；全县共有危险化学品生产企业19家(其中在生产的14家)，危化经营许可证取证企业165家(其中加油站50家、其他类型带储存经营企业14家)；全县共有矿山7家，年开采量319万吨；全年危化及矿山企业均未发生安全生产事故。

2019年，全国全省相继发生了“3·21”江苏响水、“9·29”宁波宁海等一系列重特大事故，给安吉县安全监管工作敲响了警钟。全局上下居安思危，主动作为，充分发挥县安委办牵头协调作用，因地制宜，在全县范围内先后开展危化领域专项整治行动、安全生产百日攻坚战、消防“春雷行动”、小微企业专项整治行动四大贯穿全年的专项整治行动和护航两会、新中国成立70周年等两大阶段性安全生产整治行动，全年检查各类生产经营单位12684家，发现隐患38594处，完成整改35483处；针对重大隐患，落实分级挂牌督办制度，全年挂牌督办各类重大事故隐患91处，其中省级2处，市级29处、县级60处，截至2019年12月已完成整治销号。处理安全生产执法与“三服务”活动的关系，提倡柔性执法和主动服务，对屡教不改、易发事故的重点隐患、重点企业，坚决落实严格执法，刚性托底，确保全县安全生产形势持续稳定。

【安吉县召开全县冬春安全生产工作会议】 1月18日，为全面部署两会两节期间安全生产有关工作，安吉县召开全县冬春安全生产工作会议，县委常委、常务副县长潘鸣出席会议。会议首先由县应急管理局局长樊锡宏通报2018年安全生产情况，并就如何做好2019年安全生产工作提出意见建议。会议要求两区、各乡镇(街道)、县安委会成员单位要始终绷紧安全生产这根弦，继续深入开展安全生产专项治理，确保全县安全生产形势平安稳定。

【举行湖州市暨安吉县“安全生产进农村”宣传咨询日活动】 6月21日，湖州市暨安吉县“安全生产进农村”宣传咨询日活动在安吉余村举行。市委常委、常务副市长杨六顺，市安委办主任、市应急管理局局长张伟林，县委常委、常务副县长潘鸣出席活动。2019年6月是全国第18个“安全生产月”，活动主题为“防风险、除隐患、遏事故”。通过活动的举办，让安全知识走进农村，走进百姓生活，提升全县安全生产水平。活动中还穿插了知识抢答,并聘请一批安全生产监督员,还通过连线上级媒体的方式,向更多的人展示安吉县对安全事故的防范和处置能力。

【省人大赴安吉县开展安全生产工作专项监督调研】 7月18日,省人大常委会副秘书长、社会委副主任委员林天宁,省应急管理厅副厅长李公杭,省市场监管局副巡视员邢泽亮一行赴安吉县开展安全生产工作专项监督调研。调研组一行先后实地走访竹博园、丰陵燃气、恒昌椅业等企业,详细了解企业安全生产主体责任落实、安全生产管理、风险管控等工作情况。调研组与安吉县乡镇代表及企业人大代表就当前安全生产形势特别是特种设备领域进行深入交流,并对全县就下一步安全生产工作如何加强党政领导、部门监管、企业主体责任等方面提出针对性意见和要求。

【杭摩集团与安吉正和化工战略合作框架协议签订】 9月19日,浙江杭嘉材料科技有限公司与安吉正和化工有限公司两家企业正式签订框架协议。此前,县应急局局长樊锡宏多次走访两家企业,就合作这一建议与双方进行沟通,同时安排专人跟踪服务,并邀请省安科院危化专家对合作模式进行安全探讨。

·应急救援工作·

【防汛抗旱】 安吉县共有大中型水库5座(其中大型2座,中型3座),小型水库76座,重点山塘324座,一般山塘4140座。2019年,安吉县汛期(4月15日—10月15日)雨日71天,比常年(86.3天)偏少15.3天,汛期全县面雨量1247.6毫米,比常年偏多20%,汛情总体平稳,各类灾情、险情均得到有效处置。其中,超强台风“利奇马”过境期间,全县面雨量276.1毫米(小时雨强、面雨量等均居全市第一);台风“玲玲”过境期间,产生局部大暴雨天气,最大单点雨量天荒坪余村279.4毫米,县城188.1毫米,造成城区不同程度出现内涝、道路受淹等险情,5个小区地下空间积水,受损车辆3339辆。汛期,县防指共发出会商专报20余份,分别启动Ⅰ级、Ⅱ级、Ⅲ级应急响应各1次,Ⅳ级应急响应4次,累计转移人员3万余人,递铺辖区一对老年夫妻转移了1小时后就发生了房屋坍塌。2019年9月7日以来,安吉县雨量、雨日异常偏少,累计雨量仅27.9毫米,比常年少168.2毫米,雨日9天,比常年少14.9天,均创历史同期新低,部分地区发生不同程度旱情,全县共计8个乡镇(街道),20566名农村居民因旱致饮水困难,期间采取消防车送水、河道抽水、山上引水、企业生产用水停供、限时供水等措施,缓解饮水难的问题。

【森林防火】 安吉县境内“七山一水两分田”,林地面积202万亩,拥有108万亩毛竹林,全县森林覆盖率、植被覆盖率均保持在70%以上,是全省9个森林防火的重点县之一。在森林防火期,统筹指导全县200余名“林长”、60名生态公益林护林员、385名兼职护林员和23支森林消防半专业队伍675名队员开展林区、墓区、景区等重点区域巡检,全面做好森林防火工作部署、落实各项措施,保障森林资源和人民生命财产的安全。2019年,共接到处理森林火警35起,出动救援人次700余人,成灾数1起。接警数、受害面积同比下降8.7%、11%。

【救援工作】 统筹全县应急队伍管理,除县消防综合救援队外,整合资源,建立天子湖综合应急救援队、森林消防半专业队伍、防汛抗旱救援队3类救援队伍,其中防汛抗旱救援队伍270支,队员共计3460人、森林消防救援队24支,队员705人,天子湖化工救援队1支,队员18人,适时组织开展各层级的应急预案演练,开展各类应急演练56次。同时,坚持专业救援队伍和社会救援队伍良性互动、共同发展的思路,出台队伍建设政策支持文件《关于印发安吉县培育支持社会救援力量发展的实施意见》,组建民安、蓝天、凌峰、龙山、丰城5支公益救援队,拥有专职救援队员138名,建立应急、公安、消防、社会救援队联动机制,弥补政府专职救援队在山域、水域等方面的不足,2019年,共协同完成救援任务108次,救援群众567人次。

【安吉县创新建立“村级防火员”机制】 4月10日,安吉县创新建立“村级防火员”机制,实行对林区的实时监管和动态巡查,确保第一时间发现隐患和火情,为救援赢得时间,该项工作被《中国应急管理报》头版刊登报道。

【安吉县成功搜救井空里失联人员】 7月18日19时20分左右，县应急管理局接报警信息，山川乡井空里有11人下午进山未归，且全部失联。接报警后，县应急管理局立即启动应急联动机制，组织应急管理局、消防救援大队、公安局、文化和广电旅游体育局、山川乡、凌峰、龙山、蓝天、民安四支民间救援队等单位组织，奔赴现场组织救援。各救援队员克服天气多变、通信不畅、天黑视线受限等种种困难，经过3个多小时的不懈搜索救援，于7月18日22时左右，成功在井空里三段找到11名失联人员，11名失联人员均无受伤情况。7月19日0时30分左右，救援小组历经5个多小时成功将所有失联人员护送下山，完成搜救任务。

【安吉县首次举办“3+N”个综合应急救援实战演练】 7月30日，2019年湖州市暨安吉县汛期综合应急救援实战演练在安吉县举办，是安吉历史上首个、也是湖州市首次举办的“3+N”个应急综合演练。湖州市委常委、安吉县委书记沈铭权，湖州市防指副总指挥、市水利局副局长张树明，市防指副指挥、市应急管理局副局长毛建平参加观摩。此次演练是机构改革后组织的一次综合性应急演练，体现了全县各级各部门应对突发安全事故的应急响应、组织指挥、协同作战等应急救援综合能力和水平。

7月30日，2019年湖州市暨安吉县汛期综合应急救援实战演练在安吉县举办

【举行2019年度森林消防工作会议及全县森林消防队伍技能竞赛】 11月7日，安吉县2019年度森林消防工作会议及全县森林消防队伍技能竞赛举行。县委常委、常务副县长潘鸣参加会议并发表讲话。安吉县森防指挥部副总指挥樊锡宏全面总结安吉县2019年森林消防工作的开展情况，并对今冬明春防火工作作出具体安排部署。会议结束后，来自全县的17支森林消防队进行技能大比武，此次竞赛共设置便携式高压水泵接力、风力灭火、负重接力跑三个项目。各参赛队员风纪严整、奋力拼搏，展现森林消防队伍的良好形象，检验了全县消防队伍体能、专业技能及应急能力，促进了各级森林消防队员的训练和工作热情，增强队伍的凝聚力和战斗力。

·减灾救灾工作·

【概况】 2019年，全面加大地质灾害点巡查管控力度，对全县新发现的62处地质灾害防治重点地段及隐患点督促相关部门和乡镇（街道）开展重点时期的动态巡查，协同完成45处隐患点的全面治理，对全县89处不稳定斜坡均已采取对应的管控措施；开展“利奇马”“玲玲”台风灾情统计、灾后恢复工作，争取中央资金453万元，省级资金1045万元（其中交通专项250万元），“玲玲”台风争取水利专项500万元。全县避灾场所225处（其中县级1处、乡镇街道15处），全面统筹推进避灾场所规范化建设工作，超额完成省市下达工作任务，创建国家级减灾救灾示范社区1家。2019年11月，安吉县被列为2020年自然灾害风险普查和隐患调查工程省级试点县；12月，安吉县孝丰镇城东社区上榜2019年度“省级综合减灾示范社区”名单；安吉县昌硕街道玉磐社区上榜2019年度“全国综合减灾示范社区”名单。

5月16日，2019年"防震减灾"主题教育入校园活动在安吉县第九小学举办

【全省首个"市民应急安全体验馆"在安吉县建成并开馆运作】 7月1日，全省首个市民应急安全体验馆在安吉县挂牌开馆，该体验馆位于递铺区域性中心成人文化技术学校三楼，馆内空间不大，只有50平方米左右，展陈内容却十分丰富，设立了寻找隐患、急救体验、危化行业防护用品展示、非机动车模拟驾驶、VR高层火灾逃生、知识抢答以及触电体验七大板块。开馆后，体验馆充分发挥其功能作用，广泛开展群众性应急安全文化活动，成为企业职工、学校学生以及社区居民的安全生产教育平台，每个人在模拟体验中感悟、学习安全知识，提高安全技能。

【市应急管理局督查安吉县避灾安置场所建设】 8月7日，市应急管理局党委副书记、副局长毛建平率队赴安吉县督查避灾安置场所建设情况，实地察看天荒坪镇港口村和上墅乡田垓村避灾安置场所。座谈会上，督查组一行听取安吉县避灾安置场所建设工作落实情况。毛建平肯定安吉县高度重视避灾安置点建设，特别是对全县避灾安置场所的高标准建设和选址等表示赞赏，并指出，避灾安置场所建设必须坚守安全底线，始终把安全检测贯穿到避灾安置场所的选址与建设工作中，要进一步完善安置场所的管理制度，实现统筹兼顾与资源共享，确保人民群众生命财产安全。

·基层服务工作·

【创新推行企业"安全管家"责任制】 为深入推进"三服务"活动，助力优化营商环境，县应急局2019年创新推行"安全管家"服务机制，派出54名"安全管家"深入一线服务，为129家重点企业提供安全生产责任保险、安全人才培养、警示教育等18个安全服务项目，将企业安全隐患消除在萌芽状态。2019年，"安全管家"与企业建立了更加紧密的联系，为企服务675家次，解决问题427件。

【推行危化"四色"研判机制消除企业安全隐患】 为将安全隐患消除在萌芽期，2019年10月，县应急局对安吉危化企业安全管理进行重新摸底，继而建立风险研判、队伍建设和实时监控三套体系化建设，这份风险研判汇总表将安吉危化企业分为7大类，从原料、产品、设备等10个方面研判企业风险，并以红橙蓝绿四色分别标注风险程度。其中的汇总表展示各企业安全管理工作，促使类型相同企业的风险辨识时相互借鉴、相互学习、相互参考。拿到风险研判的"四色"表后，企业可以科学掌握风险点，建立横向到边、纵向到底的两条线风险防范体系。

【助力文明城市创建】 2019年，县应急管理局开展无物业小区（桃园三区、四区）和背街小巷（水果弄）的领办整治工作，建立3个工作专班，建立会商巡查机制。已累计完成6000平方米楼道刷白工程，拆除户外破损雨棚45个，拆除违章搭建6处、补植绿化面积600平方米、设置集中晾晒区10处、更换破旧水表箱30只、安装灭火器材箱68只、新设集中充电桩30个、楼道布建创建宣传告知栏50余处、已规划利用废弃花坛改造成非机动车位15个，所有私拉电线均进行整治。

（徐　薇）

· 消防救援队 ·

【概况】 2019年是消防救援队伍改革转隶的第一年。消防队伍从橄榄绿走向火焰蓝，安吉县公安消防大队变更为安吉县消防救援大队，大队全体指战员为民服务的宗旨始终不变。安吉县消防救援工作以习近平总书记“对党忠诚、纪律严明、赴汤蹈火、竭诚为民”总要求为指引，完成建国70周年等重大消防安保任务，实现了火灾形势和队伍形势“两个稳定”；大队涌现了勇救落水群众的新时代消防英雄吕挺烈士；围绕“不忘初心、牢记使命”主题教育，大队党委一班人强化和提升学习意识、团结意识、大局意识和责任意识，党委自身建设加强，整个班子和整个队伍更具凝聚力；秉承更为务实的工作态度，把工作着力点放在推进防灭火中心工作和队伍管理基础性工作上，精准靶向主要问题和薄弱点，重点攻坚克难。2019年，安吉县消防救援大队被授予浙江省防台救灾先进集体；被市消防救援支队授予2019年度先进单位和2019年度先进班子；立个人二等功1人。

2019年，安吉县消防救援队伍接警出动1183起(其中火灾69起，抢险救援310起，社会救助363起，未成灾火警439起)，出动车辆1511辆次，消防人员10087人次，抢救被困人员173人次，疏散被困人员349人次，抢救财产价值276.5万元。同比2018年，接警起数与上年持平，出动车辆下降5.14%，出动人数下降2.25%，抢险被困人数持平，抢救财产价值下降25.6%。火灾起数同比下降42.02%，直接财产损失下降22.88%。按照应急管理部消防救援局“大应急，全灾种”要求，推进专业化、模拟化、实战化练兵，灭火应急救援能力不断提升。强化“六熟悉”和“防消联勤”，完善灭火救援预案，所有重点单位、重点区域预案全部修订一遍，并开展实地演练40余次、六熟悉单位210余家次。开展实战化训练，重点加强水域救援、山岳救援和超高层建筑灭火救援等重点科目训练，强化与公安、卫计、供水、供电等社会单位和民间救援队伍的应急联动机制，实现消防队伍与其他应急联动力量的指挥共享，提高指战员的临机指挥和统筹协调能力。防火领域全年安吉县消防救援大队共检查社会单位9050家次，发现火灾隐患14686处，整改火灾隐患14653处，下发责令改正通知书6999份，下发行政处罚决定书350份，临时查封13处，责令“三停”37家，罚款93.4万元，拘留37人，提请政府挂牌整治重大隐患单位3家。跟进社会面消防宣传，举办“119”消防宣传月启动仪式，开展“七进”活动160次，媒体曝光火灾隐患10处。

12月31日，安吉县消防救援大队揭牌仪式举行

2019年，安吉消防救援队始终牢记为人民服务的宗旨，创人民满意的消防队伍的工作，围绕浙江省消防安全三年翻身仗任务目标，主动当好党委政府参谋助手，推动落实消防安全责任制，县委县政府研究部署消防安全工作3次，与乡镇(街道)、部门层层签订消防安全责任书，实行消安委实体化办公，3名事业编制驻大队办公，先后抽调各部门2批13人次对不放心场所和区域开展联合检查8余次，下发通报2份、预警提示10份、督办单3份。集中力量整治突出隐患，提请县政府抽调百人对隐患最突出的竹木家具行业进行百日攻坚，检查竹木加工企业1947家，拆除占用防火间距、消防车道违章建筑7.3万平方米，停产整顿30家；发动各行业部门和

属地政府检查居住出租房屋等九小场所1万余家次,整改隐患1.2万余处,推广安装智能预警系统1941套,设置智能充电点142个、充电插头1.5万个。大队在重点抓好全县240家重点单位的监管同时,推动公安派出所抓好列管单位的监管。

推进“不忘初心、牢记使命”主题教育,抓好大队党委中心组集中理论学习,创新教育载体,科学制定学习计划和研究课题,采取“走出去、请进来”、实地调研学习等方式提升学习效果。开展“不忘初心 牢记使命”主题教育,组织指战员运用多种教育模式引导指战员坚定理想信念。组织指战员赴安吉余村“两山”会址公园、浙北第一党支部陈列馆、鲁家村党员使命教育馆、孝丰烈士陵园等红色教育基地参观见学。严肃党内政治生活,注重抓住“关键少数”,落实双重组织生活制度,落实民主集中制,坚持党委议事规则和决策程序。安吉县域面积1886平方公里,全年大队出警量超过1200起,针对执勤实力的不足,大力发展壮大多种形式消防力量。县政府将专职队建设纳入政府年度工作报告,年内在建的专职队消防站有灵峰街道城南站、开发区绿色家居站、天荒坪站、杭垓站以及天子湖站迁建5个站点。年内为每名队员购买保额100万的人身意外险、大病险。县政府划拨专项资金购置2公里远程供水车、多节臂高喷消防车、55米云梯车、六翼多轴无人机、消防机器人、消防遥控炮、山岳和水域专业救援装备等消防装备。

【“3·19”递铺街道兰博家纺火灾】 2019年3月19日17时37分,安吉县119指挥中心接到报警安吉县递铺街道康山工业园区兰博家纺有限公司草席着火,安吉县消防大队调派安吉中队2车12人前往处置。行驶在阳光大道上发现很大浓烟,立即要求指挥中心调派中队A类泡沫车、高喷车、抢险车前往增援,同时调派孝丰专职队2车12人、天子湖专职队2车14人前往增援,19时20分,上面火势得到控制;20日10时54分,火势被扑灭。起火建筑为在改建2层钢混结构工业建筑和6层钢混结构工业建筑,总建筑面积约8000平方米,燃烧面积约1000平方米,燃烧部位位于两幢厂房中间,燃烧物质为机器设备、草席堆垛,未造成人员伤亡。

11月8日,2019年安吉县消防业务技能竞赛暨“119”消防宣传月启动仪式举行

【“5·29”梅溪镇盛忠竹木工艺品厂火灾】 5月29日11时52分,湖州市消防支队安吉大队接到报警:湖州市安吉县梅溪镇独山头村盛忠竹木工艺厂厂房发生火灾。接警后,安吉大队立即调派安吉中队高喷车1辆、重型水罐车1辆、泡沫车2辆、登高平台消防车1辆共25人,天子湖专职队水罐车2辆共10人,梅溪专职队水罐车1辆7人赶赴现场扑救,起火建筑为一层钢混合砖木结构,总建筑面积约2000平方米,火灾过火面积约240平方米,燃烧物质为竹木制品,未造成人员伤亡。

【“7·7”八九山隧道危化品槽罐车追尾】 7月7日9时49分,安吉大队119指挥中心接到报警:安吉县杭长高速安吉往杭州方向八九山隧道内三车追尾,事故车辆为甲醛槽罐车、天然气槽罐车和货车。接警后,安吉大队立即调派安吉中队水罐泡沫车、抢险救援车、重型水罐车3车19人赶赴现场,同时立即启动危化品处置应急预案，协调应急局、高速交警、环保等部门到场。消防对现场情况进一步确认，事故地点位于八九山隧道安吉往杭州方向出口500米处，现场为一辆空罐的天然气槽罐车左侧尾部受到货车撞击，罐体发生形变有泄露，操作台部分管线破坏发生泄露，装有甲醛的槽罐车暂时未发生泄露。为保障隧道内处于安全可控的范围内立即利用固定消防设施对天然气槽罐车泄露点出水稀释，并通知高速交警调派拖车到场。10时50分，高速交警的拖车和抢修队到场，对ABS抱死的甲醛车进行抢修，并组织拖离。11时45分，高速交警第二辆拖车到达现场，经现场技术人员、抢修人员开始对天然气车辆进行抢修、分离。11时54分，事故车辆完成分离，大队进行全程跟踪保护，护送事故车辆安全驶离高速，此次事故未造成人员伤亡。

【“7·10”天子湖通用机场飞机失事】 7月10日中午12时14分，安吉县指挥中心接警，一架编号为B—10NH的小型飞机可能在安吉县天子湖镇域内迫降。接警后，安吉县消防大队、应急局、公安局、乡镇等组成搜救组展开施救。13时34分，接救援组通过无人机在安吉天子湖通用机场西南面两公里处发现迫降飞机，经应急、消防、公安、民兵等救援全力救援，截至当日16时30分，乘客刘某某（女，49岁）因颅脑损伤，经抢救无效死亡。机长林某某（男，36岁，多处骨折，状态清醒）、乘客邓某某（男，46岁，右腿脚踝处骨折）、梁某某（男，49岁，昏迷，后经抢救无生命危险）。

【抗台风救灾】 8月10日至11日，安吉县受超强台风“利齐马”影响，出现了持续性降雨，报福、章村、天荒坪、梅溪等地多处受灾，大队连夜出动消防车9车次，消防员59人次，疏散被困人员4人，运送物资2批次。9月5日至7日，受台风“玲玲”气流影响，安吉县普降大暴雨，其中天荒坪余村降水量达272毫米，多地暴发洪涝灾害和山体滑坡，大队全体指战员不怕辛苦，连夜奋战两天三夜，出动车辆30车次，指战员160人次，抢救被困人员52人，疏散被困人员400余人，组建3个抽水应急小组，在2个固定抽水点，抽水30余个小时。

【“8·14”鹤鹿溪村西苕溪水域群众落水事故】 8月14日17时59分，湖州市安吉县鹤鹿溪村西苕溪水域2名群众落水。接警后，安吉大队立即出动2辆消防车16名指战员，携带皮划艇、救生衣、救生抛投器等水域救援装备赶赴现场处置，并联动安吉民安救援队等民间力量前往支援。因上游泄洪，河道水流湍急，落水人员处于滚水坝正中区域。指挥员吕挺与另一名消防员余书辉下水救援，在激流中几经努力救起被困人员王某瑜。后因体力不支，消防员余书辉被拉回岸上，已昏迷。指挥员吕挺在对另一名落水群众王某章的搜救时，因为体力不支，与落水群众一同被暗流拉入河底，与岸边救援人员失联。8月16日上午，失联37小时的吕挺同志在失联处下游的1.8公里处被发现，不幸壮烈牺牲。之后在更远处发现王某章的尸体。

（宋　吉）

机关事务管理

【概况】 2019年4月，安吉县机关事务管理局机构改革后更名为安吉县机关事务管理中心。县机管中心围绕全年工作目标，夺得1—3月份和10月份的月度创新奖、7—8月“三服务”活动“担当破难”奖、三季度优化营商环境流动红旗、三季度文明城市创建优胜单位、四季度新时代文明实践中心优胜单位、四季度垃圾分类优胜单位、2019年度第二期“美丽核心”机关党组织、垃圾分类及公共机构节能等方面工作获湖州市委和县委主要领导肯定性批示，优化营商环境先进案例通报2次，《浙江日报》《浙江机关党建》《浙江后勤》安吉新闻等媒介刊发39篇报道，警务站3人被评为湖州市公安机关“防范之星”。

【日常工作保障】 办公用房管理。贯彻落实《党政机关办公用房管理办法》，加强全县党政机关办公用房清理整改；调配安吉县48家涉改单位办公用房，保障全县机构改革办公用房；启动安吉县国有资产调查摸底工作，初步完成国有资产的统计与分类。

公务用车保障。修订《安吉县公务用车服务中心管理办法》，升级改造车辆管理App系统，报废与更新18辆公车；开展“我有好技术”“我学好交规”等系列岗位技能比拼活动；完成世界银行贷款中国医疗卫生改革促进项目国际研讨会、杭州都市圈第十次市场联系会等近百场会务的车辆保障，全年总计出车近1.36万车次，保障人员超过2万人，行驶里程150多万公里。

基建维修工作。梳理确定2019年10项后勤服务保障改善和提升项目，完成县行政中心主楼二楼大厅彩钢瓦防水处理、无障碍设施改造等工程；开展维修月活动，全年处理门锁、办公家具等维修超过1300件；及时排除受台风“玲玲”影响，9月6日凌晨引起的特大暴雨淹水险情，在安吉县行政中心周边全部淹水的情况下，13名工作人员通宵奋战，避免地下车库100余辆轿车、高压配电房重要设备等重要财产受损。

公共机构节能。推行垃圾分类，定制印有各单位名称的垃圾袋，引进和推广虎哥回收服务，建立“一周一查一通报”机制，投放分类垃圾桶2679个，安吉县机关单位垃圾分类知晓率、参与率均达100%，分类投放准确率达98%；贯彻“两山”理念，举办“绿色发展 节能先行”为主题的节能宣传周活动；召开公共机构节能培训会，建立公共结构能耗统计平台，发挥公共机构在节能工作中的示范引领作用。

【机关后勤服务】 文印中心落实“最多跑一次改革”，主动送服务上门，受到广大机关干部一致好评，发扬吃苦耐劳精神，全年业务量突破160万元。会务中心打造“温馨服务”品牌，比如为感冒干部递上一杯白开水、精心保管干部遗失的物品等等，多次获得干部表扬，全年完成2684场会务保障工作，服务保障超过6万人。优化机关食堂二楼布局，提升菜品质量，提升服务水平，承办县安洽会答谢午宴、团拜会等重要接待任务，2019年实现对外接待收入400余万元，较2018年提升30%；丰富菜色品种，早餐品种增加26种，中餐大灶增加荤菜类品种38种，丰富广大干部职工的选择；定期走访中心农贸市场、蔬菜基地和特色农产品基地，及时掌握上市菜品，推出时令新菜，自制特色小吃，更好的服务干部职工。引进灵峰有机蔬菜、正新猪肉等安吉本土优质农产品，为广大机关干部提供优质产品和便利；联合县卫健局，开展端午节中医保健宣传活动和冬季膏方节，浓厚大楼节日氛围，提供细致人文关怀；加强行政中心北门e邮站日常管理，解决机关干部快递“最后一公里”难题。

【参与中心工作】 积极帮扶，帮助结对薄弱村（兰田村）解决资金难、青虾销售难、新村委办公家具紧缺等问题15个，助力该村在安吉率先消薄，《浙江日报》《湖州日报》等予以报道；开展全国文明城市创建，完成领办无物业小区及背街小巷整治任务，代表领办先进单位接受湖州市委常务、安吉县委书记沈铭权带队现场检阅；倡导安吉县机关单位禁用一次性水杯“微改革”行动，促使全县机关单位开会自带水杯率达100%，公务接待全部使用玻璃杯或瓷杯，每月减少使用一次性水杯近13万只，省委省政府充分肯定安吉做法，2019年11月1日，省分类办等10部门联合发布通知，在全省行政区域范围内限制一次性消费用品；着眼民生热点问题，采取“错时开放”模式，合理安排县行政中心南广场220个停车位，全县率先向市民免费开放停车场，有效缓解停车难题，《湖州日报》予以报道。

2月，安吉县机关事务管理局获节约型公共机构示范单位

【队伍建设】　2019 年，县机管中心举行“主题党日”活动 12 次，开设“深入学习习近平新时代中国特色社会主义思想”和“十九届四中全会精神解读”等党课 5 次，开展“不忘初心 牢记使命”系列活动 26 次，组织“微心愿”“送温暖”“献血”等志愿活动 30 次。落实党风廉政建设主体责任和“一岗双责”，细化廉政建设责任分工规范内部管理，修订《安吉县机关食堂职工绩效考核管理办法（试行）》《小微工程项目管理暂行办法》等办法，加强“政采云”平台采购管理，规范物资采购和招投标程序，做到程序到位、监督到位；常态化开展正风肃纪检查 35 次，集体约谈 3 次，廉政约谈 15 人次，辞退 1 人。加强中层干部力量，完成 16 名中层干部的选拔任用和调整交流；选派 1 名干部到结对帮扶村（兰田村）担任“第一书记”，推送 1 名干部到县政府办挂职锻炼，抽调 2 名一线员工到中心办公室交流学习；开展业务培训、岗位练兵等活动，激发干部职工的学习热情，提升后勤队伍专业素养。

【两山书籍交换中心成立】　5 月 28 日，两山书籍交换中心成立运行。这是安吉县机关事务管理中心志愿服务队为广大市民和学生提供免费阅读、免费交换的爱心平台。活动本着自愿互助的原则，倡导读者参与服务、奉献爱心，不仅让市民家中闲置的图书流动起来，更成为安吉机管中心便民、惠民、利民服务的新举措，成为培育和践行新时代文明实践的重要载体。各类交换或捐赠书籍五成新以上，正版，无破损；教材、教辅及刊物类书籍无要求。每天 8：30—20：00，两山书籍交换中心开启“换书集会”，免费提供阅读及换书服务。日常还提供爱心冰箱、手机充电、电动车打气等服务。另外每月的 18 日、28 日安排志愿者在两山书籍交换中心提供理发、引导、招聘信息解读等志愿服务。

【安吉县机管中心举行新购公务用车交付仪式】　7 月 6 日，安吉县机管中心新购公务用车交付仪式在县行政中心举行。中心党组成员、副主任梅利庆主持。此次交付的 16 辆吉利博瑞汽车将交由县公务用车服务中心使用。新车的交付使用，有利于中心车辆结构的调整，加速老旧车辆的更新，提高保障车辆的安全系数，提升用车人员的乘坐体验，改进县公车中心的服务保障能力。仪式结束后，安吉县机管中心着手 16 辆新交付公车的上牌、公务标志的喷涂、GPS 安装等后续工作，为在最短的时间里将车辆投入平台使用。

（黄久鼎）

7 月 6 日，安吉县机管中心新购公务用车交付仪式在县行政中心举行

安吉县城市建设投资集团有限公司

【概况】　2019 年，县城投集团围绕“两山”试验区和“中国最美县域”建设目标，以“三找三提”主题活动为工作载体，持续调整优化产业结构布局，聚焦国企做强做优做大，聚力城投创效创优创新，落实“城市建设再提质、水务民生再提标、产业经营再提效”三项举措，全力做好“要素、队伍、管理、氛围”四项保障，推进企业转型升级和高质量发展。1 月 28 日，国源水务天子湖营业厅被评为“湖州市级青年文明号”。1 月 31 日，县城胜利路（天荒坪路—浮玉路、胜利桥—齐云路）道路综合改造工程被评为“2019 年度湖州市飞英杯市政工程质量奖”。3 月 25 日，新三小

迁建工程、安吉县昌硕文化中心二期(图书馆)工程、安吉两山创客小镇4#楼工程分别被评为“2019年度湖州市建筑工程优质结构奖”。4月26日,穆王东路(递铺南路—玉磬路)建设工程被评为2019年度湖州市建设工程“飞英杯”优质工程奖。5月7日,安吉大道加油站被评为“市平安加油站模范单位”。6月5日,昌硕故里精品观光带提升工程获“2019年度湖州市飞英杯绿化工程质量奖”。12月3日,递铺镇第三小学迁建工程(1—8#楼及地下室)被评为“湖州市建筑安全文明施工优胜标化工地”。

【城市建设】 加快推进征迁和遗留问题清零。与昌硕街道成立联合指挥部,以专班力量推进征地和遗留问题化解,完成三友、山头等6个社区征租地签约2413亩,政策处理856亩,拆平天使乐园、十字路等6个遗留区块,14天攻坚完成老特产市场西北侧区块32户房屋征收,妥善安置拆迁户430户,快速推进安置房办证,解决安置房和车库等资产侵占问题,化解历史遗留问题6件,实现县城范围内“十余年陈”的拆迁困难户全部清零。城市基础设施建设和功能完善。新启动工程18项,完工21项,工程投入约7亿元。实施城市道路畅通工程,改造提升递铺路、凤凰路、齐云路等中心城区道路,先后打通凤凰路及连接桥、天目南路、玉磬路等城市主干道,贯通凤栖路、黄双线等重要支线。利用闲置地块新建停车场6个,新增停车位1200个,缓解群众停车难问题。按期完成新三小及周边道路建设,确保新三小顺利开学。建成县内首个智慧图书馆,融入绿色、环保、和谐生态理念的石马港公园投入使用,提升递铺港河滨生态景观,新增城市绿化面积近10万平方米,为群众提供更加美好的城市生活环境。制定工程施工标准化管理手册,致力精品建设,获浙江省优质市政工程金奖等省级奖项3个,飞英杯等市级奖项7个。

【水务民生】 加快水务一体化建设,新启动工程6项,完工9项,投入约3.5亿元。完成赋石、老石坎两大水厂建设,日供水能力提高到33万立方米;完善孝丰、天子湖等区域配套管网建设,实施县域老旧管网改造,新增管网340公里,供水范围进一步向高位片区和农村偏远地区延伸;通过采用“浮船”分层取水,解决季节性水质不稳定问题,让老百姓有水喝,喝上放心水。2019年,全县供水区域已覆盖10个乡镇86个行政村,服务人口30万人。年内完成城北污水厂三期扩建,日污水处理能力提高到20万吨;实施梅溪、城区、城北三个污水厂提标改造,出水水质标准由一级A提高到准四类,有效缓解县域水环境容量不足压力;对5个区域23个农村生活污水处理终端进行统一运维,打通农村污水运维管理最后一公里;开展天子湖、梅溪等7个重点乡镇污水管网疏通和修复120余公里,助力乡镇“零直排”;按照固废不出县要求做好污泥处置。实施分片区管理运维模式,运用智慧水务平台实行统一调度,形成供水抢修和污水运维双向半小时服务圈;结合“三服务”全面实现开户“一证通”办理,推行便民缴费方式,农村非现金支付比例超过80%。协办“国千环境杯”全省污水处理工职业技能竞赛,荣获个人一等奖、团体二等奖。

【产业经营】 推进产业链延伸。探索开展建材贸易,半年产值超5000万,谋划新加油站、商品混

花木市场

凝土、污泥干化等经营性项目，试点电动车智能充电系统安装业务，在为民办实事的基础上逐步实现创收。推进房产开发。玉园项目按期交付，实现凤凰中心广场、孝丰南门广场两个新项目开盘。强化供排水经营。承接乡镇排水管网检测、维修、安装等业务，拓展管材贸易，大力推进水务历史欠费收缴。制定污水费征收与使用实施细则，联合财政、城管、环保等多部门编制《排水管理实施细则》，理顺污水费收缴和排水运行机制。做优自持物业经营管理。维持经典1958、九州、花木市场等经营项目良好业态，招商率和开业率始终保持在90%以上，完成花木市场二期招商并开业。采用公开拍卖形式成功盘活东城花园车库、港北花园安置房等闲置资产。管理玉园小区物业，被评为湖州市首个五星级认证物业小区，垃圾分类工作被列为县内样板。

【治理体系改革】　围绕“健全完善与企业架构和业务相适应的治理体系，加快建立现代企业制度”的目标，推动国企改革。企业管控体系建设。完善分级管控体系，制定总部及子集团三定方案，突出集团总部战略管控、资本运营、财务监控等职能，探索政府职能和企业经营职能划分，推进股权架构优化调整，谋划2A＋和双2A平台打造；上线全面预算管理信息系统，实行资金月度预算审批管理机制；全面梳理13类制度，补充完善10余项内部管理制度，健全制度体系。强化子集团运营管理职能，完善子集团“三重一大”会议决策机制，试行抢修计件制薪酬改革、物业劳务社会化外包等经营管理模式。选人用人机制建设。坚持党管干部原则，出台《干部聘任管理补充办法》，严格干部选拔任用程序，任期实施绩效考核评价和党风廉政一票否决。建立子公司主要负责人离任经济责任审计工作机制，落实集团中层干部个人重大事项报告和廉政约谈制度。构建与企业经营发展相适应的人才机制，实施内部岗位竞聘机制，突出技术类和管理类岗位高素质人才选拔任用，畅通内部晋升通道。印发《城投集团“雏鹰计划”引育实施办法》，实施人才招引计划三年行动，每年引进10名高校优秀毕业生，制定专门考核办法，力争人才引得进、留得住、用得好。以城投大讲堂、师徒结对等方式加速员工学习成长，通过分层分类培训提升干部员工综合素质。内部监管机制建设。建立风险点排查防范机制，围绕重点领域、关键岗位、新增业务，加大力度排查梳理廉政风险点，制定防范措施。建立审计、财务、法务综合监管机制，加强财务检查核查、经营性业务审计和法务合同标准化管理，提升工作规范性。及时对不规范的业务管理模式进行调整，加强风险管控。出台《关于加强检查和整改工作的若干意见》，形成检查整改一体化工作机制。“宣传、摸排、反馈”三措并举，开展扫黑除恶专项斗争。加强安全教育和文化建设，实行月度隐患排查和整治工作机制，推动安全生产意识不断深入。

【党建工作】　集团党委牢固树立抓党建就是抓发展的理念，坚持以“一流党建引领一流企业”为目标要求，切实发挥国企党的领导作用。强化政治思想建设。开展“不忘初心、牢记使命”主题教育，始终把学习党的十九大、十九届四中全会和习近平系列重要讲话精神作为第一位的政治任务，严格落实党委理论中心组学习制度，推动“学习强国”App党员学习全覆盖，不断深化思想认识、把准政治方向、提高政治站位，坚决贯彻落实上级党委政府决策部署。突出党委领导作用。坚持董事会、经理层重大事项党委先行研究，规范执行“三重一大”集体决策，充分发挥党委的核心引领作用。完善总经理办公会议事规则，理清党委与其他治理主体的权责边界。制定联系与支持县属国企联合监事会工作办法，依法支持纪委、监事会开展监督工作。强化基层组织力提升。在基层党组织对板块业务全覆盖的基础上，推进基层支部规范化建设，实施资管支部“美丽党建”强基行动示范点建设工程。开展基层党组织书记抓党建工作述职评议，实施党员领衔破难行动，加强党务工作队伍配备和培养。通过建立征迁、工程项目党小组，不断探索党小组运行机制，推动党的建设与生产经营深度融合。落实全面从严治党。成立党风廉政建设和反腐败工作领导小组，落实从严治党主体责任。以项目化管理方式推进“清廉城投”建设，打造勤廉城投文化。配合县第二纪检组进驻，县纪检监察部门对集团的监督指导不断加强。实施内部监管体制改革三项调整,总部对子集团的监督管控得到强化。每月进行党纪一刻钟教育,开展正风肃纪检查,充分运用监督执纪四种形态和城投集团过错责任追究办法加强执纪监督。

【两山创客小镇二期工程获"浙江省建筑安全文明施工标准化工地"奖】 1月11日,安吉两山创客小镇二期(4#楼)完成消防验收并获"浙江省建筑安全文明施工标准化工地"奖。

【国源水务连续三年获省级世行项目"先进集体"奖】 1月17日,集团副总经理张军带队会同县发改、财政局等部门参加2018年度世行项目总结会,并代表水务集团领取世行项目"先进集体"奖,郭昌军、张孟霞二人获先进个人奖。

【县城递铺路综合改造工程开工】 3月18日,递铺路综合改造工程(环翠路—云鸿路段)(云鸿路—胜利路段)正式开工。副县长何承明一行到递铺路改造指挥部调研道路改造工作,集团总工程师施振鸿陪同。

【城投集团建材贸易业务开启】

为了进一步拓展集团经营业务领域,加强产业谋划和推进,提升集团综合实力和市场竞争力,2019年上半年,建设集团谋划启动构建建材贸易业务的工作。经过大半年的外出调研挂职、考察学习及统筹谋划,建材贸易业务于5月份启动。5月28日上午,随着第一批85吨钢材运输抵达项目工地,标志着城投集团建材贸易业务正式拉开序幕。

【穆王东路建设工程被评为"2019年度浙江省市政金奖示范工程"】

4月30日,穆王东路(递铺南路—玉磬路)建设工程被评为"浙江省建筑安全文明施工标准化工地"。7月12日,由城投集团负责建设的县城穆王东路(递铺南路—玉磬路)建设工程被评为"2019年度浙江省市政(优质工程)金奖示范工程"。

创客小镇二期

【国源水务对新时代文明实践点验收】 7月17日,县总工会委员曹永远带队(范叶丹、张一言、周宇国)赴国源水务对新时代文明实践点创建工作进行验收,检查组实地检查阵地建设,并听取创建工作总结汇报。集团工会主席张青,工会副主席徐清,国源水务工会主席乔旭霞陪同。

【县城污水处理二厂三期工程获中央补助资金】 7月24日,安吉县县城污水处理二厂三期工程获中央水环境综合治理专项补助资金3600万元。

【举行"党建合创"启动(签约)仪式】 7月25日,城投集团党委与安吉移动公司党支部举行"党建合创"启动(签约)仪式。通过业务互补、资源共享、服务共抓等方式,会同移动公司开展文明城市创建工作。

【县城老特产市场西北侧区块完成签约】 县城老特产市场西侧区块位于胜利路和天目路交叉口,是中心城区遗留待改造老旧小区之一。"时间紧、任务重、气温高",靠着征迁干部努力,从7月23日启动签约至8月5日,县城老特产市场西北侧区块圆满完成任务,14天签约32户。

【赋石水厂向城区供水】 赋石水厂是安吉县保供水的重点民生工程,于2018年3月16日开工建设,2019年7月初完工。经

赋石水厂

过一段时间的调试，8 月 16 日，赋石水厂供水成功并入县城供水大网，正式向城区供水，这将有效缓解高峰供水压力。新建的赋石水厂，设施设备更先进，可实现远程操控，同时供水更稳定、更安全环保。

【玉磬路（穆王路—环翠路）通车】 8 月 24 日，由城投集团负责建设的玉磬路（穆王路—环翠路）正式通车。新建道路长 710 米，宽 24 米，为标准双向四车道。新道路建成后，玉磬路全县贯通，城东路网全面贯通。

【城区临时停车场建设完工】 8 月 31 日，完成驿站广场西侧、凤凰菜场南侧、胜利新村西侧、三里亭老夜宵摊、老社保局内部、老特产市场共计 6 个城区临时停车场建设。

【国源水务获全省污水处理工职业技能竞赛奖项】 10 月 22—24 日，由浙江省总工会主办，湖州市总工会、安吉县总工会、省生态与环境修复技术协会承办，安吉国源水务集团有限公司、安吉国千环境科技有限公司协办的 2019 年“国千环境杯”全省污水处理工职业技能竞赛在安吉开幕，安吉县总工会常务副主席戎露波、副主席阎德顺参加，城投集团副总经理张军致开幕词。国源水务集团分别获个人一等奖 1 名（谢文超）、个人三等奖 1 名（方霄）、国源水务团队获团体二等奖，特殊贡献奖。城投集团党委副书记朱浚赢参加闭幕式，并为获奖选手和代表团颁奖，省总工会副主席周小兵出席闭幕式。

【花木市场二期开业】 12 月 28 日，花木市场二期正式开业，城投集团副总经理卓可耕、资管集团副总经理黄芳出席开业活动。花木市场二期定位为全县花卉产业链及花木市场一期（遇花园）项目的延伸和扩展，除花木交易外，还包括景观设计、盆景展示、产业培训等多项服务功能，不仅建成了近 8000 平方米的盆景园区，还打造了一座阳光多功能厅。

（张　裕）

安吉县产业投资发展集团有限公司

【概况】 2019 年，安吉县产业投资发展集团有限公司（简称产投集团）以“提高国有资产运营效益、做强做优做大国有企业”为目标，全年实现各项收入 3573 万元，税前利润 1180 万元。2019 年，产投集团被评为县“争当践行‘两山’理念样板地、模范生先进集体”；两山创客小镇被列入第三批特色小镇市级就业创业指导站名单，另获“安吉县 2019 年度优秀众创空间”称号。4 月，经过创建申报、资格审核、实地考核等环节，安吉“两山”创客小镇成功获评湖州市第二批特色小镇人才创业创新基地称号。5 月，在全省发展人力资源服务业暨支持小微企业园建设工作推进会上确定全省首批重点培育人力资源服务企业，安吉雷博人力资源服务企业名列其中。5 月 30 日，在国家创新型县建设推进大会上，公布“安吉科技最具影响力事件和人物”，两山创客小镇获“安吉科技最具影响力奖”。7 月，省商务厅公布 2019 年浙江省外贸综合服务企业认定结果，产投集团下属子公司安吉国浩外贸服务有限公司获得认定（全省 30 家，全市仅 3 家）。10 月，科创园入驻的浙江亚能能源科技有限公司董事长姚晓武凭借“基于智能物联网技术的新能源电动车辆充电装备及产业化”项目,获工商组总决赛金奖。

4月22日,集团“两山”双创基金备案成功。集团设立县“两山双创”基金,总规模1亿元,投资对象主要为县内人才类项目。出资1亿元参与组建“国家集成电路产业投资基金二期”。与县财政共同起草修订《安吉县政府产业基金管理暂行办法》,明确政府产业基金的法人机构和运营管理。针对有些政府产业基金设立未实质运行或投资项目收益风险等情况,调研走访,多举措并举,清算浙科子基金,退出资本市场基金、体育产业基金3个投资项目,累计收回子基金利息收益503万元,盘活存量资金3291.3万元。与开发区、示范区等平台建立招商投资联动机制,6月与开发区一起合作,通过政府产业基金模式入股及提供厂房等深度支持,将杭州1家专注于研发销售新能源汽车配件的国家级高新技术企业富特科技引入安吉。2019年,走访企业投资机构51家,多次与开发区示范区一道走访省内外企业,实地赴湖南、江西、上海、广州对目标企业上下游企业尽调。年内完成富特科技和霍里思特项目的尽调工作,同时跟进吉美伟斯项目等10个项目的尽调工作。全年累计构建项目库企业141家。

【开展融资租赁和财富管理业务】 融资租赁通过与上汽集团、物产中大、中成租赁—花呗、央企渠道等建立合作关系,利用“两山优势”与“政策红利”,开展“证租通”“投租通”“结构化租赁”等业务,引流9亿元资金项目投放县内,实现中小企业普惠融资;国合资管帮助县内平台融资15亿元,助力解决主要平台“融资难”问题。探索外综服业务。为服务县域小微外贸企业,组建综合服务平台,通过整合各项外贸服务资源和银行资源,为县域小微外贸生产企业提供“关、检、汇、税、物、融、展”系列服务,并着眼跨境电商申报(“9610”申报)帮助企业转型升级。2019年,完成“9610”申报超4300万美元,“信贸通”业务出口规模近100万美元,“贸赢贷”完成首笔10万元授信落地,获“浙江省外贸综合服务示范企业认定”。做深做优政策性融资担保。以业务发展为导向、风险控制为基础,坚持实地走访企业,做好保前调查和保后管理工作,全年在保户数115户(企业54户,个人61户),金额19193万元。处理原担保艾玛家具、肯萨斯家具等破产担保企业处置工作,与开发区等协调对接担保资金,将担保不良率控制在合理范围内。

7月10日,中国东方航空集团、云南省临沧市沧源县、双江县、“乡村产业扶贫培训班”一行70余人赴两山创客小镇调研人才引进、培养和作用发挥等课题

【盘活闲置低效资产】 自第一国际城7～21层经营权移交后,按照“管起来、用起来”的要求及时开展闲置资产盘活工作,对11～18层进行简装修,化解第一国际城停车等周边环境脏乱差的“老大难”问题,为后续盘活经营打好基础。根据县金融集聚区建设管理办法,打造“两山资本广场”绿色金融集聚区,克服政策基础弱的困难,走访北京、上海、深圳、成都基金类投资机构40多家,与新疆霍尔果斯兵团分区管委会达成战略合作意向。2019年,招引企业265家,实现税收1.28亿元。围绕人才提升资产管理效益。

【依托创客小镇突显人才项目优势】 集团及时调整“两山”创客

小镇产业定位，完善园区企业扶持政策和考核办法，全年招引企业24家，其中人才项目9家，并对接知名品牌格力3D模具打印中心、猪八戒网络落户园区。截至12月底，小镇累计入驻项目124个，在孵项目65个。吸引本科以上创客410人，博士22人，硕士23人，年总产值逾4亿元。小镇还获评浙江省小微企业园、湖州特色小镇人才平台、安吉科技最具影响力奖、安吉县重才爱才突出贡献单位等奖项和称号。雷博公司以新人力资源市场建设为起点，以服务企业、服务人才为抓手，巩固拓展人才招聘、劳务派遣、人才培训主营业务，开展各类招才引智活动25场，县内招聘会42场，人事招录65场，招录人员532名，举办各类培训33场1475人次，增加劳务派遣456人。上海双创飞地通过一年的努力，利用大都市人才、项目集聚的优势，各项效益已初步显现，年内注册或入驻高层次人才项目15个，申请发明专利32项，预计实现税收300余万元。协助东方基因与上海交大材料学院在飞地组建研发团队，成立产学研合作实验室。探索飞地招商模式，对接上海10余个项目与开发区、示范区考察洽谈。

【安吉县为全国垃圾渗滤液处理提供解决方案】 3月，两山创客小镇园区的金环宝公司研制出全国领先的A2O2工艺，能有效分离垃圾渗滤液并进行再处理，为全国垃圾渗滤液处理提供解决新方案。

【两山创客小镇园区企业产品获第三届国际竹博会金奖】 4月24日，第三届中国（上海）国际竹产业博览会优质产品评选结果公布，两山创客小镇园区的安吉竹境竹业科技有限公司的产品装配式原竹建筑·幽篁获金奖。

【首创产业园“园中园”招商新模式】 7月，集团与示范区、清华启迪之星（安吉）共同签订《启迪之星（安吉）孵化基地合作协议》，在示范区小微产业园中创建了“高科技产业加速园”。该园依托清华科技园、启迪之星品牌效益、项目招引与后期服务能力，发挥政府产业基金引导作用，以及省际产业示范区安吉分区良好的创业环境，与两山创客小镇及上海飞地园区形成创业企业发展链条的上下游互动与承接，构建“众创空间＋孵化器＋加速器”的创新载体，打造外地孵化、示范区产业加速、落户等全产业链服务的新型招商服务模式。

【入围浙江省2019年第一批小微企业园、湖州市三星级小微企业园】 7月，浙江省经信和信息化厅公布2019年第一批审核认定小微企业园名单，两山创客小镇和科技创业园入围。同年，两山创客小镇还获得“湖州市三星级小微企业园”称号。

【举办2019年安洽会两山创客小镇二期开园暨重点人才项目签约仪式】 11月15日下午，2019新时代“两山”试验区第十二届安吉投资贸易人才洽谈会安吉两山创客小镇二期开园暨重点人才项目签约仪式在两山创客小镇路演厅举行。县委常委、常务副县长潘鸣，县委常委、组织部部长，县委人才办主任朱伟，及县委组织部、科技局、人力社保局、投资促进中心等相关部门领导参加本次活动。现场共签约项目12个，产业涉及人工智能、生物医疗、生态环保、创意设计等领域。

（雷　聪）

11月15日，2019新时代“两山”试验区第十二届安吉投资贸易人才洽谈会安吉两山创客小镇二期开园暨重点人才项目签约仪式在两山创客小镇路演厅举行

安吉县文化旅游投资发展集团有限公司

【概况】 2019年,安吉文旅集团全年总营业收入7758万元,同比增长16.17%,接待游客83.94万人次,同比增长5%。其中竹博园景区营业收入2895万元,接待游客28.2万人次;大竹海景区营业收入1493万元,接待游客36.87万人次;两山旅游服务集散中心营业收入2302万元;两山创旅实业投资有限公司营业收入208.7万元,接待游客17.7万人次;文旅酒店管理有限公司营业收入523万元。竹博园景区东扩之后首次实现扭亏为盈,大竹海景区营业利润率上升50.5%,营业利润838万元。年内文旅集团获国家级荣誉2项(余村—竹博园入选森林体验国家重点建设基地、竹博园景区获第二批自然教育学校基地),市级荣誉4项(竹博园景区获湖州市十大示范企业、湖州市百强文明好企业、湖州市职工疗休养示范基地,余村景区获2018年度市旅游系统百强文明好企业),县级荣誉10余项。

项目扎实推进。年年有余综合体项目主体工程建设已完成,5月初进入试运营。完成余村游步道改建、竹建筑等工程建设,启动绿道驿站、矿坑花园改造等工程建设,确定旅游集散中心、青少年生态学院、智慧农业大棚等方案设计。召开余村—竹博园5A景区创建大会,根据创建辅导单位的意见及修建性详规要求制定职责清单和项目推进计划表,完善景区相关规划和景观台账资料,努力实现安吉5A级旅游景区零突破。竹博园投资300万元对熊猫场馆进行改造,A馆已对外开放,B馆改造已基本完成。夜主题公园一期水影秀项目已开工建设,计划一期水影秀项目5月下旬进入试运营。大竹海景区引入第三方投资2200万元,在景区内建成华东地区最长的竹海玻璃天桥,2019年7月1日正式对外运营。大石浪景区、黄浦江源景区顺利营业。

改革创新工作。创新探索混合所有制改革新路径,与中南百草园等四家民企共同组建完成县内首家两山旅游服务集散中心混改工作,依托集团下属现有资源承接政务考察以及地接服务,打造面向政务考察、团队及散客市场的具有社会公信力的旅游公共服务平台,形成带动民营企业共同创新的局面,全年实现经营性收入1000万元以上。与深大科技公司合作搭建安吉全域旅游智慧分享平台,实现平台手机端和PC端的基本功能,通过植入吃、住、行、游、购、娱等相关旅游产品,在营销的基础上实现关联消费推荐、二级直销等多项专属功能,并于7月对外试运营。文创产品开发推陈出新,开发两山、昌硕、余村花草系列红色文创产品20多种,文旅产业链进一步丰盈壮大。

企业文化。组织开展职工趣味运动会、“红色引擎”党建知识竞赛、职工疗休养等活动,增强企业文化感召力。推进全国文明城市创建,加大下属景区、领办小区及背街小巷创建投入和宣传,提升软硬件环境。2018年度被评为全国文明城市创建突出贡献集体,2019年第三、四季度被授予文明城市创建流动红旗。积极做好对外宣传推广,联合县旅游商品协会举办第二届旅游商品博览会活动,联合县文体旅游局、章村镇共同举办2019第三届中国安吉玩水节上海推广周活动,在《航空杂志》《暇客安吉》以及城市大屏、城市公交、长途快客及旅游大巴等户外媒体载体进行多形式宣传,拓展企业经营业务推广,扩大集团对外影响力。

打造专属党建品牌。实施红色景点、红色服务、红色驿站、红色文创、红色线路“五红”计划,投入100多万元在集散中心建立安吉旅游党建综合体,整合安吉红色资源开发推广5个主题8条红色线路,“七一”期间拍摄制作红色风景线MV微视频。“红色风景线”党建品牌工作在全县组织工作推进会上作交流发言,在全市旅游行业党建现场会上进行观摩。全年共接待县内外党员干部赴“红色风景线”参观学习500余批2万多人次。新成立两山旅游服务集散中心、两山创旅公司、大石浪景区党支部3个,集团党组织实现全覆盖。开展一支部一品牌建设,大竹海支部在县国有企业“双创双强”党建工作推进会上作典型交流发言,竹博园支部在参加“迎七一·守初心”全县党建知识竞赛总决赛中获得亚军。国企党建工作。开展“不忘初心·牢记使命”主题教育活动,围绕“守初心、担使命,找差距、抓落实”的总要求,集中开展9次学习研讨,领导干部带头上党课10余次,认真组织“初心之行”“奋进之行”主题活动，着眼集团公司实际，结合文旅融合、老景区发展、项目推进等重点难点问题，班子成员深入一线开展调研10余次，形成调研报告7篇。举办庆祝建国70周年“我与祖国共成长”文旅人寄语祖国活动，大力弘扬爱国主义教育。

深化清廉国企建设。制定《关于推进文旅集团“清廉国企”建设的实施意见》和6项清廉国企项目化管理工作计划，深化集团员工个人征信纳入廉政档案管理工作，完成对4家子公司的内审内巡。认真落实党风廉政建设主体责任和“一岗双责”，明确党风廉政建设的“责任清单”。分级逐层同各部门、子公司主要负责人签订《党风廉政建设责任书》18份，与集团本部全体人员及子公司中层干部签订《廉洁从业承诺书》72份，形成“一级抓一级、层层抓落实”的责任体系，全年开展正风肃纪和效能检查20余次。采取“双下沉”管理模式，建立集团纪委工作班子，确保监督下沉到一线。制定出台集团非招标类小额谈判交易办法，有效防范小额采购及工程建设领域的廉政风险。

内部管理。2019年修订完善集团涉及行政、人事、财务、合同、招投标管理、纪检监督等8个方面15项制度，指导下属子公司对公司各项制度进行修订完善。实行钉钉办公系统网上应用。完成国有资产清查、低效资产排查工作，完善集团资产产权登记，配套制定管理办法，从严从实加强内控体系建设。针对县委、县政府下达的重点工作、集团制定的重点工作实行每月督查通报制。不断完善监督实效，涉及经营、合同、资产等管理及成本支出、合作投资、“三公经费”等情况进行全面自查，对发现的问题积极整改，建立和完善长效机制。

队伍建设。创新人才选拔方式，出台《文旅集团中层干部选拔任用工作实施办法》，全年完成子公司1名高管、6名部门经理、2个主管岗位的竞聘上岗工作。先后对外开展招聘4次，共招聘人员13名，安置退役士官3名，引进中高级职称以上人员5名。制定集团2019年度员工全员培训计划，先后组织举办集团内部风控管理、5A景区创建、安全生产等内部培训12次，提升员工业务素质和工作水平。进一步规范干部职工因私出境证件集中管理和审批工作，清理规范领导干部兼职工作，对集团公司干部员工人事档案工作按要求进行系统规范。

12月26日，文旅集团召开第一届一次职工代表大会暨工会会员代表大会

【央视《唱响新时代》节目组走进竹博园景区】 1月15—16日，由中央电视台文艺频道主创的《唱响新时代》春节特别活动，在安吉竹博园景区内完成演出和录制工作。

【中国驻外文旅机构主任参观考察竹博园】 3月24日下午，中国驻外文化和旅游机构主任在安吉县开展基层调研活动，60多位驻伦敦、墨西哥、柏林、新加坡、曼谷、埃及等世界各地的文化中心和旅游办主任们到竹博园进行参观考察，安吉县文体旅游局副书记、副局长罗福娣等一行陪同考察。实地感受“竹子王国·熊猫家园”的独特魅力。

【竹博园荣获“湖州市职工疗休养示范基地”称号】 4月，安吉竹博园继2016年荣获“湖州市职工疗休养优秀基地”十佳称号后，再次获“湖州市职工疗休养示范基地”称号。

【余村、竹博园入选森林体验国家重点建设基地】 5月，国家林业和草原局公布100家森林体验和森林养生国家重点建设基地名单，余村、竹博园森林体验基地成功入选(全省仅5家)。

【湖州市第九届运动会定向比赛在集团下属景区竹博园举办】 5月25日，湖州市第九届运动会定向比赛——长三角地区最大、最精彩的轮滑邀请赛在安吉竹博园隆重举行，吸引三县两区(安吉县、德清县、长兴县、吴兴区、南浔区)240名体育爱好者参与。

【集团助力全市文化旅游行业党建会召开】 8月30日，湖州市文化旅游行业党建工作现场推进会议在安吉召开，两山旅游服务集散中心作为全市唯一一家旅游行业联盟党委的党建阵地向全市组织系统及旅游系统的专家进行展示。同时，集团还推出"红色风景线党建品牌"以及8条红色线路。

【竹博园景区入选第二批全国自然教育学校(基地)名单】 11月份，第二批全国自然教育学校(基地)名单公布，竹博园景区、浪漫山川国际营地成功入选。

【文旅集团成立直属工会】 12月26日，集团召开第一届一次职工代表大会暨工会会员代表大会，县总工会党组书记、常务副主席戎露波、县国企联合监事会主席楼高峰、县总工会党组成员曹永远出席本次会议，集团49名职工代表参加了本次大会。本次大会选举产生了集团工会第一届委员会委员、经费审查委员会委员、工会主席、专职副主席、经审委主任、职工董事及职工监事。

(黄　偲)

安吉县交通投资发展集团有限公司

【概况】 安吉县交通投资发展集团有限公司是以原安吉交通运输发展有限公司为基础，经安吉县人民政府批准，于2019年11月挂牌成立的县属大型国有企业，由县财政局独立出资，注册资本金10亿元。集团以交通发展为主业，业务涉及交通投资、交通建设、产业经营、交通运输、交通能源及国有资产管理等多个领域。下属子公司8家，二级子公司18家，总计26家公司(不包含国发下属子公司)，内设7部1室，集团现有在职职工924人。

安吉县交投集团在建立产权清晰、权责明确、管理科学的现代企业制度的基础上，立足当好"交通建设投融资主平台，综合交通改革发展主力军"，做好"交通基础设施运营商、交通产业投资商"的战略定位。

【项目推进】 2019年，完成投资38.2亿元(其中建设项目投资34亿元)，申嘉湖高速公路鹿山至孝源段全线通车；完成S306(11省道)椅子塔至王家庄段公路整治工程；申嘉湖高速安吉孝源至唐舍段工程完成土地报批，土地交付率100%，累计完成投资26.93亿元；安吉高铁大道工程累计完成路基桥隧工程量72%，商合杭高铁安吉站配套工程累计完成工程量的75%；完成镇海至安吉公路安吉矮部里至南北庄段桥隧工程量35%；长湖申线航道西延累计完成总投资的75%；完成杭长高速南北庄互通工程工程量60%。加强项目储备。着眼发展全局，公交场站(梅溪站、天子湖站)，公路建设("511"工程、天荒坪互通)，资源开发利用(茅迪石矿、长湖申砂石资源)等一系列储备项目蓄势待发。启动项目谋划。立足长远规划，谋划力推一批综合交通项目，安吉数字物流港建设项目与省交通厅、发改委进行对接，列入报发改委"两山"试验区重点工作任务；高铁大道土地综合

11月6日，安吉县交通投资发展集团有限公司揭牌仪式举行

利用开发，游运一体化等一系列项目也在全力推进中。

【完善公共交通】　推进公交“三个全覆盖”。城市城乡公交一票制全覆盖和移动支付全覆盖，城市城乡公交纯电动化全覆盖，新能源公交车更新投放247辆。推进跨区域公交企业交流合作。完成浙江省城市公共交通协会八届九次理事会议承办任务，充分交流研讨，分享经验、做法。完成公交成本规制。《安吉县政府购买公共交通服务办法（试行）》于2019年9月正式出台，实行政府购买公共交通服务。改善民生服务，完善公共基础设施。完成公交四站改造提升，全面实现人车分离及“零距离”换乘；完成8个乡镇公交场站充电桩规划。深化新能源汽车推广应用，建设充电运营场站45座，实现充电设施城乡全覆盖。提升公共服务水平，升级网络售票系统，增加企业民工专线包车数量，提供学生假日上门售票2万余张，完成“抗台转移”“两会接送”“入伍送达”等保障任务。推出“采茶公交”“免费扫墓专线”共95班次2200余人次，承接高考接送任务计60班次2500余人次。提升运力保障，全年发送客车6.3万班次，运送旅客123.7万人次，行驶里程1554万公里。2019年春运期间共发送旅客11.5万人次，未发生旅客滞留，实现旅客走得了、走得好。校车托管方面，111辆校车全年行驶150万公里运送265万人次，保障学生安全接送。

【资产经营】　争取优质资产，成功拍得浙能安吉综合供能站三宗土地；启动食品公司资产划转；充分盘活闲置资产，客运中心A区旁空地挂牌出租；促进资产保质增效，完成长运、孝丰加油站经营权、国联出租车承包经营权以及孝丰车站房屋租赁权的拍卖。

【内部管理】　强化健全组织架构，成立工会、团委。强化制度建设，完善各类制度27项。推行集团化管控、标准化建设和精细化管理，提高防范经营风险能力。针对行业安全风险高、隐患大特点，重点围绕道路客运、工程建设等重点领域，强化安全责任落实、宣传教育、监督考核，确保安全生产形势持续稳定。以“一把手工作”例会等形式，梳理集团发展遗留问题、经营问题、机制问题、发展问题。落实信访工作责任，妥善化解公共服务和建设环境矛盾问题，把突出问题处理在内部，解决在基层，化解在萌芽。

【国企党建】　突出党建引领，全面推进“六型交投”建设，筑牢企业发展的“根”与“魂”。坚持以习近平新时代中国特色社会主义为指引，深入学习贯彻党的十九大精神，深耕基层，厚植基础，全面实施党员干部联系服务基层组织和职工群众制度，打造行业党建品牌，发挥党员干部作用，凝聚合力。坚持把党风廉政建设和中心工作同研究、同部署、同落实、同考核，落实党风廉政责任制，开展“严规矩、强监督、转作风”为主题的反对形式主义、官僚主义活动和“不忘初心、牢记使命”主题教育活动，压实党风廉政建设主体责任，抓好党风廉政巡查工作，打造风清气正良好氛围。

【申嘉湖高速鹿山至孝源段通车】　经过35个月的施工建设，申嘉湖高速公路鹿山至孝源段于6月30日24时正式通车。申嘉湖高速公路湖州鹿山至安吉孝源段工程，起自湖州鹿山，在鹿山设置枢纽与杭宁高速公路相交，顺接已建成的申嘉湖高速公路，向西经开发区、吴兴区妙西镇、长兴县和平镇、安吉县梅溪镇、溪龙乡，设安城枢纽连通杭长高速，终点为安吉孝源。项目共设妙西、和平、梅溪、孝源四

安城枢纽

个高速出入口。全长 48.57 公里，概算总投资 76.36 亿元。

【县交通建设工程公司中标霞大线】 11 月，安吉县交通建设工程公司中标安吉县县道霞大线（山川至大里段）公路改建工程项目。中标合同价 9600.6815 万元，总工期 540 天。此次评标采用“评定分离”的模式，在安吉县工程建设招投标公路建设项目中尚属首例。

【交投集团成立第一届工会】 12 月 27 日，安吉县交投集团第一届职工（会员）代表大会第一次会议召开。大会通过《安吉县交通投资发展集团有限公司第一届职工（会员）代表大会选举办法》，投票选举第一届工会委员会委员、经费审查委员会委员，职工代表选举职工董事、职工监事。此次会议是在集团开局发展时期召开的一次十分重要的会议，职工（会员）大会的召开，标志着集团依法治企、职工参与民主管理、民主监督迈向新的台阶，为推进集团持续、稳步、健康、和谐发展奠定良好的基础。

【霞大线（山川至大里）公路改建工程开工】 12 月 27 日，霞大线（山川至大里）公路改建工程开工仪式举行，该改建工程概算投资 1.57 亿元，预期工期 18 个月，全线共长 2.817 公里，其中主线 2.442 公里，连接线 0.375 公里。采用双向两车道三级公路标准设计，设计时速 40 公里/小时，路基宽 8 米，最大超高采用 6%。新建隧道 1 座，长 366 米，新建桥梁 2 座，长 322.84 米，主线胜利桥采用拱形连续箱梁，连接线鸬鸟溪大桥采用实腹式拱桥。

（江旭伟）

安吉县属国有企业联合监事会

【概况】 根据《中华人民共和国公司法》《国有企业监事会暂行条例》的相关规定，县属国有企业联合监事会成立于 2017 年全县国有企业体制改革之际，工作对象面向县城投、产投、文旅、交投四大国企集团，对县国有资产领导小组负责。监事会以财务监督为核心，对企业的财务活动及企业负责人的经营管理行为进行监督，确保国有资产及其权益不受侵犯。监事会工作具有权威性、专职性、独立性三个特征。

2019 年，县属国企监事会以深化国有企业改革为引领，在监督中优化服务，在服务中强化监督，当好国资守门员，确保国有资产保值增值，为县属国有企业平稳快速发展保驾护航。监事会针对四大国企集团，运用开展定期财务检查与不定期的专项检查相结合的方法，围绕事前、事中、事后三个基本环节，发挥监督职能。以重大决策为重点开展事前监督。在企业决策前，监事会对有关决策项目提前介入并调研论证，着重从风险防范和控制的角度进行判断，向决策层提出意见和建议。在企业决策时，监事会通过对企业决策过程进行审查和监督，确保重大决策的合法性和合规性。以重大经营活动为重点开展事中监督。紧扣企业重点工作，确定检查目标和检查工作方案，有选择地对企业重大投资、重点工程建设、招标投标等经营活动深入了解，对发现的违规行为，及时提出纠正意见和建议。以存在问题的督促整改为重点开展事后监督。在对企业财务运作、投资担保、经营效益、资产运营、利润和薪酬分配等进行检查后所发现的问题，督促企业进行整改，帮助企业改进和完善规章制度，堵塞管理漏洞，促进企业规范运行。

（潘毓红）

12 月 27 日，安吉县县道大线（山川至大里段）公路改建工程开工仪式举行

政协安吉县委员会

【县政协九届三次会议】 2019年1月21—23日，中国人民政治协商会议第九届安吉县委员会第三次会议在递铺召开。本次会议应出席委员226名，实到委员224名，应邀全程列席115人，列席部分议程101人。县委、县人大、县政府领导、县法院院长、县检察院检察长等到会祝贺。会议通过政协安吉县第九届委员会第三次会议议程；会议听取九届县政协常委会工作报告和提案工作报告；与会人员列席县十六届人大三次会议第一次和第三次大会，听取政府工作报告及其他有关报告。15名委员分别围绕项目“双进”、“最多跑一次”改革、“亩均论英雄”改革、金融支持实体经济、乡村振兴等主题作大会发言；会议选举产生政协第九届安吉县委员会副主席1名、常务委员3名；审议通过政协第九届安吉县委员会第三次会议提案初审情况的报告及第三次会议决议。会议对县政协提案委中共组等8个政协工作先进集体、王培舜等10名政协工作先进个人、朱敏等20名优秀委员、施明清等10名优秀信息员、曹宏华等5名提案办理工作先进个人、《以建立厨余垃圾收处体系为抓手，着力推进建成区生活垃圾分类处理全覆盖》等10件优秀提案进行表彰。闭幕会上县委书记沈铭权作重要讲话。

【县政协第九届常委会第十至十五次会议】 2019年1月15日，县政协召开第九届委员会常务委员会第十次会议。会议通过关于调整专门委员会设置的决定；审议通过有关人事事项。

1月21—23日，中国人民政治协商会议第九届安吉县委员会第三次会议召开

1月21日，县政协召开第九届委员会常务委员会第十一次会议。会议审议政协第九届安吉县委员会第三次会议大会选举办法，协商政协第九届安吉县委员会增补副主席、常务委员候选人名单，协商总监票人建议名单，布置推荐监票人。

1月22日，县政协召开第九届委员会常务委员会第十二次会议。会议听取讨论组关于政府、政协等相关工作报告及选举办法、县政协第九届委员会增补副主席和常务委员候选人名单、总监票人、监票人、会议决议等讨论推荐情况的汇报。审议通过政协第九届安吉县委员会第三次会议大会选举办法，总监票人、监票人名单，政协第九届安吉县委员会增补副主席、常务委候选人名单。

3月12日，县政协召开第九届委员会常务委员会第十三次会议。与会人员分两组视察开发区、示范区两大工业平台的企业和项目。会议听取开发区、示范区生态工业经济发展情况的通报，审议2019年度县政协工作要点及任务分解、《政协安吉县委员会全体会议工作规则》《安吉县政协委员任期履职情况综合评价办法》《政协安吉县委员会关于创建界别议事厅的实施办法》《中国人民政治协商会议安吉县委员会反映社情民意信息工作实施办法》。

6月17日，县政协召开第九

届委员会常务委员会第十四次会议。县委常委、宣传部部长陈旭华受邀参加并通报全国文明城市创建工作有关情况。会议听取县农商行工作情况通报,审议《破解土地要素制约,加快推进"两山"转化》重点课题调研报告,书面审议《关于开展"新时代人民政协的新样子"专题讨论活动的实施方案(讨论稿)》等。

10 月 31 日,县政协召开第九届委员会常务委员会第十五次会议。县委副书记、代县长宋波受邀参加,县委常委、常务副县长潘鸣通报全县经济社会发展情况。会议审议"深化安吉全域旅游示范区建设思考"重点课题调研和有关人事事项。

【课题调研】 2019 年,安吉被省委确定为县域"两山"转化综合改革试验区,承担全省乃至全国探索"两山"转化路径和通道的职责和担当。上半年县政协围绕"破解土地要素制约,加快两山转化"开展课题调研,深刻剖析要实现"两山"转化,必须发展生态工业,第一要素在土地,首要制约也在土地。提出"向规划要土地、向空间要土地、向项目要土地、向管理要土地、向效率要土地、向整治要土地"6 条意见建议,被县政府相关部门吸纳到新一轮土地规划编制之中。下半年,围绕如何以全域旅游为引擎,持续转化美丽山水优势,支持县域"两山"试验区转化,开展"深化安吉全域旅游示范区建设"课题调研,立足安吉实际,综合分析安吉全域旅游发展的"形"与"势",从旅游规划、产业品牌、夜间经济等方面提出建议,为安吉县高质量推进全域旅游发展提供决策参考。

【协商议政】 明确"专门协商机构"定位。依照县委关于《安吉县政协"请你来协商"平台建设实施意见》的要求,深化协商平台建设,丰富完善"2+6+X"协商体系,首次将"标准化"引入到政协工作之中,首次将"特色协商"融入整个协商体系之中,首次将"双向发力"纳入评价体系之中,首次将"品牌概念"注入协商平台建设之中,首次将"互联网"导入协商议政过程之中,使协商活动的重点、层次、特色进一步彰显,各类履职协商平台的优势得以充分发挥。制定"专门协商机构"标准。为推动人民政协制度更加成熟更加定型,注重用标准对政协工作进行规范和管理,会同浙江省标准化研究院共同研究完成全国首个基层政协《政协协商工作规范》,以新闻发布会的形式向社会发布。6 月 21 日,全国政协主席汪洋就安吉《政协协商工作规范》作出重要批示;6 月 24 日,《人民政协报》头版头条以《一项基层政协工作标准的诞生》为标题进行专题报道;7 月份,省政协主席葛慧君就安吉政协标准制定的相关工作两次作出批示。安吉县协商标准化建设工作入选 2019 年度全省政协系统 8 个创新工作案例之一。彰显"专门协商机构"特色。围绕"全国文明城市创建",开展县委书记与政协委员"面对面"活动,12 名委员和界别群众代表提出意见建议 38 条,有力推进社会服务抵扣行政处罚、城区机关企事业单位内部停车场向公众开放等政策举措的落地见效。围绕"乡村治理创新"主题,举行县长与政协委员"面对面"活动,9 名政协委员和群众代表从"自治理村、法治护村、德治润村"三方面提出 29 条建议,有效推动农村集体"三资"管理、小额公共资源交易管理办法等政策机制的出台和完善。围绕"竹笋产业健康发展""专业市场提

1 月 16 日,全国首个基层政协《政协协商工作规范》新闻发布会在安吉召开

升发展”“‘最多跑一次’改革”“城镇生活垃圾分类处置”等议题举行双月协商。围绕“古道旅游开发”“交通信号灯管理”“工业垃圾处理”“培育和提供租赁公寓房”等开展“四季”提案办理协商。

【民主监督】　重点聚焦“电商产业发展”“智慧医疗信息化建设”“快递业健康发展”“竹产业示范园区建设”四个专题，向商务局、卫健局、邮政管理局和孝丰镇委派民主监督小组，向县委、县政府及有关部门提交民主监督建议书4篇。开展以“城乡生活垃圾分类处理”为主题的三级政协联动专项集体民主监督活动，将县政协机关干部及政协委员编成8个小组，聚焦多层面，开展“五个一”活动（每半月组织一次监督活动、每月至少反映一个问题、每季开展一次协商对接会、反映一篇社情民意、递交一份总结报告），深入实施分级分类监督。累计查看监督点43个，发现问题提出建议57条次，向省、市政协和党委政府提交相关信息专报6篇，推进全县城镇生活垃圾分类工作的开展。

【提案工作】　县政协九届三次会议以来，按照“数量适度、质量为要”的思路，推进提案撰写和办理工作。2019年，收到提案131件，立案129件，其中委员联名提案20件，集体提案39件，送交49家单位办理，全部办复。《关于优化项目服务推进，加快项目推进的建议》《关于开放公共资源，助推文明创建的建议》等14件重点提案由县级领导领办，首次列入县委、县政府中心工作任务考核。在县文体旅游局、公安局、生态环境局、孝源街道分别组织以“春季·古道旅游开发”“夏季·交通信号灯管理”“秋季·工业垃圾处理”“冬季·培育和提供租赁式公寓”为主题的四季提案办理协商会，推进建立政协组织、交办方、承办方及提案人“四方”协商沟通机制。

5月8日，以“创建全国文明城市”为主题的县委书记与政协委员面对面活动举行

【社情民意】　修订《中国人民政治协商会议安吉县委员会反映社情民意信息工作实施办法》《安吉县政协反映社情民意信息考核评比办法》等5个办法；邀请省政协办公厅社情民意信息处副处长刘群峰开展“做好社情民意信息工作”的专题讲座。全年累计报送221条，其中全国政协录用18篇，省政协录用10篇，省委办录用3篇，市政协录用20篇，市委办录用34篇，各级领导批示5件次。其中《我省非居民天然气“量限价高”建议优化气源供应降低企业用能成本》得到省长批示，《建议制定浙江省县级政协协商工作标准打造政协协商“浙江样板”》得到省政协主席批示。安吉县政协成为全市唯一的省政协社情民意信息直报点。2019年，全省政协系统信息直报点考核第一名；全市政协系统考核中，获评“2019年度全市政协系统反映社情民意信息工作成绩突出单位一等奖”；2人获“市政协2019年度反映社情民意信息工作成绩突出个人”。

【惠民服务】　开展“三服务”活动，进企业“问难帮困稳增长”、访群众“问政惠民补短板”、下基层“问需固本增活力”，对15家企业、14个村进行走访，帮助解决问题。深化政协委员“六下乡”为重点的系列民生服务活动，多部门协同服务，各界委员积极参与，创新开辟委员企业产品捐赠专场。现场赠送书籍资料2000余册、书画作品300余幅、花木菜苗2.3万余株、农机具60余套，以及各类委员企业产品2400余件。同时，分批开展政协领导下乡慰问及专委会分组“六下乡”活动,将服务送到真正有需求的重点项目建设者(长龙山项目)、弱势群体(心之梦儿童康复中心、良山蓝天学校、孝丰敬老院)、薄弱村(报福镇汤口村)中去。连续五年开展“山青水净·植树造林”活动,2019年在上墅乡田垓村植树400余株、造林15亩。

【文史宣传】 向新中国和人民政协成立70周年献礼,坚持“亲历、亲见、亲闻”的“三亲”原则,编撰出版《安吉文史记忆》《两山路·政协情》,由中国文史出版社出版,共计42万字。围绕浙江文化记忆和省市政协纪念新中国和人民政协70华诞等主题,组织上报《吴昌硕故居与乡愁》《委员公益林,为竹乡更添一抹绿色》《打造请你来协商的安吉模式》等“三亲”史料15篇入选省市文史书籍,数量位居各县(区、市)第一。

9月19日,举行安吉县庆祝人民政协成立70周年主题晚会

【安吉县庆祝人民政协成立70周年主题晚会举行】 9月19日,安吉县庆祝人民政协成立70周年主题晚会举行。晚会以“同心同行‘两山’路”为主题,分“不忘初心·同走过”“情系民生·助发展”“同心同向·永相随”“牢记使命·共追梦”4个篇章,讲述人民政协在中国共产党的领导下,与党和人民同心同行,风雨兼程、接续奋斗,为党和国家的伟大事业贡献智慧和力量的光荣历程,展现新时代人民政协的新面貌新气象。

【安吉县委政协工作会议召开】 12月5日,安吉县委政协工作会议召开。县委书记沈铭权在会上提出工作要求,要把服务新时代浙江(安吉)县域践行“两山”理念综合改革创新试验区建设作为政协工作主线,坚持团结和民主两大主题,着力提高政治协商、民主监督、参政议政水平,奋力干出新时代人民政协新样子。会议由县委副书记、代县长宋波主持。出台《中共安吉县委关于新时代加强和改进人民政协工作的实施意见》。

(施季芳)

民主党派

【概况】 2019年，安吉县有6个民主党派建有基层委员会或支部，党派成员共256名。分别是民革安吉支部，主委胡可易，党员28名；民盟安吉支部，主委任建灵，盟员21名；民建安吉支部，主委王晶，会员27名；民进安吉基层委，主委陈卫卫，会员68名；农工党安吉基层委，副主委曹建民，党员62名；九三学社安吉基层委，主委王捷，社员50名。全县各民主党派成员担任市人大代表10名，县人大代表7名，省政协委员1名，市政协委员5名，县政协委员52名。

【民革安吉支部】 2019年，民革安吉支部坚持学习常态化长效化，在学深悟透上下功夫，在转化落实上见成效。推进主题教育。抓牢学习贯彻习近平新时代中国特色社会主义思想这条主线，多形式开展“不忘合作初心，继续携手前行”主题教育活动。首次召开主题教育专题民主生活会，检视剖析问题、凝聚思想共识、增进班子团结。开展“服务企业、服务群众、服务基层”活动。赴民革党员万昌家具等地开展“三服务”，详细了解企业的发展历程、人才支撑、转型升级等方面遇到的困难和当地政府的政策支持并跟踪落实解决。开展“大力实施乡村振兴战略，加快农业农村现代化发展”调研课题，课题成果在全县会议上作交流发言。精准帮扶经济薄弱村，支部党员多次赴结对的孝丰镇大河村进行帮扶指导。以自己的专业技术知识，帮助村里找准定位，发挥自身资源优势，并在职责范围内加大资源倾斜力度、合力攻坚。参加县委、人大、政府、政协及有关部门举行的各种会议并发言。围绕改革发展重点和民生热点，形成《加快建设长三角森林康养目的地》《大力实施乡村振兴战略，加快农业农村现代化发展》《我县生产性服务业发展现状与对策分析》《聚力赶超，奋勇拼搏——全面推进绿色化发展进程》《推动我县民营经济高质量发展的调研报告》等多篇调研报告。

10月30日，民革安吉支部、民革湖州医卫支部沿袭传统，第6次到梅溪镇上舍村开展“博爱·牵手”慰问活动

【民盟安吉支部】 2019年，民盟安吉支部不断提高组织建设和组织能力。全年骨干盟员参加省、市、县各级培训，扩大知识面；加强和省直机关四基委、中国计量大学基层委等多家兄弟民盟机构的交流学习；发展盟员5名，总人数20人，预备盟员7名，实现历史性的突破。以各种途径、各种方式，踊跃建言献策，共计采写社情民意29篇，被录用6篇。盟员参与县委书记、县长与政协委员面对面活动6人次；参加县委扩大会议4人次，发言3次；在政协九届全会上，提交委员提案6篇。在市县人代会上，提交人大议案2篇；委员、代表参加各专项活动、视察7次，共62人次；参加调研活动4次，共7人次。盟员

张力、龚黎华、肖玉春分别在城中村改造、两山重要思想宣教、优秀德育教学等方面取得的突出成绩，被授予县市级各类先进；盟员程勇在植物提取领域的超前研究，被推选为湖州市2019年度科技创新领军人才；盟员任建灵作为高层骨干，分管动力能源、环保、募投项目等关键性工作，助推公司提档升级。年内企业已正式启动IPO进程，进入资本市场。

【民建安吉支部】 2019年，民建安吉支部紧贴"两聚一美"工作大局，聚焦新时代"两山"试验区建设，提高政治站位，加强自身建设，提升履职能力，群策群力、上下同心，开展"不忘合作初心，继续携手前进"主题教育，增强"四个意识"、坚定"四个自信"、做到"两个维护"。按照统战部和市委会统一部署，支部成员积极参加各项培训学习、座谈读书会和调研活动。重点围绕生态文明建设、优化营商环境、最多跑一次、文明城市创建等中心工作建言献策，反映社情民意。县两会上，共提交6份集体提案和4份个人建议。成立"幸福生活民建相伴"生育关怀基金，中秋节前、年末岁初，支部专门对计生困难家庭、失独老人进行走访慰问，为他们带去温情与关怀。组织会内农业电商平台企业结对帮扶的报福镇中张村，会员助力蚕桑场村"消薄脱帽"，邀请浙大基层委15位教授会员赴安吉县经济薄弱的义士塔村考察调研，智慧助力"消薄"，提出建设性意见和想法；发挥民建经济特色和优势，带领经济一线部门的会员和支部政协委员服务县重点建设项目，走访安升吉达精密科技有限公司和贝特家具等，为企业解决污染物排放指标和项目环评问题，助推重点项目"双进双产"。落实民主党派与政府部门"对口"联系制度，与县司法局、县生态环境分局共同开展"三服务"，为企业提供"排污许可证＋企业风险防范"一站式服务培训。

6月，民建安吉支部与递铺街道共同发起"幸福生活 民建相伴"生育关怀行动

【民进安吉基层委】 2019年，民进安吉基层委学习关于民主协商、统一战线、多党合作的新论述和新要求，提升巩固多党合作团结奋进的共同思想政治基础。及时传达学习省市县委全委会精神，切实把两个"维护"贯彻落实到会员履职和本职工作中。开展省内外民进支部交流学习活动，如由民进中央、省市民进三级牵头、县委统战部配合、上墅支部主办的乡村振兴培训班(安龙县专场)；与上海民进开展的全域旅游示范县调研等，通过学习交流，取长补短，增进发展共识。安吉民进基层委接待各地来访近20批次。省市县两会期间，基层委共提交集体和个人提案议案22篇。撰写社情民意69篇，被县级及以上相关部门录用38篇。做实结对帮扶工作，与省直第二科技支部一起继续对贫困儿童结对帮扶，在帮扶的孤残儿童中，选择2名困难学生进行重点帮扶，定期进行跟踪关心帮扶。响应省委、省政府做好新一轮扶贫结对帮扶工作，会员毛自树受组织选派赴遂昌县应村乡开展为期两年的"美丽乡村"建设结对帮扶。做亮"健康教育大讲堂"品牌，发挥医卫支部人才荟萃，乐于奉献的优势，开展送健康活动近10次，深受广大群众和企业员工的欢迎。

【农工党安吉基层委】 2019年，农工党安吉基层委深刻领会多党合作事业的意义和参政党的职责，开展“不忘合作初心，继续携手前进”主题教育活动，加强党员思想政治学习和教育。农工党中央副主席兼秘书长曲凤宏、浙江省委会主委罗建红到安吉具体指导工作，与党员交流座谈。建立健全班子组成架构，配备1名主委、3名副主委、5名委员。创新组织形式，调整医卫支部、综合支部设置方式，成立四个支部。每个支部既保证医药卫生、生态环境等领域党员组成，又充实各个领域的党员力量。近3年引进12位高素质代表人士，党员62名。政协会议期间提交提案9篇，大会发言2篇。开展“三服务”活动，围绕生态、健康、创新、科技等主题，分别与余村、鲁家村、鹤鹿溪村、郎村、潴口溪村5个乡村结对共建。其中鲁家村成为省委会联系的乡村振兴示范基地，争取到省委会协同浙江大学相关教授和研究生对递铺街道鲁家村即18个小农场进行帮扶和技术指导。成立乡村振兴服务团，开展系列服务活动。组织相关党员送医疗和科技技术服务等相关活动8次，参加党员人员100人，服务对象410多人次，特别对天荒坪余村和章村镇郎村重点指导种植向日葵、油菜和中药材及鹤鹿溪村水稻种植大户面对面的服务等。

9月17日，农工党中央定点扶贫工作培训班开班仪式暨农工党浙江省委会践行“两山”理念助力乡村振兴研讨会在安吉举行

【九三学社安吉基层委】 2019年，九三学社安吉县基层委社员把学习提高、组织发展、支社活动作为组织建设的着力点落到实处，不断加强自身建设，提升组织向心力凝聚力。多次召开专题学习会议，及时传达学习中央及省、市委会议精神，提升社员的思想政治素质和组织凝聚力。吸纳新社员，增强队伍活力。严把入社关，通过入社前谈话、入社积极分子座谈、社章社史学习等程序，经综合考察，新增2名正式社员和2名入社积极分子。充分发挥界别和人才智力优势，深入调查研究，提出意见和建议。全年提交社情民意38篇、信息宣传29篇、提案议案22篇。发挥专长，立足基层，奉献社会，服务大众，开展各项丰富多彩的社会公益服务活动，树立民主党派良好的社会形象。开展“三服务”，多名骨干社员对接企业、群众、基层的需求，深入一线开展学习调研，服务基层共同解决难点热点问题，探讨谋划发展的前景和路径，做到倾心帮扶。探索民主党派在加强社会治理和基层协商民主中的独特优势作用，形成“资源共享、优势互补、凝聚合力、服务民生”的共建氛围。成立“乡村振兴顾问团”来到天子湖镇里沟村开展专题服务活动，为里沟村精品示范村创建的整体规划、助力产业兴旺等方面提供智力与资源支持。

（夏灵鹏）

人　民　团　体

安吉县总工会

【概况】 2019年,安吉县总工会下设乡镇(街道)总工会15家,设立县教育工会、卫健系统工会、交通系统工会、水利系统工会、自然资源和规划系统工会、文体旅游系统工会、公安系统工会、综合行政执法系统工会、住建系统工会、法院系统工会、税务系统工会、广播电视系统工会、人社系统工会、市场监管系统工会、县纪委、监委系统工会,共15个产业(系统)工会。直属机关工会、电信公司工会、邮政公司工会、供电公司工会、城投公司工会、文旅集团工会、交投集团工会、农商银行工会,共8个直属工会。直属事业单位工人文化宫。全年有基层工会1236家,联合工会191家,涵盖企业2009家。有工会会员112702人,其中外来会员数44080人,女会员数47811人。

【工会改革】 创新开展企业新时代文明实践点建设。通过一个方案统筹,"五个平台"建设,三十条标准细化和"八个一"微行动配套的"15830"工作体系,整合资源力量,在全县120家企业开展新时代文明实践点建设工作,全力打通宣传、教育、关心、服务职工群众的"最后一公里",并推动形成长效化、常态化的文明实践工作机制。安吉县共有104家企业通过新时代文明实践点验收,并与中国计量大学联合率先起草制定《安吉县企业新时代文明实践点建设规范》,形成地方标准。推出"互联网+"精准化便民服务举措。整合数据资源,通过同网运行系统,优化工作流程、完善服务功能,创新推出网上报销直接打卡的举措,掌握职工住院信息、医疗费用、报销金额,自动生成有效凭证,10个工作日内将报销互助金划入个人银行卡,实现真正意义上的医疗互助"跑零次"。第四期职工医疗互助活动补助职工6370人次,补助金额367万余元,并启动新一轮在职职工医疗互助活动。推动改革深入基层一线。选树递铺街道、昌硕街道、天使小镇3家单位为全市基层工会改革重点培育单位。其中昌硕街道总工会被确定为2019年"浙江省基层工会改革重点培育单位"为全省10个街道工会之一。探索新经济、新领域、新业态特别是特色小镇工会组建工作,实现100人以上企业建会全覆盖,指导县住建系统工会在全市率先成立房地产中介行业联合工会。指导培训各乡镇(街道)工会实名制扫码入会登记工作,2019年工会会员入库人数已完成119896人,超额完成任务数100.7%;会员激活63630人,完成任务数的91%,二项指标均列全市第一。

【劳模管理】 弘扬劳模精神、劳动精神、工匠精神,推荐获全国工人先锋号1个,省劳动模范4个,省模范集体1个,"浙江工匠"1名,市五一劳动奖章3名,

4月28日,安吉县庆"五一"暨第二届安吉"两山"工匠颁奖典礼在梅地亚演播厅举行

市五一劳动奖状1个，市工人先锋号2个，南太湖工匠4名；评选第二届安吉“两山”工匠16名，举办安吉县庆“五一”暨第二届安吉“两山”工匠颁奖典礼；评选县级工人先锋号37个，评选十佳最美女职工彰显时代风采。组织劳模（工匠）“三进”活动10余场次，提升劳模社会影响力。多方配合，切实提高劳模各项待遇，将60周岁以上老劳模纳入免费养老服务补贴对象，享受免费的居家养老服务。落实离退休劳模荣誉津贴，做好城镇破产、改制企业劳模荣誉津贴发放工作，维护劳模的合法权益。开设《劳动者》栏目第二季，通过劳模、工匠、优秀个人或团体的故事讲述，关注工会改革新风向，解读最新工会政策，解答广大职工最关心的热点问题，全年开播7期。

【劳动竞赛】 制定《2019年安吉县重点项目建设立功竞赛活动方案》，围绕全县重点项目建设，以“五比五赛”内容，要求并激励建设单位、建设一线团队及一线建设者关注安全、钻研技术、创新管理、提高效益。着重在市立功竞赛标杆项目长龙山抽水蓄能电站、安吉高铁大道和天使小镇项目中开展多形式、多层次的立功竞赛活动，为安吉县重点建设工程和特色小镇创建建功立业。开展以“四力”为主题的立功竞赛活动和“共绘同心圆”助推“最多跑一次”改革立功竞赛活动。印发《关于推进新时代安吉产业工人队伍建设改革的实施方案》及《安吉县总工会新时代十万产业工人文明素质提升微行动实施方案》，动员全县广大产业工人投身新时代文明实践和全国文明城市创建活动。探索“互联网＋”模式，在“安吉县总工会”微信公众号推出“技能微课堂”系列课程，共拍摄20期。举办宣城·宁国—湖州·安吉省际建筑行业职业技能竞赛，助力长三角建设；承办2019年“国千环境杯”全省污水处理工技能大赛，安吉实现浙江省“金蓝领”称号零突破；承办湖州市焊工技能大赛暨安吉县“技展两山”技能比武。安吉高级技工学校杨应政勇夺第45届世界技能大赛管道与制暖项目银牌，实现湖州市本土选手获世界技能大赛奖项零的突破。组队参加全市木工、叉车工、工具钳工、数控车工等技能比武，均获得优异好成绩，并代表湖州市参加省级叉车工技能比武。指导全县各乡镇（街道）、产业（系统）工会和县直属工会结合本地区、本行业、本单位的实际，开展形式多样、行之有效的技能比武70余场（次），涵盖15个工种；联合人社局开展2019年高级技师、技师直接认定推荐工作，通过自主申报，全年直接认定技师50人，高级工20人。

10月23—24日，2019年“国千环境杯”全省污水处理工职业技能竞赛在安吉县举行

【职工维权】 创新形成劳动关系预警调处机制。召开全县工会劳动争议一体化调处机制建设杭垓现场会，全面整合工会、社保、综治、司法、公安、检察、法院、信访8部门力量，在全县各乡镇（街道）工会构建“三色预警、三方联动、三级调解”劳动争议调处一体化机制，为全县广大职工提供快捷有效的维权服务，维护社会和谐稳定，真正打通维权服务“最后一公里”。定期召开职情信息分析例会，交流分析企业劳动关系运行、职工需求及思想动态等情况。2019年，安吉县各级工会参与协调劳动争议326件，涉及企业304家、职工679人，涉及金额516.5394万

元。推进集体协商提质增效。开展工资集体协商“要约行动”,以企业工资集体协商为主导,同步推进区域性、行业性工资集体协商工作,年内完成单签企业547家,区域性(行业性)协议166份,涵盖企业1783家,实现建会企业工资集体协商工作全面覆盖。加强典型培育引路,选取杭海公司为试点,以提高技术工人工资待遇作为协商内容,开展技术工人工资集体协商工作。同时,针对物流行业用工不规范、人员流动频繁的现状,率先开展物流行业工资集体协商工作。开展工会劳动法律监督。举办全县工会劳动法律监督员培训班,并以欠薪、高温津贴等为重点,上下联动开展多形式的监督活动。落实工会欠薪报告制度,发挥基层工会“第一知情人”“第一报告人”的作用,各级工会会同人力社保部门深入510家用人单位,开展春节前农民工工资支付专项检查,做到信息渠道畅通、疏导协调有力。组团服务维权帮扶工作。依托工会法律服务志愿者队伍,与乡镇(街道)工会建立“一对一”联系制度,为广大建会企业和职工提供“套餐式服务”,全年开展法律体检20家,普法宣讲22场,从源头上防止和减少劳动争议案件的发生。畅通职工信访维权渠道,固定每周五开展律师接访日活动,共接待来信来访来电37起、45人次,做到件件有答复、事事有落实。开展“春雨润心·学习前置”女职工维权法律咨询活动,提高女职工法律维权意识。开展和谐劳动关系创建活动,推动构建新时代中国特色和谐劳动关系,国家安吉竹产业示范园区获得省级劳动关系和谐园区,浙江佐力百草中药饮片有限公司、浙江峰晖竹木制品有限公司、安吉农商银行3家单位获省级劳动关系和谐企业。成立湖州市首个房产中介行业联合工会,切实维护好职工的合法权益。

【困难帮扶】 出台《关于加强城市困难职工解困脱困工作的实施意见》,实行困难职工分层建档、分级负责、动态管理,落实困难职工联系制度。实施“五个一”,对144户建档困难职工进行入户回访,并筹集资金23.7万元进行专项救助帮扶。创新“金秋助学”品牌,全年结对困难职工子女19名,发放助学金9.5万元,同时建立与结对大学生定期联系制度,形成“反哺”机制。筹集6万元资金慰问一线职工、困难职工、困难农民工和困难劳模。开展“春天里的问候”困难女职工慰问活动65次,组织全县120余名重点企业主贤内助、各级女劳模、建档困难女职工进行“两癌”筛查。

【职工服务】 成立安吉县“佐佑”职工志愿服务队,共计142支队伍3769名职工志愿者。在全县企业中创新开展关爱小候鸟班30个,4000余户职工家庭受益。推进女职工“妈咪暖心小屋”建设,创建妈咪小屋11家。举办8场多层次、区域化、组团式的单身青年交友联谊活动,累计近300名青年职工参加。开展“温暖回家路”活动,打造有温度的工会。举办“联你一起过大年”活动,为260名环卫工人送上年货礼品。开展“温暖回家路、阅读最幸福”返乡务工人员公益期刊赠阅活动,共发放期刊3900份。鼓励各级工会组织会员职工参与消费扶贫,购买对口帮扶地区农特产品12855份,消费金额达379万余元。规范职工疗休养工作,安吉竹博园、天使小镇乐园被授予十佳“市职工疗休养示范基地”称号,安吉五峰山运动休闲度假村等5家旅游企业被确定为第五批市职工疗休养基地。开辟抚松对口疗休养专线,为广大机关干部职工疗休养提供更多元的选择。组织开展赴对口支援地区疗休养,组织省外疗休养共32批次、719人。举措25.5万元用于组织优秀企业员工赴“龙之梦”等地开展疗休养。继续实施非公企业职工疗休养本地行补助政策,共12家企业965名职工开展疗休养本地行,发放奖励资金42413元。

【工会活动】 组织全县首届机关事业及社会团体单位工间操比赛,开展第十二届职工文化艺术周活动。举办“壮丽七十年 建功新时代”庆祝中华人民共和国七十周年职工文艺晚会暨‘三服务’送文艺进园区文艺会演。举办践行“两山”理念为美丽湖州立新功2019安吉县“倡导低碳出行、共建文明家园”骑行、健步活动。参加湖州市第三届职工文体节的各项比赛,其中乒乓球比赛获团体第一名的好成绩,篮球比赛获企业组冠军,机关组亚军,排舞比赛获金奖,电子竞技比赛获《英雄联盟》冠军。承办排舞比赛以及湖州市第三届职工文体节闭幕式。并广泛发动

4月11日，安吉县首届机关事业及社会团体单位工间操比赛在龙山体育馆举行

安吉县职工群众全力参与生态文明和美丽湖州建设，发挥工会组织助推生态文明和守护绿色家园的重要作用。

【组织建设】　持续推进“双争”活动。继续在全县开展“合格型”“规范型”“模范型”和“先进职工之家”创建，结合企业新时代文明实践点建设工作，获三星级、四星级、五星级企业实践点的自动授予“合格型”“规范型”“模范型”工会称号。全面深化工会阵地建设。推动乡镇(街道)职工阵地建设，指导天子湖、孝源、天荒坪、报福、章村、溪龙、杭垓、山川等乡镇(街道)通过自建、联建、共建、租赁等方式建立职工活动阵地。其中溪龙、报福工人文化宫、孝源、杭垓、山川职工综合文体中心完工并投入使用。

【干部队伍建设】　组织开展“不忘初心，牢记使命”主题教育。推进“清廉工会”建设，把党建工作与业务工作深度融合，全面提升党员干部能力本领，带头贯彻落实“三服务”“最多跑一次”“全国文明城市创建”等中心重点工作。突出“党建带工建”，领办并完成组织部“红智引擎、四季争先”第三季主题活动、职工文明素提升等项目。举办“共倡文明·献礼七一”十万产业工人文明素质提升微行动启动仪式，通过党员职工重温入党誓词、宣读文明倡议书、支部带领开展公益活动等行动，强化党员职工、非公企业“两新”组织在产业工人文明素质提升中的示范引领作用。组织党员开展主题党日活动12次，结对乡镇、村、社区活动4次，送党课、送清凉、送服务到联系社区、联系村5次，援建薄弱村近10万元，项目3个。推荐1人参加安吉县年轻干部能力提升班学习，推荐1人到章里村担任第一书记，并从其他机关部门选调参公1人，事业1人。同时新招录事业编制1人，职业化工会工作者4人。开展镇街工会主席竞争性选拔，把一批高学历、有活力、肯作为、敢担当的年轻干部充实到基层一线。合理分工调配，加强测评考核，对干部的思想、作风、纪律和工作成绩实行全方位的考核检查。并注重发挥每位干部的专长，多岗位培养锻炼干部，提高干部队伍的综合管理和协调能力。

【财务经审】　2019年财务工作方面，在全省率先使用网上云财务登记工会会计账，实现企业等基层工会上报会计报表“跑零次”。全面推行网上云财务记账，同时运用“云经审”，提高财务互审率，开户数达97.05%。健全工会财务制度，强化预算管理，确保工会经费收、管、用安全、规范，探索工会资产保值增值。制定并下发《安吉县总工会经审会审计复评回访管理办法》；开展“一报告、三公示、五评议”职工会员监督机制。规范调整机关事业单位工会经费收缴，解决各机关事业单位工会经费预算不足和工会经费拨缴不规范问题。

【安吉县首届机关事业及社会团体单位工间操比赛】　4月11日，安吉县首届机关事业及社会团体单位工间操比赛在龙山体育馆开幕并举行。县人民政府副县长任贵明，县政协副主席、总工会主席侯献荣，县总工会党组书记、常务副主席戎露波，县卫健局党委书记、局长顾建强，县文体旅游局党委书记、局长彭忠心等出席开幕式。此次比赛由安吉县总工会、安吉县卫生健康局、安吉县文化和广电旅游体育局等单位主办，来自全县机关事业及社会团体单位组建的32支队伍共744名运动员参加此次比赛。

【安吉“两山”工匠颁奖典礼】 4月28日，安吉县庆“五一”暨安吉“两山”工匠颁奖典礼在梅地亚演播厅举行。中建八局总工程师李本勇，市政协副主席、总工会主席钟鸣，市人社局党组成员、副局长史淦宝，县四副班子领导沈铭权、陆为民、叶海珍、赵德清、吕立、陈旭华、陈小龙、侯献荣以及各乡镇(街道)、县级机关有关部门领导，各基层工会主席，人社所所长，工匠后援团，各级劳模代表，首届“两山”工匠和企业职工代表共聚盛会。

【湖州市职工焊工大赛暨安吉县“技展两山”技能比武启动仪式】 5月16日，湖州市职工焊工大赛暨安吉县“技展两山”技能比武启动仪式在县职教中心举行，本次活动由中共湖州市委人才工作领导小组办公室、湖州市人力资源和社会保障局、湖州市总工会、安吉县人民政府主办，中共安吉县委组织部、安吉县人力资源和社会保障局、安吉县总工会承办。

【湖州市企业新时代文明实践基地建设推进会在安吉召开】 6月27日，湖州市委宣传部、市总工会在安吉联合召开全市企业新时代文明实践基地建设推进会。省总工会常委、基层工作部部长杨宝明，市委宣传部副部长、文明办主任王有娣，市总工会党组书记、常务副主席郁晓红，市总工会党组成员、副主席王建祥，县委常委、宣传部长、县新时代文明实践中心副主任陈旭华，县政协副主席、总工会主席侯献荣，各区县总工会文明办领导，各区县总工会、乡镇和企业工会，以及职工志愿服务队代表等近百人参加会议，会议由王建祥主持，陈旭华致欢迎词。

6月27日，湖州市委宣传部、市总工会在安吉联合召开全市企业新时代文明实践基地建设推进会

【2019年“国千环境杯”全省污水处理工职业技能竞赛在安吉县举行】 10月23—24日，省总工会副主席周小兵，省总工会劳动和经济工作部副部长袁党林，市总工会副主席王列兵，县政协副主席、县总工会主席侯献荣，县总工会党组书记、常务副主席戎露波，省生态与环境修复技术协会秘书长胡芬，安吉县城市建设投资集团有限公司党委副书记朱浚氲，安吉县总工会副主席阎德顺，安吉国源水务集团有限公司总经理张军等，以及裁判人员，其他市区的参赛选手、工作人员等100余人参加大赛。

【召开《企业新时代文明实践点建设规范》审评会】 12月10日，《企业新时代文明实践点建设规范》审评会召开，安吉企业工会在创建企业新时代文明实践点时将有规可循，有矩可依。市总工会党组成员、副主席王建祥，县政协副主席、总工会主席侯献荣，县总工会党组书记、常务副主席戎露波以及组织部、文明办、市场监管局等相关部门领导出席会议。

(沈　超)

中国共产主义青年团安吉县委员会

【概况】 2019年，安吉县有14周岁至28周岁青年61170人，其中团员18410人。有乡镇(街道)、机关部门、企事业单位等各直属团组织61个。有乡镇(街道)、机关部门、企事业单位等各直属团组织56个。所属基层团支部1369个，其中基层农村领域团支部207个、基层城市社区领域团支部32个、基层学校领域团支部726个、基层机关事业单位领域团支部97个、基层国有企业领域团支部44个、基层非公企业领域团支部152个、基层新社会组织领域团支部31个。全年团县委围绕新时代文明实践中心试点县建设、全国文明城市创建、乡村振兴战略、最多跑一次改革等县委、县政府中心工作，加强青少年思想政治引领，服务中心大局，深化改革攻坚，全面推进从严治团。团县委官方微信、微博，发布信息900余条，有粉丝3.6万余人。

2019年，团县委开展“不忘初心、牢记使命”主题教育，践行“两个维护”更坚定。开展“青春心向党·建功新时代”“两山娃守初心·红领巾担使命”等主题活动80余场。开展安吉“青年说”大赛、“新时代新青年讲习团”下基层、线上线下“党团知识竞赛”等活动，覆盖青少年2万余人。选树“浙江省向上向善好青年”“湖州市十大杰出青年”“安吉美丽青年、美德少年”“十佳大学生创业典型”等先进典型30余人，引领和带动青少年见贤思齐、向上向善。

成功争取到“全国青少年零犯罪零受害社区（村）”试点、省青年创业“扬帆工程”，承办浙江省农村青年致富带头人培养计划（星火计划）浙北专场活动、2019年湖州市高层次人才大型联谊交友活动等多场省、市级活动。全国青年文明号、全国青年安全生产示范岗等国家级荣誉实现新突破。全年工作被市级以上媒体报道30余次。

【安吉县快递从业青年“冬日递暖”主题活动】 1月30日下午，团县委联合县邮局、县司法局、县卫健局在安吉阳光工业园区申通快递总部开展安吉县快递从业青年“冬日递暖”主题活动。团县委书记许进京、县邮政管理局副局长郑在文、县司法局宣教科科长阮露云、昌硕街道团委书记泉鑫、县快递行业协会成员、县青少年活动中心老师学生、县志愿者协会成员及县11家快递企业的50名青年职工代表共同参加此次活动。

【承办浙江红领巾公益基金专项资助暨“红色研学行动”活动】 2月18日，团县委、县教育局、县少工委联合承办浙江红领巾公益基金专项资助暨“红色研学行动”活动。县教育局党委委员、县少工委主任万宝林、孝丰镇党委委员阎莘颖、团县委副书记、县少工委主任元锋、县少先队常务副总朱颖、孝丰镇团委书记张梦云、各校区辅导员代表以及来自各校区80名优秀少先队员代表（贫困留守儿童）共同参与此次活动。

【联合举办“凝聚精气神·聚力传帮带”2019年导师帮带结对仪式】 3月13日上午，团县委联合孝源街道党委在孝源街道尚书圩村，共同举办“凝聚精气神·聚力传帮带”2019年导师帮带结对仪式。活动当天，每对导师和徒弟共种一棵树并挂上师徒牌，大家在师徒牌上写上各自的寄语并签好名，希望种下的树可以茁壮成长。另外，安吉团县委还与抚松团县委共建“抚松—安吉”友谊共青林，本次活动共植树约150棵。

【承办“亲青恋 尚书缘”2019年湖州首场高层次人才大型联谊交友活动】 3月17日，由团市

3月13日，团县委联合孝源街道党委在孝源街道尚书圩村，共同举办“凝聚精气神·聚力传帮带2019年导师帮带结对仪式

委主办,县委两新工委、县人才办、团县委、孝源街道共同承办的“亲青恋 尚书缘”2019年湖州首场高层次人才大型联谊交友活动在安吉县孝源街道尚书圩村举行,活动吸引来自全县近80名单身男女青年参加。团市委副书记金祥致辞并宣布活动正式开始,县委组织部副部长、县委两新工委书记凌逸刚为首批四家安吉县非公企业亲青恋联盟单位授牌,团县委书记许进京宣读“新时代文明实践”青年婚事新办倡议书。

【共青团安吉县二十一届二次全委(扩大)会议暨基层组织力提升行动部署大会召开】 3月28日下午,共青团安吉县二十一届二次全委(扩大)会议暨基层组织力提升行动部署大会召开。各乡镇(街道)团委、县直属团组织代表,县少先队总辅导员、各学区少先队总辅导员,乡镇(街道)团委书记后备人选,团县委机关全体干部,县青少年活动中心负责人,村(社区)团支部负责人代表等共90余人参加会议。会议审议并通过二十一届团县委委员、候补委员卸职递补确认案,表彰2018年度安吉县乡镇(街道)团委重点工作考核优胜单位和2018年度安吉县共青团工作优秀单位,及2018年度县级“五四红旗团委”“先进团委”“先进团支部(团总支)”“优秀团干部”“优秀团员”和“青少年事务先进工作者”。会上,团县委书记许进京代表常委会作工作报告,团县委副书记管田甜解读安吉县共青团组织力提升“潮头工程”三年行动计划。

【“青春心向党 建功新时代”纪念五四运动100周年主题活动举行】 4月30日下午,团县委举办“青春心向党 建功新时代”安吉县纪念五四运动100周年主题活动。县委书记沈铭权,团市委副书记杨国志,县人大常委会主任陆为民,县政协主席叶海珍,县委副书记、政法委书记赵德清,县委常委、宣传部长陈旭华,县人大常委会党组副书记、副主任吴佩勋,县人民政府副县长陈小龙,县政协副主席杨绍军,团县委书记许进京,各乡镇(街道)、县直属团组织负责人,全县青年干部代表,社会各界青年代表和学生团员代表等400余名青年代表参加活动。

【安吉县“聚力三服务 助飞青创梦”创业论坛暨“5·28”青年创业贷款对接咨询会召开】 5月27日,由团县委、县人力社保局、湖州银保监分局安吉监管组、邮储银行安吉支行联合举办的“聚力三服务·助飞青创梦”安吉县“5·28”青年创业贷款咨询对接会在递铺街道鲁家村“两山”学院举行。县人大常委会党组副书记、副主任吴佩勋,团县委书记许进京,县人力社保局党委副书记、副局长陶玲,湖州银保监分局安吉监管组凌停冰,邮储银行安吉县支行行长蒋瑞云,县公共就业和人才服务中心主任夏南,邮储银行安吉县支行副行长张立,各乡镇(街道)团委负责人,邮储银行安吉各网点负责人以及来自全县百余名创业青年代表参加活动。

【联合开展全县第二期“红智引擎、四季争先”主题活动暨两新组织“两山青凝盟”品牌发布现场会】 为深入推进两新组织团的组织覆盖,优化基层组织层级化设置和工作力量配备,9月7日,县委组织部(县委两新工委)、团县委联合举行全县第二期“红智引擎、四季争先”主题活动暨两新组织“两山青凝盟”品牌发布现场会。市委组织部部务会议成员、两新工委副书记邹冬辉,县委常委、组织部长朱伟等领导以及县委两新工委委员、固定列席单位分管领导党建领导,“两区”、乡镇(街道)组织委员、团委书记、县级“双强”企业党组织负责人共150余人参加此次发布会。

【中国少年先锋队安吉县第五次代表大会胜利召开】 11月29日至30日,在中国少年先锋队建队70周年之际,中国少年先锋队安吉县第五次代表大会隆重召开,全县234名代表齐聚县行政中心,参加开幕式。县委书记沈铭权出席并作讲话。县委副书记、代县长宋波接受少先队员报告并宣布开幕。团市委副书记代旻,县领导陆为民、叶海珍、朱伟、吴佩勋、陈小龙、杨绍军等出席开幕式。大会完成换届选举工作,选举产生由42人组成的新一届委员会,同时选举产生新一届县少工委领导。管田甜、万宝林等当选安吉县第五届少工委主任;李永超、李青、蔡玉婷、汪观孙当选为安吉县第五届少工委副主任,汪观孙当选为安吉县少先队总辅导员,裴峰当选为安吉县少先队顾问总辅导

11 月 29—30 日，中国少年先锋队安吉县第五次代表大会在县行政中心召开

员，朱颖当选为安吉县少先队荣誉总辅导员。

【“暖冬微心愿”主题认领活动】 为不忘扶贫初心，发挥党员先锋模范作用，深化安吉县对口与合作交流工作，10 月 28 日起，团县委联合县直机关工委面向全县各机关党员开展“暖冬微心愿”认领活动。为西藏那曲市嘉黎县 258 名贫困青少年，征集包含每人 1 套冬衣（含冬衣、冬裤）加 1 套文具（根据年龄段购置）的“微心愿”。同时，在西藏那曲市微心愿全部认领完成后，全县各机关单位党员干部及社会各界爱心人士仍然希望能帮助更多的青少年，团县委积极对接四川省木里县，收集 1500 余份结对四川木里县的爱心物资。11 月 30 日上午，此次“暖冬微心愿”近 1800 份爱心物资，由安吉申通快递、韵达速递作为爱心寄递企业，发车送往西藏那曲市嘉黎县和四川省凉山州木里县。

【联合成立全市首所“两山”红领巾学院法学分院】 12 月 3 日，团县委联合县人民法院、县人民检察院、县教育局、县司法局、上墅乡等有关部门举办“与法相随逐梦路，不忘初心好扬帆”新时代文明实践“亲青帮”青少年法治宣传教育基地揭牌暨“两山”红领巾学院法学分院成立仪式。活动现场，为“两山”红领巾学院法学分院揭牌，并成立全市首个全方位介入、全流程管控的未成年普法与权益维护的法务志愿团体“亲青帮”青年法务帮帮团。通过建立“两山”红领巾学院法学分院，组建“亲青帮”法务帮帮团，搭配寓教于乐的活动、课程，弘扬法治精神，让少先队员们从小树立法治思维，更好地为新时代作出新贡献。

（丁璐婕）

安吉县妇女联合会

【概况】 截至 2019 年底，县妇联下辖乡镇妇联 11 个，街道妇联 4 个，单位妇委会 32 个，行政村（村改居）妇联 188 个，社区妇联 21 个。下属单位 1 个，为安吉县妇女儿童发展中心。11 月 14 日，县妇联获第十届“中华环境奖”（环保宣教类），是全国唯一入围的妇联组织。安吉“河嫂”

11 月 14 日，县妇联荣获第十届“中华环境奖”全国妇联主席沈跃跃颁奖

工程获联合国环境署认可并推广。裘丽琴、钟玉英两名基层优秀女性受邀赴北京参加70周年祖国华诞庆典。全国妇联主席沈跃跃在浙江开展人大工作调研期间,组织的妇联工作座谈会上,安吉3名基层女性代表发言。全国妇联书记处书记章冬梅到安吉调研乡村振兴工作,对安吉美丽家园建设等给予高度评价。裘丽琴、江海霞入选浙江省妇联红船女儿宣讲团成员。县妇联参加浙江省妇联建会70周年座谈会并作交流发言《"两山女儿"践初心,接续奋斗再出发》,发言材料获《浙江妇女研究》特刊录用。中华女子学院援外项目培训班到安吉现场教学2次,接待上级调研、培训班、世界各地考察团近50批次。选送《我的村镇最棒》、原创编排《美丽庭院花溢香》及《幸福中国一起走》独唱节目分别参加省、市妇联庆祝"三八"国际妇女节109周年活动及市女企业家协会成立30周年庆祝大会。《中国妇女报》《中国教育报》等多家主流媒体对安吉县妇女工作进行宣传报道。

【美丽庭院国标创建】 2019年,县妇联启动并推进美丽庭院国标创建,获全国妇联协调支持,省妇联拨付专项创标资金20万元,江苏省妇联同意纳入国标起草单位。争取将创建纳入县《新时代浙江(安吉)县域践行"两山"理念综合改革创新试验区建设行动计划》责任分解并获县财政专项资金35万元。委托浙江省标准化研究院完成国标立项建议书和标准草案初稿,积极对接国家和省级质监局,进入立项指标争取阶段。

【打造"两山女儿""三支队伍"品牌】 2019年,县妇联创新打造工作品牌并深化品牌服务。"两山女儿"工作品牌。举办"两山女儿"品牌发布会,指导成立安吉县第一家两新妇联组织新时代文明实践站,创新推出新时代巾帼文明实践工作四大板块(组建志愿服务队伍、开办学堂、推出服务项目、打造实践基地)内容,以妇女需求为导向,开展"两山女儿"服务力提升系列项目。《浙江安吉发布"两山女儿"品牌》在《中国妇女报》第3版女界报道栏目刊登。"三支队伍"品牌。"美丽阿姐"婚调志愿者服务队全年为1579对夫妻调解婚姻矛盾纠纷,接到维权来信来访46件,解决率达100%。安吉"美丽阿姐"调解婚姻家庭矛盾的故事获浙江经视《娘家人》栏目主题采录。成立"律姐志愿服务团",吸引全县近30名女律师加入志愿服务。开设"律姐说法"微信普法专栏,以案说法普及法律知识,年内推送23期案例故事。继续充实壮大"安老师"家庭育志愿服务团并积极发挥作用。

【组织建设】 开启"党建+妇建"区域化改革试点。以企业"西施姐姐工作站"、"红色车间嫂"、楼道妇女红微家为试验田,不断开垦党建+妇建处女地,以"小核心"带动大周边;牵头举办全县第一期"红智引擎、四季争先"主题活动暨两新组织区域化"党建+妇建"工作推进会。探索建立特色文化街区共享妇联、城市社区妇建联盟等组织建设样板,扩大区域妇女工作覆盖面。《浙江安吉开展"党建+妇建"妇女红微家以"小核心"带动"大周边"》在《中国妇女报》刊登。创新设立新居民副主席。试点开展(村)社区妇联副主席(新居民)公开竞选,并结合中秋夜话文明晚会进行候选人公开竞职演说,在充分考察了解基础上确定候选人2名。以微改革充分激发新居民创建美丽庭院热情,评选出80户达标型新居民美丽家庭。通过组织渗透、阵地搭建、项目运作等形式,积极探索新居民基层自治新模式,广泛引领新安吉女性及新居民家庭共同参与中心工作。

【助推新时代文明实践】 2019年,县妇联争取妇联元素进驻新时代文明实践中心,其中乡镇(街道)级15个、村(社区)级20个。培育潴口溪村、云鸿社区、祖名企业、两山公益等各领域各层级的文明实践典型示范。串点成线,设计打造"两山实践,巾帼先行"新时代巾帼文明实践全县域展示带4条、城区文明实践展示圈1个,全方位展现全县女性参与新时代文明实践新风采,荣获安吉县新时代文明实践中心四季度优胜单位。参与全国文明城市创建,新居民巾帼志愿者参与出租房卫生环境整治成效显著,河边劝导等志愿活动获县多位领导点赞,先后获全国文明城市创建一至二季度优胜单位、三季度创建流动红旗。

【美丽家庭创建】 2019年,县妇联完成县“白茶飘香”精品观光带美丽家庭示范村落创建工作，覆盖沿路沿线行政村6个，提升美丽家庭305户，奖补资金70万。全年创建县级美丽家庭示范村落91个，三星级以上美丽家庭10.1万户，县精品观光带4条，累计奖补资金610万元。培育省级“最美家庭”4户、省级绿色家庭2户、省级“最美庭院”2户、省级巾帼示范民宿（农家乐）3家、最美民宿女主人3名。发布安吉县《“垃圾分类”家庭守则》，创新推出社区垃圾分类宣传员“虎妈”，坚持从家庭出发推进垃圾分类工作。

【家风建设】 2019年，县妇联成立由12个部门组成的县家庭教育指导工作领导小组，由分管副县长任贵民担任组长；下发《安吉县关于进一步加强家庭教育工作的实施意见》，争取村级家庭教育指导站三年规划建设专项经费150万元。家风家教主题活动精彩纷呈。举办“好爸爸成就好孩子——我的家庭教育观”演讲大赛，以“父爱如山 育儿有道”为题获《中国教育报》图文报道；牵头开展全县领导干部家属家庭助廉活动，让家庭成为反腐倡廉的重要阵地；县妇联执委馥语家庭成长中心积极参与家教志愿服务，每周开展公益咨询、沙龙等活动不少于1次，全年累计开展80余次，受众1万余人次。“安老师”积极行动，开设家庭教育课堂26场、讲座31场，录制音频节目52期；“安老师在行动——助力乡村家庭建设”志愿服务项目获2019年湖州市新时代文明实践志愿服务项目大赛铜奖。《守护安吉家庭教育的“绿水青山”》一文在《浙江妇女研究》2019年第1期刊登。

【女性创业创新】 2019年，县妇联聚焦“发展”大局，激发新时代创业热情。以“两山女儿”品牌为牵引，相继开展“两山女儿”茶艺、舞蹈、巧女讲堂、健康讲堂、育婴师、家政等培训50余场。举办“两山女儿show厨艺”活动。安吉民间美食“七彩汤圆”参加省第三届“妈妈的味道”民间美食巧女秀总决赛并获特色风味奖。青梨民宿项目参加浙江省妇女创业创新大赛并入选50强。推荐大康控股集团有限公司董事长毛如佳入选第三届“浙江创新女杰”；组织县女企成员积极参与市妇联组织的各项活动。组织妇联系统干部苏州大学综合能力提升培训班，并实行季度考察学习制度，多走多看多听多思，提升妇联系统干部自身职业技能。强化县农商行与女企协合作，签订年度巾帼创业专项授信金10亿元，通过“美丽风尚贷”“美丽拉拉手”等项目，累计为51名女企业家提供授信金4.15亿元，完成信贷支持4.03亿元，相关做法获《安吉新闻》“综合”栏目报道；农商行“巾帼创业创新贷款”服务项目累计为7400余名创业女性发放15.5亿元。联合建行安吉支行推出“好家庭信用贷”服务，为25户先进妇女及家庭提供贷款600万元。县女企协迎新年会为9名初创女性发放创业扶持资金45万元。培育2019年安吉县妇女儿童家庭公益项目9个，年度扶持基金21万元；推荐“竹乡蓝天下·滴水润候鸟”公益活动、“衣旧情深”公益服务等4个项目入选市公益创投项目，并获公益基金9万元，让更多的妇女儿童和家庭在项目化活动中受益。充分利用好省妇儿专项资金，对辖区内14位初创女性进行贷款贴息6万元，积极扶持5家妇字号基地建设及巾帼文明实践点建设，发放补贴6万元。

7月30日，县妇联牵头开展全县领导干部家属家庭助廉活动

【服务民生实事】 2019年，县妇联开展“三服务”，实行县妇联班子成员分片联系制度。服务企业，启动“一岗一实事”活动，联动全县30家巾帼文明岗开展“岗村结对”“岗员助企”行动；开展“一人一实事”活动，发动全县乡镇(街道)妇联参与优化营商环境行动，全年走访企业180余家，发放志愿服务卡300份。服务基层，深入结对村进行现场指导并开展各类宣讲活动8次，帮助结对消薄村解决实际困难5件。服务群众，举办“暖心牵手美丽家庭”公益行活动10场次，覆盖5个乡镇、10个村(社区)。累计搜集“三服务”各类问题58个，通过现场解决、部门研究解决、跨单位协调解决等形式完结问题36个，办结满意率达100%。服务民生实事。关心关爱暑期儿童，连续第9期举办“竹乡蓝天下，滴水润候鸟”关爱新安吉儿童公益夏令营活动，累计覆盖近450名安吉外来务工子女；联合文旅局主办“我是小能手”暑期(留守)儿童公益技能(棋类、书法)培训；利用村级家庭教育指导站，开展“暖心牵手，情满六一”小太阳家庭公益活动。关心关爱困难儿童，开展“爱心专列”“爱的小屋”等行动，为39户困境儿童改善生活空间。组织开展“我带妈妈游绿水青山”等系列主题关爱活动。完成省级儿童之家示范点建设，争取资金10万元。关注性侵预防，引入第三方专业机构，联合教育局探索性侵预防进入义务教育段课程，分类梳理性侵预防的普及群体，并定制专业互动课堂。助力精准脱贫。开展“爱传千里 情暖木里”对口扶贫活动，为四川木里县捐赠棉被、四件套各100套。县妇联执委发动“两山公益”志愿者2000余名开展贫困帮扶活动60余场次，针对特殊群体累计捐助资金超40万元。关爱新居民子女家庭，联动街道妇联为辖区内居住5年以上、子女品学兼优、家庭经济困难的新居民家庭赠送儿童课桌椅100套。接待新疆阿克苏地区第四期妇联干部浙江培训班一行来安吉现场教学，县妇联副主席张惠红以《美丽家庭创建与妇联工作能力提升》为题，为50名学员授课。

11月24日，中华女子学院援外项目“第一期外国政党妇女干部专题研修班”一行来安吉现场教学

【成立政协妇联界别议事厅】 安吉县女性政协委员76名，占比33.18%，妇联界别议事厅于2019年6月成立，有政协委员7名。议事厅学知识论社情、访群众体民情，半年来共开展下基层活动3场、主题学习3场、民主交流1场，走访群众200余名，上报议题5个，社情民意15条。邀请大英帝国官佐勋章和女王奖获得者Dinah Bennett女士参观议事厅并分享女性创业创新典型案例，提升女性参政议政素养，提升履职能力，为更多的女性发声。

（黄　洁）

工　商　联

【概况】 2019年，安吉县工商联会员企业2916家，乡镇(街道)商会14个，异地商会11个，行业商会3个，友好工商联2个。

引导参与东西部扶贫协作、“万企帮万村”结对帮扶和“千企联千村”结对消薄等行动。广泛动员企业与四川木里等西部地区产业合作，2019年增加投资额1.2亿元，带动脱贫1800多人，带动就业1300余人；推进15家执常委企业与青海乌兰县15个村结对帮扶；持续推进丽水遂昌县“消薄”专项行动，组织9家企业负责人赴遂昌实地考察，探讨产业帮扶措施，支持结对“消薄”资金150余万元。据不完全统

4 月 4 日，安吉——遂昌"千企结千村、消灭薄弱村"合作签约仪式举行

计，安吉县民营企业成立慈善基金 16 个，金额 5480 万元，全年在精准扶贫和文明城市创建等方面慈善捐助 686 万元。开展建国 70 周年 20 家民营企业典型选树活动，通过《安吉新闻》一天一篇专栏刊登，"安吉发布"专题报道，《安商风云》杂志汇编等，进行全媒体宣传报道，放大民营企业头雁效应。央视等主流媒体聚焦大康、中源等全县椅业企业在中美贸易战当中的逆势上扬。

重心下移走访调研。按照省委"大走访大调研大抓落实"活动部署及县委"三服务"工作要求，发挥好民营企业调查点作用，就中美贸易摩擦、"一带一路"建设等情况开展线上线下问卷调查 30 余次。开展"新春大走访"和"三服务"活动，班子成员分组带队对执委企业进行走访，现场解决问题 13 个，帮助协调解决落实 20 余个，形成调研文章 3 篇。开展企业融资情况专项调查工作，13 家融资需求 2000 万元以上企业纳入"长三角一体化发展银企对接项目"，召开银企对接会 3 场次，牵线邮储银行、农商银行与新生代企业家联谊会签订合作协议，为新生代企业提供优惠金融服务。搭建交流平台，争取全国工商联推进实施乡村振兴战略现场会到安吉县召开，全国工商联和 30 余个省、自治区、直辖市、兵团工商联、企业家代表 150 余人到安吉考察乡村振兴工作，安吉中南百草原公司村企结对助力乡村振兴做法获全联副主席谢经荣批示肯定。举办 2019 安吉产业对接会，向 160 余位全国各地安商作安吉绿色家居发展、农业产业发展、旅游产业发展推介，推动 5 家企业（安吉百姓缘超市连锁有限公司和吉林原生态中药饮片科技有限公司、永艺家具股份有限公司与河南海文家具有限公司、昆明佑强家具有限公司）签订合作协议。组织企业家学习中办国办《关于促进中小企业健康发展的指导意见》，参加市工商联"优服务、话创新、谋发展"主题活动、《优化营商环境条例》政企恳谈会，举办小微企业减税降费政策专项解读、"工会政策进企业"宣讲等活动 5 场，举办招商和人才政策推介会 6 场 600 多人次参与，帮助企业了解政策，帮助在外安商了解家乡。发动 34 家企业参与全国工商联"万家民营企业评营商环境"工作，发动 200 家企业参与省工商联"万家企业评银行"活动，参与度和填报率全市领先。推荐恒林、永裕、中南百草原 3 家企业为全省立法工作联系点，促进县委点对点帮扶联系民营企业。组织 15 家企业参加 2019 南太湖新区价值与发展高峰论坛"对话龙永图·聚焦南太湖"。

开展"不忘初心、牢记使命"主题教育。将集中学习扩大至全体机关干部，先后开展集中学习 7 次、主题党日 2 次、专题党课 4 次，采取干部领学、辅导报告、研讨交流、调查研究等方式。逐步规范商会组织建设。以点带面开展基层商会和异地商会社团民政登记工作，完成登记 13 家，商会建设逐步进入规范化轨道。2019 年，新成立异地安吉商会 1 家——义乌市安吉商会，同时建立商会党支部，全年工商联所属商协会建立党支部 5 家。新生代企业家联谊会吸纳县青企协，会员更多、行业更广、组织更加活跃，年内获评市级 AAAAA 社会组织。加强机关作风效能和党风廉政建设，逢会必讲"党纪教育一刻钟”,开展正风肃纪检查24次,加强廉政教育和效能督查,把好准则,不碰“红线”,守好“底线”,让党员干部受警醒、明底线、知敬畏。自觉接受县委巡察组进驻巡察,对照查摆问题、巡察提点,做到边查边改、即知即改,用整改落实的成效检验干部队伍的作风。

【安吉县新生代企业家联谊会第二届第一次会员大会暨新企联(青企协)合并大会召开】 3月15日,安吉县新生代企业家联谊会第二届第一次会员大会暨新企联(青企协)合并大会在两山创客小镇举行。县新生代企业家联谊会全体会员以及县青年企业家协会全体理事出席会议。会议通过安吉县新生代企业家联谊会(青年企业家协会)章程和选举办法,选举产生安吉县新生代企业家联谊会(青年企业家协会)第二届理事会,并召开安吉县新生代企业家联谊会(青年企业家协会)二届一次理事会议,汪华银当选新生代企业家联谊会(青年企业家协会)会长,王学芳当选为秘书长。继续开展传承大讲堂第五讲,浙江天草生物科技股份有限公司董事长邵云东用自身企业创新创业的切身经历与新企联(青企协)全体理事分享创业及发展经验。

【全国工商联推进实施乡村振兴战略现场会在安吉召开】 3月26—27日,全国工商联推进实施乡村振兴战略现场会在安吉召开。来自全国31个省市区和新疆生产建设兵团的工商联负责人、企业代表和省内各地的与会代表齐聚安吉,先后考查安吉黄杜村、鲁家村、余村村和中南百草园。

【举办2019年安吉绿色家居产业对接会】 4月3日,吉林抚松县代表、四川木里县代表、丽水遂昌县代表、安吉家居企业、农业产品企业、旅游产品企业、在外经销商、异地安吉商会和安吉乡镇(街道)商会共160多人在安吉中南百草园召开2019年安吉产业对接会活动。县委常委、统战部部长任烽,县政协副主席、工商联主席梁霜等县领导,工商联、经信委,文体旅游局、农业农村局等部门相关负责人参加。在本次对接会上,四川木里县、吉林抚松、丽水市遂昌县代表作各地产业推介。有5家企业代表进行签约。实地参观考察峰晖竹木、永艺股份两家企业和一个美丽乡村双一村。

【安吉遂昌“千企结千村、消灭薄弱村”活动在遂昌县举行】 4月4日,安吉—遂昌“千企结千村、消灭薄弱村”活动在遂昌县举行。县委书记沈铭权,副县长陈小龙,县政协副主席、工商联主席梁霜;遂昌县委书记毛建国,县委常委、统战部部长周立民,副县长郭云强共同参加。联席会议上,签订安吉遂昌年度结对帮扶合作协议,举行“消薄”帮扶资金捐赠仪式。与会人员还考察了遂昌县级统筹光伏等项目。

【安吉县新生代企业家联谊会党支部成立】 6月25日下午,安吉县新生代企业家联谊会党支部选举大会在行政中心975会议室召开。县工商联党组书记、常务副主席李建人,县工商联党组副书记周敏林,县工商联副主席鲁婷君,县委组织部基层党建指导中心副主任程伟,新企联会长汪华银以及新企联党支部成员等出席会议。经过投票选举,李广宇当选第一届新企联党支部书记。

【举办“竹乡情·爱心园”启动仪式】 7月5日上午,由嘉兴安吉

7月5日,嘉兴安吉商会“竹乡情·爱心园”启动仪式在县行政中心举行

商会发起，安吉县工商联牵头举办“竹乡情·爱心园”启动仪式，在县行政中心举办。县政协副主席、工商联主席梁霜；县工商联党组书记、常务副主席李建人等参加本次活动。仪式上捐助了来自育星培智学校和心之梦儿童康复中心10户残疾儿童家庭。

【2019安吉县实干安商菁英培训班在中山大学举办】 7月25日上午，2019安吉县实干安商菁英培训班在中山大学开班。县政协副主席、工商联主席梁霜，县委组织部副部长、两新工委书记董良，安吉县工商联副主席鲁婷君，中山大学南方学院党委书记麦志强参加开班仪式，全县40位新生代企业家参加培训。

【开展上海安吉商会第六届“圆梦助学”活动】 8月20日，由上海安吉商会发起，安吉县工商联牵头组织的2019年上海安吉商会“圆梦助学”活动在安吉安且吉兮酒店举办。该项活动以连续举办6年，为近60名贫困大学生提供助学金90余万元。

【开展2019年“百亿企业行”活动】 11月14—15日，县工商联组织执（常）委企业家们开展“百亿企业行”活动，由县政协副主席、工商联主席梁霜，党组书记、常务副主席李建人，党组副书记黄宣华，副主席鲁婷君带队，安吉丰陵燃气有限公司、安吉农村商业银行股份有限公司、安吉县良朋文体用品厂等15家企业，先后考察正泰集团、富通集团、天能集团、太湖龙之梦。

11月14—15日，县工商联组织执（常）委企业家们开展“百亿企业行”活动

【义乌市安吉商会成立】 12月18日，义乌市安吉商会成立大会在义乌浙江天恒国际大酒店举行，同步成立了中共义乌市安吉商会支部委员会、义乌市安吉商会经济联络站、义乌市安吉商会人才服务站、义乌市安吉商会调解委员会。义乌会员代表300余人出席大会，选举明卫星为义乌市安吉商会会长。安吉县政协副主席、工商联主席梁霜，义乌市政协副主席王亦民，安吉县委组织部副部长、中共安吉县委两新工委书记董良，安吉县委统战部副部长、工商联党组书记李建人参加会议。

（张志远）

12月18日，义乌市安吉商会成立大会在义乌浙江天恒国际大酒店举行

法　　治

综　　述

【概况】 中共安吉县委政法委员会(简称县委政法委)是县委领导政法工作的职能部门,为县委工作机关,正科级。2019年2月,安吉县法学会机关与安吉县委政法委合署办公,按章程开展工作。中共安吉县委政法委员会下设办公室(挂法学会秘书处牌子)、政治处、执法监督室、维护稳定工作室(挂反邪教工作室牌子)、平安建设指导室、综治工作指导室(县综合信息指挥中心)6个科室,下设事业单位:安吉县平安建设信息中心、安吉县"余村经验"研究服务中心。2019年,县委政法委聚焦县委十四届七次全体(扩大)会议暨经济工作会议报告确定的中心任务和"不忘初心、牢记使命"主题教育部署的整改任务,立足本职、围绕中心、争先创优,完成全国"两会"、新中国成立70周年大庆维稳安保任务,夯实基层治理根基,为打造新时代"两山"试验区、建设中国最美县域新、争创全国文明城市等中心工作创造出更加安全稳定的社会环境、公平正义的法治环境和优质高效的服务环境。

【护航发展】 开展"三服务"活动,走访企业100余家次,收集汇总各类问题60余条,森木窗饰有限公司厂房租赁纠纷、平安家园卫队、上墅乡营商环境整治三起案例入选市县"三服务"典型案例。开展社会稳定风险评估,确保静脉产业园项目、灵峰街道剑山村违建别墅拆除等46个重大项目顺利推进。拆除天荒坪绿泰违建大棚房,保证全县实现市定拆违目标。牵头政法部门为425家企业免费法治体检,帮助企业规范经营、防范风险。部署开展民间借贷专项执法检查,发布职业放贷人名录,开出全市首张职业放贷人纳税单,全县民间借贷收案数同比下降32.26%。落实农民工法律援助"一免一简三快"工作机制,办理农民工法律援助案件15批次,追回经济损失945万元。指导县法院出台助力新时代"两山"试验区建设实施意见。推广提升"乡村微检察"工作,持续做好环境保护公益诉讼,为新时代"两山"试验区建设提供精准服务。全市首创"老干部平安督导队"开展平安检查,补齐省市暗访扣分多短板。

【维护稳定】 围绕易制毒、易制爆等危险化学品、保健品市场乱象开展联合专项整治,妥善处置玫瑰园、世贸大酒店、隆兴园等一批群体性欠薪事件。严守网络意识形态阵地。针对城中村、城乡接合部等治安薄弱点,持续开展打击盗抢骗、电信网络诈骗专项整治,消防安全、生产安全、非法集资、食药品集中清查、公交客运安全管理等一系列专项行动。

【平安建设】 扎根群众组建740支、6626人的家园卫队,深入基

4月17日,中央扫黑除恶第11督导组督导安吉县工作汇报会召开

层一线开展平安创建、便民服务活动。探索全科网格建设与“最多跑一次”有机融合，制发网格员代办事项清单，将便民服务送到群众家门口。升级县、乡、村三级综治中心“数字大脑”，完成15个乡镇(街道)综治工作中心标准化建设，整合众多平安检查App为一个政务App，实现海量信息一站流转，实时共享。推动打造“信访超市”，推进在线矛盾纠纷多元化解平台(ODR)建设，部门乡镇(街道)齐抓共管，有效拓宽矛盾纠纷化解途径，实现信访处置一站式服务。持续推进“村居雪亮工程”、物联网安防小区、居住出租房智能门推广应用安装等数字化项目建设，科技在基层治理中的作用日益明显。完善县、乡、村三级调解网络，建立行业、专业性调解组织20个，递铺街道“四化调解法”得到司法部部长的充分肯定。探索跨区域、跨行业有效联防联调，建立“访调援三合一”机制，打造“综合行政执法＋人民调解”特色品牌。

【改革创新】 推进政法各部门内设机构改革，有序完成法官、检察官助理、书记员的职务晋升工作。牢固树立“大抓基层、大抓基础”的导向，不断推动优秀司法资源重心下移、力量下沉、保障下移。如：县检察院以“乡村微检察”活动为抓手，推动乡村驻点和检察官联村巡检相结合。持续加大对失信被执行人信用惩戒力度，执结案件3217件，执结标的总金额5.15亿元。加强行政复议工作，县行政复议局共受理行政复议案件15件，结案24件，行政复议申请人对复议结果满意度提升，起诉率比2018年同期下降21%。在全省试点律师进驻综合行政执法工作，驻队律师参与一线执法185次，化解各类执法矛盾68个。全面落实“最多跑一次”改革，全省率先推出新居民业务县域通办，打造县域半小时办证圈。

【队伍建设】 以“不忘初心、牢记使命”主题教育为抓手，围绕政法工作条例开展大学习大讨论，组织全体党员干部开展“永不落幕”微党课比赛活，在工作实践中打造“平安安吉、法治先锋”党建品牌，增强全县政法干部“四个意识”、坚定“四个自信”、坚决做到“两个维护”。部署开展多种形式的专业培训，邀请专家学者为政法干警授课，不断强化理论学习。创新开展“法治派驻员”制度，把政法干部下派到村(社区)，建立“90后干部十大任务清单”，开设“青育课堂”，建立“3＋X”导师帮带机制，帮助政法干部迅速提高综合素质。正确运用监督执纪“四种形态”，结合扫黑除恶和主题教育，主动查处违规违纪政法干部。落实政法干警疗休养、体检等常规待遇，心理咨询、就医“绿色通道”等暖警举措，为政法干警谋权益。建立政法干警思想动态收集反映机制完善政法干部考核评价机制，审查政法各部门中层任免共计72人次，协助组织部拟提拔考察政法干部9名。

【成立安吉余村经验研究促进会】 10月31日，牵头成立安吉余村经验研究促进会，并召开成立大会，为“余村经验”推广、新时代“两山”试验区建设增添新动能。县委副书记、政法委书记赵德清参加。

（王志鹏）

公　安

【概况】 2019年，安吉县公安局聚焦“防风险、保安全、护稳定”主

10月31日，安吉余村经验研究促进会成立大会召开

线，实干担当、砥砺奋进，大庆安保取得全赢全胜。截至12月20日，安吉县共接报刑事治安警情6950起，黄赌警情1276起，侵财警情5267起，交通事故警情45818起，分别同比下降3.27%，17.46%，0.77%，上升4.10%。全局共打处各类违法犯罪嫌疑人4853人(其中采取刑事强制措施1423人，行政处罚3430人)，同比上升3.9%，其中移送起诉1361人，同比上升8.2%。交通死亡事故72起72人，同比2018年79起80人，下降10%，全县未发生影响重大的交通、消防事故，政治、治安事件和网络舆情事件，社会形势平稳可控。

以“一二三四”工作法全面推进大排查大整治专项行动，对非公安主管的安全隐患，通过政法委以“平安交办单”形式移交各主管部门，实现隐患有人控、不出事。正确处理维稳与维权的关系。围绕易制毒、易制爆等危险化学品开展专项整治，围绕公交车、校园等重点部位开展安防效能提升行动，切实筑牢安全“铁闸”。攻坚“三化车”扩面、电动车整治等道路交通管理的难点问题，道路交通秩序明显改善。持续保持对各类交通违法行为的严管严罚态势，整改完成省级、市级交通事故隐患黑点共7处。强化社会面巡防，最大限度屯警街面，提升街面见警率、管事率和震慑力。

推进“雪亮工程”“村居雪亮工程”、物联网安防小区等建设，加强新建小区安防系统建设，累计验收新建小区(项目)48个，物联网安防小区提前三个月超额完成20%，人脸识别系统、车辆卡口安装完成率达102%、103.7%。全面宣传推广“2250000”防诈热线，开展“扫黑除恶惠民生，全民防骗齐上阵，警民共圆平安梦”文艺下乡活动15场次，连续推出37期“心防星期三”微信专栏，开展“全民防诈·青年先行”活动，受宣传教育人数累计达45632人次，全县通信网络诈骗发案远低于全市平均数。突出打击，净化社会环境。纵深推进以扫黑除恶专项斗争为龙头的各项严打整治工作，突出“除霸拔钉”“套路贷”打击，摧毁恶势力犯罪团伙9个，抓获涉恶人员336人，破获刑事案件267起；成功抓获潜逃14年交通肇事逃逸犯，库存在逃人员下降60%；发动4次通信网络诈骗集中收网行动，抓获犯罪嫌疑人93名，串并案件401起；破获传统型侵财案件943起，打处传统型侵财犯罪嫌疑人530名。建立线索异地核查、异地用警、警情“一警一策”等机制，打处涉黄赌犯罪嫌疑人178人，黄赌警情分别下降14.04%，18.24%。先后破获中央扫黑除恶督导组移交的组织卖淫案，特大网络制贩枪支案，非法贩卖“奥亭”案等一批有影响力的案件，有力彰显打击决心。突出服务，赢得群众满意。深入推进“最多跑一次”改革，全市率先完成“无证明”城市建设。全面落实“网上办、掌上办、帮代办、一次办”，向偏远乡镇延伸出入境、交管、户籍等服务事项，新增“一窗式”受理点3个，出入境受理点1个，县域半小时办证圈打造完成。全省率先推出新居民业务县域通办，新居民归属感、满意度不断提升。结合“三服务”活动，组织家园卫士开展大走访，听民声、解民忧，先后帮助群众解决户口难题、找回失联亲人等一批重要小事，收到锦旗116面，感谢信20封，得到市县领导批示38次。

紧扣中心工作，主动应对安吉县影响力不断扩大带来的安保警卫重任，改进勤务方式、完善安保警卫格局，实现联合国世

6月26日，县禁毒委在凤凰山公园组织开展“6·26”国际禁毒日“共攀两山之峰·共建无毒之城”暨全民禁毒宣传月主题活动

界环境日主题活动安保、天津市党政代表团考察安保等40场次重大安保活动及13次警卫任务万无一失。投身全国文明城市创建工作，牵头“文明出行劝导”活动、“牛皮癣”专项打击整治行动，开展“三小车”整治、背街小巷僵尸车清理、电动车“过渡期”登记和管理等工作，累计查处各类交通违法行为37万起，抓获张贴小广告违法嫌疑人76名，完成电动车登记备案19万余辆。优化营商环境，结合“三服务”活动，研究出台《安吉县公安局优化营商环境九项举措》，连续第三年出台优化营商环境举措。深化“项目警官”制，组织全局家园卫士认领联系全县409家规上企业，帮助企业解决困难149项。紧盯涉企领域涉黑恶违法犯罪，查处“茶霸”强迫茶厂收购青叶等涉企涉恶案件12起，开展上墅乡营商环境集中整治行动，累计抓获涉企犯罪嫌疑人23名。以打击侵犯知识产权违法犯罪、打击涉税犯罪“百城会战”专项行动为重点，查处各类经济案件36起，抓获犯罪嫌疑人62人，挽回经济损失1000余万元。护美绿水青山，持续推进“守青山、护绿水”专项行动，河道警长、水库警长等“七长”累计巡查全县河道、水库等19214次，排查相关线索186条。查处涉环违法犯罪案件35起，其中办理涉气案件3起，实现涉气领域打击零突破。查处涉林违法犯罪案件206起，同比上升11%。深化“三化车”整治，完成全县范围“三化”扩面管理，查处工程运输类案件8017起。联合运管、环保部门开展冒黑烟车联合整治行动18次，新增黑烟遥感测试设备促进整治提质增效。巩固烟花爆竹全域双禁工作成效，集中销毁烟花爆竹7000余件。打处“黑油点”1处，形成明显震慑效果。

推动“家园卫士”工程、平安家园卫队建设向纵深发展，创新推出家园卫士结对联系两代表一委员，认领联系重点企业、平安家园卫队、信访件、社戒社康人员、社会组织等六项制度，其中，化解信访积案6起；理顺家园卫士、平安家园卫队层级关系，建立健全建设、管理、使用等各项制度。2019年，安吉县共发展平安家园卫队740支、队员6626人，卫队助力平安建设、协助破获案件、参与抢险救灾的事例不断涌现。推进“枫桥式公安派出所”创建，完成创建点孝丰派出所创建工作。凤凰山派出所、章村派出所投入使用，完成13个派出所调解室建设，新增执法执勤用车8辆。完成2019年度中层干部选拔任用工作，基层一线提拔率达93.55%，下派机关民警至派出所10名，新增上墅乡、山川乡、溪龙乡专职副所长，19名新民警全部充实到基层一线，基层警力占比同比上升2.1%。全年启动辅警招聘2次，录用106人，聘用专兼职调解员15名，招录专职禁毒社工50名。加快推进科技信息化建设，自主研发安吉涉稳预警系统，安装督察侦测、采集、分析系统，深挖测谎仪技术等科技潜力。加大科技信息化人才培养力度，邀请相关刑侦、情指专家为年轻信息化骨干授课4次，刑事科学技术室在国家级、省级刊物发表专业论文2篇，获部级表彰3人次。完善执法，保障公平正义。组织民警参与法院旁听160余人次，围绕妨害公务案件、执法过错追究、国家赔偿等方面开展全警“法治讲坛”4次，树牢以审判为中心的法治理念。针对伤害类案件办理、办案拖拉、涉案财物管理、办案区使用、受案不差、重实体轻程序、办案弄虚作假及非法取证8个执法突出问题开展专项整治，建立季度

11月27日，由浙江省禁毒委员会主办的2019年全省禁毒文艺巡演活动在浙江科技学院安吉校区举行

执法任务末位表态制，累计整改执法陋习496个，追究民警执法过错责任10人次。

坚持党建引领，每月梳理党建清单，明确规定动作，组织全局性党建活动5次，形成“最红警色”“平安昌硕”“丰城孝警”“紫梅绿叶·苕溪卫士”等一批党建品牌。常态化落实“周一夜学”、每月25日集中学习教育日，学习贯彻习近平新时代中国特色社会主义思想及全国、省、市、县公安工作会议精神。开展“不忘初心、牢记使命”主题教育，开展庆祝新中国成立70周年系列庆祝活动。制定《安吉县公安局政治督察工作实施方案》，开展政治督察、严肃政治规矩，确保党对公安工作的绝对领导。以“清风劲竹”清廉政工示范点建设为统领，打造风清气正的警营生态。强化警示教育，每日推送廉政警语，组织全警学唱《安吉警察纪律之歌》，引导全体民警(辅警)知敬畏、存戒惧、守底线。坚持正风肃纪，开展队伍隐患大排查、大整改活动，落实整改队伍短板和不足51条。运用监督执纪“四种形态”特别是第一种形态，出台《落实层级管理“五个一律”规定》，对发生底线问题的，从严查处，且“一案双查”。全年开展廉政谈话1000人次，谈心谈话2500余人次，主动查处民警(辅警)违规违纪问题17起24人次，其中纪律处分2人，辞退问题辅警3人。开展“惠警十大行动”，落实辅警疗休养、体检、餐费补贴与民警同等待遇，落实入警退休“荣誉仪式”、就医“绿色通道”等暖警举措，为民警(辅警)争取团购健身卡、车险等优惠活动，启用爱警资金116000元，慰问困难民警27人、辅警15人。继续加大民警执法维权力度，查办案件62起，维权慰问民警(辅警)35名，发放慰问金33500元。

【安吉县烟花爆竹禁售禁放工作推进会】 1月9日，安吉县公安局组织参加全县烟花爆竹禁售禁放工作推进会。副县长、公安局局长杨建新参加会议并阐释安吉县开展“双禁”工作的重要意义以及前期取得的工作成效，结合现阶段存在的困难和问题，对下一步全面开展好“双禁”工作做出重要部署。县综合执法局部署了全县禁止销售燃放烟花爆竹工作。梅溪镇、鄣吴镇、杭垓镇、孝丰镇、报福镇依次表态发言。安吉县公安局党委委员、副局长张志龙及安吉县公安局各有关单位负责人，县其他责任部门负责人参加会议。

【2019年度工程运输车“三化”管理扩面工作部署会召开】 2月26日，安吉县召开2019年度工程运输车“三化”管理扩面工作部署会会议在行政中心召开，副县长、公安局局长杨建新参加会议并要求全县上下要强化政治站位，提高思想认识，主动担当，奋发有为，切实有效抓好工作落实，确保“三化”管理扩面工作任务圆满完成。综合执法局主要领导和分管领导，“三化”管理工作领导小组各成员单位分管领导，交警中队、路政中队中队长，综合执法所所长，“三化”管理企业负责人，“三化办”相关负责人参加会议。

【举行“家园卫士＋见义勇为”平安志愿服务活动启动仪式】 3月13日，安吉县公安局举行“家园卫士＋见义勇为”平安志愿服务活动启动仪式。县见义勇为工作领导小组办公室主任、安吉县公安局党委委员、副政委、政治处主任潘建军参加仪式，为新成立的“见义勇为者志愿服务队”授旗并讲话。仪式上，宣读活动实施方案；为全体志愿服务队员颁发聘书；志愿服务队队员代表做表态发言。仪式还组织家园卫士民警和见义勇为先进结对，相互认识并交换联系方式。仪式结束后，见义勇为者志愿服务队队员先后到安吉县公安局安全防范体验馆和家园卫士余村警务站参观体验。

【浙江科技学院安吉校区翠竹书院党支部与孝源派出所党支部举行协同共建仪式】 3月14日，浙江科技学院安吉校区翠竹书院党支部与孝源派出所党支部举行协同共建仪式。浙江科技学院校长助理、安吉校区管委会主任、党工委书记鲁伟权，安吉县公安局党委委员、森林警察大队长胡承东出席仪式并为“浙科360”平安志愿者队伍授旗，翠竹书院党支部与孝源派出所党支部签署协同共建协议，两支部全体党员、翠竹书院师生代表参加仪式。

【湖州市公安监管部门配合开展扫黑除恶专项斗争工作推进会在安吉县公安局看守所召开】 3月29日，湖州市公安监管部门配合开展扫黑除恶专项斗争工作推进会在安吉县公安局看守所召开。会议对如何充分发挥全市公安监管部门配合开展扫黑除恶专项斗争中的职能作用和阵地优势进行研究部署，同时各监管场所交流汇报2018年以来配合开展扫黑除恶专项斗争工作进展情况及下步工作打算。安吉县公安局党委委员、副局长周勇代表安吉县公安局作交流。监管支队主要领导及全市各个监管场所所长参加会议。

【交警大队联合县市场监督管理局开展违法销售超标电动车清查行动】 4月1日，交警大队联合县市场监督管理局开展违法销售超标电动车清查行动。为认真贯彻落实《关于做好国家电动自行车新标准实施前过渡期内有关工作的通知》要求，有效打击县内销售超标电动自行车的违法行为，保证电动自行车新标准实施顺利，交警大队联合县市场监督管理局开展违法销售超标电动车清查行动。行动对全县的电动车经销点进行走访检查，向商家明确法规要求，对仍在销售超标电动自行车的违法行为进行查处，并责令商家及时清理超标车辆。

【安吉县公安局集中销毁一批假酒假烟】 4月10日，安吉县公安局集中销毁一批假酒假烟。安吉县公安局联合县市场监管局、烟草公司对最近两年来安吉县公安局查获的1000余箱假酒、453条假烟进行集中销毁。销毁假冒伪劣产品标值400余万元，维护市场秩序，守护群众舌尖上的安全。

【电动自行车专项整治行动】 4月15日，交警大队组织开展电动自行车专项整治行动。电动自行车新国标正式开始实施，为进一步规范全县电动自行车管理，确保群众出行安全，交警大队在全县范围内组织开展电动自行车专项整治行动。行动当中，严查电动自行车无证无牌、逆行、闯红灯、违法载人、违法加装遮阳棚等行为，并对未按规定佩戴安全头盔的驾驶人进行劝告式执法。

【2019年安吉县公安局基干民兵集合点验大会召开】 4月24日，安吉县公安局召开2019年安吉县公安局基干民兵集合点验大会。会议宣布干部任职命令和入队人员名单，全体民兵进行宣誓，新入队民兵代表进行发言。会前，还进行集合整队和集体训话。县人武部政委刘小翔，安吉县公安局党委委员、副局长张志龙及人武部、公安局有关部门负责人，安吉县公安局全体民兵参加会议。

【“2·25”专案组凯旋】 4月24—27日，安吉县公安局“2·25”专案组凯旋。由安吉县公安局党委委员、副局长何敏捷带班30余名警力的专案组远赴四川成都对安吉县辖区内发生的两起通信网络诈骗案件进行收网行动，在湖州市公安局刑侦支队的指导和成都警方的协调配合下，成功抓获犯罪嫌疑人27人，缴获涉案资金100余万元。27日晚，安吉县公安局在湖州高铁站举行欢迎仪式。副县长、公安局局长杨建新，安吉县公安局党委委员、副政委、政治处主任潘建军前往迎接。

【章村派出所举行揭牌仪式】 6月6日，章村派出所举行揭牌仪式。县委副书记、政法委书记赵德清，副县长、公安局局长杨建新，章村镇党委书记叶鸣岗，章村派出所所长周道全共同为章村派出所揭牌。副县长、公安局局长杨建新在仪式上作重要讲话。章村镇党委书记叶鸣岗致辞；仪式由安吉县公安局党委副

6月6日，章村派出所举行揭牌仪式

书记、政委董秀华主持;安吉县公安局党委委员、副政委、政治处主任潘建军宣读章村派出所所领导任命文件;章村派出所所长周道全作表态发言。揭牌仪式结束后,全体人员还参观了派出所。章村镇部分班子成员、各部门负责人,安吉县公安局机关业务大队(综合科室)负责人,章村镇各行政村负责人,章村派出所全体工作人员,平安家园卫队队长参加仪式。

【召开全县电动自行车综合整治动员部署会】 6月14日,安吉县召开全县电动自行车综合整治动员部署会。为贯彻落实好省、市道路交通安全工作会议精神,进一步净化道路通行秩序,提升城市品质,助力全国文明城市创建,安吉县召开全县电动自行车综合整治动员部署会。会议观看警示教育片,部署《2019年全县电动自行车综合整治实施方案》。县领导陈永华、陈旭华、潘鸣、杨建新及全县各乡镇街道、有关部门主要负责人参加会议。

【开展“6·26”国际禁毒日活动】 6月26日,安吉县积极开展“6·26”国际禁毒日活动。县禁毒委在凤凰山公园组织开展“6·26”国际禁毒日“共攀两山之峰·共建无毒之城”暨全民禁毒宣传月主题活动。县委副书记、政法委书记赵德清出席仪式并宣布2019年安吉县全民禁毒宣传月主题活动正式开始,副县长、公安局局长杨建新致辞,安吉县公安局党委委员、副局长何敏捷领读禁毒宣誓词,报福“家园融冰”工作室代表进行交流发言,禁毒社工表态发言。仪式上宣布“毒品预防教育示范学校”并授牌。15个乡镇代表(乡镇干部、家园卫士、现有社工代表、新招社工、教师代表、社区康复人员)参加仪式。仪式后家园卫士、现有社工代表、新招社工、社区康复人员进行登山活动。同时,各派出所在各辖区也开展了系列禁毒宣传活动。

【全县反恐怖工作会议在行政中心召开】 7月4日,全县反恐怖工作会议在行政中心召开。县委副书记、政法委书记、县反恐怖工作领导小组组长赵德清出席会议并回顾总结2018年全县反恐工作情况,对下一步反恐工作提出意见。副县长、公安局局长、县反恐怖工作领导小组副组长杨建新通报当前反恐形势和传达近期省、市反恐会议精神。会议还签订反恐工作责任状。全县各成员单位分管反恐怖工作领导参加会议。

【召开全县寄递业电动三轮车规范管理工作动员会暨寄递渠道安全隐患排查整治百日攻坚行动部署会】 7月12日,安吉县召开全县寄递业电动三轮车规范管理工作动员会暨寄递渠道安全隐患排查整治百日攻坚行动部署会。交警大队联合县邮管局、县快递行业协会组织召开全县寄递业电动三轮车规范管理工作动员会暨寄递渠道安全隐患排查整治百日攻坚行动部署会。会议通报了县内电动车交通安全形势,并对下阶段电动三轮车管理工作进行部署。交警大队、县邮管局、县快递行业协会及各寄递企业有关负责人参加。

【全县公安工作会议召开】 8月1日,全县公安工作会议召开。县委书记沈铭权参加会议并充分肯定了近年来安吉县公安工作取得的显著成绩。县委副书记、县长陈永华出席,县委副书记、政法委书记赵德清主持,副县长、公安局

7月4日,全县反恐怖工作会议在行政中心召开

局长杨建新，县人民法院院长沈芳君、县人民检察院检察长陈章参加。参加会议的还有各乡镇(街道)党委书记、分管政法工作副书记，两区常务副主任、笔架山农高区党工委副书记，县直机关有关部门主要负责人，公安局班子成员及全体中层正职。

【县公安局召开特大网络制贩枪支案新闻通报会】 8月22日，安吉县公安局召开特大网络制贩枪支案新闻通报会。会议邀请《浙江法制报》、《平安时报》、湖州电视台、《湖州日报》、《湖州晚报》、安吉电视台、《安吉新闻》、0572微信公众号、FM93交通之声、南太湖等主流媒体对安吉县公安局近期破获的特大网络制贩枪支案进行报道。该案经市、县两级公安机关历时2个多月侦查，共抓获涉枪违法犯罪嫌疑人15人，缴获气动力整枪14把、铅弹数百枚、铅弹模具、瞄准镜等配件若干。此案告破系近三年湖州市单案抓获本地涉枪人员最多、整枪收缴最多的一起涉枪案件。本次行动在新中国成立70周年大庆前期，大力清除一批涉枪隐患，有效维护了社会治安持续稳定、打响大排查大整治专项行动的第一仗。安吉县公安局党委委员、副局长张志龙及刑侦大队、网安大队、治安大队、警公办有关负责人参加。

【公检法第一次刑事司法工作联席会召开】 9月6日，2019年安吉县公检法第一次刑事司法工作联席会在安吉县公安局召开。会议对有关罪名的认定、逮捕措施适用、判处有期徒刑标准等有关具体问题进行研究讨论。安吉县公安局党委委员、副局长张志龙及公检法有关部门负责人参加会议。

【签署“警保联动”战略合作协议】 9月11日，交警大队联合中国人保财险安吉支公司举行“警保联动”战略合作协议签约仪式。此次战略合作协议的签署，是在2018年“警保联动”启动的基础再深化，双方在事故预防、快处快撤、两站两员、便民服务等多方面开展更加广泛和深层次的合作。安吉县公安局党委委员、副局长、交警大队长李军及湖州银保监局安吉监管组主任徐华君，中国人保财险安吉支公司总经理叶枫，交警大队及中国人保财险安吉支公司有关负责人参加。

【全省公安机关治安系统调研座谈会在安吉县召开】 11月7—8日，浙江省公安机关治安系统调研座谈会在安吉县召开。浙江省公安厅治安监督管理总队总队长吴益中出席会议。会后，吴总队长一行还到昌硕派出所、凤凰山派出所、孝丰派出所实地检查指导。湖州市公安局党委委员、副局长徐伟明，安吉县公安局党委委员、副局长张志龙及湖州市公安局治安支队、安防支队，安吉县公安局治安大队、各有关派出所负责人陪同。

【民宿“特种行业许可证”优化办理工作部署会召开】 11月21日，安吉县召开民宿“特种行业许可证”优化办理工作部署会。副县长、公安局局长杨建新，安吉县公安局党委委员、副局长张志龙及县有关部门负责人、各乡镇分管领导、各派出所所长参加会议。

【2019年全省禁毒文艺巡演活动在安吉县举行】 11月27日晚，由浙江省禁毒委员会主办的2019年全省禁毒文艺巡演活动在安吉县浙江科技学院安吉校区举行。晚会以禁毒主题情景剧《一个禁毒民警的日志》，突出反映了吸毒对个人、家庭、社会造成的危害性，缉毒民警舍小家为大家的高尚情怀，以及广大人民群众积极参与禁毒斗争的热情。公安部、省公安厅和市、县有关领导和禁毒社工代表，民警、辅警代表，学生代表，群众一同观看演出。

【凤凰山派出所举行揭牌仪式】 12月16日，凤凰山派出所举行揭牌仪式。县委副书记、政法委书记赵德清，副县长、公安局局长杨建新，昌硕街道党委书记王兵，县城投集团董事长周斌共同为凤凰山派出所揭牌。副县长、公安局长杨建新在仪式上作重要讲话。昌硕街道党委书记王兵、县城投集团董事长周斌致辞。仪式由安吉县公安局党委副书记、政委董秀华主持；安吉县公安局党委委员、副政委、政治处主任潘建军宣读凤凰山派出所所领导任命文件；凤凰山派出所所长章旭辉作表态发言。揭牌仪式结束后，全体人员还参观了派出所。安吉县公安局机关业务大队(综合科室)负责人，凤凰山派出所全体民警、辅警，昌硕街道、城投集团有关负责人，

12 月 16 日，凤凰山派出所举行揭牌仪式

凤凰山派出所管辖村(社区)主要负责人参加仪式。

(夏珠连)

检 察

【概况】 2019 年 8 月，安吉县人民检察院进行内设机构改革后，有内设机构 8 个(6 个业务部门、2 个综合部门)、派驻基层检察室 2 个、下辖事业单位检察事务管理中心。现有在编人员 62 人(政法编 54 人，工勤编 4 人，事业编 4 人)，员额检察官 23 人。另有编外干警 26 人(司法雇员 20 人)。2019 年，县检察院被市委、市政府授予“人民满意的公务员集体”、被市委政法委授予“全市政法系统人民满意政法单位”称号。

开展扫黑除恶专项斗争，全年批捕涉及“套路贷”及工程建设等领域涉黑涉恶案件 37 件 68 人，提起公诉 65 件 156 人。深挖彻查“关系网”“保护伞”，发现“保护伞”线索 3 条，均第一时间移交县扫黑办。年初县检察院被省委、省政府授予 2018 年度全省扫黑除恶专项斗争先进集体。针对招投标市场挂靠资质及违法分包多发趋势，督促相关部门出台监管办法，从制度方面堵塞监管漏洞。针对农村以及建设领域涉恶犯罪多发现象，撰写《关于我县农村土地和建设领域涉恶犯罪情况的分析报告》，该报告获县委书记沈铭权批示。坚持依法打击刑事犯罪，适用“捕诉合一”办案机制，依法批准逮捕各类刑事案件 272 件 406 人，提起公诉 616 件 916 人，其中受理监委移送职务犯罪案件 6 件 7 人。打好防范化解重大风险攻坚战，守住百姓“钱袋子”，对信用卡诈骗、合同诈骗等经济类案件提起公诉 10 件 19 人。依法办理危害公共安全犯罪案件，对故意杀人、强奸等严重暴力犯罪案件提起公诉 34 件 38 人。办理危害食品药品安全类案件 9 件 28 人，与县公安局等部门联合会签《安吉县保健品市场乱象专项整治工作实施方案》，织密保健品市场“安全网”。贯彻落实认罪认罚从宽制度，累计对 327 件 483 人适用认罪认罚。对社会危害性不大、依法不需要逮捕的，决定不批准逮捕 60 件 110 人。对犯罪情节轻微、依法不需要判处刑罚的，决定不起诉 207 件 237 人。提升司法救助质效，向 6 名刑事被害人发放司法救助金 14 万元。深化未成年人刑事检察工作，通过“检心关爱小组”等平台，常态化开展防欺凌、防性侵“法治进校园”活动，走进 10 余所学校授课，覆盖学生 1000 余人次。2019 年 9 月 1 日，县检察院开学第一课之“走进看守所”被最高检微博转发。

强化刑事侦查、审判活动监督。2019 年，监督公安立案、撤案 13 件，追诉 9 人，发出纠正违法通知书 9 份。实体化运行驻公安局检察官办公室，组成 10 个“1 名员额检察官＋1 名检察官助理”的专业化办案团队，每周二、四到检察官办公室轮值，实现坐班常态化。开展派驻工作以来，县检察院已安排值班 80 余次。把抗诉作为强化审判监督的重要手段，3 件案件抗诉后获改判。强化民事行政检察监督。受理民事行政申诉案件 21 件，引导当事人服判息诉 5 件。紧盯民间借贷领域虚假诉讼乱象，摸排线索 6 件，涉及生效裁判文书监督 400 余件，成案 12 件。依托派驻环保局、市场监管局等检察官办公室，扩展监督触角，获得线索 8 件，已督促相关部门整改。开展行政非诉执行监督专项行动，把“裁执分离”领域作为关注重点。通过与国土、法院和相关乡镇对接，就相关诉讼执行案件进行线索排摸，掌握相关证据后先后发出检察建议 43 份，已获回复 26 份。强化刑事执行监督。注重维护在押人员的合法权益，开展羁押必要性审查，全年提出变更强制措施建议 46 件，成功变更 40 件。邀请人大代表、政协委员、人民监督员等参加县检察院首例在押人员羁押必要性公开审查，以公开赢公信。针对社区服刑人员违规担任企业法人乱象，联合县司法局等部门出台《关于建立社区服刑人员违规担任企业法定代表人情形协作处理工作机制的意见》，被全市检察机关推广。

立足检察职能，结合“乡村微检察”工作开展，持续做好环境保护公益诉讼，精准服务新时代浙江（安吉）县域践行“两山”理念综合改革试验区建设。同时，探索办理食品药品类公益诉讼，对廖某某等人生产、销售有毒有害食品等案件提起公益诉讼，获法院支持。针对被告人张某侮辱吕挺烈士的行为，配合市院依法提起全市首例侵犯烈士名誉权案，通过公益诉讼依法保护烈士名誉权，弘扬社会正气，该案判决后获最高检察院微信转发。开展对行政公益诉讼“等”字外领域的探索，针对公共电梯存在安全隐患现象，向市场监管局发出诉前检察建议，督促其履行监管责任，确保公众乘行安全。该案获评全省公益诉讼 2 周年优秀案例。主动服务民营经济发展。将县委“三服务”工作与院“乡村微检察”工作结合，分别制定《安吉县人民检察院积极“三个年”活动全面保障民营经济健康发展的实施意见》和《安吉县人民检察院“服务‘两山’实践 推进乡村微检察“二四六八”工作方案》，依法保护民营企业有序发展。通过“三・四”服务非公主题活动，由院领导带队，分组走访辖区企业 40 余家，发放《涉企刑事犯罪风险及预防》手册 500 余份，同时在走访过程中，化解企业在生产生活中困难，协同县内相关部门联合解决困难 8 件。在中美贸易摩擦背景下，妥善审结涉税案件 8 件 25 人，涉案税款达上千万元，在统一执法标准下，对依法补缴税款的 19 名企业负责人作出相对不起诉处理，谨防“办理一案，倒闭一企”现象发生，该案获评市“担当破难”典型案例。参与社会综合治理。为推进乡村治理法治化、现代化，将检力下沉一线，在开展“法润乡村”活动的基础上，2019 年，县检察院以拓展“服务企业、服务基层、服务群众”活动为抓手，结合代表委员走访活动，在全县范围内开展“乡村微检察”活动。建立 8 个小组，每组由“1 名院领导＋1 名员额检察官＋1 名检察官助理或书记员”组成，每组联系 1－3 个乡镇，开展乡村驻点和检察官联村巡检相结合，推进乡村治理常态化。全年走访涉及 15 个乡镇（街道）所辖 50 余个村（社区），通过检察官面对面的方式了解村民生活生产中碰到的法律问题，及时提供法律咨询并且开展相关的普法宣传和矛盾化解工作，为老百姓解决实际问题，推进诉源治理。经验做法被省院检察长贾宇批示肯定。

4 月 13 日，乡村微检察启动仪式在孝丰镇潴口溪村举行

坚持把思想政治建设摆在首位，以“不忘初心、牢记使命”主题教育为契机，推动全院深入学习贯彻党的十九大精神和习近平新时代中国特色社会主义思想。以公务员网络学堂、浙检大讲堂为载体推进“两学一做”学习教育常态化制度化。借助单位内网、新媒体等平台开辟学习专栏，开展向全国模范官章春燕的学习宣传活动。发挥检察文化的导向和激励作用，结合节日组织开展丰富的检察文化活动，营造健康向上的机关氛围。贯彻落实新时代检察工作新要求，不断强化检察队伍能力素质建设。打造“竹径茶语”练兵平

台,构建教、学、练、战一体化教育培训平台,该讲坛已举办8次,以员额检察官讲课形式,交流业务,重点学习高检院发布的指导性案例、新的司法解释等业务知识。另外,借助“外脑”帮助提升队伍能力,组织开展62名干警赴浙江大学光华法学院参加全员高校轮训;参加上级组织的培训11批11人次。坚持问题导向,健全院领导每半月带队督察机制,班子成员带队对工作纪律、上下班纪律、就餐纪律、“三公”经费支出等开展不定期督察21次。以“五个一”为载体,开展好为期一个月的“正风纪 强队伍 凝检心 固形象”队伍建设集中提升活动,检察长围绕作风建设主题讲课1次,组织干警集中观看《密战》——保密警示教育片;围绕“五要五不”,开展支部党性大讨论5场次;班子成员带队,利用休息时间分四组家访28名干警;立足“谈准、谈深、谈实”,分层逐级开展一场全覆盖谈心谈话活动。

【乡村微检察工作】 2019年,县检察院立足法律监督职能,聚焦主责主业,以“三服务”活动为抓手,发挥打击、保护、监督、服务等职能,为乡村振兴提供更加精准地法律服务和司法保障,制定《安吉县人民检察院“服务‘两山’实践·推进乡村检察”——乡村微检察“二四六八”工作方案》。4月13日,在孝丰镇潴口溪村举行开幕仪式。

【设立检·爱童心工作站】 12月3日,为拓展“法治进校园”活动在乡村学校开展的广度与深度,联合团县委、县法院、县司法局、县教育局、上墅乡人民政府、微善公益等部门,在上墅小学设立检·爱童心工作站。工作站统筹各方资源,采用“理论学习与实践体验”“集中学习与小队研学”“线上学习与线下学习”相结合的方式,给孩子们带来生动、实效的法治教育新体验。

(徐　晋)

12月3日,检·爱童心工作站在上墅小学设立

法　院

【概况】 2019年,安吉县法院围绕省高院“三个建设年”、市中院“三三四八”工程、县委“1036”改革发展等重大决策部署,忠实履行宪法法律赋予的职责。全年新收各类案件13237件,结案13363件,结案标的32.04亿元,一线法官人均结案数281.33件。获评“全国法院审判管理优秀业务单位”“全省扫黑除恶专项斗争先进集体”“全市政法系统人民满意政法单位”“全市法院矛盾纠纷多元化解工作先进集体”等称号。

【依法履职】 2019年,县法院新收刑事案件740件,审结750件,判处罪犯1023人。围绕扫黑除恶专项斗争三年目标,坚持不枉不纵,认真依法审判,确保将案件办成“铁案”。审结涉恶势力案件1件5人,寻衅滋事、敲诈勒索等九类罪名案件67件139人。坚决“打财断血”,加大涉案财产的追缴和财产刑执行力度,坚决铲除黑恶势力经济基础。2019年4月,中央扫黑除恶第11督导组到安吉县法院督导工作并看望慰问干警,对相关工作给予高度评价。严厉打击“套路贷”违法犯罪,审结以钱某某等12人、高某某等5人为代表的“套路贷”犯罪案件13件40人,其中判处10年以上刑罚3人。审结职务犯罪案件7件18人。适用认罪认罚从宽制度审结案件297件402人,其中刑拘直诉34件34人,平均审限仅为2天。全年新收民商事案件6918件,审结6890件,涉案标的金额

26.85亿元。维护诚实守信市场交易规则，审结买卖、租赁、借贷等合同纠纷案件2321件。维护劳资双方权益，审结劳动报酬、劳务合同等案件121件。强化民间借贷协同治理，列入职业放贷人名录44人，依法对职业放贷人进行征税，民间借贷案件收案数同比下降31.54%。开展打击虚假诉讼专项行动，移送涉案线索15件。裁定批准大石浪旅游发展公司与大石浪观光索道公司合并破产重整计划。拓展全国首个"行政争议调解中心"运行实效，联合县政府出台实施办法化解政民矛盾，协力推进法治政府建设。全年调解中心受理行政争议47件，化解成功18件，调撤率近四成，受到市政府领导、县主要领导批示肯定。2019年4月，最高法院审委会专职委员贺小荣到安吉县法院调研，对此项创新实践给予充分肯定，行政争议实质化解的"安吉解法"成为"湖州模式""浙江模式"予以推广，被省委改革办作为"竞跑者"典型案例推广，《人民法院报》头版头条、《法制日报》3版头条予以刊登介绍。

12月19日，杭州知识产权法庭(安吉)巡回审判庭揭牌成立

【护航县域经济社会发展】 及时研究出台16条意见助力新时代"两山"试验区建设行动。加强新形势下人民法庭工作，增设灵峰人民法庭。全力攻坚涉南湖监狱土地、厂房腾退系列案件，全年腾退厂房15幢，交付土地约130亩。围绕重点工作推进，审慎处置群体性纠纷，调处479名村民诉天荒坪镇山河村村民委员会、山河村股份经济合作社侵害集体经济组织成员权益纠纷一案。设立杭州知识产权法院(安吉)巡回法庭，为创新创业提供有力法律支持。探索涉环保刑事、民事、行政、执行案件"四合一"归口审理模式，新收各类环境资源案件107件，审结113件。牢固树立恢复性司法理念，建立惩治、修复、联防"三位一体"生态司法路径，迄今发出"补植令"27份、"野生动物保护令"13份，修复林地177亩。在土壤生态修复领域拓展创新，创新发出全国首个"土壤修复令"，央视、浙江卫视予以专题报道。2019年6月，经最高法院推荐，联合国助理秘书长、环境规划署执行主任乔伊斯·姆苏亚一行调研安吉县法院环境资源审判工作，对中国法院协同政府维护生态环境的做法给予赞赏肯定。坚持"把非诉讼纠纷解决机制挺在前面"，诉前化解率上升至36.10%，收案数同比下降1068件。推动诉讼服务中心、行政争议调解中心及民商事立案团队进驻县社会治理综合服务中心，引导案件诉前化解。加强立审执兼顾助推"执源治理"，执行案件收案数同比下降12.03%。加强对信访积案的督导化解，市县两级法院"一把手"包案督导化解一起近三年的信访老案。

【"三服务"工作】 研究出台《服务和保障民营经济健康发展的实施意见》，开辟涉企绿色通道，打造法治化营商环境。贯彻"四不原则"，防止"办了一个案子，拖垮一家企业"现象发生。2019年，县法院依法妥善执结民营企业申请执行案件409件，为民营企业挽回经济损失8622.04万元。诉讼服务中心窗口获评全市"最美窗口"。执行立案登记制，未发生拒绝立案、超时限立案等不规范情形。健全司法救助机制，让确有困难的当事人打得起官司，依法准予缓、减、免交诉讼费54.08万元，发放司法救助金58.98万元。规范涉诉信访工作，开展院领导接访26次，收到、转办群众来信42件，接待来访群众170人次。全年新收执行案件5007件，执结案件

5129 件，执行到位标的金额 5.19 亿元。强化执行威慑，树立司法公信，加大对失信被执行人信用惩戒力度，共拘留被执行人 237 人，限制出境 50 例，限制高消费 3048 人，纳入失信被执行人名单 1930 人。对转移财产、拒不腾房、拒绝申报财产、欠薪逃匿等拒执行为依法惩处，移送涉嫌拒执犯罪案件 46 件 47 人，判决 15 件 16 人，7 人被判处实刑。加大拒执罪自诉程序的适用力度，受理拒执自诉案件 22 件。

【改革创新】 加强案件质量管理，规范法官自由裁量权。全年有 21 项办案质量、效率、效果指标排名全省基层法院前十，15 项指标居全市基层法院第一。坚决杜绝案件久拖不决现象发生，超 12 个月以上的未结案件仅 6 件。与中国法学会法律文书研究会共建“法律文书实践研究基地”，提升和规范裁判文书质量。推进“浙江移动微法院”应用，为当事人打造“指尖上的法院”，运用移动微法院引入案件数 6472 件，运用案件数 5502 件，均位居全市乃至全省前列。推进电子卷宗随案同步生成及深度应用工作，随档扫描率 100%。创新审判机制，推进以审判为中心的刑事诉讼制度改革，推行证人、鉴定人、侦查人员出庭作证 17 人次，适用速裁程序审理案件 199 件 211 人，平均审理天数缩短至 6 天。

【自身建设】 开展“不忘初心、牢记使命”主题教育活动，健全党组理论学习中心组学习制度，召开党组理论学习中心组(扩大)会议 15 次，及时传达学习上级各项会议精神和决策部署，以学促行，以行促思。开设“养正大讲堂”，联合浙江法官学院开展主题教育专题培训。建立专业法官会议制度，实施法官专业智库和专业会诊机制，为疑难复杂案件提供专业会诊意见。开展审判执行效能竞赛，联合县文明办开展“新时代最美法院人”选树活动，鼓励争先创优。2019 年，县法院有 27 人次干警获得市级以上荣誉或记功，18 名干警实现职务晋升。坚持从严治党、从严治院，树立真管真严、敢管敢严、长管长严的鲜明导向。对接受当事人吃请等不正当行为的干警，分别给予党纪、政务处分以及调离、劝退、免职等组织处理。给予工作不在状态、开庭不规范、不遵守会议纪律、警车不文明停放等多名干警通报批评、取消评先评优、扣除绩效奖金等处分。

接受人大、政协监督。坚决贯彻县人大及其常委会决议决定，加大建议、提案的办理力度。畅通代表委员联络工作制度，邀请人大代表和政协委员及社会各界人士 800 人次到法院视察调研，全年召开座谈会 18 次，参与庭审旁听 23 次。重视县人大常委会对法官履职评议工作，39 名员额法官接受县人大常委会履职评议。接受检察机关监督。主动与检察机关对接，支持、配合检察机关履行法律监督职责。健全检察长列席审委会机制、检察建议办理机制，共同维护司法公正和司法权威。对确有错误的案件坚决予以纠正，其中检察机关抗诉 1 件，依法改判 1 件。接受社会各界监督。提升司法透明度与公信力，上网裁判文书 12184 份，直播庭审 3126 场，举办公众开放日 38 次。保证人民陪审员真正行使审判权，选任人民陪审员 94 名，一审普通程序陪审率达 98.13%。

【安吉法院获“全国优秀法院”称号】 1 月 17 日，最高法院召开全国优秀法院、全国优秀法官和全国法院办案标兵表彰大会。会上，安吉法院被授予“全国优

1 月 17 日，在全国高级法院院长会议上，安吉法院被授予“全国优秀法院”荣誉称号，院党组书记、院长沈芳君作为浙江省获奖法院代表参加会议并接受表彰

秀法院”称号，系安吉法院历史上获得的最高荣誉，全省仅三家法院获此殊荣。安吉法院党组书记、院长沈芳君作为浙江法院代表出席会议并接受表彰。

【安吉法院2018年工作报告获高票通过】 1月22日，在安吉县十六届人大三次会议上，安吉法院党组书记、院长沈芳君向大会作《安吉县人民法院工作报告》。经大会审议，安吉法院工作报告获高票通过，赞成票217票，赞成率高达99%。

【召开打击拒不执行判决、裁定犯罪新闻发布会】 5月21日，安吉法院召开打击拒不执行判决、裁定犯罪新闻发布会，向社会通报2018年以来打击拒执工作情况及三起典型案例，提升执行威慑力、司法公信力。2019年，共移送拒执罪45件47人，自诉及公诉立案34件36人，已判决33件34人，对13件13人判处实刑，数量史上最多，力度史上最强。自动履行率从全省末位跃升至全省第四、全市第一。

【联合国助理秘书长、联合国环境署代理执行主任乔伊斯·姆苏亚一行到安吉法院考察调研】 6月1日，联合国助理秘书长、联合国环境署代理执行主任乔伊斯·姆苏亚一行10人到安吉法院考察调研。省高院副院长朱新力，市中院院长李章军，县政府常务副县长潘鸣，县法院院长沈芳君等领导陪同。乔伊斯·姆苏亚女士一行先后参观了诉讼服务中心大厅、立案区、网络法庭（调解室）等场所，详细了解诉讼服务中心功能区块设置、“一站式”服务窗口、信息化设备运行等情况，仔细问询安吉法院环境资源类案件受理情况等。随后在安吉法院召开座谈会，与会人员围绕共同维护和改善人类环境等方面内容进行交流探讨。座谈会由浙江高院副院长朱新力主持。会上，安吉法院院长沈芳君、县妇联主席朱海燕分别向姆苏亚一行介绍环境资源审判工作情况以及“安吉河嫂”工程基本情况。市中院院长李章军、常务副县长潘鸣结合工作实际，向姆苏亚女士提出关于共同守护生态环境方面的意见建议。

【签订跨区域司法协作协议】 7月3日，吴江法院党组书记、院长陈晓君一行到安吉法院考察交流，共商长三角区域一体化发展背景下的司法协作工作，实地参观执行局、递铺法庭、诉讼服务中心等场所。其间，安吉法院党组书记、院长沈芳君与陈晓君院长共同签订跨区域司法协作协议，并进行交流座谈。

【灵峰法庭进入实质化运营阶段】 11月5日，灵峰人民法庭正式办理辖区内相关案件，进入实质化运营阶段。作为安吉法院的第五个派出法庭，灵峰人民法庭下辖上墅乡、山川乡、天荒坪镇、灵峰街道，辖区面积324.3平方公里，辖区内常住人口80000余人，履行立案、审理辖区内民商事案件以及参与社会治安综合治理、指导人民调解、推进法制宣传等职能。11月5日，安吉法院党组书记、院长沈芳君带领班子成员到灵峰法庭的临时办公地（现递铺法庭二楼）共同见证灵峰法庭正式运营，并召开座谈会。会上，院长沈芳君首先对灵峰法庭的顺利开张表示祝贺，灵峰法庭要抓住地处“两山”理念发源地的契机，认真贯彻第六次全省人民法庭工作会议精神，始终坚持“三个面向”办案，“两便原则”利民，服务辖区经济社会发展，为新时代“两

7月3日，吴江法院与安吉法院共同签订跨区域司法协作协议

山”试验区建设提供有力的司法保障。

【举办共建法律文书实践研究基地签约仪式】 11月25日,中国法学会法律文书研究会与浙江省湖州市安吉县人民法院在中国政法大学隆重举办共建法律文书实践研究基地签约仪式。安吉法院党组书记、院长沈芳君,安吉法院党组成员、副院长沈伟,安吉法院审委会专职委员汤珊珊赴京参会。出席仪式的有中国法学会法律文书学研究会会长、中国政法大学教授马宏俊,中国法学会法律文书学研究会副会长、《民主与法制》杂志社总编刘桂明,中国法学会法律文书学研究会副会长、《人民司法》总编柳福华,中国法学会法律文书学研究会常务副秘书长、中国政法大学副教授袁钢,中国法学会法律文书学研究会副秘书长、中国社会科学院大学副教授苗鸣宇。签约仪式由中国法学会法律文书学研究会副会长刘桂明主持。

【杭州知识产权法庭(安吉)巡回审判庭揭牌成立】 12月19日,杭州知识产权法庭(安吉)巡回审判庭在安吉法院揭牌成立。浙江高院审判委员会专委许惠春,民三庭庭长蒋中东,杭州中院党组成员、副院长邵景腾,知识产权法庭庭长李奕,湖州市委常委、安吉县委书记沈铭权,湖州中院党组书记、院长李章军,党组成员、副院长胡新春,安吉县委副书记、政法委书记赵德清,副县长王捷等,以及杭州中院、湖州中院、安吉县市场监管局(知识产权局)、递铺街道有关领导,代表委员、律师、媒体记者以及企业家代表等一百多人出席揭牌仪式。仪式由安吉法院党组书记、院长沈芳君主持。

(徐巧玲)

司法行政

【概况】 2019年,安吉县司法局机构改革落实到位,县法制办并入县司法局,全面依法治县委员会办公室秘书处设在县司法局。上半年司法部部长傅政华和党组书记袁曙宏先后到安吉调研司法行政工作并给予高度肯定,县司法局作为第一批县区单位,工作宣传片在司法部例会上交流。2019年,办理各类法律援助案件1617件;受理调解纠纷总数5102起,调解成功率99.18%;县行政复议局新收行政复议申请40件,调解撤回13件,调撤率27%,行政诉讼案件结案102件,败诉率10.7%。人民调解员鲁柏青工作事迹被央视专题播出。

【服务中心工作】 优化法治营商环境。搭建全时空法律服务网络,利用在天使小镇、笔架山农高区、科创园、绿色家居产业园、文创园等园区设立的6家法律服务快速反应平台和全市首家县级“一带一路”法律服务中心,为县内企业提供法律服务,全年为县内425家企业进行免费的法治体检,提出法律意见515条,帮助企业规范经营、防范风险。开展涉企矛盾纠纷排查化解,全年共排查化解涉企矛盾纠纷426件。其中“多元化解银润企业系列行政争议、民事矛盾纠纷”“一带一路法律服务中心助力涉外企业防范法律风险”和“开展民营企业纠纷排查化解”3个案例,被评为全县优化营商环境工作优秀案例。全面深化“最多跑一次”改革,开展“无证明”城市创建工作,牵头对各部门415项证明材料逐一梳理,取消396项证明事项,取消比例达95.42%,全县基本实现“无证明为原则,要证明为例外”。

服务全国文明城市创建。结合文明城市创建内容,开展文明城市专项法治宣传108次。建立劳动者保护机制,落实农民工法律援助“一免一简三快”工作机制,助力“无欠薪”县创建,办理农民工法律援助案件15批次,涉及农民工803人次,追回经济损失945万元。探索新时代法治文明实践中心建设,设立新时代法治文明实践所1家,新时代法治文明实践点15个。组建法律专家团服务攻坚清零行动,现场提供公证服务125次,促进各区块攻坚清零有序推进。

完成新中国成立70周年安保维稳任务。出台《“平安护航新中国成立70周年大会战”社区矫正维稳安保工作方案》,对在册的542名社区服刑人员和2190名安置帮教人员逐一进行走访。组织摸排工作,评审、公示和监督环节,做好21名社区服刑人员的特赦。推进刑罚执行一体化建设和“先锋助矫”试点,联合南湖监狱建立全省首个刑罚执行一体化教育基地,联合县公安局在全市首创开展“家园卫士先锋助矫工作”,破解社区服刑人员管理难、教育难、改造难等问题。开展“大排查、早调解、护稳定、迎国庆”专项活动，加强隐患排查和矛盾纠纷调处，2019年，全县各级人民调解组织排查化解矛盾纠纷5102件，调解成功5060件，调解成功率99.18%。县司法局被浙江省司法厅授予大庆安保维稳工作集体嘉奖。

开展“三服务”工作。领导班子带队赴一线开展调研服务，联系走访企业、村（社区），搜集问题116个，其中现场解决92个，研究解决问题24个，化解率和满意度均为100%。为联系的县重点建设项目浙江安升吉达精密科技有限公司解决污水排放指标问题，为结对联系村解决燃气供应等困难。推进“法治派驻员”工作，选派10名年轻干部到梅溪镇重点村（社区）担任法治派驻员，赴基层一线开展实践服务，为村级事务管理提供法律意见40余条，为群众提供法律咨询100余次，组织各类法治讲座15场，收集矛盾纠纷线索50余条，切实帮助村（社区）解决各类法律问题。“建立全市首个县级‘一带一路’法律服务中心，助力出口企业防控法律风险”案例获评县“三服务”第三期担当破难典型案例并在“湖州365”公众号刊登。

【法治安吉建设】 机构改革后，全面承担起法治安吉建设的重任，推进法治安吉、法治政府和法治社会建设工作。

统筹全面依法治县。成立县委全面依法治县委员会并召开第一次会议，构建依法治县党委领导组织框架，建立执法、司法、守法普法三个协调小组，研究制定委员会工作规则、协调小组工作规则、办公室工作细则等，完善工作制度体系。全面落实党政主要负责人履行法治建设第一责任人职责，出台法治安吉工作要点，建立法治安吉建设考核制度，并做好相关任务的分解和细化。

11月7日，全县法治政府建设工作部署会暨县委依法治县委员会执法协调小组第一次会议召开

加强法治政府建设。健全重大行政决策机制，实现县、乡、村三级法律顾问全覆盖。强化规范性文件合法性审查，全年审查各类文件250余件，出台行政规范性文件20件。启动全县规范性文件清理工作，梳理出全县规范性文件267份，下发至各单位进行清理，对各单位上报的清理结果进行合法性审查。在全省试点律师进驻综合行政执法工作，驻队律师参与一线执法185次，当场提供法律咨询245人次，化解各类执法矛盾68个。公开选聘特邀执法监督员，召开全县行政执法监督案卷评查会议，对13家主要行政执法部门94份执法卷宗进行评审。

强化行政争议化解。完成行政复议体制改革，落实行政复议集中管辖制度，加强行政复议规范化建设，建立“一团一委”两支队伍，办好行政复议案件，全年办结行政复议案件48件。打造行政争议多元化解“升级版”，加大应诉案件协调力度，强化府院、府检联动，落实行政负责人出庭应诉制度，健全形势分析月报、败诉专案通报等机制，依法协调处理各类行政诉讼案件。2019年，行政诉讼案件结案102件，败诉率为10.7%。

推进“七五”普法实施。制定年度《重点单位普法责任清单》，推进普法责任制落实。实现普法平台创新，构建电视《平安安吉》、报纸《律师评案》、杂志《行者》、微信“安吉普法”“安吉微司法”和抖音“竹仔来了”的全媒体普法阵容。推进领导干部、青少年等重点对象普法，实现领导干部任前考试常态化和年度考试常规化，打造“法在心中”青少年普法品牌。开展法律进农村、社区、学校、企业、宗教场所、军营等“法律十进”活动，全年共组织开展各类法治宣传活动236场，其中还引进浙江卫视《流动大舞台》节目走进灵峰街道灵峰村，为当地群众送去法治文化大餐。

【加强品牌创新】 落实习近平总书记在安吉法治调研时提出的要求和嘱托，探索基层依法治理、人民调解和法律援助新经验、好做法。

基层治理示范引领。推进基层民主法治建设，规范基层依法自治和民主管理。在发布全国首个基层民主法治建设地方标准《美丽乡村民主法治建设规范》基础上，注重加强典型培育和对基层治理经验的提炼、总结，争取司法部领导到安吉调研指导，余村被评为全国首批法治宣传教育基地，并在全国乡村治理大会上发言。2019年，安吉县法治乡村建设经验被司法部简报刊登，相关的宣传片在司法部推进依法治理现场会上交流。年内市级以上民主法治村覆盖率扩大，成功创建省级民主法治村15个。安吉县共有全国民主法治示范村3个，省级民主法治村45个，市级以上民主法治村的创建成功率达97%。

人民调解提档升级。围绕习近平总书记提出的“探索人民调解新路子”要求，提出打造新时代“枫桥经验”的工作目标。完善县、乡、村三级调解网络，建立婚调、医调、交调等行业、专业性调解组织20个，成立全市首个物业管理矛盾纠纷调解中心，涌现“老鲁工作室”“婆妈说事室”“谈鲁鲁”等一批各具特色的调解工作室。递铺街道“四化调解法”得到司法部部长的充分肯定。探索跨区域、跨行业有效联防联调，强化警调、诉调、访调有效对接。建立“访调援三合一”机制，加强信访与人民调解和法律援助衔接，合力化解信访纠纷，全年安吉县通过该机制化解矛盾纠纷625件，其中化解信访纠纷328起，信访积案2件，为群众提供法律援助或法律帮助服务解决152件。探索“司法行政＋综合行政执法”合作共融模式，在律师驻队的基础上，加强行政执法监督、普法宣传等合作，重点加强“综合行政执法＋人民调解”特色品牌打造，为当前城市管理过程中出现的大量的矛盾纠纷提供新的化解渠道。反映安吉通过人民调解服务基层、服务企业、服务群众的专题片《安吉有个鲁柏青》在央视社会与法频道播出。

6月12日，司法部部长傅政华带队到安吉调研司法行政工作

法律援助先行先试。深化公共法律服务三级实体平台、网络平台和热线平台的规范化建设。围绕“让困难群众打得起官司”，推进“法援惠民生”工程，建立法律援助点援制、差别化补贴等有效机制，提高援助案件办理质量。在全省首推法律援助案件首办责任制，把办理时间缩短至20分钟。改革创新法律援助申请程序，实行经济困难承诺制度，为群众申请法律援助提供便利。建立退役军人法律援助工作站，开设“老兵律师”工作室，为退役军人提供法律帮助。推进刑事辩护法律援助全覆盖试点工作，建立健全值班律师工作机制，保障犯罪嫌疑人合法权益。从2018年起，县司法局与中国政法大学国家法律援助研究院建立战略合作关系，在县法律援助中心设立全国性“法援大讲堂”，通过直播培训方式加强法律援助理论研究与实践探索。县司法局被推荐为全国公共法律服务工作先进集体。

【队伍建设】 立足干部队伍年

轻化，业务不扎实、经验不足和当前工作职能专业化要求高的实际，创新年轻干部队伍建设新机制，启动以“育苗”“蹲苗”“壮苗”为主要内容的“助苗成长”三年行动。以“青育课堂＋”平台实施“育苗”行动，每月通过班级化、多元化课堂开展案例研讨、辩论等教学，并邀请专家、业务骨干、法官、老司法所长等专业力量参与，提高课堂教学的专业性。以法治派驻员队伍结对重点村实施“蹲苗”行动，通过法治派驻员每周收集舆情、每月坐诊、季度走访、半年办理案件或者组织服务活动形式开展点对点、面对面的多维度服务，提高年轻干部的实践能力。以“3＋X”导师帮带机制，实施“壮苗”行动，根据每名年轻干部的特点，落实适合其成长的1名班子成员、1—2名中层干部与其结对帮带，签订帮带协议，通过互学、互评、互导，做到工作、学习、生活等各方面的无缝帮带培养。“助苗成长”行动实施以来，“法润两山”青育课堂已开讲7期，15名90后年轻干部分别与7名领导、18名中层骨干开展个性化结对帮带，第一批法治派驻员已为村级事务管理提供法律意见40余条，为群众提供法律咨询100余次，组织各类法治讲座15场，收集矛盾纠纷线索50余条。2019年司法行政系统3人参加法考，2人通过考试；1人被推荐代表全省公共法律服务条线参与大练兵总决赛；1人获三等功，3人被评为市级以上先进个人。

【天荒坪司法所获评全国先进司法所】 1月10日，司法部发布《关于评选表彰全国模范司法所及先进集体和先进个人的通知》，天荒坪司法所荣获全国先进司法所。近年来，天荒坪司法所注重创新，强化纠纷排查化解，建立“四号一体”机制，通过立号、分号、督号、销号方式，属地管理、分级负责，95%以上的纠纷在村级得到化解，确保“小事不出组、大事不出村”。司法所大力推进民主法治建设，全镇已成功创建国家级民主法治村1个，市级10个，2018年帮助余村村成功提炼出“余村经验”，获得浙江省公共管理创新案例十佳创新奖。

【县法律援助中心获评全国级青少年维权岗】 4月7日，全国创建“青少年维权岗”名单公布，县法律援助中心成功入选。近年来，县法援中心及各乡镇（街道）法援站、点均开辟“青少年维权”绿色通道，在团县委、妇联设立援助工作站，优先受理涉及未成年的刑事案件及涉及抚养费、人身损害等青少年权益保护的民事案件。针对未成年人制定法律援助案件管理方案，明确办理未成年法律援助案件的原则、流程、旁听、回访制度，加强对援助律师承办法律援助案件的质量监督。近三年来，法援中心共为未成年人维权案件提供法律援助330起，在保护青少年权益、构建和谐社会中发挥积极作用。

【建立全省首个监地共建刑罚执行一体化实践基地】 4月16日，县社区矫正工作委员会联合省南湖监狱，建立全省首个监地共建刑罚执行一体化实践基地。该基地的建设是全省推进监地刑罚执行一体化建设工作的重要举措，双方通过派驻专业人员进驻基地，建立健信息交换共享制度、监地衔接配合、安置帮教衔接等工作制度，探索刑罚执行优势互补、资源共享、相互贯通支撑、着眼长远发展的工作体系，开展震撼教育和回归帮教，确保共建实践基地和警示教育基地常态化运作。

4月16日，监地刑罚执行一体化建设结对共建仪式举行

【在全市率先试行法律援助经济困难承诺制】 5月10日,司法局制定《法律援助经济困难状况承诺制实施办法》,在全市率先实施法律援助经济困难承诺制度。《办法》规定,允许申请人对经济困难情况进行书面承诺,法律援助机构对于当事人承诺原则上均予以认可,不再进行实质审查。同时,在坚持经济收入低于"最低工资线"的原则下,对例外情形作出规定,因遭受重大疾病、重大意外伤害等原因导致家庭支出明显超出收入的,视为符合法律援助经济困难标准,确保"应援尽援"。此外,法援机构会定期通过随机抽查的方式查实承诺是否属实,若出现失信情形,将函告所在单位或村(社区),同时追偿法律服务费用。

【在全市首创行政复议"案审委"制度化解行政纠纷】 7月15日,司法局下发《关于建立县行政复议局案件审理委员会的通知》,该制度旨在探索建立复杂疑难行政复议案件集体讨论机制,提高行政复议案件审理质量。行政复议"案审委"成员由应诉协调科、政府法律事务科、律师公证工作管理科的分管领导及科室负责人组成,并由局主要负责人担任"案审委"主任,在遇到疑难复杂、新类型、存在重大分歧、涉及重大公共利益或可能影响社会稳定等案件时,由案审委主任提交案审委讨论,在会议中通过案情汇报、委员讨论、集体决议等环节,形成最终行政复议决议。

【建立"老兵律师"工作室】 7月20日,县司法局联合县退役军人事务局在县法律援助中心建立"老兵律师"工作室,配合做好退役军人服务保障工作,维护退役军人合法权益。由县内具有参军经历的律师、法律工作者、公职律师组建成一支"老兵律师"顾问团,平时不定期在县法律援助中心值班,为上门寻求帮助的退役军人提供精准化法律服务。同时在县退役军人事务局挂牌建立法律援助工作站,负责案件初审,对符合援助条件的案件受理,县法援中心指派"老兵律师"提供全方位的专业法律服务。

【全省率先建立综合行政执法与司法行政共建共融工作机制】 9月10日,县司法局与综合执法局建立综合行政执法与司法行政共建共融工作机制,以协调解决部门专业行政执法及综合行政执法中出现的问题。双方成立工作领导小组,并建立工作例会、信息通报、重大疑难案件会商等制度,就如何加强综合行政执法普法宣传、完善"律师驻队"工作模式、打造"综合执法+人民调解"特色品牌、提升执法规范化水平等方面作出具体要求。

(江　涛)

4月13日,全县律师工作会议暨2019年"全县法律服务行业规范化建设年活动"动员大会召开

军　事

【概况】 2019年，安吉县军事工作坚持维护核心政治领航，坚持聚焦打赢练兵居中，坚持紧盯主业夯实基础，坚持党建引领创新发展，各项工作有效落实、重大任务圆满完成、基础建设协调发展。

【战备训练】 开展日常战备专项整顿活动，优化完善作战值班指挥、力量、规章、方案4个体系，购买民兵应急指挥箱组和应急救援综合车，添置应急连装备器材，提高日常战备水平和应急指挥处突能力。完成军地联合应急救援指挥演练。开展群众性练兵和实战化训练，完成民兵骨干训练及跨区联训任务。严抓首长机关训练，坚持落实好每周夜训和每周首长机关训练，在分区组织的两级机关比武训练中，原部长谷炳方取得现役干部综合第一，文职人员刘超、丁坤取得文职人员综合成绩前两名。

【后备力量建设】 落实党管武装制度，组织召开县委议军会、党管武装工作、国防动员工作会议，协调县四套班子领导及国动委、国教委成员单位主要领导过军事日，定期向第一书记和有关地方领导汇报武装工作情况。持续跟进民兵调整改革的新任务新要求，提升编兵整组的质量。征兵工作稳步落实，兵役登记、宣传发动、直招士官、定向培养士官、高校征兵站规范化建设等工作有序推进，完成年度兵员征集任务。协调地方落实军人优抚优待政策和解决随军家属安置、军人子女接受优质教育等实际问题，推动双拥工作发展。

9月4日，2019年全县征兵定兵会议召开

【国防动员】 按照"一季征兵、全年准备"的要求，坚持早筹划早启动，认真剖析总结2018年度征兵工作特点规律，部党委带队深入乡镇（街道）调研新时代征兵工作困难矛盾，督导推进工作落实，并结合实际大力开展征兵宣传。7月起，认真抓目测初检、上站体检、复检联审、定兵送兵等规定动作，8月底，在走访调查的基础上组织全县双合格青年役前集训，坚决淘汰部分思想素质不过硬的应征青年，及时发现少数常规体检难以发现的潜藏疾病。

【国防教育】 坚持把学深悟透习近平强军思想作为学习教育的核心内容，开展四个季度党委中心组带机关理论学习，组织全体干部、文职和职工读好《习近平新时代中国特色社会主义思想学习纲要》《习近平强军思想学习纲要》等基本教材，抓实精读原文、专题辅导、研讨交流等关键环节，推动理论武装进入思想、进入工作、走深走实。开展"不忘初心、牢记使命"主题教育活动，严格落实教育动员、集中学习、讨论辨析等规定动作，结合实际开展工作实践活动。持续强化政治纪律政治规矩教育，开展清网、借贷、名贵特产等行动专项整顿。开展职工队伍专题教育整顿，落实好每月谈心、走访、教育等制度。落实军委和省军区巡视问题整改，举一反三，列出问题清单,扎实抓好整改。下发全县国防教育工作要点,召开国防教育委员会联络员工作会议,组织开展国防教育主题演讲比赛,认真编写国防教育精品课并到党校、机关进行宣讲。

【政治工作】 区分党委班子、干部职工、专武干部、基干民兵四个层次,以下发的理论书籍为基本教材,以刊发的讲话精神为主要内容,结合理论学习、集中培训、政治教育等时机,采取授课辅导、个人自学、集中讨论、撰写体会、理论测试等多种形式,抓实党的十九大精神特别是习近平新时代中国特色社会主义思想和习近平强军思想的学习贯彻,帮助大家掌握基本精神、把握基本要求、夯实思想根基,切实牢固树立“四个意识”,坚定践行“两个维护”。

【规范化建设】 着眼人武部建设安全发展,开展“条令学习月”和“百日安全竞赛”等活动,狠抓机关工作和日常秩序规范。注重抓安全学习教育,学习贯彻上级关于安全稳定工作的一系列决策指示和通知要求,以通报的事故案件为重点开展警示教育;注重抓安全形势分析,每月和重要敏感时期都开展安全形势分析,引导一班人始终保持清醒头脑,了解单位安全形势和干部、文职和职工思想情况,落实好安全工作制度,针对性做好相关工作;注重抓安全隐患排查,采取每个场所走到、每个库室看到、每个人员谈到等形式,自我揭短亮丑、搞好预测预想、整改落实,同时针对上级检查反馈的问题,举一反三、深入查纠;注重抓安全重点防范,紧盯违规喝酒问题,充分吸取兄弟单位事故教训,开展专题教育整顿,完善督导检查制度,每周常态落实违规饮酒测试,层层压实责任;注重抓安全设施完善,为办公楼安装消防栓、为每个办公室更换密码柜,并根据干部、文职和职工的期望,完成伙房改造,协调地方交投集团完成室外车库建设。

【军训工作】 2019 年是人武部第二次组织学生军训,根据省军区战建局与省教育厅联合文件的指示精神,瞄准高起点、高标准、高质量的总目标,协调县教育局召集相关学校召开部署会,研究制订军训工作推进时间表,明确责任分工。针对本次由民兵担任教官的新情况、新特点,部里组织全县教官候选人进行“过四关”考核海选(军事关、教学关、政审关、健康关),组织对准教官进行集中教育培训,于 8 月 15 日至 9 月 13 日,完成全县 5995 名学生的军训任务。

【参加浙江省第二届岗位比武练兵活动】 11 月,以备战全省首届民兵岗位练兵比武为主要抓手,集中两周时间组织专武干部、民兵连长及基干民兵训练,并采取各单位摸排推荐、集中强化训练、考核排名选拔等方式,遴选训练尖子组成比武队伍,代表湖州市参加岗位比武练兵活动,并取得全省防汛抗洪专业第二名好成绩,特别是参赛民兵的精神状态和专业素养得到省、市领导褒奖。

(刘　超)

11 月,安吉县人武部参加浙江省第二届岗位比武练兵活动

水　　利

【概况】 2019年，县水利工作围绕打造安全水利、惠民水利、美丽水利、生态水利、清廉水利，以“不忘初心、牢记使命”主题教育为抓手，深入践行“两山”试验区建设，全面推进水利工程设施建设，全年完成水利投资1.9亿元。国家重点项目苕溪清水入湖（安吉段）河道整治工程基本完成，西苕溪绿道新建工程完成40%，乌象坝滨水公园绿化工程主体完工；赋石水库加固改造工程、赋石灌区节水配套改造项目已通过完工验收；完成浒溪流域综合治理工程（城区段）；持续做好病险水库山塘清零，启动7座小型水库除险加固、完成其中4座，整治山塘8座；完成第七批（2015－2017年度）小农水项目县市级总体验收，第十批（2018年度）小农水项目县县级验收。

优化水保综合治理，完成溪龙乡等4条小流域水土流失综合治理项目；探索研究的山区河道生态防洪模式获国家专利，并在障吴、杭垓等地的多处山区河道中运用，效果良好；完成《安吉县水土保持科普教育小学读本》第三次修编重印工作，累计印刷5万册，受众面近15万人次；安吉水土保持科技示范园通过水利部定期评估。

按照“一站一策”工作方案实行类别划分、销号管理、逐站整改，不断加快小水电清理整改整体进度，完成生态流量视频监视安装19处，对于未经项目环评的6座电站予以快速处置，完成环保手续补办电站5座，1座退出运行。全年完成整改类水电站销号6座，提前完成年度目标任务。

【防汛防台减灾】 为做好2019年水旱灾害防御准备工作，组织开展水旱灾害防御安全检查和隐患大排查，在各乡镇（街道）、各水管单位开展自查的基础上，由局分管领导及相关科室技术人员成立检查组，对全县小型水库、重点山塘、河道堤防与在建水利工程（涉水工程）进行一次全面的隐患风险排查。全年各乡镇（街道）共开展检查660余人次，检查820余处，水利局及各水管单位共派出技术检查人员100余人次，检查排查各类水利工程170余处，及时发现并整改隐患及薄弱环节40余处。

打赢“利奇马”“玲玲”等台风攻坚战，完成全县101处标准化水雨情遥测站和492处河道视频监控设施与终端设备检查维护工作，确保汛期可正常运行；落实全局汛期24小时值班制度，完善水雨情预警通告制度，为主动防御各类洪涝灾害赢取时间，确保水旱灾害防御工作顺利实施；升级改造山洪灾害预警平台，完善预警信息发送机制，提升应急响应效率；完成安吉县西苕溪洪水风险图的编制，洪水风险图系统能够直观体现西苕溪干流长潭以下至梅溪小溪口48公里河长，180平方公里范围内洪水影响的整体情况，为组织指挥和决策提供强力技术支持。

加强与气象部门会商，根据降雨预报，对可能受影响的大中型水库进行提前预泄，腾出库容。病险水库要及时降低水库甚至空库运行。2019年汛期安吉县共发出水库调度单46份，大中型水库累计拦蓄洪水22852万方，充分发挥了水库拦洪削峰、错峰调洪的作用。成立专家库,加强现场指导,为水利工程应急抢险除险技术支撑,并督促乡镇(街道)遇险及时报告上级部门。在防御梅雨期、“利奇马”台风期间和5号强降雨期间,组织水利技术专家直赴现场开展技术指导,共派出水利技术专家70余人次,工程检查巡查达7000余人次。

【美丽河湖建设】 以省政府为民办实事项目“美丽河湖”建设为重要载体,率先出台《安吉县域美丽河道综合规划》等一系列规范,创建美丽河湖16条,其中西苕溪(乌象坝段)、浒溪(天荒坪段)2条河道创建省级美丽河湖(省水利厅副厅长李锐在浙江经视《有请发言人》栏目中特别推介安吉县乌象坝滨水公园对美丽河湖创建的尝试和创新;浙江经视还全方位深入报道安吉县美丽河湖建设经验做法)。2019年,大竹园村、施阮村、红庙村等7个行政村创建水环境优美村,全年已指导创建水环境优美村48个。同时,积极探索实施西苕溪幸福河建设,通过实施苕溪清水入湖工程,筑实西苕溪平安健康底色;通过秀水穿城,增添西苕溪美丽宜居魅力;通过绿水引领,绘就西苕溪产兴民富蓝图,“绿水”经济带推进有序,“绿水生金”优势进一步显现。

【农饮水达标提标工程】 依托《安吉县域给排水专项规划(2014—2030)》,结合全县供水系统现状,对县域供水管网进行系统布局,确定供水水源、净水厂及提升泵站的位置、规模,制定节约用水、安全供水对策措施;启动《安吉县农村饮用水达标提标专项规划》,以能联则联、能扩则扩、因地制宜为原则,对全县农村供水工作进行系统科学规划;编制《安吉县农村供水工程“十三五”规划》,涉及项目106个、提升人口36.09万人。

以农村水站提升改造为支点,辐射带动周边整体环境“同提升、同改造、同美化”,进一步优化环境、形成风景。同时,配备先进制水工艺、自动投加药系统、水质在线监测和信息化管理平台,对水质的pH值、余氯、浊度等指标进行全天候自动监测,有力保证农村饮水安全。以石坞岭水站为样板和典范,打造一批“小而美、精而全、智能化”庭院式美丽水站,85座水站建设全面启动,新增受益人口5.5万人。2019年先后接待50余批省内外同行参观考察美丽水站,其中包括巴基斯坦旁遮普邦政府代表团。

西苕溪(安城段)

制定出台《安吉县农村饮用水价格管理指导意见》,明确水价核定、水费计收和管理要求,严格实行有偿使用、计量收费制度。按照“合理收益、优质优价、公平负担”的原则,合理确定供水价格,水费收缴覆盖所有供水受益户,按量计取,由村民代表大会讨论确定,真正让农村群众用“放心水”、交“明白费”,促进农村水站长效运维,保障农村饮用水达标提标工程长期发挥效应。全年城镇水厂、农村供水站水费收缴率均达90%以上,部分行政村通过安装电子智能表实施“预付式”收费。

【水雨情监测】 2019年,安吉县累计降雨1777毫米,比多年平均值偏多15%,其中梅雨449.7毫米,比常年梅雨量偏多59.4%,受9号台风“利奇马”与9月5日强对流天气影响,安吉县遭受近年来较严重的洪水灾害,横塘村实测最大流量达1247立方米/秒,梅溪最高水位达6.96米,超保证水位0.79米。全县范围的各个站点都能按照

《测站任务书》实施水文测验，除因工程暂停监测站点外，全县遥测站通信畅通率100%，19处国家基本站点降雨量、水位、蒸发全年无缺测，横塘村站共完成人工流量施测759次；同时水文站每月按时向省水文中心、市水文站及县水利局报送水情分析简报；梅雨及台风期，全面分析计算全县水库及河道雨量承载能力，提供成果报告18份，洪水期间及时开展预测预报工作，逐个小时提供西苕溪洪水分析预报，提高了抢险救灾预见期，为水旱灾害防御决策提供有力数据支持。

【水政水资源管理】 以河道"清四乱"为抓手，提高水政执法巡查频次，严厉打击水事违法行为，加大案件查处力度，立案查处违法案件4件(3件已结案)，责令改正违法行为通知书下发27件，责令停止违法行为通知书下发4件，查处移交综合执法局水事违法案件6件，配合综合执法局查处违法案件15件，制止和整改轻微水事违法行为20件。开展拆除涉水违法建筑等专项行动，全年拆除涉水违法构筑物860余平方米，清理违法垦殖堤防3处，清除河道障碍物2处。长达40年的递铺安龙码头乱建项目得到彻底整治，该案例被省水利厅作为典型案例推荐至水利部，全省仅3个。紧密结合浙江省"三服务""最多跑一次"改革等工作，以群众利益为出发点，持续推出区域整体审批、"三合一"审批，依法依规完成取水许可审批项目112件，涉河涉堤建设项目审批22件。为深化"最多跑一次"改革，完成内部权力事项的集中梳理；结合党政机构改革，完成权力事项清单动态调整；积极配合跑改办做好一体化平台建设，水利45项政务服务事项跑零次、网办、掌办实现率100%，即办率93.33%，法定时限压缩率达97.66%。

【水利工程质量监督管理】 贯彻水利工程建设管理有关法律法规，执行质量监督各项规定和工作制度，按基本建设程序管理的水利工程全部纳入省级监督管理平台，实现质量监督覆盖率达100%。2019年新增受理监督项目27项、27个标段，对27个项目及跨年度项目开展质量监督检查98次，印发监督检查意见76份，已督促完成问题整改351条。在建项目监督检查频次满足工程建设需要，项目法人及参建单位质量行为总体规范向好，年度在监项目实现质量、安全无事故。规范市场行为，组织开展重点项目质量工作检查考核，组织一期水利工程建设质量管理培训班，参加培训20家单位(企业)30人次，邀请省内质量工作考核专家对石坞岭水库除险加固等工程进行现场检查指导。执行各项规程、规范和技术标准，加强工程实体质量抽查、检测，督促质量不合格情况的整改处理。落实2018至2019年度监督检测经费20万元，已安排实体质量抽检19个项目、45组取样检测，抽检合格率稳步向好。

【中心工作】 对照《新时代浙江(安吉)县域践行"两山"理念综合改革创新试验区总体方案》，多次赴省水利厅对接工作，争取政策、试点，对相关方案进行反复修改研究，省水利厅下发《关于支持安吉县新时代践行"两山"理念综合改革创新试验区水利建设的意见》，出台具体意见全力支持安吉县水利建设，为推进安吉"两山"试验区建设贡献水利力量。按照上级统一部署，领办无物业小区和背街小巷，开

老石坎水库清淤扩容

展文明攻坚行动,在领办秋芦南苑及水利宿舍无物业小区方面,共划定机动车位220个、非机动车位370个,整理“五线”约8000米,清理小广告510处,清理楼道堆物和垃圾37车,补植绿化4500平方米。在领办老城南路文明创建方面,共划定机动车位40个、非机动车位40个,清理小广告400余处,清理垃圾17车,补植绿化4500平方米。同时建立微信联络群,及时发布文明创建讯息动态及创建过程中存在的问题,开展“文明出行劝导”“街巷长制”等各类文明创建志愿服务活动50余次,累计出动人次480余人次,做到举一反三、全力整治。聚焦项目加速添能、群众饮水安全、企业用水保障、河湖生态环境、地区防洪保安、重点水利工程推进等六大问题,全面开展“三联三助推”,进一步转变工作作风,密切联系群众。先后走访苕溪清水入湖安吉段、晓墅港的综合整治和浒溪综合整治等一批重点水利项目,走访一批涉水企业和水利工作任务重的行政村,为项目推进、企业发展、乡村振兴等保驾护航。全年累计走访企业42家,走访行政村(社区)等基层单位98个,梳理解决问题300余个,问题解决率100%,连续两次入选县“三服务”担当破难案例。

【党风廉政建设】 结合“不忘初心、牢记使命”主题教育,强化“一岗双责”落实,落实年度党风廉政建设工作目标任务,制定下发《中共安吉县水利局党委关于“一岗双责”责任分工的通知》,层层签订《党风廉政建设责任书》,形成一级抓一级、层层抓落实的责任体系和齐抓共管的工作格局。建立工作“督查制”,以抓制度落实、工作绩效和矛盾问题为突破口,不断提高督查的时效性和精准性,开展3次专项督查活动,并向全系统通报督查结果,针对督查过程中发现的问题,督促各相关责任单位落实整改。完善《安吉县水利局非招标类小额交易谈判决策操作办法》等规章制度,提高水利非招标类小额交易的规范性。通过中层干部“竞聘上岗”、一般干部“双向选择”等形式,优化水利队伍人员配置,全力激发队伍的生机和活力,年内提拔任用年轻干部进入中层岗位21人次,待岗4人。通过人才引进招录研究生3人,调入3人,公务员招考录用1人,招录编外用工9名,10名干部下派外借。全力打破体制壁垒,系统所有二类事业单位全部转为一类事业单位。

【老石坎水库清淤扩容试点工程竣工验收】 5月10日,老石坎水库清淤扩容试点工程通过竣工验收,工程总投资1343.41万元,完成清淤量177.3万立方米,涉及资源通过网上拍卖所得3.31亿元。在全国同类型水库中,老石坎水库将清淤工程和资源市场化相结合,创新清淤模式,探索大中型水库清淤扩容的经验、办法。通过淤泥砂石市场化处置共拍得5713万元,确保国有资产效益的最大化,在不花费财政一分钱的情况下完成清淤工作,还实现了4400万元的收益,同时还利用清淤收益建设汤口库尾生态湿地,并协助汤口村打造休闲垂钓区,大幅改善库尾生态环境面貌。

【老石坎水库展示馆开馆】 安吉县老石坎水库展示馆位于老石坎水库正常泄洪闸下游原管理房处,修建于2018年,占地面积270平方米,总投资260万元,于2019年9月6日正式开馆对外免费开放。展示馆主要展示水库概貌、工程建设史、建库以来取得的成就和建设者们的先

安吉县老石坎水库展示馆

进事迹等内容。馆内陈列了历史照片、文献资料及当时建库工具等各类展品200余件。展示内容分为8个板块:建库历程、历史现状、知青文化、领导关怀、荣誉展示、展望未来、运行管理以及水库风光。同时配备专业讲解及教育纪录片《老石坎水库》,全方位展示水库建库至今60多年的辉煌历史。水库展示馆的建成,为广大党员干部接受廉政教育、党性教育、爱国主义教育提供了重要平台。时刻激励着广大党员干部以老一辈建设者们为榜样,努力锻造立党为公、爱岗敬业、无私奉献,对党的事业忠心耿耿、持之以恒的高贵品格。为水利事业高质量发展提供强大的精神动力。据统计,自开馆以来,展示馆已接待外来访客150余批3000余人参观学习。

【安吉县入选省级小型水库管理体制改革示范县】 11月8日,浙江省水利厅下发《关于推荐全国深化小型水库管理体制改革示范县的公示》,安吉县成功入选省级小型水库管理体制改革示范县。针对小型水库点多、面广、量大、地处偏远等特点,全县积极探索区域化、专业化、市场化、特色化管理模式,促进全县小型水库管护水平不断提升。

【完成省级节水型社会建设】

11月28日,安吉县通过省级节水型社会建设验收。近年来,全县采取“全面发动、示范引领”的方式开展节水型载体建设,累计建成2个节水型灌区、30家节水型企业,其中重点用水行业节水型企业建成率为50%,节水型机关(单位)建成率为62%,2个节水型居民小区建成率为15.4%,自备水取用水户取水已完成实时监控全覆盖,扩大节水型载体覆盖面,充分发挥示范引领作用,全面完成省级节水型社会建设。

【赋石水库管理所通过国家级水利工程管理单位复核验收】 11月21日,水利部松辽水利委员会下发《关于报送浙江珊溪水利水电开发股份有限公司等3家水管单位水利工程管理复核情况的函》,根据考核验收和复核结果,经审查和公示,正式下文批准安吉县赋石水库管理所通过国家级水利工程管理单位复核验收,全市唯一。近年来,安吉县赋石水库管理所认真落实《水利工程管理考核办法》,立足组织管理、安全管理、运行管理、经济管理4大项34小项内容,对水库安全鉴定、更新改造、水行政管理等方面进行整改提升,不断提高水库管理水平,取得良好的社会经济效益。截至2019年底,赋石水库年均发电量1500万千瓦时,年城市供水1500万立方米,旅游等多种经营资产总额3000余万元。

(章金平)

11月21日,赋石水库管理所通过国家级水利工程管理单位复核验收

交 通

【概况】 2019年,安吉县交通投资计划完成投资36.4亿元,实施项目22个。其中,新建项目8个,续建项目推进10个,前期项目4个。全年公路客运量1270万人,同比增长5.87%,公路客运周转量40700万人公里,同比增长3.72%。安吉县有普通货运车辆2232辆,同比减少32.9%;核载吨位数为3万吨,同比增加68.8%;拥有运输船舶615艘,同比减少3%,37.7万载重吨,平均吨位数达613吨,同比下降0.9%。全年完成公路货运量和周转量分别为2407万吨和12.8亿吨公里,同比增长18.8%和2.8%。全县公路年货运量达1.1万吨/辆,同比增加76.7%,单位运力综合提升14%。全市率先提前完成老旧营运货车淘汰工作,运输工具逐步向标准化、专业化转型,运力结构逐步合理。助推长湖申航道西延工程,累计完成总工程量65%,逐步构建水上外联大通道。全年完成水路货运量1423.9万吨、货物周转量25.8亿吨公里。引导安吉港融入长三角内河集装箱联动发展,全年完成集装箱吞吐量29.87万标箱,同比增长14%,内河集装箱吞吐量位列全省前列。年内打通断头路5条,建设城市联网道路5条,新建城市道路13公里,改建城市道路2.3公里,完成生态绿道建设7公里。科学治理城区交通拥堵点2个,新增公共停车场4个、公共停车位5160个。投入1.1亿元,更新纯电动公交车125辆,实现两元一票制、公交纯电动、移动支付等"三个全覆盖",大幅提升公共交通服务城乡一体化的普惠水平。优化公交线路5条,建成港湾式停靠站50座,开通首条城乡夜间公交,新增上墅小岭头、天荒坪树岭等一批偏远山村城乡公交。全年农村公路改造提升81公里,农村公路大中修65公里,危桥改造10座,建设公路服务驿站10个,创建"四好农村路"示范乡镇2个(灵峰街道、天子湖镇),完成年度目标任务。启动西南片区农村公路改造提升"511"计划,加快推进5个农村公路项目建设,累计完成投资1.2亿元。

参与场站疏导、文明劝导、随车引导,派出交通志愿者4500余人次,实现文明宣导全覆盖。完善标牌1200余块,美化站点416处,补植绿化56公里。推进领办责任区块内部改造,投入300余万元,改造节点320余个。印发安吉县交通运输局《党风廉政建设和反腐败工作要点》和《党风廉政建设和反腐败工作的责任范围及分工》等4项制度。建立专门的督查机制,成立督察小组,统筹结合日常督查与专项督查,全年开展项目督查15次、廉政督查5次,每月实现督查的100%全覆盖。深化"最多跑一次"改革,提升交通政务服务水平。实现网上申请全覆盖,群众办事跑零次;结合"浙里办"App办理,网上审批应用率提高。累计取消优化各类证明20项,取消道路运输证遗失媒介刊登声

4月28日,西南片区"511"农村公路改造提升行动全面启动

明。针对异地营运船舶年检难问题，港航开展“送检上门”服务。网约车新政落地，实行巡游出租车、网约出租车驾驶员从业资格证“两证合一”，实现网约车合法化经营，并实现“一件事”联办。工程建设事项全部纳入网上办理流程。

构建“1＋6＋6”工作机制，创建党建示范点。以“创美交通”党建服务品牌为主线，通过“党委班子建设”作为红路指引、“党风廉政建设”造就一路清风、“基层组织建设”凸显强基固本、“人才队伍建设”锻造交通铁军、“改进作风建设”体现两路精神、“智慧党建建设”助力 e 路领航的六大工程；坚定理想信念，开展主题教育活动；推进“互联网＋党建”，强化全国党员管理信息系统和交通智慧党建管理平台的运用；党建引领中心工作，全面深化“三服务”。开展“三个一”警示教育活动（组织一次廉政教育基地参观学习、参加一场旁听庭审活动、阅读一份案件剖析材料），向干部职工通报案情，以案明纪、引以为戒。约谈中层干部 48 人次；严查廉政风险，开展干部职工廉政风险点排查和利益冲突行为排查工作，查找重点岗位存在的突出问题、关键环节管理的漏洞、现有制度机制的缺陷，排查出廉政风险岗位 70 个，廉政风险点 30 余个。开展廉政督查，全年进行廉政督查检查 15 次，财务审计 3 次，追责约谈人员 1 名，协查处理违规违纪人员 2 名。

省交通厅支持安吉县新时代“两山”试验区建设，下发《关于印发安吉县新时代践行“两山”理念综合改革创新试验区建设厅内部分工方案的通知》，落实责任领导和处室开展专题研究，把试验区建设过程中的重大交通项目纳入浙江省综合交通发展规划。安吉县交通局完成《安吉县“交通强国”试点实施方案（初稿）》编制，在交通规划、项目建设、行业管理等方面全力争取上级支持，激发政策红利，争创全省“交通强国”县级示范，树立全国县域交通发展新样板。

【绿色交通】 2019 年 1 月，安吉县绿色交通县创建工作通过验收。围绕新能源、慢行系统、公共交通、绿色枢纽、绿色港口、绿色运输、交通管理和交通服务八大方面，以 38 个子项目为载体，构建便捷畅通的综合运输网络、建设绿色低碳的交通基础设施、推广节能环保的绿色运输装备、发展集约高效的运输组织模式、提升绿色交通科技与管理能力。创建期内，投资 34.3 亿元，子项目完成率 99.73%，实现年节能量约 1.1 万吨标煤，年替代量 0.67 万吨标准油，减少 CO_2 排放量 3.5 万吨，创建期目标任务完成。

【安吉县获评全省首批“万里美丽经济交通走廊示范县”称号】 1 月 13 日，安吉县获评全省首批“万里美丽经济交通走廊示范县”，该称号由省交通运输厅评选公布，全省首批仅 6 个县（市、区）获评，安吉县为湖州市唯一获评县。县交通局深化交通供给侧结构性改革，突出加大申嘉湖高速公路、国省道、高等级航道等重大交通基础设施建设，推进农村交通和公共交通的一体化、均等化发展，全力打造“内场外联”综合交通网络，加快融入大湾区、大花园、大通道，大都市区建设和“长三角一体化”发展。

【四大项目调入“全省综合交通运输发展‘十三五’规划”】 2 月 26 日，省发改委、省交通厅对全省综合交通运输发展“十三五”规划做出中期调整。安吉县申嘉湖高速公路孝源至唐舍段、235 国道马家渡至横塘段整治工程、平湖至安吉公路吴址至乌泥坑段工程、商合杭高铁安吉站综合客运枢纽 4 大项目纳入新增建设计划。在此次调整中，全市新增建设项目 7 个，其中安吉县项目 4 个，占比 57%，争取专项资金补助约 5000 万元。此外，德安高速公路德清莫干山至安吉昌硕段工程纳入新增预备类项目。

【安吉县“四新技术”全国首创】 3 月 30 日，由县交通局牵头研发的三层式微表处与橡胶沥青开普封层体系在县 204 省道孝泗线先行试验。该项“四新技术”为国内首创，总投资 79 万元，该技术能有效地解决旧路面网裂比较严重以及路面表面功能严重降低的问题，快速恢复路面的表面功能，预计可延长公路使用寿命 10 年，减少养护成本 19%左右。该项技术的推广应用，对于修复旧沥青路面功能有着重要的研究意义，为中国公路养护技术的发展提供一种新途径。

3月30日,由县交通局牵头研发的三层式微表处与橡胶沥青开普封层体系在县204省道孝泗线先行试验

【一公路课题项目获国家级科学技术三等奖】 4月1日,中国公路学会公布2018年度科学技术奖获奖名单,安吉县"美丽公路建设标准的探索与研究"课题项目获评全国三等奖。"中国公路学会科学技术奖"是面向全国交通行业的权威科技奖项,本次全国共有174个项目获奖,其中浙江省4个,湖州市仅安吉1个。该项目研究成果,界定美丽公路的概念和"经济、生态、和谐、服务"的服务内涵,并构建美丽公路评价指标体系和全寿命周期一体化管理理念,对全国农村公路建设管养具有指导性实践意义。

【中国物流(安吉)有限公司入选首批省级供应链创新与应用试点企业】 4月2日,浙江省7部门联合公布了第一批省级供应链创新与应用试点城市和试点企业名单,中国物流(安吉)有限公司入选,全省96家企业纳入试点范围。中国物流(安吉)有限公司于2014年9月落户安吉县经济开发区,总投资9.5亿元,占地256亩,为浙江省重点项目。县交通局以此次省级试点为契机,助力试点企业开展试点实施,发挥好"接沪融杭"区位优势,围绕数字物流、供应链物流等新领域、新方向,把握物流行业变革与企业供应链布局优化的发展机遇期。

【306省道超载治理工作取得突破】 4月8日,306省道安吉超限运输检测站(公安省际检查站)全面启用,多部门联合治超力度全力强化。启用半个月来,306省道货车日均流量下降3.3%,散货超载量下降95%,沙石运输车和水泥槽罐车超载行为杜绝,取得突破性工作进展。该站位于306省道杭垓段,内设路政、运政、交警、特警共36人的联合执法队伍,由各部门分管领导轮流带班,开展24小时三班倒不间断治超工作。

【启动西南片区农村公路"511行动计划"】 4月28日,安吉县交通部门针对县域西南片区农村公路发展短板,全面启动实施"511行动计划"。本次提升内容计划用五年时间将西南片路面宽度6米以下的主要县道和出省乡道提升至6米及以上。计划提升县乡道91公里。总投资约10.3亿元。杭垓镇松坑至小岭脚、磻溪至文岱等农村公路提升工程已进入建设阶段,路基施工完成70%。

【安吉海事部门成功救援一失控船舶】 5月5日12时30分,一江苏籍重载船舶"中南266"在梅湖线下马村航段发生主机故障,船舶横于航道中央并处于失控状态,此时航道内上下行船舶众多,该船舶极有可能与其他船舶发生碰撞事故,情况危急急需救援。安吉海事部门立即组织六名海事人员和两艘海巡艇前往现场施救,历时一个多小时的救援成功将失控船舶拖离主航道,停泊至安全区域,航道恢复顺畅,事件中无人员伤亡,有效避免二次事故。

【安吉县首条双向六车道省道公路投入使用】 6月7日,306省道椅子塔至王家庄段全线完成建设并投入使用,较批准工期提前四个月。该项目沿现状306省道老路拓宽,全长10.6公里,总投资3.6亿元,2017年4月正式动工,争取省补资金5500万元,是安吉县首条双向六车道省道公路。该项目的建成通车优化县域路网,缓解干线公路流量压力,推动"递孝同城"发展。交通部门加快推进申嘉湖高速公路孝源至唐舍段、304省道矮部里至南北庄段、高铁大道等一批项目建设,谋划杭安高速、德安高速、235国道改建、306省道梅溪至马家渡段改建等一批交通新项目,打造"内畅外联"交通网络。

【申嘉湖高速公路西延工程6月底实现三个100%】 6月30日24时,申嘉湖高速公路湖州鹿山至安吉孝源段全线贯通,为孝源至唐舍段建设树立标杆和形象。项目指挥部及沿线乡镇、村自加压力,深度联动,全面加速申嘉湖高速公路安吉孝源至唐舍段政策处理和工程建设进度。该项目红线内需征地4022亩,房屋拆迁207户,坟墓搬迁1642穴,青苗赔偿1900户。截至7月1日,仅用6个月时间全面实现土地交付、坟墓搬迁、青苗补偿三项工作100%,提前一个月完成既定目标任务,房屋签约完成50%,为工程推进抢出时间。与此同时,周家墩特大桥、孝丰服务区、施家山隧道洞口和鸦鸪山隧道等重要节点性工程全面开工。全线已累计完成投资7.2亿元,占比11.7%,路基桥涵、隧道工程分别完成总工程量的5%和3%。

【安吉上半年内河集装箱吐吞量再创新高】 1—6月,安吉上港累计完成集装箱吞吐量13.8万标箱,较2018年同期增长18.6%,取得历史同期最好水平,占全市内河集装箱吞吐量的56.6%,占比全市首位。其中进港6.8万标箱,同比上涨16.6%;出港7万标箱,同比上涨20.6%。安吉上港应对国际贸易影响,在各大船舶公司普遍缺箱的情况下,充分利用上海港母港资源优势,最大限度协调保障空箱供给。同时,大力开展航道疏浚和码头清淤工作,保障通航和泊岸的有效水域。

【安吉县实施公交"一票制"】 10月1日起,安吉县全面优化调整公交票价,城市公交、城乡公交全面实施"一票制",原城乡公交2—8元梯次票价统一调整为2元,原城市公交1元票价统一调整为2元,实现县域公交城乡同价,提升公共交通服务均等化水平。同时,对70周岁及以上老年人、县级以上劳动模范、现役军人、烈士遗属、因公牺牲军人遗属、病故军人遗属、残疾人、持"浙江省无偿献血荣誉证"的献血者8类特殊人群提供免费乘车服务。60—69周岁老年人享受半价优惠乘车服务。

(陈慧怡)

安吉上半年内河集装箱吞吐量再创新高

邮政 通信

邮政管理

【概况】 2019年，安吉县邮政业务总量完成3501.5万件，同比增长25.5%；业务收入完成46970.1万元，同比增长48%。邮政普遍服务和快递服务满意度稳中有升，消费者申诉处理满意率100%。因地制宜推动政策落地实施。县政府对行业发展高度重视。中通快递新采购两辆20吨以上半挂厢式货车，获县政府发放一次性购车补助7.2万元；全县8家快递企业18家网点通过“美丽快递”考核验收，共获县政府专项补助资金3.4万元；县村邮站获财政补助近100万元，快递智能柜补助108万元。

【营商环境】 固化2018年“美丽快递”创建成果，并以此为契机申报浙江省“美丽快递”标准化项目，成立领导工作小组，制定工作方案，确保项目实施。为营造公平、规范、安全的快递市场经营秩序，净化市场环境，联合公安、交警等部门开展违法跨区揽件专项整治工作，通过全面摸底排查，共出动检查30余人次，联合依法拦截扣押跨区域经营货物80余件。联合县税务部门组织全县邮政快递企业负责人及财务人员召开邮政业减税降费政策培训，帮助各邮政快递企业学懂、弄通政策口径和适用标准。联合公安部门开展末端包裹失窃专项整治行动，7—9月侦破快递被盗案件40起，刑事拘留3人，取保候审1人，治安拘留2人，因未年满14周岁教育释放3人。并以“智能快递箱”为抓手，解决推进“两进一出”工程，打通快递“最后一公里”，全年完成110套建设。组织召开无人机创新应用高峰论坛，围绕“科创赋能、智汇安吉”这一要义展示无人机行业发展现状、适用环节、未来创新发展方向，促进无人机供需双方的对接，推动干线—支线—末端三级无人机智能物流体系建设。

【平安建设】 联合县公安、消防等部门开展寄递渠道安全生产大排查大整治、消防安全“春雷行动”、危化品领域等专项整治行动，彻底排查安全隐患，防患于未然，筑牢全国“两会”、白茶旺季、“三项重大活动”、“双品网购节”等重要时期寄递渠道安全墙。全年共计通过视频巡查快递网点4500家次，发现并消除隐患67处，整改快递网点13家；实地检查快递网点500家次。开展各企业协议客户资料备案检查工作，严格保护寄递用户信息安全，对协议资料过期、身份信息缺失等问题，督促企业及时更新，同时上传市局备案。

发挥快递协会与政府、企业、消费者之间沟通桥梁作用，

1月22日，邮管局牵头安吉县申通快递公司与安吉县实验小学合力完成“浙川手拉手，新春送祝福”活动

督促快递企业贯彻执行有关政策法规，加强行业自律，创建更加公平、公正、健康、有序的快递市场秩序。加大行政约谈和行政执法力度，明确专人办案，全年约谈企业2家次。通过执法办案，树立执法权威，增强企业合法经营的自觉意识，上半年平安考核实现零扣分。与所有企业签订寄递安全与服务保障承诺书，压实责任到岗到人，完善横向到边、纵向到底的责任网格，把责任落实到每个部门、每个岗位、每个环节、每名员工，坚决堵塞漏洞、杜绝死角。印发《安全生产管理制度》《视频巡查管理办法》，突出消防安全、“三合一”经营、充电安全等行业重大安全隐患排查整治，完善风险分级管控和隐患排查治理双重预防的工作机制。召开寄递企业安全生产工作例会12次，研判安全巡检情况，分析安全隐患问题的易发、频发点，增强企业安全意识和责任意识。

【服务效能】 开展“三服务三促进”活动，按照“年初有计划、工作有承诺、举措有特色、结果有公示”的工作要求，制定方案，明确责任领导及责任科室。领导带队全年走访19家企业、1家社区，快递企业的走访率达100%。走访收集各类问题共计13个，其中现场解决4个，本部门解决4个，跨部门解决5个，努力实现“服务零距离、工作零盲区、问题零遗留”，同时完成2个调研报告。白茶旺季服务保障有实效。白茶旺季期间设立22个临时收寄点实现“家门口寄递”解决“快递难”；帮助寄递企业对接县相关部门，申请快递临时占道操作场地，大大缓解分拣压力，解决“场地小”；协调县相关部门，为快递货车申办临时通行证，化解快递货车“进城难”问题，一系列的举措使白茶寄递平稳高效的运行，白茶寄递量达2.3万件，累计1923吨，得到县领导黄根凤的批示关注。普遍服务常态监管再加强。完善报纸杂志投诉处理机制。对接邮政公司商定完整投诉处理机制，并向全县各乡镇街道、机关各部门印发《安吉邮政管理局关于明确报纸杂志投诉渠道的函》，明确投诉渠道、投诉方式、投诉流程，确保投诉渠道畅通，提升报纸杂志的投递服务质量。提升邮政综合服务平台。在开展警邮合作的基础上，推行警医邮合作，邮政网点代办公安交管业务、税务代理业务，拓展驾驶证换证体检业务。全年“网上办理＋网下寄递”警医邮业务覆盖全县6个乡镇，8家网点。推动精神文明建设。联合街道、社区开展全国文明城市创建工作。全年粉刷老旧宿舍楼道及墙面共20栋（约8500平方米），填平坑洼地面约800平方米，清理垃圾300余车，清除牛皮癣大大小小350余处，整理杂乱五线约750米。安吉中通快递负责人陈义荣获第四届安吉美丽青年提名奖，并受邀参加“团中央与全国人大代表、全国政协委员面对面”活动；顺丰公司快递员周杰深夜救人获一致好评。

【党建工作】 开展“不忘初心，牢记使命”主题教育。严格执行民主集中制、重大事项报告、民主生活会等制度，制定完善《分党组工作规则》。制定党政干部理论学习计划，并按计划落实，同时充分发挥“学习强国”平台作用，提高全体党员理论学习质量效果，年内人均积分达15000多分。联合团县委开展“走进快递小哥 关爱新兴青年”系列活动，给快递员多一份保障和关爱，组织成立行业团工委。加强机关效能建设，完善《安吉邮政管理局内部管理制度》（2019修订版），制定《2019年信息宣传考核方案》，并推进其实施，强化以制度约束人，以规范管理人。加强财务全过程管理，健全内部控制体系，强化预算编制与执行力。制定法制建设责任清单，努力推动法治建设。履行全面从严治党主体责任，研究制定2019年度党风廉政建设工作要点，召开党建工作暨党风廉政建设工作会议，层层签订党风廉政责任书。以开展“两学一做”学习教育为契机，坚持抓廉政建设，清明、“五一”前夕，分党组利用工作会议等时机宣传勤廉为政，利用微信、QQ等新媒体发送廉政短信，结合违法违纪个案专题剖析学习，严把监督关，确保执纪行为不越线。

【“浙川手拉手，新春送祝福”活动】 1月22日，县邮管局牵头安吉县申通快递公司与安吉县实验小学合力完成“浙川手拉手，新春送祝福”活动。50余份安吉县实验小学师生亲手制作的贺岁春联、窗花剪纸、新春“福”字等礼物，被精心打包由安吉申通快递公司免费发往四川凉山木里城关学校。

3月22日,开展安吉邮政全力服务溪龙白茶助力乡村振兴合作签约仪式

【签订白茶寄递合作协议】 3月22日,安吉邮政管理局主动对接、联动资源,牵头中国邮政集团公司安吉分公司与溪龙乡政府签订白茶寄递合作协议,将长期稳定的战略合作伙伴关系落到实处。分党组书记、局长戴军参加签约仪式。

【开展寄递业消防专题培训】 6月14日,安吉邮政管理局联合县消防大队召开全县寄递渠道"防风险保平安迎大庆"消防安全专题培训会。全县快递从业人员近200人参加。

【国家邮政局党组第三巡回指导组赴安吉邮管局调研主题教育开展情况】 第二批"不忘初心、牢记使命"主题教育开展以来,安吉局结合自身实际,坚持把学习教育、调查研究、检视问题、整改落实贯穿主题教育全过程,高起点谋划、高质量推进,确保主题教育取得实实在在的成效。11月19日,国家邮政局党组"不忘初心、牢记使命"主题教育第三巡回指导组赴安吉邮管局开展主题教育开展情况,会上分党组书记、局长戴军就县邮管局主题教育开展情况向安组长做了汇报。

(韩　英)

中国邮政集团公司浙江省安吉县分公司

【概况】 中国邮政集团公司浙江省安吉县分公司是以邮政通信服务业为主的国有企业。2019年,安吉县邮政公司有从业人员331人,其中在岗职工174人。邮政支局所17个,其中自办邮政所14个,代办邮政所3个。全县有报刊亭3个,集邮品销售点1个,村邮站187个。通信生产运输汽车30辆、电动三轮车39辆、电动自行车8辆;无人机3架。邮政信报箱群85处计22800个格口数、信筒信箱23个。

投递段道(路线)79条,其中城市投递段道33条、农村投递路线46条;投递段道总长度(单程)5530公里,其中城市投递段道总长度(单程)1910公里,农村投递路线单程总长度3620公里,无人机邮路4条,行政村全覆盖。直接投递邮政妥投点1.26万个。城区每日平均投递不少于1次,农村每周投递5次。

安吉邮政管理局、共青团安吉县委员会、安吉县快递行业协会在全县范围内开展首届十佳"勤劳小蜜蜂"评选活动,安吉县分公司杨磊、任大有、黄力、师开龙于2019年12月27日被评为安吉县十佳"勤劳小蜜蜂",蒋丰安、柳靖、黄鹏举获入围奖。

【"丝路信使"到余村】 为响应国家"一带一路"倡议,弘扬书信文化。2019"丝路信使"国际自行车挑战赛于2019年7月22日开始。从江苏泰州出发,途径8个省(区),终点是哈萨克斯坦努尔苏丹市,赛事全程8552公里。挑战赛第二站在2019年7月23日来到"两山"理念的发源地安吉县余村。安吉新闻综合频道进行报道。

【开展"党建共创"活动签约仪式】 为深入学习贯彻习近平新时代中国特色社会主义思想和党的十九大精神,落实新时代党的建设总要求,促进国有企业间相互学习、相互交流,充分发挥基层党组织的主体作用,激发党员的活力。2019年7月25日下午,在安吉余村村委会议室,安吉县邮政分公司党委和安吉移动公司党支部进行“党建共创”活动的签约仪式，以“党建和创”主题实践活动为平台，以共建共享为基础，以合作共赢为目的，积极拓展基层党组织功能，共筑美好和谐生活。通过协商确定“党建共创”的主要内容：理论同学，共筑思想根基；组织共建，共强组织基础；品牌共筑，共办实事好事；服务同行，共解群众急难；成效共享，共谋双方发展。

【签订助推地方跨境电商业务发展框架协议】 为进一步深化《浙江邮政与安吉县政府乡村振兴战略合作项目》的有效落地，安吉县商务局、安吉县邮政分公司积极响应，于 2019 年 8 月 15 日上午，签订《安吉县商务局、安吉县邮政分公司助推地方跨境电商业务发展框架协议》，同时，安吉县跨境贸易协会、安吉县邮政分公司、邮储银行安吉县支行、安吉国浩贸服四家单位联合签署《助推地方跨境电商业务发展合作协议》作为《框架协议》的具体实施细则。两份《协议》的签订，多方合作、联合支持安吉县政府实施乡村振兴战略落地举措，通过政府协调、政策扶持，充分利用邮政体系尤其是中邮海外仓构建的物流闭环，协同产投集团下辖单位提供资金流闭环及增信手段，通过邮储银行为安吉县电商企业存货、应收账款等资产提供资金融通，为安吉中邮海外仓业务的拓展提供支撑。在安吉这个“两山”理念诞生地，安吉县分公司根据《浙江邮政与安吉县政府乡村振兴战略合作项目》以及两份《协议》有关要求，积极对接地方政府，主动履行国有企业责任，承担新时代国有企业使命，推动电子商务与乡村振兴、精准脱贫的有效融合，依托强大的寄递网络资源，以及仓储、运输、配送等综合服务能力，充分发挥丰富的供应链物流行业经验，创新跨境电商物流发展模式，助力安吉跨境电子商务工作开展。

8 月 15 日，安吉县跨境贸易协会、安吉县邮政分公司、邮储银行安吉县支行、安吉国浩贸服四家单位联合签署《助推地方跨境电商业务发展合作协议》

【便民“警医邮”打造“家门口的车管所”】 8 月 19 日，在安吉县递铺胜利西路邮政所的大厅里，聚集了包括《杭州日报》、《湖州日报》、安吉电视台等多家媒体，共同报道安吉邮政代办的警医邮业务。市民通过“警医邮”的窗口，只用 2 分钟时间就完成驾驶证联系方式的变更，快捷高效的服务，省去到车管所排队等候的时间。为进一步深化“最多跑一次”改革工作，打造“让数据多跑路让群众少跑腿”的“互联网＋政务服务”体系，安吉县邮政分公司联合安吉交警部门，利用邮政点多面广的营业网点和便捷的物流速递，创新“线上＋线下”的警邮共建合作模式，极大地方便市民就近办理车驾管“警医邮”业务。“警医邮”服务网点在安吉共有 8 个，服务触角延伸覆盖递铺街道、孝丰镇、天荒坪镇等 10 个乡镇、街道，老百姓可以就近在邮政“警医邮”服务网点办理补换领机动车号牌、行驶证，补换领检验合格标志、六年以内免检机动车申领检验标志，机动车所有人联系人方式变更备案等 9 大类的业务。

【快递服务进村入户】 9 月 4 日，“搭乘”物流专车的农产品被发往县城继而送到全国各地。自 2018 年，安吉县递铺街道鹤鹿溪村的水蜜桃，采用线上“邮乐网”平台预售与邮政网点线下自提相结合的全新模式进行售卖后，村民的钱袋子鼓了起来。全县各乡镇的土特产每天都会通过开进村的物流专车发往县城然后送去全国各地。近年来，安吉县道路运输管理局与邮政部门加强合作，利用分布的邮政各网点和车辆，建成以各乡镇邮政支局、揽投站为配送站，以村邮站、代办点或代投点为配送点的城乡物流配送网络。调动末端资源，同时实现无人机邮路全覆盖。安吉每个建制村设置一个村邮站，有专、兼职村邮员为村民提供服务。从配送站、村邮站到“美丽E家”“邮掌柜”，全县构建一个点多面广、遍布城乡的多元物流配送体系。截至2019年底，安吉县建成20个配送站、178个村邮站及200多家“美丽E家”和“邮掌柜”村级电商服务站，形成连接城乡、辐射村庄的三级物流框架体系。杭垓镇、天荒坪镇、山川乡等7个偏远建制村设4条无人机邮路，实现全县物流配送的全覆盖。通过安吉建设“线上服务平台”，助推农村电商物流统一配送，在线上将县域“智慧物流”信息平台与其他电商、第三方物流快递的系统进行对接。在线下，安吉县运管局开通县城至上墅乡、山川乡、章村镇3条城乡客货一体化班车路线。

【签订农林食材产销合作协议】 10月6日，“百县千碗”安吉好味道暨2019“天荒坪之光”游客节活动在安吉天荒坪余村如期举行。县委组织部、人力社保局、资源规划局、农业农村局、文体旅游局、总工会等相关领导出席活动。安吉邮管局、安吉县邮政分公司作为协办单位进行参与。活动中，县农业农村局领导、天荒坪镇党委书记与安吉县邮政分公司等七家单位签订《天荒坪镇农林食材产销合作框架协议》，安吉县邮政分公司将通过自己的电商平台“邮乐购”对包括天荒坪自产竹荪在内的农产品进行上架销售，为乡村振兴添砖加瓦。

【开展世界邮政日专项活动】 10月9日，是万国邮政联盟的世界性邮政纪念日。中国邮政集团公司党组书记、董事长刘爱力致辞：传递美好，协同发展！全力打造邮政行业“国家队”。安吉邮政积极响应集团公司的号召，联合安吉县邮政管理局一起举办世界邮政日主题活动。10月9日，安吉县邮政分公司各部门联合组织参与世界邮政日活动，发放金融防诈骗、反洗钱、邮政警医邮业务等的宣传单，摆放邮政EMS公众号宣传展板。服务人员向咨询的群众介绍邮政的各类相关业务。此次针对世界邮政日的主题活动，安吉邮政分公司联合开元集团，为办理警医邮的客户提供开元集团旗下的住宿餐饮折扣券，邮政公司积极探索与民营优秀企业的合作模式，营造全方位为老百姓服务的理念。

10月6日，安吉邮政分公司与天荒坪镇政府签订农林食材产销合作协议

【晓云村第二届农民丰收节暨第三届金色晓云迷你跑活动开幕】 11月3日，由安吉县天子湖镇人民政府主办，由中国邮政集团公司湖州市分公司协办的“晓云村第二届农民丰收节暨第三届金色晓云迷你跑”活动开幕。湖州市邮政分公司副总经理参加活动开幕仪式，并为迷你跑开赛鸣枪。“金色晓云”迷你跑活动晓云村已经连续举办三届。秉承“丰”景一方、“兴”路一条、“景”引一域战略思想，“金色晓云”迷你跑吸引了众多省内外旅行社和旅游者以及运动健儿，千人齐唱《我和我的祖国》祝愿伟大祖国永远繁荣昌盛。众人一起参与割稻，扎稻草、挑稻谷让游人体验到田间地头劳作的愉悦和丰收的笑容。持续3年的“金色晓云”迷你跑打造出一条8公里的“金色之路”。湖州市邮政公司特邀新闻媒体参与活动的宣传报道，同时还将结合邮政农村

电商为晓云村农产品走出去打开新的销售渠道。

【举办 2019 年浙江安吉无人机创新应用高峰论坛】 11 月 16 日，浙江省安吉县举办 2019 年浙江安吉无人机创新应用高峰论坛。本次论坛由邮政业科技创新战略联盟、中国航空学会主办，中共安吉县委、安吉县人民政府承办。国家邮政局发展研究中心主任助理方玺，浙江省邮政管理局党组成员、副局长黄立群，安吉县委常委、常务副县长潘鸣，湖州市邮政管理局党组成员、副局长姚峥嵘等出席论坛。本次论坛的目的是为了对接未来物流业将进入立体时空时代新趋势，发展通用航空与快递结合的无人机快递新业态，对解决特殊场景下的应急配送、偏远地区的邮政寄递配送问题进行展示和讨论。作为中国邮政首条无人机邮路开通的安吉，安吉县邮政公司也参与其中。论坛分为两部分进行，前半部分主要为无人机研究学者及民营企业使用者的主题演讲，旨在从专业角度和实用角度描述无人机民营使用的必要性和便捷性。后半部分为室外的无人机成果展示。县邮政公司杭垓支局杨国平师傅现场操作邮政无人机的使用流程，放置报纸信件、装电池、启动开关、上报指令、App 启动，向现场观众呈现邮政无人机配送的实用性和智能化。同时由天荒坪邮政网点飞来的无人机，也是送来了一份“两山”主题的明信片，上面写着：热烈庆祝 2019 年浙江安吉无人机创新应用高峰论坛圆满成功。安吉邮政公司通过这样一个特殊的方式，祝福本次的无人机高峰论坛。新华网当日以“业内‘行家’齐聚浙江安吉探讨无人机创新应用”为题进行报道。

（周　燕）

11 月 16 日，2019 浙江安吉无人机创新应用高峰论坛举办

电　信

【概况】 截至 2019 年底，安吉电信服务全县 7.7 万固定电话用户、10.4 万移动用户、8.58 万宽带用户（其中光用户占比 99.03%，100 兆以上占比超 85.62%），宽带数字电视（ITV）用户 5.96 万户。主营业务收入 1.5 亿元，业务收入总量排名全市第二。项目投资总额 8770 万，全年完成投资 8210 万。

【移动网络与光网建设】 4G 网络优化建设：2019 年累计新增安装开通 LTE 站点 42 处，利旧增补 C 网站点 12 处，因铁塔或业主原因搬迁站点 8 处。共计有 L 网站点 628 处，C 网站点 448 处。光进铜退：2019 年完成溪南、孝源传统交换设备最后两个点的退网工作。完成递铺光线路局端设备单元（OLT）OLT－3、OLT－4，OLT－6、孝丰 OLT－3、良朋 OLT－3、鄣吴 OLT－1 合计 6 套老旧采用点到多点网络结构、无源光纤传输光线路局端设备单元（EPON－OLT）的退网工作。完成 54 个新建小区（含农村安置区）的光纤到家（FTTH）建设，新增光分节点 29 个，新增接入能力 8092 线。

【5G 网络建设】 2019 年，第五代移动通信（5G）带来新的技术革命，它与人工智能、大数据紧密结合，开启一个万物互联的全新时代。中国电信安吉分公司在全面贯彻落实党的十九大精神，坚持以习近平新时代中国特色社会主义思想为指导，牢固树立和贯彻落实新发展理念，紧紧抓住历史性窗口期和战略性机遇期，进行 5G 通信网络规划建设，率先于 2019 年 4 月 19 日在余村开通安吉第一座 5G 基站并

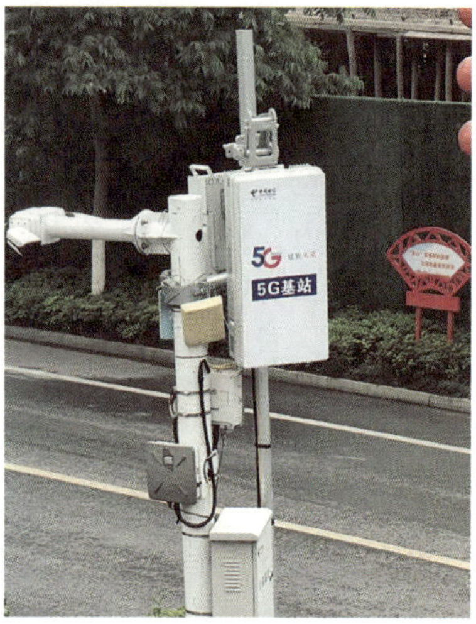

中国电信5G基站建设

提供演示,全年共安装开通5G基站4座。

【携号转网】 为切实保障客户携号转网“携得了、转得快、用得好”,按照工信部和信息化部、省通信管理局相关要求,全省从2019年11月10日起试运行,11月30日前提供移动业务携号转网服务。

(郭 慧)

中国移动安吉分公司

【概况】 中国移动安吉分公司(简称安吉分公司)隶属中国移动通信集团浙江有限公司,成立于1997年7月,下设综合部、市场部、网络部、政企客户部和递铺、孝丰、梅溪、高禹、天荒坪5个区域营销部。设人民路、天荒坪中路、孝丰镇、报福镇、杭垓镇、梅溪镇、天子湖镇、天荒坪镇、溪龙乡11家营业厅;在安城灵芝路、浦源大道、塘浦永福路、孝源新村等地新建6家加盟厅,有蓝天、欣然、丰翔等手机大卖场38家,共有营业服务网点166个。2019年,移动安吉分公司运营收入突破4亿元,通话用户数43.9万户,4G终端用户数38.6万户,宽带用户数10.7万户,服务4900余家集团客户。

【网络建设】 强化基础网络保障,落实无线家客品质双提升。截至2019年12月底,安吉移动含有骨干机房3个,汇聚机房28个,OLT节点机房33个,2G基站800个,4G基站1967个,VOLTE语音流量日均576.24GB,LTE数据流量日均159.025TB。2019年5月,安吉移动开通余村第一个5G基站,打通湖州第一个5G电话,年底前覆盖了县行政中心、余村、良朋中学、晓墅东、人民路营业厅5个站点,投资约150万。安吉移动驻地网覆盖数24.28万,行政村覆盖率100%、自然村覆盖率89.91%以上家宽用户10.71万户,电视用户7.19万户。为加强农村网络日常维护、保障用户正常使用,农村4G网络覆盖率已提升至98%以上。农村网络的光缆故障处理时限标准从12小时缩短为4小时、故障平均处理历时从5.56小时下降至3.58小时,基站故障平均处理历时从3.13小时下降至2.66小时。家客均装机时长从43.46小时降至24.2小时,故障处理时间从3.58小时降至3.2小时。

【强化市场智慧运营能力】 打造网格化运营体系,细分网格场景,设置13个网格,细分营销场景,利用大数据完成集团、高校、务工等场景定位,搭建智慧化网格运营平台,通过数据下沉,流程贯通,实现基于网格的市场监控预警、渠道布局优化,用户需求的精准对接等功能,快速响应市场变动。

【加速政企数字化服务转型】 2019年,政企专线累计新增751条,累计收入915.5万元;小微宽带净增5663条,累计新增6799条,其中民宿报竣113家,合计2963条,累计收入246万元;物联网连接净增数累计454722户,收入累计完成562.4万元;“和教育”计费用户数累计13730户,其中4G 10元套餐累计12452户,收入累计完成281.2万元;IDC/云收入累计49万元,企业上云家数新增303家。

【提升客户满意度】 2019年,安吉分公司进一步落实夯实基础服务管理,完善优势服务传播管理,继续开展服务能力的互联网化转型。启动优势服务传播管理,根据市公司统一部署,统一公司服务形象,以“全心全意,为您服务”为统一的服务口号,扩大在广告宣传、服务用语等市场场景的应用;宣传优势服务举措,制定便捷服务、品质宽带、提速降费等多项服务举措,线上线下多渠道启动服务宣传;在营销活动中融入优势服务举措、客户十分满意等服务元素;加强客户面对面沟通,持续做好每月客户接待日活动,面对面地听取客户对公司业务、服务方面的意见、建议,拉进与客户的距离。提升手机营业厅服务能力,将部分短信提醒服务能力搬迁至手机营业,实现提醒服务的互联网化;加强个人三高客户群体(即高星级、高积分、高流量客户)和家宽用户的互联网服务能力宣

中国移动安吉首家智慧营业厅

传和推荐，引导客户使用手机营业厅。

（何　燕）

中国联合网络通信有限公司安吉县分公司

【概况】 2019年，中国联合网络通信有限公司安吉县分公司（以下简称安吉联通）下设综合支撑中心、公众营销支撑中心、政企客户营销中心、教育行业中心以及本级、孝丰、高禹、梅溪4个区域营销中心，设有昌硕街道迎宾大道、人民路2个自有营业厅，有产社会渠道25家，线上大力渗透各类触点，浙江联通微信公众号、手机营业厅用户规模持续提升，深化落地总部与腾讯、阿里巴巴、百度等互联网公司的合作引流线下用户，自有特投交付队伍建设逐步形成规模。2019年，安吉联通完成50个4G站点、2个5G站点建设开通；配合完成11个基站的搬迁工作；完成200多个集客工程项目的建设施工；完成12个新国标小区设计、项目上报工作，在教育服务平台、公安监控项目、信息化建设等方面为政府及地方企业提供服务。

2019年，有产社会渠道规模25家，累计发展19150户，同比提升50%，全市份额占比24.5%；自营厅运营水平提升，团队执行能力增强。全年营业条线新增发展同比提升18.6%，全市份额占比16%；自有特投队伍建设逐步形成规模，配送效率、综合能力提升明显，线上订单综合转化率全市名列前茅；强化存量经营，深化多专业、多渠道、多客户群的统筹协同，基于客户全生命周期维系和自然人全业务价值挖掘，开展精细化运营。年内全业务收保率、手机低消业务渗透率、泛融合绑定率全市领先；集客大项目获取能力增强，完成公安社会治安视频监控三期项目建设，中标公安局350兆警用数字集群语音对讲（PDT）系统三期项目、公安局物联网安防小区建设项目。智慧工地项目完成扬尘项目、工地监控VPN专线110线。

2019年，安吉联通坚持新发展理念，推进创新驱动、产业升级，提升互联网化，主办“千店计划，智慧店铺”联通卡券系统推广会。运用通信运营商的优势，用数字赋能乡村振兴，为各村打造“电子名片”，通过微信小程序把当地的一些经济特色和支柱产业介绍出去，作为招商引资的平台和产品展示。安吉联通作为运营商，参与建设余村5G宣传展示和“两山转化，数有可为”数字城市展示中心，为余村实现5G网络覆盖，并通过5G传输技术，实时呈现余村实景。

推进划小改革，激发微观主体活力。配套下达19条激励政策鼓励优秀人员下沉到划小网格，充分保障推进责权利下放；培养和提高综合网格负责人的管理技能、业务技能，全面提升工作效率和效果，推广综合网格小CEO“四个一”（每天开一次晨会，每天一次重点客户拜访，每天组织一场营销活动，列清每一天工作计划）执行标准管理办法；开展一体化划小单元绩效考核，创新制定采用业务发展“积分”体系，清晰考核导向；建立领导班子联系制度，明确领导班子责任分工；开展每周工作推进会、划小网格座谈会、调研走访、实地指导等定期与不定期的划小网格员工交流。

聚焦NPS（Net Promoter Score净推荐值，用户满意度的一个指标）客户感知，紧抓短板攻坚和客户日活动组织，持续打造小燕子公益和乒乓在沃服务品牌，严格落实国务院大督查专项治理工作要求，防范打击新型通信网络诈骗及短信骚扰问题。明确涉投处理职责及流程管控，不断加强小客服个人处理能力，明确责任人及相关流程管控。2019年,小客服处理工单7417单,实现申投诉连续8个月管控为0的高效拦截,“10015”投诉解决率每月达100%;垃圾短信、诈骗电话及骚扰电话整治成效明显,全年未发生重大事件且每月考核均为零扣分。以客户日活动为载体,结合小燕子公益品牌,优化营业内购会运营模式,移网、固网NPS得分改善全市排名靠前;继续做好微信服务群管控工作,督促装维人员针对新装、修障及时将用户邀请进群,做好日常业务咨询解答及故障申告修复工作,跟踪至闭环为止;在市公司下发的FTTH(光纤到户)用户清单,安排排查原因后进行整治修复,引导提升宽带NPS;开展支撑团队改革,成立营销支撑中心,优化对经营单元实施全业务支撑,建立倒三角支撑评价体系;加强运维保障工作,对宽带修障和大客户施工流程进行细化,建立三级督促机制,确保大客户修障4小时内解决,其他用户8小时内修复,确保故障不过夜,大客户项目确保4天内完成施工。聚焦用户感知和网络价值全面提升,2019年完成50个4G站点的建设开通,其中L1800 23个,L900 19个;完成2个5G站点建设;配合完成11个基站的搬迁工作;完成200多个集客工程项目的建设施工;完成12个新国标小区配合设计、项目上报工作,已全部完成接入。

2019年,安吉联通推进企业民主管理,围绕“一切为了客户,一切为了一线,一切为了市场”经营管理理念,制定落实“强执行、重保障、优关爱”的工作机制。开展“总经理在线”“总经理座谈会”“企务公开发布会”等活动;实施“暖心工程”,员工重疾病100%投保,职工疗休养由3年一次调整为2年一次,提高员工体检服务性价比,员工满意度得到提升;在强执行上制定县分重点工作推进计划,明确责任人及实施步骤,跟进落地;制定员工奖励处罚办法,建立积极、正向的荣誉文化;在完善制度的同时,制定下达严格制度执行管理规定,强化员工执行力;优化绩效考核与增量分享奖分配方案;在重保障上保障公司预算费用下沉一线;保障公司员工权益,加强员工知情权、参与权、商量权、决定权;保障客户利益,提高投诉服务水平,形成投诉闭环机制;保障县分倒三角支撑体系的运行,优化营销支撑中心岗位及人员职责,加强一线评价与支撑人员绩效考核挂钩力度;在优关爱上制定县分“关爱员工”计划,包含从关爱员工工作、生活环境,关爱员工身体健康,关爱员工精神需求,关爱员工文体生活,关爱员工成长发展,关爱员工家庭温暖6大方面形成21项关爱计划内容已全部在年内完成。

安吉联通抓住全面从严治党主线,落实党风廉政建设的主体责任,监督支委成员、班子成员落实“一岗双责”作用。定期组织开展警示教育,在支部大会及公司中层例会上对各项“红线底线”“警示案例”内容进行对照学习,筑牢拒腐防变的思想道德防线。在落实党风廉政建设方面,2019年两点亮点工作,由支部牵头、整理、落实的县分风险防控的“三对照”,对各岗位职责、风险点及对应处分规定一一进行对照,搭建起前期预防、中期监控、后期处置三道防线;组织支部全体党员干部赴法院开展现场警示教育,以这种生动直观的方式利用身边人、身边事教育广大党员干部。两项举措效果显著,受到省公司信息专栏录用及推荐。抓宣传教育,加强思想阵地建设。2019年安吉联通党支部按照“三会一课”制度标准,履行党建工作第一责任人职责,开展“不忘初心,牢记使命”

6月29—30日,中国联通安吉分公司在宁馨花园小区举办“乒乓在沃”安吉赛区海选赛

主题教育学习9次，支部党员大会25次、支部委员会12次，书记讲党课3次，重点学习习近平新时代中国特色社会主义思想、党的十九大、十九届四中全会精神、习总书记重要讲话精神等，并通过分享、交流、自学等方式巩固学习效果。并将党风廉政宣传教育与中层员工例会、党员学习会相结合，开展员工接受党风廉政教育。抓组织活动，推进服务型党组织创建。安吉联通深入践行习总书记提出的“两山”重要思想，按照标准开展主题党日，推进服务型支部建设。2019年，组织开展服务活动20余场。为提升城市形象，推动安吉文明城市创建，发起针对城区范围内光交箱上小广告开展为期一周的专项整治行动，真正践行“党员干部带头跑，全体员工积极响应”的央企社会形象。持续深化“两山先锋，联通头雁”的特色支部品牌建设，完善“特色”党员园地宣传建设，从组织开展企业文化宣讲入手，发动“三个一切”大讨论落地工作。与安吉县新时代文明实践中心、县志愿者协会共同开展“绿水青山我来呵护”志愿活动，成立小燕子公益团队，对接领办社区党总支，完成结对共建，结合社区主题活动，嵌入式开展包括电信防诈骗、通信服务进社区等活动。

【主办召开“千店计划，智慧店铺”联通卡券系统推广会】 3月20日下午，由中国联通安吉县分公司主办的“千店计划，智慧店铺”联通卡券系统推广会召开。本次大会由湖州联通商企中心主任张明主持，30余家商户和部分商圈负责人参与本次推广会。本次推介会紧扣搭建新零售体系的战略部署，旨在通过自媒体推广、卡券系统经营状况分析、营销经营培训、异业商圈合作、大型活动参与等方式帮助商户建立完整的营销转型生态圈，提高商户经营效率，降低经营成本，提升工作效率，促进店铺发展，为商户解决经营痛点。

【主办“金榜题名”高考志愿填报讲座】 6月16日，安吉联通紧密结合市场发展需求，策划主办“金榜题名”高考志愿填报讲座，共有500名左右的学生和家长参加。

3月20日，中国联通安吉县分公司主办“千店计划，智慧店铺”联通卡券系统推广会召开

【举办“乒乓在沃”安吉赛区海选赛】 6月29—30日，为传承活动品牌，延续乒乓球赛事影响及宣传联通百倍用心，10分满意的服务口碑，安吉分公司在安吉宁馨花园小区举办“乒乓在沃”安吉赛区海选赛。

【对城区范围内光交箱上小广告开展专项整治工作】 为切实整治小广告顽症，提升城市形象，助力安吉县全国文明城市创建，在夏天高温季，安吉联通对城区范围内光交箱上小广告开展专项整治工作，并在光交箱上喷绘“社会主义核心价值观”及“共建城市文明”相关内容，彻底整治乱张贴、乱涂写、乱刻画现象。与此同时，安吉联通配合公安部门对小广告上的电话号码进行暂停通信业务处理，从源头上杜绝其生存。

【参与全县数字展厅建设】 2019年，安吉联通分公司作为参与数字展厅建设的运营商，充分发挥行业优势，帮助数字展厅以及两山理论发源地——余村实现5G网络覆盖，并通过5G传输技术，实时呈现余村实景。11月30日，安吉县举行的数字化转型助推新时代浙江（安吉）县域践行“两山”理念综合改革创新试验区建设启动仪式上，数字城市展厅正式开馆。参观者均对5G技术实时传输的高清视频画面赞赏不已，更有嘉宾通过现场VR眼镜360全景观看余村风景。

（王　慰）

电　　力

供　　电

【概况】　2019年，安吉县全社会用电量35.86亿千瓦时，同比增长6.85%，其中工业用电22.34亿千瓦时，同比增长4.43%。全口径最高负荷68.47万千瓦，增长14.50%，农网供电可靠率99.9407%，农网综合电压合格率99.985%。连续16年安全生产无事故，累计安全日5845天。

【电网建设】　2019年，县供电公司完成35千伏灵芝变、杭垓变主变增容改造工程，增加容量1.3万千伏安，提升递铺城西北片区和杭垓片区供电能力。大力建设110千伏剑山输变电工程，加快推进220千伏孝丰输变电、110千伏高禹输变电、110千伏梅园变3号主变扩建工程前期。加快推进长龙山抽水蓄能电站500千伏线路送出工程，确保完成商合杭高铁牵引站220千伏外部供电工程，配合政府道路改造，完成电缆入地改造电网投资4393万元，电缆线路20.277公里。大力改造春茶炒制供电线路，涉及溪龙区域3条10千伏线路分流改造项目，新增布点配变85台，增加配变容量3.4万千伏安，投入资金3000万元。落实小城镇环境综合治理相关要求，推动“变台为景，线杆融景”生态协调发展，完成电力线路入地改造91.213公里，美化线路19.21公里，低压进户线2300户，全年完成32个小城镇环境综合治理工作，助力打造12个省级样板镇。全力推进全国首批新时代乡村电气化示范建设，推动政府出台《安吉县乡村振兴·电力先行实施方案》，完成专项投资8338万，构建“1216N”安吉模式，高标准打造16个示范项目。

安吉电气化大鹏助力绿色农业发展(胡南摄)

【运维管理】　2019年，县供电公司完成70周年大庆、全国高考等重大节日活动安全可靠供电，完成各类保电任务总计42次，科学系统制定保电方案，高标准、高质量完成保电工作，实现“四个零”目标。发挥电力铁军精神，全力抗击“利奇马”“玲玲”两次特大台风。推进供电服务降“两率”劳动竞赛，实现线路故障率下降20%、频繁停电投诉率下降30%。深化五个零时差管理，扩展不停电作业项目范围，开展带电安装分段开关、带电立杆、旁路作业、0.4千伏发电车低压倒送、10千伏发电车保供电等多种不停电作业，坚持“能带不停”，实现停电时户数下降30%。

【供电服务】　2019年，县供电公司集中精力深化供电服务水平，创新打造临时变压器租赁新模式，全流程服务客户临时变压器新装和拆旧，为企业降低成本。多渠道拓展业务办理渠道，精简办理资料。对接县跑改办、大数据局，引入政务服务一体机，实现居民用户全业务“刷脸零证办理”，强化主动服务，创新发票邮递，接入政府线上受理平台，将新装、过户等 20 项办电业务融入至政务服务网及“浙里办”App。引领智慧城市建设,“多表合一”实施 300 余户。拓展综合能源服务,充分整合内外部资源,推进综合能源服务项目实施,建设电动汽车快充站 2 座,实现高速公路充电站全覆盖,加快供电业扩新装流程。简化供电方案审批程序。大、中型企业客户实行供电方案线上会签,其中 10 千伏容量小于 800 千伏安、方案较简单的高供低计客户试行供电方案现场答复。确因电网受限影响用户接入的,原则上实行“先接入、后改造”或过渡方案接入,优先保障重要用户与民生项目接入。缩短业扩配套工程建设时限。主动对接政府项目审批平台,力争在用户项目的规划、立项、扩初等环节提前获取客户用电需求,提前启动配套工程建设,确保建设进度满足客户接电需求。

【组织管理】 开展“不忘初心、牢记使命”主题教育,组织“大调研、大学习、大讨论”,主动“跳出安吉看安电”。开展“党建+智慧计量”四方联建,实施先锋党支部评价竞赛,获评省公司抗击台风“利奇马”优秀红船党员服务队。开展“纪律提醒一刻钟”,创新廉洁“四式”教育,获《中国电力报》头版头条报道。组建文体分会 12 个,打造余山“五小”示范供电所,创建公司首个国网五星级供电所、首个全国青年安全生产示范岗,变电运维班获国网先进班组。智慧班组项目获浙江省青创赛银奖,余村生态电网规划管理创新成果获浙江省三等奖。1 人获评国网公司优秀共产党员,公司首个主导编制的安吉白茶电气化加工团体标准颁布实施,申报专利 45 项,发表论文 24 篇,各项创新创优成果创历史新高。连续 12 年获全国“安康杯”竞赛优胜单位,保持 28 年省级文明单位荣誉称号。

(胡　杰)

华东天荒坪抽水蓄能有限责任公司

【概况】 2019 年,华东天荒坪抽水蓄能有限责任公司完成发电量 17.06 亿千瓦时,抽水电量 21.23 亿千瓦时,综合效率 79.01%。2019 年实现销售总收入 16.12 亿元,利润总额 4.59 亿元,其中净利润 3.43 亿元,净资产收益率 21.02%。2019 年,公司获全国安全文化建设示范企业、“全国大型水电厂(站)劳动竞赛先进单位”等称号。12 月 30 日,国家电网公司党组发文表彰 10 个“国网楷模”和 110 名“最美国网人”,天荒坪公司曾辉获“最美国网人”称号。

2019 年,天荒坪公司完成 1 台机组 A 修、2 台机组 B 修、3 台机组 C 修、6 台机组 D 修;完成 500 千伏三单元保护、水淹厂房保护改造;完成迎峰度夏、进博会及节假日保电任务。年内成功抗击 2 次台风袭击。年内推进安全生产问题清单专项梳理整治,持续完善隐患排查治理,全年累计处理缺陷 295 项,大幅提高设备健康水平。结合球阀检修,完成机组发电机磁极线圈裂纹处理、引水系统上库闸门水下堵漏以及输水系统下平段混凝土裂纹缺陷大修,全年累计消除缺陷 260 项、隐患 18 项。完成 2 条输水道首次放空、6 台球阀同时返厂升级改造。

年内完成输水道无人机检测、上库沥青玛蹄脂修复新材料工艺、新型导流围堰、球阀检修专用工具等新技术的研发与运用。公司参编的《水力发电厂消防设施运行维护规程》国家标准获新源公司科技进步二等奖、“天荒坪抽水蓄能电站机组导轴承金属瓦运行性能优化”科研项目获新源公司科技进步三等奖。公司组织参加浙江省青创赛获得 2 个铜奖和最佳组织奖。

全年向系统内兄弟单位输出 5 名优秀员工(近 3 年累计输出 13 人),全年合计有 16 人在外挂岗;承担 8 家单位 113 名生产人员长期现场培训,充分发挥培训基地专家作用。

【电站报告文学作品入选《湖州文史》】 2019 年 1 月,由湖州市政协组织编纂的纪念改革开放 40 周年文史作品《湖州文史》出版发行,天荒坪蓄能电站报告文学作品收入其中。在湖州大地 40 年的变革发展中,天荒坪抽水蓄能电站以清洁能源助推生态文明发展、以工业文明践行“两山”理念而独领风骚,成为文史中浓墨重彩的一笔。

【天荒坪电站输水管道第二次放空检修】 2 月 15 日,天荒坪电站输水管道放空检修作业开始,至 2019 年 2 月 25 日上午,该工作顺利完成。本次输水管道放

4 月,天荒坪电站输水道防空修补

空检修作业是天荒坪电站运行历史上的第二次。在本次输水道放空检修中,天荒坪公司首次采用无 GPS 定位系统无人机对长斜井高压隧道进行检查,无人机飞行检查垂直高度达 216 米,并获取了清晰的影像资料,属行业内首次应用。天荒坪蓄能电站上下两座水库通过两条斜井贯通,斜井斜度 58 度,单条内径 7 米。

【天荒坪公司获地方"优秀贡献企业"】 4 月 28 日,在杭州高新区开发区召开的全区经济工作大会上,天荒坪公司获"优秀贡献企业"称号。一直以来,天荒坪公司积极贯彻落实浙江省委、省政府决策部署和省经济工作会议重要精神,立足创新引领发展,严格标准利润持续增长,支持地方经济卓有成效。截至 2019 年底,天荒坪公司累计上缴税金 49.41 亿元。

【天荒坪电站球阀大修收官】 截至 6 月 8 日 23:02,最后一台机组恢复系统备用,标志天荒坪电站球阀大修工作结束。2 月 15 日,伴随华东网调批准 1—6 球阀大修申请单的调令下达,天荒坪公司为期 116 天的机组进水阀升级改造工程正式启动。

【河海大学暑期社会实践基地在天荒坪电站挂牌】 7 月 11 日,河海大学暑期社会实践基地在天荒坪电站挂牌,河海大学院长王冰与天荒坪公司书记孙华平共同出席挂牌仪式,并签订协议。根据协议,天荒坪电站每年将向河海大学提供不少于 30 个暑期社会实践岗位,帮助河海水电学院学生认识了解抽蓄电站的生产运行特性,为国内抽蓄事业发展做好人才储备。河海大学原名华东水利学院,是国内水利、电力行业重要的人才培养基地。

(李长健)

7 月 11 日,河海大学交流座谈会暨暑期社会实践基地挂牌仪式举行

住建　人防

住　　建

【概况】 2019年1月12日，安吉县住房和城乡建设局按照县委、县政府机构改革部署，举行揭牌仪式，将原规划以及测绘与地理信息的职责划转至自然资源和规划局，并将与县人民防空办公室（县民防局）合署办公的县人民防空办公室的职责交由县住房和城乡建设局承担，保留县人民防空办公室（县民防局）牌子。年内获浙江省创建和谐劳动关系暨双爱活动先进组织。

【优雅竹城建设】 2019年，推进优雅竹城提升整治项目58个，完成投资11.8亿元。玉磬路及祥真路绿化改造全部完成，城市公厕改建（二期）等项目建设有序推进，累计完成绿道网建设40公里，新增绿地24.5万平方米，灵峰度假区河道及中心湖区景观工程入选省级海绵城市经典案例。

【美丽城镇建设】 小城镇环境综合整治完成，32个整治点全部通过省级验收，其中鄣吴镇、上墅乡、山川乡、天荒坪镇、报福镇、杭垓镇缫舍集镇、递铺街道康山集镇、天子湖镇、杭垓镇、孝丰镇、孝源街道、递铺街道安城集镇12个点获省级样板，全省率先实现驻镇规划师、街长制全覆盖。

【美丽宜居示范村建设】 2019年，完成各类村镇建设项目300余项，鹤鹿溪村通过省级美丽宜居示范村验收，获得170万元专项奖补资金。梅溪镇三山、天子湖镇高庄、孝丰镇溪南3个村申报2020年度省级美丽宜居示范村，大竹园村创成国家级美丽宜居示范村。牵头全面加快推进余村“两山”示范区建设，完成“两山”示范区总体规划和7个专项设计，持续推进完成沿线绿化提升、浮玉桥改造、停车场新建、“两山”大道及村口改造提升等市政配套工程。

美丽宜居大竹园村

【建筑业管理】 2019年，累计完成建筑业产值65亿元，全年新开工项目数208个，建筑面积479.89万平方米，其中工业项目202.79万平方米，居住项目167.13万平方米，其他项目109.97万平方米。竣工验收备案134项，建筑面积328.28万平方米。积极推广装配式建筑，新开工装配式建筑30万立方米，完成民用建筑节能审查38个138万方，创新组建“消防＋住建”联合验收专班，确保消防设计、验收工作转隶平稳。开展优质工程奖评选工作。评定县“云鸿杯”15个，推荐申报市“飞英杯”8个、省“钱江杯”2个。建立健全建设领域农民工工资专户和农民工实名制管理，出台首个建筑业支持政策《关于加快建筑业提升发展的实施意见》，为建筑业快速发展注入新动力。全县150个在建工地，全面落实“人防＋技防”措施，切实提升扬尘防治软硬件设置覆盖率和有效性。全年各在建工程均确定1名“扬尘防治负责人”。强化工程质量监督体系，为安全生产保驾护航。

【房地产行业】 2019年,完成房地产投资78.4亿元,累计新建商品住宅销售面积125.34万平方米,商品住宅销售金额149.06亿元,其中外地人购房量47.23万平方米,占房产总销售的37.68%;全县商品房存量174.4万平方米,其中住宅存量为126.9万平方米,去化周期为14个月。房产企业和中介监管。开展整顿房产企业和房产中介的检查工作,检查在售楼盘265家次,发现问题后能立即整改的即刻整改,无法整改的限期整改,共下发整改通知书7份,回访后均整改到位。预售资金监管平台上线,完成68家房产开发企业上线工作。

【物业管理工作】 持续深化物业项目经理双报到制。全县110个物业经理双报到全覆盖。成立网格员队伍,对全县105个物业小区实行网格化管理,共检查小区5000余次,新划泊车位9000余个,更换老旧破损垃圾桶8000余个,楼道粉刷面积60多万方,修补及硬化路面1200余处,协同执法部门拆除乱搭建2000余处。在全省首创引进社会公益组织(第三方)对物业管理小区按服务等级对物业服务企业进行打分测评,并结合文明创建工作对县城区域102个物业小区进行一对一的对标检查。解决民意诉求。受理物业投诉1305件。其中县长热线390件,来人来电274件,数字城管588件,物调中心受理来人来访投诉31件,法院移交调解22件。

【住房保障工作】 深化落实货币化保障模式,创新推行社区受理、部门代跑申报新模式,全年累计完成中低收入住房困难家庭保障323户,实现城乡一体统筹保障。直管公房管理推进。将所有直管公房营业性用房推向市场,实行公开招租。对录入浙江省城镇住宅系统的29幢鉴定为D级的危险房屋进行解危工作。对递铺、晓墅、梅溪、孝丰片区内的直管公房进行全面排查,消除安全隐患,年内进入维修139间面积2700平方米平方,拆除8间267.27平方,完成大修12处、拆除13处,确保直管公房安全使用。危旧房改造治理。完成农村困难群众危房改造30户,指导农村危房鉴定63户,已全部实现腾空拆除。

【优化行政审批手续】 精简审批流程,建成和运行全省统一的工程建设项目审批管理系统2.0,实现网上审批全流程、全覆盖,审批时间压缩至90个工作日以内。“最多跑一次”改革。牵头建立“六位一体”工程联合竣工验收模式,精简办理环节18余项,节约验收时间70余个工作日。政务服务提升。依托省厅“一张网”建设,全面提升“政务云”平台,实现“掌上办事”“掌上办公”核心业务全覆盖,全年同比压减文件72.6%、会议61.5%。

【在全省住房和城乡建设工作座谈会上发言】 1月10日,安吉县住建局局长马洪滨参加省建设厅召开的全省住房和城乡建设工作座谈会,并在座谈会上作交流发言。

【安吉县成为全省海绵城市建设优秀示范县】 4月24日,住建局成功争取安吉县成为全省海绵城市建设优秀示范县,近年来,县住建局以海绵城市建设为中心工作,因地制宜,创新举措,不断推动和深化县域建设。

【全国“两山理念与美丽乡村、千万工程实践经验交流会”在安吉县举行】 5月16—17日,县住

5月16—17日,全国“两山理念与美丽乡村、千万工程实践经验交流会”在安吉县举行

建局争取全国“两山理念与美丽乡村、千万工程实践经验交流会”在安吉县举行。会议吸引约250位来自全国各地的规划专家与学者参会。会议以“两山”理念为牵引，就美丽乡村建设、千万工程规划等问题进行交流探讨，为安吉县规划布局指明方向。

【与山东省邹平市签订合作协议】 5月31日，山东省邹平市建设局来安吉县考察，就特色田园乡村建设、美丽乡村和农村人居环境整治等方面进行交流学习，双方签订长期交流合作协议。

【获省建设厅专项资金支持】 10月31日，浙江省财政厅下发2020年省级住房与城市建设专项资金，安吉县获6000万元专项资金，资金支持力度居全省第一。据悉，该项资金主要用于2020年城镇污水处理基础设施建设、城镇生活垃圾处理设施建设，及美丽宜居示范村建设。

人民防空

【概况】 2019年，安吉县人防完成湖州市“金盾—19”演习，1403工程省人防办竣工备案工作以及防空地下室维护管理创新工作机制。拟定《安吉县防空地下室维护管理规定》讨论稿，完成人民防空方案修订及重点镇防空袭方案修订，落实人民防空指挥部建设及相关工作，完成重要经济防护和人防专业队伍、民防应急救援队和人防志愿者队伍建设。按新的人防设施配置标准编写控规，编制完成4个按新标准的控制性详细规划。在土地出让或划拨时用地建设条件中落实人防建设指标，形成具体实例。完成“5·12”“9·18”警报试鸣工作，对全县警报进行维护保养，鸣响率100%，新增固定警报和固定警报储能电池，人防指挥信息系统网络向全县重要地区、重要经济目标单位覆盖。在重要时间节点和重点单位开展人防“五进”宣传教育，在3月1日开展国际民防日宣传活动，5月12日全国防灾减灾日期间开展社区人口紧急疏散和人防宣传活动。结合已建成的报福镇福地国防公园和杭垓镇西溪公园建设人防主题公园。

5月12日，铜山桥社区开展防灾减灾应急演练活动

【人防工程】 2019年，办理应建防空地下室民用项目报建审批60件，其中新审批人防工程22个；人防工程易地建设费征收22件；新建防空地下室战时功能和防护等级确定15件；人防工程质量监督手续办理16件；竣工验收备案78件，其中人防工程竣工5件。强化人防工程执法检查，重点检查安全生产责任制落实情况、人防设施设备运行和维护管理工作台账以及人防工程隐患排查整治情况。全年向县综合执法局移交2起违法案件。

（江彦瑾）

住房公积金管理

【概况】 2019年，湖州市住房公积金管理中心安吉县分中心持续建设“家门口的公积金”“人民满意的公积金”“清廉公积金”，大胆探索，勇于实践，攻坚克难。在全省率先实现贷款“掌上办”、贷款20年本息“月月清”，受到市委常委、常务副市长杨六顺批示肯定；便民举措“全时办”在县级部门局长（主任）工作交流会上受到市委常委、县委书记沈铭权肯定；创建市级青年文明号、市级文明单位，通过省一级档案复评。同时分中心助力全国文明城市创建，领办背街小巷金舜巷和无物业小区金舜苑，9月获领办无物业小区和“街巷长制”考核全县“双第一”。在季度考评中,连续4个季度获文明城市创建优胜单位。获湖州公积金系统2019年度先进集体、三季度美丽核心机关党组织、“最多跑一次”二季度优胜单位、“改革与创新”七月先进单位、新时代文明实践四季度优胜单位、垃圾分类四季度优胜单位等荣誉。

【住房公积金归集和提取】 2019年,归集公积金96794.52万元,归集额同比增加10703.27万元,同比增幅12.43%;全年提取公积金62235.20万元,提取额同比减少2673.91万元,同比降幅4.12%;年末公积金余额245678.93万元,同比增加34554.58万元,同比增幅16.37%。

【住房贷款发放、回收及风险防范】 2019年,向1124户职工家庭发放住房贷款42151.5万元,全年贷款发放额同比增加4780.02万元,同比增幅12.79%。贷款回收29167.37万元,同比减少1976.58万元,同比降幅6.35%。年末贷款余额266732.72万元,同比增加12984.13万元,同比增幅5.12%。年末存贷比例为121.30%(含公转商),下降15.1个百分点。截至2019年12月底,分中心已连续19年多、累计连续239个月月末贷款本息及时收回,贷款始终无逾期。分中心的资产优良率连续多年保持100%。累计提取的风险准备金达194681万元。

【住房公积金缴存比例调整和年度验审】 2019年,住房公积金缴存比例调整为:行政机关、事业单位住房公积金缴存比例仍按单位和个人各12%标准执行;企业和其他组织的住房公积金缴存比例可根据单位实际情况,仍按单位和个人各5%—12%范围内标准执行。缴存基数调整为:职工缴存工资基数按2018年度职工个人工资总额的月平均数确定(工资口径按国家统计局规定列入工资总额统计的项目计算)。继续实行“控高保低”政策:行政机关、事业单位职工个人工资总额低于湖州市统计局公布的上一年全县职工平均工资标准的,按全市职工月平均工资标准计算。其他职工住房公积金月工资基数按2018年当地统计部门公布的上一年度职工月平均工资的60%以上执行,最低不得低于当地最低工资标准。在本次调整中凡提高缴存工资基数的单位,按国家和省市有关规定执行。住房公积金补贴缴存工资基数上限按不超过上一年度全市职工月平均工资标准执行。

2019年,应参加调整和年审单位为2682家、职工人数60829人,实际完成调整和年审单位2574家、职工人数59198人。完成率分别为95.97%(按单位计)和97.32%(按职工人数计)。

【住房公积金制度建立及年度扩面情况】 2019年,市政府下达安吉县扩面任务新增14500人,实际完成27286人,完成率188.18%;净增任务5630人,实际完成10772人,完成率191.33%。截至2019年底,安吉县共有正常缴存单位2844家,年末实际缴存住房公积金人数67340人。

【为政府提供廉租住房建设资金】 截至2019年底,从公积金增值收益中已累计提取廉租住房建设资金6631.71万元。

【住房公积金贷款贴息工作】 自2007年以来,每年均开展低收入

3月22日,安吉县召开2019年度住房公积金制度扩面工作会议

住房公积金贷款家庭贴息工作，截至2019年底，已累计为417户公积金贷款家庭贴息88.88万元。其中，2019年向符合贴息条件的22户贷款家庭发放贴息金额6.48万元。

【优化行政审批手续】 2019年，分中心围绕“服务是魂，业务为本”的初心使命，充分发扬“店小二”精神，以群众办事“一次都不跑”为工作出发点，完成“最多跑一次”改革任务。截至6月底，民生事项“一证通办”实现全覆盖。提前实现“网上办事率、跑零次实现率、掌上办实现率、民生事项一证通办实现率、材料电子化比例”5个100%。全面落实“无证明城市”创建，共取消20项证明清单，实现公积金办事“无证明”。提升效率，实行提取、贷款业务现场办理两个“3”，即提取业务“3分钟”办结，贷款业务(公积金部分)“30分钟”办结。全面推广网上办事大厅、支付宝、浙里办、微信公众号等新型智慧公积金系统，2019年1—12月，分中心网厅业务使用量占比为85.92%，全市第一。同时分中心攻坚克难，大胆创新“五办”。全面“延伸办”，向银行网点、市场监管、县政务服务中心延伸服务窗口；试点“破难办”，将逝者公积金提取需要提供变公证书变承诺书，实现逝者公积金提取全省“领跑”；率先“掌上办”，7月份，推出手机端贷款申报模块，在全省率先实现公积金贷款“掌上办”；创新“全时办”，通过“周末办”“延时办”实现服务不打烊；开通“上门办”，通过“村社区直通车”“企业直通车”等服务，主动将政策和服务送到群众中。

7月22日，建行安吉支行住房公积金服务网点揭牌成立

【“三服务”工作】 开展“三服务”活动，落实企业减负政策。缴存单位缴存比例下限由8%调整至5%，并推出“一企一策”政策，可申请公积金缴存比例低于5%下限或缓缴，减轻企业负担5000多万元。

【联合民政部门开展逝者公积金提取“跑零次”改革试点】 4月，联合民政部门开展逝者公积金提取“跑零次”改革试点。逝者公积金提取变需要提供公证书做法统一为提供承诺书(与社保、医保共用)，并指定将资金打入知晓密码的被继承人社保卡或共同认可的继承人社保卡。民政协理员通过App上传包括承诺书、身份证等所有相关资料，分中心确认无误后将逝者公积金余额打入社保卡，以此“互联网+服务”模式实现逝者公积金提取“掌上办”“一事办”“一次都不用跑”。

(陈思远)

城 市 管 理

【概况】 2019年,安吉县综合行政执法局(城市管理局)有执法所(中队)14个和1个治安机动大队、内设科室9个、管理单位5个(园林绿化管理处、递铺环卫所、城市照明管理处、市政公用管理处、公共资源中心)。全局在册干部职工755人,其中在编人员193人,编外人员562人。全系统共有党支部16个,党员453名。安吉县综合行政执法局(城市管理局)除负责综合行政执法和城市管理主责外,还承担了道路改造、管网改造、公园广场改造提升等一批民生项目,牵头或配合推进"三改一拆""四边三化"、烟花爆竹"双禁"、新时代"两山"试验区建设、全国文明城市创建、"三服务"等一批重点、中心工作。2019年,县综合行政执法局(城市管理局)围绕"两聚一美"发展大局,统筹推进"一三五三二"工作体系,全力打好"三大战役",完成年度各项目标任务。

【全国文明城市创建】 2019年,县综合行政执法局(城市管理局)集中取缔一批夜宵摊,移除一批报刊亭,拆掉大量广告牌,清理大量"牛皮癣",市容环境秩序显著提升;开展志愿服务工作,在几次模拟迎检和迎检实战中,县综合行政执法局(城市管理局)各执法单位、管理单位、机关科室、两家行业管理企业克服重重困难,发扬不怕吃苦、连续作战精神,打赢了一场又一场创建攻坚战,获得市民广泛赞誉;开展污染防治攻坚,推进填埋场生态修复工程和餐厨垃圾处理项目,加强对焚烧发电厂的监管,建成全市首个标准化生活垃圾分拣中心,垃圾减量化、资源化、无害化处理能力大幅提升;牵头推进城北、金山2个污水处理厂的提标改造,实施南北排渠下游整治工程,"净水"工作取得成果;牵头推进烟花爆竹全域"双禁"、工程车"三化"管理全域覆盖,加大餐饮油烟、露天焚烧治理力度,大气污染防治工作迈上台阶。

【重点项目建设】 2019年,县综合行政执法局(城市管理局)共牵头实施建设项目24个,定期召开项目推进会,看现场、推进度、找问题、抓安全,全部项目提前或按时完工,基础设施得到提升,城市功能得到完善。递铺路改造和凤凰路改造工程解决沿路沿线的一系列交通问题和民生问题,赋石水厂与老石坎水厂建设项目从根本上解决部分高层住宅供水不足的问题,城区道路有机更新、公厕改造、公园设施改造、城区亮化提升等等。大力推进两山"试验区"建设,联合有关部门争取到省建设厅、省司法厅出台支持安吉"两山"试验区建设政策,静脉产业基地成为省级资源循环利用示范基地试点,为安吉县建设"两山"试验区锦上添花。

【城市管理】 守护美丽宜居环境。城市有机更新标准更高、效果更好,累计修复路面道板5万余平方米,安装护栏2万余米,更新垃圾桶、果壳箱3900余个,补植绿化9万余平方米,修复更新路灯、景观灯6000余个。创新实施公厕管理"三级所长制",公厕经过改造更加整洁、方便。创新开展文明商户评选活动,提升市民商户的参与度和积极性。"智慧城管+美丽城镇长效管理"实现全域覆盖,每月在安吉报对美丽城镇长效管理排名和智慧城管各单位处置排名进行公示。化解民生痛点问题。开展"三服务"活动,持续深化"最多跑一次"改革,建立"提前踏勘"、驻企联络员、用水用气报装"一站式"审批等机制,用水用气缴费实现掌上办、随时办,累计解决实际问题300余件,入选市、县案例和信息30余篇,收到锦旗、感谢信80余件。特别在缓解停车难方面,牵头增设6处停车场、8100余个停车位,实行差异化收费,开放一批单位停车场,公共自行车系统也更加完善,全年骑行量突破110万次。推进城镇生活垃圾分类。全国率先制定学校垃圾分类地方标准规范,全省首创"二级四分"模式,虎哥服务覆盖144个小区、近5万户居民,累计回收生活垃圾1万余吨,利用率达97%,城区每日实现垃圾减量50吨左右,经验做法被《人民日报》、《浙

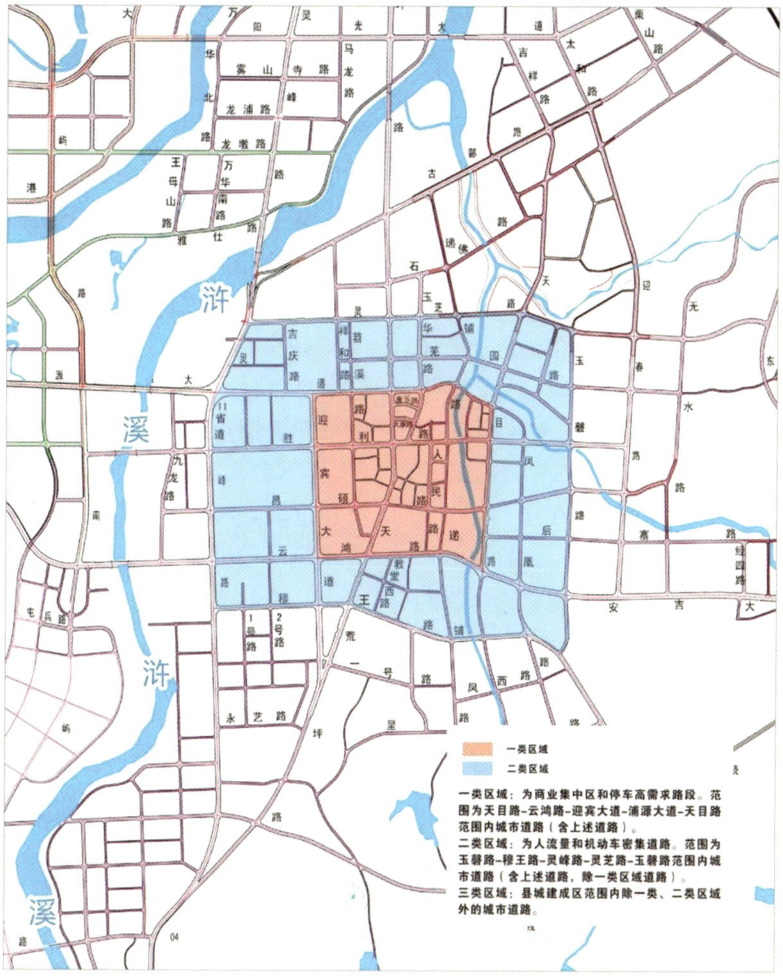

6月10日起，县城建成区范围内城市道路及政府设置的公共停车场实施差别化停车收费。分类管理类别为道路停车、公共停车场。城区公共空间占道停车收费应按规定实行明码标价，在服务场所及缴费地点的醒目位置，公布收费标准、收费依据、车型分类、计费时段、免费停放时间、服务承诺、投诉举报电话等，接受社会监督。

江日报》、浙江卫视等媒体频频点赞，工作成效获省委副书记郑栅洁批示肯定。

【综合执法改革】 2019年，浙江省率先建立"司法行政＋综合行政执法"共建共融机制，与县司法局建立工作例会、信息通报、重大疑难案件会商等制度，推行"驻队律师＋公职律师＋基层法制员"联合工作模式，打造"综合执法＋人民调解"特色品牌，深化"文明规范公正队所"与"最佳实践队所"建设，执法规范化水平明显提升。坚持数量与质量并重，"又好又多"办案水平大幅提升，全年累计办理行政处罚案件15.4万件，罚款3100余万元，案件优良率高达99.3%，三项指标均创历史新高。县综合行政执法局（城市管理局）主办的一起违法建设案例被省司法厅列为全省综合执法系统四大经典案例之一。破获"6·25"非法经营液化气案，协助公安机关抓获13名犯罪嫌疑人，获副市长杨六顺批示肯定。2019年，县综合行政执法局（城市管理局）开展一系列专项整治行动，工程运输抛洒滴漏、乱倒垃圾、违建、违停、乱占道、乱设广告、乱排油烟等违法行为得到遏制。全面加强犬类规范管理，实现免疫、登记、收容三个100%，工作成效获市委常委、市公安局长夏文星批示肯定。联合公安开展小广告专项整治，协助抓获乱张贴人员78人，整治成效获副市长施根宝批示肯定。

【队伍建设】 擦亮"红培"党建品牌，发挥基层党组织战斗堡垒作用和党员模范带头作用，开展"不忘初心、牢记使命"主题教育，清单式开展主题教育的做法获县主要领导充分肯定。严抓党风廉政建设不放松，提升督查考核的随机性、针对性和时效性，杜绝不作为、慢作为、乱作为等问题。通过课题调研、集中培训、雨天课堂、城管夜校、模拟法庭、大练兵大比武等多元化方式，提升队伍政治素养和履职能力。加强办公场所标准化建设与着装、内务、车辆、装备等的规范化管理，基层中队规范化建设水平走在全省前列。打造"人民满意"队伍，组建"萤火虫"城管义工、"啄木鸟"志愿者、"蓝蜻蜓"服务队等队伍，通过开放日、体验日、志愿服务等活动拉近干群关系，营造和谐环境。全年在安吉县遭遇雨雪、冰冻、台风等灾害天气时，县综合行政执法局（城市管理局）都冲在应急抢险第一线，累积出动5300余人次，转移受灾群众800余人次，消除各类隐患900余处，保障人民生命财产安全。加强行业管理和安全生产工作，维护城市安全有序运行。运用传统媒体、新媒体、自媒体等平台开展宣传，全年在国家级媒体发布信息45条、省市级媒体71条、县级媒体696条，安吉城管发布公众号编发信息220条、阅读量突破60万次。党政信息获省用7条、市用29条、县用110条，获省市领导批示8次。2019年，县综合行政执法局(城市管理局)队伍中涌现出一大批先进典型，比如省最美建设人、县担当作为好干部常林武，湖州好人余承玉，湖州十佳铁军模范好支书郭施舒，湖州“青年岗位能手”何超，“两山”理念实践先进个人方爱国，最美退役军人吴珠明，红色传唱人边海林，等等。

【召开新时代文明实践工作现场会暨全国文明城市创建工作推进会】 2月27日，安吉县召开新时代文明实践工作现场会暨全国文明城市创建工作推进会。县委常委、宣传部部长陈旭华要求，标杆要再拉高。要跳出安吉看安吉，拉高标杆、加压奋进、对标一流，全力去争抢冲一冲、去搏一搏，才能实现既定目标。行动要再加力。要以翻篇归零的姿态、以“人一我十”的劲头、以“逆水行舟”的状态去做接下来的创建工作，创新业、得新果。奔跑要再加速。以等不起、坐不住、慢不得的紧迫感和责任感，以超常规的举措去面对挑战、拥抱机遇，奋力走在别人前头，努力在2019年的省测中取得优异成绩。

【县领导督导城镇生活垃圾分类和静脉产业园建设工作】 3月22日上午，副县长何承明对全县城镇生活垃圾分类和静脉产业园建设工作进行督导。副县长何承明先后赴天目新村、祥溪南苑等地就生活垃圾分类工作开展现场踏勘，并在县综合执法局(城管局)召开专题座谈会。副县长何承明对城镇生活垃圾分类和静脉产业园建设工作给予充分肯定。副县长何承明强调，大家要万众一心、深入推进、巩固质量、扩面覆盖，真正把城镇生活垃圾分类和静脉产业园建设工作抓好、抓实。要担当有为、履职尽责；要密切配合、凝聚合力；要咬定目标、久久为功；要强化宣传、树立标杆。

【县领导视察全县犬类规范管理工作和城镇生活垃圾分类工作】 4月11日上午，县人大常委会党组副书记、副主任吴佩勋一行对安吉县犬类规范管理工作和城镇生活垃圾分类工作情况开展视察。吴佩勋副主任一行先后赴犬类管理收容所、餐厨垃圾建设项目现场、天目新村等地就犬类规范管理工作和城镇生活垃圾分类工作进行实行踏看，并听取了情况汇报。座谈会上，吴佩勋副主任指出，综合执法局要坚持抓好全国文明城市创建工作这个总目标，承担好综合执法和城市管理两项职责，助力社会发展，要下定决心做好做实犬类管理和垃圾分类工作，为中国最美县域建设做出贡献。

【县委常委、县政府党组成员何承明实地督查赋石、老石坎水厂建设运行及北部区域供水推进工作】 10月15日上午，县委常委、县政府党组成员何承明实地督查赋石、老石坎水厂建设运行及北部区域供水推进工作。城投集团主要领导及分管领导，县政府办、发改局、资源规划局、交通局、水利局、卫健局、综合执法局、递铺街道、孝源街道、梅溪

10月15日，县委常委、县政府党组成员何承明实地督查赋石、老石坎水厂建设运行及北部区域供水推进工作

镇、天子湖镇、溪龙乡、孝丰镇分管领导，项目建设单位、施工单位、监理单位相关负责人陪同。在听取各单位负责人的工作汇报后，何承明常委指出，供水工程是县委县政府高度关注的民生工程，干得好就是民心工程，干不好就是失心工程。为让民生工程真正成为群众放心、人民满意的“暖心工程”，各部门及项目方要建设好、运营好、维护好项目工程，要齐心协力，尽岗尽责，要凝心聚力，履职到位，要以人为本，安全第一。

【“三服务”工作推进会召开】 10月17日下午，县综合行政执法局(城市管理局)召开“三服务”工作推进会，局党委副书记、副局长胡志中主持会议并讲话，局各单位主要负责人和联络员参加会议。会上，局党委副书记、副局长胡志中充分肯定前期“三服务”工作取得的成效，深入分析当前“三服务”工作的新形势、新要求，对下一步全面做好“三服务”各项工作提出明确要求。局党委副书记、副局长胡志中指出，做好“三服务”工作是开展“不忘初心、牢记使命”主题教育的内在要求，也是补齐民生短板、响应群众需求的必要举措。各单位务必要进一步提高重视，压实责任，勇于担当破难，善于改革创新，健全问题、信息、案例报送机制，切实提高“三服务”工作实效，增强企业、群众和基层的获得感。

【县委书记沈铭权检查综合执法局全面从严治党主体责任落实情况】 12月9日下午，县委书记沈铭权带队赴综合执法局(城管局)，检查2019年度落实全面从严治党主体责任情况。县委书记沈铭权指出，县综合执法局(城管局)要按照“进一步提升精细化管理水平，进一步推进规范化依法行政，进一步加大精准化有效投入，进一步突出人本化服务意识，进一步强化专业化队伍建设”的要求，全力抓好贯彻落实工作，确保年内各项工作任务顺利收官，实现“全年红”“满堂红”，并结合新时代浙江(安吉)县域践行“两山”理念综合改革创新试验区建设，谋深谋实谋细2020年改革发展整体思路和工作重点。

【省建设厅全力支持安吉“两山”试验区建设】 12月12日，浙江省住房和城乡建设厅印发《浙江省建设厅关于支持新时代浙江(安吉)县域践行“两山”理念综合改革创新试验区建设的复函》，进一步支持安吉践行“两山”理念综合改革创新试验区建设工作。省建设厅提出四大支持意见，即进一步支持安吉深入推进“最多跑一次”改革，进一步加强对安吉城乡建设、城市管理工作业务指导和人才培养，进一步支持安吉推进新时代美丽城镇建设，建立支持新时代安吉践行“两山”理念综合改革创新试验区建设工作联系机制。

(王雅君)

12月，浙江省住房和城乡建设厅召开2019年度“最美建设人”学习促进会。会上安吉县综合行政执法局常林武获2019年度浙江省“最美建设人”称号

环 境 保 护

【概况】 湖州市生态环境局安吉分局于2019年1月挂牌成立(原安吉县环境保护局),为市生态环境局所属派出机构,正科级单位,实行以市生态环境局为主的垂直管理体制。设立办公室(挂政策法规科)、组织宣教科、综合规划科、自然生态保护科、水生态环境科、大气环境科、环境影响评价与排放管理科7个机关科室。同时,下属4个事业单位,参公事业单位县生态环境保护综合行政执法队(副科级单位)及下属事业单位安吉县环境应急与事故调查中心、安吉县生态环境保护所(原安吉县乡镇环境保护所),3家单位合署办公,安吉县生态环境监测站(原安吉县环境保护监测站),全县15个乡镇(街道)设立7个环境执法中队。

5月13日,全省高质量建设美丽浙江暨高水平推进"五水共治"大会在杭州召开。县委书记沈铭权在主会场参加会议,并代表安吉县捧回"2018年度美丽浙江建设工作优秀县(市、区)"荣誉

2019年,生态环境局安吉分局开展"不忘初心牢记使命"主题教育活动,坚持"绿水青山就是金山银山"理念,聚焦民生根本,全面加强生态环境保护,坚决打赢污染防治攻坚战,持续提升环境质量,推动经济社会发展。安吉县被省委、省政府授予2018年度美丽浙江考核优秀县,被市治水办授予2018年度市级"蓝天杯",成功举办"6·5"世界环境日暨国合会年会现场考察交流活动,得到联合国环境规划署代理执行主任姆苏亚和韩正副总理的赞扬肯定。推荐递铺街道鲁家村的村委会主任裘丽琴代表全国生态环境系统参加国庆期间天安门阅兵彩车游行。《"美丽乡村"的中国示范——浙江安吉坚持生态立县的新农村建设之路》案例入选中组部全国党政领导干部培训学习教材。

1月25日,湖州市生态环境局安吉分局挂牌成立

【生态环境质量状况】 2019年,安吉县空气优良天数315天,有效天数364天,空气优良率86.5%,列全市第一,其中PM_{10}

年均值52微克/立方米，较2018年同期上升6.1%；$PM_{2.5}$年均值33微克/立方米，较2018年同期上升6.5%；二氧化硫年均值6微克/立方米，较2018年同期下降14.3%。全县3个省控以上、7个市控以上地表水监测断面水质均达到Ⅱ类标准，24个县控以上地表水监测断面水质满足功能要求的断面比例达100%，县级集中式饮用水水源地达标率继续保持100%。国家、省、市对安吉县交接断面考核继续保持优秀等次。全县土壤环境质量总体保持稳定，全年未发生重大土壤污染事件。全县区域环境噪声昼间平均等效声级值为55.4分贝，夜间平均等效声级值为47.1分贝，区域声环境质量总体水平等级为一级。实施污染减排涉水项目10个，涉气项目5个，15个减排项目，完成削减化学需氧量58.36吨，氨氮11.05吨，二氧化硫282.5吨，氮氧化物33.4吨，全面完成市下达的污染物减排目标。

【“两山”试验区建设】 在全国县级“两山”实践创新基地县区中率先开展“两山”实践创新基地规划编制，委托生态环境部环境规划院完成梓坊村、文岱村等6个村“两山”实践的典型案例调研、规划编制工作。争取省级山水林田湖草生态保护修复试点，年度4个项目完成建设并通过县级联合验收。开展西苕溪流域生态修复工程建设，梅溪老龙坝湿地工程完工，溪龙乡7座农村生活污水处理终端完成改造。修改完善《安吉县集中式饮用水源地生态保护奖补资金管理办法》，根据涉及的8个乡镇（街道）15个入库断面水质监测情况，县级财政每年安排4500万元专项用于饮用水源地建设保护。委托浙江大学完成安吉县赋石水库等三大饮用水源地污染源溯源性分析，为农业面源污染整治工作提供理论依据。高标准做好农村生活污水治理设施运维管理，建立“站长制”工作制度，明确村、乡镇、县三级站长负责制。以“互联网＋运维”新模式，实现农村污水处理设施长效运维的智能化、高效化、规范化、专业化和长效化。同时委托省环科院对全县2692座污水处理运维终端进行排查。完成全县518座日处理量10吨以上终端新标识牌制作。完成农村生活污水监管平台建设，实现省、市、县三级联网。

【生态保护红线与自然保护地监管】 联合资源规划局开展“绿盾”专项行动，完成竹溪和南北湖两个省级湿地保护区2019年遥感确认的3处问题整改。先后对昌硕街道双一村、递铺街道塘浦村、灵峰街道灵峰村、梅溪镇梓坊村、板桥村进行土壤采样及检测分析，土壤样品均达到相应等级标准。推进生态保护红线勘界定标以及赋石水库试点区域红线监测预警与智能监管工作，共埋设界桩200余个，设立标示牌4块，创新开发监管软件平台和巡查移动App，安装智能人脸车辆识别、热成像系统、全景鹰眼摄像、高空瞭望监测等系统，实现查看、巡查、统计、数据分析、项目准入等科技支撑。同时进一步拓展范围，将凤凰水库、老石坎水库一并纳入生态保护红线勘界定标和监测预警与智能监管体系，并启动实施。

【污染防治攻坚行动】 实施“碧水”攻坚战。按照金属表面处理、有色金属、农副食品加工、砂洗、氮肥、废塑料行业污染整治

10月31日，第十六届中日韩三国环境研究院院（所）长会议参与嘉宾来安吉县实地调研

提升要求继续推动污染整治，完成15家金属表面处理和3家农副食品行业企业的整治提升和验收工作。启动开展重点良好湖库安全调查评估工作。开展污水零直排区建设工作，完成全县5个工业园区、47个居民小区、6个商贸集中区和6个乡镇(街道)创建工作。实施“蓝天”保卫战。深化工业挥发性有机化合物(VOCs)治理，关停华祥皮革，实现VOCs减排3400吨，推进洁美电子、索凡胶黏剂、博星家具等一批大型重点企业处理设施升级换代，VOCs排放量从2015年原审批量6000多吨减至2000余吨。开展涉VOCs重点排放企业环保设施全过程监管工作，完成排放量1吨以上162家企业全覆盖。完成94家“散乱污”涉“污”企业整治，其中关停取缔74家，整治提升11家，整合搬迁9家。完成机动车道路自动化监测项目选点工作，完成机动车黑烟遥感设施安装并开展联合检查。提前完成144台燃油、燃生物质锅炉提标及39台2蒸吨以上燃气锅炉低氮改造工作。加大国三柴油车淘汰力度，完成淘汰154辆，超额完成县定100辆淘汰任务，下发补助资金198.2万元。实施“净土”行动。开展重点行业企业用地详查全面性核实工作，增补调查地块总数至96家，开展风险筛查与纠偏工作，确定33个采样地块名单。对梳理新增的华祥皮革、丰虹膨润土地块经场地调查后移出疑似污染地块名录。完成铭翔电瓶污染地块修复工程和修复效果评估工作。争取中央资金1500万元开展鸿泰化工污染地块治理修复工程。落实2019年10家土壤重点监管企业土壤自行监测工作。开展农用地土壤国控超标点位“对账销号”工作，对4个超标点位的土壤和农产品协同样品进行采样检测。开展涉重企业重金属污染物排放基数全口径清单统计工作，完成巨水、广隆、亚太、美能、绿金5家全口径清单企业五类重金属污染物排放基数核算。建立智慧环保监管体系，指导412家危废企业完成2019年度危废管理计划申报并通过审核，完成172家固废企业排查及申报工作。督促临港热电加快工业污泥处置项目调试，争取尽快投入运营。

【提高生态环境安全底线】 抓实中央环保督察整改工作。第一轮中央环保督察44个信访件50件问题已全部完成整改。对市举一反三深化整改10个问题清单中县垃圾填埋场渗漏液处置不规范问题已完成提标改造。安吉慢联邦污泥处置有限公司日处理60吨工业污泥建设项目已完成调试。组织开展生态环境领域环境问题“集中检查月”活动，检查点位63个，梳理问题6项，摸清生态环境领域短板问题，并逐一落实整改。对市级环保督察中反馈的5个方面14个问题和9件信访件逐一进行梳理交办，并已全面完成整改。强化各类专项执法行动。加大对“散乱污”企业重点区域、重点行业的监管力度，确保环境监管不留盲区。全年共作出行政处罚决定书159件，行政处罚金额691.5万元，同比上升112%和62.9%，两项增幅均位列全市第一，移送公安机关作出行政拘留11起11人，实现全年污染环境刑案零发案。全市两轮执法大练兵比拼案卷评审工作，县生态环境局抽查案卷连续两次荣获第一名。创新企业内部管理服务方式。开展服务企业工作，以指导企业落实环保主体责任为目标，出台企业环境保护主体责任建立企业环境保护责任制度文件，通过制度上墙、操作规程上墙，督促企业加强内部管理，完成156家企业落实环保主体责任制度上墙工作。持续推进企业在线监控平台监管工作，完成81家企业自动在线监测监控系统安装，全市率先开展企业自动在线运维考核机制，对辖区内在线自动监控设施第三方运维企业开展季度考核，考核结果均对社会进行公示。加大企业环境风险管控工作，指导企业规范环境风险应急防范管理，建立环境风险隐患整改销号制度。2019年，全县未发生突发环境污染事件。

【生态环境保护改革工作】 继续推进企业排污权交易、工业固废处理、污染物排放总量等生态环保领域改革。做好安吉县第二次全国污染源普查工作。实施全过程质量控制，全方位开展数据审核工作，展开名录比对，增补普查对象13家；对运行状态为停产、关闭、其他的企业开展状态确认工作，修改普查对象运行状态143家。分类逐源，对5078家工业源、848家集中式污染治理设施、30家农业源、24台生活源锅炉、6个入河排污口、52

家移动源共计 6038 家普查对象展开多次数据自审工作。污染源普查工作已基本结束。破解工业固废处置难点。制定实施《安吉县一般工业固废暂行管理办法》,创新提出工业固废源头控量减量循环利用方案,获得市一季度三服务“担当破难”典型案例。明确设置工业固废处置中心作为新增项目的前置条件,完成 131 家企业“工业固废分类中心”建设,“以废养废”企业绿色循环发展模式初步形成。一般工业固废处置工作作为“无废城市”建设重要内容列入新时代“两山”理念综合改革创新试验区建设行动方案。拓宽污染物排放总量空间。通过合理利用排污权交易、污染减排核算等准则,“腾存量、找增量、挖余量、谋新量”,新增氨氮余量 11.78 吨,有效破解氨氮排放存量不足问题,保障重点项目落地投产。继续实施排污权竞价工作,新增化学需氧量等 5 项主要污染物排放指标的企业,通过竞价获得储备排污权,完成全县企业化学需氧量等 5 项指标的第二轮有偿使用和交易 220 家次,总计收缴排污权有偿使用费 3619.52 万元。开展新审批企业排污权指标竞价工作,5 家新审批企业总计收缴排污权有偿使用费 24.6396 万元。

【“3·25”生态日】 3 月 25 日,安吉县美丽办在生态广场举行全国新时代文明实践中心(试点)建设推进暨 2019 年安吉“3·25”生态日活动。主题是创新“两山”实践,建设最美县域。市县领导沈铭权、蒋伟峰、宋波等人参加。

3 月 25 日,安吉县举行第十六个 3·25 生态日主题活动

【“6·5”世界环境日】 6 月 1 日,联合国助理秘书长、联合国环境署代理执行主任乔伊斯·姆苏亚率团队到安吉县考察生态文明建设暨中国环境与发展国际合作委员会年会筹备。副省长彭佳学,市县领导沈铭权、蒋伟峰、潘鸣陪同。市中级人民法院院长李章军、县人民法院院长沈芳君参加座谈。乔伊斯·姆苏亚一行实地考察大竹园村、余村垃圾分类、绿色经济转化等实践,还通过座谈的方式听取安吉法院环境资源审判情况。6 月 4 日,参加 2019 世界环境日·中国环境与发展国际合作委员会年会的嘉宾到安吉县,分组考察美丽乡村大竹园村和余村,并举行现

6 月 1 日,联合国助理秘书长、联合国环境署代理执行主任乔伊斯·姆苏亚率团队来安吉县考察生态文明建设

场交流活动。国合会代理外方执行副主席赫尔格森、国合会副主席索尔海姆,国合会秘书长、生态环境部副部长赵英民,市县领导钱三雄、陈浩、沈铭权、蒋伟峰、陈永华、赵德清、潘鸣、项侃文参加。

【干部队伍建设】 开展"营商环境优化年"活动,实施"局班子成员+科室"分片联系走访制度,累计走访服务企业、基层、群众621家次,解决实际困难438件。把握"三线一单"编制契机,优化"三线一单"编制方案,在守住生态保护红线、环境质量底线、资源利用上线的同时,争取发展空间最大化,预计可为全县争取到75.73平方公里发展空间以及644.05平方公里发展预留空间。创新推出项目环评审批全程代办制度,完成福斯特材料、祖名食品、洞庭山等全程代办项目221个,平均缩短环评报告书、报告表审批时间分别为20天和10天以上,有效加速重点工业项目落地投产。引入长沙航天凯天环保技术有限公司第三方环保托管服务,完成全县71家企业体检式服务,出具"一企一策"体检报告71份,根据整改方案,71家企业已完成整改工作。开展"不忘初心、牢记使命"主题教育。组织全体党员学习宣传党章和习近平新时代中国特色社会主义思想,推进学习型党组织建设,通过采取主题党日、集中培训、专题讲座、环保论坛、演讲、微党课等形式,确保学习培训覆盖率和实际效果。组织机关党员走进老石坎浙北第一支部、南湖监狱等廉政警示教育基地,以及长兴新四军苏浙纪念馆接受革命传统教育。通过安排局领导领学、观看爱国影片、学习党章党规视频、警示教育片、邀请鲁家村村主任裘丽琴讲述参与国庆70周年阅兵感受及鲁家美丽乡村发展经验等形式,拓宽学习渠道,增强学习教育感染力。国庆节期间组织年轻干部开展"我和我的祖国"主题活动和观影活动。强化从严治党,坚持党纪教育一刻钟活动,结合"一册四表",开展反腐倡廉形势教育、岗位廉政风险教育。制定出台《安吉县生态环境系统干部"六不准"规定》,切实形成以制度管人、以制度管事的良好机制。营造生态文明氛围。利用"3·25"生态日、"6·5"世界环境日等活动平台,结合全国文明城市建设,开展"十佳生态文明使者""十佳低碳出行者"等内容丰富、形式多样的系列活动,倡导绿色生活方式,提高公众生态文明意识。举办"6·5"世界环境日及国合会年会安吉现场考察活动,向全世界传递生态文明建设"安吉经验"。举办环保公众开放日活动,引导社会公众零距离参与、零距离感受。加大媒体沟通宣传力度,主动推介在生态文明建设和环保工作上的特色和亮点,全年完成各类媒体宣传报道104篇,发布微博微信信息853条。在第一时间用官方的声音直面网民的疑问,传递生态环境保护正能量。

【《美丽乡村的安吉范本》入选全国党政领导干部培训学习教材】 7月,《美丽乡村的安吉范本——安吉县践行"两山"理念的生态文明建设之路》入选全国党政领导干部培训学习教材。

【安吉县生态环境保护综合行政执法队挂牌成立】 10月23日,安吉县生态环境保护综合行政执法队挂牌成立。整合原环境保护、国土、农业、林业、水利等部门相关污染防治和生态保护执法职责,以生态环境部门的名义统一行使行政处罚权以及与之相关的行政检查、行政强制权。

(胡红斌)

10月23日,安吉县生态环境保护综合行政执法队挂牌成立

经　济　管　理

发展改革

·发展计划·

【概况】 2019年3月，原安吉县发展和改革委员会更名为安吉县发展和改革局，加挂安吉县人民政府金融工作办公室（简称县金融办）、安吉县人民政府区域合作交流办公室（简称县区合办）牌子，为县政府部门，正科级。下设办公室（挂政策法规科牌子）、国民经济综合科（挂发展规划科、信用建设科牌子）、综合改革科（挂金融改革科牌子）、投资管理科、重点建设项目管理科、产业发展科（挂资源节约与环境保护科牌子）、服务业发展科（挂社会发展科牌子）、能源科、价格管理科、合作交流科（挂对口支援科牌子）、金融发展与监管科、资本市场科12个业务科室，下设安吉县价格认证中心、安吉县接沪融杭协作中心、安吉县企业投资项目代办服务中心、安吉县能源监察大队、安吉县金融业发展中心5个事业单位。是年，安吉县发展改革工作坚持以提高发展质量和效益为中心，全面推进新时代浙江（安吉）县域践行“两山”理念综合改革创新试验区建设，奋力夺取中国最美县域高质量发展新胜利。全年安吉县经济总体平稳向好，1—12月，地区生产总值469.59亿元，同比增长7.8%；服务业增加值完成230.04亿元，同比增长9.7%，全市第二；固定资产投资增长13.1%，高于全市1.7个百分点。是年，县发改局获县级机关部门效能机关考核一等奖。

【“两山”试验区建设】 抓总体方案编制。自2018年11月底省委、省政府领导批示支持安吉试验区建设以来，县发改局与省发改委对接，参与《新时代“两山”理念综合改革创新试验区建设总体方案》编制工作，参与编稿、易稿50余次。2019年4月，组织在京召开《总体方案》专家咨询评审会，邀请国家部委和院校的专家领导参加。6月11日，联合省发改委向省委常委、常务副省长冯飞就试验区建设方案做专题汇报，6月19日，试验区建设方案最终定稿提交至省委全面深化改革委员会。6月28日，省委全面深化改革委员会第四次会议审议通过试验区建设方案。7月24日，方案经省委、省政府同意印发，试验区落户安吉。抓好方案解读和任务分解。《总体方案》印发后，策划组织“两山”试验区任务解读培训会，并印发方案解读专刊。围绕《总体方案》中“三张清单”梳理85项重点工作任务，将方案明确的“3363”工作体系任务落实到责任部门、责任科室和责任人，明确年度推进节点计划，排出“时间表、任务书、责任人、路线图”；针对试验区建设推进中存在的重点难点问题，梳理重点突破任务10项，建议由县领导牵头，成立工作专班，领衔破难。抓好牵头重点任务落实。85项重点工作中发改局牵头任务19项。为抓好19项任务，县发改局成立“两山”工作专班，确保每项工作任务落实到科室和领导，每周通报工作进展，每月召开推进例会，以问题为导向攻坚克难，确保19项任务高效落实。抓好面上工作推进。围绕试验区建设工作目标任务，建立项目化管理、县领导领衔、工作例会、情况通报、上下协同、督促检查、专项考核“七项机制”。实行“每日落实”“每周报送”“每月督查”“每季考评”制度，制定试验区建设专项考评办法。通过“两山”工作简报及时总结亮点和成效，同时利用报纸、广播、新媒体等平台开展宣传。

【发展规划】 超前谋划重大项目。推进安吉至杭州城西枢纽轨道交通线位研究，争取纳入国家规划并列入近期实施清单。委托铁四院编制“京沪通道南延经郎溪、广德、安吉至杭州线位研究方案”(可作为“宁杭高铁二通道”)，已完成方案初稿。国家发改委牵头的“长三角多层次轨道交通体系规划”将“宁杭高铁第二通道”纳入项目清单，县发改局谋划的线位走向方案也进入规划研究范围。持续谋划推进山川抽蓄项目，争取省能源局的支持，寻求与三峡集团、申能集团、华润集团合作，形成多方支持，共同推进。谋划推进开发区大数据产业园项目建设，争取开发区列入全省第二批“万亩千亿”新产业平台。破解要素制约。强化金融支持经济发展功能，引导信贷资金重点支持民营企业、实体经济，截至12月末，全县贷款余额761.82亿元，同比增长20.51%。其中民营企业贷款、小微企业贷款、绿色信贷分别同比增长24.61%、22.36%、30.81%。持续与贵州对接长三角大数据中心项目能耗指标问题，争取与贵阳开发区开展能源合作。同时省发改委也积极向国家争取在全国调剂100万吨标煤用于浙江大数据产业发展，并表示将重点支持安吉大数据产业项目。争取重要政策。争取到安吉县列入第一批省级大花园典型示范建设县，大花园典型建设工作获省政府督查激励。争取到安吉县列入生态产品价值实现试点名单。推进服务业强县建设，2017年、2018年省级服务业发展综合评价连续两年获Ⅲ类第一，争取到2019年省级服务业强县试点地区专项资金、小城市培育试点建设资金等共计9624.5万元。推进循环经济发展，牵头编制资源循环利用试点实施方案，省发改委批复同意将安吉县列入省级资源循环利用示范基地试点(创建类)。有效探索开放合作。安吉·上海“双创”飞地正常运营，已入住10个项目且都是博士以上的团队项目。持续推进杭州飞地建设，基本确定安吉·杭州双创园选址(杭州高新区的省地质科技创新创业园内)并初步完成建设方案和运营商遴选，计划年底前完成第一批企业注册。做好经济监测预警。制定和落实2019年国民经济和社会发展计划，科学客观开展经济形势分析，实施重点指标分析预警任务倒排机制，密切跟踪重点经济指标发展动态，定期组织召开重点指标监测分析会。

10月12日，《京沪高铁南延经郎溪、广德、安吉至杭州铁路规划》及《杭安轨道交通(铁路)专项规划研究》方案评审会在安吉县召开

【重点项目服务工作】 完善项目联推机制。研究制定《安吉县重点建设项目管理和推进工作办法》，确立通盘兼顾、便于操作的项目管理制度，全面落实“四个一”制度，1—12月，累计完成亿元以上项目开工65个，竣工项目47个，分别完成年度目标的108.3%和104.4%。突出投资结构优化。紧扣省、市年度工作目标，建立固定资产投资项目数据预警机制，1—12月，全县固定资产投资增长13.1%，高于全市1.7个百分点。其中民间投资、交通投资、生态环保投资和

高新技术产业投入分别增长4.6%、198.8%、19.2%和42.6%。借势借力推项目。加强与省、市部门对接，争取更多项目列入上级政策。2019年，安吉县新增省重大产业项目5个，列入“省市县长工程”项目5个，新增服务业大好高项目4个、10个项目列入省重点项目、6个项目列入省服务业重大项目。

· 改革创新 ·

【概况】　实施“标准地”制度。1—12月，累计成交工业“标准地”47宗1392亩，宗数、面积占比100%，积极探索“标准地”出让在省级以下平台和非工业领域扩面，成交仓储类“标准地”1宗24.5亩。建立健全“标准地”事中事后监管体系，制定并实施《安吉县企业投资项目“标准地”制度实施细则》。深化企业投资项目“最多跑一次”改革。加速推进项目审批“最多90天”，安吉县进入企业投资项目开工前审批“最多60天”监测的项目97个，竣工验收“最多30天”项目45个，实现率均达100%，平均用时全市最短。实施承诺制改革，为全县125个项目提供全程或阶段代办服务，完成承诺制项目21个，其中发证14个，平均时限19天。推进绿色金融改革。推动银行机构上线运行绿色小微企业融资“绿贷通”服务平台，全年通过“绿贷通”平台注册企业1390家，授信业务1899笔，实现融资110.41亿元。加快推进绿色债券融资，实现绿色债券发债4单，到位资金27.2亿元。做好民生领域改革。完成差别化停车收费改革，新方案免费停车时间延长，标准大幅度降低；全面实行县域公交“两元一票制”，引导市民公交绿色出行；创新推进安吉县出租车价格改革，加快旅游景区价格改革。

【“三服务”工作】　开展企业走访调研。2019年，走访调研企业120家次以上，帮助企业解决问题困难85项，解决率100%。制定出台《安吉县金融“三服务”工作的实施方案》，深入实施金融服务“九大专项行动”，已帮助协调解决企业融资问题15个。聚力企业股改上市服务。坚持把推进企业赴多层次资本市场挂牌上市作为促进经济转型升级的有效抓手，推动东方基因成为湖州市首家科创板上市企业；新增股改企业37家，省股交中心成长板挂牌企业22家。推行减税降负政策。落实省发改委关于降低一般工商业电价、天然气门站价格下调等相关政策，为企业减少用电、用气支出1671万元。推动“无还本续贷产品”的覆盖面，降低企业贷款时间和周转成本，为企业节约企业转贷成本1767.74万元。

【自身建设】　建立完善工作机制。按照县委全委会精神及政府工作报告，结合发改工作实际，开展八大提升行动，推进49项年度重点工作，建立重点工作周报送、月例会制度。开展比服务、比贡献，争做先锋、争创业绩“双比双争”活动，强化科室在围绕中心工作和市、县考核工作中贡献力量，每月公开成绩晾晒，全年目标任务完成，其中6项工作超额提前完成。开展主题教育。对照“不忘初心、牢记使命”主题教育活动要求制定《发改局关于开展“不忘初心、牢记使命”主题教育实施意见》，围绕学习教育、调查研究、检视问题、整改落实四个方面明确发改局主题教育重点任务，成立主题教育领导小组，根据工作任务清单推进主题教育各项工作。将党风廉政建设工作也作为年度重点工作计划之一，做到党风廉政工作与经济社会发展工作同部署、同落实、同考核。开展作风效能检查，提升干部职工的勤政、廉政意识。推进学习调研。发挥科级领导班子的引领表率作用，围绕经济社会发展大局和全委会工作目标，班子成员带领科室积极开展调研，完成14个年度重点课题研究，形成专题研究报告。

【大花园建设获省政府督查激励】　5月20日，省政府办公厅发布《关于对2018年落实有关重大政策措施真抓实干成效明显地方予以督查激励的通报》，安吉县大花园建设成效明显列入督查激励，省级部门将在安排支持“诗画浙江”(四条重点线路)资金时予以倾斜，在申报中央预算内生态文明专项资金、创建国家级和省级循环经济领域试点示范等方面予以倾斜支持。

【探索安吉毛竹收购价格指数保险等险种的做法被国家发改委作经验推广】　6月25日，国家发展改革委办公厅发布《关于推广第二批国家新型城镇化综合试点等地区经验的通知》,安吉县全国首创的毛竹收购价格指数保险被国家发改委作为加快推进城乡融合发展先进经验在全国推广。

【新时代浙江(安吉)县域践行“两山”理念综合改革创新试验区落地】 6月28日,省委全面深化改革委员会第四次会议审议通过试验区建设方案。7月24日,方案经省委深改委同意印发,试验区落户安吉。7月29日,安吉县委十四届七次全会审议通过《高质量推进试验区建设的决定》,全面加强组织领导和筹建推进机制。9月12日下午,新时代浙江(安吉)县域践行“两山”理念综合改革创新试验区建设工作大会在安吉召开,省委常委、常务副省长冯飞出席会议并发言,省发改委等18个省级部门领导、市四套班子领导到会指导,县委书记沈铭权做表态发言,标志着试验区建设工作全面铺开。

【东方基因成为全市首家科创板民营企业】 5月9日,上海证券交易所发布《关于受理浙江东方基因生物制品股份有限公司首次公开发行股票并在科创板上市申请的通知》,成为全市首家、全国第106家科创板受理企业。12月31日,东方基因获证监会同意科创板IPO注册,成为全市首家科创板民营企业,至此,安吉县上市企业增至5家。

(夏　雷)

统计工作

【概况】 2019年,安吉县统计工作以提高统计数据质量为核心,以增强统计服务能力为目标,做好全国第四次经济普查和全国县级自然资源资产负债表试点两个创新工作,抓好基层基础规范、预警分析能力、统计素质提升三块重点工作,履行统计信息、咨询、监督三大职能,在全县上下争当“两山”重要思想“模范生”,充分发挥统计作用、展示统计作为。

9月12日,“2019·湖州人大会”的安吉乡贤代表回到家乡安吉,共同参加“践行‘两山’理念 共建最美县域”

【统计基层基础规范化建设】 以星级统计乡镇和统计诚信示范企业创建为抓手,强化统计基层基础规范化建设,实行领导包干制,走访乡镇企业,梳理创建中存在问题,及时整改落实,全年完成15个乡镇基层基础规范化创建工作,26家企业分别达到市、县诚信企业标准,其中达到市级标准的有8家。对标对表,现场指导。为深入推进“不忘初心、牢记使命”主题教育,由县统计局书记、局长带队,组织两个小分队开展“三服务”活动。年内走访全县所有乡镇(街道)、30余个行政村、40余家统计诚信示范企业,向企业人员指导讲解统计最新政策制度、口径方法、统计法律法规、创建标准等,帮助企业梳理统计诚信示范企业创建存在的问题,提出整改意见和完善方案。主动服务,急事急办。秉持“企业事即自己事”的理念,主动帮助企业解决在统计工作和企业发展中遇到的困难,对统计业务问题当场进行辅导解答,结合“三服务”活动,县统计局走访企业和项目200余家,现场解决问题30余个,并提出破解制约企业发展难题的建议对策,助推企业高质量发展。

【统计监测预警分析服务】 为掌握全县经济运行情况,强化预警预判能力,县统计局紧密保持对工业、投资、贸易等专业的月度经济运行监测,时刻关注外部环境变化;同时不断完善统计联席会议制度,强化部门协作,及时做好统计数据事前预警分析、事中管控指导、事后总结研判，建言献策，撰写统计信息和分析50余篇，多篇被省、市局及县两办、报刊采用，1篇获湖州市副市长项乐民批示。

【业务提升】 县统计局以“求真求新求精”为工作追求，开设“统计学堂”，每两个月由各科室长授一堂课，统计局全体干部共同学习，提升业务水平。在县委党校举办一次统计干部综合业务培训班，采取集中辅导、现场教学、座谈交流等方式进行，县级各部门、两区及各乡镇分管领导40余人参加。针对新增规模企业和统计人员新变动企业，邀请市统计局业务专家对规模工业、投资、房地产、服务业开展有针对性业务培训共500余人次；按照就近便利企业统计人员的原则，在递铺、孝丰、天子湖等地，先后分13期开展所有“四上”单位和在库投资项目统计人员的业务大轮训，培训规模达1300余人次。2019年，统计业务培训全年首超2000人次。

【全国第四次经济普查工作获省政府表彰】 普查登记工作从2019年1月1日开始，普查前期“实战演练”梳理问题，提炼技巧；普查中期分片督查，指导业务；普查后期实地抽查，查遗补漏。518名普查指导员全力推进，完成四经普工作。2019年12月31日，县统计局被评为浙江省第四次经济普查省级成绩突出集体，县统计局3名经普工作人员被评为浙江省第四次经济普查省级成绩突出个人。

【全国县级自然资源资产负债表编制试点工作获国家局高度肯定】 安吉县作为县级自然资源资产负债表编制全国四个试点地区之一，积极作为，建立工作机制，制定试点方案。年内已基本完成全国县级自然资源资产负债表编制试点工作。通过技术创新、补充调查、多方联动等一系列创新性做法，初步完成2016年和2017年的报表试编工作，基本摸清全县自然资源资产家底。通过梳理汇总年度监测数据档案资料和补充调查测算相结合，兼顾计算方法简便、易推广性，初步掌握编制方法。基本达到国家统计局对县级试点“两个100%”的要求。10月10日，国家调研组到安吉县调研该项工作，高度肯定安吉县试点工作，并要求其他试点县到安吉学习。年内贵州省遵义赤水市和内蒙古自治区呼伦贝尔市鄂温克旗到安吉县学习考察试点工作。县统计局在此基础上做好试点经验总结提高，为下阶段全国面上推广提供可复制、可推广的安吉经验。

（沈照青）

·国家统计局安吉调查队·

【概况】 2019年，安吉调查队按照全省调查工作会议各项工作部署，开拓创新，扎实工作，巩固提升全队党建、纪检、业务、服务和依法治统工作。2019年安吉城乡居民人均可支配收入45785元，比2018年增长9.4%，增速与2018年持平。其中城镇常住居民人均可支配收入56954元，增长8.2%。农村常住居民人均可支配收入33488元，增长9.6%。

全队建立健全“一把手”负总责、分管领导分工负责的党建工作领导体系，形成统一领导、上下联动的党建格局，集中开展14次主题教育学习和8次党组学习，重点学习习近平在庆祝新中国成立70周年和改革开放40周年大会上的重要讲话、《中共中央关于加强党的政治建设的

10月，全国县级自然资源资产负债表编制工作专题座谈会召开

意见》以及《中国共共产党纪律处分条例》《中国共产党问责条例》《党政领导干部选拔任用工作条例》等法律法规。推进"学习强国"平台建设,做到全员下载、全员安装、全员学习。开展党员在线课程自主学习,全体在编领导干部全部完成国家局在线学习平台的学习,人均学习时长61.75小时。通过主题党日、支部大会、党课等形式开展集体学习,开展调查队系统第二批"不忘初心、牢记使命"主题教育。统筹推进学习教育、调查研究、检视问题、整改落实等重点措施,通过读原著、学原文、悟原理等方式增感悟、强党性、提站位;通过请进门、走下去、讲党课等形式开展调查研究,在此基础上每位班子成员确定一个重点方向进行探讨剖析,就美丽乡村建设、居民收入电子记账户和党风廉政三个方面深入研究并形成报告;通过回头看、自己找、听建议等途径明确存在的问题,形成问题清单,共查摆12个方面17个问题,并坚持问题导向、立行立改,逐一制定整改措施33项;通过清责任、明措施、定时限扎实推进整改落实,并结合专项整治进行每周总结,做好主题教育各类相关材料报送工作。组织前往孝丰革命烈士墓园聆听党建党史,重温入党誓词;走访调研鲁家村"两山学院",以生动实例深入理解"两山理念";贯彻落实"三服务"开展进企业"问难帮困稳增长"活动,接对企业6家共联系走访24次;组织干部职工参加县总工会工间操比赛活动,并在县机关事业及社会团体单位中荣获二等奖;围绕创建全国文明城市组织开展街头文明劝导活动。在"七一"来临之际,组织全体干部职工观看红色影片《天渠》等系列活动纪念建党98周年;专题学习先进张富清及烈士吕挺英雄事迹,以先进激励全体干部职工。新中国成立七十周年之际,组织全体干部职工观看《我和我的祖国》,将爱国主义教育融入"不忘初心、牢记使命"主题教育中。制定印发《国家统计局安吉调查队党组落实党风廉政建设"两个责任"2019年工作清单》,明确党组和班子成员主体责任,对照总队《关于扎实做好防范和惩治统计造假、弄虚作假责任制落实不到位问题专项整治工作的通知》和《关于统计造假专项整治工作方案的通知》及时进行部署,制定整治工作责任清单和《安吉调查队统计造假专项整治工作方案》,将责任分解到位,成立安吉调查队统计造假专项整治领导小组,在统计造假专项整治中查摆的5方面30项问题中,已全部取得阶段性成果。

【重点发力新接手专业】 安吉队成立安吉县粮食调查监测工作协调小组,择优组建调查队伍,确保培训效果,使调查人员熟练掌握操作业务,调查中,专业人员下村检查辅导,及时开展陪访督导。严格现场调查,保证调查到点到户,杜绝漏报漏填现象,确保源头数据质量;逐级审核把关,保证过程数据的准确性;调查资料严格管理,做好样本、PDA、纸质资料和电子调查数据存储处理的管理,保证资料分类、管理有序。完成秋冬播、春播、夏粮实产、夏播、秋粮实产调查等各项工作。大样本轮换。劳动力调查和畜禽监测调查两个专业大样本轮换,为保证两项调查持续高质量推进,安吉队全面部署,重点把关。劳动力调查上,加强业务培训。专业指导和自主交流相结合,多途径推进调查员对指标的理解和熟练操作PDA;推进规范换户。要求调查员按照制度访户换户,队内专业人员及时抽查,提高换户的规范性;贴近当地实际。注重调查新问卷主要指标的讲解和调查落实,重点关注安吉失业率、劳动参与率等重要指标。畜禽监测调查上,利用大样本轮换契机,及时召开乡镇统计员和新样本调查员会议,及时更新健全调查网络;通过邀请市队专业人员授课的方式做好新样本的培训工作;注重日常走访检查指导,确保新样本调查数据质量。做好其他常规调查。始终以数据质量为核心,完善住户调查员队伍管理和网点管理,对2个调查点的辅助调查员进行更换;及时进行样本维护,对不适合记账的8个记账户进行换户;推进电子记账工作,已开通电子记账户104户,开通率达41.6%。根据消费价格统计方法制度要求和安吉实际情况对网点进行必要的补充和调整,确保全县的商品代表规格品的代表性,能满足调查要求。同时严格采价员的管理,通过实地陪同采价让新聘用人员尽快融入角色。关注服装和房租等重点价格,夯实工价调查基础。农民工e调查10个样本点全部开通,点对点手把手培训,理顺调查工作,保证数据有效性。此外，通过加强走访、强化审核等多途径做好住户专项、采购经理、小微企业等调查工作。通过一系列自查、检查和互查，夯实各专业基础工作，明确存在问题和薄弱环节。10月，结合防惩统计造假专项整治，组织各专业工作人员对所在专业执行制度情况进行一次“回头看”，没有发现违反统计调查制度的行为。严格按要求开展调查项目审批。

2019年，安吉调查队完成地方城乡住户收支调查、营商环境调查、粮食生产监测调查、文明城市测评等工作任务。强化走访调研工作，深入一线了解情况、掌握问题、收集期盼，为服务地方经济发展提供翔实的统计数据和调研分析资料。截至2019年底，全队撰写各类信息分析92篇，其中调查及政务信息42篇，调查分析16篇。通过“安吉调查资料”及时向党政领导和有关部门报送分析资料，通过“安吉调查”微信公众号实时向公众发布住户、消费价格等民生数据，通过联合统计局编印“统计月报”“统计快讯”、发布年度公报等形式向党政机关和社会公众发布月度、季度、年度数据。“安吉调查”微信公众号关注及在看量220余人次。

【推行“目标引导＋绩效激励”的政务管理措施】　完善科室和个人绩效考核办法。全年开展专题督查活动3次，提高政务管理成效。突出抓好保密和国家安全工作，2019年，对全队的网络安全、文件管理等方面开展3次检查；开展保密工作培训20人次，组织参加保密工作培训13人次。夯实制度基础。根据新接手粮食调查工作，制定《安吉县农业调查业务工作规范》；为完善辅助调查员管理，制定《安吉县农业调查辅助调查员管理办法》并有效落实。高度重视网络安全和信息化工作。2019年成立相关管理小组，并制定一系列信息安全管理制度，做好网络接入和维护以及硬件设施和信息系统管理。普法宣传持续开展。通过集中学习和自学《统计法》《统计违法违纪行为处分规定》等有关法规文件。队员响应县司法局的号召，开展网络学法，并结合本职工作实际认真学习，并一次性通过普法考试。利用各专业年报会的机会，对乡镇(村)统计人员、调查对象开展普法宣传。日常工作中，利用走访调研、专项调查等契机，进行统计法治宣传，全年累计普法320余人次。年底抓住“12·4”“12·8”等重要节点开展重点宣传，已印制法治宣传折页500份，法治宣传纪念品500份，在全县调查样本重点村(社区)开展宣传活动。抓好重点对象的普法宣传。8月27—30日，协助县统计局举办2019年全县统计干部综合业务培训班，安排“统计干部法律风险防范”等针对性课程，各乡镇街道分管领导、统计负责人，有关部门分管领导共40余人参加培训。执法检查严格规范。按要求开展统计造假专项整治工作，及时排查本队工作存在的风险隐患，根据时间节点做好上报工作。认真配合市队对4家工价、采购经理企业开展执法检查工作；联合市队对4家工业品价格调查单位进行现场执法检查，重点对台账记录和数据报送真实性进行现场检查。检查发现4家单位均能真实规范做好台账等基础工作，且上报数据真实有效，未发现统计违法行为。

【规范开展统计调查】　从内控着手提升调查工作规范性。年初印发2019年印刷费预算、2019年教育培训计划，规范全队印刷费和会议(培训)费支出。强化“两库”建设，将新增的粮食监测调查及时纳入名录库，对劳动力、畜禽、住户等专业的变动调查样本和调查员及时做好更新。严格按照审批程序开展地方委托项目调查，全年共审批开展安吉县精品示范村和经营示范村满意度调查一项，调查过程中按照审批方案开展，确保调查结果真实有效。

(任乐晴)

市场监督管理

【概况】　2019年，安吉县市场监督管理局加挂县知识产权局牌子，增加了价格监督检查、知识产权保护协调和专利行政执法、打击侵犯知识产权和假冒伪劣商品以及反垄断等相关职责。全年监管工作紧紧围绕县委“1036”改革部署和系统“34520”工程，以深化服务、监管、执法与维权为切入点，完成年内各项工作目标及新一轮的机构改革。其中，“最多跑一次”、乡村放心消费安吉模式、送药上山便民服务点建设、房地产企业违规行为集中整治、保健品长效监管等多

10 月 25 日,县市场监管综合行政执法队挂牌成立

项工作得到省市局和市县党委及政府领导的批示肯定,并被人力资源社会保障部、国家市场监管总局授予“全国市场监管系统先进集体”称号。

【安全监管】 全面深化省食品安全县创建,出台深化省食品安全县创建十大举措,全面部署整治食品安全问题联合行动,行政立案 28 起,取缔流动食品摊贩 9 家,查处“问题豆芽菜生产场地”2 处,刑事立案 2 起。以“厨房革命”为抓手,提升食品安全监管水平,完成可视厨房建设 1551 家,其中学校食堂 82 家,养老机构食堂 20 家,均实现 100%覆盖,厨房革命 APP 直播查看超过 120 万人次。药品安全监管日益完善,全省率先实现 GSP 计算机系统和医保系统“两网合一”,在全市率先推行电子化处方服务平台工作,破解处方药销售监管难题,实现 160 家药品经营企业的平台安装全覆盖,成为全市首个电子化处方服务平台全覆盖的县区,平台覆盖率居全省县级单位第一;全市率先超额建立并运行送药上山便民服务点 10 个,可配送药品近千余种,惠及山区百姓近万人。特种设备安全监管更加严格,对特种设备综合管理系统内超期未检隐患进行监管前移,累计处理超期未检 271 起,超期预警 1811 起,检验检测机构发现重大安全隐患抄告 20 起。开展锅炉安全隐患排查治理、危险化学品领域专项整治、旅游景区特种设备专项隐患排查治理等专项行动,全力推行电梯安全责任保险,截至 2019 年底,全县投保客梯 1844 台。

【价格管理】 2019 年,切实将门站价格下调及增值税率降低的好处全部让利于用户,降低非居民用天然气价格,由 3.75 元/立方米下降至 3.47 元/立方米,全年为企业减少支出 1506 万元;制定管道燃气配气价格 0.70 元/立方米,进一步减轻企业用气成本 600 余万元;完成 2018 年度行政事业性收费调查统计工作,清费治乱,减轻企业负担,优化营商环境;落实省发改委关于降低一般工商业电价有关事项的相关文件,为企业减少支出 1300 余万元。并将降价信息及时传导给一些商业综合体等转供电主体,让终端用户享受到降电价的政策红利。开展价格收费治理,规范不正当价格行为。按县委“微改革”工作要求,助推全域旅游示范县创建,制定《安吉县市场监督管理局推动小餐饮店透明消费专项整治行动方案》,按小餐饮店透明消费专项整治行动时间节点推进工作,通过全员执法、错时执法、综合整治、高压常态,排查全县小餐馆底数 6152 家,已检查整治 80%以上。开展清理现行排除限制竞争政策措施,实施公平竞争审查制度,完成省局公平竞争审查工作第三方评估;加强重要节假日期间粮、油、肉、蛋、菜、奶等生活必需品以及生活性服务业的价格动态,加强交通运输、旅游、商贸领域的价格监管,及时处置价格异常波动,维护正常的市场价格秩序。开展“安吉白茶”商标维权专项行动,严厉打击外地茶叶冒充安吉白茶、擅自将“安吉白茶”商标作为商品名称和商品装潢使用等违法行为;组织开展椅业企业专题座谈会,邀请专家对 100 多家企业开展知识产权知识培训,查处涉嫌生产销售侵犯注册商标专用权竞技椅案件,查获迪锐克斯等假冒产品 100 余箱,并移送公安,查获假冒“雪花”啤酒案件、假冒“江小白”

白酒案（江川白）、侵权“兔宝宝”家具案件等相关案件。重点领域稽查执法深入推进，针对房地产、保健品行业、网络传销等领域部署专项整治，全年共办理各类案件748件，罚没款1000余万元，移送公安案件15件，追究刑事责任30余人。开展定调价工作，年内核定和调整安吉振民职业高级中学和上墅私立高中学费和住宿费收费标准；明确幼儿园服务性收费和代管费收费项目；函复云上草原、灵溪山景区和好游休闲运动旅游项目，同意门票价格实行市场调节价管理；发文进一步规范殡仪服务收费管理。

【优化营商环境】　2019年，推出审批微改革十件小事，全市率先实现常态化企业开办“一日办结”，推行企业注销便利化，上线注销“一网服务”平台，实现零费用“一网”办结；增设“涉企事项通办基层窗口”试点，试点乡镇可开展除涉及前置许可事项的内资企业开业、变更、注销登记及所有涉企通办事项；取消各类证明38项；增设“一网通办”G60科创走廊窗口，通办上海、浙江、江苏和安徽四地9个城市的营业执照和生产许可证。截至12月底，全县各类经营主体保有量79112户，较2018年同期增长19.96%。实施重点企业联系服务机制，以打造部门服务标杆为目标，针对走访服务过程中发现的个体工商户补照难、企业融资难、处方药销售监管、山区购药等难题，帮助化解各类问题300余个，梳理部门典型案例16个，其中全程帮扶椅业出口企业执行国际新标案例在《浙江日报》等媒体报道，帮助化解华缔药业审批认证问题获评全县担当破难典型案例。开展年度企业、“农专社”、个体工商户年报工作，县内企业年报工作年报率96.74%，较2018年同比增长5.79%，创近年新高，居全市第二。

【助企量质并举】　2019年，安吉县新增小微企业2563家，个转企442家，新设八大产业小微企业669家，提前超额完成年度市定目标（市定分别为新增小微企业1900家，个转企255家，新设八大产业小微企业476家）；开展质量提升行动，通过浙江省第二批“浙江制造”品牌培育试点县评价验收，累计发布浙江制造标准27个，新增“品字标浙江制造”认证企业6家，新增省中小学质量教育社会实践基地1家（浙江圣氏生物科技有限公司），新增绿色产品认证企业4家；全面实施标准化战略，《午休椅》等7项“浙江制造”团体标准经省品牌建设联合会批准正式发布；推进知识产权战略实施，截至12月底，安吉县专利申请量4565件，专利授权量4308件，PCT国际专利申请15件，新增注册商标3269件，争取专利权质押融资登记额5.79亿元，专利权质押融资金额2.144亿元，均在全市排名第一。

【助推民生实事落地】　开展文明城市创建，成立6个创建工作专项工作小组，针对餐饮行业特别是夜宵店等经营特点，推出“全员执法日”与餐饮集中“错时执法检查”专项行动，开展夜间错峰执法行动3次，完成餐饮单位整规1500余家。“放心消费”行动不断深化，年度全省放心消费工作部署会在安吉召开，“放心消费”安吉模式经验在全省推广，全年创建放心消费示范单位2049家，无理由退货单位1376家，村（社区）维权机制建设40家，绿色通道、五进企业15家，放心消费示范村20家。结合美丽乡村振兴和小城镇环境综合整治，全面推进美丽乡村农贸市场标准化建设和创建提升。创建星级市场18家，星级市场创建率达94.7%；完成7家乡村农贸市场的改造提升及星级创建，通过省级验收。

【队伍建设】　加强干部队伍教育培训，组织全局干部职工赴中国计量大学开展全员培训，专题开展全局窗口干部职工作风建设会议；持续丰富文体文化活动，精心组织干部参加县“3+2”篮球赛、县足球超级联赛，组织开展“不忘初心·砥砺前行”户外徒步活动，举办“青春心向党，追梦新时代”主题演讲活动。同时，出台干部容错免责实施办法，营造勇于创新、善于担当、合理容错、加快发展的良好环境。坚持以创促建，以建促规范，开展规范化市场监管所创建。通过与乡镇密切对接，解决创建用房等一系列问题，建成三星级以上规范化市场监管所7家，完成8家达标所创建，实现100%规范化达标所创建目标。

【湖州市“送药上山进岛便民服务点建设”启动暨首批便民服务点的授牌仪式在安吉举行】　5月20日上午，湖州市“送药上山

5月20日，湖州市“送药上山进岛便民服务点建设”启动暨首批便民服务点的授牌仪式在安吉中张村举行

进岛便民服务点建设”启动暨首批便民服务点的授牌仪式在安吉县报福镇中张村隆重举行。“送药上山进岛便民服务点”建设工作，是2019年省政府十方面民生实事项目之一，安吉县着眼破解山区群众“购药难，用药难”问题，开展送药上山便民服务点布局和改造提升，全县已建立并投入运行送药上山便民服务点10个，可配送药品近千余种，惠及偏远山区群众2万余人。

【安吉建立全省首家椅业消费教育基地】 5月31日，浙江省首个椅业消费教育基地在永艺家具股份有限公司建立。消费教育基地的建立让消费者进一步深入椅业企业内部，实地了解从生产、加工到销售、售后的各个环节，全力营造椅业的放心消费环境。建立以来，已组织各类主体开展参观体验活动，消费教育基地已接待消费者、椅业生产企业、经销商等参观人员700余人次。

5月31日，安吉建立全省首家椅业消费教育基地

【全省放心消费工作部署暨“乡村放心消费”现场推进会在安吉召开】 6月11—12日，全省放心消费工作部署暨“乡村放心消费”现场会在安吉县召开，此次会议是机构改革省局改组后，全省消保条线召开的第一次会议，全省11个地市及部分县区局相关领导等50余人参加会议，县局“乡村放心消费”建设工作经验在会上进行专题交流，安吉工作经验并得到省局主要领导和湖州市分管副市长的批示肯定。

【城乡公交一票制改革】 经过前期调研、成本监审、召开听证会等一系列程序，于2019年10月1日正式实行安吉县域公交“两元一票制”，原城乡公交实行2—8元梯次票价和城市公交实行1元票价将统一调整为2元，共涉及全县公交线路96条，优惠乘车政策在安吉所有公交线路上实现全覆盖。

【县市场监管综合行政执法队挂牌成立】 10月25日上午，县市场监管综合行政执法队挂牌成立。根据《安吉县深化市场监管综合行政执法改革实施方案》，安吉县整合工商、质监、食品、药品、物价、商标、专利、商务、盐业等领域执法职责，组建市场监管综合行政执法队，构建统一、权威、廉洁、高效的市场监管执法体系。往后市场监管领域行政执法事项主要由县市场监管综合行政执法队伍承担，实行“局队合一”体制。

【安吉县出租车价格改革(试点)工作】 通过前期道路客运价格调研、召开座谈会、社会稳定风险评估、召开专家评审会等工作，于2019年12月9日提交政府常务会议后出台《安吉县人民政府办公室关于印发安吉县巡游出租车价格改革(试点)实施方案的通知》(安政办发〔2019〕56号)。明确安吉县价格主管部门、安吉县交通主管部门、巡游出租车经营企业等各自工作职责，明确巡游出租车价格改革的内容、工作程序和工作要求，使全县巡游出租车运价由政府定价全面向市场调节价过渡，由巡游出租车经营企业根据经营成本和市场供求等因素自行制定和调整价格。

【安吉被授予“全国市场监管系统先进集体”称号】 12月22日，人力资源社会保障部、国家市场监管总局联合发文，授予浙江省安吉县市场监督管理局等187个单位“全国市场监管系统先进集体”称号，这是县市场监管局机构改革后获得的最高荣誉，也是湖州市市场监管系统唯一获此殊荣的县(区)局。近年来，安吉县市场监管局践行“两山”重要思想，以绿色、富裕、美丽为核心，在维护市场繁荣稳定、服务经济转型升级、保障民生安全实事等方面主动作为、精准发力，不断谱写推动县域经济高质量发展的新篇章。

(潘柏林　胡敏强　肖　彦)

人力资源和社会保障

【概况】 2019年3月，根据机构改革部署，县人力社保局原有的公务员录用调配、考核奖惩、培训和工资福利职责，军官转业安置职责，职工和城乡居民基本医疗保险、职工生育保险职责，引进国外智力和外国专家管理职责分别划转至县委组织部、退役军人局、医保局、科技局。2019年，安吉县招引各类人才到安吉就业创业20125人，其中大学生16962人，新增大学生创业主体881家，发放创业担保贷款1.35亿元。年内指导杨应政选手获世界技能大赛“管道与制暖”项目银牌；推荐炜业锅炉郭才宝入选浙江工匠(累计2人)，新增高技能人才3402人。

【深化改革】 推进全省人力社保系统，深化“最多跑一次”改革试点工作，100%政务服务事项实现网上办、掌上办；100%民生事项实现“一证通办”。开通“退休”等5项“一件事”联办，“一证一城一指”失业保险全流程服务，“最多跑一次”入选省委改革办(省跑改办)“竞跑者”典型案例。推进“无证明”城市创建，通过数据共享、流程优化、承诺替代等方式，取消13份事项证明材料。助力“乡村振兴”战略，增强发展动力。集聚浙江大学、浙江农林大学等高校专家资源，通过参与项目研究、学术交流、课题指导等形式，推动传统支柱产业转型升级、大学生返乡创业创新、镇村干部服务三农能力水平提升，已有8位高校教授帮助安吉县企业(单位)解决技术难题12项，指导制定发展规划8个。深化“农村电商+休闲农业+乡村旅游”模式，累计培训1260人次，指导推荐天荒坪镇余村村、

5月21日，省人社厅厅长鲁俊一行来安吉调研中美贸易摩擦相关工作

递铺街道鲁家村获评浙江首批省级乡村振兴合作创业试点村和培训基地,“1+3+N”乡村振兴合作创业安吉模式在全省推广。灵峰街道碧门村、溪龙乡黄杜村入选市级乡村振兴合作创业培训基地。打响“扶贫攻坚”战,减轻民生压力。推进东西部劳务协作,在木里县设立劳动力转移就业服务站,组织企业到四川、青海、贵州、吉林等地开展劳务协助活动,已帮助中西部22个省份贫困人口到安吉县稳定就业4351人,吸纳对口帮扶4省贫困人口到安吉县就业955人,贫困人口就业培训400余人。通过和民政、残联、卫健部门数据比对,解决697名贫困户应保未保、应享未享问题。梳理参加城乡居保的贫困人员3914人,分类给予缴费补助共计98.41万元。

【人才引育】 项目化引育高层次人才。聚焦“高精尖缺”,在“引、育、留”三方面下功夫。推进产学研合作,新建省级博士后工作站3家,申报入选市1112人才24人,入选省级高级研修班2期。本土化培育“两山”工匠。实施“两山”工匠5年培养计划,推行企业技能人才自主评价和新型学徒制,开展技能比武10场,评选16名“两山”工匠。合作化哺育创业新才。发挥校地合作效能,新增21所高校为安吉县“校地人才合作基地”(累计已达53家)。开展“创业在安吉”优秀大学生创业典型评比;举办“才聚两山,创享未来”创业论坛活动;创新出台人力资源服务机构就业创业补贴政策,发挥人力资源服务机构市场化招引作用。

【就业创业】 在电视台、微信公众号专栏分期报道创业典型先进事迹,蓝晴霞事迹入选浙江经视“奇思妙想浙江行”创业英雄汇项目,贾伟事迹入选央视“我们的征程 吾土吾民”,艾晨事迹入选中国蓝新闻“周末面孔”项目。会同团县委开展“5·28”青年创业贷款对接咨询活动,通过线上线下两种方式达成创业意向贷款1.42亿元,惠及370多位创业青年。推进农村电商就业创业省级试点工作,2019年全县已创建省级创业园3个、市级创业园6个、县级创业园2个。对420家规上企业开展专项服务行动,排摸用工需求,采取“线上线下结合、集市专场结合、县内县外结合”等多种形式,发挥人力资源服务机构市场化招引作用,推进安吉县政府购买公共就业服务工作,不断创新和完善服务方式,新设立人才中介机构9家,举办各类招聘会100余场次,为企业解决招用工4万人次。天子湖镇良朋村、灵峰街道碧门村、鄣吴镇鄣吴村、山川乡九亩村获评市级高质量就业村。实施困难群体精准帮扶工程,确保零就业家庭动态归零,新增城镇就业19558人,失业人员再就业6184人,其中困难人员就业1050人,城镇登记失业率2.05%。对全县200名就业困难人员进行春节上门走访慰问,开展送温暖活动,共发放慰问金30万元;落实就业困难人员托底安置,开发公益性岗位,全年新增公益性岗位52个,公益性岗位在岗504人,其中大学生到基层就业岗位38个,发放公益性岗位补贴、社会保险补贴403.07万元。

3月6日,安吉县人力社保局党委书记、局长王红缨带队赴安徽理工大学校园举办校园招聘会

【社会保障】 通过降低失业保险费率、调整工伤保险费率、执行失业保险援企稳岗政策、企业

吸纳高校毕业生见习及实习补贴、企业吸纳就业困难人员、高校毕业生就业社保补贴、困难企业社保费返还7项减负政策，为企业减负超5亿元，特别是全市率先实现社银接口“社保费返还”大额资金拨付，为安吉县244家企业减负1.48亿元。推进参保扩面和中断补缴工作，为2万余人次办理中断补缴业务，基本养老保险参保率98.73%。针对工伤认定申请时效性强、办理环节繁杂的特点，推出工伤认定网报系统，实现工伤认定领域的“零次跑”，工伤事故发生率控制在1%以内。开展乡镇基层平台、社银合作平台建设计划，利用农商行“网点全、业务多”的优势，借助安吉县大学生从事基层公共服务岗位改革，充实基层社保经办力量，全县15个乡镇平台、19个农商银行网点实现55项社保代办业务，实现“家”为圆心的15分钟社保服务圈，有关做法被人社部社保事业管理中心作为典型经验在全国推广。深化“电子社保卡”省级试点，实现从“浙里办”App跳转领取标准电子社保卡，并开拓安吉县参保人员社保查询、个人参保证明、养老历年参保证明、待遇发放证明、养老参保缴费凭证打印、医保参保证明、养老参保缴费凭证(省外)打印等19项功能应用，发放电子社保卡10万张。启动湖州市民卡(第三代社保卡)发放工作，按照“统筹规划、统一平台、资源整合、公益运营”的原则，以“工商银行、农业银行、建设银行、邮政储蓄银行、湖州银行、安吉农商银行”六家市民卡(第三代社保卡)合作银行的67个营业网点为基础，建设完善的市民卡经办服务网点，开展信息采集工作。

【人事管理】　在机构改革领导小组统筹领导下，做好人员调配方案，完成成建制划转、部分职能划转人员调配98家单位，共1042人；同时做好日常事业人员调动工作，2019年办理人员调动83人；指导退役军人事务管理局做好退役士兵笔试、档案审核加分、择岗、安置工作。根据县考核办对各单位的考核等次，核对各单位上报的优秀比例，按《关于开展2018年机关事业单位工作人员年度考核工作的通知》文件要求，对72家主管部门共245家事业单位年度考核优秀人员名单予以审核。配合卫健局赴浙江中医药大学、皖南医学院、温州医学院招聘，全年新增医护人员129人。配合教育局经资格初审，笔试、面试、专业技能测试，招聘教师93名。做好文化、农业、卫健、教育系统的定向培养工作，涉及人员26人。按照公开、平等、竞争、择优的原则，组织开展2019年全县事业单位招考工作，全年招聘工作人员55人。录用高层次人才40人。为全县围绕“5+1”产业体系等重点企业行业中的优秀专业技术人才开辟职评绿色通道，21家企业61名人才获职称晋升。争取市职改办授权，开展家具中级职称行业自主评价工作。

【劳动关系】　落实工程建设领域实名管理、工资保证金等“六项制度”，完善实施欠薪企业“黑名单”制度和重大违法行为公示制度，巩固“无欠薪”县创建成果，依法治理欠薪工作体系日趋完善，2019年欠薪案发率同比下降65.4%，实现四年持续下降。全省独创“减负退‘金’”工作法化解建筑领域工程资金支付难题，相关做法获省人社厅领导批示全省推广。年内列入全省劳动人事争议仲裁“建标准院、开标准庭、办标准案”试点，全省率先上线劳动人事争议数字网络化实时指挥系统，劳动人事争议结案率93%。“1+X”劳动纠纷多元化解安吉模式已基本成型并发挥实效，一线化解率达79%。争取全省劳动人事争议调解仲裁制度改革创新现场会在安吉召开。强化对行政处罚、行政许可的审查工作，提高县人社局依法行政水平，全年未出现败诉案件。做好政府信息公开工作，推进依职权公开，做好依申请公开应对工作。充分运用有效的工作机制和举措，盯住重要时段和节点，深入化解信访积案和利益群体问题，坚决守住平安不出事的底线。

【全省劳动人事争议调解仲裁制度改革创新现场会在安吉召开】　5月30日，全省劳动人事争议调解仲裁制度改革创新现场会在安吉县召开，省人力社保厅副厅长葛平安出席会议并讲话。全省各市、县(区)人力社保局分管领导、仲裁院负责人等近90人参加会议。安吉县人民政府副县长陈小龙作题为“把握新时代 展现新作为 以‘两山’理念引领调解仲裁制度改革创新”交流发言。

5月30日下午,全省劳动人事争议调解仲裁制度改革创新现场会在安吉召开

【安吉学子杨应政摘得第45届世界技能大赛管道与制暖项目银牌】 8月27日,安吉高级技工学校选手杨应政以全国第一名的成绩代表中国参加在俄罗斯喀山举办的第45届世界技能大赛"管道与制暖"项目,经过4天紧张激烈的角逐,最终勇获本届世界技能大赛银牌,为国争光,为家乡添彩,实现湖州市本土选手获世界技能大赛奖项"零"突破。

(徐真慧)

自然资源与规划

【概况】 2019年1月12日,安吉县自然资源和规划局(林业局)挂牌成立。湖州市自然资源和规划局党委副书记、副局长黄文鑫,安吉县委副书记赵德清,副县长杨绍军,县委组织部常务副部长徐伟出席会议并参加授牌仪式。该局由原林业、规划、矿资、国土四个部门整合而成,工作职能主要包括:贯彻落实中央、省、市、县关于统一行使全民所有自然资源资产所有者职责,统一行使所有国土空间用途管制和生态保护修复职责的要求,发挥国土空间规划的管控作用,推进"多规合一";履行全民所有土地、矿产、森林、湿地、水等自然资源资产所有者职责和所有国土空间用途管制职责;贯彻执行国家、省、市、县有关自然资源管理、国土空间规划、林业和测绘地理信息管理的法律法规和政策等。10月9日,指导鄣吴镇人民政府列入2019年全国森林康养基地试点建设乡(镇)名单。12月31日,农业农村部公布公示第五批中国重要农业文化遗产,安吉竹文化系统名列其中。

【服务新时代"两山"试验区建设】 全要素推进"两山"试验区建设。围绕新时代"两山"试验区建设,全力抓好工作落实,85项重点工作中涉及自然资源管理局的有7项,牵头3项,配合4项,其中成效较显著的有2项,提前完成1项;与自然资源厅、省林业局联系,争取省自然资源厅和省林业局两个支持意见,明确7项试点工作落户安吉并从25个方面给予支持。年内支持意见中很多政策优势已经转化为发展优势,并邀请到省厅领导陈远景、张国斌、顾浩等到安吉县调研,争取到计财处主任科员李甜到天荒坪余村村挂职,专项指导"两山"试验区工作。

【全员化参与全国文明城市创建】 紧扣文明城市创建要求,全面梳理职责分工,压紧压实责任,系统上下"一盘棋",统筹开展文明劝导、领办小区、背街小巷等志愿服务活动,2019年累计组织志愿活动150余次,参加志愿活动1500余人次,清除小广告1000多处,集中清运垃圾150余车,拆除违章建筑100多平方,划定停车位30个,新增垃圾桶14个,新增消防设施1处,修补道路坑洼800多立方米,修复窨井疏通下水道100多处,粉刷墙壁近1000平方米,硬化道路100多立方米。

【缩减审批流程】 梳理"一科室牵头、多科室配合"的跨科室审批事项共25项,建设项目报批从选址论证到颁发正式不动产权证涉及的33个审批事项,其中同步办理11个,办理时限从428个工作日,压缩至104个工作日(时限压缩75%)。收取的材料从218件缩减至142件(资料减少35%);心贴心做好农房确权登记。深化不动产登记"最多跑一次"改革,依托"互联网+不动产"模式,稳妥扩大农村宅基地确权登记覆盖面,累计完成受理业务78294件,发放不动产权证书23549件,发放不动产登记证明27932件,完成查、解封登记1057件,查询办件数量21885件。同时围绕农房确权登记发证历史遗留症结,通过摸实情、听建议、出实招,累计解决历史遗留问题农户数4126户,发放不动产证5634本,超额完成年度目标任务69%(目标任务为3325本),该项被市委办《湖州信息》三服务专栏印发增刊并获副市长杨六顺批示肯定;开展建设工程审批。

【"三服务"工作】 制定出台《安吉县自然资源和规划局"服务企业服务群众服务基层"活动实施方案》,组织开展深化"三服务"系列活动,切实帮助企业、群众、基层解决实际问题。全年累计走访企业、行政村(社区)等基层单位150家,解决问题376个,其中现场办结121件,本部门研究办理255件,办结率100%,其中农房确权发证工作入选市委三服务办第五批担当破难典型案例。

【组织队伍建设】 转作风,强化干部队伍凝聚力。主题教育入脑入心。自9月12日召开全系统主题教育动员会以来,制定主题教育的实施方案,成立局主题教育领导小组。组织开展专题学习会6次,参观主题教育基地8批次,分批集中观看主题教育片5个,学习先进人物(先进集体)事迹9批次,专题研讨会2次;开展集中学习25次,党委班子成员讲党课13次。调研发现解决问题181个,形成调研报告13份;整理问题清单14份,查找问题102个,查找涉及10项专项整治任务存在问题5条,均整改见效。队伍建设见行见效。全面落实从严治党和党风廉政工作,制定并实施《安吉县自然资源和规划局2019年党风廉政建设和反腐败工作要点》《安吉县自然资源和规划局领导班子成员落实党风廉政建设"一岗双责"责任清单》等,通过党纪一刻钟、上党课、警示教育、学习身边的榜样等多种形式,开展党风廉政建设学习教育活动。全年组织开展党风廉政专题教育6次,开展"案例警示"学习10余次,受教育达1500多人次。利用大小各类会议开展"党纪教育一刻钟"学习教育40余次,受教育达2000多人次。同时创新开设"科室长讲坛",以丰富有效的学习载体加强队伍建设和干部培训,已举办9期。

·规划·

【概况】 2019年,召开县城乡规划委员会例会4次,审议通过安吉蓝润天使学校、海游天地度假城三个子项目、灵峰中心幼儿园、孝丰中心农贸市场、安吉县实验小学、安吉第二初级中学、润信农产品物流园、濮氏骨伤医院等44个规划项目。办理选址意见书48个,选址面积184.83万平方米;用地规划许可证142个,用地面积661.78万平方米;工程规划许可证217个,建筑面积512.54万平方米;建设工程竣工规划核实174个,建筑面积383.13万平方米。开展国土空间规划编制工作。

【国土空间规划编制工作】 2019年3月18日,省厅在丽水召开国土空间规划工作动员大会确定安吉县为全省首批启动单位。10月29日、30日在桐乡举办的全省国土空间规划培训班上,安吉县作为"基数转换"试点单位在大会上做经验交流发言。3月份,拟定规划编制任务书、确定编制单位、成立领导小组、制定工作方案、召开动员部署大会,同时开展资料收集和乡镇平台调研、部门座谈等前期基础性工作。提交双评价、规划实施评估报告、重大专题研究、基数转换、生态红线评估调整、指标测算和中心城区初步方案等阶段性成果。

【余村及周边区域国土空间规划】 根据浙江省人民政府专题会议纪要(〔2019〕18号)文件要求由省自然资源厅牵头指导、安吉县政府为主体组织编制余村及周边区域的国土空间规划。县资源规划局与天荒坪镇镇政府对接沟通,明确相关编制工作要求,协助天荒坪镇政府联系、筛选国内知名编制单位,督促编制工作进度,提供技术支持。11月8日,省厅顾浩总规划师率队再次到余村指导工作,听取余村及周边区域国土空间规划编制的前期工作并给予充分肯定。余村及周边区域国土空间规划已提交初步方案并于12月中旬向省领导做专题汇报。

·自然资源·

【用地指标】 安吉县2019年用地指标筹措任务为1500亩，截至2019年底，全县提取规划空间指标2032亩、新增盘活利用存量挂钩新增建设用地计划指标3154.35亩，分别超额完成目标争取任务的35.5%和110%；全县累计供应土地152宗4340亩，成交价款54.9849亿元。其中经营性用地65宗2173亩，成交价款48.5215亿元；工业性用地56宗1811亩，成交价款6.0311亿元(标准地51宗1540亩5.2547亿元)；行政划拨31宗356亩，成交价款0.4323亿元；以"成熟项目优先保障、重大项目优先保障、工业项目优先保障、分期建设项目分期保障"为原则，建立2019年度新增建设用地储备库，其中优先库2667.68亩(农民建房预留150亩)，后备库864.74亩，卫片库224.88亩。

【完成第三次全国国土调查】 安吉县第三次国土调查工作于2019年9月初上报国家，因国家政策变化安吉县于12月3日二次上报于国家复核。全县最终错误率为0.03%；乡镇错误率为0.15%，在湖州三调三县两区中错误率最低，同时安吉县的三调地类确认的工作经验取得省级采纳。

【全省首例开展县级森林生态评估】 依托森林资源规划设计调查体系，以2016年森林资源"二类"调查小班为评估单元，充分利用和借鉴森林资源资产价值量与生态服务功能评估的现有研究成果，通过总体方案设计、指标参数比选、小班价值测算、抽样精度控制等方法，对全县林木、林地资源资产价值量，以及森林生态服务功能实物量与价值量进行评估，结果显示全县森林资源资产总价值量247.67亿元，森林生态服务功能年价值量171.08亿元，该项工作获常务副省长冯飞批示。

【林下经济发展】 建成林下经济示范点3个，推广林笋、林林、林酒、林菌、林药等林下多模式融合经营，全年完成林下经济建设2868亩，拨付补助资金94万元。启动"白茶—香榧复合高效经营示范推广项目"，完成孝丰横溪坞、报福中张毛竹园区审计验收工作。全省首创以村集体为主导的板栗林综合效益提升经营试点，采用板栗林+茶叶+工程措施立体经营模式，提升板栗林地综合效益，试点区域100亩，预计白茶产出后可为横溪坞村村集体每年增加50余万元收入。

【竹子产业提升】 举办"8·15"北京世园会安吉日活动。获"国家安吉竹产业示范园区"奖牌，签约"中国竹产业创新中心"项目，成为"国际竹产业安吉峰会"永久会址。建立与国际竹藤组织、中国林学会以及中国林科院林业新技术研究所战略合作伙伴关系，签署发布《竹产业助力乡村振兴北京宣言》，组织县内近40余家笋竹企业参加上海国际食材展、上海竹博会、义乌森博会等林业展会，其中上海竹博会斩获20个奖项，获奖总量居全国首位，义乌森博会斩获49个奖项，获奖等第数量位居全省首位。获"第四届中国林业产业突出贡献奖"。指导永裕竹业股份有限公司创建"国家林业标准化示范企业"，浙江耕盛堂生态农业有限公司入选"第四批国家林业重点龙头企业"。完成毛竹林经营权流转面积1.3万亩；跟进康养产业培育。完成《安吉县森林康养产业发展总体规划(2019—2025)》编制，4月通过专家评审，成为全省首个森林康养

4月24日，组织企业参加第三届中国(上海)国际竹产业博览会

专项规划，规划信息在浙江省人民政府办公厅《每日要情》第68期头条刊登。启动全省首个“乡村振兴森林综合体建设试点”，实施方案编制工作已初步完成，确定项目实施重点村余村、港口、五鹤、西鹤4个村。完成天荒坪“两山”森林特色小镇项目县级验收。推荐鄣吴镇人民政府入选“2019年全国森林康养基地试点建设乡（镇）”，报福镇景溪村和上墅乡龙王村入选“2019年全国森林康养基地试点建设单位”，余村一竹博园申报创建“森林体验国家重点建设基地”。

【地质灾害清查与治理】 全县完成地质灾害隐患综合治理11处14户53人，搬迁避让2处2户9人，提前高效完成全县119个地质灾害隐患点的治理与核销工作，全面实现除险安居“三年行动，两年完成”，核销地质灾害隐患点数占全市任务的74%，全市范围内治理核销隐患点最多。开展汛期地质灾害隐患应急调查109次，完成地质灾害应急治理工程项目设计26个，地质灾害点工程勘察设计2个。

【征地“五方”确认机制】 探索国有农用地评估补偿新路子，化解征迁疑难问题，提速推进全县高铁大道、申嘉湖高速等一批重点项目建设。持续深化征地拆迁阳光工程建设，不断完善被征地农民社会保障“人地对应”政策和土地征收补偿机制，健全被征地农民养老保障联审制度，由原来的定性审核调整为现在的定性定量审核，落实被征地农民安置保障，全年征收土地410.56公顷，拨付各类补偿资金4.38亿元，确认村级安置留用地10.97公顷，核拨被征地农民参保指标3947人。

【自然资源保护】 保护耕地资源。全市率先创新开展第三方资源规划巡查试点工作，累计巡查总公里数80342.23公里。落实最严格的耕地保护制度，连续3年获得耕地保护工作考核优秀，全面开展永久基本农田核实和储备区划定工作，全县2万亩永久基本农田储备区的划定成果已通过省级论证，成果现已报部。不断完善耕地保护补偿机制，完成全县15个乡镇（街道）2471万元的耕地保护补偿资金发放，涉及全县187个行政村，创历年新高；优化森林资源。以乡村绿化美化为重点，开展国土绿化工作，全县完成造林更新1163亩、平原绿化2680亩、珍贵彩色森林建设2.89万亩、森林抚育1.36万亩（提前三个季度完成全年目标任务），茶园生态修复1.05万亩，新植珍贵树种76.7万株、四旁植树25.7万株。建成“一村万树”示范村13个、推进村30个；规范管理矿产资源。持续推进“五联单”监管制度，适时调整各类涉矿工程项目开采矿产资源出让方式、出让金征收标准和资源比重，审批涉矿工程277个，完成2019年全省首个矿地利用项目出让，累计征收税费3.6亿元（2018年全年征收1.1亿元），同时坚持生态优先，所有在采矿山实行“边开采边治理”，全面夯实生态修复责任，实现在采的安吉县梅溪镇马村村窑山建筑石料用灰岩矿、安吉南方水泥有限公司高禹石矿、安吉县递铺镇马家村毛竹山水泥配料用页岩矿、安吉县良朋镇长龙村膨润土矿、安吉县天子湖镇红庙山膨润土矿、安吉县天荒坪镇白水湾村建筑石料用灰岩矿、安吉县孝丰镇横柏村建筑石料用灰岩矿7家矿山全部进入全国绿色矿山名录库。

【《安吉县古树名木》画册出版】 2月，安吉县第一本《安吉县古树

2月，安吉县第一本《安吉县古树名木》画册出版

名木》画册出版。内容涵盖散生古树、名木、古树群、古树与古迹等七大类,系列介绍安吉县古树名木的资源状况,保护和利用状况。

【全省首例县级森林资源资产价值量与生态服务功能评估结果出炉】 2019年初,浙江省首例县级森林资源资产价值量与生态服务功能评估结果出炉,其中安吉森林生态服务功能年价值量170亿元,森林资源资产总价值量247.67亿元。

【全国林草系统年轻干部“学习新思想 建功新时代”专题培训班在安吉开展】 4月15—19日,国家林业和草原局组织举办的全国林草系统年轻干部“学习新思想 建功新时代”专题培训班赴安吉县余村开展现场教学活动,100余人参加。县自然资源和规划局党委委员、副局长杨中军陪同。

【安吉县受邀参加自然资源部自然生态空间用途管制试点专家座谈会】 4月17日,受邀参加自然资源部自然生态空间用途管制试点专家座谈会,县自然资源和规划局党委书记、局长陈志文作试点推进经验交流。

【开展深化“三服务”系统活动—第50个“世界地球日”暨“资源卫士”活动启动仪式】 4月23日,在生态广场举行“深化‘三服务’系列活动——第50个‘世界地球日’暨‘资源卫士’活动”启动仪式。市自然资源和规划局党委副书记、副局长黄文鑫,副县长陈小龙,县自然资源和规划局党委书记、局长陈志文,团县委书记许进京,县政府办副主任陈易新,昌硕街道办事处常务副主任左巍参加,县自然资源和规划局党委委员、副局长王伟星主持。

【组织企业参加第三届中国(上海)国际竹产业博览会】 4月24日,组织12家竹企参加第三届中国(上海)国际竹产业博览会,指导佶竹生物科技有限公司等7家企业产品获得优质产品金奖,东荣竹木工艺有限公司等5家企业产品获得银奖,发翔竹制品有限公司等7家企业获得优质产品奖(三大奖项获奖数均居全国首位)。县自然资源和规划局党委书记、局长陈志文,党委委员、教授级高工张宏亮参加。

4月23日,在生态广场举行深化“三服务”系列活动——第50个世界“地球日”暨“资源卫士”活动启动仪式

【指导企业获浙江省科学技术进步奖一等奖】 指导浙江耕盛堂生态农业有限公司、安吉老奶奶食品有限公司和安吉县皈山罐头食品厂参与完成的“竹笋贮藏与加工关键技术研究及应用”项目获得一等奖。

【安吉县参加森林活动20周年总结表彰大会】 5月23日,组织天荒坪镇余村村和中南百草原集团有限公司赴全国政协礼堂参加关注森林活动20周年总结表彰大会,并荣获关注森林活动20周年突出贡献单位,全省仅2家。

【安吉县首次发现国家珍稀濒危植物】 6月1日,县自然资源和规划局湿地与野生动植物保护中心工作人员首次发现连香树科植物连香树和兰科植物象鼻兰两种国家珍稀濒危植物在安吉县的分布新纪录。

【国际竹藤组织INBAR2019年访学项目考察团到安吉县考察】 6月18日—20日,国际竹藤组织INBAR2019年访学项目考察团到安吉县考察交流竹资源开发战略和有效增加竹子价值工作。县自然资源和规划局党委委员、副局长王伟星陪同。

【2019 中国北京世界园艺博览会“安吉日”活动在北京举行】 8月15日，2019中国北京世界园艺博览会“安吉日”活动在北京举行。市委副书记、政法委书记陈浩，市委常委安吉县委书记沈铭权分别致辞。中国林学会理事长赵树丛、国家林业和草原局副局长刘东生、国际竹藤组织总干事穆秋姆、中国林学会副理事长兼秘书长陈幸良、省林业局局长胡侠、北京世园局总经济师林晋文以及县领导项侃文、何承明、孙松、陈小龙、伍水荣出席活动。

8月15日，2019中国北京世界园艺博览会“安吉日”在北京举行，会上举行“国家安吉竹产业示范园区”授牌

【国际竹藤组织总干事穆秋姆率队到安吉考察竹产业发展】 8月19日，国际竹藤组织总干事穆秋姆、副总干事陆文明带领国际竹藤组织考察团一行共50余人到安吉考察竹产业发展。副县长陈小龙，县自然资源和规划局党委书记、局长陈志文，党委委员、副局长王伟星等陪同考察。

9月13日，安吉县首次发现野生貉活动影像

【全省首次发现野生貉活动影像】 9月13日，在安吉首次发现野生貉活动的影像，这在全省范围也尚属首例。貉，是犬科貉属现存的唯一物种，外形似狐，体型介于浣熊和狗之间，毛色乌棕，四肢短呈黑褐色，两颊及眼周黑色有“海盗似的面罩”为特色。常栖息于山野、森林和近水的灌木丛，昼伏夜出，杂食性。

【安吉县自然资源和规划局（安吉县林业局）入选全省公益林建设突出集体名单】 10月15日，浙江省人民政府公布全省公益林建设成绩突出集体和个人，安吉县自然资源和规划局（林业局）入选。安吉县从2004年公益林建设以来，围绕“生态立县”战略，加强生态公益林建设和管护。安吉县在多方面加强公益林建设和保护管理，大力推进完善公益林矢量数据，与森林资源数据进行整合，实现“林地一张图”管理；落实公益林管护责任，构建重点公益林管护体系；加大对公益林宣传力度，形成公益林良好保护氛围；及时发放生态公益林补偿资金，保障林农切身利益，并推出全市最大贷款规模的生态公益林补偿收益权质押贷款，拓宽农村集体和农户融资渠道。

【荣获第四届中国林业产业突出贡献奖】 11月19日，安吉县自然资源和规划局(林业局)获国家林业和草原局、中国农林水利气象工会全国委员会颁发的“第四届中国林业产业突出贡献奖”，全省仅6家。

【安吉县组织企业参加第12届中国义乌国际森林产品博览会】 11月1日，由国家林业和草原局、浙江省人民政府主办的第12届中国义乌国际森林产品博览会在义乌国际博览中心盛大开幕。本届义乌森博会以“合理利用林草资源，共建共享美好生活”为主题，有32个国家和地区的1696家企业参展，展会面积达8.5万平方米。安吉县自然资源和规划局、安吉县竹产业协会组织县内20家笋竹产品企业参加。安吉县副县长陈小龙，县资源规划局党委书记、局长陈志文，党委委员、副局长王伟星等参加本次活动。

(唐　姬)

审　计

【概况】 2019年3月8日，根据《安吉县审计局职能配置、内设机构和人员编制规定》，完成审计局机构改革工作。县发改委的重大项目稽查职责、县财政局的预算执行情况和其他财政收支情况监督检查职责、县属国有企业领导干部经济责任审计和国有企业监事会职责划转到县审计局。内设科室在原有7个科室增加至9个，增设电子数据审计科、内部审计指导监督科(审计整改督查科)2个科室。3月15日，下属单位安吉县国家项目审计中心更名为安吉县国家项目审计服务中心，并设立安吉县电子数据审计中心，为县审计局下属公益一类事业单位，核定编制数。2019年，安吉县审计局完成审计项目22个，查出主要问题金额3588万元，发现非金额计量问题48个，提交审计报告、专项审计调查报告、审计信息、专报106篇，被各级领导批示41篇。完成政府投资价款结算审计项目75个，涉及金额17.36亿元，减少财政拨款2.2亿元，平均核减率12.67%。移送案件线索3条。向社会公告审计结果22篇。

【专业审计】 2019年，持续加大对财政支出总量和结构、重点支出和预算绩效管理情况审计力度，加强对政府隐性债务控制和化解情况审计监督，通过提示问题，提升财政资金绩效，推动完善体制机制，加快建立现代财政制度。2018年度县级财政预算执行和其他财政支出情况的审计报告经县委审计委员会审议后已向县人大常委会作报告，报告重点围绕预算法贯彻实施、打好“三大攻坚战”，全面深化改革支持实体经济发展、保障和改善民生资金、领导干部履行经济责任及自然资源资产管理责任等全面反映审计情况，揭示和反映44个问题、点名10个单位31次，点名力度为近年之最。对清水入湖、递铺镇第三小学迁建工程等7个重点项目及关系民生的项目进行跟踪审计，涉及投资额约94.46亿元。针对安吉县政府投资项目建设管理存在的六方面突出问题，以专报《政府投资项目建设管理存在诸多问题亟待强化》向县委、县政府作出详细报告，提出审计建议4条。制定投资审计实施办法，实现投资审计转型，完成绝大部分结算审计的移交工作。

【经济责任审计】 围绕推进生态文明建设，创新开展自然资源资产离任(任中)审计。组织开展领导干部自然资源资产离任审计项目2个，分别是梅溪镇和县农业农村局，涉及领导3人。在项目实施过程中，准确把握审计思路，突出审计重点，深挖相关风险点，全面客观反映职能履行情况，发现问题10个，提出审计建议5条，两份审计报告均获得县委书记沈铭权批示。在实施天子湖镇经济责任审计过程中，结合以往审计中发现的问题，撰写审计专报《我县国有资产管理亟待加强》，向县主要领导反映国有资产管理存在的突出问题，得到县委书记沈铭权高度重视，县政府随即出台《安吉县行政事业单位及下属企业2019年资产清查方案》，于10月底完成全县资产清查工作，全面摸清家底，强化国有资产管理。7月，县审计局徐焱受邀赴审计署培训班作领导干部自然资源资产离任审计工作介绍及案例分享。编制领导干部履行经济责任风险防范清单，分5类梳理

175个风险点，提出预防措施，选编28个具体案例。

【政策执行审计】 围绕重点领域改革、重大风险防范、重要民生保障等政策落实情况，开展政策跟踪审计。创新应用大数据审计方式，实施安吉县民办教育发展情况专项审计调查，对10余个审计事项进行大数据分析，针对安吉县民办教育存在的问题提出审计建议4条，被县教育局采纳，促使县政府修订出台《关于促进民办教育发展的暂行办法》。发挥审计整改工作联席会议优势作用，依靠县人大整改督查机制，开展审计整改督查，推进审计整改工作常态化、制度化。完善审计整改事项“挂销号”机制，全年“挂号”审计整改事项35项，其中问题类事项30个、审计建议类事项5个。已整改销号事项35个，整改进度100%。通过搭建共享性平台、建立专业化模型、实施标准式管理等方式，推进审计信息化建设。每年归集财政、社保、医保、公积金等六大重点行业数据，先后建立审计模型40余个，并运用大数据技术对财政预算执行、政府隐性债务、民办教育发展情况专项审计调查等项目进行综合分析，共发现审计疑点160余个，审计后形成问题线索40余条。

【干部队伍建设】 牢固树立“靠党建强身”的理念，以党建为引领，加强审计队伍建设。全面实施清廉审计建设，严格执行中央八项规定精神、审计“八不准”“四严禁”工作纪律，以过硬的素质和作风推动审计工作更上新台阶。实施“素质提升”工程，依托“审计大讲堂”平台，定期组织审计干部参加业务培训和实战练兵，确保审计干部队伍的能力素质适应新形势新任务的需求。开展“不忘初心、牢记使命”主题教育，狠抓学习教育、走访调研、检视问题和整改落实。优化干部队伍结构，根据业务需要对内设科室进行调整，并提拔一批年轻优秀干部充实到中层队伍中，新招录和调入干部4人。与省厅合作完成《安吉竹产业发展面临转型之困亟须加大扶持力度》的调研报告，并得到省委书记车俊的批示。开展“三服务”、文明城市创建等工作，打造一支站位高、干事实、敢担当的干部队伍。

（徐　瑶）

9月11日，安吉县审计局召开“不忘初心、牢记使命”主题教育工作会

农 业 经 济

综 述

【概况】 2019年,将县委农业和农村工作办公室(县政府农业和农村工作办公室)、县农业局的职责,以及县发展和改革委员会的农业投资项目、县财政局的农业综合开发项目、县国土资源局的农田整治项目、县水利局的农田水利建设项目等管理职责整合,组建县农业农村局,作为县政府工作部门。1月12日,举行县农业农村局挂牌仪式。2019年,安吉县农业农村工作围绕加快发展现代农业主线,紧盯“两聚一美”建设蓝图,深化农业供给侧结构性改革,放大“最多跑一次”改革撬动效应,全力以赴稳增长、保安全、促转型。全年农业总产值41.8亿元,增长2%,农业增加值28.2亿元,增长1.92%。农村常住居民人均可支配收入33488元,增长9.6%。是年,安吉县农业农村局被评为全国农产品质量安全(优质农产品)业务技术工作优秀工作机构,创建浙江省级畜牧业绿色发展示范县和农业绿色发展先行县,通过全国绿色食品原料(安吉白茶)标准化生产基地验收,入选全国乡村治理体系建设试点县、全国农业绿色发展先行先试支撑体系建设试点县、浙江省渔业健康养殖示范县培育创建名单。

【粮蔬生产】 2019年,安吉县粮食生产面积20.85万亩,总产量8.05万吨,较2018年略有增长;蔬菜种植保持稳定,播种面积10.97万亩,产量14.52万吨。

【安吉白茶】 2019年,安吉白茶规模茶园面积17万亩,产量1830吨,产值26.92亿元,较2018年增长6.36%;安吉白茶成为全省首个获“地理标志证明商标”“地理标志产品”“农产品地理标志”三重认可和保护的茶叶品牌,实现“安吉白茶”原产地保护从商标品牌到市场产品至品种产地的全方位的知识产权保护。品牌价值40.92亿元,连续十年跻身全国茶叶品牌价值十强,位居第七,被评为最具带动力品牌。安吉白茶成为国家茶叶产业技术体系产业经济研究数据采集品类。安吉县委、县政府出台《安吉县深入推进安吉白茶“百亿产业百年品牌”的实施意见》,推进安吉白茶产业从生产、加工、销售、包装到休闲,一二三产业融合发展。安吉县在第五届中国茶业大会展览交易会上,被授予茶乡旅游精品线路深度合作地区。2019年已新建成省级生态茶园3座,完成全县安吉白茶茶园数字化测绘。

【畜牧业转型】 2019年,养殖业坚持“六化”为引领,优化产业布局,发展高质量精品畜牧产业,截至2019年底,安吉县生猪存栏2.83万头,出栏7.52万头,家禽存栏68.65万羽,出栏205.62万羽,全年创建美丽牧场2家,农牧结合绿色循环体3家,通过

西苕溪集中连片粮食生产功能区

省级畜牧业绿色发展示范县验收，继续推进发展生态养殖，特色产业，打造特色畜牧业精品工程，推动全县畜牧业优化升级。

【渔业生产】 2019年，安吉县渔业生产总体趋势稳步上升，主要得益于常规品种养殖效益稳定，探索特色渔业品种养殖和新增稻渔综合种养面积8140亩。安吉县渔业养殖面积3.06万亩，其中名特优品种养殖面积突破2.3万亩。截至2019年底，渔业生产持续稳步发展，渔业经济运行稳中有进，水产品总量19400吨，渔业经济总产值5.05亿，同比增长9.73%和11.01%。全年安吉县完成渔业养殖尾水治理2.42万亩，实现经济和生态双赢。

【休闲农业】 2019年，县农业农村局围绕市“4+3+N”现代产业发展新体系，沿4条精品观光带精心布局10个美丽农业产业园，提升农业园区的生态和社会效益。打造田园综合体、农家乐综合体，大力发展休闲农业和乡村旅游，安吉县休闲农业游客增长36.7%，营业收入增长37.3%。安吉县递铺街道鲁家村获2019年中国美丽休闲乡村，创建省级“最美田园”3家、休闲农业与乡村旅游精品线路1条。

农业项目与园区建设

【农业“两区建设”】 2019年，笔架山省级现代农业园区“一心一路两园”等重点项目全面启动，实现笔架山附近区域农田环境提升600亩，完成投资2.91亿元，申报创建国家现代农业产业园。孝丰竹产业省级特色农业强镇以92.2分的高分通过省厅专家组现场验收，项目投资5291.8万元；溪龙安吉白茶国家级农业产业强镇基本完成建设，完成投资1062万元，通过省厅组织的第三方绩效评价，在积极准备农业农村部绩效考核。

【生态循环农业】 2019年，安吉县创建浙江省农业绿色发展先行县，成为全省首批农业绿色发展先行县之一。被列入农作物秸秆综合利用试点县建设，新建秸秆收储销组织1个，农作物秸秆收储中心4个，秸秆综合利用企业4家，秸秆临时堆放点20个，实现农作物秸秆“全域、全程、科学”利用。同时被列入全国农业绿色发展先行先试支撑体系建设试点县，开展农业绿色发展先行先试试点。推进农药废弃包装物回收处置工作，全年回收农药废弃包装物33吨，处置率100%。开展“肥药两制”改革，全县域实行农药实名制购买，白茶施用化肥定额制试点，试点面积1万亩，限药减肥成效明显，测土配方施肥60.8万亩次，推广应用商品有机肥10.8万亩次，减少化肥施用量320吨，农药减量29吨。建成农作物病虫害绿色防控省级示范区4个，农作物病虫害绿色防控应用面积20万亩次。渔业增殖放流2035万尾；收缴电捕设备25台（套）；清理整治违规网具1万条。

农业三大安全

【农业生产安全】 2019年，开展安吉县鼓励高耗能上道路行驶拖拉机提前报废淘汰和外地变型拖拉机限行活动，全县上道路行驶拖拉机提前报废淘汰200台，外地变型拖拉机全部退出运输市场。落实安全生产主体责任，农机安全宣传教育，免费农机实地检验工作。全县农机安全形势稳定向好，未发生重大农机人员死亡事故。严格渔船安

11月6日，全省农作物秸秆综合利用现场推进会在安吉召开

全生产年度审查,按照渔业船舶检验程序,全年完成渔业船舶年检136艘,切实提高渔船安全适航性。以“绿剑”系列集中执法为抓手,开展种子、化肥、农药、兽药、饲料和饲料添加剂、农产品质量、电捕鱼违法百日专项整治等行动,严厉打击各类违法违规行为,累计立案查处违法违规行为70起,其中查处农业投入品违法案件16起,查处渔业违法行为33起,查处动监违法案件20起,查处农产品违法案件1起,结案率达100%。同时,参与农业生产事故调处工作,共处置因农药药害、化肥肥害、种子纯度等引起的生产事故19起,完成率和满意率均100%。

【动植物疫情防控】 2019年,全年签发植物调运要求书94份,核准种子15.2万公斤。签发植物检疫书534份,检疫调出茶苗4.4亿株。开展重大动物疫病四季强制免疫工作,规模养殖场全部实施程序化免疫,免疫密度100%,散养畜禽集中免疫行动免疫率100%,生猪二维码耳标佩戴率100%;严格开展畜禽产地检疫工作,派驻官方兽医,到场到户到点进行检疫,加强屠宰检疫,调运监管,保障畜产品质量安全。

【农产品质量安全】 开展全国绿色食品原料(安吉白茶)标准化生产基地建设,制定出台《安吉白茶绿色原料生产操作规程》《安吉白茶生态种植技术规范》,安吉白茶绿色食品发展迅猛,一年新增绿色食品企业23家、面积7700余亩,续展换证新增面积9900余亩,一年新增面积超过历年总和。推行基地标准化生产,全县353家农产品生产主体开展追溯体系建设,建成农产品质量安全生产基地36家、湖州市农产品质量奖单位5家。质量安全监测检测不断科学化,网格化管理体系健全,管理主体、管理对象、管理事项全部入网入格,智慧监管平台投入使用,全县农产品质量安全水平提升。

农业产业化

【农业龙头企业和品牌建设】 2019年,加快培育一批起点高、规模大、带动力强的农业龙头企业。浙江永裕竹业股份有限公司被认定为农业产业化国家重点龙头企业;新增安吉芳羽白茶有限公司、安吉福寿农业开发有限公司、安吉极白白茶有限公司和安吉茶叶集团有限公司4家市级农业龙头企业;农超、农技、农企对接更加紧密,全年组织各类主体参加茶博会、省农博会等重要展会20余次,参加企业190余家(次)。安吉白茶被评为中国农业品牌目录2019农产品区域公用品牌,并在第十七届中国国际农产品交易会暨农产品品牌建设大会上作主题推介。“安吉竹林鸡”品牌入选2019年首批“全国名特优新农产品”名录。

【农村确权赋权有序推进】 2019年,开展农村土地承包经营权确权登记颁证“回头看”工作和档案整理工作。安吉县15个乡镇(街道)、188个行政村,实际开展土地确权行政村165个,实测耕地面积276237亩,应签订合同数81446份,实际签订合同76976份,签订率94.51%,共下发权证76976本。继续做好流转土地登记发证。2019年累计依申请发放“安吉县农村流转土地经营证”59本,共涉及流转土地1.51万亩。办理流转权证抵押贷款累计33笔,贷款累计1亿余元。将“三资”盘活利用作为发展壮大村级集体经济的突破口,于8月开展农村“三资”盘活工作,创新将村民小组自由资金同步纳入竞争性存放,联合县纪委、县司法局开展清理规范村集体资产资源租赁(承包)合同督查工作。全县188个村(村改居)集体经济组织全部完成资产资源排查,盘活利用经营性资产资源158处,年增收864万元,清理规范合同106份,年增收373万元。

【农业经营主体不断强化】 2019年,增加省、市级示范性合作社3家,省、市级示范性家庭农场20家,省级现代农业科技示范基地6个,完成粮油、茶叶、水产等专业新型职业农民培训497人。全年农产品网络销售额17.6亿元,建设农村电商示范村5个,农村电商精品村5个,农村电商示范乡镇2个,提升电商服务平台1个,培育电商创业人才665名,示范双创点10个。

【安吉县“两山”实践休闲农业一日游入选“浙江省休闲农业和乡村旅游精品线路”名单】 9月19日,根据浙江省农业农村厅、浙江省文化和旅游厅下发的《关于公布休闲农业和乡村旅游精品路线及2019年“最美田园”名单的通知》，安吉县“两山”实践休闲农业一日游入选“浙江省休闲农业和乡村旅游精品线路”名单，中国安吉宋茗茶博园、安吉报福中张江南舞花谷、安吉县归园田希渔业园入选“最美田园”名单。

新农村建设

【概况】 2019年，以美丽乡村建设为抓手推进新农村建设，贯彻省、市农村工作会议精神，围绕“中国最美县域”和新时代“两山试验区”建设，砥砺奋进，创新作为，统筹推进“三农”工作，全力探索美丽乡村向美丽经济转化的路径，成功争取浙江省农业农村厅出台《关于支持新时代浙江(安吉)县域践行“两山”理念综合改革创新实验区建设的意见》，不断为建设最美县域贡献力量。

【美丽乡村建设】 围绕品位提升和村庄经营两个重点，开展“中国美丽乡村”精品示范村建设。根据《安吉县建设“中国美丽乡村”精品示范村考核验收办法》(2019年修订)，经考核验收，大竹园、高禹、景坞、长潭、高庄、潴口溪、龙王、山川、白水湾、中张、五鹤、施阮、董岭、荆湾、玉华、洛四房、碧门、大竹、新丰、银坑、鹤鹿溪、船村、古城23个精品示范村复评村全部通过复评，并获一等奖；赋石村、松坑村、上张村、统里村、九亩村、桐杭村、观音桥村、梅溪镇三村联创(梅溪镇三山村、管城村和上舍村实施三村联创)7个精品示范村创评村和1个联合体获2019年度精品示范村创建工作一等奖，横塘村获二等奖。根据《安吉县“乡村经营示范村”创建工作试点办法》，经考核验收，五鹤村、鄣吴村、刘家塘村、城东社区、鲁家村5个2018年度创建的乡村经营示范村通过复评；横山坞村、双一村、大里村、横溪坞村、高禹村、景溪村、古城村、三山村、龙王村、港口村10个创建村排名前十获评2019年度乡村经营示范村。结合“三服务”，以村班子座谈会、巡回检查指导等方式，听取建设村的创建思路、答疑解惑，督促各村按既定目标狠抓落实，累计下村指导30次，解决创建难题50余个。举办关于乡村旅游与乡村振兴战略研讨班以及全市党建引领乡村振兴专题培训班，鼓励美丽乡村基层工作人员积极参与。利用传媒打开宣传窗口，结合县博物馆开展“助创全国文明城市，走近身边的博物馆”系列活动以及《湖州市美丽乡村建设条例》宣传活动，其中宣传活动共发放条例文本2400本、宣传拆页1500份、宣传海报700份。省级美丽乡村示范。孝源街道获评2019年度浙江省美丽乡村示范乡镇，灵峰街道大竹园村、孝丰镇潴口溪村获评2019年度浙江省美丽乡村特色精品村。历史文化村落保护利用。浙江省第五批(2017年度)历史文化村落保护利用重点村鹤鹿溪村获得省级补助资金700万元，加快浙江省第六批(2018年度)历史文化村落保护利用重点村孝丰社区南街历史文化村落保护工程建设，做好浙江省第七批(2019年度)历史文化村落保护利用重点村郎村村的建设工作。安吉县“人竹共生”项目申报第五批中国重要农业文化遗产。

12月28日，2019年桐杭村美丽乡村精品示范村验收现场会召开

【农村经济】 2019年，安吉县在统筹领导、家底盘活、要素保障等方面持续攻坚发力，采取加强组织领导、坚持靶向发力、注重资源统筹等方式。完成40个欠发达村“消薄”任务和30个“提档升级”村“提档”任务。截至2019

机械化水稻收割秸秆打捆一体化作业

年底，安吉县村级集体经济总收入8.36亿元，村均444.68万元，相较2018年增长11.32%；经营性收入3.26亿元，村均173.59万元，相较2018年增长29.04%。年收入300万元以上的村107个，占全县188个行政村的56.91%。全市率先开发跨乡镇“飞地强村”项目，预计年收益8%—10%。全年县财政安排不少于2200万元资金支持村级集体经济壮大，省级扶持村集体经济发展试点项目向欠发达村倾斜，扶持7个项目，其中2个为飞地项目（杭垓、鄣吴），覆盖18个欠发达村。同时，设立1亿元“乡村振兴贷”和1亿—2亿元“乡村振兴消薄贷”，累计为49个村36个项目提供1亿元的免息信贷资金和1.1亿元全额贴息贷，持续推进欠发达村“二次造血”。创新将村民小组自由资金同步纳入竞争性存放范畴，出台《关于规范安吉县村级集体资金存放管理的意见》，指导农村资产资源规范存放，实现村组两级资金增值规范管理。同时，密切关注村集体经济变化情况，防止出现入错账以及出现一次性经营性收入较多的村“返贫”问题，有效保障村集体经济增收。

【农村长效管理】 农村生活垃圾分类践行绿色发展之路。根据《安吉县中国美丽乡村长效管理办法》及《农村生活垃圾不落地收集管理办法》，杭垓镇新上塘村、七管村、高村村、岭西村、桐坑村、大坑村、缫舍村、和村村，天子湖镇受荣村、迂迢村、污泥坑村、良村村、西亩村、溪港村、五福村、吟诗村、吴址村、梅溪镇梓坊村、章村镇章里村、茅山村，4个乡镇、20个行政村通过2019年度垃圾不落地村的考核验收。报福镇中张村、孝丰镇竹根前村、山川乡山川村获评2019年度浙江省高标准农村生活垃圾分类示范村。城乡人居环境“百日攻坚行动”收官。通过网格化人工巡查、无人机遥感排查等方式，重点围绕解决垃圾精准分类，乱倒乱扔，污水乱排，房前屋后乱堆乱放等影响环境的问题进行集中整治、提升。全县累计“百日攻坚”行动人工排查问题点位9万余处，累计清理垃圾4万吨、整治完成率100%，动员参与环境整治人数约30万人次。全县共有52个村（社区）获评市“百日攻坚行动”先进村（社区）。长效管理办法严格执行。2019年开展10次《美丽乡村长效管理督查通报》，根据《安吉县中国美丽乡村长效管理办法》，对6个村处以黄牌警告，对1个美丽乡村精品村处以降级。创新垃圾处理模式。“垃圾不出村”试点横溪坞村率先引进垃圾分类智慧系统，促进垃圾分类精准投放，收运和处置全程监管，反响较好。农村生活污水落实终端移交。做好农村生活污水终端设备移交的收尾工作，将全县393座污水处理终端分别纳入第九、十两批逐步移交。

【《新时代美丽乡村建设规范》浙江省地方标准正式发布】 7月9日，县农业农村局新农村建设指导科科长李健作为主要起草人参与制定的《新时代美丽乡村建设规范》浙江省地方标准正式发布。

（康　瑶）

工业　贸易

工业和信息化

・综述・

【概况】 2019年3月，安吉县经济和信息化委员会更名为安吉县经济和信息化局，为县政府工作部门，正科级，挂安吉县中小企业局（简称县中小企业局）牌子，下设办公室、组宣人事科、经济运行科、中小企业科、投资管理科（挂行政审批科牌子）、产业发展协调科、信息化与数字经济科、技术创新科、绿色制造科9个业务科室，下设安吉县竹产业发展中心、安吉县中小企业服务中心、安吉县新型墙体材料发展中心3个事业单位。2019年，安吉县实现工业增加值193.06亿元，增长7.3%，其中规模以上工业增加值145.55亿元，增长7.3%。规模以上工业销售产值596.28亿元，增长2.9%，工业产品产销率96.25%。规模以上工业企业完成出口交货值229.52亿元，增长4.2%；出口交货值占销售产值的比重为38.5%，比2018年同期下降0.3个百分点。新产品产值233.94亿元，增长12.7%，新产品产值率37.8%。

全年规模以上工业实现营业收入600.94亿元，比2018年增长2.9%；利税71.75亿元，其中利润47.01亿元，分别增长7.0%、12.4%。14个工业行业达到“营业收入超10亿元或利税超亿元”，实现营业收入531.41亿元、利税总额64.24亿元，分别占全部规模以上工业的88.43%和89.53%。利税超亿元的行业中，家具制造业28.35亿元，增长20.4%；非金属矿物制品业4.70亿元，增长3.1%；通用设备制造业3.28亿元，增长190.6%；化学原料和化学制品制造业2.61亿元，增长15.0%；医药制造业2.53亿元，增长36.8%。全县营业收入超10亿元企业有9家，5亿—10亿元企业有10家。

全年高新技术产业营业收入、利税和利润分别增长4.7%、17.5%和24.1%。战略新兴产业营业收入、利税和利润分别增长5.9%、12.9%和12.2%。装备制造业实现营业收入105.70亿元，比2018年增长11.2%；实现利税10.44亿元，增长20.0%。

2019年规模以上工业增加值

表7

指标名称	绝对数（亿元）	占规上工业增加值比重（%）
工业增加值总计	145.55	100
在总计中：轻工业	81.19	55.78
重工业	64.36	44.22
在总计中：		
#绿色家居	70.89	48.71
#特色椅业	56.48	38.80
绿色竹业	11.49	7.89
生态家纺	2.93	2.01
健康休闲	11.80	8.11
#绿色食品	5.43	3.73
健康医药	6.13	4.21
装备制造	18.76	12.89
#高端装备	8.82	6.06
信息经济	5.19	3.56

【创新深化亩均改革助推经济发展】 坚持全面摸排。根据企业用地历史与现状、自有与租用、有证与无证、存量与增量等12个方面，全面摸排企业土地使用情况，并将“5亩以下加工制造类工商户”与“占用工业用地的非加工制造类企业”列入评价对象，安吉县调查核实企业2694家，获取各类企业基础信息数据两万余条。坚持优化方法。严

格分类标准，将规上C类占比由70%—95%扩大至60%—95%，规下D类由后10%扩大至后20%。并坚持自我加压，将开发区、示范区、其他区域亩均税收分别低于5万元、4万元、3万元的企业一律列入D类，数量占比不设限。同时根据实际，将“亩均产值”和“省级新产品开发量”两项指标列入评价标准，力求评价设置更科学。坚持创新机制。创新“共同体”捆绑评价方式，对持有国有出让用地企业将用地出租给其他企业的，对持地企业实行捆绑评价，推动提质增效，2019年推动腾笼换鸟16家、技改118家，半年度完成技改投入8.6亿元。同时实施“过渡期”评价机制，对新增供地工业项目、新升规模企业、租赁厂房新设立企业，根据情况设置“投产过渡期”，评价结果可上浮一档，激励项目加快建设投产，已有322家企业享受提档待遇。坚持低效出清。将亩均评价结果与政策奖惩相挂钩，对A、B、C类企业，按照100%、85%、70%享受经济奖励，D类企业不予享受，并在用地、用能、土地使用税等方面实施差别化政策，促进资源要素高效配置。同时将出清实绩纳入乡镇季度考核，并新设低效腾退专项奖励，对退出的低效工业企业，按面积大小分年段给予乡镇奖励，推动低效出清。2019年，安吉县累计完成低效企业整治提升868家(目标任务500家)，其中通过追加投资35家，政府收储4家，税务辅导361家，联合重组14家，转让出租191家，整合入园5家，依法关停209家，异地搬迁34家，其他类15家，累计盘活(激活)土地面积6520.51亩，摸排处置完成工业“后三未”土地11宗857亩。

【工业有效投入】 2019年，实施工业项目218个，累计完成投资53.03亿元。其中5亿元以上项目13个、3亿元以上项目26个、亿元以上项目102个，5000万元以上项目127个。浙江卡诺办公家具有限公司“年产80万套生态系统家居生产线项目”、永艺家具股份有限公司“年产1800万套智能家具及配件及生产线项目”等42个亿元以上项目开工入库，中源家居股份有限公司“年产15万套家具生产线项目”、安吉热威电热科技有限公司“年产1500万个辐射盘、600万个电加热管、150万个裸露式加热器生产线项目”等31个亿元以上项目竣工投产。浙江安吉护童家具有限公司“年产50万套绿色智能家居生产线”、浙江恒林椅业股份有限公司“年产400万套健康坐具及3000吨定型海绵生产线技术改造项目”等8个项目列入2019年浙江省“四个百项”重点技术改造示范项目计划。福斯特(安吉)新材料有限公司“年产20000吨碱溶性树脂生产线项目、10000吨聚酯多元醇生产线项目、年产24000吨光敏性丙烯酸酯生产线项目”、味斯美食品(安吉)有限公司“年产5万吨肉松生产线项目”等29个项目列入湖州市工业“大好高”项目。

【企业技术创新】 2019年，安吉县新增安吉富和家具有限公司、安吉长虹制链有限公司2家省级企业技术中心，新增浙江纳美新材料股份有限公司、浙江舒友仪器设备有限公司等12家市级企业技术心。全年累计有市级以上企业技术中心60家，其中省级企业技术中心12家，市级企业技术中心48家。全年规上企业新产品产值233.94亿元，同比增长12.7%。全年列入省级工业新产品计划276个，新产品鉴定190个。浙江安吉朝辉新材料有限公司的1个产品列

6月13日，全国首个椅业工业博物馆揭牌成立

入 2019 浙江省重点技术创新专项计划；浙江惠嘉生物科技股份有限公司、安吉恒丰卫生材料有限公司等 5 家企业的 5 个产品列入 2019 浙江省重点高新技术产品开发项目计划；和也健康科技有限公司、浙江天草生物科技股份有限公司、浙江乾门科技股份有限公司 3 家企业的 3 个产品列入 2018 年省优秀工业新产品(新技术)；浙江恒林椅业股份有限公司被认定为 2019 年度浙江省智能工厂；江中法新材料有限公司范萍、浙江惠嘉生物科技股份有限公司乐敏等 15 人认定南太湖精英创新长短期领军人才。

【企业培育】 2019 年，安吉县实现规模以上工业总产值 619.5 亿元，同比增长 2.4%；实现规模以上工业增加值 145.6 亿元，同比增长 7.3%，比 2018 年同期下降 1.5 个百分点。其中高新技术产业、战略性新兴产业、装备制造业增加值分别为 80.3 亿元、25.8 亿元、21.6 亿元，同比分别增长 8.1%、6.5%、12.2%，全年继续保持较快增长。2019 年，培育新增“小升规”企业 45 家，有 9 家企业营业收入超过 10 亿元，分别是永艺家具股份有限公司、国网浙江安吉县供电公司、浙江恒林椅业股份有限公司、浙江天振竹木开发有限公司、华东天荒坪抽水蓄能有限责任公司、浙江中力机械有限公司、浙江安吉华逸化纤有限公司、中源家居股份有限公司、安吉永宁尔纺织有限公司。浙江洁美电子科技股份有限公司等 10 家企业主营业务在 5 亿元到 10 亿元之间。主营业务超过亿元的企业有 137 家。2019 年全县规上企业 453 家，其中开发区和示范区合计 368 家，两个区规上企业数占全县规上企业数的 81.2%。浙江天振竹木开发有限公司获市 2019 年度“金象”企业称号，这是安吉县首家获评该称号的企业。永艺家具股份有限公司、浙江恒林椅业股份有限公司、安吉南方水泥有限公司 3 家企业获市纳税大户称号。安吉长虹制链有限公司被列为省级隐形冠军企业，中源家居股份有限公司、浙江永裕竹业股份有限公司、和也健康科技有限公司、杭摩新材料集团股份有限公司被列为省级隐形冠军培育企业；英特换热设备(浙江)有限公司和浙江阿祥亚麻纺织有限公司获得市级隐形冠军称号。浙江丰虹新材料股份有限公司被工信部认定为第一批专精特新“小巨人”企业。浙江洁美电子科技股份有限公司入选浙江省制造业亩均效益领跑企业数字经济 20 强。

【数字经济】 2019 年，全县累计新(改)建通信铁塔基站 175 个，累计投入 3000 万元。免费 WIFI 覆盖面持续扩大，累计完成 AP 点位 3984 个，全县免费 WIFI 覆盖率 95% 以上，重点公共区域 100% 覆盖。光纤入户数逐年增加，实现光纤到行政自然村 100% 覆盖。采用 3D－MIMO、分布式皮基站等新技术设备，同时加强偏远山区基站建设，使 4G 网络深入到更多山区，年内全县 4G 用户数量 46.1 万，并落地 5G 站点 12 个，全县互联网普及率 98%。持续推进试点示范创建引领作用。在推进高质量发展的过程中，围绕两化深度融合国家示范试点区域、软件和信息服务产业创业基地两大省级创建，发挥示范效应，持续

八塔机器人工作车间(安吉八塔机器人有限公司位于安吉县阳光工业园区，主营智能喷胶机器人和海绵床垫复合机器人，公司具备 6 年工业机器人＋工业视觉自动化行业领先经验，为恒林、洁美、和也等多家公司定制具有视觉的机器人大系统集成服务)

释放标杆引领作用，共实施项目25个，发放补助500万元，新增嘉瑞福、卡贝隆2家企业入选市级两化融合示范企业，总数达16家；恒林家居股份有限公司入选浙江省数字化车间/智能工厂，永艺、中源等4家企业入选市级数字化车间/智能工厂，全县两化融合发展水平首次迈入全省一类地区。加大工业互联网深入渗透。根据浙江省“1＋N”工业互联网平台体系建设要求，制定工业互联网建设指南和评定标准，加强工业应用向设备自动控制与生产端产线渗透，指导椅业行业级和企业级重点工业互联网平台建设。椅业行业级工业互联网取得突破，应用系统正在椅业企业中部署，将贯穿椅业全产业链，全面提升椅业全行业效率；恒林、永艺、中源、博泰、富和等企业级平台也在推进。2019年，佐力百草大健康智慧煎药生产线及服务平台入选省级工业互联网平台创建名单和长三角G60科创走廊工业互联网平台，中源家居股份有限公司成为全市首个长三角G60科创走廊工业互联网标杆工厂，并有包括中源家居在内的多家企业入选省级制造业与互联网融合发展试点示范项目。企业上云向深度推进。通过实施企业深度上云，以强适用、补短板、提质量、上水平为方向，在保证企业上云广度的基础上，突出企业上云的深度，全年新增上云企业1180家，累计实现企业上云2868家，恒林家居股份有限公司入选省级上云标杆企业，总计入选省级上云标杆企业4家，市级上云标杆企业18家。2019年，全县规上数字经济核心产业企业29家，其中制造业17家、服务业12家，比2018年新增10家，其中制造业5家、服务业5家。实现规上数字经济核心产业营业收入38.13亿元。其中，制造业34.5亿元，增速16.2%，服务业3.63亿元，增速20.2%；制造业增加值8.95亿元，增速11%，服务业增加值0.67亿元，增速29.3%，实施数字经济核心产业重点项目10项。

【安吉县创新推出全国首个工业制造集群高铁品牌】 3月1日，首列“安吉椅业号”高铁专列在上海虹桥高铁站正式发车，这是全国首例以工业制造集群品牌推广为目的的高铁宣传，也是安吉县助力实体经济发展，创新提供公共服务产品的有力举措。创新服务模式，把握“安吉椅业”产业集群转型发展需求，推出一整套旨在降本减负、优化营商环境、提供便捷政务服务的专项政策。瞄准内销市场开拓，用好安吉椅业产业发展专项资金，创新政府与椅业骨干企业协作模式，委托新华社代理执行，打造以京沪线为主体多矩阵传播下的高铁宣传。打造专列宣传，作为一次长期性的品牌合作，在实现“安吉椅业”专列冠名宣传外，全方位利用高铁车厢内宣传载体，通过桌贴、头枕片、海报、书刊杂志等平面宣传进行客户引流，并经网站导入后，打通椅业企业和客户洽谈交易的渠道。加大开放步伐，在坚持狠抓椅业工业设计、产品创新的基础上，以品牌的硬实力开拓国际、国内两个市场。发挥好国内外展会拓市场的主渠道作用，加快拓展“一带一路”沿线国家和地区市场；抢抓重要的国际、国内会议会场布置需要，加大产品投放，放大安吉椅业公共品牌效应。

【恒林椅业以4.38亿元收购瑞士FFL家具企业】 6月，安吉县恒林椅业股份有限公司发布公告，其全资子公司美家投资（香港）有限公司以现金6388万瑞士法郎（折合人民币约4.38亿元）收购瑞士FFL Holding AG（以下简称“FFL”）100%股权，迈出开拓海外市场的战略性一步。

【安吉县创建全国首个椅业国家级工业设计中心】 10月30日，第四批国家级工业设计中心名单公布，安吉县永艺家具股份有限公司作为全国唯一的椅业企

恒林瑞士工厂

业入选，实现安吉县国家级工业设计中心“零”的突破。近年来，安吉县坚持将企业创新平台建设作为推动创新工作的核心动力，注重做好新平台的建设、服务、管理等方面工作，并按照龙头企业示范带动、多渠道发展、分层次培育、有重点支持的原则，建立市级、省级创新平台梯次培育制度，争创省级、国家级创新平台。

【安吉县入选 2020 年省内首台(套)产品数量居全市首位】 11 月 13 日，2020 年度浙江省装备制造业重点领域首台(套)产品名单公布，安吉县英特换热、长虹制链、申吉钛业 3 家企业的 3 个项目产品入选，入选数量和入选率均居全市第一，共争取到省级财政资金 150 万元。首台(套)产品是企业及地区的装备制造业发展水平和技术创新能力的直接体现，需具备自主研发、自行生产、技术水平达到国际国内领先水平等条件。近年来，安吉县出台《安吉县工业经济政策》，明确对认定为国内、省内重点领域首台(套)产品予以县级财政资金奖励。并结合“三服务”活动，邀请相关专家对申报项目的创新性、可行性进行指导，提升申报成功率。

· 主要行业 ·

【竹产业】 截至 2019 年底，安吉县竹产业规上企业 47 家，完成工业总产值 41.93 亿元，同比下降 14.1%；实现销售收入 41.32 亿元，同比下降 13.8%；自营出口 30.84 亿元，同比下降 12.1%；利税 7.7 亿元，同比下降 6.3%。举办第二届全国高校竹设计建造大赛，大赛由国际竹藤组织与安吉县人民政府共同举办，大赛以“全球最专业的竹设计建造大赛”为主题，邀请香港大学、清华大学、同济大学等 14 所知名高校参赛，将高校的设计和建造实践与落地项目结合。举办第三届国际“竹产业 · 竹建筑 · 竹文化”绿色发展高峰论坛暨 2019 全国高校竹设计建造大赛颁奖典，活动吸引国内外相关领域专家、学者、设计师以及知竹爱竹的专业人士共同参与。活动以“两山”理念为引领，探讨促进竹产业创新驱动、转型升级，竹材料多元应用及高技术竹产品走向国际市场。论坛坚持创新、协调、绿色、开放和共享的发展理念，助推绿色中国发展，并为“一带一路”发展贡献智慧和力量。

12 月 8 日，第三届国际“竹产业、竹建筑、竹文化”绿色发展高峰论坛在安吉举行

【椅业】 截至 2019 年底，安吉县椅业规上企业 191 家，完成工业总产值 237.2 亿元，同比增长 3.1%，占全县规上工业总产值 38.3%；实现销售收入 229.63 亿元，同比增长 2.1%；自营出口 163.92 亿元，同比增长 4.0%。安吉龙威家具有限责任公司、安吉艺维斯家具有限公司、安吉富和家具有限公司、中源家居股份有限公司、浙江大东方椅业股份有限公司、浙江五星家具有限公司、浙江昊国家具有限公司、浙江百之佳家具有限公司、浙江恒林椅业股份有限公司、浙江万昌家具股份有限公司总计 10 家安吉椅业企业获 2018 年度“浙江出口名牌”称号。浙江大东方椅业股份有限公司人体工学健康家具设计中心、浙江博泰家具有限公司健康智能座具设计中心、浙江昊国家具有限公司高端功能家具设计中心被认定为 2019 年度浙江省省级工业设计中心。

（蒋云飞）

商　　务

【概况】 2019 年，根据《中共中央关于深化党和国家机构改革的决定》《中共浙江省委关于市县机构改革的总体意见》和省委省政府、市委市政府批准的《安吉县机构改革方案》,制定安吉县商务局(简称县商务局)为县政府工作部门,正科级,挂安吉县粮食和物资储备局(简称县粮食物资局)、安吉县投资促进局(简称县投资促进局)牌子。不再保留县粮食局牌子。中国国际贸易促进委员会浙江省安吉县委员会(简称县贸促会)机关与安吉县商务局合署办公,按章程开展工作。安吉县商务局贯彻落实党中央、省委、市委和县委关于商务、外商投资和对外投资、粮食和物资储备工作的方针政策和决策部署,在履行职责过程中坚持和加强党对商务、外商投资和对外投资、粮食和物资储备工作的集中统一领导。是年,安吉县商务工作以“三服务”为重要抓手,结合“不忘初心,牢记使命”主题教育活动,主动适应经济发展新常态,研判形势变化、研究应对措施,坚决打好防范化解中美贸易摩擦风险攻坚战。2019年,安吉县先后入选全省首批“订单+清单”监测预警响应试点县(全省共6个);入选国家电子商务进农村综合示范县(全市唯一、浙江省总分第一),获中央财政前期补助资金1500万元;央视《新闻联播》《焦点访谈》《经济半小时》栏目先后对安吉县中源、大康等7家外贸企业应对中美贸易摩擦经验做法进行专题报道。10月,全省稳外贸稳外资工作现场会在安吉县召开,省长袁家军参会并作重要讲话。县政府主要领导在会上进行“订单+清单”监测预警系统建设试点工作经验交流。安吉县试点工作的做法共形成8个文件在会上下发,为其他县区推进工作提供示范。

对外贸易方面,2019年1—12月,全县完成自营出口总额268.4亿元(居全市第一),占全市份额的32.0%,同比增长8.4%。完成进出口总额274.8亿元(居全市第一),同比增长8.0%;完成进口总额6.5亿元,下降4.7%。消费市场方面,1—12月,实现批零销售额合计77.1亿元,同比增长21.0%,其中批发业销售额40.9亿元,同比增长47.98%;零售业销售额36.1亿元,同比增长0.32%。电子商务方面,1—12月,全县跨境电商零售出口额约31.0亿元,同比增长60.5%;新增跨境电商企业数和网店数71家,新增跨境电商自主品牌数量19个,新增海外商标注册数19个。利用外资方面,1—12月,累计完成合同外资5.64亿美元,同比下降19.2%,完成市目标计划的100.8%;1—12月份完成实到外资3.10亿美元,同比增长54.1%,完成市目标计划的124.2%。完成对外贸易经营者备案登记315份。对外投资方面,1—12月,完成境外中方投资额1.778亿美元,同比增长433%,境外投资总额和完成进度均居全市第一。服务贸易方面,1—12月,服务外包执行额总额58523万元,同比增长54.1%;服务外包离岸执行额51034万元,同比增长49.0%。

【外贸出口】 推动“订单+清单”试点建设。以建设全省外贸“订单+清单”监测预警系统预警响应试点县为契机,制定并实施《安吉县外贸“订单+清单”监测预警推进方案》。将企业上线、填报作为各类商务促进政策兑现的前提,并对按时准确填报的入库企业进行奖励。与规上外贸企业建立联系机制,通过线下集中培训和线上一对一答疑相结合的方式,确保填报基础数据精准有效。实施稳外贸攻坚行动。牵头成立全县外贸工作专班并建立工作钉钉群,对外贸动态紧急事项实行即知即报,及时掌握全县外贸工作推进情况。加强重点产业的监测预警,及时研判、跟踪订单异常企业,精准预判预警风险。建立异常企业跟踪清单,对该帮扶的企业及时出手、制定政策。结合“三服务”活动,每天梳理全县外贸动态事项,每周汇总全县重大外贸动态,每半月编发《安吉县外贸工作专班简报》,每月召开稳外贸工作例会,截至2019年底已上报动态150余条、编发简报2期。加大政策扶持力度。贯彻省、市“外贸10条”,制定出台《安吉县支持外贸稳定增长实施意见》,追加2000万元用于“订单+清单”系统建设及支持企业稳定增长,重点对企业参展拓市场、参保防风险、发展外贸新业态等方面加大支持力度。对影响程度深、涉及金额大的重点企业,特别针对单一市场、单一客户的高风险企业,如腾飞电子、致通五金等进行专门研究,提出“一企一策”帮扶措施。开拓国际市场。引导企业巩固欧美传统出口市场,开拓“一带一路”新兴市场,打造自主出口品牌。全年组织企业参加德国科隆家具展、马来西亚国际家具展、广交会等各类国内外展会30个，参展企业450余家次，会展面积超过15000平方米。

【商贸流通】 狠抓商贸经济指标，制定出台批发零售业“开门红”优惠政策措施并组织企业进行申报。对接统计、税务和企业，做好工业企业主辅分离，督促乡镇(街道)排摸新企业情况，对接近纳统要求的企业进行重点培育监测，达到目标的及时纳统。开展消费促进，制定《2019年促消费工作方案》，开展2019年消费促进月、金秋购物节等活动。举办2019金秋购物节开幕仪式，将活动推进到大型商超、汽车等行业和领域，发动全县各大购物中心、百货、超市、便利店、品牌专卖店、汽车经销商等在活动期间进行各类促销。活动期间共开展大型消费促进活动25场，累计参与企业数量1200余家。做好再生资源回收利用，组织实施《安吉县再生资源回收利用实施方案》与《安吉县再生资源回收体系建设规划(2018—2020)》，力争形成布局合理、结构优化、功能完善、服务优质的再生资源回收利用体系。建成以“虎哥”模式为亮点的“两网”融合回收体系。强化安全生产监管。与县内各加油站及大型商场超市签订安全生产责任状；深入加油站、大型商场超市开展安全生产检查；开展“七进”活动，组织召开商贸流通领域安全培训会议、安全生产宣传教育活动，发放《安全生产监管工作应知应会手册》。制定出台加油黑窝点整治工作方案，召开成员单位联席会并组织开展集中联合清查行动6次，发现案件线索4起、立案查处1起，查扣油品近20吨。

9月21日，县商务局举办2019金秋购物节

【电商发展】 开展示范创建。推动“国家电子商务进农村综合示范县”建设，加大对重点农村电商项目摸排走访力度，制定《2019年电子商务进农村综合示范工作项目表》及《安吉县电子商务进农村综合示范工作实施方案》，明确项目总体目标及任务，重点支持农旅电商融合等11个方面、推进农产品上行体系等农村电商“五大体系”建设。发展跨境电商。引导企业发展跨境电商等新业态、新模式，制定安吉县跨境电商扶持政策，建成全市首个跨境电商孵化园，引入阿里巴巴速卖通等优质跨境电商平台资源。引进省级外贸综合服务示范企业安吉国浩外贸服务有限公司，依托其专业化、市场化及大数据分析的优势，有效整合供应链，并建立外贸小微企业培育库，重点服务云盛座具、丰竹家具等50家小微企业，提供各项外贸环节事务的集约化服务。截至2019年底，完成服务总额4500万美元，拉动安吉县出口增幅1.2%。营造电商氛围。先后举办京东零售安吉招商会、拼多多安吉家具类目招商会，宣传最新招商政策和讲解电商平台运营技巧；组织召开电商创业青年规范经营指导培训会和电商统计业务培训会，邀请师资解读《中华人民共和国电子商务法》政策和典型案例、电商基础数据采集分析和填报规范，推动电商创客规范经营；开展“2019安吉电商企业总裁培训班”，组织优秀电商企业负责人赴杭州研修学习，开阔视野。

【优化营商环境】 践行“三服务”活动。联合县“三服务”办，牵头制定并实施《安吉县稳外贸攻坚行动走访企业工作方案》，对全县300余家重点外贸企业开展走访服务工作。通过入企送服务、送政策、送帮扶,引导企业客观全面地认识中美贸易摩擦,稳定企业生产、提振发展信心。设计并发放安吉县"三服务"重点出口企业调查问卷,撰写《安吉县外贸出口受美加征关税影响的调研报告》并获市长钱三雄批示。及时开展利用外资排摸。了解、摸清各乡镇平台在手在谈项目信息,适时跟进,主动介入,建立2019年乡镇招商人员目录库。制定乡镇到资全年预测表,全面掌握全年实到外资的储备情况,做好外资项目新设项目备案与实到外资申报工作。采用点对点跟踪服务机制加强窗口服务效率,重点服务开发区投资性项目、示范区丰树等项目,帮助投资方确定最终投资方案并完成备案相关工作,实现合同外资2亿余美元。加快推进"最多跑一次"改革。根据省商务厅最新"八统一"文件规定,对原有的办事事项进行颗粒度细化,建立商务局事项办结时限清单,共完成事项梳理33项,其中跑一次占比100%,零上门占比100%。所有事项开通网上办及掌上办功能,办件时限压缩率为100%,全部事项均已实现即办。简化对外贸易经营者申请、变更备案登记纸质版材料,取消原遗失或者补办事宜报刊声明作废环节,提高办事效率,为企业缩短约5个工作日。

县商务局完成"五优联动"试点

【维护市场秩序】 完成"五优联动"试点。结合安吉县实际情况,出台《2019年安吉县地方储备粮动态轮换实施办法》《订单粮食基准价格定价办法》《安吉县订单粮食诚信管理制度》《订单粮食购销合同》《订单粮食收购合同》等一系列制度和办法,确保"五优联动"工作规范实施。通过网上粮食市场公开招标、种粮大户和农业合作社资质公开遴选等程序,明确中标单位并签订1500吨收购订单。保障市场稳定供应。密切监测市场运行动向,关注猪肉市场供需情况。及时向本地冷鲜肉经营企业提供国内生猪主产区企业名单,帮助经营企业与生猪主产区建立稳定的供销渠道。根据省市冻猪肉储备要求,完成安吉县冻猪肉承储企业的招投标及县级冻肉储备(130吨)采购工作,确保县内猪肉市场不断档、不脱销。助推文明城市创建。推进全县6家大型商场、超市及两大专业市场文明城市创建工作。主动对接创建办等部门进行现场踏看和实地测评,督促各创建点位整改督办问题232个。联合综合执法局、市场监管局等部门开展转椅市场综合整治工作。建立健全创建网上申报台账,组织创建志愿服务工作;推进电动车综合整治、生活方式绿色化行动,开展"2019年县商务局关于电动自行车安全出行主题倡议活动",深入商场超市,开展"限塑令""禁烟令"、空调限温等宣传整治活动,培养居民绿色消费理念。

【浙澳(安吉)经贸合作区获省政府批复设立】 2019年1月,浙澳(安吉)经贸合作区获得省政府批复正式设立,该合作区以吸引葡语系国家如巴西、葡萄牙等国资本到安吉投资为主要工作目标,把安吉打造成全省澳门客商投资首选区、对澳门贸易口岸先行区、浙澳合作交流示范区、全国"一带一路"建设开拓葡萄牙语系国家市场的桥头堡。规格参照省级国际产业合作园建设。

【安吉在全市率先推出社区智慧微菜场】 为加快传统农贸市场转型升级,推进农产品流通领域供给侧结构性改革,由县商务局牵头加快推进社区智慧微菜场建设，着力解决社区居民“买菜难、买菜贵”问题，网络定菜服务便是社区微菜场催生的新产物。经过近1年的筹建，首批10家微菜场于2019年年初开门营业，服务辐射5万余人，安吉也成为全市首个开设社区微菜场的区县。

【安吉举办“品牌出海”跨境电商国际论坛】 4月11日下午，以“渠道增效、品牌致胜”为主题的2019“品牌出海”跨境电商国际论坛在安吉县举行。论坛邀请荷兰橙创创始人及董事长Jorg等5名跨境电商业界专家，为县内200余个跨境电商从业者带来“跨境BCE”，孕育下一个独角兽等主题讲课，并共同探讨了安吉跨境电商的发展走势。

【全省稳外贸稳外资工作现场会在安吉县召开】 10月11日下午，全省稳外贸稳外资工作现场会在安吉召开。省长袁家军在会上讲话。副省长朱从玖主持。会前，省长袁家军在安吉调研上港国际、大康控股集团、中源家居等出口企业。安吉县政府主要领导在会上进行“订单＋清单”监测预警系统建设试点工作经验交流。

【安吉县举办2019金秋购物节】 9月21日，为扩大内需、提振消费，通过新零售商业模式，促进消费、安全消费、拉动经济，安吉县商务局联合县市场监管局在浙北大厦共同举办“浙里来消费、放心消费在安吉”大型主题宣传活动。安吉县委常委、常务副县长潘鸣，县商务局党委书记、局长孙莉，县市场监管局党委书记、局长王有富，县商务局党委委员、副局长郑浩，县市场监管局综合行政执法队队长周俊，以及其他商贸企业代表参加此次活动。

【安吉县外资利用实现“全年红”】 截至2019年12月底，安吉县完成合同外资5.65亿美元、外资完成3.1亿美元，分别完成年度任务的100.9%和124%，其中实到外资同比增长55%。2019年，全县各部门紧盯世界500强、全国500强、央企国企等优质企业，不断织密招商分局、区镇合作招商、中介招商、顾问招商等“招商网”，以优质服务吸引优质外资项目落户。并以“三服务”为契机，切实做好从项目前期引进到报批落地的全流程服务，重点推进、服务一批大企业如敏实科技、谢菲尔考克碳酸钙等工业外资项目落地投产。

（王立巧）

10月11日，全省稳外贸稳外资工作现场会在安吉召开。会前，省长袁家军（前中）一行在上港国际调研

投资促进中心

【概况】 2019年3月，安吉县投资促进局更名为安吉县投资促进中心。县投资促进中心坚持以实施招大引强攻坚年活动为总抓手，全年引进总投资100亿元的国动（安吉）云数据基地项目和远洋数据中心项目，引进总投资50亿－100亿元项目2个，引进总投资10亿－50亿元项目8个。累计在谈项目274个，计划总投资1642.84亿元。累计新增亿元以上签约项目85个，计划总投资648.42亿元，计划固定投资612.75亿元，其中通过8＋X评审的工业项目45个、盘活工业项目6个、通过休闲旅游项目评估预审项目14个、服务业项目12个、通过评审总部经济项目1个、农业项目7个。累计完成合同外资5.64亿美元，完成市下达目标任务101%。累计完成实到外资3.1亿美元，完成全年目标任务的104.76%。

累计完成市认定大好高项目41个,完成市下达目标任务的136.7%,其中工业29个(福斯特项目、卡诺办公家具项目、永艺家具项目固投均超10亿元)、服务业4个、农业8个。

【招商引资】 全力招大引强,实现项目招引新突破。为坚持招商引资"一号工程"地位,建立县领导领衔重点招商区域机制,招商力度前所未有。2019年,县四套班子主要领导分别挂帅上海、北京、苏南、深圳和浙江五大分局参与招商。全县共抽调派驻招商干部54名,其中科级领导干部14名,驻点招商干部力量和人数达历史之最。全体招商干部驻好点、沉下去,广撒网、多铺面,形成客商大走访的浓厚氛围。坚持定向招商,突出电子信息、生物医药、装备制造等产业方向,瞄准世界500强、民企500强、央企国企等企业,全力招引总投资5亿元的工业项目和"两山"总部经济项目。为扩宽招商渠道,首次实行精准化的中介招商。与专业招商机构和专业招商团队合作,以结果为导向,强调合作的有效性。重点瞄准世界500强、民企500强、央企国企、上市公司、行业领军企业和知名品牌企业,重大项目线索有了实质性突破。县级层面努力搭载体、建平台,与国家开发银行、新华社、外交部、谷川联行、张震苏工作团队进行合作,招商线索和项目质量提升,特别是投资亿元以上新签约项目在质量上、数量上以及投资规模上较往年均大幅增长。年内首次将招商与招才有效融合,设立招才专员,对人才项目进行定向招引,实现从原先单一的引项目、引资金、引客商到引技术、引人才的新跨越。

完善评估评审,建立项目准入新机制。为提高项目评审科学性,严把项目质量关。聘用中国诚信信用管理股份有限公司作为第三方专业机构,对线索项目的投资方实力、投资前景等内容进行评估,为项目后续跟进、引进和落地提供决策参考。优化调整评审部门,从2018年"6+X"评审模式升级为"8+X"评审模式,投资促进中心联合发改局、经信局、自然资源和规划局、税务局、生态环境局、科技局、人才发展指导中心等8个部门和涉及特定领域的特邀部门,就项目的产业方向、科技含量、环保能耗标准、绩效贡献等方面联合评审。对通过评审的项目加快要素保障,强化资源供给,予以派单督办,落实专人负责项目签约前的跟踪管理,强化服务与保障,着力解决项目签约前出现的各项难题,确保项目顺利落地。2019年,安吉县共完成项目线索评估293个,被认定为新增在谈项目216个,其中A等级56个,B1等级147个;共评审新增建设用地工业项目54个,其中建议引进28个。

创新区镇合作,优化考核工作新抓手。创新在两区和十个乡镇之间建立"一区+五镇"的合作招商机制,破解乡镇无地招商困局,凝聚项目招引的强大合力。十个乡镇(街道)各抽调优秀干部2人,全脱产参与两区的招商引资工作。抽调干部的招商实绩纳入派出乡镇(街道)的年度考核,推动实现责任共担、考核捆绑和效益共享,最大限度地把干部力量集中到项目招引工作上来。乡镇(街道)抽调干部实行一年一派驻,由两区负责考核管理,建立健全抽调干部退回机制。首次将新增在谈和新增签约纳入乡镇考核,建立乡镇招商月度比拼晾晒工作机制,增强乡镇工作的推进力度。

【营商环境】 优化投资环境监测点的履职能力,对已挂牌的203家投资环境监测点进行定期回访,剔除不符合监测点要求的企业,新增积极响应县政府工作的监测点。运用"互联网+"的模式,将营商环境App的使用活跃度由60%提升至95%,全面提升部门服务质量,畅通企业与政府沟通的渠道。累计收到企业反馈问题95个,解决问题83个,解决39名企业高管子女就学问题,该项工作的落实是推动招商引资、促进以商引商的有力举措,是优化营商环境、完善人才保障的重要方式。由第三方机构开展全县投资环境监测,并形成《安吉县投资环境评估调研报告》。截至2019年底已完成4次测评,一季度抽取全县136家企业、二季度抽取全县154家企业、三季度抽取120家企业、四季度抽取155家企业进行监测调研,对2018年度反映的基础设施、环境污染、深化改革进行跟踪,并继续发现消防验收、区域发展、培育扶持、垃圾处理、服务协同、劳动力供给、民众生活、政企交流沟通等方面的问题,每季度出具调研报告在全县"一把手"综合例会上发布。

【安吉县首次在2019中国品牌价值评价信息发布暨中国品牌建设高峰论坛进行招商推荐】 5月10日，安吉县首次作为全国唯一县级政府代表在2019中国品牌价值评价信息发布暨中国品牌建设高峰论坛进行招商推荐。作为2019年“5·10中国品牌日”系列活动之一，2019中国品牌价值评价信息发布暨中国品牌建设高峰论坛，由新华社、经济日报社、中国国际贸易促进委员会、中国品牌建设促进会、中国资产评估协会主办，现场有中国中车集团公司、中铁高新工业股份有限公司、珠海格力电器股份有限公司等世界500强、民营500强及行业领军企业家代表参加。县投资促进中心争取到安吉县作为全国唯一县级政府参会，由常务副县长潘鸣作为代表进行招商推介和现场交流。通过此次推介，已与20多家民族品牌企业建立良好的沟通渠道。

【举办安吉县2019半年度招商引才项目集中签约活动】 5月31日，县投资促进中心举办安吉县2019半年度招商引才项目集中签约活动。市委常委、县委书记沈铭权，县委副书记、县长陈永华分别致辞，县领导陆为民、叶海珍、徐卫勇、潘鸣、陈瑶参加。安吉县2019半年度招商引才项目集中签约活动，总投资超百亿元。活动中共签约项目23个，总投资152.36亿元，固定资产投资128.64亿元。其中工业项目、三产项目、高层次人才项目分别为13个、6个、4个。项目涵盖智能制造、电子信息、机器人、智能家居、高端休闲旅游、科技人才等多领域。

5月31日，安吉县2019半年度招商引才项目集中签约活动举行

【安吉入选2019年赛迪县域营商环境百强县】 11月12日，赛迪顾问县域经济研究中心完成的2019年赛迪县域营商环境百强县研究成果在北京发布。在此次百强榜中，湖州2个县上榜，其中安吉县位列第64位。2019年来，投资促进中心为着力打造营商环境浙江省标杆，通过设立投资环境监测点、定期发布监测报告、剖析营商环境再优化等举措优化营商监测体系。本次评价，投促中心积极作为，为赛迪顾问县域经济研究中心提供关于安吉县优化营商环境工作总结，调研报告，宣传报道等资料，对安吉成功入选2019年营商环境百强县做出实质性的贡献。

【举办2019新时代“两山”试验区·安吉县第十二届投资贸易人才洽谈会】 11月16日，以“改革创新·绿色发展”为主题的2019新时代“两山”试验区·安吉县第十二届投资贸易人才洽谈会开幕式举行。市委书记马晓晖宣布开幕，外交部原副部长何亚非出席，市委常委、县委书记沈铭权，副市长施根宝分别致辞；县委副书记、代县长宋波主持，陆为民、叶海珍、赵德清等县四套班子领导，县法院院长、检察院检察长参加；县委常委、常务副县长潘鸣作安吉产业及招商招才政策推介。共邀请97家企业客商，其中世界500强1家、国内500强4家、央企国企6家、上市企业10家、行业领军企业15家、知名企业34家，优质企业占比72%。开幕式上共签约25个项目，总投资401.3亿元，其中有两个总投资超百亿元项目，分别为国动（安吉）云数据基地项目、远洋资本数据中心项目。这25个签约项目中工业项目占20个，占比为80%。项目涵盖大数据、生物医药、智能制造、电子信息、智能家居、高端休闲旅游、绿色总部、科技人才等多领域。本次安洽会签约投资总额和签约工业数均创历史

11月16日,召开2019新时代“两山”试验区·安吉县第十二届投资贸易人才洽谈会,市委书记马晓晖宣布开幕

新高。

争取国际无人飞行器创新大奖赛的长期举办地和相关论坛的永久会址落户安吉。为助推新时代浙江(安吉)县域践行“两山”理念综合改革创新试验区建设,加强与中国航空学会的合作交流,在洽谈会上,安吉县人民政府与中国航空学会签订战略合作协议,双方约定在战略研究合作、航空科普教育示范基地建设、通航产业发展策划研究、央企招商工作平台搭建等方面展开合作,并将安吉确定为国际无人飞行器创新大奖赛的长期举办地和相关论坛的永久会址。自2015年以来,安吉县抢抓新规实行后全国首个A1类通航机场建成的机遇,高度重视通航产业的提升与发展,连续举办四届国际无人飞行器创新大奖赛,大力发展通航运营、通航服务,通航教育培训等全产业链,截至2019年底,全县拥有各类通航企业20余家。

【举办以“建设新时代‘两山’试验区——安吉高质量绿色发展的机遇与展望”为主题的主旨论坛】 11月16日,在2019新时代“两山”试验区·安吉县第十二届投资贸易人才洽谈会开幕式上,举行以“建设新时代‘两山’试验区——安吉高质量绿色发展的机遇与展望”为主题的主旨论坛。论坛邀请到外交部原副部长何亚非,中源家居股份有限公司董事长曹勇,中国标准化协会副理事长兼秘书长高建忠,福斯特(安吉)新材料有限公司董事长林建华,浙江省发规院党组成员、总工程师吴红梅,猪八戒股份有限公司董事长朱明跃6位嘉宾,共同探讨当前国内外经济发展形势,县域营商环境打造、解读“两山”试验区政策,研判产业发展趋势,把脉安吉经济社会发展,为安吉高质量绿色发展献计出招。

【安吉发布全国首个《县域营商环境评价准则》团体标准】 11月16日,在新时代“两山”试验区·安吉县第十二届投资贸易人才洽谈会上,发布全国首个《县域营商环境评价准则》团体标准。为进一步持续优化营商环境,将安吉县营商环境的创新模式形成可推广的全省乃至全

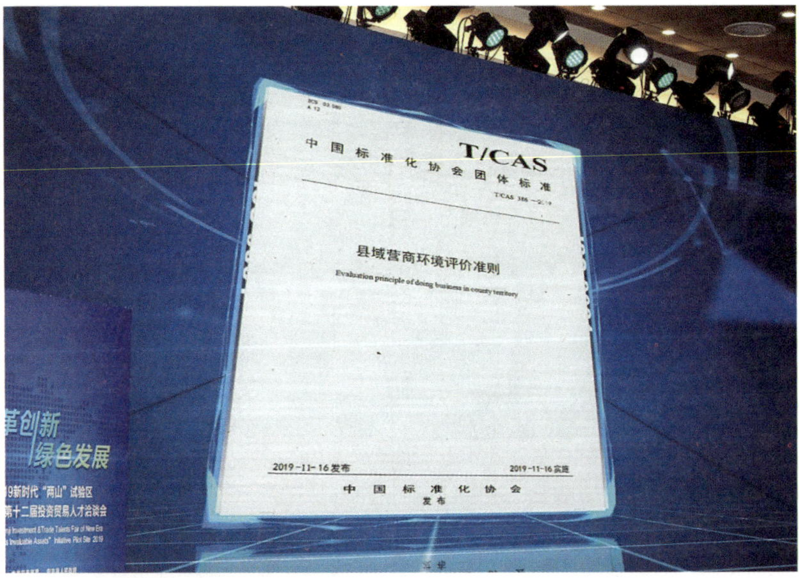

11月16日,在新时代“两山”试验区·安吉县第十二届投资贸易人才洽谈会上,发布了全国首个《县域营商环境评价准则》团体标准

国示范样板，转化成为制度性成果的长效机制，主动联合中国标准化研究院，结合先前开展的投资环境监测工作的实际情况和全县面上营商环境优化过程中存在的问题，深入挖掘关键要素，运用标准化的原理和方法，开展全国首个《县域营商环境评价准则》团体标准的研究，并成功推动该标准正式发布。这一经验做法被新华社《高管信息》刊物上作为全国典型创新工作进行推广，为全国优化县域营商环境贡献安吉智慧，为全国践行“两山”理念提供更多“安吉经验”“安吉样板”。

【举办2019年浙江安吉无人机创新应用高峰论坛】 11月16日，安吉县成功举办2019年浙江安吉无人机创新应用高峰论坛。此次论坛共邀请100余位嘉宾参会。论坛中，4名无人机应用领域的专家围绕“科创赋能、智汇安吉”这一主题进行演讲，获学界、企业界高度评价。除此之外，还现场演示无人机送单，展示无人机物流的对接能力。

11月16日，安吉县举办2019浙江安吉无人机创新应用高峰论坛

【安吉县受邀参加2019中国企业家博鳌论坛】 12月1日，安吉县受邀参加2019中国企业家博鳌论坛。由新华网、新华社新闻信息中心等机构联合举办的2019中国企业家博鳌论坛在海南省琼海市博鳌举行。经过前期对接和争取，安吉县作为全国唯一县级政府受邀参加此次论坛。期间，安吉元素的宣传展板亮相论坛VIP区域第一展位，展现安吉风貌、美景、产业、平台。在活动中，由县委常委、常务副县长潘鸣带领投促中心、两区、驻外分局相关负责人，先后与九牧厨卫副总裁严桢、中铁高新工业股份有限公司党委书记易铁军、CASI总裁张炜、济民可信总裁梁宏、根本集团毕文宝、莎普爱思常务副总陈伟平、重庆登康口腔护理（冷酸灵）、哈药集团、雪松集团、北汽集团、康师傅、寿仙谷等几十余家国内顶级企业家进行深入对接交流，推介安吉。

（王金艳）

烟草专营

【概况】 2019年，安吉县烟草专卖局（分公司）以习近平新时代中国特色社会主义思想为指导，认真贯彻落实全省、全市烟草工作会议精神，以“互联网＋烟草专卖商业”浙江模式为着重点和发力点，奋发作为、勇于创新，完成各项工作目标任务，实现企业持续稳定发展。2019年，安吉县烟草专卖局（分公司）实现卷烟毛利3.3亿元，同比增长6.26%；全年销售卷烟23087箱，与2018年基本持平。

【专卖管理】 2019年，安吉县烟草专卖局（分公司）以“互联网＋专卖”新思维为指引，全力遏制真烟非法流通，加大打假破网力度，深化跨部门执法协助，市场监管高压态势持续保持，上报2起国标网络案件。加强“两籍”违法大户集中整治力度，以专项打击重点籍零售客户为目标，开展“蓝天2号”行动，其中取缔重点违法户1家，查获8家13起涉烟违法案件。推进“双随机、一公开”工作。专卖管理人员不断增强“互联网＋专卖”新本领，依托移动钉钉、互联网等平台，强化事中事后监管，以此着力推动专卖监管各项工作依法依规进行。“最多跑一次”有速度更有温度。全面推进跨地区线下通办，实现“一网通办、一证通办、一事通办”；同时通过开展为残疾、困难零售户送证上门志愿服务活动,助力实现零售客户办证"少跑"甚至"不跑"的目标。

【经济运行】 2019年,安吉县烟草专卖局(分公司)坚持"总量控制、稍紧平衡、增速合理、贵在持续"的方针政策,以"一钉四香"平台深化落地为主抓手,攻坚克难、咬紧牙关,完成全年"互联网+营销"各项目标任务。2019年,全地区实现销量约2.31箱万箱,销售额11.65亿元,同比增长3.53%;现代终端建设持续发力。提升现代零售终端数字化水平,增强"香溢零售"品牌影响力,全年累计建成香溢合作店23户,一、二、三星级现代终端746户,准星终端1062户,店招累计改造429户;支付宝结算推广用户774户,占比22.3%。"丁香花"平台芬芳四溢。"香溢购"使用全覆盖,拓展拓宽非烟合作业务;"香溢家"消费者会员吸粉人数约6.2万人;"香溢坊"自律互助小组覆盖面占比70%,使用率51%。香溢通平台共安装1258户。重点品牌"温暖如春"。全年全地区重点品牌销量再创新高,同比增长0.43%,占比94.54%。重点品牌平稳健康发展,带动零售客户经济水平。

【内部管理】 2019年,安吉县烟草专卖局(分公司)贯彻执行各项管理制度,提升规范运作水平,压缩企业运行成本,实现企业转型升级。突出资源整合工作主线,实行线路、车辆、人员"三合一"弹性送货模式,通过采取"区块化"集中配送、"淡旺季"动态优化以及"灵活化"统筹安排等具体措施,助推物流成本不断降低。强化分层分类对标工作,横向按条线认领指标,纵向按层级分解任务,紧盯弱项指标,注重查找数据背后管理漏洞。全面加强安全管理,软硬件建设同步推进,采取大楼维修、安全风险点排查,网络信息安全中断演练以及消防安全教育等具体举措。全面抓好"七五"普法宣传教育和法制审核,面向干部员工、面向零售户、面向消费者开展法律法规宣传。加强行政处罚案件、企业经济合同的合法性把关,做到严格依法、及时规范审查。强化制度"立改废"的流程管理,抓好制度文件审查与清理,及时废止不合时宜制度。

5月21日,客户经理上门一对一指导零售户使用"香溢家"消费者会员体系

【从严治党】 2019年,安吉县烟草专卖局(分公司)以政治建设为统领,推进全面从严治党,着力确保党始终成为中国特色社会主义事业的坚强领导核心。开展"不忘初心、牢记使命"主题教育。以习近平新时代中国特色社会主义思想为指引,把学习教育、调查研究、检视问题、整改落实四项措施有机融合、贯穿始终,注重抓好学习成果转化,注重对标对表检视问题。主题教育期间,以党组理论学习中心组会议和各支部"三会一课"为载体,开展理论学习12次;由班子带头检视出问题30项,其中长期坚持整改28项;9个专项整治取得阶段性成效。开展志愿服务工作,以安吉县政府"全国文明城市创建"为主抓手,由主要领导带班,通过文明出行劝导、集中整治无物业小区和背街小巷等具体举措,强化共产党人的初心使命。党建与中心工作互促互进。各支部立足自身特色,以"一支部一品牌"建设为主抓手,发挥党组织的凝聚力和战斗力,促进党建工作与中心工作同频共振。党风廉政建设持续深

化。以政治生态全面整改为目标，从严从实做好警示教育与整改落实两项具体举措，通过组织开展廉政基地参观、体会文章撰写以及廉政谈心谈话等警示教育活动，强化党员干部的廉洁自律意识；通过开展“天价烟”、样品烟、形式主义官僚主义、基层“微腐败”等专项整治，巩固党内风清气正的政治生态。

（王　剑）

供　销

【概况】 2019年，安吉县供销联社以乡村振兴战略为统领，以为农服务根本宗旨，以农合联建设为抓手，不断深化改革创新，服务县域发展大局，各项重点工作扎实推进，社有经济保持平稳增长，1—12月，全系统实现销售总额16亿余元；实现利润4487万元，同比增长52.05%；上缴国家税费1886万元，同比增长－5.37%。11月，中华供销合作总社公布了2018年全国百强县级社名单，安吉县供销联社再次入选，连续三年获此荣誉。县供销联社下属公司——安吉农资有限公司获“红四方杯2018－2019年度全国百家农资服务商”称号。

【服务“两山”试验区创建】 省委深改委出台《新时代浙江（安吉）县域践行“两山”理念综合改革创新试验区总体方案》《新时代浙江（安吉）县域践行“两山”理念综合改革创新试验区建设行动计划》，安吉县供销联社深入学习领会文件精神，根据全县“两山”试验区建设大会工作部署，结合本部门工作实际，对接省供销联社，在政策、资金、项目方面争取更多的保障要素。在前期多次汇报后，形成《关于请求省供销联社全力支持新时代浙江（安吉）践行“两山”理念综合改革创新试验区建设的请示》，在商讨过具体的支持政策、项目后，省社正式发文回复，表示全力支持。

【探索工业固废资源化利用】 “三服务”活动开展以来，一般工业固废处理是企业反映最强烈的问题。针对这一难题，县供销联社下属嘉鸿再生资源公司在全市率先探索实践“企业分类—基地再造—社会资源化利用”模式，推行“企业工业固废分类中心”建设，实现源头分类；构建网络服务平台，建设专业物流收运体系，实现分类运输、管理；投入500万余元，建成末端工业固废资源化（替代燃料）生产线，通过生产线实现再生产增值利用。2019年，与150家企业签署一般工业固废服务合同，建立符合环保要求的、规范的一般工业固废分类中心52个；日加工衍生燃料（SRF）产能50吨，下半年累计处置一般工业固废1600余吨，产品作为替代能源，可由生物质电厂、水泥厂和流化床掺煤电厂资源化利用，经合作单位试用效果良好；同时，推行一般工业固废“谁产废、谁付费”模式，减轻政府负担，节约财政开支。

【推动农合联组织运作】 在完成现有基层乡镇农合联框架搭建的基础上，开展“三农”服务平台建设，全年15个基层乡镇农合联均单独或联合建立服务窗口，其中示范窗口2家，提供各类为农服务。依托安吉特色农产品，坚持“扩面提质”双轮驱动，在“三位一体”的一体上下功夫，重点实施产业农合联提档升级工程，完成安吉县良朋西瓜产业农合联组建。2019年，安吉县共建成竹产业、笋制品、农批产品、白茶等6家产业农合联，聚合基层农业合作社50余家，吸纳农民会员320余户，年产值超1亿元。通过土壤修护研究院浙江省湖州市分院，开展白茶园的土壤修护工作，全年举办各种形式培训4场，参加人数400余人，免费开展土壤检测400余份，为茶农减免检测费40余万元。组织涉农企业、专业合作社、家庭农场40家次参加“2019湖州新春大联展”、宁波食博会等展销活动4次，销售总金额250余万元。组织全县2家茶企人员赴杭参加首届全国评茶员职业技能竞赛。依托浙江两山农林合作社联合社开展信用担保服务，全年完成担保业务800余笔，在保余额4亿余元。做好农资储备工作，完成储备尿素300吨，各类复合肥2800吨，救灾农药70吨。

【提升社有企业经营活力】 助推企业转型升级。针对下属企业不同情况，做好“加减法”，不断优化资产结构，增强发展后劲。对基层供销社开展“二次改制”。2000年至2003年进行以产权、身份双置换为主要内容的改制改革，经过多年的发展，大部分供销社面临主营业务萎缩、人员老化等诸多问题，发展的活力明显不足,针对这一情况,对下属的安城供销社、杭垓供销社进行二次改制,优化股权结构。加强对外合作。引入上市公司美欣达集团下属浙江创欣环境科技有限公司入股嘉鸿再生资源公司,扩股后公司注册资本金达3450万元,同时带来固废管理、生活垃圾收集、运输、处理、再生资源利用等方面经验。加强同浙江两山农林合作社联合社合作,入股县社农信担保公司,公司注册资本金从2000万元增加到5000万元,有效盘活了企业。抓好重点项目建设。坚持项目为王,推动社有经济发展壮大。重点抓好2个项目:西亩农贸市场项目,将原西亩茧站改造成农村精品农贸市场,计划投资300万元,已投入运营;县农合联现代农业综合服务中心项目。该项目集农资配送、庄稼医院、土壤修护、农技培训、信用服务于一体,计划投资100万元,已开始运营。

【全国供销总社到安吉调研】 2月14日,全国供销总社经济发展与改革部部长马继红副一行3人到安吉县调研乡村振兴战略实施情况。浙江省供销社副主任童日晖、湖州市副市长蒋伟峰、市供销社主任黄培林、安吉县副县长熊义勤、县供销联社主任章安民等陪同调研。

【科技部调研笔架山农高区】 3月15日,接待国家科技部农村科技司副司长王喆调研笔架山高新农业园区建设情况,县供销联社主任章安民陪同。

【全县首个西瓜产业农合联成立】 6月4日,安吉县良朋西瓜产业农合联成立大会暨第一届第一次会员大会在良朋召开,宣告安吉县首个西瓜产业农合联成立。县供销联社副主任叶茂荣与天子湖镇农合联代表共同揭牌。

【县社机关二支部成立】 11月20日,县供销联社召开机关退休党员大会,选举产生第一届机关二支部委员会,县社党委副书记、副主任周敏林出席并作讲话,县供销联社党委委员明道兴主持。

【县农合联现代农业服务中心启用】 12月17日,安吉县农合联现代农业服务中心启用仪式举行。安吉县副县长陈小龙、供销联社(农合联执委会)主任章安民、农业农村局局长杨忠义、农商银行董事长马莲贵、农资公司总经理周智敏等出席仪式。县政府办副主任陈易新主持仪式。

(廖义韬)

12月17日,安吉县农合联现代农业服务中心启用仪式举行

财税　金融

财　政

【概况】 2019年，安吉县财政局贯彻落实机构改革相关工作要求，加挂县政府国有资产监督管理办公室（简称县国资办）牌子，坚决贯彻党中央、省委、市委和县委关于财政、国有资产监管工作的方针政策和决策部署，在履行职责过程中坚持和加强党对财政、国有资产监管工作的集中统一领导。2019年，安吉县实现地区生产总值469.59亿元，同比增长7.8%。其中第一产业实现增加值27.72亿元，同比增长1.8%，第二产业实现增加值211.83亿元，同比增长6.7%，第三产业实现增加值230.04亿元，同比增长9.7%。产业结构继续优化，三次产业结构比是5.9∶45.1∶49.0，按户籍人口算，人均生产总值95065元，城乡居民人均可支配收入分别达56954元和33488元。全年完成财政总收入90.09亿元，增长12.5%，其中一般公共预算收入53.56亿元，增长14.2%。税收收入47.26亿元，增长14.8%。一般公共预算支出87.57亿元，增长17.8%。全年财政收支平衡，财政运行情况良好。

【组织财政收入】 2019年，安吉县一般公共预算收入53.56亿元，占GDP的11.4%，占财政总收入的59.5%，其中税收收入47.26亿元，占一般公共预算收入的88.2%。安吉县非税收入完成84.36亿元，同比下降15.4%，其中纳入一般公共预算管理的非税收入6.30亿元，增长9.6%。

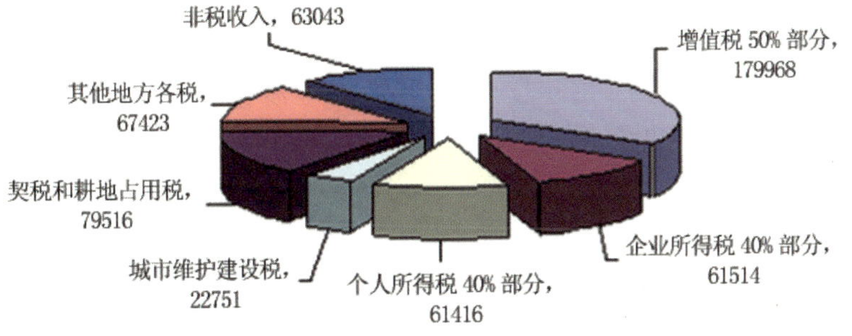

2019年一般预算收入主要项目执行情况表

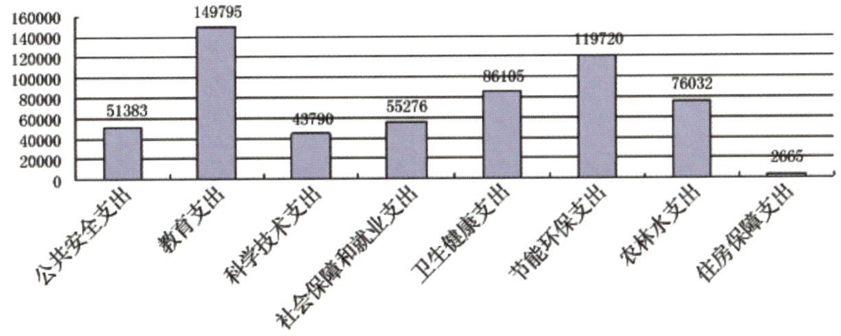

2019年公共财政支出主要项目执行情况表

【支持经济发展】 加强对企业的政策扶持。2019年，累计拨付县级涉企奖励资金3.73亿元，其中兑现2018年度工业经济奖励1.16亿元。为缓解中美贸易摩擦对企业造成的影响，提前兑付2019年度工业经济奖励涉及外经贸部分奖励资金2083万元。做好全县经营困难且恢复有望企业稳岗社会保险费返还工作，2019年对符合条件的244户企业返还社会保险费14810万元。助力产业更优更快发展。加快推进产业基金设立，与北京招商资本、浙江金控等机构建立乡村振兴产业基金合作框架协议。支持地方农业发展，全县2019年三农支出37.66亿元，持续推进农业经济向“两高”转变，建设现代农业强县。争取上级补助资金5.87亿元，有力缓解财政支出压力。针对全县40个经营性收入少于30万元的薄弱村消薄任务，落实强村增收项目50个，建立1亿元免息“乡村振兴贷”和2亿元财政贴息“乡村振兴消薄贷”，助推发展壮大村级集体经济，率先完成各项消薄任务。

【保障民生支出】 加强城乡建设，拨付生态文明资金2.18亿元,支持美丽乡村、小城镇综合整治、生态文明示范县等全域生态项目快速推进。安排创建资金2亿元,用于提升道路、绿化等城市基础设施建设。拨付公共交通财政补贴资金1200万元,推进城乡公交一体化建设。拨付垃圾分类、虎哥回收、垃圾填埋焚烧等补助资金6121万元,加快“无废城市”建设。完善教育文化事业,教育投入14.98亿元,支持新三小、安高综合楼等一批改扩建学校工程推进,持续提高教师待遇,推动教育设施建设和教育质量提升。完成民生改善工程PPP项目(涉及教育、医疗)前期准备工作,于2019年10月纳入全国PPP综合信息平台项目库,项目总投资31.4亿元。完善社会保障体系,全年投入各类社会保险基金77166万元,筹集社会保障风险金63538万元。深化医药卫生体制改革,安排卫生事业发展专项资金3100万元,基本公共卫生资金3636万。健全社会救助和社会福利体系,2019年安排医疗救助资金2618万元,最低生活保障资金5460万元,老龄事务专项资金1041万元,残疾人两项补贴2644万元。推动“平安安吉”建设,投入公共安全经费5.14亿元,全面落实从优待警政策,支持“扫黑除恶”攻坚行动,切实加大消防应急装备投入,助力“平安金鼎”再连创。2019年度休闲旅游产业财政安排专项资金3500万元,用于全域旅游政策的兑现。安排文化产业专项资金800万元,用于开展美丽集群建设、文艺精品创作、文物保护实施等工作。推进城乡建设,2019年共有政府性投资新建项目53个项目,总投资4.6亿元,续建项目98个,总投资7.9亿元,全年核拨工程建设资金2.4亿元,支持全县政府性投资项目建设进展。

【深化财政改革】 加大财政资金竞争性存放力度,2019年新增5亿元额度,于10月完成招投标工作,截至2019年底,安吉县财政资金竞争性存放总额为10亿元。在做好财政资金竞争性存放工作的同时,指导行政事业单位开展公款竞争性存放工作,截至2019年底,安吉县行政事业单位公款竞争性存放总额达8.43亿元。推进“最多跑一次”改革。推广“政采云”系统运用,全面实施网上超市“全省一张网”建设工作,切实降低采购组织的管理成本。搭建“精品馆”,主打安吉特色产业。构建扶贫馆,2019年度安吉区域交易额为405.06万元,位居全省第9位,全面助力精准扶贫。做好全县公务用车管理工作,做好与县机关事务管理局的公务用车管理职能划转工作,完成公务用车控购审核管理工作。全年更新车辆23辆,其中执法执勤用车15辆、行政执法专用车3辆、特种专业技术用车5辆;新增车辆28辆,均为特种专业技术用车。2019年9月,安吉县教育局初中教辅资料政府采购电子招投标项目完成,这是安吉县首例成功完成交易的政府采购电子招投标项目,标志着安吉县政府采购全流程线上电子交易时代的开始。持续深化县内国企改革,完成县交投集团重组。指导乡镇融资平台实施市场化转型,完成开发区、示范区、灵峰度假区、梅溪镇四大平台的市场化重组。完成国企混合所有制改革试点,2019年完成投资新设的混合所有制企业2家,完成股权转让混合所有制改革企业1家。推进部门下属全民所有制国企改制,基本完成改制工作任务,理清资产权属,实现企业“人、财、物”平稳过渡。按照《中华人民共和国预算法》的要求,在国企全面预算的基础上,编报县国有资本经营预决算,推动预算管理工作向前跨越一大步。加强行政事业单位内部控制建设,全县共220家各类行政事业单位开展行政事业单位内部控制评价工作,完成率100%。

【绩效管理】 深化预算绩效管理工作,首次开展对乡镇(街道)财政运行的综合评价,将评价工作从对单个政策和项目的评价拓展至对乡镇政府整体绩效评价。完成2018年度自评项目812个,涉及资金14.46亿元。全面实施预算绩效管理机制。代拟《安吉县全面实施预算绩效管理的实施意见》并已由县委县政府发文。制定并出台《安吉县全面落实预算绩效管理三年(2019—2021年)行动方案》和《安吉县县级预算绩效指标库管理办法》。

【队伍建设】 落实机构改革。按新“三定”调整、精简内设机构,取消单设政策法规科,职能合并至办公室。设国有企业改革发展科、国有企业产权管理科。下属事业单位改革,原安吉县地方税务局信息中心更名为安吉县数字财政信息管理中心。安吉县财政国库集中支付中心、安吉县财政项目预算审核中心的行政职能回归县财政局。下属事业单位还政予政，县财政国库集中支付中心行政职能由预算执行局承担。安吉县财政项目预算审核中心行政职能由经济建设科承担。加强干部队伍管理。组织开展新一轮中层干部选任工作，提拔中层干部7人。以党建工作“五五三”工作法，推进人才培养工程、奖惩激励工程、关心关爱工程建设。继续评选“工作明星”“党员先锋”等先进典型。做好干部教育培训。增强上挂外派力量，加强人事管理工作和人员出入境管理。加强党风廉政建设。开展正风肃纪行动12次。健全干部轮岗交流制度。建立“1＋8＋X＋Y”的内控体系，推进财政预决算、部门预决算、“三公”经费等方面的信息公开。

【安吉县被列为全省山水林田湖草生态保护试点并获2000万元补助资金】 3月，浙江省山水林田湖草生态保护修复试点县名单公布，安吉县成为全市唯一入选的县区。此项试点工作可连续四年获得每年2000万元的省级资金补助，2019年度补助资金已下达。“山水林田湖草”省级试点实施后有助于推动安吉县生态环境建设和全县山水林田湖草生态保护修复工作。

【安吉政府性债务风险管理等工作获省政府办公厅通报表扬】 5月9日，浙江省人民政府办公厅公布“2018年落实有关重大政策措施真抓实干成效显著的地方名单”，其中，安吉县入选“财政预算执行、政府性债务风险管理、盘活存量资金、国库库款管理等财政管理工作完成情况较好的市、县”，获2018年度省政府专项督查激励。2019年，安吉县盘活一般公共预算结转结余2.8亿元，盘活政府性基金预算结转结余1.1亿元，盘活部门预算结转结余1.2亿元，三项数据指标在全省58个市县（不含区）中均排名第一。

（姚嘉怡）

·安吉县国有资本投资运营有限公司·

【概况】 2019年，安吉县国有资本投资运营有限公司（以下简称国投公司）作为县级国有企业的出资人和管理的主平台，根据县财政局的授权，行使部分出资人权利，履行“小国资委”职责，在授权范围内开展国资监管工作，继续发挥县国有土地收储和经营、产权经营、资本运作、融资投资等主要职责，促进国有资本合理流动和优化配置，做好国有资产保值增值。经过一年的科学合理运营，国投公司资产规模不断壮大，资产结构不断优化，资产流通变现能力不断增强，整体竞争力稳步提升。现阶段的主营业务收入主要来源于土地整理及设施建设、旅游业务、金融服务以及其他业务。2019年，国投公司总资产433亿元，总负债298亿元，所有者权益135亿元，资产负债率68.82%，全年营业收入9.84亿元，实现净利润2.04亿元。

内设机构和人员配置调整。保留党政办、会计核算中心、绩效评价中心，其职能保持不变。保留市场营运中心及其原有资产管理职能，划转其原有投融资职能。增设投融资管理中心，其职能为负责国投公司及下属集团公司投融资计划的拟定、申报和组织实施；负责融资资源的统筹工作；负责管理国投公司本级的投融资工作。完成两家下属子公司的人员招聘工作，公司员工增至61人。

产业布局调整。国投公司在县政府的统筹下完成一系列的资产重组和国有股权划拨和调整，市场化转型进程加快：梅溪镇平台公司安吉紫梅实业有限公司改组为国投公司直属国有独资企业，浙江合港建设有限公司、浙江兴港建设有限公司、安吉今溪物业管理有限公司、安吉梅溪城镇建设开发有限公司、安吉兴梅绿化工程有限公司、安吉昆铜新城镇发展有限公司作为紫梅实业的子公司，业务分为基础设施建设、资产管理、物业管理、旅游管理、园林绿化五大板块；浙江天子湖实业投资有限公司股权划入国投公司，以浙江天昊建设发展有限公司、安吉新城新农村综合开发有限公司、安吉县天子湖新农村建设开发有限公司作为其子公司；接收现代农投科技公司40%股权转入；在县国资科监督下完成安吉新农村建设有限公司管理权移交交投集团；新组建安吉国资商业管理有限公司、安吉县数字资产经营有限公司，并购安吉城北机动车检测公司。促进国投公司本级资产租赁业务和智慧城市、数字化经济建设的发展，扩大车辆检测业务。

国有资产管理和营运。国投公司着重强化资产利用，开发资产潜质，2019年完成交警地块拆分并挂牌出让和人武部武器库挂牌出让，并通过招租、公开挂牌招租、续约等方式累计取得租赁收入近500万元。同时加强对资产侵占的处置，借力或者借势处置资产，保障资产安全完整。在昌硕街道主导下，借扫黑除恶之东风，公司历时一个多月，完成山地环艺资产清理。在法院执行局执行后，持续跟进振洲工业园清理，2019年逐步清退各类侵占厂家15家。公司通过土地收储，资产收购，资产重组等多样化方式储备资产：两家烟花厂出资收购并根据经营需要出租；摘牌和过户、办证杭垓原永和乡政府区块、稽查局、北京办事处等相关国有资产；下属安吉国瑞建设有限公司土地资产重组至安吉紫梅实业有限公司。同时进行土地政策处理，寻求资源整合：铜山桥区块210亩土地政策处理完毕；玫瑰园北区块政策处理收益可观。

发挥AA级融资平台作用，承担县财政部分资金保障任务，支持城乡建设。国投公司不断拓宽融资渠道，获取资金最大化，争取国开行支持，以国宏公司为主体，向中国银行安吉支行贷款0.15亿元；以国瑞公司为主体，向国金租赁融资0.8亿元，向越秀租赁开展融资租赁业务，获审批额度1亿元；以安吉“两山”改善人居环境项目向农发行融资(规模约20亿～30亿元)。公司通过债券发行，降低融资成本，完成停车场建设专项债券的发行，第二期4亿元债券已于4月底发行完毕，票面利率6.8%。在安吉国资16公司债到期的情况下，于10月份成功发行10亿元公司债用于借新还旧，募集资金于10月18日缴款到位。应政府协调，公司承接全县各乡镇及平台大部分融资担保，全年向外单位平台提供担保共计158笔，担保余额366.75亿元。公司代表绿洲新农村公司、交通运输公司、城建集团公司三家单位出资3.5亿元参股省融资担保公司。根据乡村振兴建设项目融资模式，对乡村振兴建设项目的实施主体—各下属子公司的管理架构进行明确。开展2014年“安吉债”和2018年、2019年停车场专项债的跟踪评级工作，信用等级维持AA级。完成国投公司2019年非公开发行公司债券的首次评级，主体和债项均为AA级。配合东北证券完成国投公司债项2019年半年度工作报告。

8月23日，国有企业混合所有制改革股份制改革培训沙龙

市场化运作。下属子公司国正公司做好新常态下的车辆检测工作，保持汽车检测不出“险”。截至12月底，检测大型汽车1766辆，小型汽车17218辆，摩托车上线检测1201辆，摩托车下乡检测3236辆，累计检测机动车23421辆。公司不断拓展新业务，提升市场化经营能力，按照县政府关于规范全县机关单位信息化建设要求，于5月份成立数字公司，理顺信息化建设流程，逐步进入规范运行；按照公司资产管理状况，成立商管公司，专司资产租赁业务，以有效利用国资资产，规范资产租赁管理，做大公司现金流。

党建工作。国投公司党支部响应局党委号召，参与“文明城市创建”“不忘初心 牢记使命”系列主题党日活动，组织参观天荒坪余村、浙北第一党支部，开启国投公司的初心之旅，参观国税局党建示范点，学习交流党建经验，拓宽党建工作新思路。组织干部职工观看法制教育影片

9 月 22 日，国投公司参与背街小巷和翠柳苑清扫活动

《特别追踪》，弘扬诚信守法意识，普及法律知识，提升全体职工的法制观念，营造学法、懂法、用法的法制氛围。

【完成民营企业——城北公司100%股权收购】 2019 年 1 月，根据安吉县人民政府〔2015〕82 号和〔2017〕105 号会议纪要精神，由安吉县国有资本投资运营有限公司对安吉城北机动车检测有限公司进行 100%股权收购，以净资产评估法对城北公司进行评估，根据安吉中信资产评估事务所评估结果进行谈判，谈判结果经局党委和公司董事会审议，最终国资公司以 1864409.25 元对城北公司 100%股权进行收购，拓展了检测业务范围。

【成立安吉县数字资产经营有限公司】 5 月 8 日，围绕《安吉县打造绿色智慧城市助推新时代"两山"试验区建设实施方案》工作部署，更高标准、更高质量推进安吉县政府数字化转型，以数字政府撬动数字经济、数字社会建设，推动社会治理体系和治理能力现代化，成立安吉县数字资产经营有限公司。通过科学、深入调查研究各县信息科、县大数据局、省信息研究院、宁波国投公司，梳理出一套对县域数字资产建设、维护、管理和经营的"数字资产安吉模式"。2019 年，开展数字化项目建设 26 个，项目金额 7314.06 万元，涉及使用单位 7 家。

【自主工程建设起航】 2019 年是国投公司实施工程建设的元年，第一次自行实施公开招标的工程，以"做实流程，做实监督，做一流工程"为目标，加强业务学习，遵守工程流程，打造工程团队，以国土信息楼外立面改造为起点，规范实施工程建设。年内原矿产大楼及国土信息中心外立面工程及外立面灯光工程基本完工；应急局办公用房综合改造项目完成招投标；营盘山基础设施工程可研完稿；交警大队综合楼项目与相关单位展开前期接洽与沟通，实施可研编制。

（陈　宇）

税　务

【概况】 2019 年，安吉县共组织各类税费收入 125.83 亿元，同比增长 14%。其中税收收入 86.54 亿元，同比增长 12.24%；社会保险基金入库 36.31 亿元，同比增长 19.2%；其他非税收入 2.98 亿元，同比增长 6.04%。2019 年，安吉县税务局共组织财政收入 86.09 元，同比增长 12.64%。其中税收收入 83.46 亿元，同比增长 12.87%；非税收入 2.63 亿元，同比增长 5.7%。由税务部门组织的财政收入占全县财政总收入比重为 95.56%。4 月 27 日，开发区税务所被授予"全国工人先锋号"。

【释放减税降费红利】 2019 年，安吉县办理出口退税 24.4 亿元，同比增长 6.09%。累计新增减税降费 12.88 亿元，其中累计新增减税 9.5 亿元，从分税种看，增值税新增减税 5.52 亿元，企业所得税新增减税 1.31 亿元，个人所得税新增减税 1.83 亿元；社会保险基金新增降费 3.38 亿元。在落实过程中，精准梳理重点优惠对象，加强新政策宣传和培训辅导累计 20 余万户次，确保"人人知晓"。完善部门协作机制，与县人社局、县财政局、县人行等多部门加强合作。建立减税降费纪律监督机制，强化过程管控确保应享尽享。开展专项政策效应分析和综合效应分析工作,多维度算好政府减税账、企业收益账、经济效应账以及当前和长远账,打造减税降费"铁账本"。

【服务"两山"试验区建设】 细化服务高质量绿色发展任务清单,助推企业转型升级或实施"腾笼换鸟"。引导产业走向绿色化、高新化、智能化。大力支持以椅、竹为主的绿色家居产业高端化、集团化发展,推动绿色家居产业在"浙江智造"中的品牌地位。常态化开展"大学习大调研大抓落实"和"三服务"活动,被税务总局确定为税收科研调研基地。服务项目"双进双产",参与工业项目准入评审建议。开展环保税税源核查,通过污染处理设备改造升级、优化生产工艺等措施倒逼企业减少污染排放。参与"亩均论英雄"改革和"标准地"制度实施,加大城镇土地使用税差别化减免力度,全年减免城镇土地使用税6926万元。开展扫黑除恶专项斗争,在强化日常宣传的基础上做好线索排查和专项整治工作。强化经济税源联动分析,形成调研报告20余篇,报送工作专报及交流信息40余篇,获省、市局领导及县委、县政府领导肯定性批示11次。

【优化税收营商环境】 推进数字管税,联合县大数据局创新推出涉税信息共享共治平台。深化数据共享,率先上线运行"企业开办全程网上办平台"。落实优化营商环境三年实施方案45条办税便利化举措。持续优化电子税务局"网上办"功能,充分拓展移动端"掌上办"渠道,实现税务事项清单"最多跑一次"、网上办、掌上办三个100%全覆盖。创新推出全市首家办税"线下体验店"引导纳税人熟悉网上办税,配套24小时办税服务厅和银行营业网点自助办税终端等,形成"网上办税为主、自助办税为辅、窗口办税为补"的"三位一体"办税新格局。持续推进"万名党员进万企领导干部下基层"活动,累计走访企业1227户,收集问题建议165个。深化"银税互动",全年为119户次小微企业办理贷款12164万元。连续第六年开展"便民办税春风行动",搭建"三服务"活动载体,以贴心服务赢得纳税人缴费人舒心点赞。全年向上级局和县委、县政府报送"三服务"、优化营商环境及担当破难案例典型案例累计30余个,获改革与创新先进单位两次。

【强化税收征管】 从税收管理、应用支撑、数据资源、综合保障四方面入手,构建优化征管体系。持续深化税源专业化管理,提升基础数据质量,合理配置"管事"方式下的涉税事项岗责,加强征管质量监控。落实税收征管操作规范、纳税服务规范及《税收业务操作指引》。推进依法治税,严格公正文明执法,规范税收执法行为。落实普法责任制,以税法宣传月、国家宪法日等为平台,促使税收法治宣传常态化。抓好内控机制建设,将内控风险点以及防控措施精准匹配至每一名税务干部。强化各税费种征管,推广增值税电子普通发票,试点推行通用机打电子发票。统一规范企业所得税后续审核和核定征收管理,强化反避税和非居民税收管理服务。开展个人所得税专项附加扣除政策解读等内外培训608场,做好综合所得汇缴准备。全省试点城乡居民两费征收职责划转,自行开发支付宝缴费功能,完成

9月17日,湖州市税务系统窗口单位助推"最多跑一次"职业技能竞赛

城乡居民两费划转工作和城乡居民（灵活就业人员）社会保险费征缴系统（集中版）上线运行。实施非税收入缴费便利化改革，16项非税收入平稳征收。强化土地增值税清算审核，推进房土两税简并征期、合并申报表。开展环境保护税税源清查，《中华人民共和国耕地占用税法》平稳落地。

【开发区税务所开出全县第一张城乡居民医疗保险税票】 1月2日，开发区税务所开出全县第一张城乡居民医疗保险税票，标志着安吉县社会保险费征管职责划转工作的平稳落地。

【安吉县税务工作会议召开】 3月2日下午，全县税务工作会议召开。县委常委、副县长潘鸣参加。县局党委书记、局长何文刚作题为《内和外顺促改革 阳光税务展风采 奋力开启安吉税收事业高质量发展新征程》的工作报告。同日，举办"奔跑税月 同心追梦"文艺会演。

【网上退税系统上线】 7月1日，开通网上退税系统，纳税人只需登录电子税务局即可退税手续，实现"零次跑"。

【联合建立建筑业协同共治机制】 8月22日，推动县政府出台《安吉县建筑业税收联合管理工作方案》，联合发改局、财政局、资源规划局、住房和城乡建设局、大数据局等12个部门17个乡镇（街道）建立建筑业协同共治机制。

（李　珺）

银行　银监

·中国人民银行安吉县支行·

【概况】 2019年，中国人民银行安吉县支行学习贯彻习近平新时代中国特色社会主义思想和党的十九大精神，牢牢把握"不忘初心、牢记使命"主题教育总要求，以美丽党建和绿色金融为主线，突出"一红一绿"履职特色，以清廉央行建设为依托，落实全面从严治党要求，统筹推进党的建设、对外履职和内部管理各项工作，服务实体经济发展。2019年，安吉县各项贷款余额761.82亿元，同比增长20.51%，民营、小微企业贷款分别比年初新增59.1亿元、64.1亿元。充分运用再贷款工具，引导央行低成本资金支持县内40个集体经济薄弱村全市率先完成"消薄"任务。加速绿色金融产品服务及融资模式创新，推动安吉农商行全国首创绿色信用贷，稠州银行2亿元、杭州联合银行5.2亿元绿色金融债、县内首单绿色公司债券成功发行，绿色信贷较年初新增56.3亿元。主动对接"订单＋清单"监测预警响应系统，推动实现数据信息共享，针对五色清单企业实施差异化外汇服务和分类帮扶，妥善应对贸易摩擦风险，提升服务的精准度。2019年，安吉自营出口总额268.4亿元居三县（德清、安吉、长兴）第一。

【"双支柱"调控政策】 2019年，中国人民银行安吉县支行根据落实稳健的货币政策要求，加强信贷投放"窗口指导"及宏观审慎管理，引导法人银行把握好信贷投放节奏，增强信贷向实体经济领域投放的均衡性、普惠性。1—12月，安吉县金融机构贷款新增129.64亿元，余额同比增长20.51%。指导安吉农商行运用再贷款资金支持农家乐绿色化发展、消除经济薄弱村项目建设等。截至12月末，全县支农支小再贷款余额4.6亿元。牵

7月26日，2019年上半年经济金融形势分析会暨金融服务经济高质量发展推进会召开

头制订金融支持民营(小微)企业2019年行动计划,配套执行相应考核评价办法,引导银行机构扩大对民营和小微企业的有效金融供给,季度通报政策落实情况,形成"专项计划+季度通报+年度评价"的全流程推进机制。1—12月,全县民营、小微企业贷款新增分别为59.1亿元、64.1亿元。牵头全县银行开展"百名行长进民企""万家民企评银行"活动,累计走访471家民营企业,共计为企业提供信贷支持32.41亿元。开展42家规上企业融资困难调查,形成6类典型企业案例,调研形成民营企业使用银行承兑汇票情况的专题分析,被杭州中支肯定并编报总行。依托利率自律机制引导金融机构科学合理定价,支持企业降本增效。督促法人机构按节奏推进LPR工作,有效传导货币政策意图,做好个人住房贷款利率LPR定价宣传解释工作,保持个人住房贷款利率稳定。

【绿色金融助推"两山"试验区建设】 对接新时代浙江(安吉)县域践行"两山"理念综合改革试验区建设,从年初开始,制定出台安吉县绿色金融2019年行动计划,引导银行机构高质量推进绿色金融创新工作,调研形成"'两山'转化中绿色金融支持研究"课题,并在此基础上研究制定《关于金融支持新时代浙江(安吉)县域践行"两山"理念综合改革创新试验区建设的意见(建议稿)》,提出10条工作措施,争取上级行政策支持,探索绿色金融支持"两山"转化的安吉模式。截至2019年末,安吉县绿色信贷余额238.96亿元,较年初新增56.3亿元。修订完善《安吉县银行业金融机构绿色金融专项评价方案》,通过银行自评估与现场评估相结合方式首次开展绿色信贷业绩评估,将绿色金融评估结果有效运用于综合评价、地方风险补偿金、财税奖补等政策范畴中。加速绿色金融产品服务及融资模式创新,多领域取得新突破。稠州银行2亿元绿色金融债资金成功投放长湖申航道西延工程项目,杭州联合银行5.2亿元绿色金融债成功发行,其中3亿元为首笔支持绿色建筑金融债,县内首单绿色公司债成功发行,募集资金15亿元。推动安吉农商行开展绿色普惠贷款实施标准规范、"两山"系列绿色金融产品标准的立项建设,"绿色信用贷""绿色工厂贷"两款绿色信贷产品上线。截至2019年末,全县共21款绿色金融产品得到运用,累计发放资金14.84亿元。

【开展稳外贸攻坚行动】 建立"订单+清单"监测预警响应机制,主动对接"订单+清单"监测预警系统,推动实现数据信息共享,针对五色清单企业实施差异化外汇服务和分类帮扶,妥善应对贸易摩擦风险。推进跨国公司跨境资金集中运营管理政策改革,以银企座谈会、实地走访等形式开展新政策宣传推广和业务指导。年内全县永艺家具股份有限公司等三家企业均通过外管局备案批复,也是湖州市辖区仅有的三家开展此项业务的企业。推进外汇管理"最多跑零次"改革,协调推动37项外汇管理行政许可业务网上办理,开展资本项目便利化政策先行先试。2019年,网上办理进出口名录登记、外债登记等事项共计232笔。开展稳外贸专班相关工作,对重点涉外企业建立"管家式"联系机制。组织金融机构调研走访,摸清企业实际情况,在高额关税影响、境外投资等方面展开快速调查,针对企业流动性贷款下滑情况制定推进计划并督促落实,满足外贸企业资金需求。全年走访89家涉外企业,反馈相关信息30余篇。

【提升金融管理和服务质效】 强化存保管理。完成辖内投保机构2018年下半年及2019年上半年存款保险缴纳工作,督促投保机构提升存保相关工作质量,指导两家法人金融机构多渠道开展宣传。强化国债管理。组织辖内承销银行多形式开展国债宣传,并于每期国债发行期间对承销银行进行现场巡查,发现问题监督银行立行整改。强化考核评级。落实反洗钱现场与非现场监管,在做好本级法人金融机构反洗钱分类评级的基础上,配合湖州中支反洗钱科完成近40家湖州辖内证券、保险等非法人金融机构的反洗钱分类评级工作,对县内银河证券营业部开展监管走访。强化监督检查。对辖内13家银行机构取消企业银行账户许可、防范电信网络新型违法犯罪、征信异常查询、国际收支业务等情况开展现场督查核查。完成对县内华夏银行、浙商银行的征信专项执法和杭州联合银行的外汇业务专项检查,以检查督促银行合规经营及

11 月，开展 2019 年安吉县金融机构反洗钱业务培训

内控管理机制完善。持续改善城乡支付服务环境。探索建立取消企业银行账户许可工作新机制，制定全市首个《银行业金融机构取消企业银行账户许可自律公约》，形成自律机制，强化督导核查，稳妥有序推进工作开展。推进“移动支付便民工程”建设，扩大移动支付在公交、医疗、菜场等便民领域的应用，县内经典 1958 商圈已成功创建移动支付示范商圈。全面提升经理国库水平。响应国家政策改革，完成小微企业普惠性税收减免政策退库 2 万余笔。参与全省国库内控管理学习知识竞赛成绩全市领先。完善农村地区现金服务和金融宣传。建成农村地区现金供应服务点 21 家，集中开展“结对放心农贸市场 打造现金服务精品”、新版人民币集中宣传日活动，保障新版人民币发行工作有序推进。以金融青年志愿者为依托，搭建金融服务驿站，开展特色金融宣传，延伸宣传服务半径。妥善处理各类投诉 42 起，有力维护消费者合法权益。抓实信用县创建工作。深化农村信用体系建设，做好信用户、信用村（社区）、信用乡（镇、街道）新评和复评工作。2019 年，采集有效农户信用信息 47830 户，新评县级信用农户 47796 户，县级信用村（社区）62 个，县级信用乡（镇、街道）5 个，是采集农户信息力度最大的一年，为省级“信用县”创建打下关键基础。坚持主动作为，协调畅通工作机制。在三县中率先建立反洗钱联席会议制度，明确十三家成员单位职责，以日常工作会议为依托，持续深化反洗钱工作交流，推进金融系统扫黑除恶工作，向公安经侦部门移送重点可疑交易线索 2 条。部门协作联动，坚决整治金融市场乱象。开展互联网金融风险专项整治，协同相关部门突击检查 4 批次，保持打防通信网络诈骗高压态势，上报典型案例 7 起。联合县市场监督管理局开展违规使用人民币图样行为专项整治，依法处理拒收现金投诉案件 1 起，满意度 100%。关注重点领域，完善风险监测处置机制。加强法人金融机构流动性监测管理，针对安吉交银村镇银行业务发展缓慢、不良贷款居高不下的情况，强化跟踪监测，构建金融稳定联络员制度、重点约谈制度和定期报告制度，及时掌握机构整体运营情况，结合走访大股东、给予再贷款支持等措施，打造早纠预纠典型案例。强化监测管理，防范跨境资金流动风险。根据贸易及外汇收支形势变化，合理确定并动态调整重点监测企业指标阈值，按月开展非现场和现场核查，加强企业资金流动监测，2019 年共现场核查企业 49 家。

【党建工作】　抓思想认识到位，聚焦主题深学细悟。组织召开党组（扩大）会议全面部署落实“不忘初心、牢记使命”主题教育工作，明确 11 个方面 33 条具体工作计划安排。开展“不忘初心、牢记使命”理论大学习，举办主题教育专题党课，开展集中研讨，坚持中心组领学，支委班子、党小组会议集中学，党员群众主动学，推动学习习近平新时代中国特色社会主义思想往深里走、往心里走、往实里走。抓检视问题到位，实践实干增强效果。制订主题教育调研活动方案，成立 3 个调研组，分别由支行班子成员带队进乡村、进企业、进金融机构、进政府部门等开展“察实情听意见解难题”大调研活动，累计现场走访基层单位 27 家，其中银行 8 家、企业 15 家、基层村组织 4 家。组织全体党员赴

6月29日,中国人民银行安吉县支行在鲁家两山学院开展"迎七一 守初心"主题党日活动

"中国白茶第一村"黄杜村开展"党建+绿色金融"主题党日活动,与金融机构、民营企业以及村党组织开展联组研学,推动学习成果转化,调研形成"一课题一意见"——"'两山'转化中绿色金融支持研究"和《关于金融支持新时代浙江(安吉)县域践行"两山"理念综合改革创新试验区建设的意见(建议稿)》。抓整改问题到位,刀刃向内靶向治疗。紧扣"守初心、担使命、找差距、抓落实"总要求,聚焦突出问题抓好专项整治,通过调研走访、谈心谈话、座谈交流等梳理形成检视问题清单,跟踪管理,开展整改落实。研究制定2019年美丽党建工作推进责任清单,形成"5+5"工作机制。即在做好"三会一课"、主题党日活动、民主评议党员、组织生活会、谈心谈话五个"规定动作"基础上,创新开展"两山"理念践行、绿色金融改革创新、管理文化建设、培育孝廉文化、党员志愿服务五个"自选动作",以党建统领基层行"两山"理念实践,激发党员干部员工实干担当。推进支部标准化建设,增强基层党建组织力。构建"学习点+党支部+党员驿站"三位一体的党建组织体系,完善党组理论中心组学习、党组议事规则等机制,规范党支部和党小组管理,把党支部的政治责任、工作机制、组织生活等各项要求落实落细。组织支部委员参与党务工作者培训班,做好"两优一先"推荐及考察谈话,树立先进典型。丰富党建活动形式,抓好党员学习教育。根据2019年党日活动安排表有序开展集中学习日、"党员驿站我先行"志愿服务、"不忘初心,砥砺前行"主题党日等系列活动。创新"3+X"文化课堂模式,每季3次课堂教学与广场、社区、党建基地等室外教学相结合,累计开展主题党日活动20余次。依托鲁家党员使命教育馆、两山理念诞生地余村等红色资源开展支部共建,推动党员干部牢固树立"四个意识",增强"四个自信",做到"两个维护"。提高政治站位,逐级压实责任。发挥党建工作领导小组、党风廉政建设季度分析会等机制功能,定期研究部署推进党建、意识形态、党风廉政等重大工作任务,逐级签订党风廉政建设责任书9份。建立谈话台账登记和督查制度,实现党组书记与班子成员、班子成员与分管股室主要负责人、班子成员与全体员工、股室负责人与股室员工分级谈话"全覆盖",全年各类谈话覆盖37人次。强化政治监督,深化检查整改和风险排查。以"综合监督检查整改"为契机,聚焦反映问题逐条逐项落实整改,准确把握整改着力点,巩固扩大检查整改成果。加强廉政风险防控,开展个人违规经营、参与P2P网贷平台等专项排查,分管行领导按季开展内控检查,将党风廉政建设责任制落实与业务工作有机结合,推动责任落细落小。筑牢纪律防线,系统推进清廉央行建设。研究制订清廉央行建设任务清单要求,明确6大方面22项具体工作任务,将清廉央行建设与美丽党建、孝廉文化相结合,持续深化孝廉文化品牌。推送学习《南太湖清风廉政专刊》,开展廉政导读、廉文荐读、廉案研读。坚持案例通报,紧盯重点节点,强化廉政提示,持续把清正廉洁的理念和措施融入工作履职中。

【举办安吉县银行业金融机构取消企业银行账户许可自律公约现场签约仪式】 2月22日,安吉县银行业金融机构取消企业银行账户许可自律公约现场签约仪式在安吉人民银行四楼会议室举行，党组成员、副行长石荣海主持，辖内17家银行现场签约。

【召开跨国公司跨境资金集中运营业务申报工作会议】 7月17日，召开跨国公司跨境资金集中运营业务申报工作会议。县支行外管科长施立新主持会议，辖内拟申请开展跨国公司跨境资金集中运营业务浙江恒林椅业股份有限公司、中源家居股份有限公司、永艺家具股份有限公司三家企业和具备跨境资金合作资格的工商银行、农业银行、中国银行、建设银行、中信银行、华夏银行6家银行参加。

（李　青）

·中国银行保险监督管理委员会湖州监管分局安吉监管组·

【概况】 据《中央编办关于印发〈中国银行保险监督管理委员派出机构整合方案〉的通知》（中央编办发〔2019〕21号）精神，中国银行保险监督管理委员会湖州监管分局在安吉设立监管组，全称“中国银行保险监督管理委员会湖州监管分局安吉监管组”，是湖州银保监分局正科级内设机构，2019年5月10日挂牌，正式编制人员3人。主要职责是：在湖州银保监分局的授权和统一领导下，依法依规独立负责所在县市银行业、保险业机构及其业务活动的监管工作，收集所在县市有关金融风险的信息并向上级机构报告，承担交办的其他工作。安吉监管组聚焦监管主业，明确“法人机构监管、市场秩序维护、消费者权益保护和服务地方经济绿色发展”四个履职重点，加强现场调查和监管走访，努力增强监管有效性。

截至2019年底，安吉县有银行业金融机构17家，与年初持平，营业网点103家，新增2家，各项存款余额660.02亿元，比年初增加69.96亿元，增幅11.84%，各项贷款余额761.90亿元，比年初增加130.13亿元，增幅20.6%；保险业金融机构36家，营业网点43家，均与年初持平，其中财产险公司14家、人身险（寿险）公司14家、保险中介代理8家，累计实现保费收入20.63亿元，同比增长8.81%，其中：财产险业务实现保费收入6.77亿元，人身险业务实现保费收入13.86亿元。

5月10日，中国银行保险监督管理委员会湖州监管分局安吉监管组揭牌仪式举行

【成立安吉监管组党支部】 根据分局机关党总支要求，7月17日监管组召开党员大会，成立安吉监管组党支部，并选举产生党支部书记，推荐纪检联络员。组织开展主题活动。党支部成立以来，坚持每月召开一次党员大会，开展党纪教育一刻钟，结合分局季度学习安排重点学习。开展红色联盟党建活动。安吉监管组党支部与分局中小银行监管科、现场科党支部结成第二红色联盟党支部，开展如送红色书籍、赴安吉黄杜村听十八大党代表上党课、新中国成立70周年歌咏比赛等活动。开展“不忘初心、牢记使命”主题教育，按照“一期一主题、一期一案例、一期一政策”的思路，结合英雄吕挺等先进事迹，定期开展集中研学（扩大）会议，轮流上台宣讲，形成原文、案例、政策学习纪要，并召开专题组织生活会。安吉监管组党支部在主题活动期间视检列出五个方面问题清单，并按要求全部进行整改。同时完成办公用房规范整改工作，传统节日和重大节日期间进行廉洁、安全教育。

【监管工作】 加大辅导式监管

力度。针对重点机构年内开展审慎会谈2次、三方会谈1次、监管走访11次,下发风险提示。围绕网点科学布设、数据质量、主发起行支持、人力资源挖掘等方面,提出今后三年发展规划。加大帮扶力度。推动赴外地先进同业进行考察交流,帮助其与台湾中小融辅、浙大金融研究院微贷项目组等建立工作联系;促成市局领导来安与县政府开展帮扶措施对接。与人民银行加大工作协同,促成个人征信系统开发上线测试工作。开展联动监管。省局新型机构处、交总行、省分行、分局、监管组五方联合开展专题审慎会谈,传导监管压力,提出五方面监管意见。对银行年度重点监管政策传导及重点工作情况开展年中专题督导,赴基层网点开展“五个一”监管走访。

【绿色普惠融资工程】 深化“金融”与“生态”融合,服务民营小微企业。推进绿色保险试点工作。联合金融办、人保、安吉农商银行形成安吉绿色贷款保证保险试点方案初稿,重点扶持300万元以内小微企业、100万元以内个体工商户的“首贷户”,县财政拟安排财政专项奖励资金900万元并建立总额600万元的风险池。持续推进绿色信贷投放。争取募集绿色信贷资金,截至2019年底,稠州银行向上级行申请2亿元绿色金融债券、杭州联合银行安吉支行向上级行申请5.2亿元绿色金融债券(其中3亿元已对接污水处理项目)、华夏银行安吉支行认购地方首单安吉县绿洲新农村建设有限公司发行的非公开发行绿色公司债券4.5亿元,2019年新增绿色支行2家,累计7家,全县绿色信贷余额238.96亿元,占全部贷款余额31.36%,比年初增加2.44%。深化“保险+生态”融合发展改革创新试点工作。围绕毛竹收购价格指数保险、白茶低温气象指数保险开展2次专题学习研讨活动,形成浙江省保险学会研究课题一个;推进环境污染强制责任保险、生猪政策性保险拓面,环境高风险领域的环境污染责任险覆盖面60%(超额完成50%的全年目标),实现生猪政策性保险承保率100%覆盖,提供赔付资金464.09万元,简单赔付率154.75%;毛竹价格指数保险助力竹林绿色可持续发展见成效,试点一年来,投保面积52548.39亩,赔付金额179.72万元,约7000余亩荒弃竹林得以重新开展正常经营,新增毛竹林流转3万余亩。

【理赔监管】 聚焦扎实作为,做好台风灾害保险赔付,“打黄牛、保理赔、护权益”,推进“三服务”,企业服务方面被授予安吉县季度“流动红旗”单位称号。按照分局和县委、县政府有关精神,安吉监管组迅速组织辖内银行、保险公司开展“利奇马”“玲玲”“米娜”等灾害应急响应工作,组织指导保险业开展大灾理赔工作。台风期间快速理赔,联合多部门发布打击“黄牛”公告,抓捕“黄牛”(票贩子)2人,理赔支付7391.38万元,未收到一起信访投诉。2019年9月7日,市委常委、安吉县委书记沈铭权在《湖州银保监分局安吉监管组“迎战强降水”保险理赔工作专报(2019年第1期)》上作出批示:市银保监分局安吉监管组大局意识强,服务地方积极主动,特别是迎战强降雨保险理赔工作组织到位、指导有力、行动迅速,为全县快速有效应对重大自然灾害作出了重要贡献,值得充

2019年台风过境期间,安吉监管组开展“利奇马”“玲玲”“米娜”等台风灾害应急响应工作督导

分肯定。望持续做好灾后后续工作，全力指导银保行业更好地服务地方经济社会发展，切实保障社会民生。县委常委、常务副县长潘鸣，副县长杜蔚栋等领导也相继作出肯定批示。9月30日，市委常委、安吉县委书记沈铭权在湖州银保监分局安吉监管组“迎战强降水”保险理赔工作专报上作出批示，并对全县保险业勇担责任，快速出动，快速理赔，发挥保险在灾害面前的经济补偿作用给予充分的肯定和赞扬，并要求有关部门对先进事迹和个人进行遴选表彰。

【银保监管】 全面加强信用风险防控。督促辖内银行开展信用风险隐患大排查，逾期60天以上贷款全部纳入不良，加快不良处置力度，要求各机构排摸风险底数，按期报送年底不良贷款摸底调查情况。维护县域金融稳定。参加全县“护航70周年”互联网金融业务及类金融业务联合检查，会同县公安局开展银行业机构营业场所第六轮安全评估工作；配合县金融办等有关部门开展安吉县类金融企业变更联审工作，全年完成类金融企业变更事项审查94起；国庆前“米娜”台风来临之际，开展低洼网点和重点保险机构督导走访。学习枫桥经验，“消保老娘舅”品牌件事初见成效。监管组成立以来，已妥善处理多起保险信访案件。探索开展保险消保维权工作，对信访事项开展约谈调解和现场核查，发挥消保老娘舅作用，把矛盾纠纷化解在基层，顶住压力化解纠纷，相关投诉人均满意并撤诉。

【维护金融市场秩序】 维护保险业车险市场稳定。针对辖内部分保险机构突破手续费上线，不遵行“报行合一”的违规行为，监管组迅速组织辖内14家财险公司签订以报行合一、争当竞争、快速理赔为内容的《安吉县财险行业依法合规经营自律公约》，推动成立县财险行业自律协调工作小组，建立自律日报机制，充分发挥自律小组监督、核查的工作职能，维护车险行业市场稳定。维护银行业同业竞争秩序。针对部分银行无序竞争引发市民卡市场乱象，组织辖内工行等6家办理市民卡业务召开维护同业竞争秩序专题会议，传达分局有关规范市民卡营销的“四个不得”的监管要求，重申维护行业秩序“十个不得”的监管要求。牵头组建自律协调小组，不定期组织开展交叉暗访纠察，并向社会公开举报邮箱和电话，接收举报投诉线索，加大自律纠偏力度。推动保险业发展，推动县人保财险与县公安局完成“警保联动”签约。联合县委宣传部、县公安局、县文明办、县交警大队、县新闻集团等部门举办“文明出行零违章百日挑战赛”，降低事故发生率，宣传保险知识，提升保险行业形象。

【“三服务”走访】 围绕分局“不忘初心，砥砺前行”大讨论活动以及打造民企金融优强工程品牌的要求，结合安吉县委组织开展“服务企业服务群众服务基层”三服务活动要求，监管组对联系企业开展走访活动，每个企业配备1—2家银行机构以帮助民企解决融资需求。走访期间，详细了解民企在经营生产、项目审批、融资等过程中所面临的问题，并记录于“四张清单”，同时将国家、政府帮扶民营企业的政策进行宣讲传送，耐心解答，并将融资服务方面相关政策送到企业手中。结合走访情况形成专题分析材料，向县人大、县府办报送《湖州银保监分局安吉办事处关于促进民营企业高质量

10月18日，安吉监管组推动安吉县财险行业依法合规经营自律公约签约并参加自律监督检查小组第一次会议

发展情况的报告》。配合“最多跑一次”改革工作，定期跟进优化营商环境融资样本监测、“无证明城市”等工作进展，牵头对安吉县银行保险业证明取消、保留事项进行梳理上报，督促机构按照“10、9、4”工作要求提升融资便利度，指导安吉农商行、杭州联合银行融资样本数据填报工作。

（孙永安）

·中国农业发展银行安吉县支行·

【概况】 2019年，中国农业发展银行安吉县支行坚持聚焦服务乡村振兴，围绕“业务发展、风险防控、合规管理、队伍建设”等重点工作，真抓实干，尽职履职，全行各项业务稳步推进。贷款业务情况。1—12月，农发行安吉县支行累计发放贷款12.9亿元，截至12月末，全行贷款余额43.1亿元，比年初增加8.28亿元，增长23.76%。截至12月末，各项存款余额10.14亿元，比年初增加1.55亿元，增长18.02%。不良贷款继续保持零余额。财务经营情况。截至12月末，农发行安吉县支行实现账面利润6932万元，同比增加3158万元，增幅83.68%。

强化业务发展，服务乡村振兴。抓好粮油客户群建设。做好商务局、收储公司的沟通，确保参与收购的配套自有资金及时、足额到位，全年粮油贷款累收累放额14447.48万元，较2018年增加4952.72万元。抓重点项目营销及投放。2019年累计发放中长期贷款12.12亿元，其中人居项目投放3.72亿元，现代农业园区项目投放2.05亿元，农村土地整治项目投放2.55亿元，棚改项目投放3.8亿元。抓民营小微企业任务。根据上级行关于创新支持民营小微企业发展的相关指示，农发行安吉县支行在2019年民营小微企业新增户数3户，投放资金1.868亿元。

强化合规经营，持续稳健发展。加强风险管理工作。始终紧绷风险防控这根弦，坚持把防控风险放在更加重要的位置。以“三个提质年”主题活动、2018深化整治市场乱象发现问题整改问责情况“回头看”、信贷管理专项检查自查工作、2019年总行反洗钱审计、2019年内控综合检查等工作为基础，推进全面风险管理，完善安全防线提高认识，提高风险防范能力和经营管理水平，对内外部检查做到有组织、有安排、有实施、有记录，并及时做好问题情况反馈和台账登记工作。

强化作风建设，从严管党治行。以从严拧紧党建责任链条为目标，层层落实责任。抓领导班子建设；抓支部标准化建设；以开展“不忘初心、牢记使命”主题教育为契机，强化队伍建设。在主题教育开展期间，开展集中学习32次、专题研讨3次，专题党课3次，撰写党的十九届四中全会心得体会8人次，开展党建知识测试8次，完成试卷56人次；以落实党风廉政建设为抓手，筑牢廉政基础。加强作风建设，落实中央八项规定及其实施细则精神，以抓铁有痕、踏石留印的劲头，坚持抓常、抓细、抓长。

（俞珊珊）

·中国工商银行股份有限公司安吉支行·

【概况】 中国工商银行股份有限公司安吉支行位于安吉县递铺镇玉华路23号，共有在职员工95人。安吉支行下设三个内设部门，分别是综合管理部、公司业务部、个人金融业务部；下辖五个网点，分别是营业部、孝

6月25日，工行湖州分行安吉支行营业部开展文明规范服务创四星级网点汇报

丰支行、递铺支行、城中支行、昌硕支行;设有自助银行22个,遍布递铺镇、晓墅镇、孝丰镇、天子湖镇、塘浦工业园、阳光工业园、范潭工业园。2019年,安吉支行实现存款余额超农行、个人贷款增量超建行、各项存款时点增量四行占比第一(对公和储蓄存款时点增量双第一)、各项存款日均增量四行占比第一(对公和储蓄存款日均增量双第一)的目标。年内被湖州市公安局评为“市级平安单位”,被中国人民银行安吉县支行评为小微企业评价优秀行,支行营业部成功创建银协“四星级网点”。

【提升支行县域竞争力】 存款增长创新高。截至2019年末,支行本外币存款余额71.56亿元,较年初增长13.02亿元,增长率22.24%,四行增量占比52.11%。其中储蓄存款时点余额36.73亿元,时点增量3.38亿元,日均增量4.82亿元,继续保持四行排名第一;对公存款时点余额34.83亿元,赶超农行四行排名第二,时点增量9.64亿元,日均增量5.03亿元,四行排名第一。经营效益稳步增长。截至2019年末,实现中间业务收入7972万元,增幅23.7%,完成率114.19%,分行排名第二位;实现拨备前利润2.3亿元,比2018年增加0.45亿元,增幅24.32%。贷款市场占比持续提升。截至2019年末,各项贷款余额61.42亿元,较年初新增17.17亿元,增幅38.82%,其中公司、个人贷款分别增加3.8亿元和13.35亿元,5年以来首次当年贷款增量超建行,实现同业贷款增量第二,市场占比提升。其中个人贷款增量列四行第一,四行份额提升4.03个百分点。小微普惠贷款增长较快,小微企业拓户47户、表内外户数较年初增加12户。主要产品“E抵快贷”余额新增2.8亿元,位列全市第一。客户发展趋势向好。截至2019年末,个人客户方面:个人客户总数、个人有效客户、中高端客户、金融资产5万元以上客户分别较年初增加19172户、14724户、702户和419户。对公客户方面:公司有贷户较年初新增13户,个人经营性贷款客户增加290户。净增日均金融资产5万元以上公司客户、机构客户分别为82户和29户。新开对公结算账户980户,净增对公结算账户和有效结算账户分别为541户和511户。

【优化内部管理】 健全支行的内部管理与监督机制,落实党风廉政和案件防范责任制,以各类案防主题教育活动来提高全行的内控管理和防案工作,增强员工的风险防范意识和岗位履职能力。全年支行安全经营无事故和案件发生,其中服务与消费者权益保护工作分行排名第一、第六轮安全评估考评当地排名第一。支行通过优化准入、受理、录入、审批全流程,调整人员架构,指定专人负责,强化对楼盘的全程管理,实现按揭贷款5个工作日审结制。组建普惠金融队伍,梳理业务流程,明确业务关键环节,精简业务纸质资料,推动业务快速审批、快速落地。围绕案防工作的组织和案防工作的落实开展工作,成立由行长任组长,副行长任副组长,各部门(网点)负责人、内控监察专管员、支行运行主管为成员的案件防范工作领导小组,突出案防专职领导制、网格化管理、内控案防述职、案防分析会等案防工作机制的落实,按照案防工作评价标准开展工作。落实2019年内控合规“压实责任年”主题活动,以“行长导学”为载体,推出新的学习模式,采取“行长导学”“案例分析”等形式,组织一场“牢记合规红线 提升履职能力”大讨论;合规教育期间,支行领导班子成员参加部门、网点的例会,以“行长导学”“案例分析”为载体,带头讲好“牢记合规底线、提升履职能力”合规课;落实各部门(网点)组织开展自查自纠工作,重点对信贷、理财销售、营业场所管理、账户管理、反洗钱等领域和屡查屡犯问题的自查自纠,重点关注理财“双录”、征信管理、信贷基础管理、信用卡等方面的屡查屡犯问题,对发现的问题进行严肃处理。支行建立一个贯穿管理层次、业务条线、员工岗位的立体式廉政案防工作的二级网格化管理体系,明确二级网格化成员的廉政案防工作流程和工作职责。聘请8名网格化管理协管员,若干名网格化管理信息员;支行按季开展员工行为异常排查分析,并组织、开展上、下半年2次员工行为异常专项排查,排查工作采取开展内、外围系统排查、走访家访排查、个别谈话排查、走访公检法等形式开展,排查期间共家访79人次、谈心谈话100人次、走访信贷客户213次,走访公检法7次、走访社区21次、走访小贷企业15次、与协管员、信息员谈话100%,突击检查15次。支行全员均纳入排查对象,排查率100%。开展“反洗钱专项检查”“责任审计”等专项检查、按季开展案件风险防范排查,全年检查共发现问题39个,全部落实整改;对各项检查发现的问题责任人进行违规积分和扣减绩效等问责处理,支行对39人次进行违规积分和扣减绩效处罚。

(贺　坤)

·中国农业银行股份有限公司安吉县支行·

【概况】 2019年,中国农业银行股份有限公司安吉县支行(以下简称安吉农行)全力助推地方经济发展,在支持实体经济发展、帮扶小微企业、服务重大民生工程和普惠三农等方面作出积极探索。截至2019年底,安吉农行各项本外币存款余额68.91亿元,比年初新增3.15亿元。核心存款日均余额65亿元,比年初上升5.65亿元,其中个人核心存款日均余额32.57亿元,比年初上升1.8亿元,对公核心存款日均余额32.44亿元,比年初上升3.85亿元。各项贷款余额140.68亿元,比年初新增20.98亿元,总量、增量四行第一。不良贷款余额2003万元,不良贷款率0.14%。2月29日,在2018年度安吉经济发展风云榜颁奖盛典上,安吉农行再次获年度银行机构先进集体荣誉称号。

【发展绿色金融】 2019年,安吉农行国标绿色贷款总量、增量四行第一。全年绿色贷款余额32.43亿元,净增16.81亿元,总量、增量分别占全市农行的30%、61.6%。创新推广绿色信贷机制改革。运用湖州农行绿色信贷EVA定价策略(纳入湖州银保监分局组织的绿色金融学习教材),推进普惠金融工作,贷款利率普遍降低,绿企贷客户最低下浮10%,其他小微客户线上最低4.0%,线下最低4.30%。采用湖州农行绿色信贷判定流程管理,在调查阶段就要求按照上述“四进”标准进行绿色判定,对绿色贷款采取差异化信贷政策支持,做大绿色贷款规模。推广运用特色绿色产品:绿色项目提速贷(支持亿元以上工业项目匹配重点产品)、亩均贡献提效贷(支持提升亩均效益的环节资金需求)、绿色工厂提升贷(支持绿色工厂三星级以上企业在星级提升中的融资),其中以亩均贡献来核定授信额度的创新思路得到省政府的认可,“绿色工厂提升贷”入选湖州市绿色金融创新案例。全年绿企贷业务已落地53家企业,授信总额8.3亿元,用信总额3亿元,储备客户21户。改进绿色投融资对接模式,推广支持“绿贷通”等平台。在平台上发布产品数27种,关注企业数1070家,受理企业数132家,授信企业数132家,累计授信笔数176笔,累计授信额12.32亿元。

【服务“三农”助力乡村振兴】 2019年,安吉农行对全国首个田园综合体项目(安吉鲁家村“田园鲁家”项目)发放贷款8.7亿元;对余村经济合作社投放1000万元贷款;对中南百草原景区新增贷款2000万元,合计总贷款3.485亿元。发放全省首笔商业化农地项目贷款。实施“三农”业务数字化转型——安吉递铺乐厨食品商行样板入选总行全国三农对公领域2019年数字化转型典型案例,并以此为样板对外推广。采用惠农e商产品对客户的供销模式线上化改造,提供从上游商户、经销商、农村惠农通服务点到农户,从商品流通到资金结算的全流程供应链金融服务,实现县、镇、村三个层次的电商服务全覆盖,帮助商户完成从一个普通的线下客户逐步转型为线上电商客户的转变。安吉乐厨共计绑定上下游客户674户,其中99户为安吉农行惠农通服务点客户,占安吉县全部惠农通服务点的70%,共计交易笔数1547笔,交易金额334.4万元。推广惠农信用贷款,主动对接当地特色行业协会,推进信用村整村准入,建立网贷数据模型,满足农户无担保情况下的融资需求,全年安吉农行农户小额信用贷款余额2.6亿元(较年初增加6000万元),惠及农户3300余户。

【党建工作】 完善基层党支部“三会一课”及组织生活制度,一个网点一个支部,强化对支部党员的教育管理,开展“两优一先”评比,以支部为单位组建业务突击队、志愿者服务队等,发挥“两个作用”。开展党建共创,推动党建与业务的融合。推动安吉农行各支部与结对村、企业、税务等机关单位的结对行动,通过联合开展主题党日活动,实现党建共创,业务合作。首创乡村振兴导师制。聘任余村村、鲁家村等多位村支书为农行乡村振兴导师;树立余村支行红色标签。余村支行通过与余村党组织结对,成为以党建引领业务发展的示范网点,加快推动乡村振兴支持工作,全年余村支行绿色贷款2.3亿元,占全部贷款的72.86%,绿色贷款比年初增加2亿元(占全部增量75.60%);向村民投放三农贷款1000万元、为30余商户办理线上收付款业务。落实支行纪委书记专职化,加强纪检队伍建设。坚持党纪一刻钟学习,加大对典型问题的通报,开展"查教结合学案例 筑牢防线促发展"警示教育活动,打牢支行廉政基础。推动党建工作网络系统,推进"三线一网格"管理模式,优化支行党建线、纪检线、运管线的岗位设置和党员配置,实现人人有网,人人有责。

【加强党建结对深化业务融合】 3月18—29日,支行辖下8个网点党支部分别与所在地安吉市场监督管理局基层党支部联合开展主题党日活动,通过邀请企业代表参加座谈或直接上门的方式,及时解决民营企业困难和问题,为企业出谋划策,并为安吉县市场监督管理局227名正式员工进行网捷贷授信,预授信总额度9500万元。

【发放全省首笔商业化农地项目贷款】 6月25日,对梅溪镇马村村、龙口村两村发放全省首笔全域土地综合整治项目绿色贷款2亿元,该项目为浙江省100个全域土地综合整治试点项目之一。

【与安吉县政府签订全面战略合作框架协议】 9月12日,农业银行湖州分行代表安吉县支行与安吉县人民政府签订《全面战略合作框架协议》,全力支持浙江(安吉)县域践行"两山"理念综合改革创新试验区建设。

（纪文君）

·中国建设银行股份有限公司安吉支行·

【概况】 2019年,中国建设银行股份有限公司安吉支行(以下简称安吉支行)上下凝心聚力、攻坚克难,以党建为引领、以转型为主线、以创新为驱动、以合规为底线,践行核心理念,围绕绿色发展的主基调,支持实体经济发展,推进三大战略,融合乡村振兴,各项工作有序推进。存款业务:截至2019年末,一般性存款(小口径)时点余额为82.51亿元,比年初新增7.92亿元。其中,对公存款余额54亿元,比年初新增5.15亿元;个人存款余额28.51亿元,比年初新增2.77亿元。日均余额80.49亿元,新增5.30亿元。其中,对公日均余额54亿元,新增3.11亿元;个人日均余额26.50亿元,新增2.19亿元。贷款业务:截至2019年末,各项贷款余额为92.61亿元,比年初新增15.18亿元。其中,对公贷款余额39.26亿元,比年初新增3.91亿元;个人贷款余额53.34亿元,比年初新增11.27亿元。资产质量:截至2019年末,不良贷款余额1431万元,比年初上升319万元,不良率0.15%、比年初上升0.01个百分点,其中对公不良贷款余额为0。全年共处置不良贷款2390万元。中间业务:全年实现中间业务净收入5784万元。其中,对公中间业务净收入3469万元,个人中间业务净收入2315万元。国际业务:全年完成国际结算量11.40亿美元,系统(湖州分行)占比50%,当地四行(工、农、中、建)占比32.41%,当地四行、系统排名均列第一;跨境人民币结算量16.03亿元人民币,系统占比55.53%,四行占比39.57%,系统、当地四行排名均列第一。经营效益:全年实现主营业务收入36963万元,较2018年同期增加6737万元。贷款收益率5.11%,比2018年同期提升0.31个百分点,存款付息率1.03%,比2018年同期上升0.19个百分点,存贷利差4.08%,比2018年同期提升0.11个百分点。

【"三大战略"落地发展】 自建设银行总行提出新时代建行改革发展的"三大战略"(住房租赁战略、金融科技战略、普惠金融战略)以来,安吉支行全面推进"三大战略"落地发展。

住房租赁战略。把蓝海项目提升至支行重大战略之一,完成企业租赁系统、公租房系统、共享系统和监管系统四大系统上线。2019年新增社会化房源213套,拓展蓝海App用户数8364户,新增在线支付笔数357笔,在线支付金额34332元,新增签约合同数197个,新增房屋核验3401户。

金融科技战略。2019年,建行有金融科技14大平台,安吉支行完成推进住房租赁平台、智慧政府平台、党群服务平台、公益教育平台、善行宗教平台、安心养老平台及龙商通商户平台等的应用。智慧政务平台方面，实现安吉县人民法院案款系统全渠道上线，成为独家诉讼费代理行；实现"国土金通"平台上线；实现安吉县住房维修基金系统上线。6月，成功上线"矿业权"网上交易系统，成为全省首家办理矿业权网上交易业务的支行，该系统的上线可为企业办理矿业权保证金业务提供资金监管服务。党群服务平台方面，签约安吉县住建局、浙江省南湖监狱、安吉县政法委、安吉县金融办、安吉县税务局、安吉县委组织部、安吉县民政局7家机构类党群综合服务平台。同时签约企业类党群综合服务平台30家。公益教育平台方面，支行实现安吉县实验初中、安吉县报福中学和安吉文昌学校的平台上线运营，获客数3290人。善行宗教平台方面，支行已完成灵峰寺、安吉基督教堂等38家宗教场所的平台上线运营。安心养老平台方面，年内新推进的应用平台，已完成安吉县孝丰镇社会福利中心和安吉天禹养老服务有限公司等2家养老机构的平台上线运营。8月中旬，通过与安吉中心农贸市场对接，完成"龙商通"科技业务平台的搭建，截至2019年末，入驻商户109户、交易金额1746万元。支行拓展金融场景应用，拓展银医通2户，并与安吉县人民医院达成无感支付协议。

普惠金融战略。截至2019年末，支行普惠金融贷款余额8.74亿元，较2019年初新增2.18亿元。其中，公司普惠金融贷款余额3.63亿元，比年初新增1.13亿元；个人普惠金融贷款余额5.11亿元，比年初新增1.05亿元。随着2018年2月全国建行首笔"文明助农贷"在安吉余村的成功投放，"普惠助农"成为安吉支行的工作亮点。全国建行在安吉试点推出创新支农信贷产品"文明助农贷"，安吉支行结合当地县域实际，将"文明助农贷"业务与2个全国文明村和17个浙江省文明村全面对接，实现"文明助农贷"业务在全县文明村的全覆盖。截至2019年末，累计发放"文明助农贷"业务79笔，金额合计1595万元。10月25日，到任浙江的行长邵斌到安吉余村，走访首笔"文明助农贷"发放农户，与户主开展亲切交谈，就农户的经营情况和对建行的意见建议进行深入了解。

10月25日，建行浙江省分行行长邵斌来安吉余村走访首笔"文明助农贷"发放农户

【支持安吉县域经济建设和发展】 践行"两山"理论，支持绿色经济发展。发挥建设银行在大客户、大项目上的服务优势，将金融资源和服务向清洁能源、环境整治、绿色交通、节能减排、绿色支付等重点领域倾斜。截至2019年末，安吉支行在绿色金融领域累计授信36.8亿元，实际投放15.93亿元，当年累计投放2.4亿元。支持了装机规模国内前三的长龙山抽水蓄能电站、"中国小莱茵河"长湖申航道西延工程、"生态互补样板"安吉草荡水库42MWp渔光互补光伏发电工程、"五水共治典范"安吉梅溪河道综合整治工程、"绿色环保建筑"中国物流安吉现代物流园等绿色经济项目。同时，借助绿色金融改革趋势，融合乡村振兴战略，全力推进建行"裕农通"普惠金融服务点的拓展工作。截至2019年末，全县的209个行政村全覆盖，完成"村村通"目标，设立服务点223个，发放储蓄卡736张。其中安吉余村"裕农通"普惠金融服务点打造成标杆服务点。11月15日，建行总行行长刘桂平等实地考察

11 月 15 日，建行总行行长刘桂平等领导实地考察安吉余村“裕农通”普惠金融服务点

安吉余村“裕农通”普惠金融服务点，并给予充分肯定。发挥建行传统优势，支持安吉县域民生工程。发挥在项目建设贷款上的优势，向上级行申请贷款规模，为项目建设提供授信。配合政府城市改造民生工程建设，主动加强与县内实施主体的对接服务，加快项目融资进程。截至 2019 年末，授信额度 21.52 亿元，融资余额 17.08 亿元。全年新增申报审批授信额度 6 亿元，新增投放 5.08 亿元。创新驱动，全力服务安吉外向型企业发展。家具（转椅）行业作为安吉县经济的主要支柱产业，安吉支行对该行业有广泛的信贷支持，仅对已上市的当地 3 家家具企业（浙江永艺家具股份有限公司、浙江恒林家居股份有限公司、中源家居股份有限公司）的授信 5.353 亿元，比 2018 年增加额度 0.563 亿元。针对安吉外向型企业，利用建行产品的多样性，通过大力推进各类创新型衍生国际业务产品，帮助企业降低财务成本、提高存款收益、锁定汇率风险，实现银企双赢。如为客户签约新产品“汇利盈 1 号”共 134 笔，总计金额 28753 万美元；办理国际双保理业务，累计金额 279 万美元；通过单一窗口平台为客户线上申请并支用“跨境快贷—出口贷”16 万美元；另还通过产品创新，为安吉某家具企业办理“跨境融资贷”1500 万元等。发挥建行房金业务优势，支持民生住房领域。近年来，有一大批房地产开发商进入安吉，尤其像碧桂园、祥生、绿城等全国“百强”房企的房产开发项目进入安吉市场后，建行安吉支行利用自身的住房金融业务优势，通过标准化、流程化的集约经营模式，服务开发商和购房客户。2019 年累计发放个人住房贷款 17.20 亿元，笔（户）数 3002 户，新增合作楼盘 17 家。

【信贷风险管控】 建立信贷业务联动管理模式，在客户准入时落实贷前会商制度，贷后管理做实对企业的实地回访，及时发现潜在风险，强化信贷风险的全程、精细管理，提高信贷风险的防范能力、预警能力、纠偏能力和化解能力，使风险关口有效前移，提早化解风险。对现有存量授信客户的风险特征、变化状况、押品情况进行及时分析，逐一制定方案举措，逐个化解，全年压缩关注类贷款金额 3128 万元。建行安吉支行在不良贷款的管理中，及时防范和化解法律风险，维护建行合法权益。以催收已核销不良贷款、专项回收快贷信用卡不良为切入点，加强与法院、律师及公证处、破产管理人等部门的联系，加快不良催收的进展速度，完成市分行下达的控制指标。

【内控合规管理】 通过合规宣导、行长讲合规、合规官上讲堂、警示教育、三线教育、合规测试、合规竞赛等形式，结合银监治乱象专项活动，全行合规管理更贴近于日常业务流程，有效服务于全行业务开展，检查发现问题和审计问题整改得到全面跟踪管理，通过全年工作开展合规管理带来变化和成绩，安吉支行被评为内控管理“五无”先进支行、在全市分行的内控缺陷竞赛、反洗钱知识竞赛等活动中多次获奖。

【营运渠道管理】 柜面管理团队各履其职、各负其责，加强管理、监督、检查与辅导，指导柜面人员按照规章制度和操作流程办理业务，组织员工学习业务知识，通过每月的营运主管例会交流情况。通过开展柜面非现场专项检查和专项整治检查,规范柜面操作,减少屡查屡犯问题的发生。按照“服务质量提升年”的工作要求,网点服务围绕“美环境、抓服务、提质量、促转型”和“服务质量效率双提升”开展工作。完善各网点“劳动者港湾”的创建,完成支行营业部的整体装修。

【企业文化创新】 开展具有特色的企业文化建设活动。如举办安吉支行2019年元宵联欢晚会,在“五四”100周年举办征文活动,在儿童节开展庆“六一”蛋糕制作体验亲子活动,在妇女节组织女员工开展庆“三八节”盆栽小制作活动,组织员工开展踢毽子比赛,邀请专家进行“关爱颈椎健康”的医学知识讲座,开展户外健步走和摄影采风活动等等。承担建行的社会责任,展现建行品牌和风采。支行学雷锋志愿者服务队到文昌民工子弟学校开设金融知识讲座和“六一”联欢。参加安吉县消费者权益保护委员会、市场监督管理局联合举办的“权利、责任、风险”为主题的“3·15”消费者权益保护宣传活动和湖州市金融系统举办的“建行杯”庆祝新中国成立七十周年职工摄影大赛。开展“反假货币,助力美丽乡村建设”反假货币进企业街道的宣传活动。在支行营业部设立金融消保维权服务站和教育基地。安吉支行作为全国文明单位,响应安吉县的文明创建工作,组织全体员工参与创建活动,安排志愿者参加交通文明劝导、巡查劝导志愿活动,履行社会责任。从细微处关心关爱员工。参与市分行“为员工办实事”项目征集活动。在各网点的高柜区域安装暖水“小厨宝”提供热水。开展职工医疗互助活动,参加慈善一日捐活动,开展困难员工送温暖和在岗员工“夏送清凉”“冬送温暖”慰问活动。多年来坚持为每位怀孕女员工送防辐射服,每月送牛奶饮品,落实特殊关爱政策。逢年过节、高温季节、年终结算时,行领导到一线进行慰问。

【开展教育活动】 在第二批“不忘初心、牢记使命”主题教育中,安吉支行党委按照上级行下发的《实施方案》,对照《工作内容清单》,召开党委中心组学习(扩大)会议。原本原文学习《中国共产党章程》、学习《习近平关于“不忘初心、牢记使命”重要论述摘编》和《习近平新时代中国特色社会主义思想学习纲要》,学习习近平总书记对金融系统和对建设银行增强“三个能力”、学习张富清先进事迹的重要指示批示精神,观看时代楷模——张富清事迹报告视频,与会人员谈学习心得体会、观后感。党委书记及各支部书记讲专题党课、开展“三会一课”。党委书记及成员到基层网点开展调研,听取基层意见和建议。成立“张富清党员突击队”“张富清金融服务队”“张富清志愿服务队”三支队伍并进行授旗,开展以“学习张富清、践行新使命”为主题的工作竞赛。组织党员检视整改,开展谈心谈话、志愿服务主题党日等活动。结合主题教育,在支行成立40周年之际成立编撰委,编撰《中国建设银行安吉支行四十年发展历程》以示安吉建行人的初心、使命。支行纪委定期向党委汇报工作,对党建工作进行提醒监督,推进“两个责任”落实。通过各种形式的教育活动,如文件学习传达、典型案例通报、组织观看警示教育片及警示教育基地现场参观等警示教育学习活动,来加强全行的党风廉政建设、廉洁从业、合规操作、遵纪守法等教育。开展好“纪委书记上讲堂”和“党纪教育一刻钟”活动。还通过设立举报箱、党员干部操办婚丧喜庆事宜报备、节假日廉政提醒及公务用车检查、新任干部任前廉政谈话和第一种形态运用等举措,确保纪委工作落到实处。根据纪委工作要求,发挥支行纪委班子成员作用,支行纪委建立纪委成员联系党支部制度。

【党建工作】 为加强基层党组织建设,2019年5月各党支部进行换届选举,确保“支部建在连上”要求,每个网点成立以负责人为书记的党支部。做好新党员发展和建党积极分子的培养工作,全年新发展预备党员8名、预备党员转正4名。抓好党员民主评议和测评工作,开展党建述职评议考核,每位支部书记进行述职。每个支部设立党建宣传阵地,党务工作公开并上墙,发挥监督作用。在与安吉余村签约文明结对共建基础上,3月26日,建行大学华东学院党校分校办公室党支部书记刘素香及相关委员到安吉,与支行党委班子就党建工作、绿色金融等进行座谈交流,与安吉支行党委

3 月 26 日，建行大学华东学院党校分校办公室党支部与中国建设银行湖州分行安吉支行党委签署党建共建协议

签署党建共建协议，并赴安吉余村开展调研走访。为加强基层党建高地建设，在 6 月开展各党支部与县域省级文明村党（总支）支部党建共建结对活动，并签订党建共建协议书、制定工作计划。

（顾迪明）

·中国银行股份有限公司安吉县支行·

【概况】　中国银行股份有限公司安吉县支行成立于 1992 年，设立两个营业网点，包括支行营业部、胜利西路支行。2019 年，中行安吉支行有在职编制职工 41 人。中行安吉支行坚持执行“科技引领、创新驱动、转型求实、变革图强”的工作方针和“担当、诚信、专业、创新、稳健、绩效”的新时代全球一流银行价值观，加快转变发展方式，加快破解深层次矛盾，求真务实，扎实工作，推进各项业务稳健发展。截至 12 月末，中行安吉支行实现营业收入 8410 万元，拔备前利润 7035 万元；实现净利润 4716 万元。2019 年，中行安吉支行本外币存款合计 173517 万元，较年初新增 21126 万元；本外币贷款合计 263069 万元，较年初增长 62046 万元。

【夯实基础工作】　2019 年，中行安吉支行把存款工作作为首要任务，作为全行业务发展的基础。抓好个金存款“开门红”工作。早规划，早行动，抢先抓早。首季是组织存款的黄金季节，支行个金条线认真分析当地市场形式，促使全行上下提高认识，树立信心。动员全行利用有利时机，实行金融服务走出去，通过上门拜访、外拓、组织尊享活动等形式宣传中行产品。支行公司条线抓住业务先发优势，进行跟踪营销，发挥海外渠道优势，为客户办理中银香港见证开户 5 户，胡志明分行见证开户 3 户，获得一批大型外贸客户的肯定，并借此成功营销博泰新增授信 8000 万元，办理恒林、永裕等企业的 ODI 外投资业务 1491 万美元。白茶溯源卡项目期间，在已有过万张发卡的基础上，年内中行安吉支行与中国白茶城合作为外地茶商新发茶商卡 600 余张，交易额过 2000 万元。通过与农业局协商，在原有干茶市场的业务基础上，通过白茶企业向上游订单农户、下游经销商批量开户并办理结算业务。截至 2019 年末，通过“白茶金溯卡系统”累计交易 10320 笔，交易金额 2.58 亿元，其中新增办理茶城交易卡 612 张，开立手机银行 565 户。公司重点紧盯园区客户进行批量发展，年初以来淘宝、天猫电商客户批量开户 440 余户；充分利用中行普惠贷款政策，营销能够带动结算、代发等综合效益的公司客户，投放 8 户。支行将重点营销优质项目，做好业务结构调整的同时，降低对单个大客户的依赖，年内已批未发公司项目贷款 3.5 亿元，营销能够带动 5—8 年土地出让金存款、按揭及监管账户存款的项目 2 个。中行安吉支行通过抓待发薪，新增代发人数 4494 人。商户收单业务在重点营销县广电网络公司本地商户 300 余户，公务人员在其商户中年消费额数千万元。

【绿色金融服务】　探索“两山理念”，实现绿色金融发展。2019 年围绕“两山”理念，结合绿色金融改革要求，在市分行绿色金融业务中心的指导下，探索绿色金融业务发展。支行积极营销公司优质项目，调整授信行业结构、客户结构获批树兰医院项目贷款 4 亿元（其中安吉支行份额2亿元)、云上草原项目贷款2.5亿元(其中安吉支行份额1.5亿元)。截至2019年末,安吉支行绿色贷款余额80580万元,绿色贷款增幅27%,占全部贷款比例约31%;普惠贷款余额26246万元,普惠贷款增幅48%,普惠贷款户数194户,较年初新增22户。

【支持实体经济】 2019年,中国银行浙江省分行在广泛征求民营企业意见建议后制定《支持民营企业发展行动计划20条》,涵盖优化授信政策、提高服务质效、加强资源配置、拓宽融资渠道、降低融资费用、完善服务模式、创新产品服务七个方面内容,直指民营企业在发展过程中遇到的痛点和难点问题。中行安吉支行贯彻上级行以及金融监管部门的工作要求,把握金融服务实体经济的根本宗旨,发挥综合化经营、全球化经营、外汇外贸专业、普惠金融创新、风险防控等金融服务“五大特色”。强化授信政策支撑,引导资源配置。通过“合理调整抵质押率,扩大可接受抵质押物范围”“对于优质民营企业,开通项目审批‘绿色通道’,确保审批时效”,“建立民营企业白名单,加大对重点企业的信贷投放”等授信政策,加大信贷支持力度。同时配置专项信贷规模,精准向中小企业、绿色企业、带贫龙头企业、县域涉农领域倾斜,通过资源配置有效引导业务发展。加强产品创新,降低企业融资成本。一方面加大市场分析,深入企业调研,结合企业需求推出创新产品和窗口期产品,通过海外联行融资、供应链融资、在线融资等产品,拓宽企业融资渠道,降低融资成本;另一方面立足“两增两控”要求,单列普惠金融考核指标和贷款利率,全力破解中小企业“融资难”“融资贵”问题。发挥国际化特色优势,深化金融一体化服务。作为拥有全球最多分支机构的中资银行,中行发挥全球网络和渠道优势,致力于为企业提供跨国现金管理、外汇政策咨询、海外投资收购、境外发债、海外融资等综合跨境金融服务助力安吉企业融入全球价值链、产业链、资金链搭建平台。

6月,中国银行安吉支行与安吉泰荣家具洽谈授信业务

【队伍建设】 中行安吉支行党支部以湖州分行党委“党建五个一”“党建1+1”“书记工程”三大“融入式”党建创新工程为抓手通过搭建党建共建单位、创建“四融入”组织、树立最美优秀党员标杆、开展“凝心聚力带头上”补齐一个短板活动等多种方式,凝心聚力、砥砺前行。支部充分发挥党员干部先锋模范作用及基层党组织战斗堡垒作用,攻坚克难,同时结合绿色金融发展战略和浙江省分行党建品牌创建工作要求,与安吉余村建立党建结对共建,奋力争当践行“两山”理念样板地、模范生,推进“两山理念”在中行基层支部的实践。协调省行在安吉余村的中国银行两山教育基地建设运用,建设中国银行党建墙。

【内部管理】 2019年,中行安吉支行持续推进内控合规建设,通过宣传教育、考核引导和严肃问责等手段,提升员工合规意识和防控能力。督导落实各部门开展经营管理自查自纠。落实市行员工异常行为专项排查整治工作,通过谈心谈话、回访公司、个人客户、家访等形式,及时发现异常行为和可疑信息,防患于未然,逐笔建立员工异常行为排查台账,督促员工时刻约束自身行为,提高综合素质。同时加强案防教育和安全保卫工作。落实廉政教育和安全目标管理责任制，支行多次组成检查组加强对营业单位的安全检查和内控监察检查，严格执行基层机构案防预警系统，确保支行各业务安全稳定运行。

（张建凤）

·中国邮政储蓄银行股份有限公司安吉县支行·

【概况】 截至2019年末，邮储银行安吉县支行各项存款中储蓄存款余额8.48亿元，比年初净增0.21亿元，日均余额8.2亿元，比年初净增0.25亿元；公司存款余额2.31亿元，日均余额2.69亿元。全年各类贷款余额23.26亿元，较2018年增加2.96亿元。其中，信用贷款全年投放30538万元，比年初增加13460万元；中小微企业全年信贷投放总量73389万元，比年初增加15470万元，增幅23.8%；制造业投放总量12302万元，比年初增长3055万元，增幅5.3%。截至2019年12月末，全辖各贷种逾期金额702.28万元，比年初增加357.69万元，逾期率0.27%，较年初上升0.12个百分点。不良贷款金额620.24万元，较年初增加275.65万元，不良贷款率0.24%，较年初增加0.09个百分点。邮储银行安吉县支行不良率比当地银行业不良率平均水平（0.46%）低0.22个百分点，资产质量较好。

【服务实体经济】 2019年，邮储银行安吉县支行加强与政府、企业合作，切实履行社会责任，为当地经济发展提供金融支持。践行社会责任，助力下岗工人再就业。与就业局合作，由就业局向邮储银行安吉县支行推荐再就业客户，向下岗再就业人群提供专项贷款。秉持“植根城乡，服务大众”的经营方针，充分发挥遍布城乡的网络优势，不断推进服务模式创新，实现企业与再就业人员的互赢发展。全年完成放款88笔，金额2321万元。做实青创融资平台，助力青年创业。着眼青年创业需求，在银监办、团县委、人力社保局的指导和支持下，自2014年起，邮储银行安吉县支行连续第四年在5月27日举办“5·28”青年创业贷款现场对接咨询会，2019年活动当天洽谈受理意向贷款281笔，共计金额15032万元，并实现放款50%以上的放款量。坚持“支农支小”，助力乡村振兴建设。通过前期与国土部门、当地乡镇的对接，推出“美丽乡村农房建设小额贷款”并在政府部门的支持下，形成较好的“银政”合作模式，使产品的落地和推广都比较顺利，全年发放该种贷款75笔，共计金额2172万元，意向客户40余户，金额约800万元。在支持小微企业信贷方面，储蓄银行安吉县支行搭建银企服务平台，开展普惠金融企业大走访活动，深入了解企业融资难融资贵的问题，根据走访调研，创新担保方式，及时制定普惠金融贷款利率、5年期无还本续贷等具体举措，让利企业，切实帮助企业解决融资难融资贵的问题。

【发展绿色金融】 2019年，邮储银行安吉县支行践行“两山”理念，切实按照上级行及监管部门的要求发展绿色金融。支持重点项目建设。位于安吉天荒坪长龙山抽水蓄能电站的开发项目，是发展绿色能源、保护绿水青山的一项重大举措。响应支持重大民生基础设施建设的号召，主动对接项目业主中国三峡集团，多次参加项目银团对接会，

5月27日，邮储银行安吉县支行联合共青团安吉县委、安吉县人社局、湖州银保监分局安吉监管组在递铺街道鲁家村“两山”学院举办了“聚力三服务 助飞青创梦”安吉县“5·28”青年创业贷款咨询对接会

并通过行外银团嵌套行内银团的模式量身为浙江长龙山抽水蓄能电站项目设计融资方案，最终获得总行批复人民币10亿元授信金额用于支持该项目建设，已累计发放贷款45880万元。

【深化改革】 邮储银行安吉县支行探索特色支行发展模式，在三农金融事业部整体框架下，为进一步推进二级支行信贷业务专业化经营、差异化发展进程，明确各二级支行间区域发展的业务重点和客群定位，2019年就特色支行建设的专营方向、人员配置、发展计划、人员竞岗和实施步骤做出安排。信贷特色化支行建成，并逐一将各项规划落实到位，完成特色支行建设目标。

【服务社会】 推进金融知识进校园、进社区活动。2019年，组织开展金融知识进校园活动6次，发放宣传资料600余份；开展金融知识进社区活动4次，发放宣传资料400余份，特别是反假币知识、防范非法集资、反电信(网络)诈骗等金融知识受到广大民众认可。落实信用村镇建设。针对较多农村青年在农家乐和民宿产业方面的创业需求，推进县域内信用村建设，全年完成8个行政村的信用村建设工作，收集约2000户村民授信基础资料，为信用村的有志青年创业提供绿色快捷的通道。做实志愿者服务工作。根据团县委对金融机构志愿者服务站的建设要求，在辖内网点设立志愿者服务站，并由网点内员工志愿报名产生志愿者队伍，工作时间志愿者佩戴志愿者徽章进行服务，形成良好的服务机制，同时也展现邮储青年良好的风貌；参加县银监组建的银行业绿色金融志愿者服务队，参与“3·12”植树、清河道活动；与团县委、县人社局联合组建“优化营商环境”党员志愿者服务队，承诺立足本职、服务青年，为创最美县域奉献一分力量。

(陈　思)

5月31日，中国邮政储蓄银行安吉县支行与安吉心之梦儿童康复中心成立结对帮扶单位

·湖州银行股份有限公司安吉支行·

【概况】 截至2019年末，湖州银行安吉支行各项存款余额236269万元，较年初增加9235万元，其中储蓄存款余额56717万元，较年初增加10257万元，逐步加快存款结构转型步伐。各项贷款余额253287.73万元，较年初增加42061.12万元，其中小微企业和个人经营性贷款余额20.1亿元，占总贷款的88.3%；全年累计发放各项贷款22.25亿元，累计签发银票0.9亿元，累计办理银票及商票贴现0.42亿元。湖州银行安吉支行年内获中国人民银行安吉县支行颁发安吉县金融机构2019年度综合评价情况绿色金融评价优秀行和小微企业评价优秀行两项荣誉。

【扶持小微企业】 发放信用贷款。2019年，湖州银行安吉支行通过“小企业专项信用贷款”“出口退税托管贷款”“易税贷”等相关信贷产品发放信用贷款，解决企业融资难、担保难问题，全年累计发放各项信用贷款22469万元，余额13719万元，较年初增加1697万元。中小微企业投入。截至2019年末，湖州银行安吉支行中小微企业余额215911万元，较年初增加29500万元，2019年安吉支行中小微企业贷款全年增速15.83%。制造业投入。截至2019年末，湖州银行安吉支行制造业贷款余额84401万元，较年初增加5030万元，2019年安吉支行制造业贷款全年增速6.33%。

【绿色金融创新】 2019年，湖州银行安吉支行继续坚持绿色金融发展导向及战略规划，精心打造“一平台”，即以递铺绿色小微企业专营支行为平台支点，深化建设“一品牌”，即继续提升“聚焦两山实践，助力绿色金融”党建品牌建设，结合当地特色产业，探索绿色支行发展新模式，全年湖州银行安吉支行绿色信贷余额12.62亿元，较年初增长1.88亿元。助推安吉生态旅游项目。继2018年中南百草园、乐翻天水上乐园、灵峰街道横山坞AAA级景区项目后，2019年湖州银行安吉支行参与“灵溪山景区项目”建设，并完成投放。助力安吉环境治理。3月初，对省级重点项目长申湖航道西延工程整治项目完成投放1亿元，完善优化了浙北高等级航道网。7月末，支行成功发放500万元“科技贷”，解决安吉某环境科技有限公司污水处理提标改造项目的融资难题。该项目的落地作为可复制的项目模板，在全市乃至全省范围内的污水处理行业里进行推广。首落全域整治项目。6月底向天子湖吴址村落地全县首单“全域生态贷”，金额1.5亿元。加大绿色支付场景建设。年内湖州银行安吉支行与县三大医院“银医通”项目建设的基础上，继续加深合作，通过安吉中医院新大楼落成的契机，继续推进中医院新大楼的“银医通”项目合作，提升医院的移动支付场景建设和绿色支付应用。持续推动党建共创建设。湖州银行安吉支行完成对安吉香茗基础设施建设发展有限公司信贷投放2000万元，持续支持溪龙乡黄杜村扶贫事业的开展。7月，湖州银行安吉支行向上市公司永艺家具股份公司发放首笔“红色动力信用贷”1000万元。8月，湖州银行安吉支行与安吉县供电局下属企业浙江安吉通用电力发展有限公司结为共建单位，并联合开发“两山”节能贷产品，为县域内茶农提供配电工程融资服务。继续扶持乡村振兴。三季度，湖州银行安吉支行在支持乡村振兴中引入第三方市场化运作企业，盘活农村闲置资产，增强村级集体经济“造血”功能，推出“两山”乡居贷产品，以“农房使用权”质押的模式创新担保，解决项目推进中的融资难题。

8月，湖州银行安吉支行全体党员在黄杜村开展党日活动

【助力普惠金融】 2019年，在严监管政策下，湖州银行安吉支行与开发区、国投、城投等平台对接，以绿色金融和乡村振兴为突破口，先后落地开发区汽配产业园项目、长申湖航道整治项目、天子湖吴址村全域土地综合整治与生态修复项目，累计超3亿元。下半年，经过多方努力，湖州银行安吉支行与南京银行合作为安吉县城西北开发有限公司发放的首笔银团贷款正式落地，贷款总额2.5亿元，湖州银行安吉支行作为参加行发放贷款5000万元。

【金融服务下沉】 网点机构下沉。2019年，湖州银行安吉支行基本完成“两增两迁”的网点布局规划，递铺绿色小微企业专营支行于10月28日迁入美颂广场，梅溪社区支行于11月25日搬迁至老梅溪，梅溪小微企业专营支行于12月20日在晓墅重装开业。人员服务下沉。全年湖州银行安吉支行制定区域网格化营销制度,以各网点为核心,划定责任田,组成多个营销小组,利用下班和周末时间,挨家挨户走访,实行营销全覆盖。以特色储蓄产品和金融知识宣传为媒介,走村入户,建立台账,定时回访。同时,通过与社区村委、街道妇联、工会组织等合作,组织元宵晚会、妇女节、端午节、儿童节等网点活动10余次,将走出去与请进来有效结合。

【惠企便民举措】 主动为企业减负。湖州银行安吉支行利用信贷产品"更新贷"为全县中小微企业减负让利,在贷款到期后不需要贷款企业再筹集还贷资金即可以为借款企业办理贷款继贷手续,全年累计为安吉县中小微企业办理"更新贷"144户,累计办理"更新贷"40440万元,按企业还贷款时调头资金成本估算该项可为全县中小微企业节约融资成本超200万元。扩宽业务渠道。2019年,湖州银行安吉支行争取到了非税收入对公网银缴款的渠道,成为一家对公网银渠道缴款的落地行。落实"普惠金融"工作。湖州银行安吉支行全年组织开展各项金融知识宣传活动近50次,涵盖面涉及企业、社区、行政村、菜场、广场等,向社会群众宣传防假、防抢、防盗、防骗等知识,普及基础金融知识,增加社会群众安全防范意识,推进"普惠金融"建设工程。

【强化风险管理】 2019年,湖州银行安吉支行贯彻执行总行关于进一步加强信贷基础管理工作要求,针对当前风险防控形势严峻的现状,结合"严内控、重合规、促发展"工作要求,继续强化信贷基础管理工作,提高支行风险防控能力。年末,贷款不良率0.23%,较年初下降0.06%;通过开展支行信贷业务操作合规性检查,运用季度性检查和"飞行"检查相结合的方法强化支行信贷业务操作的合规性。年初支行风险管理部牵头制定支行全年信贷教育培训计划,同时根据总行关于内训要求制定相应的内训培训计划,上半年每月开展一次信贷及合规学习,下半年,对学习制度形象修订,信贷条线培训由一个月一次增加到一个月两次,并开展每月一次的贷后监测分析。

(孙普兵　黄星宇)

·杭州联合农村商业银行股份有限公司安吉绿色支行·

【概况】 2019年,杭州联合农村商业银行股份有限公司安吉绿色支行以"深化转型、强化创新、控好风险、加快发展"为全年工作方向,推动业务转型,提升资产质量,强化管理基础,抓好队伍建设,营造良好文化。年内坚持服务地方经济、支持小微实体经济、践行普惠金融,通过构建"小而精"的产品体系、"小而准"的服务体系、"小而快"的客户体验和"小而深"的服务力度,推动普惠金融在"三农"和小微实体经济领域的深入发展。存款增长保持稳定。截至2019年12月底,支行各项存款余额10.70亿元,比年初新增2.52亿元,增幅30.81%,其中储蓄存款2.57亿元,比年初新增0.22亿元,对公存款8.13亿元,比年初新增2.30亿元。贷款增长态势良好。各项贷款余额31.79亿元,比年初新增9.40亿元,增幅41.96%。其中1000万元以下小微企业贷款时点数为8.09亿元,比年初新增1.83亿元。

【增量扩面工作】 开展阶段性活动,扩大基础客户群体。作为异地支行在渠道建设不畅的情况下,开展走千访万、比学赶超等阶段性营销活动,明确主要以扩大基础客户群和经营性贷款客户的现金流为主要存款来源。截至2019年12月底,支行各类客户开户29217户,比年初新增6255户,增长27.24%;支行各项存款余额10.70亿元,比年初新增2.52亿元,其中储蓄存款2.57亿元,比年初新增0.22亿元,对公存款8.13亿元,比年初新增2.30亿元。融入社区开展活动,坚持普惠金融方向。开展如桐庐农商行江南支行学习座谈会、银湾村"杭联杯"门球联赛、黄杜村乡村体育节、走访慰问困难家庭、多次商场车站宣传活动、孝源街道孝源村签约会、递铺街道万亩村签约会等多种合作模式的银企对接形式,搭建平台批量营销客户。同时,在ETC业务营销中,支行实行分小组积分制竞争,在逆境中寻突破,全员开展营销,日拓与夜拓并进。注重实体企业和农户信贷投放,贷款投放以小微企业和农户经营性贷款为主。支行班子成员带领营销人员深入一线开展营销走访活动,以抓好基础客户积累、解决辖内客户金融需求、维护好存量客户以及拓展新客户为工作目标，做好增量扩面工作。围绕绿色金融、绿色信贷的发展方向，坚持“做小、做精、做散”的信贷服务理念，逐步占领市场，推进社区银行建设总体战略。截至 2019 年 12 月末，支行全年企业用信户数 357 户（含个体工商户），比年初净增 48 户，完成全年任务的 178%；个贷户数 3195 户，比年初增加普通贷款户数 466 户，完成全年任务的 237%；国际结算量完成 14142.57 万美元，完成全年任务的 141.43%，新增国际业务企业开户 27 个，均超额完成年初制定目标任务。

【风险管控】　支行从年初开始，对各类授信和用信业务进行“信用风险专项排查”“操作风险专项排查”对排查过程中发现一些问题，及时采取化解与防范处置措施；强化员工“三尽职”执行力，严格落实贷款“三查”制度，坚持依法合规经营，重点对贷款主体准入、用途合规、面签落实、资金去向、流程规范方面进行重点落实，严防各类操作风险。加强信息收集跟踪，采取多种方式做好不良贷款清收。截至 2019 年 12 月末，支行不良贷款余额 726.51 万元，不良率为 0.25%，比 2018 年同期实现“双降”，资产状况良好。

【绿色金融发展】　支行自 2018 年初提出创建“绿色支行”以来，如何做好“绿色”转型升级一直是重点工作。主要从具体业务营销模式创新、工作计划制定、绿色产品体现、具体绿色项目推进等多方面推进绿色金融工作。2019 年，支行贷款总额 317942.57 万元，绿色贷款 161118 万元，总绿色贷款占总贷款余额比例为 50.67%。绿色贷款比年初增长 80560 万元，占比增长 14.7%。12 月 18 日，杭州联合银行安吉绿色支行挂牌成立。

【运营管理】　2019 年度，支行运营部门针对上年度的整理操作风险中的要点，每季度形成《运营督查通报》，向部门员工进行解读和共同学习，并形成探讨和考试机制，保证对每个点的注意事项控制到位。业务经办过程中，针对每个员工，特别是新员工的业务差错和操作规范，用以老带新的方式做好传帮带，开展一对一的指导和帮扶，在操作节点上为员工树立正确意识，降低操作层面带来的风险。在日常工作中，按照总行要求结合支行实际开展反洗钱、防范电信网络诈骗、绿色金融、金融消费者权益、存款保险、征信合规、最多跑一次改革等各类宣传活动；加大反洗钱、专用存款账户、理财双录专区、运营基础等级工作回头看等一系列风险自查排查工作；积极认真梳理向总行及监管部门报送的各类数据及报告，响应总行管理的日常工作，并做好内部的传达和督导，有错必纠，快速整改，及时上报。

【队伍建设】　做好人员梯队培养。支行开展各类培训学习活动，加强人员队伍建设。2019 年有 5 名新员工，双聘定岗后扩充支行营销队伍，支行对团队重新进行区块划分，优化营销结构；强化员工对制度的学习，日常利用每周例会开展业务知识、业务技能等方面的培训。强化员工内部管理工作，特别是内控管理、风险防范、优质文明服务、员工行为等方面。开展各

3 月 25 日，杭州联合银行安吉绿色支行与孝源街道孝源村签订党建共建联动新模式

类交流学习及文体活动,年初组织客户经理赴桐庐农商行江南支行进行学习交流。做好案件防控工作。加强员工行为动态关注,开展员工贷款和异常情况检查。通过部分员工交流,对一些苗头问题说清楚,纠错纠偏。对平安综治、安全生产、消防工作责任层层落实,及时传达各类安保动态和案情通报,加强安全保卫知识的培训与学习,开展突发事件应急处置、消防等演练工作。

【孝源街道党建共建联动新模式签约】 3月25日,杭州联合银行安吉绿色支行与孝源街道孝源村签订党建共建联动新模式。支行将发挥金融工作优势,帮助孝源村推进乡村振兴、助推农村农民创业创收,共建安吉美丽乡村。支行安排一名联络员联系孝源村支部党委互助工作,帮助开展农村普惠金融、留用地项目合作等工作,为孝源村增强经济发展后劲出谋划策。在业务模式创新上,支行与乡镇党委以及村级基层党组织联系,采用"党建+"模式在农村推广绿色金融,截至2019年底,安吉绿色支行分别与安吉县天荒坪镇党委、安吉县上墅乡党委、安吉县孝丰镇党委、安吉县孝源街道党委、安吉县梅溪镇党委、安吉县溪龙乡党委、安吉县天子湖省际产业转移示范区党委、安吉县孝源街道孝源村、安吉县递铺街道万亩村等各级党委、党支部进行"党建共建"签约。

【杭州联合银行安吉绿色支行挂牌成立】 为助力新农村建设、特色产业、城乡经济协调发展,融入绿色发展大局,12月18日,杭州联合银行安吉绿色支行挂牌成立。安吉县政府县长杜尉栋、安吉县发展和改革局局长童师祥、安吉经济开发区党工委副书记、管委会常务副主任沈强、安吉县发展和改革局副局长韩凌云、安吉监管办主任徐华君、人民银行安吉县支行行长王金胜,杭州联合银行安吉支行董事长张海林、行长助理张平、安吉绿色支行行长陈国强等出席挂牌仪式。杭州联合银行与安吉县人民政府签订绿色普惠金融战略合作协议,杭州联合银行安吉绿色支行与安吉县经济开发区管理委员会、安吉县电子商务协会、安吉县台州商会等单位签订全面金融业务战略合作协议。安吉绿色支行与中共安吉县新生代企业家联谊会党支部、安吉县台州商会、安吉县电子商会协会签订党建共建、授信签约协议。

(许亦贝)

12月18日,杭州联合银行安吉绿色支行挂牌成立

·浙江安吉农村商业银行股份有限公司·

【概况】 2019年,安吉农商银行坚决扛起"乡村振兴主办银行"的责任担当,推进绿色普惠金融发展,把行党委确定的战略蓝图和各项任务落到实处,实现自身发展和服务县域经济社会发展的双赢。存贷业务稳步增长。截至2019年末,各项时点存款余额262.47亿元,比年初增加30.69亿元,增幅13.24%;日均存款余额253.62亿元,比年初增加29.19亿元,增幅13%;储蓄存款161.22亿元,比年初增加16.59亿元;对公存款101.25亿元,比年初增加14.1亿元。各项贷款余额195.54亿元,比年初增加31.92亿元,增幅19.5%。资产质量持续向好。五级不良贷款余额1.81亿元,不良率0.92%,比年初分别下降0.02亿元和0.2个百分点。逾期60天以上贷款以及逾期3期以上的按揭贷款全部纳入不良,逾期贷款纳入关注类贷款管理,信贷质量和风险总体真实可控。关注类贷款占比3.3%,较年初

下降0.52个百分点，贷款风险分类向下迁徙的压力减小。经营效益保持稳定。全年实现各项收入15.92亿元，同比增加1.54亿元；账面利润4亿元，同比增加0.39亿元；实际利润5.96亿元，同比减少0.77亿元；成本收入比35.86%，同比上升0.08个百分点。2019年缴纳税收1.85亿元。

【服务乡村振兴】 2019年，安吉农商银行全面落实党建引领金融助推乡村振兴五年行动计划，设立1000万元助学助教基金和1000万元彩虹慈善新时代文明实践基金，投放1亿元乡村振兴专项资金和2亿元“消薄”低息贷款，支持59个村推进消薄项目，助力安吉县完成消薄目标。金融服务乡村振兴主要做法得到省农信联社理事长王小龙、湖州市市长钱三雄、安吉县委书记沈铭权等主要领导的批示肯定。

【绿色普惠金融】 安吉农商银行出台绿色普惠战略定位实施方案，全面建立绿色金融业务专项考核机制，实现绿色信贷全流程管理，推动“绿色普惠标杆行”战略落地。创新“个人绿色积分体系”和“绿色工厂贷”“绿色信用贷”等16款绿色信贷产品，发放绿色信贷60.5亿元（湖州市口径），绿贷通平台授信1264户、金额44.8亿元，获湖州市2019年度绿贷通平台推进工作先进单位。在全省178家法人机构绿色金融季度考核中取得一个第一、两个第二的优异成绩，并作为全国小法人银行唯一代表参加库布其国际沙漠论坛并作经验交流。

【稳固农村市场根基】 开展“大走访”，累计走访自然人15781户、企事业单位4813户，农户贷款授信面和用信面分别达到84%和37%；试点上线个人贷款保证保险，为30万以内小额贷款客户解决“担保难”问题。

【风险管理】 抓好信用风险管理。加强风险排查，完善不良贷款、潜在风险贷款、诉讼贷款、核销贷款等7类工作台账，严控不良反弹势头。加强不良处置，组织开展不良资产“清收风暴”专项行动。截至2019年末，累计处置化解不良贷款20875万元，其中通过现金清收5135万元，另收回已核销贷款2174万元。抓好员工行为管理。明确“十个严禁”，组织4场“大学习”考试，要求员工掌握应知应会知识。持续探索员工行为管理手段，深化违规积分管理、廉洁档案管理、8小时外动态排查等措施。开展员工行为专项排查，召开三次正风肃纪弘扬正能量会议，从源头上管好人的风险。抓好合规风险管理。开展“乱象整治提升年”和“巩固治乱象成果促合规建设”活动，并充分发挥党总支在检查中的作用。开展流程贯通和挑刺行动，对部分工作流程进行优化和调整。开展反洗钱工作审计、监管重点领域审计等42项审计项目，累计经济处罚180人次、金额22.55万元。抓好资金业务管理。引入外部信用评价机构，建立白名单投资库；调整资产结构，特定目的载体投资比年初减少6.88亿元，降幅34.27%；加快理财业务转型，严格执行理财压降计划，发行7期净值型理财产品。

【业务开展】 抢占社保高地。及时召开全行动员推进会，作出全方位的战略部署，成立专项领导小组、宣传报道组和系统推进保障组，配套出台一系列考核激励措施和应急处置预案。全行干部员工发扬不畏艰辛连续作战的精神，社保卡信息采集量突破35万户，市场份额占比84%，位列全市金融机构第一位。抢占场景高地。打造智慧交通，实现城区公交移动支付30.35万笔，ETC比年初新增43148户；打造智慧医疗，开通电子社保卡移动支付项目，试点上线丰收互联智慧医疗项目，在全县卫生院布放自助终端；打造智慧停车，实现3800个停车位智能收费，对接上线“浙里停”和扫码付；打造智慧校园，在7所学校上线智慧校园项目，发行新一代金融校园联名卡。抢占渠道高地。推广公务卡、村务卡、居务卡三项公务消费信用卡，累计发行丰收信用卡65947张，比年初新增11883张，实现利息费用收入7577万元；大力推广“一码通”，新增交易金额46.72亿元，沉淀资金5.46亿元；推广“浙里贷”，授信2159户、金额3.41亿元，用信1610户、金额2.14亿元。

【党建工作】 联合安吉县委组织部（两新工委）联合下发，完成与196个村（社区《关于推行农商行与基层党组织开展党建共

3月26日，安吉农商行机关党总支与浙江恒林股份党委共同开展党建缔结签约暨金融知识讲座

建推动金融更好服务乡村振兴的通知》)、17个乡镇(街道、园区)和28家企业党组织的党建共建工作，开展共建活动222次。选派17名优秀的支行负责人担任“乡村振兴顾问”，列席乡镇(街道)班子会议。开展“不忘初心、牢记使命”主题教育，学懂弄通做实习近平新时代中国特色社会主义思想，坚定理想信念。班子成员围绕“党建联盟建设、普惠金融、转型发展、风险防控、队伍建设、清廉银行建设”等重点课题开展调研，全行完成“深调研、解难题、促发展”调研课题48项。全面自查和整治12个方面的问题，完成边学边改项目15项。制定《基层党支部规范化建设指导意见》《支部主题党日活动指导意见》《党员组织生活会制度》等指导性文件，并邀请县委组织部专家开展党务工作者业务培训。完成22家支部党员活动室标准化建设，党群服务中心阵地建设入选省联社《党建好案例》。邀请中央党校副教授李双套到行上专题党课，组织开展军训外拓、革命基地教育、向吕挺烈士学习等活动，成为中国思想政治研究会理事单位，获“浙江金融先锋号”称号。开展“高质量发展”思想大讨论、“绿水青山映初心”七个一系列活动，举办“最美奋斗者”颁奖，冠名“浙江男篮超级联赛”并夺得冠军。

【“村务卡”首发暨“政村直联”试点启动仪式】 2月22日，安吉县村级非生产性开支“村务卡”首发暨“政村直联”试点启动仪式在孝源街道举行，各部门相关负责人共同协商，开展村级公务卡试点工作。作为本次的发卡银行，安吉农商银行已为全县188个行政村的523名村级工作人员发放“村务卡”，实现“村务卡”乡镇全覆盖，为村级集体资金往来可留痕、可查询、可追溯的全过程监管打下坚实基础。据悉，为了防止村级干部“微腐败”，安吉县推行村务卡结算制度，村务支出一律不得签单挂账，以刷卡结算替代原有的现金结算，助推村级账户支付零现金、零负债、零账外支出，让村干部因公使用资金更加便捷，确保村级资金管理全程留痕，加强农村集体经济组织“三资”规范化监督和管理，推动农村经

2月22日，安吉县村级非生产性开支“村务卡”首发暨“政村直联”试点启动仪式在孝源街道举行

济健康、和谐、可持续发展。同时,全县在实行村务卡结算的基础上开通“政村直联”系统,对村级非生产性开支进行合理监督,乡镇(街道)“三资”中心通过该系统实现实时网上审批,加强和规范村级财务管理,探索阳光村务。

【安吉农商银行在全国首创的“绿色信用贷”纯线上信贷产品上线】 2019年4月,安吉农商银行在全国首创的“绿色信用贷”纯线上信贷产品正式上线,截至2019年底,已为711位客户授信5875万元,并于上线当天发放贷款115万元。“绿色信用贷”产品依托于“绿色个人信用积分”管理系统,该系统已与县内城市综合执法局、长运公司等单位达成数据共享合作,只要积累到绿色个人信用分,就可获得授信额度,最高可达30万元。积分越高则贷款利率越优惠,最低可执行中央人民银行规定的基准利率。“绿色信用贷”授信额度、利率幅度,都要根据客户本身的绿色个人信用积分而定,积分又由绿色出行、垃圾分类、绿色公益、自助业务办理等8种低碳环保绿色行为采集建模折算形成。全年纳入信用评分的客户超过9万人,总计绿色积分25万分。

【办理湖州地区首笔“和谐乡村丰收保”】 为助力破解“三农”融资难题,省农信联社与中国人民财产保险股份有限公司合作,联合推出“和谐乡村·丰收保”组合保险业务,并将安吉农商行、瑞安农商行作为首批先行试点行进行上线推广。5月17日,安吉农商行通过综合前端系统成功办理湖州地区首笔“和谐乡村·丰收保”组合保险业务。该保险业务主要针对单户贷款金额不超过50万元的自然人客户,包括个人贷款保证保险和借款人意外保险两块保险责任。保险金额为贷款本金或贷款本金加一个月利息,以贷款到期日为保险止期。保险费率原则上一年期贷款的保证保险费率不超过1%,两年期贷款的费率不超过1.5%,三年期贷款的费率不超过2%。首笔“和谐乡村·丰收保”组合保险电子保单的开出,实现由单一线下出单转变为线下线上的双重出单;同时,通过与保险公司合作采取风险共担的形式,为解决“三农”及小微企业融资难、担保难问题拓宽融资渠道。

【参加库布其绿色金融峰会并作践行绿色金融经验交流】 7月27—28日,第七届库布其国际沙漠论坛在内蒙古库布其召开。安吉农商银行作为践行绿色金融的地方性小法人银行的唯一代表,以《绿色普惠金融支持地方绿色农业发展》为题在大会上作经验交流。根据安吉绿色农业产业发展情况,从理念、架构、机制、产品和文化等方面详细阐述安吉农商银行引导农户发展绿色经济、支持农业产业绿色发展、给予绿色农业项目支持等方面的具体举措,得到国内外领导和专家的肯定和赞赏。

【两项产品获“湖州2019绿色金融创新案例”】 11月8日,由CFA Institute和湖州市国家绿色金融改革创新试验区建设工作领导小组办公室主办,湖州南太湖绿色金融与发展研究院承办的2019中国(湖州)绿色金融论坛在湖州召开。安吉农商银行“银行卡加载积分助推农村垃圾分类”和“个人绿色积分体系”两项产品双双荣获“创新案例”,为全国绿色金融的全面发展提供安吉经验。2019年,安吉农商银行将绿色金融的服务对象逐渐从小微企业延伸至自然人客户,由此创新“银行卡加载积分助推农村垃圾分类”以及“个人绿色积分体系”两项典型案例,并推进消费金融向绿色消费市场过度拓展。安吉农商银行尝试与第三方环境科技公司合作,通过银行卡加载积分的创新做法主动参与其中,同时围绕自然人更多的绿色行为习性、以“绿色信用”的理念着手打造“个人绿色积分体系”,率先开展农村生活垃圾分类工作。

【携手县第七小学成立全县首个垃圾分类“绿币银行”】 11月15日,安吉农商银行携手第七小学举行党建联盟签约暨垃圾分类“绿币银行”成立启动仪式,标志着全县首个垃圾分类“绿币银行”正式成立。垃圾分类“绿币银行”旨在通过积分奖励、赠予书券的形式,激励学生主动对垃圾进行分类,尽力破解垃圾分类长期存在的“痛点”和“难点”问题。同时,以学生为纽带,通过“小手拉大手”带动家庭积极参与垃圾分类,树立生态文明价值观,带头践行绿色生活方式,让

11月15日，安吉农商银行携手第七小学举行党建联盟签约暨垃圾分类“绿币银行”成立启动仪式

绿色、低碳、公益成为更多青少年的时尚追求。

（邱梦宇）

·浙江安吉交银村镇银行股份有限公司·

【概况】 2019年，安吉交银村镇银行有综合管理部、授信管理部、风险合规部、预财营运部、业务管理部5个管理部门，有业务发展部、营业部、梅溪、孝丰、天荒坪、天子湖6家经营单位，共有员工103人。作为一家新型农村金融机构，围绕安吉县产业结构、经济发展状况和金融服务需求，坚持“以市场为导向、以客户为中心”的经营方针和“服务‘三农’、稳健经营、争创一流”的经营理念，依托交通银行强大的品牌、资金、网络和技术支持，发挥自身的体制机制优势，推进“支农支小”业务。截至2019年末，贷款总额10.41亿元，存款总额10.42亿元。

【公司治理】 安吉交银村镇银行注册资本金1.8亿元。建立股东会、董事会、监事会、经营层等机构为主体的公司治理组织架构。2019年，按照监管要求修订了公司章程，设立监事会并选举监事长，出台实施经营机构分类管理办法、定岗定编等制度。

【业务发展】 2019年，安吉交银村镇银行制订“三年发展规划”，以“耕耘竹乡”精品工程为抓手，有针对性地谋划布局“村镇通路线图”。初步建立全套业务机制，实施农户信息采集、农户预授信、集中办贷、业务联络人、“村银之家”金融便民服务点、党建结对村、客户经理“驻村蹲点”等一系列举措。尤其是个人农户贷款提质增速明显。

【党建工作】 2019年，安吉交银村镇银行将党建引领内容纳入公司章程，重点开展“不忘初心、牢记使命”主题教育活动。同时，为加强党建与经营管理工作相融合，将原有的三个党支部调整划分为六个党支部，行党委班子成员深入基层分别联系两个基层党组织，抓工作抓整改，广泛了解支部党员思想状况，形成常态化机制。

【内控管理】 安吉交银村镇银行内控合规持续加强。以监管“三个年”活动为抓手，做好整章建制，建立和完善相关办法17个；持续深化乱象治理活动，加强审计力量，增设风险、贷后等风控岗位，开展各类信贷、风险、员工行为排查。为充分激发前台人员工作积极性，对客户经理考核进行全面改革，由原来的等级制改为全员全产品计价制。

（陈　甫）

保　　险

·中国人民财产保险股份有限公司安吉支公司·

【概况】 2019年，中国人民财产保险股份有限公司安吉支公司（以下简称人保财险安吉支公司）坚持稳中求进工作总基调，坚决贯彻新发展理念，不断深化保险供给侧结构性改革，围绕集团“3411工程”和公司“十项重点”，深化改革、加快发展，推动全面从严治党。是年，人保财险安吉支公司保费迈入3亿元，实收保费31432万元，增幅15.44%，超市场6.95个百分点，市场份额46.37%，同比上升2.79个百分点，稳居全县财险公司之首。全年共支付赔款2.12亿元，全年缴纳税费964万元，缴纳代收车船税1757.2万元，为助力安吉县经济社会发展作出贡献。

2019年，是中华人民共和国成立70周年，也是中国人保建司70周年。人保财险安吉支公司开展“不忘初心、牢记使命”主题教育，坚持用习近平新时代中国特色社会主义思想武装头脑，悟初心、守初心、践初心，强化使命担当，把主题教育融入人保事业，保持“人民保险，服务人民”的政治本色；把主题教育融入公司发展，激发推进“3411工程”“十项重点”落实的热情和干劲；把主题教育融入机构改革工作，引导党员干部以强烈的政治担当拥护支持公司改革；把主题教育融入基层党组织建设，促进基层党建工作全面加强、全面过硬；把主题教育融入巡视整改，营造良好政治生态。

【开展警保合作】 2019年，国家电动自行车新标准自4月15日起实施，为规范电动自行车管理，提升电动自行车驾驶员的安全意识，规范车辆登记上路，公司积极响应该政策，配合公安交警部门开展全县二轮、三轮电动车的备案登记工作。各乡镇农网经理及农村协保员走村串户发放备案登记宣传册及操作手册，配合交警部门及部分乡镇街道开展电动车备案登记工作推进会，现场答疑等方式向群众宣传电动车防盗备案登记管理工作。通过在全县各乡镇村、街道社区、小区、企业、学校等驻点开展备案登记工作，完成全县超17万辆的二轮电动自行车以及3万余辆的三轮电动车的过渡期备案登记，发放安全头盔8万余顶，安全反光条90余万条。为持续深化与公安交警部门的合作，双方签订“警报联动”战略合作协议，推动“放管服”改革工作向前迈进。

【应对“9·6”暴雨理赔】 9月6日，安吉局部出现大暴雨—特大暴雨，来势猛、强度高，受灾大。安吉支公司迅速成立15个车险应急小组，8个非车险应急小组，3个农险理赔小组，全省调度12辆施救拖车、5辆查勘车及10名理赔人员，实行统一调度，奔赴不同的受灾地区开展理赔查勘工作；同时，启动暴雨大灾应急预案，梳理理赔流程，简化理赔手续，确保快速赔付。为减少车主往返奔波，提高理赔效率，公司运用科技手段，加强“线上报案”和“线下查勘”的融合，派驻定损组驻扎各家修理厂，进行一站式定损。此次台风，公司共计支付各类赔款3500余万元。

（王启雯）

9月11日，交警大队联合中国人保财险安吉支公司举行“警保联动”战略合作协议签约仪式

·中国人寿保险股份有限公司安吉县支公司·

【概况】 2019年，中国人寿安吉县支公司在“队伍为基、价值经营、市场引领”发展主题指引下，有效应对市场形势变化，全面加快发展，业务、队伍齐推进，规范经营，健康发展，使公司自身能力稳步提升，各项核心指标在全市处以领先地位。安吉县支公司下辖6个机构网点，共有员工45人（其中劳务派遣16人），从业代理业务员1100人，为安吉服务最全、网点最多的综合性寿险公司；自分业经营以来，业务稳健发展，特别是通过近几年的发展，安吉个险发展成为全市系统综合考评第一的县支公司，现有个险营销人员1000余人。经过连年的增长，公司总保费已突破4亿，较2014年增长144%。公司经营指标综合考评近3年来均为全市系统第一名。截至2019年12月31日，安吉公司共实现总保费收入43537.58万元，同比增长10.16%，市场份额

32.28%;其中个人营销39306.06万元,团体业务1263.65万元,银行代理业务2967.87万元;共处理理赔案件7306件,理赔金额3190.83万元。

近年来安吉县政府逐步加大绿色金融惠民保险的推广力度,中国人寿安吉县支公司积极响应政府需求,快速开展与全县各级政府机构的业务合作,在全县各乡镇街道、各行政村社区,走访宣传老年人意外险及骨折补充险、社保补充险、计生系列保险、残疾人意外险、残疾人医疗基金、旅游意外险及农家乐系列保险。同时与教育局沟通,一如既往的做好学平险服务工作,和政府各级机构部门建立良好的合作关系。通过服务比拼,创新争优,补充老百姓的保障需求。

推进科技国寿,提升服务能力。2019年,中国人寿安吉县支公司对于客户最关注的承保、理赔、服务等问题,秉承"以客户为中心""简单便捷、友善安心"的理念,推进"最多跑一次",对理赔受理、扫描、审核以及协谈等各环节进行优化,推出"重疾一日赔"服务,配合政府推行"无证明城市"试点建设。借助E平台,打造"互联网+保险"的服务品牌,推广寿险App业务操作,实现手机投保、手机保全、手机理赔一条龙线上服务,24小时系统自动在线,全方面满足客户特别是生存金、满期金、借款、部分理赔款资金及时性的需求,大力推广使用E化,方便客户办理业务,可实现寿险App上操作的已达95%;其中个人无纸化投保率接近99%。

6月3日,中国人寿安吉县支公司冠名举办安吉县"中国人寿杯"首届天赋龙舟邀请赛暨孝丰镇第九届孝文化风情活动之"十里渔村"欢乐游

开展多项增值服务,满足客户多样需求。举办以"牵手国寿共赢未来"为主题的客户服务节,举办精彩纷呈的"小画家"评选活动、保险知识及保险服务进社区、进企业等活动。年内联合县计生协开展关爱贫困儿童"微心愿"活动,联合县慈善总会开展老年人慰问活动。

落实监管政策,狠抓风险管控。中国人寿安吉县支公司高度重视风险防控工作,正确把握金融稳定社会需求,紧紧围绕公司转型升级中的重点、难点和风险点,夯实基层基础,普及风控知识,严格风险管控,坚守风险底线。面对监管体系新变化,适应合规新要求,形成发展新思路,探索管理新方法,提升工作新成效,让风险防控工作与监管政策规定相适应,与强化公司基础管理相融合,与公司健康发展相促进,将依法合规经营融入公司经营管理的各个环节,在服务地方经济和推进安吉金融保险业健康发展中,体现"国寿价值"。

(陈　琳)

教　　育

【综述】 2019年，安吉县有各级各类学校88所，其中高中9所、初中18所、小学27所、幼儿园27所、区域性中心成校5所、广播电视大学1所、特殊教育学校1所；在职教职工5546人，全日制在校学生74438人。全系统坚持“两山”理念，围绕“四大”目标，以“美丽教育”品牌打造为抓手，以“深化改革”为路径，不断加快教育现代化建设，全力推进教育事业绿色和谐发展，办人民满意的教育。学前教育坚持优质普惠办园思路，全县92.5%的幼儿享受低价优质的学前教育；“安吉游戏”被写入国务院报告，被称为“中国学前教育一张靓丽的国际名片”。义务教育以美丽学校创建为抓手，省标准化学校例达95.91%；着力构建“轻负高质”课堂教学模式，义务段省级监测24项指标中22项超省市平均水平，综合列市内第二；安城小学的五子棋、十小的门球、四小的攀岩、七小的空竹等特色课程不断在国际国内比赛中摘金夺银；实验初中邵雨洁成为全国年龄最小的国家象棋女子大师，安城小学邱彧瑾同学成为湖州史上首位棋类比赛世界冠军。普高教育坚持质量导向，着力新高考和三位一体招生的研究，一段线上线人数实现“六连增”，高考一段万人比和增加人数全市领先。中职教育坚持“升学＋就业”双轮驱动，实施“名学校、名专业、名教师”的“三名”工程，职业教育发展考核连续再获省一等奖；职教中心成为世界技能大赛唯一县级集训基地，学生杨应政勇夺第45届世界技能大赛银牌；成功创建全国社区教育实验区、国家级职业教育和成人教育示范县。

· 学前教育 ·

【概况】 2019年，安吉县有幼儿园27所，公办幼儿园23所，民办幼儿园4所，公办幼儿园比例达85%，在园幼儿人数14841人，92.5%的幼儿享受到了低价优

4月10日，安吉县成功入选国家级农村职业教育和成人教育示范县名单。11日，由教育部、科学技术部、农业农村部、国家林业和草原局、国家粮食和物资储备局等五部门联合召开的国家级农村职业教育和成人教育示范县创建工作总结会在广东召开。会上，安吉县被授予“国家级农村职业教育和成人教育示范县”的荣誉奖牌

质的学前教育,省等级幼儿园达100%,省一、二级幼儿园覆盖率85.2%。全县幼儿园教职工1761人,其中专任教师1028人,持证上岗率100%。

2019年,完成良朋幼儿园、嗳咪儿幼儿园省一级评估工作,以及三官分园、雾山分园等8所规模稍大的分园的省二级预评估工作,以创建促办园水平的再提升;加大中心幼儿园建设力度,全面提升农村幼儿园办园条件。截至年底,天子湖高禹中心幼儿园建设工程竣工;昌硕幼儿园、递铺街道中心幼儿园、灵芝路幼儿园新建工程有序推进。加大对村幼儿教学点的建设力度,在科学规划布局的基础上,县财政每年安排150万元专项经费,乡镇(街道)按不低于1∶1的比例配套,对美丽乡村幼儿园建设实施奖励,充分调动村级组织举办幼儿园的积极性。2019年安吉县15个教学点成功通过首批美丽乡村幼儿园的验收。截至2019年9月,已有14所小区配套幼儿园顺利移交并装修开园。香缇溪岸小区配套幼儿园仍在装修施工。

通过完善安吉游戏课程体系,确立安吉游戏课程理念。以“爱、冒险、投入、喜悦、反思”五个关键词为准则,实现师幼共同成长。在安吉游戏课程理念统领下,各幼儿园对课程理念、课程目标、课程内容、课程实施、课程评价、课程管理与保障等基本要素进行合理的规划和梳理,构建和完善安吉游戏课程模式。提升安吉游戏课程实施质量,把教师对儿童发展的能动性作为推进课程领导力的关键进行研训。培养班级老师在安吉游戏课程背景下对一日生活中该做什么和怎么做的决策力,提升教师组织实施适合幼儿园背景、家长背景、孩子背景、班级环境背景的班本课程的能力,使教师成为班级课程的主动建设者,以班本课程推进园本课程的建设。推进安吉游戏教育生态优化。创新家园社区互信共育机制,引导组织家长参与幼儿园课程建设,丰富幼儿园课程内容。让家长、社区公民成为幼儿园课程改革的同盟军。创新安吉游戏课程背景下的幼小衔接举措,主动与小学沟通,建立互通式教研和课程改革机制,实现真正意义上的幼小课程衔接,探索切实有效的幼小衔接途径和方法,为中国幼小衔接改革贡献安吉方案。

2019年4月,分别组织分园、村教学点负责人以及任职2—7年内园长、业务园长进行集中培训,建设一支业务精、管理强的园长队伍,提高学前教育管理整体水平。对全县360名保育员进行分批培训,将科学保育与“安吉游戏”实践相结合,建设一支深谙“安吉游戏”理念的保育员队伍,10月、11月分别组织全县保教主任、后勤副园长进行集中培训,按计划重点加强正副园长管理能力和教师专业提升培训等,以此全面提高师资队伍整体素质。

2018年浙江省教育厅在全省90个县(市、区)设立103所“安吉游戏”实践园,2019年是省内“安吉游戏”实践园推广的收官之年。2019年5月由中联办牵头,在香港成立安吉游戏学习圈,挑选20家幼教机构开始两年的学习,目的是将安吉教育理念结合本地实际应用在幼儿教育工作中。近2年香港已有近千名幼稚园园长和教师到安吉观摩学习安吉游戏,香港的亲子团开始到安吉幼儿园体验安吉游戏。2019年5月澳门也设立2所安吉游戏实践园。据不完全统计,安吉县接待全国各地到安吉学习考察“安吉游戏”幼儿教

5月13日,2019年“安吉.真游戏”国际研讨会在浙江安吉大年初一风情小镇开幕

育的政府领导和幼教界专家学者、一线教师和园长2万余人次。在国际方面,围绕安吉游戏"标准化、品牌化、产业化"的工作目标,2019年首届"安吉·真游戏国际研讨会"在安吉召开。其间,发起"世界真游戏联盟",组建"安吉游戏"模式研究国际专家团队。年内,来自匈牙利、美国、英国等13家教育机构开始实践安吉游戏课程。美国第九区开始将安吉游戏课程带入开端计划项目(开端计划是美国联邦政府规模最大的早期儿童发展项目)。全年"安吉游戏"的国际合作专家和机构(精选)已达40个。同时,安吉幼教多人多次受邀赴多个国家介绍"安吉游戏",多次参加世界学前教育会议并发言。

·基础教育·

【概况】 2019年,安吉县有小学27所(1所民办学校),学生数31429人;初中18所(4所民办学校),学生数13646人,特殊学校1所。全县共有普通高中5所,其中公办学校3所、民办学校2所,在校学生9672人,教职工848人,其中专任教师763人。

【学校德育工作】 搭建学生成长平台。精简《中小学德育(团队)工作考核细则》,下发德育工作行事历,整体规划,按月提供节日清单,供学校参考,提前安排。根据研学文件要求,开展省市县研学基地(营地)申报工作,2019年中南百草园等5家景区(馆)确定为湖州市县首批中小学生研学基地(营地),田园鲁家等4家基地(营地)推荐为省级中小学生研学基地(营地)。优化德育课程品质。2019继续深化德育课程建设,通过校园隐性环境文化建设形成浓厚的德育氛围;通过挖掘整合各学科教学中的德育元素充实德育课程内容;通过不同年级的主题教育和旗下微队会展示等校内校外活动丰富德育课程形式。组织开展小学和初中德育课程的报名遴选工作,共有24所小学,10所初中参与德育课程建设。根据各级教材使用要求统筹整合实施《中医药与健康》(五年级)、《水土保持》(五年级)、《学做文明人》(小学)、《生态文明》(六年级)、《浙江人》(初中)、《湖州—两山思想》(初中)等地方德育教材。提升学生综合素养。借力各部门的资源优势,开展核心价值观教育、核心素养培育和弘扬传统文化活动,有序规划实施法制、公益(慈善)、安全、生态、诚信、自救自护(人防、红十字)、反欺凌、禁毒、反邪教、国防、科普、青春期等各类主题教育活动,参与垃圾分类、文明城市创建,提升学生文明素养,通过学校辐射影响社会文明素养提高。此外,还开展推普周、新中国成立70周年演讲大赛、流动少年宫大篷车进校园、国学小戏班京剧进校园、科普讲座进校园(通过县科协邀请中科院院士到4所学校作科普报告)等活动,参加湖州市"我爱祖国"演讲比赛,2人获一等奖,2人获二等奖。

【教师队伍建设】 完善"精英+普及"型的中小学班主任(德育导师)综合能力大赛模式,组织参加省市班主任综合能力大赛;成立20个班主任工作室和3个少先队名师工作室,发挥名师在德育队伍建设中的引领辐射作用,实现安吉县德育工作优质资源共享;组织开展"打造属于我的1号教室"建班方略比赛。2019年,吴青、周骏等6位班主任获湖州市中小学班主任工作室领衔人。

9月22日,2019"颂祖国 读经典 庆华诞"全县教职工"中华经典"诵读大赛在第三小学报告厅举行

【心理健康教育】 2019年,新增3所学校中小学心理辅导站示范点,进行标准化建设。至此实现全县中小学心理健康标准化辅导站100%全覆盖;完成对214人的C证培训与面试,截至年底,安吉县教师持C证数3090人;做好常规心理教研工作,促进教师成长,在帮助教师提升业务的基础上更好地服务学生,推进珍爱生命教育、抗挫折教育和青春健康教育,加强对单亲家庭、困难家庭、残障家庭、流动家庭、农村留守儿童等特殊群体的心理健康教育,促进学生身心和谐发展。全年教师在市级各项比赛中获一等奖5项,二等奖10项,同时开展县级教研活动15次,健康促进校比例超过50%。

【做好科研服务】 2019年,安吉县共申报县级规划课题148项,个人课题291项。重点关注、帮扶学校高端省市课题的申报、结题相关事宜,对部分有价值、有特色的课题采用管家式全程跟进的方式提供全方位的科研服务,保障安吉县重点科研项目在省市科研评比中的竞争力。全年省教科课题立项5项,省教研课题立项2项。市教科立项41项,市教研课题立项14项,省市教研课题均达到或超过湖州市平均水平。安吉县第三小学张森林老师被评为2019年度浙江省教科研先进个人。

【家校联动机制】 依托家庭教育指导中心,办好各类家长学校,组织开展"家长进家校""家长体验日""家长学分制"等活动,强化对家庭教育的指导。开展家访活动,学校家访率不低于80%,通过家访了解具体情况,密切家校关系,防止学生因贫、因厌学等情况产生的辍学,落实立德树人,加强学校教育。落实《关于做好义务教育阶段农村留守儿童教育关爱工作的通知》,做好新居民子女关心关爱教育,逐步推行积分入学办法。

【少先队工作】 利用开学第一课以及暑期等时间节点,开展"重走两山路"安吉红领巾寻访爱国主义教育基地以及安吉少先队干部新居民公益夏令营等活动,借力安吉争创全国文明城市之机,开展"小小志愿者"等"六小"活动;配合团县委召开安吉县第五次少代会、成立上墅小学"红领巾法学院",开展更多对少先队有吸引力的活动,同时也做好省少工委名师作家进校园及"亲青帮"青少年权益维护推广等工作,重视并发挥少先队工作在立德树人中的独特作用、贡献度和价值创造;调动各类资源支持和帮助少先队组织开展课外、校外、户外教育,同时要求红领巾E站在"青少年综合服务平台"入驻率达100%,新成立少先队改革示范点校外活动阵地5个,青少年观护基地4个,社区少先队阵地6个;第四小学徐永富同学作为全国少先队优秀集体代表参加国庆70周年观礼。

【体育、艺术与科技创新教育】 以全面贯彻党的教育方针、推进素质教育为目标,始终把学校体育、艺术、科技作为教育工作的重要组成部分。坚持贯彻上级文件精神,开展"阳光体育运动"、推进"课外文体活动工程"、深化"体育艺术2+1项目",并将其作为中小学深化素质教育的具体举措和有效载体。2019年,开展中小学生阳光体育竞赛12项,田径为所有学校必须参加项目,其他项目根据学校学生人数选择参加;篮球、足球、排球、乒乓球参与单位均比2018年有所增加,覆盖面达2/3单位以

11月16—17日,安吉县第二十届中小学生艺术节表演类节目比赛在安吉县第三小学举行

上，这也是近几年重点推行四大球赛事的初步成果，全县普及已经基本形成。年内调整增加的小学啦啦操比赛填补学校可展示项目的空白。第四小学、第二初中的攀岩、安城小学的五子棋、第十小学的门球继续在全国、省级比赛中摘金夺银，保持高水平发展。举行以“童心齐颂中国梦——我爱你中国”为主题的安吉县第二十届中小学生艺术节。在2019湖州市中小学生艺术节中，安吉县的表演类节目获7个一等奖，13个二等奖；美术作品类比赛活动获17个一等奖，103个二等奖；在2019浙江省中小学生艺术节比赛中，安吉县的表演类节目获1个一等奖，3个二等奖，3个三等奖，安吉第二初级中学的合唱代表湖州市参加省艺术节展演，美术作品类获6个一等奖，2个二等奖，4个三等奖，安吉县第二初级中学获优秀组织奖；在浙江省第六届“兰亭奖”中小学生书法现场比赛中，安吉县5名参赛选手全部获奖，其中3个一等奖，2个二等奖，位列省市前列。举办“体验·创新·成长”为主题的安吉县第十九届中小学科技节，开展科幻画、科技论文、科技制作、三模、创客等比赛。保障各项经费，完善硬件设施。教育局不断加大投入，完善体育、艺术、科技教育硬件设施建设，确保体育、艺术、科技教育工作正常运行，特别是各校的体育教学条件也得到有效改善。年内安吉县已有54所中小学运动场地塑胶化，根据标准化配备的要求，全县每所学校都在学期开学初增设一批室内外运动器材。县教育局要求各中小学学校将每年公用经费的15%左右投入到学校的体育、艺术、科技教育中，教育局设立体育艺术教育成果经费奖补办法，用于县中小学生艺术节科技节活动、社团建设等；还加大实验室、科技创新硬件建设力度，提高教师的积极性。

【学校卫生保障】 开展心理健康、青春期、禁毒防毒、预防近视等多种健康教育，使儿童青少年掌握常见病防治和卫生保健知识，增强学生自我保健意识，养成科学、文明、健康的生活方式和行为习惯，在各校设立禁毒教育宣传角，聘请专业人员到校讲解毒品危害，组织全县教师参加禁毒教育培训。定期开展心理健康教育，提高学生素质，促进学生身心健康。集中开展心理健康教师资格培训，浓厚师资氛围。

【减轻学生课业负担】 改进学校和学生评价体系。根据教育部颁布的《中小学教育质量综合评价框架》《中国学生发展核心素养》和省教育厅颁布的《浙江省中小学教育质量综合评价指标》，修订义务段学校学年发展性评价办法，将学生发展指标(品德行为、学业水平、学习力、运动健康等10项指标)纳入评价标准；实施《安吉县教育局深化义务教育课程改革考核奖励办法》，每年投入500万元奖励，鼓励学校深化课程改革。根据《浙江省初中阶段学生综合素质评价实施指导意见》制定《安吉县义务教育阶段学生综合素质评价实施方案》，将初中、小学学生的综合素质评价纳入规范范围。鼓励学校改革创新，实施符合学校实际情况的学生发展性评价办法，涌现出第二小学的“七彩阳光少年”评价体系、第四小学的“小凤娃”评价体系、安城中学的“梧桐之星”评价体系、第三初级中学的“星级少年”评价体系等。提升课程教育改革水平。推进义务段学校“微改革”工程。全县义务段学校以“学生饮食健康、住校生管理、家校共育、作业改革、全科阅读、大课间活动、学生综合实践”等为“微改革”实践项目，9月下旬开展以学区为单位的实施方案展示交流活动，并按月统计学校“微改革”实践的宣传报道。项目化深化义务教育课程改革。在2015年12月成立的课程改革九项专题研究的基础上整合成7项专题研究(包括德育课程、课堂改革、全科阅读、作业改革、综合实践、幼小衔接、评价改革)，依托教科研中心加强专题研究的业务指导，开展各项专题研究成果的考核评比、展示交流活动。开展区域“互联网+义务教育”城乡学校结对帮扶工作，组建实验小学—高禹小学、第二小学—良朋小学、第三小学—南北湖小学、紫梅小学、第四小学8所结对帮扶学校。推进区域学生学习力发展工程。依托“搭建区域义务段学生学习力培育平台的实践与研究”课题研究和学校学习力发展指标的考核，构建区域发展学生学习动力、毅力、能力的机制：加强学校落实学生发展性评价机制的考核，激发学生的学习动力；加强学校落实学生学习指导课程开发的考核，关注学生学习品质(学习方法和学习习惯)的培养,发展学生学习毅力;推进“学为中心”理念下的“生本课堂”教学改革,采取点面结合的方式(“点”—组建区域课改联盟学校,“面”—全县各校以试点班级为单位开展实践研究)不断推进课堂教学从“知识立意”向“能力立意”转型,发展学生的学习能力。推进小学段教学质量评价改革。以学生发展核心素养为目标,以发展学生学科关键能力为导向稳步推进小学教学质量评价改革:以县城实验小学、第二小学、第三小学、天略小学部为试点学校,深化“学科分项等级评价改革”;推进全县小学四至六年级以学科关键能力为重点的考试改革;深化全县小学一至三年级以学生能力发展为本的绿色评价改革。出台加强学生管理的若干举措。严格控制学生在校学习时间,有条件的学校尝试弹性上学时间,到校时间可适当延迟,保证学生充足的睡眠时间、充裕的早餐时间、从容的上学时间,促进学生身心健康;加强学生在校管理,有条件的学校实行晚托。控制学生作业负担,小学一、二年级不得留书面家庭作业,其他年级学生平均水平书面家庭作业量每天控制在1小时以内,初中学生平均水平书面家庭作业量每天控制在2小时以内,学校须按年级做好各学科作业的平衡工作。县教育局贯彻落实省教育厅重要文件精神,加强学校规范办学和课程建设的管理和指导,满足学生选课需求。每月定期与不定期开展对学校管理等工作的集中督查调研,重点是工作落实是否到位,是否存在问题,并有效及时反馈,加强整改。

【高中教育】 修订并完善普通高中督导考核办法与教学质量奖励办法,加强对普高学校各项工作的督查和指导。2019年,高考全县一段上线531人,上线人数实现6年连续增长,有50余人被双一流大学录取。

·职成教育·

【概况】 2019年,安吉县有中职学校4所,其中公办学校2所、民办学校2所,在校学生6342人,教职工491人,其中专任教师475人。是年,安吉县职业教育和成人教育深入贯彻全国、省职业教育工作会议和全县教育发展大会精神,全面落实县委、县政府提出的“职成教育,国内知名”的目标,以《安吉县“职成教育,国内知名”三年行动计划(2018学年—2020学年)》为抓手,积极实施乡村振兴行动,实施国内品牌战略,为建设中国最美县域提供高质量技能人才。

安吉职教中心学生杨应政参加在俄罗斯举行的第45届世界技能大赛,夺得管道与制暖项目银牌,实现湖州市参加世赛奖牌零的突破,省人民政府分别给予安吉高级技工学校(安吉职教中心)、参赛选手杨应政和专家教练叶锏记二等功1次。省13届电子商务大赛一等奖1个,省中职职业能力大赛二等奖1个,三等奖4个,省创新创业三等奖

12月,安吉职教中心张齐齐、戴家平、杨兴国和蔡汉奇4名教师代表浙江省参加2019年全国中职学校教师信息化教学设计和说课大赛,共斩获两金两银

2个,省文明风采二等奖2个。全县高职考本科上线37人,比2018年增加11人,超过省万人上线比例。建立有效激励机制,教师参加技能竞赛取得优异成绩。在全国竞赛中获得全国中职教师信息化教学设计和说课活动一等奖2个(职教中心张齐齐——计算机,职教中心戴家平——机械),二等奖2个(职教中心杨兴国——物理,职教中心蔡汉奇——汽修)。在省级竞赛中获得省13届电子商务赛一等奖2个,二等奖2个;省中职教师信息化设计和说课比赛一等奖1个,二等奖3个,三等奖3个。

争取省教育厅支持,实现职教中心与浙江科技学院合作,设立中职与应用本科一体化培养专业1个。中高职一体化培养专业新增1个。中德合作办学1个。中国美院安吉教授工作室活动丰富多彩,开展培训、讲座、研学等活动12次。年内创建国家级职业教育和成人教育示范县。创建省级中职质量提升项目5个(职教1个,成教4个);"三名工程"届中考核优秀1个,良好2个。招收四川省凉山州木里县学生10人到职教中心学习。招收四省80县建档立卡贫困家庭学生到安吉县中职学校就读149人。全年开展培训21.6万人次,超过省定标准33个百分点;获各类培训补助217万元。连续获得中国农村成人教育优秀品牌项目1个,全国社区教育示范街道2个,全国城乡社区教育特色学校2所。

·队伍建设·

【概况】 2019年,实施机关党建创优、学校党建创强、职成党建创新的"三创工程",开展2650名党员"党性体检、民主评议"活动,组建70余支党员志愿者队伍;召开党建推进现场会,建设命名25个美丽党建示范点;2名党员教师取得中小学正高级教师职称,建成32个名师名校长工作室,带动全县教师比学赶超,727名教师获2019年省、市、县各类先进荣誉。在选人用人上重点聚焦政治强、业务精、纪律严、作风正、有担当、能作为的干部,在选拔过程中既充分听取基层干部教师意见,又注重民主评议、同时也充分听取监审科及分管党风廉政领导的意见,做到用必查、查必严、程序合规、提拔公开。全年提拔校级领导24人(其中正职5人,副职19人)。

2019年,安吉县47所公办高中和义务段学校全面实施教师县管校聘管理改革工作,3225名教师参与竞聘上岗,173人实现跨校竞聘上岗,7人组织调剂上岗,解聘11人。校长职级制有限扩面,将中小学校书记纳入实施对象,总人数73人。新教师招聘报名人数再创历史新高,达1498人,比2018年增加183人。新录用教师143人(普高8人、职业高中8人、初中小学102人、幼儿园25人)。

2019年,安吉县程学琴获"全国教育系统先进工作者",叶军获"全国模范教师",戴泽华获"全国优秀教师"称号。储天虎、王珍获省教坛新秀,叶冬意、盛奕获市名校长,张卫其、叶军入选市南太湖本土高层次人才特殊支持计划教育领军人才。另外,获得市春蚕奖2人,红烛奖2人,教坛新秀10人,突出贡献集体5个,突出贡献个人18人。8月,开展"名教师名校长系列"评选活动,评选出学区级学科带头人100人、优秀校长33人、优秀中层干部50人,校级优秀班主任129人、优秀教师150人。22位县级名师(含4名特级教师)和4位县级名校长工作室共结对150余人次,累计开展活动260余次。

·教育保障·

【概况】 2019年,经县发改局批复实施的政府投资新建项目有11个,分别是县民生改善工程、紫梅小学、高禹小学、第八小学、天荒坪中心幼儿园、灵峰中心幼儿园、龙山庄园小区配套幼儿园、恒隆府小区配套幼儿园、香缇溪岸小区配套幼儿园、幸福里小区配套幼儿园、晓墅幼儿园钱坑桥分园建设项目;续建项目有4个,分别是安高综合楼、第三小学、第五小学、城北小学建设项目。其中县重点项目2个,分别是城北小学、第五小学建设项目。市民生实事项目2个,分别是幸福里小区配套幼儿园、龙山庄园小区配套幼儿园建设项目。全年有5个教育项目按时建成并投入使用,分别是第三小学、第五小学、龙山庄园小区配套幼儿园、幸福里小区配套幼儿园、恒隆府小区配套幼儿园。县民生改善工程项目进入财政部PPP项目库,启动社会资本方采购工作。同时督促属地政府有效推进4个项目建设进程,分别是第四初中、第八小学、灵峰中心幼儿园、天荒坪中心幼儿园、晓墅幼儿园钱坑桥分园建设项目。

3月18—22日，2019年全省教育督导工作会议暨督导科长培训班在安吉县举行

2019年，完成安吉县所有学校万兆网链路接入的升级改造，并进行IPV6的升级部署，实现城域网IPV4和IPV6双栈支持。同时还建立内网域名系统，相关应用已实现基于IPV6的域名解析，率先完成万兆网及IPV6应用改造的省考核要求。

完成县教育中心机房的迁建工作，完成县教育局网络视频直播室的建设工程；完成5个精品录播教室（安吉高级中学、实验初中、梅溪中学、第四小学、第七小学）；2个简易录播教室（第三中学、安城小学）；8所“互联网＋义务教育”结对学校互动课堂项目（实验小学、第二小学、第三小学、第四小学、紫梅小学、南北湖小学、高禹小学）；完成5所学校的广播系统改造（第二中学、安城中学、皈山中学、良朋小学），完成全县654台电脑，129套多媒体装备，完成10所分校及幼儿园的无线部署（城南小学、灵峰小学、白水小学、下汤小学、赤坞小学、缫舍小学、磻溪小学、实验幼儿园、机关幼儿园、孝丰幼儿园），完成5所学校总控室的改造（皈山中学、高禹中学、南北湖小学、杭垓小学、递铺小学）。

做好“一师一优课、一课一名师”、浙江省数字资源基地校、教师特色空间、学校空间建设、互联网＋义务教育等活动的技术服务工作；通过电子白板、互动课堂等培训，推进智慧课堂和智慧校园的建设工作；依托培训、比赛等活动，不断促进教师信息技术素养的提升，使之尽快服务于课堂教学，从而推进智慧教育的发展。

2019年，完成的20个功能室建设：五个数字实验室（孝高、孝中、梅中、二小、七小）、2个电子阅览室（天小、四小）、2个航模教室（良中、高中）、1个小学科学实验室（十小）、1个竹木工坊（二小）、1个STEM教室（二小）、8个音乐教室（杭垓小学、第八小学、第七小学2、梅溪中学3、天荒坪小学）。

做好2019年湖州市初中毕业生实验操作考试仪器筹备、考点检查、考务安排、漏考补考等相关工作，以推动初中科学实验教学的应用与管理。并对实验室危化品和废物进行统一处理。

完成图书馆自动化管理系统升级改版和使用培训工作。完成省补书香校园图书和县补香校园图书的征订采购工作。完成县书香少年的评比工作（78名）、市级书香校园（报福中学、杭垓中学）、市书香少年的（16名）推送工作。加强中小学图书馆管理人员培训，协助人力资源中心开展好图书管理员的培训工作、组织骨干人员参加省图书管理培训班，提升图书馆管理人员的素养。

·教育改革·

【概况】 2019年，在县委教育工作领导小组的领导下，县教育局大力推进教育改革。这些改革举措以办人民满意的教育为目标，涉及党建、人事、教学管理、办学机制、招生制度、评价制度、教师关爱、民办教育发展等方方面面。

【优化管理机制落实责任】 安吉县委成立教育工作领导小组，县委副书记任组长，组织部部长、宣传部部长、分管教育副县长任副组长，县财政、发改、人力社保等18个部门一把手任组员，明确每半年召开一次领导小组会议，研究、审议、部署、协调

9月9日，安吉县召开全县教育大会

全县教育工作重大问题；2019年5月，召开上半年暨第一领导小组会议，制定议事规则、明确部门任务，审议并通过"4+4"文件（4个政策性文件、4个质量提升专项行动方案）。教育局班子成员领衔学区，局长和班子成员、班子和联系学区、学区和学校分层签订责任书；创新设立校长职级制，全县68名校长分别获初级、中级、高级三级六档职级；全面推行党组织领导下的校长负责制，选取教科研中心等5家单位重点推进；小学和学前学后托管全覆盖，着力解决"三点半"难题；出台学生流动内控政策，严控生源外流，严禁违规外流；下半年，全面实行教育"微改革"，围绕社会关注、群众关切的难点、痛点、堵点，设立微改革项目库，学校自主申报、捉对比拼。

【抓实人事改革破解师资难题】 开展县管校聘，所有公办学校全覆盖，通过县管校聘，出现四个明显变化：一个是当班主任的老师多了，二个是主动担当一线的老师多了，三是老师的平均课时量比以往多了，四是超编减员的学校比以往多了；实行"二推四评一议"的用人制度，条线推荐、分层评议、党委审议，适度向偏远倾斜；实行挂职锻炼，教育部挂职3人、省教育厅挂职1人、每年遴选10名左右教师到局机关挂职；调整教师引进政策，首次对义务段和学前段实行人才引进，符合条件的，直接面签并入编。

【走办学改革之路实现多赢】 成立安高教育集团，对外是安高教育集团，对内是安高校区和天略校区，既有合作，又有竞争；在天略初中部设立了两个创新班，实行高考六年一贯培养，为高考增量提质夯实基础；调整学区，将原有的5个学区调整为4个学区（梅溪学区、孝丰学区、昌硕学区、递铺学区），营造学区内抱团合作、学区间比拼竞争的氛围；艺术高中与中国美院深度合作，职教中心与浙江科技学院"3+4"联合办学、与浙江经贸职业学院"3+2"办学，实现多赢。

【规范招生制度】 学前段招生，首次将递铺原始户籍生源作为第一层次，其余迁移户口的为第二层次，没有户口的为第三层次；小学段实施"六年学位锁定制"，6年内房子如有交易，也只能满足一个小孩上学。对初中的施教区提前通报，提前最多的是6年。

【完善评价改革】 在内容上精简为"3+1"（教学、德育、安全+特色）模式，在类别上分为县城中心、周边、农村学校分为三类，按类别分组考核确定一、二、三等奖，在方式上增加家长评价，引导教师上门家访，增加教育温度。

【加大教师关爱力度】 出台学校减负、教师关爱举措，提高教师体检和餐费标准，统一采购学习卡、宽带卡和无限流量手机套餐；开设美丽教育大讲堂8期，连续5年开展"寻找最美教师"活动，发布六项倡议、"新三字经"，组织教师观看；开展家访、组织研学，让校长在管理中爱教师，教师在教学中爱学生，学生在活动中爱学校，家长在共育中爱教育。

【多举措推进民办教育健康发展】 政策扶持，促进发展。协助县人民政府制定《安吉县人民政府关于促进民办教育发展的实施意见》（安政发〔2019〕16号）促进安吉县民办教育健康发展。

继续实行公用经费补助政策，制定《安吉县民办教育发展专项奖励办法》，按计划完成 2019 年民办学校各类补助及奖励工作。加强对民办学校的考核，将民办学校的日常监管和考核工作纳入到责任区随机督导工作中，由责任督学对民办学校的教育教学工作进行随机督导，民办教育管理科不定期进行检查，确保民办学校办学质量。加强监管，建立长效机制。加强民办学校年检工作，将民办学校日常监督和管理纳入到责任区随机督导工作中；结合“双随机”工作，利用随机抽查系统，定期和不定期进行随机检查，并将检查结果纳入到年检结果；加强与县市场监管局、公安局、文广新局、体育局等联系，充分发挥安吉县民办非学历教育培训机构管理领导小组的职能，建立长效机制，加强对民办学校的监督和管理。联合市场监管、公安、消防、民政等部门开展文化培训机构专项整治行动。截至 2019 年 12 月，全县共有文化类校外培训机构 68 家。根据日常监管情况，定期公布文化类校外培训机构白名单，7—8 月结合安吉县民生痛点问题，对校外培训机构再次进行整治，共排摸校外培训机构 240 余家，由县教育局、公安局、市场监管局联合对其中 13 家可能存在违规举办文化类培训的机构进行现场核查，查实 2 家并作出处罚。

·平安建设·

【概况】 2019 年，县教育局坚持“以人为本、生命至上、安全第一、和谐稳定”的平安工作理念，以创建平安校园为抓手，开展全县教育系统安全生产工作。安吉县中小学及中心幼儿园均建有校园警务室，装备有 CK 报警器、视频监控平台、打卡器(幼儿园)、访客系统(中小学)等技防设施及钢叉、辣椒水、盾牌、抓捕器等全套防暴器械；全县按标准配备有专职校园保安 400 余名，人员配备覆盖含所有村教学点。配备有国标校车 111 辆，每天负责 346 条线路的 7000 多名小学生的接送任务。全县共有校园食堂 78 个，其中 A 等食堂 38 个。

【平安校园建设】 2019 年，教育系统强化安全发展理念，弘扬“生命至上、安全第一”的思想，深入贯彻落实中央、国务院及省市县关于安全生产工作的决策部署，着眼坚决遏制较大以上事故，推动学校依法履行安全生产主体责任，完善校园安全风险防控和隐患排查治理“双重预防”机制，局行政班子每月听取校园安全生产汇报，每季度召开校园安全形势分析会议，精心研究并制订实施校园安全网格化风险管控工作机制，全面排查、识别、评估校园安全风险，落实风险管控责任；制定印发《安吉县教育局安全工作“党政同责、一岗双责”实施办法》，分层签订安全责任状，层层压实安全责任；制订并完善相关校园安全管理制度，全面提升学校安全风险管控水平。年督查覆盖率 200% 以上，对督查发现的隐患问题通过整改通知书形式督促学校逐一整改落实，并纳入平安校园考核。每学期初，县教育局均主动联合县交警大队、运管局、文广新局、市场监管局等职能部门对校车、校园周边环境、学校食品卫生等进行专项检查，为校园安全生产保驾护航。县教育局继续以购买服务的形式委托第三方专业机构，对校园电气消防设施、建筑防雷设施进行现场检测，以“专家查隐患、部门抓整改”的安

8 月 24 日，县教育局联合县公安局、新邦保安公司在安吉县第二小学报告厅召开“平安护航建国七十周年”校园安保动员大会

全监管模式，提升全县教育系统安全服务社会化水平。

【开展各项专项行动】 危险化学品安全隐患“清零”行动。2019年，县教育局积极落实县安全生产委员会印发的《安吉县开展以危险化学品为重点的安全隐患“清零”专项行动方案》要求，责成各校认真落实危化品室(橱、柜)“五双管理”(双人双锁，双人管理，双人收发，双人领料，双人记账)，完善危化品库室硬件设施和技防设备，严查防盗、通风、监控及危险化学品领、用、剩、废、耗全流程登记情况。县教育保障中心根据教育局工作要求，及时组织开展全县化学实验室安全隐患大排查工作，对发现问题的单位已于9月底前完成整改工作。“防溺水百日安全宣传教育”活动。4月28日，县教育局启动“防溺水百日安全宣传教育”活动，印发《安吉县教育局关于组织开展预防学生溺水“十个一”活动的通知》，并组织开展“大手牵小手 防溺不松手”活动，依托专业力量进校开展宣讲和演练活动，先后组织开展宣讲演练22场次，受益学生8842人次。各校通过丰富的教育形式，让学生全面掌握防溺水“六不一会”知识。各校重点加强外来务工人员子女、留守儿童、民工子弟学校学生的防溺水教育。密切家校联系，通过校讯通、微信每日(周)一提醒、家访、家长会等形式，强化家长思想认识，督促其认真履行监护责任。同时加强对校园周边危险水域的排查，提请属地政府在危险水域设置警示牌、防护栏等设施，并安排人员定期进行巡查。“食安校园”三年行动计划。2019年1月，开展安吉县“食安校园”创建三年行动动员大会，全年先后完成8所学校食堂的创A任务、安吉县所有学校食堂大宗食品统一配送落地工作、品牌超市入驻校园工作、“厨房革命”App开通上线工作等。深化与完善学校食品安全治理体系，强化对全县学校食品的监督管理。“防风险保平安迎大庆”消防安全专项行动。研究制定《安吉县教育局“防风险保平安迎大庆”消防安全专项行动方案》，各校对照9个方面内容及自查标准，全面开展校园消防安全隐患排查整治活动。通过第三方检查和学校自查，各校均于5月底前完成“防风险保平安迎大庆”校园消防安全“三自主一承诺两公开”工作。

【校园安全重点工作】 为有效加强校园平安护航国庆七十周年工作的领导，县教育局成立由局党委书记、局长为组长的“防风险保平安迎大庆”校园安全与维稳治理行动领导小组，负责协调、部署、督促各项工作的推进和校园安全维稳工作的落实，先后制定并印发《安吉县教育局“防风险保平安迎大庆”消防安全专项行动方案》和《安吉县教育系统“平安护航新中国成立70周年专项行动”实施方案》等两个专项行动方案。并于8月23日组织召开全县校(园)长会议专题部署“防风险保平安迎大庆”校园安全重点工作，进一步明确工作任务、工作职责、工作目标。9月20日—10月3日，安吉县教育局按“平安护航新中国成立70周年大会战”公共安全治理攻坚战任务分工及工作进度计划图，再次组织由局领导带队的迎大庆攻坚决胜阶段安保专项大检查，将一切有不安全、不稳定的隐患因素彻底扼杀在萌芽状态。其间完成市挂牌重大安全隐患项目(梅溪中学建筑物外墙瓷砖空鼓剥落)的整改销号工作。加强专项斗争宣传，专门印制扫黑除恶应知应会内容小手册发至学校，开展教职工扫黑除恶专题学习，要求全体教师严格遵守法纪，不沾染黑恶势力，不信谣传谣，向家人和亲朋正面宣传扫黑除恶专项斗争。组织学生学习国家相关法律法规，增强学生遵纪守法意识，了解扫黑除恶的重要性。邀请法制副校长定期到校开展安全教育等，让学生学会如何运用法律武器来保护自己，维护自身的合法权益。4月8日，县教育局组织局中层以上机关干部及全县各级各类学校校级正职领导开展扫黑除恶专题知识闭卷考试。与此同时，通过“集中走访、约谈、五问大讨论”等活动开展及“月工作通报、定期专题研究”机制的落实。提高专项斗争攻坚年工作实效，防止黑恶势力向校园渗透、防止黑恶意识在校园萌发。

【安全宣传教育】 2019年，教育局先后组织开展“5·12”防震减灾日、安全生产月、防溺水专题宣传、“119”消防宣传月、“12·2”交通安全宣传日等安全主题活动，提高广大师生的校园安全责任意识、实操技能与保障水

5 月 10 日,县教育局联合县应急管理局、县红十字会等相关部门在安吉县第九小学开展防灾减灾宣传活动

平。开展防网络诈骗宣传、“平安三率”宣传及“群众安全感网络测评”工作,为平安县建设贡献教育力量。

· 信访工作 ·

【概况】 2019 年,受理各类信访 549 件次,总量较 2018 年增加 27.4%。其中,浙江省统一咨询投诉举报平台办理 503 件,占总量的 91.6%,教育信箱 15 件,各级来信 18 件,来电来访 13 件。此外,还有大量的电话咨询反映等。

县教育局高度重视民生问题,从谋划发展大事、落实当前急事、解决关键小事上,做好民生稳定工作。学年初,局领导和学校分层次签订责任书,进一步明确“一岗双责”。成立信访工作领导小组,明确局长为第一责任人,分管领导负直接责任,职能科室直接抓,学校、单位各负其责、密切协作的管理格局。实行每周领导接待日工作制度,方便群众来访,及时疏导和化解各类矛盾。教育局成立来访接待大厅,设立信访接待室、信访举报电话、信访举报箱和电子邮箱。2019 年,教育局领导接待群众来访 55 人次,到信访局驻点接访 11 人次;参与县领导接访 5 人次;参与阳光热线直播接听 12 次。

在实践中不断完善领导包案制度、岗位责任制、信访接待制度、登记制度、限时办结制、重大事项快速报告制度等。坚持定期和不定期深入学校、单位进行明察暗访,对全县教育系统热点问题和重点矛盾进行排查,及时对新排查出的矛盾跟进化解和教育疏导。强化校务监督、政务公开、程序规范工作,全面推行政务、校务公开制度,健全各种监督制度,实行教育内部审计制度,实行基建项目招投标制度等,对从源头上遏制腐败现象和减少投诉的发生都起到积极作用。

县教育局坚持依法按政策解决群众合理诉求,做到“件件有着落、事事有回音”。对上级部门转来的信访件,办理流程按照“信访室接单、分管业务领导批阅交办、科室承办、材料报送信访室存档备查”的程序办理,如果信访内容涉及多个科室业务,则由信访室报请分管信访工作的领导批阅交办,明确牵头科室和配合科室。对学校等基层单位或个人的信访件及时与当

10 月 9 日,县委第一巡察组巡察县教育局党委工作动员会召开

事人进行核查,最后提出处理意见,对重要问题派专人到问题发生地详细了解情况,力求客观公正、化解到位。

县教育局围绕"城区入学、民代幼、食品安全、校车管理、教育活动安全、教学规范"等重点进行排查,并对新排查出的矛盾及时采取对策,进行化解和疏导。对排查出的重点人员和重点信访户,通过电话或上门进行沟通,力所能及帮助解决困难,并讲清利害关系。针对民代幼群体动向问题,局领导每人监管一个重点对象。民代幼群体全年未发生进京赴省非访或集体访等行为。

·教育工会·

【概况】 截至2019年底,安吉县教育工会下辖有4个学区工会工作委员会和1个高中直属单位工会工作委员会,67个基层工会。会员5321人,其中女会员3615人,占会员总数的67.94%。民办学校工会7个。现有县级"先进职工之家"51个,"合格职工之家"4个;县级"妈咪暖心小屋"53个。新成立安吉第八小学工会和育星培智学校工会。第二小学等21家工会按时换届。

2019年,为积极落实省、市、县的扶贫要求,教育工会积极动员、鼓励工会会员购买扶贫地区的农副产品。据不完全统计共购买贫困地区农副产品超过5000份,金额超过150万元。落实好《安吉县教育局关于进一步完善关爱教师的八条举措》和"五必访"制度。结合教育局和敏实集团捐助资金,对全县因病、因灾造成经济困难的18名教职工家庭,进行5000—8000元不等的困难补助。全县基层工会送温暖近700人次,发放送温暖资金近40万元。2019年,共有5089位教职工参加教育系统教职工医疗互助会和县总工会的医疗互助;教职工体检标准提高到每人1700元,实际享受到的体检男子超过2000元,女子超过2200元;教职工暑期疗休养时间调整为每人每年一次2000元,疗休养地点扩大到对口支援的青海、吉林以及周边5个省市。

举办安吉县教职工嗒嗒球比赛、气排球比赛等体育活动;县教工运动总队活动正常有序。气排球队、乒乓球队、羽毛球队每周开展训练活动。羽毛球总队代表湖州教育工会参加市九运会,取得团体总分第一名的好成绩。气排球队作为基层团队报省总工会参加品牌建设。开展教师朗诵比赛、班主任综合能力大赛、小学科学教师STEM课程能力大赛、中等职业学校专业课教师专业技能大赛、幼儿园教师专业技能比赛、交互式电子白板应用技能大赛、信息技术应用技能比赛、首届初中科学教师STEM课程能力大赛、举办"诗情花意 绽放美丽"女教职工插花艺术比赛等教职工技能大赛。培育、推荐岗位建功活动。职教中心叶锏老师被推荐参加南太湖工匠评比;马贵技能大师工作室被推荐参加安吉县高技能人才(劳模工匠)创新工作室评比。程学琴被评为全国教育系统先进工作者;叶军被评为全国模范教师;戴泽华被评为全国优秀教师;姜建备被评为省师德先进;王建军被评为省家庭事业兼顾型先进个人;张海雯被评为市级巾帼标兵;王月圆家庭被评为最美家庭;实验初中胡萍被评为县最美女职工;开展"最美教师"系列评比活动,评选出"最美教师"入围奖10名,"最美教师"10名,并在教师节进行表彰。教育工会被市教育工会授予"突出贡献奖"和"工会工作宣传先进集体"。暖咪儿幼儿园被认定为浙江省第四批"妈咪暖心小屋"示范点;第四小学俞芳、高禹中学盛良忠、孝丰幼儿园王燕被评为市优秀工会干部,实验小学张爱兵、凤凰山幼儿园严华琴被评为市优秀工会积极分子。第三小学工会、实验初级中学工会、第二小学工会、天荒坪小学工会、实验幼儿园工会、章村中学工会、孝丰小学工会、晓墅幼儿园工会、高禹小学工会、艺术高级中学工会、职业教育中心学校工会、孝丰学区工委被评为2019年县工会工作先进集体。孝丰高级中学谢庆梅、第十小学胡月青、孝丰中学迟高武、第二初级中学徐明安、紫梅小学陈欣、机关幼儿园黄琦芬、核算中心朱月明、昌硕学区傅荣生被评为县级优秀工会干部。报福小学王红亮、第七小学张兵、暖咪儿幼儿园钱红妹、山川小学张光青、皈山小学程顺斌、杭垓中学戴群、南北湖小学陈雪娇、紫梅幼儿园章圆、高级中学吴忠、昌硕高级中学王宇、局机关章斌寅、晓墅小学江义民被评为县级优秀工会工作积极分子。

【安吉县职成教育获评国家级示范县】 2月28日,由教育部、科学技术部、农业农村部、国家林业和草原局、国家粮食和物资储备局五部门联合召开的国家级农村职业教育和成人教育示范县创建工作总结会在广东召开。会上,安吉县教育局获评“国家级农村职业教育和成人教育示范县”。

2017年,安吉县被教育部确定为国家级职业教育和成人教育示范县创建入围单位。两年来,在“两山”理念的指引下,全县以“职成教育,国内知名”为目标,通过加强领导、加大投入、加快协调、加深改革等措施,加快发展面向农村的职业教育和成人教育。安吉县已建立世界技能大赛“管道与制暖”项目中国唯一县级集训基地,学生杨应政凭借优异表现闯入世界技能大赛;安吉职教中心也与浙江科技学院正式纳入省“中职与本科一体化培养”试点工作,就读职教中心工业设计班的学生将“直通”浙江科技学院工业设计专业本科;成立安吉终身学习网,安吉县也被评为全国数字化学习先行区。

【航空与交通学院揭牌成立】 2月28日,浙江宇翔职业技术学院(筹)与上海琢云航空集团签订校企合作办学协议,并共同揭牌成立航空与交通学院。学院引进琢云(上海)航空技术有限公司提供的“琢云航空职业教育”课程体系、专属实训设备及相关专业师资,开设定翼机驾驶技术和航空机务维修专业,开办航空人才培养项目。本项目教学体系建设完善,教学计划、人才培养方案完备。该项目自2019年5月开展以来,已培养航空类专业人才50余人。

【安吉职教中心成为浙江省教育厅首推的中本一体化培养试点】 4月,安吉职教中心成为浙江省教育厅首推的中本一体化培养试点。安吉职教中心继续深化与浙江科技学院“3+4”办学合作,在工业设计专业实施中职与本科一体化培养试点工作,并于2019年9月在安吉职教中心正式开班,招生学生40人。应届毕业生中考结束后,可通过当地区市统一的招生录取平台填报,录取分数原则上不低于各区市教育部门组织的中考总分的75%,并作为高中段学校招生提前批录取,按照中考总成绩从高到低在其他高中段学校录取前择优录取。该班学制7年,分两个阶段实施。学生先在安吉职教中心学习三年,三年后参加全省统一测试,合格者进入浙江科技学院继续学习四年,毕业后可获本科学历和工学学士学位。

2月28日,浙江宇翔职业技术学院(筹)与上海琢云航空集团签订校企合作办学协议,并共同揭牌成立航空与交通学院

【首届“安吉·真游戏”国际研讨会在安吉召开】 5月13日—5月15日,“安吉·真游戏”国际研讨会在安吉天荒坪大年初一召开。教育部基础教育司副司长姜瑾,中央人民政府驻香港特别行政区联络办公室教科部副部长刘建丰,省教育厅副厅长韩平,县领导陈永华、赵德清、王爱民、任贵明、杨建新、伍水荣参加。还有来自海内外22个国家300名相关领域专家学者和一线实践者出席本次研讨会。

县委副书记、县长陈永华在会上做交流发言。进一步提升“安吉游戏”国际品牌内涵,搭建国际学术界最前沿儿童早期学习与研究成果交流平台,推动中国教育文化走出国门,不断为世界贡献中国学前教育智慧和教育方案。教育部基础教育司副司长姜瑾在致辞中高度评价安吉广大学前教育工作者坚持践行“把游戏权利还给幼儿”的理念,十多年如一日,用持之以恒的行动实践为幼儿学前教育营造了优质环境的敬业精神。高度肯定"安吉游戏"对中国学前教育改革发展具有广泛、深刻、里程碑的意义;并表示教育部基础教育司将进一步梳理总结"安吉游戏"经验,发挥"安吉游戏"的典型示范作用,研究制定相关推广计划,让"安吉游戏"的星星之火在全国各地形成燎原之势。

【"安吉游戏"被写入国务院报告】 8月22日,第十三届全国人民代表大会常务委员会第十二次会议听取国务院关于学前教育事业改革和发展情况的报告。在"学前教育重点工作情况"的"推进科学保教"段落中明确指出,"'安吉游戏'的实践探索得到国际学前教育界高度肯定,成为中国学前教育一张靓丽的国际'名片'。"

【"敏实杯"最美教师颁奖典礼举行】 9月10日晚,安吉县庆祝第35个教师节暨"敏实杯"最美教师颁奖典礼在安吉新闻中心梅地亚演播大厅隆重举行。县领导沈铭权、陈永华、陆为民、叶海珍、赵德清、陈旭华、王爱民、任贵明、伍水荣出席,与现场观众一同向辛勤的园丁致以节日的问候,并为"最美教师"入围奖及市县"绿叶奖"获得者分别颁奖。整台晚会以"最美教师"颁奖典礼为主旋律,以"最美"为主线,先用视频短片合辑,展现10位最美教师入围奖得主的风采。再通过人物短片、最美教师获奖感言、现场访谈、领导及嘉宾颁奖等方式,生动讲述了丁秋琴、叶萍、朱斌、杨露、余丽红、李金林、钱群、钱敏、凌梅芳、黄秋华10位安吉"最美教师"的感人故事。安吉嗳咪儿幼儿园、安吉实验幼儿园、安吉县第八小学、安吉艺术高级中学、青少年活动中心合唱团共同为晚会奉献了精心编排的节目。

【"安吉游戏"登上央视】 11月,安吉县3个案例入选全国幼儿园优秀游戏活动案例。"安吉游戏"登上央视。11月6日晚,中央电视台一套播放专题纪录片《教育强国》第四集——《面向未来》。其中大篇幅介绍了"安吉游戏",对"安吉游戏"把游戏的权利还给孩子、让孩子在游戏中尽情挥洒儿童天性的做法给予肯定。

(杨庆权)

9月10日,安吉县庆祝第35个教师节暨"敏实杯"最美教师颁奖典礼在安吉新闻中心梅地亚演播厅举行

科 学 技 术

科技工作

【概况】 2019年3月8日,根据最新《安吉县科学技术局职能配置、内设机构和人员编制规定》,科技人才科正式设立,承担落实省市科技人才推进计划;会同有关部门组织开展科技创业创新人才及团队评审工作,承担相关科技人才计划实施和人才评价工作;承担全县外国专家及港澳台专家的管理工作;承担规范引进国外智力中介组织;承办外国专家有关工作等。2019年,安吉县共认定省级科技型中小企业109家,国家科技型中小企业入库54家,新增国家高新技术企业32家。全县高新技术产业增加值同比增长7.5%,占全县工业增加值的52.1%,高新技术产业投资增幅32.8%。新增市级高新技术企业研发中心26家,县级企业研发中心47家。推荐申报省级企业研究院6家,省级高新技术企业研发中心21家。东方基因成为全市首家科创板过会企业。

聚焦新时代"两山"试验区建设,加速实施县域创新驱动。抓住新时代"两山"试验区建设契机,推进国家创新型县建设。新时代"两山"试验区建设取得省科技厅复函,并印发《科技创新支撑引领新时代浙江(安吉)县域践行"两山"理念综合改革创新试验区建设分工方案》,以实际行动助力新时代"两山"试验区建设。召开国家创新型县建设推进会,成立"两山"科技智库。成功入围2019年度全国绿色发展百强县。探索总结具有鲜明时代特色的"三乡三地""十个一"安吉国家创新型县建设模式,得到科技部的肯定和表扬,在科技部主持召开的中长期发展规划座谈会上作交流发言,科技部点名推荐湖南、四川等地来安吉学习考察"安吉模式""安吉样板""安吉经验"。出台《安吉县加快科技创新若干政策意见》(2019年修订)。精心制作科技创新政策汇编,组织开展企业创新政策巡讲,加大宣传"科技新政五十条"、举办企业研发项目管理系统操作实务培训班6次,参训人员超500人次。

提升企业自主创新能力,助推经济发展。2018年全社会研发经费10.8亿(增速27.4%,全市第一),占GDP比重达到2.66%,首次超全省平均2.57%。强化政策联动引导,降低企业研发成本。用好用足企业研发费用税前加计扣除等政策,将规上企业研发经费单独建账工作纳入全

5月30日,在安吉县科技创业园召开国家创新型县建设大会,成立"两山"科技智库

县“四季竞赛”活动重要指标，兑现企业研发费用政策奖励近700万元。新增规上企业研发经费单独建账137家，企业累计优惠减少缴纳所得税9.3亿元。大力推广省企业研发项目管理系统，企业入库205家。2018年县财政科技投入占财政预算支出的比例达5.3%，县科技进步变化情况综合评价位次居全省第9位，全社会软投入26.7亿元(其中企业软投入17.6亿元，政府软投入9.1亿元)，占GDP比重达6.6%，排名全市第一。发放使用创新券910万元，切实为中小微企业和创客降低创新成本，帮助企业创新发展。

推进创新平台建设，优化产业集群结构。出台《关于加快建设椅艺产业创新服务综合体推动椅业产业高质量发展的若干政策》，建成综合体集中展示区域，探索椅业研究院建设模式，支持国家级智能坐具检测中心建设，推动椅业服务、文创、加速基地建设，做好服务整合。落实资金使用方案，加快推进建设。永艺家具设计中心获评第四批国家工业设计中心。加快孵化平台扩面提质。总投入1.35亿元的科创园二期工程项目完工并投入使用。投资1.2亿元的“两山”创客小镇二期建成并投入使用，全年引进10家科技型企业，其中人才企业6家。投资1.7亿元建成示范区小微企业产业园，对接杭州西湖科技园、G60科创走廊等创新平台，承接沪、杭等区域的孵化成熟项目，大力引进海内外科技领军人才和科技类研发项目。新增市级以上众创田园6家(其中溪龙乡黄杜村成功申报省级星创天地)，数量全市第一。完成国家可持续发展实验区复核工作。新增国内外大院名校与企业共建创新载体4个(其中3个为政府引进)，培育和发展重点科技中介机构数4家(其中一家申报省科技厅重点科技中介服务机构)。推进省级绿色制造高新区建设。制定实施方案，分解落实目标任务，努力将高新区打造为高新技术产业引育的主战场、主平台。加快国家农业科技园区建设。核心区累计完成投资超2亿元，现代农业公共服务中心主体建设完工，引进农业投资项目6个，累计投资近6亿元。安吉竹产业示范园引进科技型企业2家，投资超5亿元。推进省农高区创建工作，抓紧编制发展规划和实施方案。11月，科技部在中国举办全国农业科技园区主体培训班，实地参观考察溪龙白茶现代农业园区和鲁家田园综合体。

深化产学研合作，提升协同创新能力。科技项目取得新成果。惠嘉生物企业参与的“猪健康养殖的饲用抗生素替代关键技术及应用”获得国家科学技术进步奖二等奖；耕盛堂企业参与的“竹笋贮藏与加工关键技术研究及应用”项目获得省科学技术进步奖一等奖。2019年，实施重大科技成果和共性技术转化的产业化项目54项，完成技术交易总额7.402亿元，完成发明专利产业化项目29项。人才引育取得新突破。举办安吉县第四届“两山杯”创新创业大赛。科技特派员工作取得新进展。开展第七届科技特派员考核及第八届科技特派员换届选派工作。

12月18日，惠嘉生物企业参与的“猪健康养殖的饲用抗生素替代关键技术及应用”获得国家科学技术进步奖二等奖

组织省、市、县三级科技特派员到安吉县经济薄弱村走访、座谈，开展落实现场技术咨询等服务，实施县级科技特派员项目9项，扶持资金27万元。中央新闻频道专门报道白茶团队首席特派员朱跃进事迹。

【举办第四届“两山”杯创新创业大赛】 第四届“两山杯”创新创业大赛自2019年3月启动，安吉县招才引智团先后赴上海、雄安新区、苏州、西安等地举办双创大赛发布会，通过人才推荐、中介推引、部门推举，吸引145个项目报名参赛。经过初赛筛选，50个项目和企业入围大赛决赛，涉及电子信息、新材料、互联网、机器人、教育等多个领域，最终20个项目从决赛中脱颖而出，这些人才、项目的加入，为安吉深化“两山”实践、加快赶超发展注入强大动力。

【中源家居与德国杜伊斯堡一埃森大学共建技术创新中心签约】 4月19日,浙江省2019年度“一带一路”国际科技合作项目——浙江一德国(中源)家居行业智能无人仓储技术研究中心签约仪式在浙江省安吉县中源家居股份有限公司举行。中源家居股份有限公司、杜伊斯堡一埃森大学、SDZ有限责任公司三方签署合作协议。浙江省科技厅科技合作处处长奚灵平一行出席签约仪式;浙江科技学院副校长万健见证签约,浙江省安吉县委组织部、科技局相关负责人出席签约仪式,开创安吉县参与“一带一路”第一个国际合作项目。

【召开国家创新型县建设推进会】 5月30日,在安吉县科技创业园召开国家创新型县建设大会,部署2019年科技创新工作任务,聚焦“两山”实践,聚力赶超发展,深入实施创新驱动,加快绿色发展,助力最美县域建设。

【成立“两山”科技智库】 8月14日,安吉“两山”科技智库由30名院士、专家组成。智库的建设方向为立足安吉县“两山”理念诞生地、中国美丽乡村发源地和联合国人居奖唯一获得县等区域经济社会发展实际,围绕各经济领域重大问题进行长期跟踪研究,聚焦县委、县政府重点工作任务和重大决策部署,提出针对性、前瞻性、创新性和战略性的对策和建议,参与事关全县重大规划决策咨询,参与产业发展规划研究制定,协助做好产业创新资源集聚,积极引进科技人才和项目等,协助开展专项政策绩效评估,共建成果转化中心,企业研究院和产业技术联盟等平台,促进产学研协同创新。

【湖州师范学院一安吉县人民政府签订全面合作协议】 8月23日,湖州师范学院与安吉县人民政府签订《湖州师范学院一安吉县人民政府全面合作协议书》,深化产学研合作关系,在科学研究、人才培养、平台建设、成果转化、高级人才交流共享等方面进一步开展战略合作。

【中科院上海产业与技术中心一安吉县人民政府签订全面合作协议书】 9月12日,中科院上海产业与技术中心和安吉县人民政府签订《中科院上海产业与技术中心一安吉县人民政府全面合作协议书》,进一步深化产学研合作关系,在科学研究、人才培养、平台建设、成果转化、高级人才交流共享等方面进一步开展战略合作。

【黄杜村黄杜生态白茶被认定为省级星创天地】 10月30日,浙江省科技厅公布2020年省级星创天地备案名单,安吉县黄杜村黄杜生态白茶成功入选。“星创天地”是国家为推动农业农村“大众创业、万众创新”所打造的农业农村领域的众创空间,经备案的“星创天地”将纳入国家级科技企业孵化器的管理和服务体系。

(江　磊)

科协工作

【概况】 2019年,县科协工作服务经济发展大局,建立科技智库。“5·30”全国科技工作者日之际,县政府聘任首批28位院士、专家,建立安吉“两山”科技智库。“智库”建立当日,院士专家对安吉产业发展方向、创新驱动发展战略等提出120多项意见、建议,10多家企业与院士专家签订技术合作意向书。服务试验区建设。围绕实施《新时代浙江(安吉)县域践行“两山”理念综合改革创新试验区总体方案》,加强联系,有效衔接,争取到俄罗斯自然科学院、乌克兰国家科学院和中国科学院、浙江大学等院校34名海内外高层专家、学者,开展“智力服务安吉行”活动;引进“大功率电动机智能软启动和运行保护装置”“安全用电人工智能芯片”等计划投资1.1亿元30个研发项目。促进工作站增效。全年有大康、敏泰、申吉3家院士专家工作站挂牌;永裕院士专家工作站引进新院士;增加市级院士专家工作站2家,共计19家;出台《安吉县院士专家工作站建设绩效考核办法》;耕盛堂工作站科技项目荣获浙江省科学技术进步一等奖;东方基因公司成为全市首家科创板企业。推进智力惠民。审批科普教育基地、科普示范基地13家,将科普项目实施重点落实到基地;指导建立安吉天赐农业股份有限公司林下经济示范基地1.2万亩,为破解毛竹林收入下降难题提供借鉴经验;县科协常委沈顺新自创性设计“滴水不漏猪饮水碗”获国家实用新型专利;指导省级科技示范户杨维军所在企业“福寿农业”牵头制定《安吉竹林鸡生产地方标准(省级)》。

2月21日，2019年浙江省第一期科技示范户科学素质提升班在安吉开班

服务公民素质提升，延伸“三长”活动。继续发挥“三长”在科普工作中的生力军作用，充分调动基层组织开展活动的积极性，“三长”科普服务从县级层面向乡镇、示范区、开发区和行政村延伸，各乡镇级开展多类型服务活动50场次；基层医院院长组建“两山”健康大讲堂专家团队，举办“两山”健康大讲堂系列活动4次，开展公众应急救护知识普及培训365场次，受训19470人次，开展救护员培训24期，1416人通过考核并领取红十字救护员证。服务乡村振兴。2月，承办2019年全省第一期科技示范户科学素质提升班；新建农村科普e站14个，继续完善管理制度，举办第二期科普e站管理员培训班；新建“农创部落”科技馆和“小龙虾馆”等特色科普馆2家；加强联系与合作，落实在农村文化礼堂播映电影前加映科教片，全年3440场次，受众超10万人次；继续落实农村科普示范基地串点成线工作。提升青少年素质。5月，全省2019年“博物馆系列活动”首站在报福镇景溪村举行，通过知识问答宣传生态守则、体验非遗感受文化魅力、参与小制作诠释科技知识，全县500多对亲子参加现场活动；科普日系列活动丰富多彩，校内外科技节生动活泼，中科院老科学家科普讲师团，深入作科普报告12场次，听众15000余人次；全县46所中小学700余名学生参加安吉县第19届青少年科技节中小学生航模锦标赛；近千名青少年在山川乡国防教育体训基地接受国防知识教育。强化科普氛围。邀请科技界县政协委员视察科技馆；实施全民科学素质行动计划，28个成员单位全部有计划、有活动、有效果；气象局提升气象科普馆，形成由气象观测站、气象分析站、气象防灾减灾中心组成的一流气象科普教育基地；县卫健局组织开展应急救护大型广场宣传和医疗科技服务下乡9场次，受益3120人次，发放急救有关宣传资料6000余份，指导中医院建立全市卫生健康系统首个博士后工作站；县教育局和团县委合作，在各学校配备专兼职的科普副校长和科普辅导员等。

学会服务发展，实施项目得到肯定。继续实施由中国工程院院士蒋剑春领衔、安吉县林学会承担的“竹产业可持续发展”省级咨询项目，项目组形成的意见、建议被省政府采纳，获得省长袁家军和常务副省长冯飞的批示。浙江农林大学与安吉县林学会合作的竹材产品碳足迹与低碳竞争力研究项目获第九届梁希奖二等奖、省科技兴林一等奖。另有两个项目获省科技兴林二等奖。永裕院士专家工作站驻站院士许融烈就竹建筑产业提出建言，作为全省及全国竹产业可持续发展指导意见，印发有关部门。学会助力得到强化。安吉白茶协会组织专家赖建红、钱义荣等8次赴云贵川开展白茶种植技术现场培训指导，白茶精准扶贫成效显著。县科协党组成员徐剑峰会同县级学会代表赴甘肃省天水市参加首届学术年会，跨区域精准帮助和指导天水市科协推广美丽乡村建设经验。县级学会智力支持最美县域建设，8家学会利用自身优势，与8个村企校开展结对，解决20多个具体问题。县水利学会积极争取，余村村和鲁家村被确定为浙江省河长学院现场教学点。县林学会在孝丰横溪坞村指导建立“七叶一枝花种苗繁育及林下种植技术”推广示范基地40亩。县交通学会与贫困村杭垓大坑村协作，实施9.5公里公路大中修工程。服务人才形成特色。“5·30”全国科技工作者日，《安吉新闻》刊登县委书记沈铭权和县长陈永华《致科技工作者的一封信》，同时对本县院士专家工作站建设、科技类最具影响力事件和人物、县科协工作等进行多版面、多形式的宣传报道，积极营造“追星要追科星”的良好氛围。支持正新牧业牵头制定《湖州市地方标准生猪健康养殖技术规范》。继续开展安吉县自然科学论文评选工作，评出一等奖4篇，二等奖8篇，三等奖28篇。

【开展“5·30”科技工作者日活动】 5月30日是第三个“全国科技工作者日”，安吉县以召开国家创新型县建设推进大会来作为2019年“5·30”科技工作者日主题活动。会议邀请5名中科院院士以及十余名教授专家参加，全县领导班子、各部门一把手和企业代表100余人出席会议。在推进大会“两山”科技智库座谈会上，县领导与5位院士和十余名教授专家进行交流与探讨。院士专家对安吉环境规划、产业发展方向、创新驱动发展战略提出宝贵意见。为响应浙江省号召，以院士创新联合体形式打造创新服务平台，在第三个“全国科技工作者日”之际，首批聘任30位院士专家成立安吉“两山”科技智库，全力建设“浙江院士之家”。借助这个平台多与院士专家们加强交流沟通，让院士专家们的智力支持发挥作用。

【举行2019新时代“两山”试验区·安吉县海内外高层次人才洽谈会暨院士专家工作站揭牌仪式】 11月20日，2019新时代“两山”试验区·安吉县海内外高层次人才洽谈会暨企业院士专家工作站揭牌仪式在浙江安吉举行。34名来自俄罗斯自然科学院、乌克兰国家科学院、中国科学院、自然资源部海洋研究所、浙江大学、上海交通大学等单位的海内外顶尖领军人才，重点科技企业和部门乡镇领导共计百余人参加洽谈会。引进“大功率电动机智能软启动和运行保护装置”“安全用电人工智能芯片”等计划投资1.1亿元30个研发项目。会上，同时举行院士专家工作站揭牌仪式。中共安吉县委常委组织部部长、县委人才办主任朱伟，副县长杨建新先后与俄罗斯自然科学院外籍院士牛济泰、敏泰科技公司副总经理韩法恬和乌克兰国家科学院高级研究员阿维斯姜·阿鲁久恩、申吉钛业公司总经理陈水林共同为浙江敏泰科技有限公司院士专家工作站、浙江申吉钛业股份有限公司院士专家工作站揭牌。

（张　鹏）

11月20日，2019新时代“两山”试验区·安吉县海内外高层次人才洽谈会暨企业院士专家工作站揭牌仪式在浙江安吉举行

文化·新闻

文　　化

·文化工作·

【概况】 2019年,县文化和广电旅游体育局(以下简称“县文体旅游局”)成立,将县文化广电新闻出版局的文化、文物、广播电视管理职责,县风景与旅游管理委员会的职责,县体育局的职责进行整合,作为县政府工作部门。同时,不再保留县文化广电新闻出版局、县风景与旅游管理委员会、县体育局。根据县委、县政府统一部署,1月12日召开县文化和广电旅游体育局干部大会,并由县委常委、宣传部部长陈旭华,副县长任贵明,县委组织部副部长董良共同揭牌,标志着县文体旅游局挂牌成立。2019年3月之后,内设机构调整为办公室(财务科)、组宣人事科、政策法规科(行政审批科)、规划建设科、交流与推广科、艺术与公共服务科、产业开发科、行业管理科、文物科、群众体育科、训练竞赛科及广播电视科12个,局属事业单位11家。截至2019年底,工作人员127人(其中公务员22人、参公人员15人、老人老办法1人、机关工勤2人、事业86人。具有高级职称8人、中级职称27人、初级职称39人、管理九级8人、事业工勤1人、未定级3人)。是年,安吉县文化、体育、旅游工作围绕全县两聚一美发展大局,勇于改革创新、奋力开拓进取,结合新时代“两山”试验区建设,打造全域旅游新典范,开启文体旅游深度融合发展开局年。

【特色亮点工作】 坚定“文化自信”,探索体制、机制改革创新,持续保持先发优势,各项文化、体育和旅游发展指标持续走在全市、全省乃至全国前列。2019年,安吉县共接待国内外游客2807.4万人次,其中过夜游客1301.7万人次(占比46.43%),旅游总收入388.24亿元,门票收入7.08亿元,同比分别增长12.1%、8.79%、19.55%、11.19%。

全域旅游:完成8项考核指标建设,以全国最高分创建首批国家全域旅游示范区,并作为创建先进代表在全国全域旅游推进会上作典型经验交流发言,同时以休闲度假型模式入选国家文化和旅游部发布的“国家全域旅游示范区创建典型案例”;年初获浙江旅游总评榜“浙江旅游发展十佳县”荣誉,作为代表在全省颁奖大会作全域旅游经验交流,并在全省大花园典型示范建设推进会上围绕全域旅游主题作经验介绍。

要素争取:获全省“落实省政府民生实事基层体育场地设施建设工作突出单位”称号,全国全民运动健身模范县创建以全省第1的位次推荐至国家体育总局(全省仅5个),2019中国文旅融合优秀城市;争取安吉县永安寺塔(即灵芝塔)入选第八批全国重点文物保护单位;指导余村村入选第一批全国乡村旅游重点村名单以及长三角区域旅游精品线路“十大名村”,鲁家村入选中国美丽休闲乡村名单;鄣吴镇入选“浙江省民间文化艺

1月12日,安吉县文化和广电旅游体育局挂牌成立

术之乡”名单和第二批浙江省旅游风情小镇名单;山川乡入选第二批省级运动休闲小镇培育单位名单以及第四批省旅游风情小镇培育单位名单;章村镇入选省级4A级景区镇。

文化出彩:安吉龙山107号墓(八亩墩)考古发掘成果专家论证会召开,考古工作首次对外公布墓葬的发掘成果,多项成果全国“首例”。该墓年代为春秋晚期,距今约2500年,墓主为王等级,是浙江越文化考古重大发现,成为全国“让遗址活起来”的典型样板,获评2019年度浙江省十大重要考古发现,并入选年度全国十大考古新发现候选名单;非遗项目“安吉白茶手工炒制技艺”入选首批浙江省传统工艺振兴目录;文艺作品—歌曲《金石之声》入选国家艺术基金2019年度项目资助小型剧(节)目和作品创作资助项目;2019年12月28日,安吉县图书馆新馆与安吉县少体校新校区同日落成。

竞技争先:选送安吉运动员季博文在2019国际皮划艇马拉松世锦赛中,代表中国获青年组19公里亚锦赛冠军、世锦赛季军;在2019年全国(静水)皮划艇锦标赛中获得男子单人划艇1000米和混双500米双冠军;培养象棋选手邵雨洁在2019年全国象棋青年锦标赛中夺冠,晋升为国家象棋女子大师。相关工作经验在省、市两级信息录用刊发20余次,并获市领导批示肯定6次。

群众体育:2019年,争取并完成省级民生实事项目31个,省体育产业项目5个,市级项目9个,省市项目转移资金已到位1005万元(其中体育产业300万元)。全县新增体育场地面积约20万平方米,人均3.47平方米。全年累计开展各类赛事、活动300余场,其中百人以上规模80场,国家级赛事7场,省级赛事15场,参与人数突破20万人次,乡村体育节举办率90.87%。开展各类公益培训100余场,受益人数35000余人,完成国民体质、公民体质以及国家体育锻炼标准等测试工作。新增体育单项协会2家,全县共有社会组织28个(民非4家)。落实“健康安吉”考核各项指标,充分做好迎检工作。全县新增体育运动休闲基地22个,山川乡和江南天池分别获评浙江省运动休闲培育小镇和浙江省运动休闲旅游示范基地。体彩销售总额2.6亿元。初步拟定《体育产业发展扶持政策》和《体育单项协会考核管理办法》,对全县体育产业发展和体育社会组织起到规范管理和引领作用。同时邀请专家草拟《体育产业发展规划2020—2030》。省、市、县主流媒体对安吉体育工作报道不少于50次。

4月27日,2019安吉县全民健身月第十届乡村体育节启动仪式暨五峰山国际青少年营地开营

【文旅项目建设】 2019年,安吉县归口管理的单体产业类旅游项目共51个,总投资385.1亿元,其中10亿元以上在建项目8个。年内由副省长亲自挂帅、投资104亿元的省级重点项目海游天地度假城项目启动,项目建设按下“快进键”;总投资30亿元的鄣吴昌硕艺术小镇项目签约;总投资60亿元的白茶小镇项目签约,白茶飘香观光带已进入实施中,“两馆一厅”设计方案基本完成;天子湖通航产业基地综合配套服务项目、孝丰梦山水、上墅田中园度假酒店等项目已实现开工;安吉古城国家考古遗址公园、横山坞艺术民宿村、余村一竹博园AAAAA级景区创建工程等项目整体出形象;梅溪柏翠稻香居酒店、上墅环湖度假酒店、山川续目听涧等项目即将竣工;云上草原二期、安吉白

12月28日,安吉县图书馆新馆落成开放

茶小镇、海游等市领导联系项目正加速推进中;隐居山川、云上草原一期、灵溪山景区、孝丰好游项目一期实现试营业等;县新图书馆、少体校等一批重点民生项目落成启用,打造安吉县文体新地标,其他项目均有序推进;全力推动灵峰国家休闲度假区、山川省级旅游度假区、鄣吴省级风情旅游小镇功能业态提升和报福省级风情旅游小镇创建。配合文旅集团、县发改局分别做好余村一竹博园国家AAAAA级景区创建指导,以及"两山"试验区、"大花园"建设工作;开展"三服务",以"优""快""实"为标准做好项目服务,承办全市首次旅游项目现场推进会,主动对接相关部门商议申嘉湖高速公路沿线设置旅游交通指引标牌事项,以重点扶持乡村振兴类、乡村度假类和旅游综合体类项目为导向,持之以恒抓好项目预评估、考核督查以及招商引资工作,连续四期入选"担当破难"典型案例。按照牵头抓总、科学预审、合理布局的要求,共牵头会审评估新旅游项目28个,通过评估23个(总投资147亿元,其中单个项目总投资超50亿元1个),否决5个。直接参与指导昌硕艺术小镇、溪龙白茶小镇等项目的招商洽谈工作,并在洽谈过程中贯彻科学评估要求。上门指导、协调验收云上草原、灵溪山、好游水上乐园、上墅蜗牛谷玻璃滑道等新业态项目、新景区新项目;指导翠谷石浪景区、田园嘉乐比景区、田园鲁家景区、灵峰山景区做好国家AAAA景区创建工作,其中田园嘉乐比景区作为重点推荐景区待验收。线上借助融媒体平台,打造"智慧旅游"平台,借助两微一端等为企业推广市场,助推旅游企业迎来"游客潮"。线下借助面对面机制,定向破解难题,在牵头召开的重点旅游企业"三服务"面对面恳谈会,收集邀请16家重点旅游企业、协会当前发展转型面临的痛点难点问题40件,现场答复解决问题3件,当面责任分解至县公安局、县资源规划局等13家部门37件,并做好动态跟踪回访。培养工作项目化的创新思维习惯,不断总结经验、科学策划推动"七大文化集群"项目化建设。要按照项目化的节点要求,建设建成一批生态文化美丽集群,完成本年度最美生态博物馆群(15个)、最美乡村影剧院群(6个)、最美乡村图书馆群(10个)、最美乡村文化礼堂群(20家)、最美文化主题民宿群(10家)、最美竹文创(旅游商品)工坊群(10个)、最美户外运动基地群(4个)等建设任务,并以此为基础实现公共文化旅游服务中心全融合。

【事业产业发展】 围绕两山实践和庆祝建国70周年主题,开展一系列展览、讲座、征文、摄影、创作活动,践行两山理念的现实题材作品大型话剧《青青余村》在杭州首演,出版《竹文化系列》丛书、《师缶妙新——师村妙石书法篆刻作品集》,吴昌硕生平艺术图述《吴昌硕艺术人生》、历史类《安吉本纪》、旅游类《暇客安吉》重要书籍编写工作有序推进。指导歌曲《绿水青山不会忘》《今天的你真美》《小城大爱》《安且吉兮》等作品申报国家艺术基金,编排《竹海交响》《新山风竹韵》《竹风凰》等,并参加浙江省文旅厅组织的庆祝澳门回归20周年“2019年根与魂—浙江省非物质文化遗产展演”“践行两山理念 建设最美县域”北京世园会、2019年度中欧(德国)艺术节等。选送运动员在二青会、全国青少年锦标赛等获金牌14枚、银牌7枚,季博文、戴丹丹、张伍倩、周可、殷昕怡等安吉籍运动员分别在国家级赛事中夺冠。在九运会中获158.5金66银,其中田径比赛中获25金15银12铜,超出预期金牌目标12枚,为安吉县20年单项取得的最佳成绩。备战第十七届省运会,争取皮划赛艇、攀岩、轮滑、马术、高尔夫、桥牌、五子棋7个项目落户安吉。向省、市输送运动员11人,年内体校在训人数109人。推进文旅融合“三级联创”体系建设,加快空间全域化布局。引导民宿集群建设,抱团经营,打造有影响力的民宿集中展示区块,出台《文旅融合示范乡镇》《文旅融合示范村》考核办法,创建文旅融合示范乡镇创建1个、文旅融合示范村创建6个、培育4个,民宿村落创建3个,AAA级景区村庄13个,A级景区村庄51个;对上争取各类省级创建74项,其中乡村旅游产业集聚区1个(山川),休闲乡村2个(天荒坪镇、龙王村),农家乐集聚村1个(灵峰村),AAA级景区村庄13个,A级景区村庄50个,省等级民宿9个、国家级五星级民宿1个(阿忠的家),在对标提升的同时进一步扩大在行业内的知名度;同时,全力助推国家休闲度假区、省级旅游度假区、省级风情旅游小镇以及7家AAAA景区的功能业态提升。坚持项目服务优、实、快要求,支持一批现有重点文旅企业做大做强,打造安吉文旅“亿千”“千百”企业梯队。牵头开展全县乡村旅游与乡村振兴战略研讨班,高效培训乡镇分管领导、重点村书记等70人次。推进“旅游+”精品培育计划,确定9个产业融合创建项目和省级老年养生示范基地。落地推动“百县千碗”工程,打造“中国百笋宴·安吉好味道”地方特色美食品牌。

【公共服务供给】 基础设施全域共建。完成省文旅厅公共文化服务“十百千”工程建设任务,启动省“五个百分百”和浙江省标准化认定工作,全国全民运动健身模范县创建工作全省名列前茅;重点扶持山川乡、灵峰村、汤口村等15个镇村的公共文化建设工作,完成章村镇、杭垓镇、递铺镇、孝源街道4家文化站效能提升,以及20家文化礼堂的新建任务;加快推进游客中心、绿道、标识标牌等全县86个旅游服务基础设施建设以及“厕所革命”,全年共完成新改建旅游厕所62座;完成省级中心村全民健身广场1个、省级社区多功能运动场4个、省级小康体育提升村20个等共计33项年度省、市基层便民体育设施项目建设任务,递铺街道、杭垓镇以及溪龙乡后河村全民健身活动中心投入使用,新增体育场地面积约20万平方米,人均3.47平方米,超省平均1平方米多;同时,梳理全县公共文体旅游设施、项目及场馆资源561项,制定县乡村旅游产业分布图、文化地图、体育产业分布图,重点投放至旅游集散中心、景点、民宿等游客聚集场所2000余张,形成整合推介效应。惠民服务全民共享。策划“博物馆里过大年”“文化和自然遗产日”“中国旅游日 国际博物馆日暨安吉第十九个旅游惠民周启动仪式”“玩转安吉·玩转博物馆系列活动”“吴昌硕国际艺术奖”全国书法美术大赛、“年味在安吉”等文体旅游主题品牌活动30余场,举办建国70周年主题晚会等各项大型文艺演出活动20余场,举办“中国印——秦秉年捐赠历代玺印展”“缶庐遗风——诸乐三书画印特展”“师缶创新——师村妙石篆刻书法艺术展”等精品展览20余场;以“文旅融合·美好生活”为主题,通过实施政府购买服务,购买文化下乡综艺类4支团队50场演出,戏曲类2支团队75场演出,文化街景6支团队80场演出、美丽文化培训300余场次;承办世界五子棋公开赛、中国围棋甲级联赛、全国户外运动多项赛等国家级体育赛事(活动)7场、省级11场,共计300余场;举办安吉县乡村体育节系列活动,总参与人数逾10万人次;县博物馆、纪念馆共接待参观人数46万人次,接待团队1145批次;举办各类体育公益培训宣讲100余场次,受益群众(师生)50000余人次;特别是“5·19”旅游惠民周活动有史以来力度最大,以中南百草园、凯蒂猫家园为首的38个免费文体旅游体验点在一周内轮流向安吉市民免费开放,受惠安吉市民10万人次。文物保护全力突破。全速推进安吉古城国家遗址公园建设,八亩墩107号墓主墓室野外发掘取得重大突破,10月底国家文物局在安吉召开高规格专家论证会,明确大墓和古城是春秋晚期越国王(后)陵和越国早期都城(距今2500年),是2019年周代考古最重要的发现,是继良渚遗址申遗后浙江省最重要的考古新发现,对研究中华文明多元一体格局具有突出贡献,是引领新时代中国考古和国家考古遗址公园建设的最新样板。文物科技保护中心外围市政工程和绿化工程完成95%工程量。委托北京大学完成遗址博物馆展陈大纲设计并通过专家评审;编制环境整治方案并获省文物局批准,成功争取中央专项经费1656万元(全省最高)。在全省率先开展区域评估地下文物调查工作,获省、市、县三级党委政府的高度认可,完成地面文物评估工作,区域评估完成率50%,提前3个月完成2019年市对县考核任务。申报永安寺塔(灵芝塔)为第八批全国重点文物保护单位,全县国保单位达到5处,位居全省前列。编制完成国保单位独松关和古驿道保护规划,并上报省文物局;与自然资源规划部门对接,将文物保护规划纳入国土空间利用规划和城乡建设规划。完成高铁大道全线抢救性考古发掘工作,大力支持示范区平台建设,协调配合省考古所全面启动永宁尔扩建厂区古墓葬发掘工作,已发掘封土3米,发现西汉墓葬2座。指导递铺街道、昌硕街道、孝源街道等等传统村落保护规划编制和文物古建筑保护修缮、展示利用工作。非遗传承全面融合。推进传统工艺融入现代美好生活,组织非遗项目进校园、进街区("非遗集市")15场次,进知名展会、节庆活动、景区18场次,非遗下乡30场,实现传统文化的创造性转化。采取非遗嫁接、工匠扶持、平台展销、设计创意等措施扶持小精尖特色竹文创微型企业,形成本土化、特色化、精致化的竹文创工坊群,截至2019年底已建20家,涉及竹编、竹刻、竹家具、竹建筑、竹扇等多个领域的传统手工艺。发掘本土民俗文化,开发民俗节庆旅游开发模式,指导特色乡村推出章村"三月三畲族文化节""九月九丰收节"、报福"开竹节"等为代表的一批文化旅游节庆活动。连续三届承办浙江省"安吉杯"2019最美中国年·浙江年俗微推文大赛,竹叶龙省级传承人胡启华受邀拍摄央视《人物》纪录片拍摄并在央视10频道播放;安吉手工炒制白茶《瑞良白茶》录入首批浙江省优秀非遗旅游商品名单。

【交流拓展】 借势文体旅游融合发展新机遇、长三角一体化战略契机和安吉高速高铁建设成果初显的先发效应,围绕"玩水节、全域旅游、亲子旅游、团建目的地、夜光经济"五大关键词,重点营销、放大形象,推进旅游资源开发建设。抓住机构改革契机,深化体制机制创新,激发涉旅部门齐抓共管作用,完善安吉县大数据中心建设情况,推动多部门大数据共享、市场管理联动。完善文旅宣传营销奖励政策,开展"十大特色营销活动""远程市场驻地营销奖励"等活动。通过县委宣传部和政府双管齐下,开辟文化产业和旅游市场线上线下、长线短线、境内境外市场拓展新局面。持续放大安吉各类节庆活动影响,重点做好文旅融合IP、融媒体平台以及吴昌硕艺术为重点的中国书画之乡品牌,举办"第三届年味在安吉""世界老爷车长三角公开赛安吉站开幕式""第三届中国安吉·玩水节""第三届中国亲子旅游节""到安吉去团建目的地推广"等等文旅融合品牌节庆

7月5日,2019第三届中国·安吉玩水节(上海)开幕式正式启动

活动10余个。强化精准营销,“中国亲子旅游第一县、国际乡村生活示范地”IP品牌形象得到新提升。推进全面网络营销,线上线下强势发力,建立与携程、美团、驴妈妈、途牛等主流旅游OTA平台合作关系,强势推动新媒体营销。突出文旅融合新方式,重点做好“玩水节”“亲子节”以及“到安吉去”团建目的地推广,参与南京、温丽台、西安、哈尔滨抚淞等旅游推介会。牢牢抓住长三角主客源市场,组织开展“竹海遇秦淮·心泊在安吉”南京推介会、“杭州后花园 最美是安吉”杭州推介会、“竹韵江南 醉美安吉”安徽合肥文旅推介会,并通过线上线下媒体在整个华东市场进行造势宣传,持续扩大安吉旅游对外影响力和美誉度同时,携手美团、携程、大众点评等OTA平台以及杭州高铁东站、氧气音乐节等方式进行全方位营销,在线观众48万人。文体旅游工作成果与做法已经成为安吉践行“两山”理念最完美的诠释,分别争取国家文化旅游部中国驻63个国家的文化中心主任(文化参赞)和驻外旅游办事处主任会议,以及“艺海流金 诗画浙江”内地与港澳文化和旅游界交流活动在安吉召开,并作安吉旅游专题推介,国家和省级多家主流媒体给予报道。各级媒体全年报道近410篇次,其中《人民日报》《新闻联播》《中国文化报》《中国旅游报》《中国文物报》《体坛报》等省级以上综合性媒体报道110余次。“安吉旅游”覆盖力影响力不断攀升,活跃粉丝近7万人,特别是惠民周信息条条爆款,最热获得10万多次的阅读量,荣登浙江旅游微信影响力周榜冠军。

6月29日,“艺海流金 诗画浙江”内地与港澳文化和旅游界交流活动在安吉召开

【规范文旅市场】 加强行业规范提升、把好项目入门评审、优化文旅市场环境。严格项目评估。建立休闲旅游项目推进工作例会制度,按照牵头抓总、科学预审、合理布局的要求,对51个文化旅游项目、86项文化旅游公共服务基础设施类项目、14项A级景区(主题乐园)基础设施改造提升项目,逐项明确项目推进的问题清单、形象进度、目标进度要求,并制定考核督查机制。加强行业指导。指导绿色饭店、特色文化主题酒店、出境旅行社等创建对象服务品质提升,加强对非假日旅游招徕系统申报企业的审核、监管,组织全县30余家文体旅游试点企业进行旅游标准体系编制培训。指导安吉县天使小镇、竹博园创建十大疗休养示范基地,贵豪旅行社创建10大地接旅行社。组织全域旅游金牌讲解员培训等各类培训(赛事)15次,受训人员2500人次。倡导酒店住宿行业取消“六小件”微改革引领“垃圾分类”,按照“一步倡导,分步实施”的工作思路,成为全国首个在全行业推行酒店住宿业不主动提供“六小件”的县级城市,截至2019年底,安吉县已有57家规上酒店和692家挂牌农家乐(民宿)参与,此项工作获得各级媒体广泛关注并受上级部门点赞肯定。审批提速增效。建立完善执法监督机制。成立案审委员会、建立重大行政处罚案件集体讨论制度,完善工作流程,强化依法办案。由案审委员会对全局行政执法的重大、疑难案件进行讨论并做出决定,牵头破解水源保护地乡村旅游发展难题。配合县委县政府打造“无证明城市”工作要求,完成第一批证明材料的取消清理工作。2019年,办结审批事项62件,其中许可54件,备案8件(不包含年审事项)。加强与消防、市场监管等部门联动,在涉娱经营场

所办理审批事项时，共同把好场所选址关，避免因选址问题造成企业前期投资浪费。加强统筹协调，深化部门联动，规范开展漂流开漂验收、标识标牌设置、景区规范提升、农家乐(民宿)规范管理等工作，力争完成所有漂流项目人流量实时监测系统建设。引导规范民宿(农家乐)业主办理相关证照，全年新增68户规范办证，剔除8户。协调解决水源地民宿(农家乐)关停问题，年内9户水源地民宿(农家乐)关停。推进执法改革。结合执法体制机制改革，科学精准梳理文体旅游市场管理职责，建立负面清单管理制度。加强市场日常动态巡查，开展错时检查，加大对违法行为的查处力度，特别是在扫黑除恶、文明城市创建、新中国成立70周年安保等重大活动与时间节点加强市场安保维稳工作，开展重点整治，落实隐患排除。完善基层旅游质监机制和旅游投诉处理机制建设，建立有效的市场诚信体系。健全"红黑名单制度"和"动态退出机制"，充分利用和发挥媒体、网络"曝光台"作用，将涉及旅游企业的质量旅游投诉和旅游违规行为予以曝光处罚。重视开展安全播出应急演练，联合市场监管、公安等部门重拳打击"黑电台"、非法地卫设施等。全面落实安全生产"一岗双责"责任制，强化监督考核，形成人人参与、人人负责良好的整体工作氛围。加大技防监管力度，完善安全生产社会化服务，实施全时监控值班。全年累计出动执法人员2979人次，巡查文化广电和新闻出版经营单位1616家次，旅游经营单位438家次，累计巡查文物保护单位54家次。办结文化市场举报4起、旅游投诉129件，查处文化类违规经营行为16起，处以警告13家次，罚款62000元整，没收违法所得789.20元。开展各类专项联合整治15次，重点对旅游包车，景区景点安全，低价游等文旅体市场乱象问题进行联合打击。

【党风廉政建设】 开展"不忘初心、牢记使命"主题教育，强化"学习强国"教育平台运用管理；紧扣融合发展主题，制定理论中心组年度学习计划、强化"服务企业服务群众服务基层"工作导向，开展"文旅融合大学习大培训大调研"活动，全年累计开展学习培训及现场调研18场次，受训人员1650人次，走访企业、村(社区)253家次，解决(提交)各旅企和基层单位当前面临的痛点难点问题138件，解决率100%；推进改革任务落实，县文体旅游局于1月12日挂牌，于3月8日完成"三定方案"制定、人员转隶安排、财产合并处置、人员集中办公等各项任务，并按新体制新机制运行，10月24日县文化市场综合行政执法队挂牌成立；加紧出台《加强机关内部管理纪律的八项规定(暂行)》，明确公务活动、公务用车、外出备案、出差差旅、会务年休以及信息外宣、民情舆情等方面管理制度十余项；制定《中层干部选拔任用工作实施方案》，新选任提拔中层干部42名并开展集体廉政约谈，严督厚爱激发干部担当作为；开展增强"脚力、眼力、脑力、笔力"教育实践工作，围绕中心靶向选配攻坚力量，选派15名优秀干部全面参与招商引才、项目推进、文明城市创建、驻村帮扶等一线助力赶超发展以及东西部扶贫协作工作；完善系统基层党支部的组织架构，新成立少体校和龙山体育中心支部，配齐配强支部支委力量；召开旅游行业党建工作会议，组建旅游行业党建联盟党委，抓好景区景点、酒店(饭店)、民宿(农家)、烹饪、导游、旅行社、事务管理7类涉旅行业的党组织建设，并统一纳入旅游行业联盟党委管理；原文化、体育接受县委巡察组巡察反馈后，立即研究制定71条整改措施报巡察办，落实整改率100%。加强党风廉政建设，制定项目化责任清单、层层分解主体责任，开展法律法规和廉政警示教育活动，强化作风建设，保持奋发有为的精神状态。

【县文化市场综合行政执法队挂牌成立】 10月24日，整合组建安吉县文化市场综合行政执法队。推进文化市场综合行政执法改革，是党和国家机构改革的重要内容，是转变执法职能的重要部分，也是实行统一的文旅市场监管、推进"扫黄打非"工作，建设现代文化旅游市场体系的迫切需要。此次挂牌标志着安吉县文化市场综合行政执法改革迈出了实质性、关键性的一步，也预示着安吉县文化市场综合监管工作进入了崭新的阶段。新组建的安吉县文化市场综合行政执法队，整合了文化、文物、出版、广播电视、电影、旅游、体育市场等领域行政执法职责，构

10 月 24 日,安吉县文化市场综合行政执法队挂牌成立

建了统一、权威、廉洁、高效的文化市场监管体系。

【安吉县图书馆新馆落成】 12 月 28 日,安吉县图书馆新馆落成开放,安吉新图书馆项目总投资 1.15 亿元,主体建筑分地下一层,地面五层,总建筑面积 9300 平方米。新馆总藏量 60 万册图书,其中纸质图书 35 万册,电子图书 25 万册,阅览座席超过 1000 个,在传承文化、传播知识方面起到积极作用,是展示安吉形象的全新窗口。安吉图书馆以打造一流图书馆为目标,提升数字化、信息化建设,丰富馆藏资源,提高管理和服务水平,为全县人民提供更加舒适的体验和优质的服务,为全县文化事业发展作出新的更大贡献。

【安吉县少年儿童体育学校新馆落成】 12 月 28 日,安吉县少年儿童体育学校新馆落成。少体校占地总面积 17938.8 平方米,建筑面积 15720 平方米,含综合楼建筑面积 5888 平方米、游泳馆 2497 平方米、体训馆 6851 平方米。学校主要承担着向省、市队输送各类体育优秀人才,完成省、市运动会的参赛任务。自成立以来,先后培养皮划艇世界冠军许亚萍、武术世界冠军戴丹丹、皮划艇全国冠军殷昕怡、季博文、武术全国冠军钱乐芸等一大批优秀运动员。

(于思思)

·文联工作·

【概况】 2019 年,县文联工作围绕学习宣传贯彻党的十九大精神这条主线,按照新时代文艺家和文艺工作者增强"四个意识"和"四个坚持"的要求。1 月 12 日,由湖州市委宣传部、市文明办、市文联联合主办的"'放歌新时代,文化进万家'新时代文明实践湖州市文艺志愿服务"启动仪式,在安吉县梅溪镇荆湾村文化礼堂举行,活动中还举行了文艺志愿服务队授旗仪式,并向全市文艺工作者发出志愿服务倡议,标志着新时代文明实践文艺志愿服务在全市全面铺开。2019 年,安吉县被省文联定为全省新时代文明中心文艺志愿者服务实践试点县之一,全县组织文联各协会会员参加省、市二级开展的专家专题辅导、集中培训,注重政治引领和思想引领,增强协会文艺工作者的责任感和使命感。6 月,组织启动"到人民中去·到实践中去"安吉县文艺界"三服务·强四力"实践活动,活动采取集中组织和分批深入相结合,着重发挥"文艺轻骑兵"的作用,开展形式多样、丰富多彩的采风创作和文艺志愿服务活动,活动期间,对全县第三批文化领军人才工作室进行授牌。

2019 是纪念新中国成立 70 周年系列活动年。元旦春节期间,县文联组织下属协会先后举行各类活动浓厚节日氛围,在村、社区、街区组织开展各类演出近 40 场次。1 月 16 日,中央电视台新春特别节目《唱响新时代走进湖州安吉》在竹博园顺利录制,春节期间在央视一套、三套等多个频道播出。

举办首届"吴昌硕国际艺术奖"。"吴昌硕国际艺术奖"是首次以"吴昌硕"命名的书画综合奖项,填补了书画界无以"吴昌硕"命名独立奖项的空白。在中外书画篆刻届、文学界引起广泛关注。从征稿到初评、复评、获奖作品现场面试、终评等多个环节,共评出 108 件获奖和入展作品。11 月 29 日,"吴昌硕国际艺术奖"颁奖典礼在鄣吴镇举行,

11月29日，首届“吴昌硕国际艺术奖”颁奖典礼在鄣吴镇举行

获奖作品展在吴昌硕纪念馆举行，并出版了《吴昌硕国际艺术奖作品集》，部分优秀作品赴日本展出。

【组织文艺志愿服务】 2019年，县文联组织下属七个协会围绕县委、县政府中心工作开展文艺服务。配合县委办举办县新春团拜会；在“走进美丽乡村·真情服务群众”政协委员“六下乡”活动月中，组织书协、美协会员创作书画作品，免费赠送给村民群众、外来民工。“情满旅途、志愿暖冬”活动中，在汽车站为过往的旅客现场送出春联300余幅；组织文艺工作者创作30多幅书画精品，捐赠给县红十字会用于公益事业。与浙江省新四军历史研究会书画院在孝丰镇抗建大院举行新春书画下乡活动；配合省文联，做好长三角三省一市摄影家联合创作采风“走进浙江”活动。

【开展文化艺术活动】 各协会以文艺为载体，开展各种形式多样的活动。县作家协会举办“壮丽七十年，奋进新时代”庆祝新中国成立70周年主题等征文活动。县作协举行“走进美丽上墅”“走进百草原”等采风活动，坚持每个季度采风一次；与“探索朗诵·求索文艺”联合举办2019新年朗诵会，著名主持人、浙江省朗诵协会会长刘忠虎等省、市有关艺术家出席；与县图书馆联合举办“四月芬芳”“悦读七月”读书朗诵会、在倡导全民阅读暨作家赠书活动中，安吉8位作家向社会读者签赠自己的出版作品500余本。年内还举行《竹乡文学》10周年合订本首发式。县摄协连续第七年开展“摄影进乡村惠民”活动，年初先后组织会员走进安吉昌硕街道双一村、安吉梅溪镇上舍村进行“迎新年摄影温暖全家福”活动（免费拍摄、赠送全家福、家人合影照片），摄影进乡村、写春联送福字、医疗义诊、发放平安家庭倡议书、慰问低保家庭温暖等活动。举办“最美章村”省级摄影大赛、第四届“美丽公路·美好生活”等系列献礼新中国成立70周年摄影大赛。县音舞协会开展《走进山河村》文化献礼、浙江省新春联欢、《迎党建》专场演出街景文化公益演出、助力全国文明城市创建“安吉县农村文化礼堂节目巡演”建党98周年献礼等演出；在安吉县打造优雅文化之都的活动中，以协会为主要骨干的山里红艺术培训中心，继续坚持原创，为安吉的小朋友提供寓教于乐的公益文化服务，传播真善美，在孩子们幼小的心灵播撒下爱的种子。县民协围绕“两聚一美”发展大局，守护安吉民间传统文化，让文化遗产保护利用惠及人民群众，以“山水校园，传承经典”为主题，打造“全县第一非遗百科全书”。集聚全县民间传统文化融入学校景观设计中，布置民间传统文化外显文化，挖掘环境育人功能。利用地方民间文化资源，形成个性化课程，激发学生主动学习、快乐学习，让学生深入体验本土民间传统文化独特魅力。深化安吉县皮影戏、剪纸、安吉岳家军抗金故事等课程“民间文化进校园”活动；与县非遗中心共同承办浙江省“安吉杯”2019最美中国年·浙江年俗微推文大赛，不同的比赛形式已经连续承办3届；结合重大节庆日旅游高峰期，组织民间艺术家团队进递铺街道古城村、山川大理村、孝源街道洛四房村等各村品牌活动7场；进各大景区如古城遗址公园、hello kitty天使乐园、灵峰山景区等10多场。畲族舞蹈《木鼓舞》入选第七届浙江省民间文艺映山红奖。县戏协以九州广场、地铺驿站广场、经典1958广场为基点开展文化街景活动,组织参与的文化下乡、戏曲街景文化演出共60多场次,会员参加演出300余人次,文化下乡足迹遍及全县各个行政村。举办少年儿童戏曲培训班6次,培养学生80余人次;常年承担老年大学教学任务,培养学生500余人次;还组织会员到县社会福利院进行演出,赴天子湖镇、梅溪镇、递铺镇给老年人送去精神食粮。多次与湖州双林、平湖、德清等周边县市戏曲家协会进行双向交流演出,组织杭州地区京剧票友会演,参加人数200余人。

【做好文学艺术创作】 举行文艺创作工作座谈会,宣扬“两山”理念,弘扬昌硕文化品牌,陆续开展“送文化到礼堂”系列展览展示、书法惠民、文艺演出等活动。2019年4月,县作家协会会员陈树的儿童谍战小说《石榴红》,由浙江省少儿出版社出版。会员汪群的散文作品《春溪如练》在《人民日报》4月发表;县书法家协会祝嘉和程卫忠的书法作品入展第十二届全国展;程卫忠入选浙江省“新峰计划”优秀青年艺术家作品展书法20家;丁盛入选南太湖文艺人才培养“新峰计划”。县美协会员蒋和武自2018年在国展3次获奖后,2019年在山东举办自己的国画展;摄影家协会秦盱丰代表浙江省参加全国基层摄影组织新任群体培训班,并在大会上作为全国基层协会代表作典型交流发言。会员桂国华的作品《玩具王国》入展全国第二十七届全国摄影艺术展。县民协选送的昆铜小学“小竹叶龙”参加无锡市“大运河文化带”龙舞精英赛,获“最具特色奖”;安吉白茶手工炒制《瑞良白茶》入选首批浙江省优秀非遗旅游商品名单;传统竹家具、郭吴竹扇、安吉根雕等民间技艺项目应邀参加2019第14届中国(义乌)文化产品交易博览会和第11届中国国际旅游商品博览会,受到观众专家一致好评。

(丁　盛)

安吉县文联2019年度文学艺术创作成果统计表

表8

序号	作　者	作品类别或名称	赛　事　名　称	主办单位	获奖等级
1	汪　群	散文《竹海溪韵》	2019年度中国散文年会	《散文选刊·下半月》杂志社	十佳散文奖
2	汪　群	散文《汪家粮事》	全国优秀文艺作品征评	中国文联《神州》杂志社、《作家报》社、《中华英才》半月刊社	特等奖
3	汪　群	诗歌《归来兮,安吉山水之精灵》	首届新时代美丽中国文学作品大赛	《黄河文艺》杂志社	二等奖
4	汪　群	散文《地藏“金豆”》	山东省滕州“马铃薯杯”全国散文诗歌作品大赛	北京文化发展基金会、《国家诗歌地理》编辑部	二等奖
5	汪　群	散文《闪光的“劳模精神”》	湖州市纪念建党九十八周年征文比赛	湖州市总工会、湖州市劳模协会	优秀奖
6	严明卯	诗歌《又见桃花》	“琥珀”杯桃花情·中国梦华语诗歌征文赛	汉诗词编辑部、汉诗界编辑部、天津市天津诗社	一等奖
7	严明卯	诗歌《用一段春水做成一个女人》	第二届汉诗大赛	中国诗歌会	金奖
8	严明卯	诗歌《清明》	第四届“中华情”全国诗歌散文联赛	中国散文网、北京华夏博学国际文化交流中心	金奖
9	严明卯	《现代诗》	国际诗酒文化大会“诗意香浓”全球有奖征文赛	国际诗酒文化大会组委会	优秀奖

续表 8

序号	作　者	作品类别或名称	赛　事　名　称	主办单位	获奖等级
10	严明卯	《现代诗》	第二届国际城市文学论坛征文赛	中国萧军研究院、国际城市文学学会、中国城市经济专家委员会、中国城市文学系列活动组委会	城市文学 100 位影响力诗人奖
11	胡海蓉	诗歌《在安吉》	庆祝新中国成立 70 周年征文	湖州文联	优秀奖
12	陈　树	儿童谍战《麻雀少年篇之石榴红》(小说)	2019 湖州市五个一工程奖	湖州市委宣传部	五个一工程奖
13	陈连根	散文《凤凰山,一个孤独者的攀陟》	庆祝建国七十周年征文	湖州市文联	三等奖
14	陈连根	对联	全国清廉文化对联征集大赛	湖州市纪委、湖州市文联、湖州市诗词楹联学会	优秀奖
15	王月华	诗歌《长丰桥记》	全国优秀文艺作品征评	中国大众文学学会、作家报社、《中华英才》半月刊社	金奖
16	李建平	诗歌《我们住在花朵深处》	“歌唱新中新,逐梦新时代”湖州市诚实新中国成立 70 周年主题征文	湖州市文学艺术界联合会、湖州市作家协会、湖州文学院	优秀奖
17	李建平	散文《清澈》	2019 年度中国散文年会评选	《海外文摘》杂志社、《散文选刊·下半月》杂志社	二等奖
18	李建平	诗歌《相信一株草》	全国优秀文艺作品征评	中国大众文学学会、作家报社、《中华英才》半月刊社	一等奖
19	李　丰	散文《青山绿水饶诗景》	全国优秀文艺作品征评	中国大众文学学会、作家报社、《中华英才》半月刊社	金奖
20	戴　捷	写给月河的十二首情诗	第七届月河月老杯全国爱情诗大赛	嘉兴南湖区人民政府	银奖
21	陈炳心	散文《生命中的梨树》	全国优秀文艺作品征评	中国大众文学学会、作家报社、《中华英才》半月刊社	银奖
22	梅　松	文章	《闭户以自精——金城的摹古生涯考》(上)	《荣宝斋》杂志	发表
23	梅　松	文章	《闭户以自精——金城的摹古生涯考》(下)	《荣宝斋》杂志	发表
24	程卫忠	书法	浙江省“新峰计划”优秀青年艺术家作品展——书法 20 家	浙江省文联	入选
25	梅　松	文章	《黄裳的藏书和藏书印》文章	《艺术市场》杂志	发表
26	梅　松	文章	《六朝秀色锦屏空——吴湖帆的“董美人”因缘》	《文汇报》	发表
27	祝　嘉	书法	第十届全浙书法篆刻大展	浙江省书法家协会	入选
28	刘楚平	书法	第十届全浙书法篆刻大展	浙江省书法家协会	入选

续表 8

序号	作　者	作品类别或名称	赛　事　名　称	主办单位	获奖等级
29	程卫忠	书法	第十届全浙书法篆刻大展	浙江省书法家协会	入展
30	丁立臣	书法	“书圣故里中国临沂”中国书法临书大会	山东省书法家协会	入展
31	祝　嘉	书法	魅力上饶——全国书法名家作品展	上饶文学艺术界联合会	特邀
32	洪　亮	书法	魅力上饶——全国书法名家作品展	上饶文学艺术界联合会	特邀
33	洪　亮	书法	庆祝中华人民共和国成立70周年书画展	九三学社中央主办	入展
34	董才宝	书法	书法作品被桐庐圆通佛学书画院收藏并聘为书画院首届特邀院士	桐庐市书协	特邀
35	董才宝	书法	《先贤诗抄》及《桃花源记》作品发表	《诗海潮》杂志	发表
36	祝　嘉	书法	全国第十二届书法篆刻展	中国书法家协会	入展
37	程卫忠	书法	全国第十二届书法篆刻展	中国书法家协会	入展
38	程卫忠	书法	“写好中国字、做好中国人”全国书法名师邀请展	中共环县委宣传部	邀请
39	曹寿槐	书法	“江山多娇”湖州市书法篆刻精品展	湖州市书法家协会	特邀
40	杜启汉	书法	“江山多娇”湖州市书法篆刻精品展	湖州市书法家协会	特邀
41	董才宝	书法	“江山多娇”湖州市书法篆刻精品展	湖州市书法家协会	特邀
42	祝　嘉	书法	“江山多娇”湖州市书法篆刻精品展	湖州市书法家协会	特邀
43	王云根	书法	“江山多娇”湖州市书法篆刻精品展	湖州市书法家协会	特邀
44	黄家贵	书法	“江山多娇”湖州市书法篆刻精品展	湖州市书法家协会	入展
45	钟建明	书法	“江山多娇”湖州市书法篆刻精品展	湖州市书法家协会	入展
46	董　云	书法	“江山多娇”湖州市书法篆刻精品展	湖州市书法家协会	入展
47	方建胜	书法	“江山多娇”湖州市书法篆刻精品展	湖州市书法家协会	入展

续表 8

序号	作　者	作品类别或名称	赛　事　名　称	主办单位	获奖等级
48	孙传江	书法	“江山多娇”湖州市书法篆刻精品展	湖州市书法家协会	入展
49	程卫忠	书法	“江山多娇”湖州市书法篆刻精品展	湖州市书法家协会	入展
50	丁　盛	书法	“江山多娇”湖州市书法篆刻精品展	湖州市书法家协会	入展
51	周小羽	篆刻	“江山多娇”湖州市书法篆刻精品展	湖州市书法家协会	入展
52	章凯军	篆刻	“江山多娇”湖州市书法篆刻精品展	湖州市书法家协会	入展
53	石为民	篆刻	“江山多娇”湖州市书法篆刻精品展	湖州市书法家协会	入展
54	陈书敏	书法	“江山多娇”湖州市书法篆刻精品展	湖州市书法家协会	入展
55	周　敏	书法	“江山多娇”湖州市书法篆刻精品展	湖州市书法家协会	入展
56	李　军	书法	“江山多娇”湖州市书法篆刻精品展	湖州市书法家协会	入展
57	汪志华	书法	“江山多娇”湖州市书法篆刻精品展	湖州市书法家协会	入展
58	曹永远	书法	“江山多娇”湖州市书法篆刻精品展	湖州市书法家协会	入展
59	毛雪峰	书法	“江山多娇”湖州市书法篆刻精品展	湖州市书法家协会	入展
60	程卫忠	书法	“吾悦杯”湖州市师生书法篆刻大展	湖州市书法家协会	一等奖
61	李　军	书法	“吾悦杯”湖州市师生书法篆刻大展	湖州市书法家协会	一等奖
62	裴　锋	书法	“吾悦杯”湖州市师生书法篆刻大展	湖州市书法家协会	入展
63	祝　嘉	书法	开明礼赞正道辉煌庆祝建国70周年开明画院美术作品展	民进浙江省主办	入展
64	洪　亮	篆刻	庆祝中华人民共和国成立70周年西泠印社社员作品展	西泠印社	入展
65	丁　盛	书法	“盛世之江”庆祝中华人民共和国成立70周年书画展	浙江省文学艺术界联合会	入展
66	李　军	书法	首届浙江省青年书法篆刻精英展	浙江青年书法家协会	入展

续表8

序号	作　者	作品类别或名称	赛　事　名　称	主办单位	获奖等级
67	程卫忠	书法	“江山永固、大爱无疆”主题创作优秀作品展	浙江省书法家协会	邀请
68	祝　嘉	书法	“家国情怀”新中国70华诞全国名家书画作品展	广东省国风书画院	特邀
69	董才宝	书法	书法作品在《文学纵横》发表	中国新农村杂志社	发表
70	董才宝	书法	书法作品文章在《艺术中国》专题介绍	《艺术中国杂志》社	专题
71	祝　嘉	书法	书法作品入编《唐诗千首》作品集	中国文史出版社	入编
72	杜启汉	书法	书法作品入编《唐诗千首》作品集	中国文史出版社	入编
73	李　军	书法	“书法颂宪法”主题书法作品展	湖州市书法家协会	优秀作品奖
74	陈云樵	书法	“书法颂宪法”主题书法作品展	湖州市书法家协会	优秀作品奖
75	董智惠	书法	“书法颂宪法”主题书法作品展	湖州市书法家协会	优秀作品奖
76	朱爱芳	书法	“书法颂宪法”主题书法作品展	湖州市书法家协会	优秀作品奖
77	章凯军	优秀作品奖	湖州市首届篆刻展	湖州市书法家协会	优秀作品奖
78	张立文	篆刻	湖州市首届篆刻展	湖州市书法家协会	入展
79	石为民	篆刻	湖州市首届篆刻展	湖州市书法家协会	入展
80	程建兵	篆刻	湖州市首届篆刻展	湖州市书法家协会	入展
81	刘征云	篆刻	湖州市首届篆刻展	湖州市书法家协会	入展
82	钱　群	篆刻	湖州市首届篆刻展	湖州市书法家协会	入展
83	张浩青	篆刻	湖州市首届篆刻展	湖州市书法家协会	入展
84	李　军	书法	浙江省第五届温泉杯书法大赛	浙江省书法家协会	入展
85	李　军	书法	第三届平复帖杯国际书法篆刻大赛	上海市书法家协会	入展
86	程卫忠	书法	“江山多娇”浙江书法篆刻刻字系列展	浙江省书法家协会	入展
87	董　云	书法	“江山多娇”浙江书法篆刻刻字系列展	浙江省书法家协会	入展
88	蒋和武	作品《暗香》	第十四届浙江省美术作品展	浙江省美术家协会	入展

续表 8

序号	作　者	作品类别或名称	赛　事　名　称	主办单位	获奖等级
89	蒋和武	作品《暗香》	“致敬新时代——庆祝中华人民共和国成立 70 周年湖州市美术作品展”	湖州美术家协会	入展
90	周　捷	中国画《家山春韵》	第三届“陆俨少奖”全国中国画展	浙江文联、浙江画院	入展
91	周　捷	中国画《雨山之春》	浙江风采——浙江省美术馆界成果展	浙江美术馆	入展
92	周　捷	中国画《宜居家园》	“致敬新时代——庆祝中华人民共和国成立 70 周年湖州市美术作品展”	中共湖州市委宣传部、湖州文联	入展
93	周　捷	中国画《清远》	“携手贺梦”两岸青年书画作品展	杭州市政府台湾事务办公室	入展
94	周　捷	中国画《宋人诗意》	“不忘初心砥砺前行”杭州江南书画院成立三十周年书画作品展	杭州江南书画院	入展
95	胡保国	中国画	2019 年作品获第三届全国陆俨少奖中国画展	浙江画院主办	优秀奖
96	胡保国	中国画作品《天将化日舒清景》	《盛世之江》——庆祝新中国成立 70 周年书画作品展	浙江省文学艺术联合会 浙江省美术家协会	入展
97	操声国	《山水》	“致敬新时代——庆祝中华人民共和国成立 70 周年湖州市美术作品展”	湖州美术家协会	入选
98	袁　萍	《鸟语花香醉春风》	致敬新时代，庆祝中华人民共和国成立 70 周年	湖州市美术作品展	入展
99	袁　萍	《华夏春晖》	浙江省女子画展	湖州市女子协会	入展
100	谢　飞	山水写生作品	《国畫家》2019 第 5 期	国家级艺术类核心期刊	发表
101	桂国华	摄影作品《玩具王国》	第二十七届全国摄影艺术展	中国文学艺术界联合会、中国摄影家协会	入展
102	秦盰丰	《高铁基石》	浙江省第六届群星视觉艺术综合大展	浙江省文化和旅游厅	入展
103	沈志华	《镜花水月》	浙江省第六届群星视觉艺术综合大展	浙江省文化和旅游厅	入展
104	汤学飞	《和谐》	浙江省第六届群星视觉艺术综合大展	浙江省文化和旅游厅	入展
105	汪世军	《梅映农家》	浙江省第六届群星视觉艺术综合大展	浙江省文化和旅游厅	入展
106	冯亚婷	《时光之门》	浙江省第六届群星视觉艺术综合大展	浙江省文化和旅游厅	入展

续表 8

序号	作　者	作品类别或名称	赛 事 名 称	主办单位	获奖等级
107	赵　岚	《小水电》	2019 丽水国际摄影节	中国摄影家协会、丽水市人民政府	入展
108	王旭雄	《云雾章村》	“最美章村”全省摄影大赛	浙江省摄影家协会	金奖
109	鲍高峻	《非遗踩街》	“最美章村”全省摄影大赛	浙江省摄影家协会	银奖
110	胡忠於	《龙王山云海》	“最美章村”全省摄影大赛	浙江省摄影家协会	银奖
111	汪　宏	《山民丰收节》	“最美章村”全省摄影大赛	浙江省摄影家协会	铜奖
112	胡　南	《水之韵》	“最美章村”全省摄影大赛	浙江省摄影家协会	铜奖
113	秦盱丰	《传承》	“谢灵运杯”浙东唐诗之路摄影大赛	浙江省摄影家协会	收藏佳作
114	秦盱丰	《竹乡人家》	庆祝中华人民共和国成立70周年摄影展“中国人家”	中国摄影家协会	入选
115	王旭雄	《别有洞天》	“和合雷峰 花开风来”全省摄影大赛	浙江省摄影家协会、台州市摄影家协会	一等奖
116	汪　宏	《奶香人爽》	“藏茶之路”——全国摄影大赛	中国摄影家协会、雅安市委宣传部	入展
117	何永春	《农事》	浙江省纪念改革开放40周年“乡村振兴 大美云集”摄影大赛	浙江省文化馆	三等奖
118	何永春	《新年 新村 新气象》	浙江省纪念改革开放40周年“乡村振兴 大美云集”摄影大赛	浙江省文化馆	优秀奖
119	何永春	《大地指纹》	2019 湖上升明月杯“魅力中国”全国大展	照相机杂志社 浙江省摄影家协会	入选
120	何永春	《白茶之孕》	《人民摄影报》2019 月赛 8 月号	人民摄影报社	三等奖
121	周红庆	《公路驿站》	浙江省最美公路摄影赛	浙江省公路管理局、中国新闻社浙江分社、浙江省摄影家协会	优秀奖
122	周红庆	《靓丽安吉大道》	浙江省最美公路摄影赛	浙江省公路管理局、中国新闻社浙江分社、浙江省摄影家协会	优秀奖
123	周红庆	《乐游文园》	浙江省“四季文园”摄影比赛	浙江日报社	优秀奖
124	周红庆	《减霾、除尘神器助力生态保护》	“美丽中国，我是行政者”生态环保主题摄影大赛	浙江省摄影家协会、浙江久安公益事业有限公司	佳作奖
125	周红庆	《古宅金龙》	“煤山——美丽乡镇故事”全国摄影展	《中国摄影》杂志社	入选
126	周红庆	《不忘初心》	浙江省住建厅摄影比赛	“建设者风采”全省住房城乡建设系统干部职工书画摄影作品展	二等奖

续表 8

序号	作　者	作品类别或名称	赛　事　名　称	主办单位	获奖等级
127	唐锡成	《天路》	“四好农村路”摄影大赛	浙江省公路局	优秀奖
128	唐锡成	《安吉公路人》	“四好农村路”摄影大赛	浙江省公路局	优秀奖
129	唐锡成	《画中行》	“四好农村路”摄影大赛	浙江省公路局	优秀奖
130	胡　南	《紧急转移》	“人间有善才温暖”纪实摄影大赛	浙江省新闻工作者协会	铜奖
131	赵建军	《美丽的昆铜童谣》	2019·9“我和祖国共成长”湖州市第二届童谣节	中共湖州市委宣传部、湖州市文明办、湖州市教育局、共青团湖州市委、湖州市文联	市一等奖
132	陈箐箐 刘　伟	《唯舞独尊》	2019年浙江省群众广场舞大赛(排舞)	浙江省文化和旅游厅	省银奖
133	陈箐箐 刘　伟	《唯舞独尊》	2019年湖州市群众广场大赛	湖州市文化广电旅游局	市金奖
134	陈　蓓	《少年行》	2019年湖州市群众广场大赛	湖州市文化广电旅游局	市铜奖
135	陈梦园	《在希望的田野上》	2019年湖州市群众广场大赛	湖州市文化广电旅游局	市铜奖
136	甘惠芬 陈箐箐 陈昱彤	《爱我中华》	2019年湖州市群众广场大赛	湖州市文化广电旅游局	市铜奖
137	安吉县民间艺术家协会(团体作品)	畲族木鼓舞	首届长三角地区民间文艺展演	浙江省文学艺术界联合会	映山红奖

新　闻

【概况】 2019年，安吉广播电视台坚持“融合、创新、跨越”发展思路，创新地将新闻生产信息发布、新时代文明实践中心建设、文化创意、社会综合治理、公共应急指挥、大数据中心建设、跨区产业联盟等融合发展，实现融媒体和产业的双重转型升级，发挥引导群众、服务群众的作用，锻造了一家具有强大传播力、引导力、影响力的新型县级主流媒体。“媒体智慧化融合”项目获评全国典型案例。

2019年，全台总营业收入2.4亿元，其中文化创意产业0.65亿元，智慧信息产业1.75亿元。电视收视率提升到18.7%，广播实现县域全覆盖、用户17万，拥有13万户电视用户、42万名微博粉丝、38万名微信用户、12万名抖音粉丝、30万名移动端用户，在只有47万常住人口的县域有效黏住150万名平台用户。

2019年度，电视获省新闻协作一等奖(第五名)，广播获省新闻协作特等奖(第一名)，送央广第一名(含地市级)；在2019年度浙江新闻奖和浙江省广播电视节目奖评比中，安吉台选送的9件作品分获一、二、三等奖，其中4件作品荣获一等奖，是全省广播电视新闻奖一等奖获奖单位中唯一的县级媒体。在2019年度全省广播电视对农节目服务工程建设考核中，安吉台广播、电视考核结果均为优秀，其中广播位列全省县级台第一名，电视位列全省县级台第四名。

【新闻宣传】 2019 年,安吉广播电视台围绕全县中心工作,推出一系列重点策划和主题报道,做到工作重点突出、主线清晰、个性彰显。推出《正是奋发好景时 改革开放再出发》《歌声飘过 70 年》《真心真意"三服务"》《庆祝新中国成立 70 周年 辉煌时刻》《千里传情 一叶扶贫》第二季等系列主题报道 50 余个次 1000 余篇次,通过舆论引导为全县发展鼓劲加油,助推中国最美县域建设。结合全国文明城市创建工作,开设"亮短揭丑曝光台"等专栏,对生态环境、公民素质、公共管理、安全问题等进行目击式、跟踪式、全方位监督,建立曝光追踪制度,及时向责任单位反馈曝光事项,做好后续跟踪报道,及时反馈整改结果。全年推出曝光类报道 200 余篇,推动解决实际问题 160 多个。创新媒体监督路径,做好内参工作,当好党委和政府的"耳目"和"参谋",发挥通达社情民意,上报热点难点问题作用,共刊发内部参考 4 期,均获得县委主要领导批示。加大外宣力度,聚焦安吉县"两山"实践新成效,深度挖掘全县乡村振兴、生态文明绿色崛起成功经验,宣传好乡村治理"余村经验"。全年在省级以上媒体平台发稿 1000 余条,其中中央级媒体近 300 条(《新闻联播》8 条,头条 2 条)。尤其在面对"白叶一号"扶贫工作等热点事件,以及"利奇马"台风影响和英雄吕挺牺牲等突发事件时,做到准备充分、对接高效、上报及时。研发 VR 全景视频的创作,实现 8K 高质量的全景画面素材记录,完成 6 通道素材的同步拼接及无缝合成,保证全景画面的流畅展示,成为全省首家掌握 VR 全景视频创作的县级媒体;紧跟央媒步伐,与法国 3D 模型设计师合作研发的 AI 主持人 Angela(安吉拉)上线,开创全国县级媒体虚拟主持人的先例;首次尝试当前流行的 Vlog 形式,将新闻以更轻松、活泼的视频方式在新媒体中呈现,其中介绍长龙山抽水蓄能电站的短视频被学习强国全国平台收录。加强品牌活动的策划与执行,全年承接举办庆祝中华人民共和国成立 70 周年晚会、北京园艺博览会"安吉日"、安洽会、我陪父母游乡村、"2019 安吉席博会""2019 安吉建博会"等活动百余场。全年承制各类宣传片、汇报片、公益片百部以上,摄制了世界园艺博览会上总书记和外方领导人一同观看的形象片中安吉竹海部分;72 小时完成县重大项目英文推介片;司法局宣传片《美丽乡村 无法不美》报送司法部;环保局宣传片《这就是安吉》登陆环境日国际合作年会等。打响培训品牌,加强与省广电学会的合作,抓住融媒体中心建设的机遇,设立特色培训内容,初步建立师资库、培训课程等体系,全年举办"融媒体短视频创作"培训班、"航拍创新创优"培训班等 8 场。

4 月 17 日,安吉新闻集团举行新闻战线增强"四力"教育实践启动仪式

【媒体融合】 2019 年,安吉广播电视台坚持移动优先,升格新媒体中心,统筹各新媒体平台发展,大力构建新媒体矩阵,全县媒体平台总用户超过 140 万户。完成爱安吉 App 改版,致力于智慧化便民模块应用,推出便民服务板块 20 余个。充分利用大数据、云平台,建设以"一稿一库"为特色、融入声屏报网评议等新功能的移动互联融媒体系统平台,实现手机端、电脑端的互通使用。拓展以大数据为基础的全县智慧城市建设。加快"智慧社区""智慧旅游"等智慧项目推

进;首创全国广电行业智慧家居项目,以TVOS机顶盒作为家庭智慧网关入口,形成以电视为核心的智慧家居体系,拥有独立知识产权;研发上线余村数字乡村信息管理平台;研发上线守望者App,实现可实时查看公安所有监控;爱安吉App上线“智慧5189000”、清廉乡村平台移动端;成功研发上线手机、电视端双屏互动的“文明超市”,打造“全国首个新时代文明实践基金”线上平台;牵头组建“两山”转化数字研究院揭牌,为安吉县新时代“两山”试验区建设提供技术支持,完成安吉“两山”转化数字展示中心建设并挂牌开放。以推进媒体智慧化融合为核心,以“爱安吉”融媒体移动终端为核心竞争产品,全面推动智慧产品对外影响力。安吉广电智慧化融合案例经初评、复评在全国222家机构、338个项目中脱颖而出,晋级终评;做好“基层治理综合平台”“智慧旅游”等产品研发、优化工作,形成智慧产品生态圈;“爱安吉”App入选2019应用新闻传播十大创新案例;年内侯马融媒体中心、“智慧五峰”项目成为智慧项目集成输出代表,安徽、陕西、梅河口、河北等地均有智慧项目落地;安吉购在“商会战略”的基础上,大力招引优质分销商;游视界加盟台增加到235个,参与扶贫工作成效显著,对接全县141家单位通过“游视界”平台“以购代捐”方式交易额404万元,助力安吉县扶贫金额排名全市第一。

【队伍建设】 开展“不忘初心、牢记使命”主题教育。建立班子会原则会前必开党纪党性一刻钟教育,全年累计开展20余次。组织全体中层干部观看廉政视频2次,邀请县纪委干部到台进行“我县党员干部常见违纪违法问题分析”廉政讲座。开设纪委书记廉政课堂,已授课3次,累

8月20日,宋焕新台长在BIRTV县级融媒体台长论坛上做经验分享

计300多人次参与听课,二级单位班子定期或不定期开展廉政警示教育。在楼宇电视上定期播放廉政教育宣传片,五一、端午、中秋和国庆等节日期间,及时下发关于严明政治纪律、过好风清气正节日的纪律要求。督查室定期给党员干部推送廉洁短信和廉政提醒,教育党员干部引以为戒,增强拒腐防变能力。树好选人用人“风向标”,启动两年一轮的中层干部竞聘上岗工作,党委坚持党管干部原则,按照新时期好干部标准,严把政治首关,强化监督管理,鼓励担当作为,营造担当有为、创新竞进的“能者上、庸者下、劣者汰”用人氛围。加强干部多岗位培养,全年有计划地安排党员干部到一线、到基层,7名党员干部分别在县委办、文明城市创建办、驻外招商、城镇综合整治、消薄村任第一书记等岗位及领域锻炼。制定人才引进计划,重点突出专业人才和高层次人才。强化干部作风建设,深化新绿系列竞赛活动,试行末位处置机制等,全面激发干部员工创业激情。通过台长嘉奖令、创意工作评选等形式,对干出成绩的干部给予表彰和奖励。助力全国文明城市创建,做好无物业小区、责任路段等的领办工作,持续推进争创全国文明单位;开展一系列特色“主题党日”活动,举办“主持人进校园”“抗击冰雪”志愿行动等,发挥“党员我带头”精神;践行“三服务”工作要求,由主要领导、分管领导带队走访企业和联系乡镇(行政村、社区),了解情况、征求意见和建议、助力破解发展难题。

【研发并上线虚拟主持人】 紧跟央媒步伐，与法国3D模型设计师合作研发的AI主持人Angela(安吉拉)于2019年2月19日(元宵节)在县广电台《万千气象》栏目中正式上线，节目播报形式从原来的主持人单播，提升到了真人与虚拟主持人的同屏互动式播报，丰富节目形态，开创县级台运用虚拟主持人的先例。研发前期通过对相关软件的了解和测试，研发小组利用软件动作及时捕捉、同步渲染等特性，专门设计一套符合安吉广电台宣传需要的相关虚拟形象，利用抠像等技术合成到相关栏目中，从而丰富节目形态。

【上线"文明超市"】 3月，利用媒体融合成果，上线拥有知识产权的安吉县新时代文明实践中心智慧平台"文明超市"，打造互动电视端和手机移动端，实现群众点单、中心派单、部门接单的志愿服务活动线上线下同频共振。通过"文明超市"线上平台，打通移动端、PC端、电视端，实现各类志愿服务行为产品化，增强青年志愿者的"黏性"，将理论学习、文化生活、科学普及、体育健康、教育服务、幸福人生6大类3000余场活动整合到App应用的三级菜单中，并对每个服务项目的内容及形式深度优化，通过群众点单、中心派单、干部接单，开展长效性、面对面、群众喜闻乐见的志愿服务活动。"文明超市"运行一年来，已加入社会各类志愿者组织569个，发起活动36840次。

【开展"千里传情　一叶扶贫"新闻行动第二季】 3月10日，溪龙乡黄杜村捐赠给三省四县的最后50万株"白叶一号"扶贫茶苗启运四川省青川县。县广电台5名记者组成的采访小组同步奔赴青川县沙州镇、瓦砾乡、关庄镇的4个村采访，并回访已种好的茶园，蹲点拍摄贫困户的生活变化、跟踪拍摄村干部的扶贫行动，在种茶现场进行新媒体直播，全方位、多角度地对最后一批茶苗落地进行报道。此次新闻行动共回传电视稿件8条，报纸稿件7条(含摄影版)，新媒体29条(直播5场、安吉发布4条，爱安吉App 8条、安吉发布微博9条、蓝媒号3条)。报道被《浙江日报》、浙江在线、《杭州日报》、人民网、《新民晚报》等多家媒体采用。

3月，安吉新闻集团记者赴贵州省普安县白沙乡拍摄中茶所专家田间授课

【融媒体平台搭建完成】 利用建成的智慧信息产业平台，于2019年3月搭建完成符合实际、便于采编日常操作的融媒体平台。该平台以浙江广播电视集团"中国蓝云"为依托，索贝公司相关系统为辅助，平台展示上包括新闻生产流程进行展示，包含本地热点新闻、选题策划、采访任务、报道指挥GIS、新闻串联单、媒资库、外媒看安吉、新媒体矩阵、传播分析等多个功能展示。整个系统采用"一次采集、多种生成、多元传播"的融合生产理念建设，把新闻日常生产全部搬到系统上，用"一稿一库"统筹整个新闻资源和生产要素，管理上用流程规范，考核上用数据评判，用大数据云计算科学的运算统计和分析方式，确保主流媒体新闻生产正向激励和有效传播。

【全面做好抗台风报道】 抗击台风"利奇马"期间，广电台50余名记者24小时奋战在一线，通过App、广播、电视、微信、微博、网站、报纸等融媒体平台，真实记录全县上下众志成城抗台救灾激情，见证温暖人心的凡人善举。电视、新媒体联动推出“直击‘利奇马’特别报道”,电视共开设新闻晚间八档新闻,对最新抗台救灾信息进行及时报道;广播 24 小时不间断直播,从台风预警、交通路况、城市排涝、各乡镇情况、民众生活、感人事迹等方方面面,全天候关注台风“利奇马”对安吉县的影响。“爱安吉”App 新媒体平台开设直播专栏,滚动播报台风动向,各类路况消息、客运班次、供电供水、游客转移以及各乡镇部门抗台救灾情况。

【安吉广电台获国家广电总局公益广告项目扶持】 8 月,国家广电总局揭晓 2018 年度广播电视公益广告扶持项目评审结果,全国各地 96 部作品、58 个机构获公益广告项目扶持。安吉广电台成功入选“传播机构类”,成为全省唯一一家入选机构。

【完成首部 VR 全景视频】 创新投入 VR 全景视频的研发创作,前期组织相关团队人员,进行技术支持、设备使用、市场运用等情况的摸索和调研,形成系统的研发推进方案。VR 全景视频研发小组在上半年完成技术设备测试、全景视频拍摄、后期矫正拼接等各项全景视频制作环节,于 2019 年 8 月制作完成首部 VR 全景视频成片,发布当晚获得了朋友圈的大量转发。同时视频在全市推广中也获得市台的推介和三县两区同行的极大肯定。

【“智慧广电”项目参加中国国际数字经济博览会】 10 月 11—13 日,中国国际数字经济博览会在河北石家庄国际会展中心举行。作为浙江省网络视听节目建设和管理协会会员单位,安吉新闻集团受邀参展,成为在该展会上唯一展出的县级媒体。集团展出的“县级媒体融合安吉经验·智慧广电建设安吉方案”涵盖融媒体中心建设方案、县级融媒体移动终端、新时代文明实践中心——文明超市、媒体+互联网+旅游(游视界)、安吉购、智慧家居、“两山”转化数字研究院等内容,在本次展会上吸引各兄弟单位驻足了解,时任国家广电总局网络视听节目管理司司长罗建辉到安吉展台看展,听取安吉新闻集团融媒体建设情况。

【集团受邀参加 ICTC 广电盛会并获奖】 10 月 23—25 日,第二十七届媒体融合技术研讨会(ICTC)在杭州举行。集团党委书记、台长宋焕新受邀参加本次盛会,并成为唯一连续 2 天在论坛发表演讲的特邀嘉宾,在大会上作题为“融合创新 贴地飞行——安吉建设县域智慧广电”和“打造融媒体移动终端”的主题演讲。在 ICTC 分会场“钱塘论道·2019 县级融媒体中心案例大会”上,集团融媒体移动终端“文明超市”项目,获“好例有”全国融媒体中心案例大赛“奋勇当‘县’县(区)域平台优秀案例奖”。

(王　莹)

12 月 27 日,安吉新闻集团与中国传媒大学国际教育学院签约揭牌

卫　生

卫生健康

【综述】 2019年1月，根据《安吉县机构改革方案》，将县卫生和计划生育局、县深化医药卫生体制改革领导小组办公室的职责，以及县民政局承担的县老龄工作委员会办公室的职责，县安全生产监督管理局的职业安全健康监督管理职责等整合，组建县卫生健康局，不再保留县卫生和计划生育局、县深化医药卫生体制改革领导小组办公室。2019年，安吉县卫健局以深化县域医共体建设、推进医疗卫生服务领域"最多跑一次"改革为突破口，高质量推进健康安吉建设，全县卫生健康事业稳步发展。是年，安吉县有医疗卫生机构205家，公立单位149家，县级医院5家、县级卫生机构2家、乡镇(街道)卫生院16家和社区卫生服务站125家、120急救分中心1家;民营医疗机构57家。以县人民医院、中医院、三院作为牵头单位分别与二院、16家乡镇(街道)卫生院组成三个县域医共体。卫生技术人员3258人，其中执业医师1210人、执业助理医师318人、注册护士1730人;每万人拥有医院(卫生院)床位数50张;每万人拥有卫生技术人员69.3人，其中医生32.5人。全县副高级以上人才394人，其中正高117人;硕士以上74人，其中博士2人。全县孕产妇死亡率、婴儿死亡率、5岁以下儿童死亡率分别为0、2.02‰、3.03‰。全县医疗单位门急诊量达427.2268万人次，医疗业务收入13.14亿元，较2018年增长1.94%。

1月12日，安吉县卫生健康局挂牌成立

·基层卫生·

【概况】 2019年，县卫健局按照国家、省基本公共卫生服务规范开展项目工作，不断强化农村基层卫生服务机构、管理体系、服务网络建设。以财政补偿改革为契机，充分调动基层医疗机构积极性，促进服务质量和服务内容提升。结合医共体建设，将县级医院的内分泌、心血管等专家下沉，加入家庭医生签约团队。

【基层公共卫生服务】 16个乡镇(街道)卫生院共组建家庭医生签约服务团队159个，建立"3+X团队"模式，参与签约医护人员724人。全县签约率41.9%，重点人群签约覆盖率86.6%。推进家庭医生签约示范点建设，成立杭垓镇家庭医生签约服务健康管理中心。

【落实财政补偿改革】 2019年1月，财政补偿改革绩效系统正式运行，院内绩效考核系统积极推进;将不同工作任务和服务质量换算成工作当量，将下拨的经费折算成每个工作当量的费用，财政补偿机制改革的实施，使基层机构的积极性得到有效调动，管理成本和用人效率明显改善。

·人口家庭·

【概况】 2019年，安吉县有产妇

3560人、住院分娩活产数2590人、住院分娩率达100%，高危孕产妇管理率达100%，孕产妇零死亡。产前筛查率95.10%，新生儿疾病筛查率98.5%。建成独立母婴室68家，落实妇幼重大公共卫生专项工作，孕产妇免费叶酸发放率为98.09%，“两癌”筛查项目覆盖到外来新居民，累计服务4.45万人次。率先推出信息化“出生一件事”多证联办，切实解决新生儿证件办理慢、多头跑、来回跑的问题。

【计生特殊家庭奖特扶】 围绕计生特殊家庭“三项服务制度”，做好计生困难家庭的扶助关怀工作。积极开展奖扶、特扶对象发放资格确认，准确把握政策口径，杜绝漏错报发生；落实计生特殊家庭联系户制、家庭责任医生签约制度，做到应签尽签，完善计生特殊家庭就医“绿色通道”。

【全员人口信息】 进一步完善提高全员人口信息质量，补齐“婚姻登记信息采集”短板，落实专职人员在民政婚姻登记处采集相关信息，及时将新婚对象纳入已婚育龄妇女管理，提供孕产前健康宣教服务。开展生孕信息调查摸底，确保生孕信息监测到位率达90%以上。

·综合医改·

【概况】 2019年，通过深化医共体建设、推进“双下沉、两提升”、医疗卫生服务领域“最多跑一次”改革等创新举措，坚持以医保支付方式改革为牛鼻子，探索“按人头总额包干”经验，实行管理扁平化，业务垂直化，群众就医便捷度满意度明显提升，医保费用支出增速明显放缓。2019年度公立医院医疗总费用增长6.06%，门急诊均次费用同比上升1.3%、出院均次费用同比下降0.95%，医疗服务收入占比32.36%（上升2.31%）；全县参保人员医疗费用总支出17.87亿元（增幅9.58%），统筹基金总支出8.78亿元（增幅9.96%），连续两年实现双下降。

【开展县域医共体建设】 全面深化县域医共体建设，增加医养结合服务等自选特色工作。组建唯一法人组织架构，由牵头医院主要负责人担任，并任命院区执行院长，牵头医院设立人事、医务科教等8个职能管理中心，实施扁平化管理，负责县乡村三级医疗运行管理。通过牵头医院在院区开设“全科一专科门诊”、主任工作室，派驻医疗专家133人参与基层院区排班；抢抓医用耗材集中采购试点机遇，加快开展全县公立医疗机构医疗耗材集中采购工作。10月，建立全市首个智慧医养平台。

【推进“双下沉、两提升”】 2月18日，浙江大学医学院附属第一医院安吉分院揭牌仪式在县人民医院举行。安吉县人民政府与浙大一院签订合作办医协议，扶持县人民医院全面发展，精准帮扶重点学科12个，开展新技术新项目39项，建立多学科会诊平台。3月22日，安吉县人民政府与浙江省中医院第二轮医疗合作签约仪式在县中医院举行，并举办“两山”省中博士巡回医疗团、“两山”省中博士工作站授旗授牌活动。与省中医院启动第二轮合作办医，打造浙北“腔镜”中心和“心脑血管病”诊治中心。两家省级医院共派出下沉人员9319人次，2家省级托管县级医院门急诊量达143.89万人次，同比增长0.49%；出院病人5.78万人次，同比增长11.32%；三类手术病人6404台

2月18日，浙江大学医学院附属第一医院安吉分院揭牌仪式在安吉县人民医院举行

次,同期比增长11.65%。

【医疗服务领域"最多跑一次"】狠抓信息化短板,打通医疗信息孤岛,通过国家医疗健康信息互联互通标准化成熟度四甲测评。全面改造服务流程,积极落实"出生一件事""医后付"等医疗卫生服务领域"最多跑一次"改革20项任务。5家县级医院全部实施"两卡融合、一卡通办",全县公立医疗机构实施省异地医保和长三角异地医保联网结算。

【世界银行贷款中国医疗卫生改革项目国际研讨会在安吉召开】9月18—20日,世界银行贷款中国医疗卫生改革促进项目构建以人为本的整合型医疗卫生服务体系国际研讨会在安吉县召开。国家卫生健康委员会体改司司长梁万年主持,国家卫生健康委员会副主任、国务院医改领导小组秘书处副主任王贺胜作情况介绍,省政府副秘书长蔡晓春致辞。省卫生健康委员会党委书记、主任张平,市委常委、县委书记沈铭权,副市长闵云,副县长任贵明及世界银行项目团队成员、国家代表、国际研究机构代表等260余人参加。

【举行梅溪镇高端医养综合体项目奠基仪式】11月26日,举行梅溪镇高端医养综合体项目奠基仪式。该项目预计投资1.1亿元。安吉二院党委书记、院长江文华主持奠基仪式。副县长任贵明,县卫健局党委书记、局长顾建强及有关部门分管负责人参加。

·医政医管·

【概况】2019年,县卫健局提升医疗服务质量,加强医疗安全管理,调整部分医疗质量控制中心人员组成,每季度对所有医疗机构进行质控督查,对督查发现的问题进行通报,及时督促整改措施落实。联合县委宣传部、县发改局、县公安局、县市场监管局、县医保局等五部门开展安吉县医疗乱象专项整治行动;全县医疗机构内部接受医疗投诉104起,自行处理58起,医调委受理的医疗纠纷35起(含往年),处理完成33起(含往年)。出台《安吉县医疗责任保险以奖代补暂行考核办法(试行)》,鼓励和推动各医疗机构积极参与医疗责任保险。

【推进"优质服务基层行"活动】6月,下发《安吉县卫生健康局办公室关于做好2019年"优质服务基层行"活动相关工作的通知》,多次参加省、市相关培训,督促各医疗机构加大硬件投入,整理创建台账,规范诊疗行为,提高基层管理水平,天子湖镇中心卫生院通过市级推荐标准复核,5家单位通过市级基本标准复核。

【"医疗乱象"专项整治行动】7月31日,县卫健局联合县委宣传部、县发改局、县公安局、县市场监管局、县医保局五部门发布《关于开展安吉县医疗乱象专项整治行动的通知》,对各类违法违规执业行为、医疗骗保行为、发布违法医疗广告和虚假信息的行为、不规范收费、乱收费、诱导消费和过度诊疗行为等进行专项整治,共对7家单位进行行政处罚。根据安吉县基层医疗机构口腔科管理混乱的情况,进行基层医疗机构口腔科的专项整治行动。

【无偿献血】2019年,全县组织无偿献血4747人次、完成无偿献血7081.5人份(按每200毫升一人份)、141.62万毫升,临床用血全部来自无偿献血。通过室内外媒介、慰问宣传等形式,增加市民对献血的认识,深化与昌硕街道、安吉宇翔外国语专修学院、浙江科技学院安吉校区等单位的合作,提高献血成功率。

·中医中药·

【概况】制定《2019年安吉县中医药工作要点》,明确提升基层中医药服务能力的重点任务;联合市场监管部门开展中药饮片专项检查;巩固开展乡镇"治未病"服务点提升工作试点,首批4家卫生院作为试点进一步配合医共体"减法"工作通过验收,体检质量和预防干预效果提高。7月13日,安吉县中医院2号住院大楼正式试运行。

【中医药人才培养】年内出台《安吉县首批中医师承定向培养学员实践培训管理办法(试行)》,全面启动46名首批中医师承定向培养班学员实践阶段工作,加强23人基层适宜技术推广骨干队伍培训工作。注重中医药竞技能力持续提升,在全市4项中医药类别竞赛中,中医护理、中医病例、中药质量等获团体二等奖,基层适宜技术获三等奖。

3月22日，安吉县人民政府与浙江省中医院第二轮医疗合作签约仪式在县中医院举行

· 疾病防控 ·

【概况】 2019年，县卫健局落实登革热、结核病等重点传染病防控工作。全年甲、乙类传染病发病率远低于全省平均水平，法定传染病上报及时率及信息完整率均100%。报告5起突发公共卫生事件相关信息并及时规范处置。

【登革热防控】 安吉县公共卫生工作委员会发布《关于进一步加强登革热防控工作的通知》，明确各乡镇街道和相关部门的工作职责。开展卫健、公安、文体旅游、教育等多部门联防联控，组织开展培训、演练提升专业人员业务水平。对发热门诊开展专项督导，查漏补缺，增强一线医务人员警觉意识，开展登革热NS1抗原快速筛查，关口前移，提升发现能力。全县共发现输入性登革热7例，其中6例为境外输入，1例为境内广西输入。积极发动乡镇开展广泛的爱国卫生运动，在短期内成蚊密度、布雷图指数大幅下降，未发生输入后引起的本地疫情。

【为60岁以上老年人免费接种流感疫苗】 2019年，县卫健局开展民生实事项目，为全县60岁以上老年人免费接种流感疫苗，通过制定实施方案、开展基线调查、召开专家组会议、进行接种人员培训、开展广泛宣传，至10月底，提前2个月完成“为60岁以上老年人免费接种流感疫苗”民生实事项目，累计接种5.9万人，接种率达54.11%。

· 爱国卫生 ·

【概况】 持续巩固提升卫生乡镇创建，指导乡镇创建国家级卫生乡镇；全面加强室内公共场所禁止吸烟工作，制定健康安吉考评标准，开展健康促进县建设，培育“健康细胞”，接受省级技术评估。全县卫生厕所普及率100%，无害化卫生厕所普及率达99.7%。

【卫生乡镇创建】 开展报福镇、章村镇、杭垓镇、天子湖镇4镇创建国家级卫生乡镇的长效督查及指导工作，报福镇接受省级现场技术评估并高分通过；山川乡于通过第一轮国家级卫生乡镇复评检查；率先出台《安吉县卫生乡镇(县城)交叉督查制度》，积极推进卫生乡镇创建及巩固工作常态化、制度化。

【健康安吉(健康促进县)建设】 召开2019年健康安吉建设推进会，制定下发《2019年健康安吉建

11月15日，健康浙江行动启动仪式安吉分会场举行

设责任部门考评标准(试行)》《2019年健康安吉建设考核评分细则》和《2019年健康安吉乡镇(街道)考核评分标准》,分解任务、开展督查,组织三轮自评、提升,争取健康浙江考核进入优秀等次。

【"健康细胞"培育工程】 结合健康促进县创建工作,在全县机关、学校、企业、乡镇开展"健康细胞"培育工作,2019年创成31个健康促进机关、10家健康促进学校(小学6家,初中2家,高中2家)、6家健康促进企业、39个健康促进村(社区)和305户健康家庭。安吉县选送的商剑家庭代表湖州市参加"2019中国家庭健康大会",展示健康家庭风采。

·卫生监督·

【概况】 2019年,县卫健局开展各类监督检查4700余户次,办理行政处罚案件203件。办案件中,一般程序120件、简易程序83件,罚款50.59万元。

【公共场所监管】 开展住宿场所乱象整治专项行动,举办全县大中型宾馆、快捷连锁酒店负责人和卫生管理员培训班;开展公共场所禁止吸烟执法月专项行动,助力文明城市创建,对照《湖州市文明行为促进条例》规定禁止吸烟的宾馆、公共浴室、学校、医院等公共场所进行"拉网式"执法检查,查处个人违规吸烟17起,场所未履行劝阻责任18起。

【学校卫生监管】 开展学生饮水保护行动,每季度对中小学校市政管网末梢水进行监督监测,共监督监测学校55户次,合格率100%;对15家学校加热保温水系统进行监督监测,检测合格率为100%。开展"心灵之窗"保护行动,对11家中小学校、5家托幼机构及5家校外培训机构开展照明监测评价。

【职业健康监管】 按照机构改革方案,完成职业健康监管职能划转承接工作,明确承担职业健康执法科室及执法人员;摸清已进行职业危害申报企业的底数;充分利用微信公众号等宣传平台,积极加大职业病防治法宣贯;与46家治理企业签订"健康承诺书",推动用人单位落实职业病防治主体责任、落实职业病预防措施。

(王　伟)

医疗保障

【概况】 2019年1月12日,安吉县医疗保障局挂牌成立。成立后快速完成办公场所建设、人员转隶和局机关及下属事业单位"三定"规定的编制工作,为全县首批确定"三定"单位。局机关内设科室4个(办公室、政策法规科、医药价格与招标采购科、基金监管与信息化科),下属事业单位2个(医疗保障服务中心和医疗保障信息中心,合署办公)。人员转隶平稳顺利,到岗到位干部职工31人。建立健全内部管理制度,按照年初各项工作目标、省市主管部门和县委、县政府工作部署要求,研究制定"三重一大"、财务审批、重大事项报告等15项机关内部管理制度。开通全市首个医保系统微信公众号"安吉医保发布",及时进行医保政策、动态信息推送,并开通欺诈骗保举报通道,全年推送相关信息100余条。

2019年,县医保局贯彻落实习近平新时代中国特色社会主义思想和党的十九大精神和县委十四届六次全会、县"两会"工作部署要求,以建设中国最美县域和创建新时代"两山"试验区为总目标,坚持以人民为中心的发展思想,提高政治站位,增强政治担当,围绕更加公平、更加精准、更加惠民、更可持续的工作主线,以切实提高全体参保人员获得感、幸福感、安全感为目标,推进全民、安全、高效、精准、智慧、清廉"六个医保"建设。争取到省、市医保局在资金、政策、智力等方面的大力支持,为新时代"两山"试验区建设提供保障。全面深化医药卫生体制改革,创新实施"按人头包干"医保支付方式改革,并被省政府列为"人头包干付费"医保支付方式改革试点地区。

按照县委"不忘初心、牢记使命"主题教育工作部署要求,制定本单位主题教育实施方案,排定计划,以党组理论中心组学习为龙头、党支部活动为基础,深入组织实施。全体党员干部通读规定书目,将分散自学与集中学习、走访调研和查摆问题相结合,做到学习教育、调查研究、检视问题、整改落实"四个贯穿始终",结合医疗实际工作落实"八个一"活动。组织全体党员同志参观党史学堂,学习党史知识,入户吴村开展走访慰问困难党员群众、帮助基层整治环境、宣讲垃圾分类知识、宣讲医保政策、现场专家义诊、全体党员党章党规党纪知识测试等一系列活动。

【开展“三服务”活动】 贯彻落实省、市、县委“三服务”活动部署要求，制定医保系统实施方案，成立“三服务”工作领导小组，局领导班子带头深入企业、村镇、“两定”单位、医疗救助困难群众等基层一线，广泛开展走访、调研、服务活动。累计走访企业19家次，走访镇、村(社区)24个次，基层参保群众60余户，收集集中反映医保相关问题建议20余个，均现场回复或研究解决。发挥自身优势开展特色服务活动：为结对帮扶吴村“消薄”增收，帮助引进佐力百草中药饮片有限公司建立中药元胡种植基地，签订5年合作协议，10月中旬完成首批20余亩元胡种植。为院企合作“牵线搭桥”，组织召开院企对接会，为双方搭建合作平台，参会的5家药企均与相关医疗机构进行对接，与医院达成相关合作协议；配合招商局做好扬子江药业项目引进有关工作。深度把脉问诊民营机构，探索将民营医疗机构纳入县域医共体管理体系，研究制定《县内乡镇卫生院、民营医疗机构白内障手术按病种付费结算办法》《民营医药机构总额控制和月次均费用考核办法》等。

【文明城市创建】 专门制定工作实施方案，找准问题、明确责任，组织全体干部职工对领办的背街小巷和无物业小区进行集中清扫、整治、劝导，并排定人员值班表进行常态、长效化管理。自创建以来，开展集中整治活动20余次，出动志愿者100余人次，更换破损管道30余处，疏通下水道100多米并全部浇筑到位；专门请电工师傅对所有线路进行排查，清除无用线路300多米，对剩余线路进行固定和捆绑，消除安全隐患；拆除不符合要求的户外水池和水龙头30多个；划定非机动车位20余处，粉刷墙面800多平方米，更换点灯和开关20余处，更换破损烂门窗8扇，更换破损水表箱12只，拆除私建铁门10扇。定期到领办小巷和小区开展入户宣传，走访群众60余户，发放创建文明城市倡议书和垃圾分类宣传单200余份。

【服务新时代“两山”试验区建设】 围绕新时代“两山”试验区建设任务要求，第一时间主动与省、市医保局对接，争取到省、市医保局《关于支持安吉县开展践行“两山”理念综合改革创新试验区工作的意见》，争取到安吉县作为国家医保基金监管方式创新试点重点区域，全省医保经办标准化建设、医用耗材带量采购、医保信息系统同城化等先行试点项目以及有关资金支持政策。

【清廉医保建设】 贯彻落实党风廉政建设工作要求，结合实际制发《安吉县医疗保障局2019年度党风廉政建设工作计划》《党组关于落实2019年党风廉政建设和反腐败工作责任分工》《安吉县医疗保障局清廉医保建设实施方案》。建立健全医保内控机制，联合县纪委、监委印发《关于进一步加强机关企事业单位人员规范使用医疗保障基金的通知》，督促机关企事业单位人员带头规范使用社会保障卡，防范医疗保障基金违规使用风险。召开系统党建暨党风廉政建设工作会议，层层签订党风廉政建设目标责任书，明确全面从严治党和党风廉政建设工作任务，切实履行廉政建设“一岗双责”。注重效能建设。建立廉政风险防控和医保经办内控机制，对局机关各科室和下属单位进行岗位廉政风险点排查并提出

左图为7月12日，县医保局、佐力药业和吴村村三方共建中药种植基地战略合作协议签约仪式举行；右图为安吉县吴村村中药材种植共建示范基地

针对性的防控措施。实施领导干部窗口驻点服务，局班子领导轮流到医保经办窗口驻点服务，深入一线了解窗口办事事项和百姓需求，帮助协调解决实际问题。

【实现基本医疗保险参保率 99%以上】 确保安吉县法定户籍人员基本医疗保险参保率稳定在99%以上是2019年人代会确定的目标，年初县医保局按乡镇（街道）下达扩面任务指标，采取数据动态监、控月度通报、年度考核的方式对各乡镇（街道）参保扩面工作实行常态化管理。截至2019年底，安吉县户籍人口医保参保率99.6%左右，超额完成县内既定目标任务。

【实施城乡居民慢性病连锁药店实时刷卡结算】 2019年，按照省政府民生实事要求，将高血压、糖尿病、肺结核等12种常见慢性病纳入城乡居民门诊规定病种范围，完成县内70家定点连锁药店开通慢性病种药品刷卡结算业务。全年安吉县共开通相关业务定点连锁药店74家，遍及15个乡镇（街道），政策范围内医疗费用报销比例为50%。

【完成“电子社保卡”便民服务项目】 县医保局配合县人社局完成从“浙里办”App跳转至电子社保卡平台，完成与省平台技术对接，实现本地规则与上级规则同时运行，提前4个月完成年度目标。此外，落实2019年省、市、县三级民生事项“一证通办”工作，推进医保领域民生事项向乡镇（街道）基层延伸，助推“一件事”部门联办工作和指导实现医疗机构“刷脸就医支付”等。

【长三角跨省异地就医门诊直接结算】 2019年初，安吉县被列入全省异地门诊联网结算先行先试县，率先实现上海医疗机构门诊就医刷卡直接结算业务。4月，本地3家医院（县人民医院、中医院、健恒糖尿病医院）与上海包括中山医院在内的23家医疗机构开通跨省门诊直接结算业务，比原计划提前8个月完成互联互通工作要求。10月底，完成与江苏省的实地联调测试，全省率先实现江浙沪三地的互联互通。截至2019年底，当地24家医疗机构已与沪苏两地857家医疗机构实现互联互通。

【医保支付方式改革】 2019年以来，在2018年医共体建设基础上，县医保局充分发挥医保基金总额包干的“杠杆”作用，完善“按人头总额包干”支付方式。按照“以收定支”原则，确定2019年县域医共体基本医疗保险包干费用标准，通过“总额包干、超支自负、结余奖励”的方式，有效遏制医疗机构“过度治疗”现象。县医保局创新实施的“按人头总额包干”支付方式的经验做法得到上级领导的高度关注与肯定，国家医保局副局长施子海，省政府副秘书长蔡晓春，省医保局局长杨烨、副局长王广兵、副巡视员王平洋，市医保局局长沈昕耀及各兄弟市县医保局领导带队共40余次赴安吉开展专题调研；此项工作做法在全省县域医共体医保支付方式改革工作座谈会上作典型交流，安吉县被列为“人头包干付费”医保支付方式改革试点地区，并被省医保局推荐为全国支付方式改革优秀案例。

【医保领域“最多跑一次”改革】 全面落实省、市重大改革举措和县委“1036”改革发展总体部署要求，根据省、市医保局打造“医保办事最便捷省市”和县委、县政府提出的“无证明县”的工作目标，着力深化安吉县医保经办“最多跑一次”改革，对医保业务经办11个主项32个子项所需材料和经办流程进行全面梳理，制

12月3日，副省长成冲岳（左一）到安吉县调研医保支付方式改革

发《安吉县深化医保经办服务“最多跑一次”改革工作方案》，列出医保经办服务改革十大便民举措，明确具体目标措施，责任分解到科室(单位)。加快推进“互联网＋医保”建设，全年“最多跑一次”事项办件占比70%，承诺时限压缩率80%，申报材料电子化实现100%。

【药品集中采购改革】 配合省、市医保局按照“腾空间、调结构、保衔接”的总体思路，做好药品集中采购中选结果的执行工作，挤出药价虚高水分，腾出药品空间深化“三医联动”。执行国家组织4＋7联盟地区(浙江)药品集中采购中选结果和采购任务，指导监督县内公立医疗机构按照中标价格、约定采购量、采购周期与中标企业签订购销协议。9月开始执行市第一批抗菌药集中采购的(216种药品)中选结果，有效降低高值药用药比例，从源头上缓解群众“看病贵”问题。

【基金监管】 医保基金是老百姓的“救命钱”，是医保事业的“生命线”。县医保局通过建立投诉举报奖励制度和医保违规信用多部门联合惩戒和追责机制，制定《2019年安吉县医疗保障基金监管实施方案》《安吉县医疗保障局等六部门关于开展医疗保障基金多部门联动监管工作的通知》，不断堵塞制度漏洞，强化源头管控。2019年4月，组织开展全县打击欺诈骗保集中宣传月活动，通过举办广场启动仪式、政策解答、专家义诊等现场活动，开设电视、广播、报纸专栏，城市大屏展播和组织召开业务培训会、政策宣讲会、“医保政策学堂五进”等多样化活动形式，加强宣传普及力度，形成浓厚宣传氛围。全年举办各级、各类基层医保政策和参保宣讲、培训等30余场次，发放医保政策宣传册、海报等5000余份，直接受众5万余人次。同时，县医保局主动作为、重拳出击，对全县“两定”单位开展“地毯式”专项检查督查，严厉打击医保欺诈骗保行为，对涉嫌欺诈骗保行为发现一起查处一起，绝不手软，从源头上管控医保基金的流失和“跑冒滴漏”。2019年，县医保局派出检查人员400余人次，检查医药机构149家次，共查处违规“两定”单位41家(其中解除服务协议1家、暂停服务协议12家)、医保医师5人、参保人员11人，发现涉嫌骗取医保基金、挂靠骗取生育保险基金案件并移送公安机关3起，追回医保基金120余万元，公开通报医药机构41家，约谈医保基金增长过快医疗机构6家。

4月20日，“打击欺诈骗保 维护基金安全”集中宣传月暨“三服务”活动启动仪式举行

【医疗救助】 2019年，县医保局按照“两不愁、三保障”的要求，强化部门协同、上下联通，做好医疗救助工作，把好精准救助关，确保每一分救助资金用在“刀刃上”。将法定户籍人员医疗救助政策落实率100%、符合条件困难群众资助参保率100%的指标任务纳入对乡镇(街道)医保工作考核内容。全面梳理全民参保库的勘误数据，细化任务分工，组织县、乡镇、村(社区)三级联动，上门排查着重摸排，确保相关对象参保救助实现两个100%。全年安吉县特困人员参保人数17502人，已拨付医疗救助资金1904.55万元。同时，在全省率先建立医疗保障精准扶弱平台，实施医保领域精准扶弱动态监测，实现特殊群体医保待遇“应保尽保，应享尽享”，并将城乡居民医保、大病保险、医疗救助、优抚补助、精神残疾救助报销纳入“五位一体”一站式结算，实现数据多跑腿，服务对象少跑路。全年特殊群体通过一站式即时结算97941人次、救助金额3962.66万元，此项工作做法获副市长蒋伟峰批示肯定。

(赵　璐)

民　政　工　作

【概况】 2019年3月8日，根据《安吉县民政局职能配置、内设机构和人员编制规定》，原民政局有关退役军人工作、救灾减灾工作分别被移交至退役军人事务局和应急管理局。此外与县卫生健康局的有关职责分工方面。县民政局负责统筹推进、督促指导、监督管理养老服务工作，拟订养老服务体系建设规划、政策、标准并组织实施，承担老年人福利和特殊困难老年人救助工作。县卫生健康局负责拟订应对人口老龄化、医养结合政策措施，综合协调、督促指导、组织推进老龄事业发展，承担老年疾病防治、老年人医疗照护、老年人心理健康与关怀服务等老年健康工作。

2019年，安吉县民政局荣获2018年度省民政厅对县考核先进单位、浙江省双拥模范单位、2018年全省婚姻登记规范化建设AAAA级标准、2019年浙江省全国社会工作者职业水平考试最佳组织奖、全省第二批社会组织党群服务中心示范点、2018年度全市平安边界模范单位、湖州市第四届养老护理员大赛团体第三名。

【最低生活保障】 截至2019年12月底，安吉县共有低保4190户6239人(其中城镇399户579人，农村3791户5660人，新增低保706户1334人，取消低保977户1462人)，全年共发放各类低保资金等5709.4万元，其中低保金5102万元、物价补贴458.4万元、春节慰问149万元。

【社会救助】 2019年，临时救助1770户3617人，发放金额368万元。引入第三方社会组织，开展全县新增社会救助人员的家境调查，实现新申请困难群众第三方家境调查全覆盖，确保一户一册精准到位。对接大数据中心实现精准识别，实现“一卡通”社会化发放，由县民政局通过乡镇公共财政信息系统统一发放至低保户对象的社保卡上。打通数据渠道，建立因病致贫困难群众主动发现机制，通过医保部门的数据推送，主动发现因病致贫困难群众，通过审核，主动救助。2019年，主动发现低保对象46户87人，让困难群众无须申请，就享受到社会救助。搭建困难群众救助多部门联办平台，整合全县20多家部门、30多项救助帮扶政策，将原来“碎片化”的政策纳入一张清单，实现对困难群众既“扶志”又“扶智”。

【养老工作】 省民生实事项目方面，建成乡镇(街道)示范型居家养老服务中心9家，实现全覆盖，提前3年完成省民政厅工作目标。引进养老服务企业和社会组织一起参与安吉县的照料中心和养老服务中心的社会化运行，提高照料中心社会化运行率达100%。实现新增养老机构床位320张，新增医养结合机构1家，落实养老机构运行补贴政策。推动公建民营建设，完成孝丰、杭垓敬老院的公建民营工作。安吉县16个老年优待证办证窗口实现全省通办，同时由民政工作人员办证后送证上门，实现老年优待证办理“一次都不跑”。全年共办理新版老年证11000余张(其中全省通办62张)。继续为全县60周岁以上老年人购买意外伤害险，智慧养老水平不断提升，全县照料中心分步实施根据实际需求安装监控探头,进门监控具备人脸识别功能,通过远程实时监控照料中心的实际运行状况,提升服务质量。养老机构开展“厨房革命”,20家养老机构食堂实现安全远程监管。引导专业安全服务机构1家,与20家养老机构签订安全服务协议,每月开展安全检查,出具消防检测报告。

【社会福利与慈善工作】 做好孤儿和困境儿童基本生活费提标工作,从2019年1月1日起,机构养育孤儿基本生活费标准从每人每月1750元调整为1836元,社会散居孤儿基本生活费标准从每人每月1050元调整为1469元,至12月底全县机构孤儿1人,散居孤儿18人,一类36人、二类23人、三类185人,四类低保低边儿童475人,全年发放困境儿童福利金495万元。打通与社会救助平台数据,每个月自动比对低保、低边数据库和困境儿童数据库,确保符合条件每个孩子享受最高的补助金。对全县的儿童主任开展业务轮训,完成8例儿童“添翼”计划儿童康复项目。争取到全省数字化治理典型应用场景之一:安吉县未成年人关爱帮扶多部门协同管理平台建设。对儿童收养家庭评估工作的招标,完成37户家庭的评估,已办理收养手续21个。开展收养办理集中代办,提升收养服务工作能力。组织福利企业负责人外出考察和身体健康检查,推进全县21家福利企业退税工作。6月份召开以“美丽安吉 美丽慈善”为主题的全县慈善公益组织研讨会,举办两场大型的公益慈善嘉年华活动,对11名慈善优秀个人及5个慈善优秀团队进行颁奖予以表彰,让慈善深入人心。

【基层自治和社会工作】 2019年,全国农村社区治理实验区通过民政部中期评估,评估专家认为安吉的实验区建设,精细操作,精准施策,全面提升农村社区治理硬件、软件设施,把制度优势转化成治理效能,充分体现了国家治理体系和治理能力现代化建设要求。市民生实事项目“幸福邻里中心建设”,全年建成8家。实施村(社区)便民服务大厅的提升改造工程,对全县20家面积较小、办公设施简陋及新成立的城市社区便民服务大厅进行新建或改造提升。开发建成手机端App(爱安吉)的“三务”公开模式,推进“三务”公开精细化管理。开展“无证明村(社区)”建设工作,48项涉村(社区)证明事项中除6项暂时保留外,其余42项已全部取消。参与省标《村务监督工作规范》制定工作,《农村社区建设与服务指南》升级为市级标准。专业社工人才队伍不断壮大,新增持证社工300人,其中初级241人,中级59人。

【社会组织】 党建引领社会组织健康发展,全年针对社会组织负责人开展党建培训、党建沙龙6次,引导和鼓励党支部多形式开展党建活动,增强支部凝聚力和向心力。加大社会组织培育扶持力度,投入金额100万元资助28个公益性项目实施。全年共开展公益大篷车进社区活动8次,30多家社会组织及1000多名志愿者参与,受益人数万余人。成立全省首家“三社”创新发展学院。全年开设培训班、提升班等课程共计63学时,持续为社会组织、社区培养输送管理型、服务型及专业性人才。打造三级标准化党群服务中心,昌硕街道广场社区社会组织党群服务中心成为全省第二批示范点,为湖州市首家社区级标准化社会组织党群服务中心。等级评估13家社会组织,评估出AAAAA级3个、AAAA级2个、AAA级6个,累计参评率87.2%,完成341家社会组织年检工作。

【移民管理服务】 2019年,安吉县移民直补资金发放20960人,发放资金1290.68万元。稳步推进移民专项资金项目建设,2019年移民项目报市、省审批备案工作,确定正式移民项目99个,移民资金5063.78万元。涉及重点移民村、库区村40个、一般移民村36个、抱团项目4个(涉及欠发达村19个)。以每季度为一个周期对全县2019年度移民后期扶持政策实施情况监测评估。整改2016、2017年已拨付资金的103个移民项目村进行内部审计所发现的问题。审计2018年省、市两级移民机构对安吉县的部分项目。

【社会事务】 开展“逝者身后一件事”多部门联办,同时在办丧时全面做好移风易俗文明治丧宣传引导,做到文明治丧与基层治理有机结合,全年用“钉钉”报丧1592例。推进节地生态殡葬法,整治坟墓整治 1100 穴,重点推进树葬、骨灰堂等节地生态葬建设和布点,批准 7 个乡镇 22 个村骨灰堂建设。已建成 5 个,另有在建的 11 个。2019 年,共火化遗体 3092 具,服务灵堂 360 场,2640 户享受殡葬惠民政策,涉及减免费用 336.87 万元。举办安吉县 2019"竹之韵"公益生态祭,为 15 位逝者举行"竹林葬",共有 100 多位逝者家属参加公益公祭活动。清明节祭扫以"春意清明之无烟陵园""绿色清明之生态节地"为目标,继续在各乡镇公益性生态公墓开展鲜花换纸钱等活动。

推进地址地名库信息共享,实现地名核准"零次跑"。缩短地名命名公示时间,由原来的 7 个工作日缩短至 3 个工作日。专项组织"美丽中国 诗意地名"中国地名诗词创作征集评选活动,选出一等奖 1 名,二等奖 5 名,三等奖 10 名,优秀奖 20 名。继续巩固"平安边界"创优成果,依法管理边界,全年界线平稳,边界地区社会和谐稳定。

2019 年共向生活无着的流浪乞讨人员及一些因临时困难前来求助的人员提供救助 398 人次,其中男性 232 人次,女性 166 人次,未成年 6 人次,患精神病的 123 人次,接领及专人护送返乡 8 人次。开展"冬季送温暖、夏季送清凉"活动,联合公安、综合行政执法,开展街面日常巡查,定期巡查重点区域,为街头流浪乞讨人员和困难群众提供必要的救助服务。

加强婚姻登记规范化建设,达到国家 AAAA 级婚姻登记机关标准以上。发挥婚姻家庭辅导室和婚调委的作用,促进社会稳定,倡导家庭幸福。开展以"福彩暖万家"为主题的系列公益活动,累计资助困难群众 255 人,发放资助金 71.3 万元。

【社工节宣传周活动】 3 月 23 日,"微善之光 筑梦两山",文明实践"三服务"暨社工节宣传周活动在安吉县生态广场举行。本次活动由安吉县新时代文明实践中心指导,安吉县民政局主办,安吉县社会组织服务中心、安吉县社会工作协会共同承办。县文明办主任沈一平、团县委副书记管田甜、县民政局副书记、副局长汪钟鸣参加活动。

【安吉县"三社"创新发展学院挂牌成立】 4 月 30 日上午,安吉县"三社"创新发展学院(湖州市首家)在安吉县社会组织服务中心挂牌成立,县委组织部领导、民政局领导、服务中心全体入驻人员、部分社区书记主任、优秀社工等人员参加揭牌仪式,揭牌仪式由安吉县社会组织服务中心常务副主任叶吴斌主持。

【召开推进全国文明城市创建工作部署会】 8 月 4 日上午,召开推进全国文明城市创建工作部署会,县民政局全体班子成员、相关科室负责人及老干部代表参加会议。县民政局党委书记、局长姜平传达了沈铭权书记关于文明城市创建重要讲话精神并就有关情况进行说明。姜平局长强调全体干部职工要高度重视创建推进工作,按照县创建办文件要求,积极做好责任背街小巷及责任小区的整治工作并做好长效保持。要发挥民政工作力量,积极动员社会组织参与,提升居民自治水平。其他与会领导及科室负责人就贯彻文件要求集思广益、各抒己见,明确有关职责,强化责任落实,迅速部署行动。

【县民政系统新时代文明实践所挂牌成立】 9 月 11 日,安吉县

4 月 30 日,安吉县"三社"创新发展学院在县社会组织服务中心挂牌成立

民政系统新时代文明实践所在湖州市民政局和县委宣传部的大力支持和指导下，经过四个多月的打造，挂牌成立。湖州市民政局副局长张振光、安吉县副县长王捷共同为民政系统新时代文明实践所揭牌，县民政局全体干部职工及有关社会组织代表参加揭牌仪式。

【第三届慈善嘉年华活动】 9月11日，“慈善聚焦脱贫攻坚·携手共创美好生活”安吉县第三届慈善嘉年华活动在县生态广场举行，湖州市民政局副局长张振光、安吉县副县长王捷、县民政局局长姜平、县慈善总会会长兰林富等领导参加。

9月11日，“慈善聚焦脱贫攻坚·携手共创美好生活”安吉县第三届慈善嘉年华活动在县生态广场举行

【民政部政策研究中心主任王杰秀率队调研安吉县养老服务工作】 10月21日，民政部政策研究中心主任王杰秀率队调研安吉县养老服务工作，省民政厅副厅长计时华，市民政局局长朱荣章，县人民政府副县长王捷，县民政局党委书记、局长姜平等有关领导陪同调研。调研组走访双一村居家养老服务照料中心，了解中心的建设、运营、补助等情况，查看并具体了解安吉县智慧养老信息监控系统。

【第八届社会工作论坛举行】 12月10日上午，安吉县第八届社会工作论坛暨2019年度社会工作总结大会在美林度假村举行。乡镇（街道）民政助理员、城市社区工作联络员、民政协理员，城市社区的专职工作人员、各社工机构负责人，幸福邻里中心运作人员及社工人员参加此次论坛。

【“全国农村社区治理实验区”进行中期督导评估】 12月19日，民政部基层政权建设和社区治理司专家组，华中师范大学教授、博士生导师袁方成一行就安吉县“全国农村社区治理实验区”工作进展情况进行中期督导评估。浙江省民政厅基层政权和社区治理处调研员秦新春，县人民政府副县长王捷，县人民政府办公室副主任曹颖，县民政局党委书记、局长姜平，县民政局党委副书记、副局长汪钟鸣陪同调研。

（汪佳佳）

退役军人事务

【概况】 2019年1月12日，安吉县退役军人事务局正式挂牌成立。县委副书记、政法委书记赵德清、副县长杜尉栋、县退役军人事务局局长张军共同揭牌。县退役军人事务局内设4个科室(办公室、思想政治与权益维护科、拥军优抚科、移交安置科)，下属3个事业单位(安吉县退役军人服务中心、安吉县军队离退休干部管理服务站、安吉县孝丰烈士陵园)。

2019年，实现省级双拥模范县城"二连冠"创建目标；完成县、乡、村三级退役军人服务中心(站)挂牌和建设，实现全覆盖；完成信息采集任务，在省、市规定时间内，安吉县信息采集录入通过率在全市率先达100%，在全省率先达到清零目标；全省首创退役军人党员人才定向培养模式；在全省率先实现重点优抚对象住院补助支付"零跑次"；在全市率先推出"一窗受理、一次采集、一日办结"的军人退役"一件事"服务模式。7月，市委常委、县委书记沈铭权对退役军人工作进行专题调研，对退役军人局开局工作给予充分肯定。

7月29日，安吉县再次被命名表彰为浙江省新一届双拥模范县，实现二连冠

按照中央、省、市"五有"要求(有机构、有编制、有人员、有经费、有保障)和"四化"标准(规范化、标准化、制度化、信息化)，以"三同"工作法大力推进县、乡(街道)、村(社区)三级退役军人服务保障体系建设，打通服务退役军人"最后一公里"。5月16日，省退役军人事务厅副厅长金登尚到安吉县进行服务保障体系建设专题调研并给予充分肯定。安吉县有15个乡镇(街道)和209个村(社区)，做到高标准谋划服务中心(站)建设，办公场所装修、办公设施购置等经费由县、乡镇(街道)两级财政全额保障。其中县退役军人服务中心面积约560平方米；乡镇(街道)、村(社区)退役军人服务站办公场所面积总计分别达2570平方米和11000平方米。截至4月底，县、乡镇(街道)、村(社区)三级退役军人服务中心(站)完成挂牌和建设，实现全覆盖。人员同步配备。县级服务中心属本局下属公益一类事业单位，核定人员5人，其中事业编制3名，编外用工2名。每个乡镇根据服务对象规模，都明确1—2名事业编制工作人员，其中人数规模大的乡镇再配备落实1名编外工作人员；村(社区)退役军人服务站办公服务场所与各村(社区)党群服务中心合设，并按照要求指定村"两委"班子1名干部(民兵连长)负责退役军人服务工作。15个乡镇(街道)已核定配备24名专职人员、12名兼职人员，209个村(社区)工作人员全部配备到位。县"三定"方案统一明确乡镇(街道)职责，并明确由乡镇(街道)人武部长分管退役军人事务工作并兼任服务站长，乡镇(街道)社会发展办继续参与退役军人工作。及时制定明确乡镇(街道)、村(社区)退役军人服务站开展政策咨询、拥军优抚、组织关系转接、悬挂光荣牌等工作职责，并要求统一制作上墙。同时，经县委同意，

乡镇(街道)、村(社区)服务退役军人工作开展完成情况纳入县政府对乡镇(街道)年度综合考核,确保各项工作落实到位。

2019年,县退役军人局立足服务两字,开展形式多样的拥军优属活动,为退役军人提供“五心级”服务,提升军人军属荣誉感、获得感和自豪感。全年走访慰问重点优抚对象、困难退役军人家庭等,发放慰问品等共计金额200余万元;相关企业和军民共建单位共走访驻地部队40余次,赠送各类慰问物资共计80余万元;联合杭州惠耳有限公司开展“关爱老兵听新声、尊军崇军树新风”活动,组织专家上门为老兵提供听力义诊服务,并为7名老兵免费赠送价值8万余元的7台助听耳机;全县乡镇(街道)退役军人服务站共开展老兵座谈会30次,倾听退役军人代表心声;在退役季,县退役军人局提前谋划接兵事宜,组织乡镇、村两级退役军人服务站工作人员陪同家属前往火车站、汽车站迎接,让退伍军人充分感受到家乡的关心和“参军光荣、退役荣光”的社会温情。3月份,联合县委组织部、人力社保局主办“安吉县退役军人党员人才定向培养战略合作暨退役军人专项招聘活动”,分别与恒林椅业等5家“双强”企业签订“退役军人党员人才定向培养战略合作协议”,并确定该5家企业为首批退役军人“双创”技能培训基地,在全省首创退役军人党员人才定向培养模式;牵手金融助力退役军人就业创业,与工商银行安吉支行、农业银行安吉支行等六大银行签署“拥军优抚”合作协议,推出“浓情拥军优抚卡”“退役军人助业贷”等退役军人专属优惠政策和优质金融产品,助力退役军人转业转型。为烈属、军属和退役军人等家庭悬挂光荣牌,共悬挂14015户家庭;落实重点优抚对象抚恤补助自然增长机制,按照“提前、足额、社会化”方式发放抚恤补助资金;出台《安吉县贯彻落实〈军人子女教育优待办法〉的实施办法》,将子女入学优惠政策对象从现役军人、烈士子女扩大到1—6级残疾军人子女;提交县政府拟出台《现役军人立功受奖表彰奖励办法》;按照省市部署,推进落实部分退役士兵社保接续工作。创建省级双拥模范县城“二连冠”;引导社会力量拥军优属,协调5家AAAA级以上景区对全县重点优抚对象开放;医院、银行等窗口实行“现役军人、退役军人、三属优先”;协调教育部门对现役军人、伤残军人子女予以优待;在县城主城区建成双拥主题公园;开展“最美退役军人”“最美军属”“最美民兵”选树活动;举办以“一声到、一生到”为主题的“八一”晚会;联合人武部、新闻集团组织开展“为老兵生命接力倡议”活动;牵头做好消防员吕挺烈士的事迹宣传、抚恤保障等工作,“一个人感动了一座城”,掀起全社会尊崇烈士的良好风尚;组织发动全县各乡镇(街道)、部门开展形式多样的清明祭扫、“9·30”公祭活动。坚持围绕中心、服务发展,发挥退役军人“退役不褪色”的精神,组织退役军人参与地方经济社会发展。在“三服务”活动中,奔着解决问题去,走村访企入户;在文明城市创建中,做好领办无物业小区、背街小巷整治工作,组织全局干部职工参与路口志愿服务,动员近百名退役军人成立“安吉老兵”志愿服务队参与文明创建;在服务发展中,发挥安吉籍现役军人和退役军人资源优势,提供和引荐项目线索,年内向政府引荐提供5G建设项目一个,仍在洽谈中;引荐提供“将帅文化园”文旅项目一个,仍在洽谈中;在台风“利奇马”影响安吉县期间,县、乡退役军人服务机构组织退役军人投身抗台风任务,转移安置独居老人、危房住户500余人,疏散游客16000余名。退役军人奔赴在抗台风一线,抢通道路、处理塌方、疏通河道、巡查水位、转移群众。发挥退役军人“退役不褪色”的军人品质和“舍小家为大家”的无私精神。

【举行安吉“最美退役军人”“最美军属”“最美民兵”评选活动】 7月28—30日,举行安吉“最美退役军人”“最美军属”“最美民兵”评选活动。通过宣传发动、推荐上报、初评遴选、网上投票、部门联审、终评审定等环节,决定授予刘恩财、刘颉飞等20人为安吉县“最美退役军人”,王鸿、王德来等10人为安吉县“最美军属”,王斌、刘凡等10人为安吉县“最美民兵”。

【举行“拥军优抚”合作协议集中签约仪式】 8月2日,举行“拥军优抚”合作协议集中签约仪式。副县长王捷、退役军人局局长张军、乡镇(街道)退役军人服务站分管领导、银行代表等参加

8月2日,"拥军优抚"合作协议集中签约仪式举行

集中签约仪式。签约仪式由县政府办副主任曹颖主持。县退役军人事务局分别与工商银行安吉支行、农业银行安吉支行、中国银行安吉支行、建设银行安吉支行、安吉农商银行、邮储银行安吉支行6家银行签署"拥军优抚"合作协议。

【举行县佛教协会向孝丰烈士陵园改扩建工程捐赠仪式】 8月9日,在孝丰烈士陵园举行县佛教协会向孝丰烈士陵园改扩建工程捐赠仪式。县退役军人事务局副局长牟定帮主持,县委统战部副部长、县民宗局局长李晓敏,县退役军人事务局局长张军,县佛道教场所负责人,烈士陵园工作人员等参加仪式。

【公祭革命烈士仪式在孝丰革命烈士陵园举行】 9月30日,安吉县公祭革命烈士仪式在孝丰革命烈士陵园举行。沈铭权、陈永华、陆为民、叶海珍、赵德清等四套领导班子,县检察院检察长,人武部政委,乡镇(街道)部门主要负责人,部队官兵、公安干警、退役军人、学校师生代表以及社会各界群众代表等参加公祭仪式。县委副书记、县长陈永华主持公祭仪式。

【开展"关爱老兵听新声·尊军崇军树新风"助听器捐赠仪式】 11月19日,开展"关爱老兵听新声·尊军崇军树新风"助听器捐赠仪式。会议由原县退役军人事务局副局长牟定帮主持,县退役军人事务局局长张军,杭州惠耳听力技术设备有限公司浙江省地区总经理孙鹏飞,各乡镇(街道)分管领导、工作人员,村社区退役军人工作人员及助听器受赠老兵及其家属参加此次捐赠仪式。

【联合县司法局召开退役军人法律援助工作会议】 11月29日,联合县司法局召开退役军人法律援助工作会议。会议由司法局党委委员、副局长吴毅能主持,县退役军人局局长张军、司法局局长王峰、老兵律师代表等参加会议。会议出台《"法援惠民生·关爱退役军人"法律援助实施意见》;组建退役军人事务局法律援助工作站、老兵律师工作室。

【联合县人武部召开"2019年度退役士兵返乡欢迎仪式"】 12月18日,联合县人武部召开"2019年度退役士兵返乡欢迎仪式",会议由安吉县退役军人事务局局长张军主持。县委常委、县人武部政委刘小翔,副县长王捷,县人力社保局副局长张敏飞,2019年度退役士兵参加欢迎仪式。欢迎仪式后,开展2019年度退役士兵专场招聘会。

【湖州市社会化拥军协会工作现场交流会在安吉召开】 12月12日,湖州市社会化拥军协会工作现场交流会在安吉召开。市双拥办专职副主任郭伟敏主持会议。市退役军人事务局、市双拥办领导、县退役军人事务局分管领导和工作人员,市、县、区退役军人事务局分管领导、优抚科科长以及市、县、区社会化拥军协会秘书长参加会议。与会人员先后参观了安吉县拥军优属协会、安吉丰陵燃气有限公司、安吉县拥军优属协会天荒坪分会,在会上各县区做交流发言。

(邵　怡)

残疾人事业

【概况】 2019年,安吉县有各类持证残疾人12040人。其中,视力残疾1287人,占10.7%;听力残疾1568人,占13%;言语残疾190人,占0.02%;肢体残疾5133人,占42.6%;智力残疾1344人,占11.2%;精神残疾1630人,占13.5%;多重残疾888人,占0.07%。2019年,安吉县残疾人工作以实施高质量扶残助残行动为重点,出亮点、破难点。安吉县残联荣获2019年度区县残联重点工作考核优秀单位。“安吉县残疾人创业者协会”被省政府评为“浙江省助残先进集体”。选拔参加第六届全国残疾人职业技能竞赛,朱颖获专项第二名。选送王玉玲参加全运会,摘获2金2银。

【民生工作】 2019年,县残联出台重度残疾人护理补贴提标扩面政策,全县享受困难残疾人生活补贴3625人,享受重度残疾人护理补贴6002人,发放“两项补贴”资金2384万元。实行残疾人意外伤害保险、大病再保险政府买单,落实好城乡居民基本医疗保险、城乡居民基本养老保险全额补贴工作,惠及全县所有持证残疾人。对224名个体工商户、家庭困难自谋职业和在扶贫基地、盲人按摩等机构就业的残疾人,按照职工基本养老保险最低缴费标准的50%给予补贴,补助资金68.8万元。持续加大帮扶救助力度。慰问残疾人家庭1114户,资金102.52万元。实施残疾人危旧房改造18户。为155名残疾学生及困难残疾人家庭子女提供阳光助学,为12名残疾人大学生争取省级补助学费、住宿费,为190名残疾儿童发放特殊教育补助。加强精神残疾人救助工作,为贫困精神障碍患者提供服药和住院补助,实现精神障碍患者服药补助全覆盖,受益残疾人1568人次。最后12辆“安营A”号牌残疾人机动轮椅车退出运营,涉及退补资金12万元,做好70辆“安代A”号牌的残疾人机动轮椅车过渡期内备案登记工作。

【康复服务】 2019年,安吉县实施精准康复5954人,为542人提供辅助器具服务,助听、助明、助行208人,残疾人责任医生签约10927人,签约服务率94.43%。在全市率先开展“互联网+”辅助器具适配服务改革试点,实现人工评估向智慧评估转变,保证同一标准下提供个性化、专业化服务,3个试点乡镇131例辅具适配评估,实现辅助器具精准适配。在中国残疾人辅具中心举办的辅具适配经验交流会上,代表安吉作经验交流。出台《安吉县完善残疾儿童康复服务制度实施意见》,为73名0—6周岁残疾儿童发放补贴183万元。县长办公会议专题听取县残联关于《安吉“心之梦”儿童康复中心改造项目的情况汇报》,研究改造方案,解决学龄前残疾儿童“抢救性”康复训练场地、设备、师资不足等问题。

【残疾人就业创业】 2019年,安吉县增加残疾人就业创业136人。在人口1万以上的13个乡镇(街道)创建“残疾人之家”18家,机构覆盖率100%,帮助375名智力、精神残疾人通过支持性就业模式融入社会,在全市率先完成“十三五”规划目标。深入挖掘电商就业创业优势,在梅溪镇、递铺街道等6个乡镇(街道)开展残疾人电商身边培训,156名残疾人参加培训,增加电商就业创业54人,建造1家残疾人电商创业孵化基地。发放就业创业贷款贴息44万元,创业补助2万元,受益残疾人37人。

【文体活动】 2019年,县残联实施文化助残“五个一”工程,开展游园、义诊等活动21场,残疾人特殊艺术进万家巡演52场,受益残疾人5580人次。全年开展残疾人声乐、舞蹈、器乐培训400余人次。以健身周为契机,开展趣味运动会、篮球赛、健步走、肢残人无障碍小镇体验等活动,900余人参与。9月,同行残疾人艺术团赴西班牙参加国际民俗艺术节,并将竹叶龙赠送萨拉戈萨大学孔子学院,《人民日报》《浙江日报》《新民晚

9 月，安吉同行残疾人艺术团受邀代表中国参加西班牙萨拉戈萨市第 28 届国际民俗艺术节

报》《文汇报》等媒体先后报道。

【无障碍建设】 2019 年，县残联完成 15 个乡镇（街道）114 户无障碍工作，增加省级无障碍社区 1 个。开展鄣吴镇无障碍小镇建设成为浙江省首创，做到提前规划、专业设计、规范实施，将无障碍设施与美丽乡村、古村落文化完美结合。7 月，在全国无障碍环境建设成果展示应用推广暨第 14 届信息无障碍论坛上，中国残联将“安吉鄣吴镇无障碍小镇建设成果”作为“全国无障碍环境建设成果展示应用推广”示范案例，在上海推广发布。

【队伍建设】 以“不忘初心、牢记使命”主题教育为抓手，推行“习语诵读一刻钟”，开展“三查三改”专项调研，重点对天子湖镇晓云村、南北湖村 125 名残疾人进行地毯式走访，收集问题 40 个，现场解决 30 个。成立“一所三队”融入新时代文明实践站点建设。组织残疾人中的榜样和志愿者成立“同行宣讲团”、“同行艺术团”和“同行志愿队”3 支队伍，在省、市、县进行巡回展演、宣讲和志愿服务 60 余场。开展手语培训、动态调查培训、党员干部素质拓展等活动，打造“温暖同行·助力两山”机关党建服务品牌。深化“最多跑一次”改革，建立县、乡镇（街道）、村（社区）三级代办队伍，实行助残“一件事”线上（线下）集成联办。实施代办服务 1800 余人次。通过公开竞争性选拔乡镇理事长 3 名，组织全体理事长、协管员进行岗位知识更新培训等活动。

【召开 2019 年县残工委全体会议暨县残联第七届主席团第三次会议】 4 月 15 日下午，2019 年县残工委全体会议暨县残联第七届主席团第三次会议召开。回顾总结了 2018 年残疾人工作，研究部署 2019 年残疾人工作任务。县委副书记赵德清出席会议并讲话，副县长杜尉栋主持会议，县残联党组书记凌海明向大会作报告。县政府残工委委员，县残联第七届主席团委员，县残联全体机关干部，各乡镇（街道）分管领导、残联理事长、协管员等参加会议。会议增补县残联党组书记凌海明为县残联第七届主席团委员、副主席，执行理事会理事长；增补县残联党组成员叶明珠为县残联第七届主席团委员，执行理事会副理事长。

（相晶晶）

4 月 15 日，2019 年县残工委全体会议暨县残联第七届主席团第三次会议召开

红十字会

【概况】 2019年，安吉县红十字会提前4个月超额完成公众应急救护普及培训任务，全年开展公众应急救护知识普及培训363场次，受训19470人次；开展救护员培训24期，1415人通过考核并领取红十字救护员证；开展大型广场（文化下乡）宣传9场次，受益3120人次，发放红十字急救宣传资料6000余份。10月，全省红十字急救培训进农村文化礼堂现场会在安吉召开，会上安吉县红十字会作交流发言。提前2个月超额完成2019年度新增造血干细胞捐献入库任务。新增造血干细胞捐献入库54例，完成造血干细胞捐献初筛通知29例、再动员通知6例、高分辨配型3例、体检2例，成功捐献1例，为湖州市2019年首例造血干细胞捐献，未发生再动员反悔和分辨检测采样后反悔；新增器官（组织、遗体）捐献备案登记387（累计578例），新增角膜捐献4例（累计16例），遗体捐献2例（累计11例）。

推进“三服务”活动。从注重实效，方便机关、企事业和群众角度出发，创新启用“五进+X”（即进企业、进社区、进农村、进机关、进学校+其他）模式，深入基层开展红十字应急救护普及培训，精心挑选优质师资力量，实行预约申请、菜单点课、免费培训的个性化培训；对浙江圣氏生物科技有限公司、浙江百之佳家具有限公司、浙江洁美电子科技股份有限公司、浙江纳美新材料股份有限公司给予表彰并颁发“爱心企业”奖牌，感谢4家爱心企业长期以来对红十字人道工作领域给予的大力支持。

召开理事（扩大）会议。在第72个世界红十字日，为弘扬“人道、博爱、奉献”的红十字精神，推进新时代文明实践中心工作，广泛传播社会正能量，县红十字会根据《中国红十字会章程》规定，召集各理事成员单位负责人、红十字志愿服务队队长、各红十字分会秘书长等，召开安吉县红十字会五届二次理事（扩大）会议暨新时代文明实践中心工作推进会。会议增补和调整理事、副会长，回顾总结2018年各项工作，研究部署2019年工作任务，表彰红十字优秀志愿者和造血干细胞捐献志愿者，并为安吉县红十字会新时代文明实践基地揭牌。

稳步推进“强基工程”。以《湖州市红十字会关于印发“红十字强基工程”实施方案的通知》为指导，依照《湖州市红十字2019年“大党建”考核评分细则》要求，将《浙江省红十字会关于开展成人会员队伍整建工作的通知》作为新的突破口，稳步强化基础组织建设。建立孝丰镇北街社区、孝丰镇下汤村、灵峰街道大竹园村红十字服务站，将红十字会各项业务、知识扎根基层，深入群众，打造基层示范，形成经验，全面推广应用。根据《浙江省红十字会关于开展成人会员队伍整建工作的通知》要求，集中3个月时间，对全县成人会员和志愿者进行重新登记，

5月8日，安吉县红十字会新时代文明实践基地揭牌仪式在县行政中心会议室举行，会上县委常委、组织部部长吕立，副县长任贵明共同为基地揭牌

摸清底数;规范入会手续,清理不合格会员;发展吸收新会员,壮大成人会员队伍,建立动态管理机制。2019年,已登记造册2713名成人会员,935名红十字志愿者,对不符合要求的成人会员和红十字志愿者予以清退。保证会员和志愿者队伍活力,巩固红十字会队伍基础。建立浙江省南湖监狱红十字会应急救护培训基地,每年在民警和服刑犯人中选拔培训红十字救护员。

做好"三救三献"中心工作。全力抗击台风"利奇马"。县红十字会及时启动抗台应急预案,会机关全体干部职工、各乡镇(街道)红十字会、红十字救援队坚守抗台一线。乡镇(街道)红十字会赴各农家乐、旅游景区、盘山公路,协助当地政府清理道路石块和淤泥,疏导道路交通,撤离外地游客;红十字会民安救援队在县内多处泄洪河道旁开展警戒工作,防止行人、车辆涉险通行,同时配合县水利、应急部门,实时观测泄洪河道水情,防止水位过快上涨,引发河水淹侵道路、农田、农户家庭和企业工厂等。台风过境后,各乡镇(街道)红十字会配合乡镇(街道)卫生院,全面开展"全县域、无死角"的卫生防疫工作,对被大水淹没的农户家庭、乡镇企业、商铺进行卫生防疫消毒,对民居日常饮用水进行检测和消毒,向居民发放消毒药品和卫生防疫宣传资料;红十字会民安救援队成立7人救援小组赶赴临海市,参加当地救援工作。开展人道救助慰问。采取节前集中走访慰问和日常走访困难家庭慰问相结合的方式,加大红十字会人道救助力度。2019年共走访慰问困难群众166人,送去慰问金53.08万元;根据县政府指示,对烈士吕挺家属开展人道主义帮扶和慰问工作,给予烈士家属人道慰问金5万元,红十字会干部职工也自发进行捐款。为体现对安吉县"两捐"爱心人士及家庭的关爱,与安吉联生医院开展合作,为全县造血干细胞捐献者本人和人体器官(组织、遗体)捐献者家人提供每年一次、每个家庭一名的免费体检项目,标准参照在职公务员体检标准,已享受体检11人次。推动无偿献血工作。运用急救培训、大型活动、公众微信号等平台,广泛开展无偿献血宣传和动员工作,全年乡镇(街道)红十字会组织无偿献血4次,献血531人,献血总量14.54万毫升。

广泛传播红十字精神。严把政治方向,紧贴时代脉搏,关注社会热点,结合"5·8"世界红十字日、九九公益日等,策划主题宣传活动,普及红十字运动基本知识,弘扬"人道、博爱、奉献"的红十字精神,践行社会主义核心价值观。围绕生命关爱主题,树立典型事迹和人物,讲好红十字故事,传播红十字好声音,弘扬社会正能量。对角膜、遗体捐献者王坪事迹进行广泛宣传,并被多次转载。王坪入选"湖州好人(第二季度、助人为乐)"榜单、"浙江好人(8月、助人为乐)"榜单,"中国好人(9月、助人为乐)"候选人,好人故事成为安吉县新时代文明主题宣讲内容;安吉新闻记者童思源以全县第一例造血干细胞捐献者李海花事迹为素材撰写的新闻稿,获浙江省第四届红十字好新闻获奖新闻报道三等奖;2019年首例造血干细胞捐献者钱军的事迹在县红十字会推出后,被浙江新闻客户端、《湖州晚报》、文明湖州,湖州发布、县级各媒体和省、市红十字会纷纷转载。与县残联、县慈善总会合作,组织送文艺演出下乡30场次,在演出中结合开展红十字知识有奖竞答、急救知识普及等内容,寓教于乐、科普知识。师资周红锋、张美琴分别4次参与市红十字会举办的师资、救护员培训工作任务;县红十字会秘书长张美琴受邀作为市红十字会师资团队成员之一远赴四川省青川县,为青川县的老师送去为期5天的师资培训,受到当地红十字会和参训学员好评。

【安吉县红十字会新时代文明实践基地揭牌】 5月8日,安吉县红十字会新时代文明实践基地揭牌仪式在县行政中心会议室举行,会上副县长任贵明、组织部部长吕立共同为基地揭牌。

【全省红十字急救培训进农村文化礼堂现场会在安吉召开】 11月25—26日,全省红十字急救培训进农村文化礼堂会议在安吉香溢度假村召开,省红十字会常务副会长陶竟、各市红十字会常务(专职)副会长出席参加会议。2019年,安吉县完成应急救护培训进农村文化礼堂122场次,进农村文化礼堂率100%,受益群众10200人。

(王　峭)

慈善总会

【概况】 2019年，安吉县慈善总会积极开展慈善宣传、资金募集、扶贫救助等工作，完成募集总收入2186.15万元，完成救助总支出2248.32万元；其中支持社会公益事业584.05万元，支持教育事业435.37万元。

【开展慈善宣传】 做好《慈善法》的学习宣传和贯彻落实。在《安吉新闻》上刊登有关慈善先进事例的宣传报道30篇，电视报道28余次；开展农村数字电影映前慈善宣传，全年播放3300场次；利用出租车顶流动字幕、小区显示屏宣传慈善，全年200余辆出租车常年滚动宣传。2019年，总会继续与安吉普尔广播电视有限公司合作，将《安吉慈善》投递随《安吉新闻》同步发行18500份。县慈善总会还与县老年艺术协会共同组织文艺小分队，开展慈善活动进社区(村)、下基层、进企业文艺下乡活动，以"创建全国文明城市，慈善在行动"为主题，用歌曲、舞蹈、戏曲、朗诵等形式向全县广大市民宣传慈善理念，慈善文化、尊老爱幼、扶贫济困、助残助孤，同时活跃了人民群众的文化生活。

【开展慈善募捐】 2019年度共计募集善款2186.15万元。做大慈善分会和企业定向冠名捐赠，全年有15家企业实施15个爱心项目，完成捐赠983.66万元；开展我为扶贫出把力2019慈善"一日捐"活动，共募集资金252.49万元；充分发挥社会力量(主要是企业)开展定向捐赠，共计收入资金385.23万元；继续稳步村级帮扶基金，全年募集资金156.2万元。截至2019年底，安吉县有44个村(社区)成立村级慈善工作站，村级帮扶基金1453.98万元。

【开展慈善救助】 2019年，县慈善总会根据善款募集情况和困难群众实际状况，采取定期救助和紧急救助相结合的方式，不断扩大救助范围。继续开展对困难家庭子女助学帮扶结对，全年总会帮扶困难学生191人次，帮扶资金64万元。浙江安吉农村商业银行股份有限公司奖励高考优秀生109.1万元，浙江长龙山抽水蓄能责任有限公司助学20万元等，全年合计助学资金193.1万元；助力发展教育事业，浙江敏泰科技有限公司奖励优秀教师192.1万元，昌硕街道办事处奖励优秀教师234.1万元，其余为爱心企业支持教育事业，合计支持教育事业435.37万元；开展特殊困难群众的专项救助活动，做好困难群众集中救助和临时紧急救助，全年救助157人，救助款38.4万元；围绕中心，做好对口扶贫工作，年内支持柯坪、乌兰、木里等县对口扶贫项目资金390.97万元；县慈善总会在元旦、春节期间对因病致困的家庭开展救助慰问，实施特殊病种救助和平时紧急救助，助医支出33.25万元。对托养的特困残疾老人养老予以救助，组织开展关爱老人送光明行动，助残支出9.64万元。

【支持社会公益事业】 县慈善总会结合安吉县创建中国最美县域和全国文明城市工作，组织各类慈善公益活动。开展"暖冬计划"。组织义工开展"暖冬计划"，带上棉被、四件套、日历等生活用品进行逐户走访，关心和帮扶家庭、独居五保老人；开展环保交通劝导。组织义工分会开展放养爱心鱼苗，生态村爱心树认领，共建美丽乡村绿色环保活动，平安和谐人车路，爱心斑马线，交通安全宣传等活动42次，义工参与人数800人次；尊老敬老，传承中华传统美德。走进敬老院、走近老人、与老人说说话、交交心，为老人洗洗头、理理发；开展助医活动。

【慈善总会换届工作】 县慈善总会第三届理事会已满期，慈善总会以《慈善法》为依据，经报县委和县民政局同意，于2019年12月21日组织召开第四次会员代表大会，选举产生新一届理事会、常务理事、会长、副会长，县政府副县长王捷当选为会长。为充实慈善工作力量，县委组织部新抽调4名在职机关干部到慈善总会工作。

(吴光平)

民族　宗教

民　　族

【概况】　2019年，安吉民族工作紧抓乡村振兴和市县帮扶机遇，以产业帮扶为主抓手，多渠道帮助民族乡村打好民族牌、生态牌和文化牌，积极助力少数民族村乡村振兴。指导中张村做好产业经营，通过线上线下分销，扩大黄茶、冬笋及其他林下产品销售收益。围绕水家弄AAA级景区建设目标，成功引入“花舞江南”和高空滑翔伞等旅游项目。以“三个创建”(美丽乡村精品示范村、省历史文化村落、美丽宜居村落创建)为目标，着力改善畲村农居环境和发展环境，顺利通过郎村水环境优美村项目验收。全年下拨两个民族村帮扶资金共计132万元，其中中央扶贫资金32万元，省市县少数民族发展专项资金100万元，完成5个民族村重点项目资金帮扶。争取市县部门项目补助资金共计300余万元，促进民族村特色村寨建设。举办郎村村“畲村过大年”和中张村“三月三”活动，筹备并拍摄少数民族题材微电影《逐梦》《鼓舞》并获省民宗委肯定，郎村畲族“木鼓舞”获首届长三角地区民间文艺展演最高奖。指导各乡镇(街道)因地制宜，创新载体，营造民族团结进步浓厚氛围。推进民族文化进校园，鼓励学生参加多种民族文化活动。在梅园学校、章村小学开设民族知识课堂，让民族文化走进课堂，走进学生日常。深入推进“三服务”向城市外来务工少数民族群体拓展，指导递铺街道成立社区少数民族服务小组，宣传新居民政策，协调解决外来务工少数民族子女放学接送、课外辅导等难题。

宗　　教

【概况】　2019年，安吉县宗教事务管理工作围绕宣传贯彻落实法律法规和各级宗教工作会议精神，严格安全生产管理，坚持每月抽查、每季普查和不定期督查相结合。举办新修订《浙江省宗教事务条例》和消防安全知识培训班，各级民宗干部及宗教界人士共200余人参加培训，指导各宗教团体开展“宗教政策法规学习月”活动，每季度举办“法治培训班”，发放宣传页3000余份。争取县财政补助宗教团体建设经费并出台文件进一步规范建设经费使用。组织宗教团体开展爱国主义教育实践活动，先后赴南京大屠杀纪念馆及沙家浜革命历史纪念馆开展爱国主义教育，推动宗教界做到政治上自觉认同。指导佛协编制并在全国率先发布《生态寺院建设规范》地方标准，举办“生态寺院建设论坛暨蕅益大师诞辰420周年研讨会”活动，出版《蕅益大师与灵峰派研究》一书。鼓励宗教界积极参加社会慈善，包括捐资助学、扶贫济困、环境保护、慈善人文等项目，2019年共投入各项公益慈善事业款项80余万元。以中央宗教工作督查整改任务完成为目标，全面推进“五进”宗教场所工作，年内全县宗教场所全部完成国旗升挂、法律法规、社会主义核心价值观及中华传统文化进场所工作。按照平安宗教活动场所“9+1”指标体系开展创建，打造宗教“两化”安吉样板，推进县内37个已开放场所开展标准化建设，同时树立灵峰寺、溪龙教堂等6个示范场所。

(夏灵鹏)

11月16日，以“弘扬生态理念，建设人间净土”为主题的2019中国·安吉生态寺院建设论坛在安吉县灵峰讲寺开幕

党政社团组织机构及其领导名录

(2019.01—2019.12)

中共安吉县第十四届委员会

书　　记:沈铭权
副 书 记:陈永华(2019.10 免)
　　　　宋　波(2019.10 任)
　　　　赵德清
　　　　王海瑛(女)(挂职,2019.08 免)
常　　委:吕　立(2019.08 免)
　　　　任　烽
　　　　柏建华(2019.03 任)
　　　　陈旭华(女,2019.12 免)
　　　　赵怀君(2019.05 免)
　　　　谷炳方(2019.12 免)
　　　　徐卫勇
　　　　潘　鸣
　　　　王海稳(挂职,2019.08 免)
　　　　项侃文(挂职,2019.05 任)
　　　　朱　伟(2019.08 任)
　　　　何承明(2019.08 任)
　　　　刘小翔(2019.12 任)
　　　　高发义(2019.12 任)

安吉县委工作部门及直属单位

安吉县委办公室(县台办、保密办、机要局、档案局)
主　　任:王一明
副 主 任:夏　靓(女)(2019.01 免)
　　　　赵德忠(兼,2019.01 免)
　　　　吴婉芳(女,兼,2019.01 免)
　　　　傅爱国(兼,2019.01 免)
　　　　盛　强(兼,2019.12 任)
　　　　沈高飞(2019.09 专职转兼职)
　　　　唐银荣(兼,2019.09 任)
　　　　任爱军(兼,2019.09 任)
　　　　杨　盛
　　　　鲍　敏(2019.01 任)
　　　　金黎明
　　　　高　峰(2019.12 任)
　　　　王　凯
机要局、保密局局长:朱卫东(2019.01 免)
　　　　　　　　　王一明(2019.01 任)
县台办主任:王一明(2019.01 任)
县台办副主任:张　强(2019.01 任)
县档案局局长:王一明(2019.01 任,2019.09 免)
　　　　　　任爱军(兼,2019.09 任)
办公会议成员:陈　皓(2019.09 任)
　　　　　　李铁红(2019.01 任)
　　　　　　陈蔚鹏(2019.04 任)

安吉县委组织部(公务员局、老干部局、党工委、编委办、县委两新工委)
部　　长:吕　立(2019.08 免)
　　　　朱　伟(2019.08 任)
常务副部长、县委编办主任、县公务员局局长:
　　　　徐　伟

县委老干部局局长：徐　伟(2019.04 免)
副部长、县委老干部局局长：
石晨熹(其中老干部局局长 2019.04 任)
副部长、县委人才办常务副主任：
凌逸刚(其中人才办常务副主任 2019.04 任)
副部长、两新工委书记：凌逸刚(2019.04 免)
董　良(2019.04 任)
县委直属机关工委书记：
董　良(2019.04 任，2019.09 免)
朱　伟(2019.09 任)
副部长、县委编办副主任：诸自力(2019.01 任)
副　部　长：顾建强(兼，2019.01 免)
王红缨(女，兼，2019.01 任)
部务会议成员、县委两新工委专职副书记：郑时骏
县委两新工委副书记：张　超(兼)
李建人(兼)
汪钟鸣(兼，2019.03 任)
县委两新工委委员：张永玲(女)
王伟静(女)
吴榨胜(2019.09 免)
朱卫贤(2019.09 任)
顾学中
余张良(2019.03 任)
朱家胜(2019.03 任)
徐　艳(女，2019.03 任)
华新平
陶　玲(女)
邓锦森(2019.03 任)
罗福娣(女，2019.03 任)
秦光明(2019.03 任)
部务会议成员、县委人才办专职副主任：
吴　凯(2019.04 任)
县关工委专职副主任，县委老干部局副局长(兼)：
牟娇珺(女，其中老干部局副局长 2019.04 任)
部务会议成员、县委直属机关工委专职副书记：
马　赟(2019.09 任)
县委直属机关党工委委员：
王伟静(女)
杨　盛
王　芸(女)
赵　晖(女，2019.09 任)
郑　浩(2019.04 免)
姚　铖(2019.04 任)
李　强(2019.12 任)
部务会议成员、县人才发展指导中心主任：陆文龙
部务会议成员：余海兵(2019.09 任)
郭兴华(2019.09 任)
县委直属机关党工委委员：李　强(2019.12 任)
县委编办室务会议成员：陈月伟(2019.12 任)
副科级组织员：马　赟(2019.01 任，2019.09 免)
陆文龙(2019.01 任，2019.09 免)
余海兵(2019.01 任)
蒋　健(2019.09 任)
王　云(2019.04 任)
徐　云(女，2019.04 任)

安吉县委宣传部

部　　　长：陈旭华(女，2019.12 免)
何承明(2019.12 任)
常务副部长、县文联主席、县政府新闻办主任、县新闻出版局局长：金枫涛(县文联主席 2019.12 免)
县文联主席，副部长(兼)：易国兵(2019.12 任)
县社科联主席，副部长(兼)：王伟静(女)
副部长、县文明办主任：麻爱军(2019.12 任)
副　部　长：张国锋(2019.04 任)
黄宣华(2019.09 免)
唐宝城(2019.01 免)
部务会议成员、网信办主任：张国锋(2019.04 免)
部务会议成员、外宣办主任：陆健斌(2019.04 免)
部务会议成员、文明办主任：沈一平(2019.04 免)
部务会议成员、县精神文明建设指导中心主任：
沈一平(2019.04 任)

安吉县委统一战线工作部(台办、民宗局、侨办)

部　　　长：任　烽
常务副部长：王卓良
副部长、民宗局局长：李晓敏(2019.09 免)
何伟峰(2019.09 任)
县侨联主席，副部长(兼)：王　欢(2019.01 任)
副　部　长：程能杰(2019.01 任)
张　强(兼，2019.09 任)
部务会议成员、县侨联副主席：施润涛
部务会议成员：韩诗富(2019.09 免)

安吉县委政法委员会

书　　记：赵德清
副 书 记：潘　鸣（兼）
　　　　　杨建新（兼）
常务副书记：王国明
县法学会会长，副书记（兼）：赵德忠（2019.01 任）
副 书 记：沈德芳（2019.01 任）
　　　　　喻　南（2019.04 任）
　　　　　孙水明（2019.12 任）
委务会议成员（保留副科长级）：
　　　　　樊星亮（2019.01 任）
　　　　　钱　群（2019.01 任）
政治处主任：李彩华（女）

安吉县委政研室（两山办、改革办、生态文明办）

主　　任：易国兵（2019.01 任，2019.12 免）
　　　　　盛　强（2019.12 任）
副 主 任：黄　刚（2019.01 任）
　　　　　何海军
　　　　　陈　皓（2019.09 任）
室务会议成员：傅驿盛（2019.09 任）

安吉县史志编研室

主　　任：唐银荣
副 主 任：江　燕（女）

安吉县委、县政府信访局

局　　长：傅爱国（2019.01 免）
　　　　　沈高飞（2019.09 任）
副 局 长：沈高飞（2019.01 任）
　　　　　王忠明（2019.04 任）
　　　　　杨兵斌
　　　　　何倩君（2019.09 免）
　　　　　郭月红（女，2019.09 任）
局务会议成员：李群刚（2019.01 任，2019.12 免）
　　　　　　余洪波（2019.09 任）

安吉县委党校、行政学校

党校校长：吕　立（2019.08 免）
　　　　　朱　伟（2019.08 任）
行政学校校长：潘　鸣
常务副校长：陈文渊
副 校 长：王秀华
　　　　　楼　成
　　　　　余　卫（2019.04 免）
　　　　　王　甲
校务会议成员：董水祥
　　　　　　陈　纲

安吉县档案馆

党组书记、馆长：任爱军
党组成员、副馆长：
　　　　　朱家胜（2019.01 免）
　　　　　鲁婷君（女，2019.01 任，2019.04 免）
　　　　　张柏林（2019.01 任）
　　　　　龚勇华（2019.04 任）
党组成员：张宏民

安吉县第十六届
人民代表大会常务委员会

主　　任：陆为民
副 主 任：吴佩勋
　　　　　王爱民（女）
　　　　　孙　松
　　　　　黄先国
　　　　　俞立安
　　　　　梁蕴伟
常委会委员：叶　安　　杨彩梅（女）
　　　　　肖秋萍（女）　吴智敏（女）
　　　　　冷明珠（女）　张加勇
　　　　　陆卫东　　林立辉
　　　　　施　霞（女）　莫　骄
　　　　　夏　旦　　顾小宝
　　　　　徐存林　　黄承文（2019.12 免）
　　　　　梅明星　　盛文明
　　　　　章军平　　韩金苗
　　　　　程益欢　　楼　军
　　　　　鲍亚红　　鲍高峰
　　　　　谭丽丽（女）　黎逢林
　　　　　徐　伟（2019.01 任）
　　　　　陈秀宽（2019.01 任）
　　　　　吴有才（2019.01 任）
　　　　　刘小翔（2019.12 免）
安吉县人大常委会党组书记：陆为民
　　　　　党组副书记：吴佩勋
　　　　　党组成员：孙　松　　黄先国

俞立安　　梁蕴伟
楼　军

安吉县人民代表大会各专门委员会

监察和司法(法制)委员会

主 任 委 员:鲍亚红
副主任委员:叶　安

财政经济委员会

主 任 委 员:徐存林
副主任委员:韩金苗
　　　　　　莫　骄(2019.01 任)

社会建设委员会

主 任 委 员:吴有才(2019.01 任)
副主任委员:林立辉(2019.09 任)
　　　　　　顾小宝(2019.01 任)

安吉县人民代表大会常务委员会各工作机构

办公室(研究室)

机关党组书记、办公室(研究室)主任:楼　军
办公室副主任:王小平(2019.09 免)
　　　　　　　沈晓波(2019.12 免)
　　　　　　　周长青(2019.12 任)
　　　　　　　孟振华(2019.09 任)
研究室副主任:吴　欣

教育科技文化卫生工作委员会

主　　任:莫　骄(2019.01 免)
　　　　　施　霞(女,2019.04 任)
副 主 任:任强松(2019.09 免)
　　　　　王小平(2019.09 任)

农业与农村工作委员会

主　　任:顾小宝(2019.01 免)
　　　　　盛文明(2019.04 任)
副 主 任:高岳林(2019.12 免)

城乡建设与环境资源保护工作委员会

主　　任:林立辉(2019.09 免)
　　　　　黎逢林(2019.12 任)
副 主 任:王　炜(2019.09 免)
　　　　　任强松(2019.09 任)

代表与选举任免工作委员会

主　　任:谭丽丽
副 主 任:卞敏峰

安吉县人民政府

县　　长:陈永华(2019.10 免)
代 县 长:宋　波(2019.10 任)
副 县 长:潘　鸣
　　　　　任贵明
　　　　　何承明(2019.08 免)
　　　　　杨建新
　　　　　杨绍军(2019.01 免)
　　　　　王　捷(女)
　　　　　王海稳(挂职,2019.08 免)
　　　　　陈　瑶(女,挂职,2019.08 免)
　　　　　项侃文(挂职,2019.05 任)
　　　　　杜尉栋(挂职)
　　　　　陈小龙(2019.03 任)
　　　　　管永丰(2019.08 任)
县长助理:熊义勤(挂职,2019.03 免)
县政府党组书记:陈永华(2019.10 免)
　　　　　　　　宋　波(2019.10 任)
　党组副书记:潘　鸣
　党 组 成 员:任贵明
　　　　　　　何承明
　　　　　　　杨建新
　　　　　　　杨绍军(2019.02 免)
　　　　　　　项侃文(2019.06 任)
　　　　　　　杜尉栋
　　　　　　　陈小龙(2019.03 任)
　　　　　　　管永丰(2019.08 任)
　　　　　　　黄根凤(女)
　　　　　　　郑继农

安吉县人民政府工作部门及直属单位

安吉县人民政府办公室(外事办)

党组书记、主任:郑继农

党组成员、副主任：刘海中(2019.09免)
明瑞成
王　芸(女)
盛　强(2019.12免)
曹　颖
傅海飞(2019.12任)
陈易新
陈　鑫(2019.04任)
党 组 成 员：江道海(2019.09任)

安吉县发改局

党组书记、局长：童师祥
党组副书记：楼　军(2019.01免)
杨奎强(2019.01任)
党组成员、副局长：陈昌明(2019.01任)
朱卫贤(2019.09免)
马贻松(2019.01免)
韩凌云(女，2019.01任)
吴锋雷
周建忠(2019.09任)
党组成员、总工程师：于淑芳(女，2019.04任)
市政府驻上海联络处安吉工作部主任：
楼　军(2019.01免)
杨奎强(2019.01任)
副　主　任：程益欢
县金融业发展中心主任：潘思思(女，2019.12任)

安吉县经信局

党委书记、局长：高安兵
党委副书记、副局长：吴榨胜(2019.09免)
朱卫贤(2019.09任)
党委委员、竹产业发展中心主任，县经信局副局长(兼)：邬如锦
党委委员、副局长：陈昌明(2019.01免)
傅海飞(2019.01任，2019.12免)
李　丰(2019.12任)
党委委员、总工程师：郑　晔(女，2019.12任)
副　局　长：唐　斌
党 委 委 员：王伟明
徐　斌(2019.12免)
朱国强(2019.09任)
中小企业局局长：高安兵
副局长：吴榨胜(2019.09免)
朱卫贤(2019.09任)

安吉县商务局

党委书记、局长(粮食和物资储备局局长)，县投资促进局局长：孙　莉(女)
党委副书记、贸促会会长、副局长(兼)：
陈世斌(2019.01任)
党委副书记、副局长：程　晖
党委委员、副局长，县粮食和物资储备局副局长：
顾学中
党委委员、副局长：谢文荣(2019.01免)
郑　浩(2019.04任)
党委委员、总经济师：吴　叶(女，2019.12任)
党 委 委 员：陈　健(女，2019.09免)

安吉县教育局

党委书记、局长：施明清
党委副书记、副局长：余张良
副　局　长：周巨满
党委委员、副局长：陈　琦(2019.01任)
党 委 委 员：姚锦友
高慧芬(女)
万宝林
笪猛鹏(2019.04任)

安吉县科学技术局

党组书记、局长：马联国(2019.12免，保留正科长级，援藏)
沈　强(2019.12任)
党组副书记、副局长：朱家胜(2019.01任)
党组成员、副局长：李　丰(2019.12免)
傅海飞(2019.01免)
朱清清(2019.01任)
副　局　长：金水华(2019.12任)
党 组 成 员：王　康
曾君兵(2019.04免)
吴秋红(2019.09任)

安吉县公安局

党委书记、局长、督察长：杨建新
党委副书记、政委：董秀华
党委副书记、常务副局长：丰贤忠
党委委员、副局长：张志龙
党委委员、副局长、禁毒办主任：何敏捷
党委委员、副局长：周　勇
姚云峰
党委委员、副政委、政治处主任：潘建军

党委委员、副局长:李　军
禁毒办常务副主任(副科级):
卫安宜(2019.04免)
林欢欢(2019.04任,2019.12免)
看守所所长(副科级):陈红卫
森林公安局局长,林业局副局长(兼),公安局党委委员(兼):胡承东
森林公安局教导员:梅月明
交警大队大队长:李　军(2019.12免)
周智国(2019.12任)
交警大队教导员:章　莉(女)

安吉县民政局

党组书记、局长:姜　平
党组副书记、副局长:徐　渊(2019.01免)
汪钟鸣(2019.01任)
党委委员、副局长:牟定帮
李震伟
党委委员:陈孝泉
陈庆胜
朱海兵(2019.12任)

安吉县司法局

党委书记:王　峰
局长:王　晶
党委委员、副局长:吴毅能
郑永华
党委委员、政治处主任:徐　艳(女)
党委委员:阮红权

安吉县财政局

党委书记、局长:徐　勇
党委副书记、副局长:华新平
党委委员、副局长:俞土良(2019.01免)
尚亿勇(2019.09任)
童升明
吴　蔚(女,2019.12任)
党委委员、总会计师:张　勇(2019.12任)
党委委员:刘　清(2019.01任)

安吉县国家税务局

党委书记、局长:何文刚
党委副书记、副局长:陈显永
党委委员、副局长:朱小双
李　明
李　军
阎远胜
总经济师:杨　斌
党委委员、纪检组组长:姚小红

安吉县人力资源和社会保障局

党委书记、局长:顾建强(2019.01免)
王红缨(女,2019.01任)
党委副书记、副局长:杨奎强(2019.01免)
陶　玲(女,2019.04任)
党委委员、副局长:董秀忠
朱　晖(2019.01免)
张敏飞(2019.01任)
公共就业和人才服务中心主任:夏　南
社会保险事业服务中心主任:刘远成
党委委员:郭田田(女,2019.09任)

安吉县自然资源和规划局(林业局)

党委书记、局长:陈志文(2019.01任)
党委委员、纪委书记:詹国方(2019.01免)
党委委员、副局长:程卫军(2019.01免)
王伟星(2019.01任)
杨中军(2019.01任)
徐基财(2019.01任)
王卫民(2019.01任)
许军法(2019.01任)
冯　瑜(女,2019.01任)
党委委员、总规划师:王铖军(2019.01任)
总工程师:胡可易(2019.01任)
县国土资源监察大队大队长:张　镔
县不动产登记中心主任:孙　宙(2019.04免)
陈歆敏(女,2019.05任)
党委委员:朱栋胜(2019.01免)
张宏亮(2019.01任)
李国庆(2019.01任)
李　纲(2019.01任)

安吉县住建局

党委书记、局长,人防办主任:马洪滨(2019.09免)
李　明(2019.09任)
党委副书记、副局长:李德宝(2019.01免)
邓锦森
党委委员、副局长:张　勇
沈德芳(2019.01免)
党委委员、人防办副主任:程能杰(2019.01免)
梅本炜(2019.04任)

党委委员、总工程师：王铖军(2019.01免)
刘　宁(2019.04任)
党委委员：曾君兵(2019.04任)

安吉县交通运输局

党委书记、局长：赵双勤(2019.01任)
党委委员、副局长：何敏杰(2019.09免)
金荣根(2019.09任)
蒋江宏(2019.09任)
朱越峰(2019.09免)
杨爱禾(2019.12任)
党委委员、总工程师：朱越峰(2019.01免)
秦连群(2019.01任)
党委委员：刘远庆(2019.09免)
杨正勇(2019.04任)

安吉县水利局

党委书记、局长：戴先才(2019.01免)
乐叶都(2019.01任)
党委副书记、副局长：蒋晓燕(女)
党委委员、副局长：郐如锦(2019.01免)
张宏兵
马炳华(2019.01任)
党委委员、总工程师：戴泽胜
党委委员、老石坎水库管理所党支部书记：熊晓毅
党委委员：范水宝(2019.01免)
康敏良(2019.09任)

安吉县农业农村局

党委书记、局长：杨忠义(2019.01任)
党委副书记、副局长：崔列军(2019.01任)
党委委员、副局长：韩树根(2019.01任)
陈林泉(2019.01任)
马道青(2019.01任)
党委委员、总农艺师：吴旭东(2019.01任)
党委委员，县畜牧兽医局局长：
陈　婷(女，2019.09任)
党委委员：陈　铖(女，2019.01任)

安吉县文化和广电旅游体育局

党委书记、局长：彭忠心(2019.01任)
党委副书记、副局长：
罗福娣(女，2019.01任)
施月素(女，2019.01任，2019.04免)
党委委员、副局长：朱清清(女，2019.01免)
施永清(2019.01免)
王正南(2019.01任)
周忠林(2019.01任)
何倩君(2019.09任)
党委委员、总规划师：侯文亮(2019.04任)
党委委员：王家荣(2019.01任)
项志周(2019.01任)
彭卫红(女，2019.01任)

安吉县卫生健康局

党委书记、局长：顾建强(2019.01任)
党委副书记、副局长：秦光明
党委委员(保留副科长级)：诸晓旭(2019.01任)
党委委员、副局长：岳小才(2019.01免)
吕佳生
李贵洪
党委委员、计生协会专职副会长：张明娣(女)
党委委员：鄂荣梅(女)

安吉县红十字会

会　　长：任贵明(兼)
党组书记、专职副会长：温菊梅(女，2019.01免)
谭益强(2019.01任)
副会长：王　芸(女)(兼)
党组成员：张　静
谢彦峰

安吉县退役军人事务局

党组书记、局长：张　军(2019.01任)
党组成员、副局长：牟定帮(2019.01任)
黄　菽(2019.01任)
党组成员：张应杰(2019.09任)
厉有来(2019.01任)
陈卫利(女，2019.01任)

安吉县审计局

党组书记、局长：沈卫江
党组副书记、总审计师：李孝良
党组成员、副局长：束国顺
张瀚尹(女)
梅敖铭(2019.05任)
党组成员、县经审办主任(副科级)：徐　烑
党组成员：曹　磊(女，2019.04免)

湖州市生态环境局安吉分局

党组书记、局长：马洪亮(2019.01任)
党组成员、总工程师：曹　杰(2019.01任)
党组成员、副局长：盛勇华(2019.01任)

王灵君(2019.01任)
党组成员、环境监察大队大队长(副科级):
刘　剑(2019.01任)
党组成员:汪　波(2019.01任)

安吉县统计局

党组书记、局长:朱昌发(2019.01免)
党组书记:傅爱国(2019.01任)
局长:杨鹤云(2019.01任)
党组成员、副局长:黄丽芬(女)
党组成员、总统计师:郭　亮(2019.09免)
沈　坚(2019.09任)
党组成员:谢占敖
周旭红(女,2019.04任)
陈世宏

国家统计局安吉调查队

党组书记、队长:徐礼彬
党组成员、副队长:唐志平
党组成员、纪检组组长:程　炬

安吉县应急管理局

党委书记、局长:樊锡宏(2019.01任)
党委副书记、副局长:陈国庆(2019.04免)
党委委员、副局长:周　治(2019.04任)
张云峰(2019.04任)
副局长:潘黎明(2019.04任)
党委委员、副局长:徐　杰(2019.01任)
党委委员、总工程师:郭海锋(2019.01任)
党委委员:范水宝(2019.01任)
王　忠(2019.01任)

安吉县医疗保障局

党组书记、局长:戴先才(2019.01任)
党组副书记、副局长:俞秋华(女,2019.01任)
党组成员、副局长:朱　晖(2019.01任)
党组成员:沈美佳(女,2019.12任)

安吉县大数据发展管理局

党组书记、局长:唐宝城(2019.01任)
党组副书记、副局长:施月素(女,2019.04任)
党组成员、副局长:
陈　鑫(2019.01任,2019.04免)
王　炜(2019.09任)
党组成员、总工程师:张建勇(2019.01任)

安吉县综合行政执法局(县城市管理局)

党委书记、局长(大队长):乐叶都(2019.01免)
章熙翔(2019.01任)
党委副书记、副局长(副大队长):胡志中
党委委员、副局长:王　雅(女)
金荣根(2019.09免)
党委委员、副局长(副大队长):黄　强
吴宏亮
党委委员:李　斌
余春龙(2019.09任)

安吉县市场监督管理局

党委书记、局长:章熙翔(2019.01免)
王有富(2019.01任)
知识产权局局长:王有富(2019.04任)
党委副书记、副局长:张　超
知识产权局局长,副局长(兼):
胡景琦(2019.01任,2019.04免)
副局长,知识产权局副局长:胡景琦(2019.04任)
党委委员、副局长:张建国(2019.01免)
谢康卫
郑在文(2019.01免)
周春雨
周汪明(2019.04任)
党委委员、总工程师:白福川(2019.01任)
稽查大队大队长:梅本炜(2019.04免)
周　俊(2019.04任)
递铺分局局长:周汪明(2019.04免)
梅溪分局局长:周　俊(2019.04免)
党委委员:张继华(2019.09任)

安吉县机关事务管理中心

党组书记、主任:李敏芳(女)
党组副书记、副主任:陈　刚(2019.04任)
党组成员、副主任:马新苗
梅利庆
党组成员:章旭军

安吉县政务服务管理办公室

党委书记、主任:潘　鸣(兼)
党委副书记、常务副主任(正科长级):朱车生
党委委员、副主任:王旦晖
张柏林(2019.01免)
章小龙(2019.01任)
高　峰(2019.12免)
毛　军(2019.12任)
党委委员:喻　鸿(女)

廖　明(2019.04 任)

安吉县投资促进中心

党组书记、主任:曹宏华

党组副书记、副主任:陈　波

党组成员、副主任:杨志梅(女)

马荣勇

吴胜国

党 组 成 员:徐文学(2019.01 免)

张　敏(女)

姜海峰(2019.01 任)

安吉县供销社联合社

党委书记、主任:屠继忠(2019.01 免)

章安民(2019.01 任)

党委副书记、副主任:方旭东(2019.09 免)

周敏林(2019.09 任)

党委委员、副主任:叶茂荣

党 委 委 员:闻明龙(2019.01 免)

徐　侃

郭　峰

明道兴(2019.04 任)

安吉县广播电视台(新闻宣传中心)

党委书记、台长:宋焕新

党委副书记、总编辑:祝　青

党委副书记、副台长:汪钟鸣(2019.01 免)

党委委员、纪委书记:王　特(2019.06 任)

党委委员、副台长:马贻松(2019.01 任)

施亚军

祁乐乐

陆健斌(2019.04 任)

孙朝阳

总 工 程 师:张　炳(2019.12 任)

党 委 委 员:张安东

陈　亮(2019.01 任)

安吉县城投(集团)公司

党委书记、董事长:周　斌

党委副书记、总裁、副董事长:陈　卫(2019.09 免)

何敏杰(2019.09 任)

党委副书记:朱浚氲

党委委员、纪委书记:姚法根

党委委员、总工程师:施振鸿

党委委员、副总经理:方　亮

王　丞

卓可耕

张　军

安吉县文旅(集团)公司

党委书记、董事长:钱良宏

党委副书记、总经理,副董事长:郑　立

党委副书记:张丽琴(女)

党委委员、纪委书记:胡晓旻

党委委员、副总经理:叶勤民

丁剑斌

康海滨

安吉县产投(集团)公司

党委书记、董事长:蔡刚清

党委副书记、总经理,副董事长:邹　进

党委副书记:叶宏亮

党委委员、纪委书记:马　权

党委委员、副总经理:方　俊

安吉县交投(集团)公司

党委书记、董事长:屠继忠(2019.09 任)

党委副书记、总经理,副董事长:

陈　卫(2019.09 任)

党委副书记:胡惠芬(女,2019.09 任)

党委委员、纪委书记:徐新良(2019.09 任)

副 总 经 理:程益欢(2019.09 任)

党委委员、副总经理:刘远庆(2019.09 任)

张　超(2019.09 任)

安吉县县属国有企业联合监事会

主　　　席:楼高峰

副　主　席:郭　亮(2019.09 任)

潘毓红(女)

安吉县公路管理局

局　　　长:姜　锋

党总支书记:朱求璘

安吉县道路运输管理局

局　　　长:蒋江宏

党总支书记:吴　军

安吉县港航管理局

局　　　长:胡庆忠

党支部书记:潘立文

安吉县赋石水库管理所

所　　　长:马超群(2019.04 免)

程　平(2019.04 任)

党支部书记:陈水龙

安吉县老石坎水库管理所

所　　长:范一华(2019.01免)

　　　　马超群(2019.04任)

党支部书记:熊晓毅

安吉县赋石渠道管理所

所　　长:王　炜

党支部书记:孙　宙(2019.04任)

湖州市住房公积金管理中心安吉县分中心

分党组书记、主任:王永洪

分党组成员、副主任:王永平

　　　　陈明欢

分党组成员:金志成

安吉县气象局

党组书记、局长:叶戴麟

党组成员、副局长:江　杰

　　　　李　义(2019.10任)

安吉县烟草专卖局(分公司)

党组书记、局长(经理):杨惠明

党组成员、副经理:刘志昌

党组成员、纪检组长,副局长:郭　震

安吉县供电公司

党委书记、执行董事:石　勇

党委副书记、总经理:陈伟宏

党委副书记、纪委书记、工会主席:陆震定

党委委员、副总经理:王玉铭

　　　　高久国

　　　　朱司丞

安吉邮政管理局

分党组书记、局长:戴　军

分党组副书记、副局长:郑在文(2019.01任)

分党组成员、副局长:吴高平

安吉县邮政公司

党委书记、总经理:徐文军

党委委员、副总经理、纪委书记:许秋红(女)

党委委员、副总经理:王海涛

副总经理:王　祁(2019.12任)

中国电信安吉分公司

党委书记、总经理:沈文强

党委委员、纪委书记、副总经理:胡迎峰

党委委员、副总经理:朱从武

中国人民银行安吉县支行(国家外汇管理局安吉县支局)

党组书记、行长(局长):黄金胜

党组成员、副行长(副局长):顾世伟

党组成员、副行长、纪检组长:石荣海

湖州银监分局安吉办事处(2019年6月改为湖州银保监分局安吉监管组)

主　　任:邱红星(2019.06免)

组　　长:徐华君(2019.06任)

中国农业发展银行安吉县支行

党支部书记、行长:万　雄

副　行　长:祁　洁

　　　　汪跃武

中国工商银行股份有限公司安吉支行

党总支书记、行长:郑月镁

副　行　长:王力刚(2019.03免)

　　　　楼　军

　　　　冯　锋

行长助理:唐　燕(2019.05任)

中国农业银行股份有限公司安吉县支行

党委书记、行长:王卫东(2019.11免)

　　　　汤晓莺(2019.11任)

党委委员、纪委书记:谢勇武(2019.11免)

　　　　王　鸿(2019.11任)

党委委员、副行长:应云萍

　　　　陈小峰(2019.10任)

党委委员、行长助理:沈佳佳(2019.08免)

中国建设银行股份有限公司安吉支行

党委书记、行长:杨　杰

党委委员、副行长:徐永芳(女)

　　　　楼世杰

　　　　朱红兵

副　行　长:王宇超(2019.06任)

中国银行股份有限公司安吉县支行

党总支书记、行长:吴　穹

党总支委员、副行长:江朝兵

　　　　沈彦冰(2019.05免)

　　　　闵宏伟(2019.05任)

中国邮政储蓄银行股份有限公司安吉县支行

党支部书记、副行长(主持工作):蒋瑞云

纪检委员、副行长:张　立

中信银行股份有限公司湖州安吉支行

党支部书记、行长：韦三红

副　行　长：袁德华

　　　　　　杨　禧

湖州银行股份有限公司安吉支行

党支部书记、行长：高洪峰

副　行　长：梁罕峰(2019.05 调任)

　　　　　　黄　权(2019.03 调任)

行长助理：张　明(2019.03 任)

　　　　　祁　阳(2019.05 任)

杭州联合农村商业银行股份有限公司安吉绿色支行

党支部书记、行长：陈国强

组织委员、宣传委员、副行长：雷　鸣

纪检委员、行长助理：马伟军(2019.06 任)

浙江安吉农村商业银行股份有限公司

党委书记、董事长：马莲贵

党委委员、行长：罗明亮

党委委员、监事长：周成平

党委委员、副行长：戴益众

　　　　　　　　　宋伟锋

浙江安吉交银村镇银行股份有限公司

党委书记、副行长(主持工作)：沈　强

党委委员、副行长：施传雄

　　　　　　　　　石海飞

行长助理：朱　昊(2019.08)

政协安吉县第九届委员会常务委员会

主　　席：叶海珍(女)

副 主 席：朱玉成(2019.01 免)

　　　　　侯献荣

　　　　　梁　霜(女)

　　　　　伍水荣

　　　　　杨绍军(2019.01 任)

　　　　　陈卫卫

秘 书 长：杨慧伟(女)

常务委员：于淑芳(女)　王　晶(女)

　　　　　王旦晖　王培舜

　　　　　马莲贵　李　超

　　　　　李建人　杨鹤云

　　　　　宋焕新　张　力

　　　　　张咏梅(女)　陈永兴

　　　　　邵云东　施明清

　　　　　周昌平　赵　磊

　　　　　顾岳炎　钱雅琴(女)

　　　　　郭云潮　曹建民

　　　　　盛勇成　章义龙

　　　　　梁峰晖　屠继忠

　　　　　释慈满　潘莉莉(女)

　　　　　朱昌发　凌海明

安吉县政协党组书记：叶海珍(女)

　　　　　党组成员：朱玉成(2019.02 免)

　　　　　　　　　　侯献荣

　　　　　　　　　　伍水荣

　　　　　　　　　　杨绍军(2019.01 任)

　　　　　　　　　　杨慧伟(女)

政协安吉县第九届委员会办公室及各专门委员会

办公室

主　　任：吴榨胜(2019.09 任)

副 主 任：黄　成(2019.01 任)

　　　　　乔　梁

提案委员会

主　　任：潘海丽(女)

副 主 任：郑　勇

经济委员会

主　　任：阚继彦(2019.01 免)

　　　　　楼　军(2019.01 任)

副 主 任：笪百祥(2019.01 免)

　　　　　王健锋(2019.01 任)

农业农村和人口资源环境委员会

主　　任：曹旭东(2019.01 任)

副 主 任：邹　云(2019.01 任)

文化文史和学习委员会

主　　任：王雪尧(2019.12 免)

　　　　　邵　喆(女，2019.12 任)

副 主 任：梅宏业(2019.01 任)

教育科技卫生体育委员会

主　　任：王军民(2019.01 任)

副　主　任:方文明(2019.01任)

社会法制委员会

主　　任:周雪逵(2019.01免)

许　虹(2019.01任)

副　主　任:窦　丰(2019.01任)

梅宏业(2019.01免)

民族宗教和港澳台侨委员会

主　　任:李晓敏(2019.09任)

副　主　任:秦连荣

委员工作委员会

主　　任:吴　旭(2019.01免)

副　主　任:邵　喆(2019.12免)

黄承文(2019.12任)

中共安吉县纪律检查委员会

书　　记:柏建华(2019.03任)

常务副书记:王昌慧

副　书　记:余再鸣

常　　委:张永玲(女)

郭兆东

邢立东

王孝国(宁夏挂职)

案件审理室主任:黄薇娜

案件监督管理室主任:卢柏鑫

党风政风监督室主任:周　颖(女,2019.04免)

周创华(2019.04任)

第一纪检监察室主任:金旭岭

第二纪检监察室主任:刘伟栋(2019.04免)

第三纪检监察室主任:傅　强

第四纪检监察室主任:王　凯(2019.04任)

办公室主任:沈伟飞(2019.12免)

徐　韬(2019.12任)

信访室主任:姚　斌(2019.04免)

高智恺(2019.04任)

干部室主任:宋　丽(女)

宣教室主任:周创华(2019.04免)

周　颖(女,2019.04任)

安吉县委巡察办

巡察办主任:张永玲(女)

巡察办副主任:李　斌

第一巡察组组长:楼钱荣(2019.01任)

副组长:谢文荣(2019.01任)

第二巡察组组长:付继军(2019.01任)

副组长:施永清(2019.01任)

第三巡察组组长:俞兆松(2019.01任)

副组长:陈美红(女,2019.04任)

安吉县纪委派驻纪检监察组

第一纪检监察组组长:李雪峰(2019.01免)

陈　东(2019.01任)

副组长:黄友花(女,2019.03免)

王　伟(2019.09任)

方照平

第二纪检监察组组长:魏建刚

副组长:韦文生(2019.03免)

段正海

孙　平(2019.03任)

第三纪检监察组组长:赵　晖(女)

副组长:夏芳琴(女)

黄　菽(2019.01免)

董家明(2019.03任)

第四纪检监察组组长:刘利民

副组长:朱亚尔

戚寒斌

第五纪检监察组组长:俞秋华(女,2019.01免)

李雪峰(2019.01任)

副组长:吴柏顺

孙　平(2019.03免)

陈　兵(2019.03任)

第六纪检监察组组长:彭明晗(2019.03任)

副组长:黄友花(女,2019.03任)

李成锋(2019.03任)

第七纪检监察组组长:汪治国(2019.03任)

副组长:詹国方(2019.03任)

童　辉(女,2019.03任)

驻公安局纪检监察组组长:程晓波

副组长:胡　亮(2019.03免)

马碧云(女,2019.03任)

驻法院纪检监察组组长:陈柏良

副组长:韦文生(2019.03任)

驻检察院纪检监察组组长:陈琳玉

副组长:马碧云(女,2019.03免)

胡　亮(2019.03 任)
县委正科级纪检监察员:吴柏顺(2019.04 任)
县委副科级纪检监察员:徐国华(2019.01 任)
江　莉(女)
吴华军
张美星(女)
李亚明
梅敖铭(2019.12 免)
谢咏菊(女)
宣　晶(女,2019.01 任)
陈　颖(女,2019.01 任)
王舜源(女,2019.04 任)
彭逸艾(女,2019.04 任)
陈美红(女,2019.04 免)
潘新兰(女)
李　群(女)
周　易(女,2019.04 任)

安吉县监察委员会

主　　任:杨新初(2019.01 免)
代 主 任:柏建华(2019.03 任)
副 主 任:王昌慧
余再鸣
委　　员:郭兆东
邢立东
刘伟栋
姚　斌(2019.12 免)

安吉县人民法院

党组书记、院长:沈芳君(女)
党组副书记、副院长:顾少白(2019.01 免)
党组成员、副院长:张汉文
孟黎明
孙红波(2019.08 任)
沈　伟(挂职,2019.08 任)
党组成员、政治部主任:郭豪杰
审判委员会专职委员:来燮元
汤珊珊(女)
递铺法庭庭长:孙红波(2019.12 免)
梁　赟(女,2019.12 任)
梅溪法庭庭长:肖建平
天子湖法庭庭长:梁　赟(女,2019.12 免)
毛效龙(2019.12 任)
孝丰法庭庭长:高　峰(2019.03 免)
灵峰法庭庭长:刘　方(2019.12 任)
执行局局长(副科级):陈　浩(2019.01 任)
党 组 成 员:何勇强
保留副科级:彭瑞森
戴伟民
陶世文

安吉县人民检察院

党组书记、检察长:陈　章
党组副书记、副检察长:胡秀义
党组成员、副检察长:蒋正平
陈昌松
党组成员、政治部主任:李静波
检委会专职委员:叶　昕(女)
宋丽燕(女)
驻经济开发区检察室主任:王春梅(女)
驻天子湖检察室主任:李国芳(女)
党 组 成 员:王玮玉

社　会　团　体

安吉县总工会
主　　席:侯献荣
党组书记、常务副主席:戎露波
党组成员、副主席:阎德顺
钟传声(2019.01 免)
程　琦(女,2019.01 任)
党组成员、经审会主任:程　剡(女)
党 组 成 员:曹永远
共青团安吉县委员会
书　　记:华建伟(2019.01 免)
许进京(2019.01 任)
副　书　记:管田甜(女)
刘建超(2019.09 任)
汤永磊(挂职,2019.09 任)
安吉县妇女联合会
党组书记、主席:王红缨(女,2019.01 免)

朱海燕(女,2019.01 任)
党组副书记、副主席:张惠红(女)
党组成员、副主席:徐　笛(女)
党 组 成 员:胡莉娟(女,2019.01 任)
黄　洁(女)

安吉县科学技术协会

党组书记、主席:朱海燕(女,2019.01 免)
朱昌发(2019.01 任)
党组成员、副主席:王欣欣
蒋　斌
副　主　席:胡景琦(兼)
吴旭东(兼)
朱清清(女,2019.03 兼)
李贵洪(2019.03 兼)
党 组 成 员:徐剑锋

安吉县工商业联合会

主　　席:梁　霜(女)
党组书记、常务副主席:李建人
党组副书记、副主席:周敏林(2019.09 免)
黄宣华(2019.09 任)
党组成员、副主席:胡惠芬(女,2019.04 免)
鲁婷君(女,2019.04 任)
党 组 成 员:叶　烨(女)
姜根喜

安吉县残联执行理事会

党组书记、理事长:凌海明
党组副书记、副理事长:徐康东
党组成员、副理事长:叶明珠(女)
党 组 成 员:周旭红(女,2019.01 免)
韩雪峰(2019.04 任)
李　萍(女,2019.01 任)

安吉县文学艺术界联合会

主　　席:金枫涛(兼,2019.12 免)
易国兵(2019.12 任)

安吉县社科联

主　　席:王伟静(女)

乡镇(街道)
党委、人大、政府、纪委

开发区

党工委书记:赵怀君(2019.06 免)
徐卫勇(2019.06 任)
党工委副书记:吴国兴(兼)
胡可立(兼)
沈　强(2019.12 免)
陈　晖(2019.12 任)
许　杰
程卫军(2019.12 任)
管委会主任:赵怀君(2019.06 免)
徐卫勇(2019.06 任,2019.12 免)
陈　晖(2019.12 任)
常务副主任:沈　强(2019.12 免)
党工委委员:柳初晓(兼)
金　山(2019.12 兼)
党工委委员、管委会副主任:金　山(2019.12 免)
徐敏捷(2019.04 任)
管委会副主任:许　杰(2019.12 任)
毛　军(2019.12 免)
王光伟(2019.04 免)
余明华(2019.01 免)
章　红(女,2019.12 任)
张　力(2019.12 任)
张　华
蒋林斌
杨俊伟(2019.12 任)
徐　斌(2019.12 任)
陈　洁(女,2019.01 挂职)
县委副科级组织员:李　健(2019.01 任)

递铺街道

党 委 书 记:吴国兴
党委副书记:柳初晓(女)
周方平
人大工委主任:黎逢林(2019.12 免)
熊国斌(2019.12 任)
办事处主任:柳初晓(女)
党委委员、纪委书记,监察办公室主任:
潘丽敏(女)
党委委员、办事处副主任:徐敏捷(2019.04 免)
王光伟(2019.04 任)
党 委 委 员:祝接兵(人武部长)
干雪峰
张圣安(2019.04 免)
沈　旭(派出所所长)

梅志丹(2019.04任)
程杰杰(挂职,2019.09免)
人大工委副主任:王宏之(2019.04任)
麻江云
办事处副主任:潘黎明(2019.04免)
朱　江
刘向葵
汤　军(2019.09任)
县委副科级组织员:杨绍兴
汤　军(2019.09免)
邢　峰(2019.04任)

示范区安吉分区

党工委书记:徐卫勇(2019.08免)
管永丰(2019.08任)
党工委副书记:陈小龙(兼,2019.09免)
李　明(兼,2019.09免)
符海滨(兼,2019.09任)
尹碧锃(兼,2019.09任)
应秋平(2019.09免)
章　毅
刘海中(2019.09任)
管委会主任:陈卫卫
常务副主任:应秋平(2019.09免)
章　毅(2019.09任)
党工委委员:徐启龙(兼)
尹碧锃(兼,2019.09免)
朱红星(兼,2019.12任)
党工委委员、管委会副主任:孙水明(2019.12免)
姚　斌(2019.12任)
管委会副主任:楼建国
郑　晔(女,2019.12免)
阎莘颖(女,2019.12任)
江　平(2019.09免)
江五一
方　颖
许　君(2019.12任)
董　肖(2019.01任,挂职)
县委副科级组织员:陈　峰

梅溪镇

党委书记:陈小龙(2019.09免)
符海滨(2019.09任)
党委副书记:徐启龙
喻　南(2019.04免)
周明辉(2019.04任)
余　卫(2019.04任)
人大主席:章军平
镇　　长:徐启龙
党委委员、纪委书记,监察办公室主任:范　斌
党委委员、副镇长:尚亿勇(2019.09免)
朱越峰(2019.09任)
党委委员:张云峰(2019.04免)
叶贤林(人武部长)
周明辉(派出所所长,2019.12免)
汤常欢(女)
周　军
韩诗富(2019.09任)
唐　超(派出所所长,2019.12任)
人大副主席:李一鸣
李有成(2019.12任)
副镇长:李国锋
章　红(女,2019.12免)
阎　彬(2019.12任)
邱亦宸
县委副科级组织员:周克圣
周秀梅(女,2019.01免)
黄德志(2019.01任)
郭　伟(2019.04任)

溪龙乡

党委书记:易国兵(2019.01免)
夏　靓(女,2019.01任)
党委副书记:孙传国
陈　瑜(女)
人大主席:黄定瑞
乡　　长:孙传国
党委委员、纪委书记、监察办公室主任:刘忠元
党委委员、副乡长:姚尚平
党委委员:龚文金
汪玉成(2019.05免)
张　贤(人武部长)
肖建峰(2019.09任)
副乡长:张友林
肖建峰(2019.09免)
陶　治(2019.09任)
县委副科级组织员:周秀梅(女,2019.01任)

天子湖镇

党委书记:李　明(2019.09免)
　　　　尹碧锃(2019.09任)
党委副书记:尹碧锃(2019.09免)
　　　　朱红星(2019.12任)
　　　　金　鸣
镇　　长:尹碧锃(2019.12免)
　　　　朱红星(2019.12任)
人大主席:施明军(2019.01任)
党委委员、纪委书记,监察办公室主任:
　　　　陈润锋(2019.04免)
　　　　来　青(2019.04任)
党委委员、副镇长:吴　斌
党委委员:冷云峰(人武部长)
　　　　曹叶平(派出所所长,2019.04免)
　　　　葛鹏炎(派出所所长,2019.04任)
　　　　刘列飞
　　　　金则英(女,2019.04免)
　　　　刘美玉(女)
　　　　陈　健(女,2019.09任)
人大副主席:李更正
　　　　康敏良(2019.09免)
　　　　吴清泉(2019.12任)
副镇长:张　振
　　　　陈志良
　　　　张　毅(2019.04任)
县委副科级组织员:周兴伦(2019.01免)
　　　　吴清泉(2019.12免)
　　　　朱俊玮(2019.01任)

鄣吴镇

党委书记:高发义(2019.01免)
　　　　吴丹妮(女,2019.01任)
副书记:朱红星(2019.12免)
　　　　刘欣欣
　　　　舒丽强(2019.12任)
人大主席:戴泽万
镇　　长:朱红星(2019.12免)
　　　　刘欣欣(2019.12任)
党委委员、纪委书记,监察办公室主任:罗　飞
党委委员、副镇长:范一华(2019.01任)
党委委员:张应杰(人武部长,2019.09免)
　　　　舒丽强(2019.12免)
　　　　沈　巍(2019.01任)
　　　　章　磊(派出所所长,2019.09免)
　　　　泉　鑫(人武部长,2019.09任)
　　　　卢　祎(派出所所长,2019.12任)
人大副主席:戚继成
副镇长:沈　巍(2019.01免)
　　　　潘莉莉(女)
　　　　吴胜枫
　　　　陈　韬(2019.09任)
县委副科级组织员:陈　韬(2019.09免)

杭垓镇

党委书记:王长林
副书记:何伟锋(2019.09免)
　　　　徐　平
　　　　陆　恒(挂职,2019.09任)
人大主席:俞兆松(2019.01免)
　　　　徐　渊(2019.01任)
镇　　长:何伟锋(2019.09免)
　　　　徐　平(2019.09任)
党委委员、纪委书记,监察办公室主任:
　　　　方　伟(女)
党委委员、副镇长:马炳华(2019.01免)
　　　　胡立武(2019.01任)
党委委员:郁　斌(2019.01免)
　　　　王　勇(派出所所长,2019.04免)
　　　　董春亮(人武部长,2019.04免)
　　　　沈学斌
　　　　林　颖(女)
　　　　陈纯国(2019.04任)
　　　　施艳云(人武部长,2019.04任)
　　　　杜　烨(派出所所长,2019.04任)
人大副主席:李宗栓(2019.01免)
　　　　梅明星
　　　　张　行(2019.12任)
副镇长:胡立武(2019.01免)
　　　　张　行(2019.12免)
　　　　陈纯国(2019.04免)
　　　　竺　亮(2019.01任)
　　　　葛　迪(2019.09任)
　　　　胡迎春(2019.12任)
县委副科级组织员:胡成功
　　　　朱栋胜

孝丰镇

党 委 书 记:翟金坚

党委副书记:潘明亮

姚池泉

周济时

人 大 主 席:陈秀宽

镇　　　长:潘明亮

党委委员、纪委书记,监察办公室主任:

周长青(2019.12免)

邵云峰(2019.12任)

党委委员、副镇长:施明军(2019.01免)

雷文华(女,2019.04任)

党 委 委 员:王忠明(人武部长,2019.04免)

董春亮(人武部长,2019.04任)

阎莘颖(女,2019.12免)

郑云武(2019.09免)

金　莹(女)

周道全(2019.12任)

沈　阳(2019.09任)

沈伟飞(2019.12任)

人大副主席:龚晓云(女)

何向华(2019.01任)

副　镇　长:何向华(2019.01免)

沈　坚(2019.09免)

韩　辉

方　杰(2019.01任)

程杰杰(2019.09任)

县委副科级组织员:方　杰(2019.01免)

俞军政

叶苏苏(2019.01任)

王德清(2019.09任)

报福镇

党 委 书 记:王　兵(2019.09免)

贺　苗(女,2019.09任)

党委副书记:贺　苗(女,2019.09免)

徐　聪

郑云武(2019.09任)

人 大 主 席:戴开林

镇　　　长:贺　苗(女,2019.09免)

徐　聪(2019.09任)

党委委员、纪委书记,监察办公室主任:欧冬生

党委委员、副镇长:江维平

党 委 委 员:杨爱禾(2019.12免)

葛鹏炎(派出所所长,2019.04免)

王　勇(派出所所长,2019.04任)

赵志行(女)

丁　兵(人武部长)

李群刚(2019.12任)

人大副主席:张世根

副　镇　长:来　青(2019.04免)

石　轲

张卫成

谢静川(女,2019.04任)

县委副科级组织员:邵云峰(2019.12免)

章村镇

党 委 书 记:叶鸣岗(2019.09免)

唐春燕(女,2019.09任)

党委副书记:唐春燕(女,2019.09免)

董建波(2019.09任)

汪治国(2019.01免)

人 大 主 席:盛琦丽(女,2019.04免)

陈国庆(2019.04任)

镇　　　长:唐春燕(女,2019.09免)

董建波(2019.09任)

党委委员、纪委书记,监察办公室主任:伍高君

党委委员、副镇长:周　峰

党 委 委 员:郭俊杰(2019.04免)

周道全(派出所所长,2019.12免)

查道胜(2019.04任)

卢培炎(人武部长)

周兴伦(2019.01任)

周城枫(派出所所长,2019.12任)

副　镇　长:孟振华(2019.09免)

周志良

周群毅

沈一文(2019.09任)

县委副科级组织员:竺　亮(2019.01免)

施　展(2019.09任)

孝源街道

党 委 书 记:胡可立

党委副书记:陈　晖(2019.12免)

金　山(2019.12任)

叶　燕(女)

主　　　任:陈　晖(2019.12免)

金　山(2019.12 任)
人大工委主任:黄承文(2019.12 免)
王雪尧(2019.12 任)
正科长级干部:熊国斌(援疆,2019.12 免)
党委委员、纪委书记,监察办公室主任:张清卫
党委委员、办事处副主任:周立智
党委委员:汪　欣(人武部长)
祝水宏(派出所所长)
刘明晖
黄一丹(女)
人大工委副主任:吴月成
李锡良
办事处副主任:许晓亮
陈飞飞
县委副科级组织员:胡迎春(2019.12 免)

天荒坪镇

党委书记:赵双勤(2019.01 免)
高发义(2019.01 任)
党委副书记:夏中金
董建波(2019.09 免)
张天滨(2019.09 任)
人大主席:盛文明(2019.04 免)
盛琦丽(女,2019.04 任)
镇　长:夏中金
党委委员、纪委书记,监察办公室主任:
查道胜(2019.04 免)
陈润锋(2019.04 任)
党委委员、副镇长:张天滨(2019.09 免)
党委委员:朱　峥(派出所所长,2019.12 免)
王凌霄
阮小明
张　伟(人武部长)
汪玉成(2019.05 任)
金　鑫
雷文华(女,2019.04 免)
林欢欢(派出所所长,2019.12 任)
徐昊昱(挂职,2019.01 任)
人大副主席:杜又喜
副镇长:阎　彬(2019.12 免)
任　仁
吴海燕(女,2019.04 任)
冷冰峰(2019.12 任)
县委副科级组织员:邢　峰(2019.04 免)
冷冰峰(2019.12 免)
郎国良(2019.01 任)
俞　丹(女,2019.04 任)

上墅乡

党委书记:刘　斌
党委副书记:康锡刚
吴云浩
人大主席:肖建忠
乡　长:康锡刚
党委委员、纪委书记,监察办公室主任:陈学兴
党委委员、副乡长:鲍　鲲
党委委员:孟江雯
谢传斌(人武部长)
朱青莲(女)
副乡长:石定一
卢　丰
县委副科级组织员:
蒋　健(2019.01 任,2019.09 免)

山川乡

党委书记:邱竞明
副书记:吴丹妮(女,2019.01 免)
华建伟(2019.01 任)
施旭锋
人大主席:朱　毅
乡　长:吴丹妮(女,2019.01 免)
华建伟(2019.01 任)
党委委员、纪委书记,监察办公室主任:
韩雪峰(2019.04 免)
张圣安(2019.04 任)
副科长级干部:叶　飞(宁夏挂职)
党委委员、副乡长:应建坤
党委委员:马　超
袁克桂(人武部长)
吴晓明
副乡长:沈　阳(2019.09 免)
邹　鹏(2019.04 任)
黄　珺(女,2019.09 任)
县委副科级组织员:张翠云(女)

昌硕街道

党委书记:符海滨(2019.09 免)

王　兵(2019.09 任)
党委副书记:赵晓光
梅爱华(女)
人大工委主任:夏　旦
办事处主任:赵晓光
党委委员、纪委书记,监察办公室主任:张彩林
党委委员、办事处副主任:左　巍
党 委 委 员:潘永林(人武部长)
翁　婧(女)
周智国(昌硕派出所所长,2019.12 免)
朱　峥(昌硕派出所所长,2019.12 任)
祝　冬
章旭辉(凤凰山派出所所长)
人大工委副主任:干永海(2019.01 免)
郁　斌(2019.01 任)
办事处副主任:王宏之(2019.04 免)
张　力(2019.12 免)
郭俊杰(2019.04 任)
郑　龙
胡　亮(2019.12 任)
县委正科级组织员:杨卫德
县委副科级组织员:周　刚
李雪春(2019.01 任)

灵峰旅游度假区、灵峰街道

灵峰旅游度假区党工委书记:管永丰(2019.09 免)
项侃文(2019.09 任)
党工委副书记:马洪滨(2019.09 任)
潘安国(2019.04 任)
管委会主任:潘安国(2019.04 任)
党工委委员、管委会副主任:陆　勇(2019.04 任)
管委会副主任:任元心(2019.09 任)
总 工 程 师:楼　杰(2019.04 任)
灵峰街道党委书记:管永丰(2019.09 免)
马洪滨(2019.09 任)
党委副书记:潘安国
沈红林
人大工委主任:施　霞(女,2019.04 免)
应秋平(2019.09 任)
主　　任:潘安国
党委委员、纪委书记,监察办公室主任:
周静红(女)
党委委员、副主任:程　国(2019.01 免)
党 委 委 员:任元心(2019.09 免)
周　治(派出所所长,2019.04 免)
程　飞(人武部长)
曹叶平(派出所所长,2019.04 任)
陆　勇(2019.04 免)
金则英(女,2019.04 任)
沈晓波(2019.12 任)
夏筱丹(女,挂职,2019.01 任)
人大工委副主任:王德才
副　主　任:喻锦程
江　平(2019.09 任)
龚家宏
县委副科级组织员:楼　杰(2019.01 免)
朱晶晶(女,2019.01 任)

乡镇街道概况

安吉经济开发区

【概况】 2019年,开发区完成了一区两街道体制调整,市委巡查整改,根据开发区当前发展形势需要,结合县委意见,制定开发区“三定”方案,重新调整开发区机构设置和职能配置,厘清与递铺、孝源街道职责,回归开发主职、专注发展主业。全员开展干部“双聘”竞岗,设置干部“岗位系数”,优化编外干部薪酬体系,让干部走上新岗位、体验新成就。党委班子集体两次赴上海、湖州调研,组织开展“五大攻坚行动”主题调研活动,提前谋划明年工作。坚持每半月召开一次项目双进例会,共同研究项目引进和项目推进中的难题,国土、规划、建设、财政等职能局办和两大街道全力服务保障。深入开展6+N“亩均改革”专项行动,经济发展、科技人才相关局办全员一线走访,深入调研企业发展状况,“一企一策”落实改革任务。深入开展平台建设“百日攻坚”活动,征地拆迁、工程建设相关局办现场攻坚、一线破难。

全年263家规模以上企业完成工业总产值、工业增加值、工业利税分别为385亿元、88亿元和46.5亿元,同比分别增长12.3%、11.3%和28.9%;完成财政收入40亿元,同比增长14.4%。全年实到外资1.4亿美元,完成全年任务的110%;全年新签项目27个,其中大好高项目16个。安洽会成功签约总投资70亿元的扬子江医药项目、总投资100亿元的国动云数据项目和总投资100亿元的远洋大数据项目,一举突破招商项目50亿、百亿级大关。全年完成工业项目入库开工22个、竣工投产16个。永艺4.0、养生堂、敏实科技、安费诺等一批重大项目开工建设,恒林椅业、热威电热、护童家居、中力机械等一批重点项目竣工投产,目前还有格力电器、知味观、宝业建筑等一批重大项目正在前期筹建。全年完成各类融资98亿元。积极拓展平台发展空间,完成南北庄片区和鞍山大数据产业园、建材产业园规划编制,正在进行大数据产业园农转、林转报批及电力接入改造。精准落实土地供给保障,完成项目农转报批17个,落实项目供地指标841亩。加快推进土地两化融合,完成土地复垦1338亩。提升项目规划和审批效率,完成项目两证办理78件。全年新增规模以上企业35家、净增产值亿元以上企业

11月14日,数据中心项目签约仪式举行

17家。天振地板进入市“金牛”，恒林椅业、永艺家具、洁美科技等10家企业进入县“双金”，天草生物、东方基因等6家企业进入县“双高”。全年完成创新板挂牌企业5家、股改企业10家，东方基因成为创新板上市企业。全年新增18家高新技术企业，新增研发机构30个，申报认定省级企业研究院5家。新建博士后工作站2个，研究出台引进高层次人才10%比例配套奖励政策，全年完成国家、省级“千人计划”人才2个。出台“亩十条”政策申报细则，与工商、环保、安监、税务等部门联动，形成正向引导、反向倒逼工作态势，分类制定出清“一企一策”，全年完成总出清面积1800亩，其中15亩以上面积共计950亩，国有出让亩均万元以下低效企业出清95家。收储工业土地220亩、标准厂房30万方。递铺街道、孝源街道全年合力完成征地3600亩，拆迁签约140户、腾空拆除116户。高速互通、304省道、梅园路、万亩朗山房、鞍山大数据产业园拆迁顺利推进，城北核心区块旧房拆除难题攻坚清零，马家、鞍山宅基地安置问题妥善处置，梅园路、未来城、康山区块等多年沉积历史遗留问题集中化解。完成灵峰北路、绕城北线、塘浦大道等城市主框架道路改造，贯通齐云路、环岛南路、阳光大道西延等工程，推进浦源大道、古鄣路、永福路综合改造，全年完成平台基础建设总投入12.1亿元。完成开发区入口形象标识，基本完成绕城北线、灵峰北路、齐云路、塘浦大道等城市主干道景观设计及建设工作。加大土地违法卫片查处力度，全年完成拆除违法建筑150宗19万平方米、完成土地违法案件查处21宗63亩，关停“散乱污”企业35家。

进一步健全党工委会议集体议事规则，坚决执行党工委书记“末位表态制”。全年开发区党工委会议召开21次，集体审议“三重一大”事项176项，涉及重大项目引进、工程建设管理、征地拆迁政策、重大资金使用、干部人事管理等全方位工作领域。同时，进一步完善征地拆迁、工程建设领导小组会议民主决策机制，提升一线工作推进规范化管理水平。

安吉科技创业园

【“三服务”活动】 1月2日，省人大常委会副主任李学忠率队来开发区开展“服务企业服务群众服务基层”活动。县人大常委会主任陆为民、县委常委开发区党工委书记管委会主任赵怀君等参加。李学忠一行到开发区召开座谈会，听取开发区建设发展情况相关汇报，并与恒林股份、中源家居、洁美电子等企业面对面座谈，详细了解企业发展情况以及当前面临的困难。李学忠说，在元旦后的第一个工作日开展“三服务”活动，体现了省委省政府服务企业、服务发展的意志和切实帮困解难的决心，这次走访让他对安吉的发展有了新认识，尤其是开发区的规划布局、企业家对发展的信心让他印象深刻。针对开发区提出的创建国家级经济开发区请求以及企业关于降费减税、工业垃圾处理、土地指标等问题，他逐一进行回应，并表示回去后将列出清单、形成报告、协调解决。

【齐云路全线通车】 1月29日，齐云路（灵芝路—古鄣路）工程正式通车。从2017年10月正式施工，经过400多天奋战，断头路齐云路打通，向北延伸连接古鄣路，标志着县城七纵七横交通路网中的最后一条新建道路完成。此后，车辆从北进城有了新选择，极大缓解了古鄣路、天目路、绕城北线等道路的通行压力。

【湖州市内部审计工作“优胜单位”】 2月26日，湖州市内部审计协会发文通报表彰2018年度优胜单位开发区榜上有名。开发区构建常态化审计模式，推进审计工作科学发展，以促发展、控风险、消隐患为目标，深化审计转型，不断提升审计价值，更好地发挥内部审计在开发区内部控制体系中“践行者”和“推动者”的作用，取得了较好的成效。

【中源未来工厂签约】 3月8日，中源家居未来工厂项目签约。该项目总投资27亿元，固投26亿元，选址于绿色家居产业园区块。该项目的签约标志着开发区现有四家上市公司，工业综合体初步形成。

【申嘉湖高速再西延项目调研】 3月12日，副市长项乐民一行在副县长何承明的陪同下调研申嘉湖高速公路安吉孝源至唐舍段前期政策处理及开工建设情况。该项目共涉及鹤鹿溪、净土和东浜三个村(社区)，共需征用土地253.26亩，拆迁房屋7户，坟墓搬迁298穴，苗木政策处理101户。截至3月12日，已完成土地征用253.26亩，房屋签约4户，坟墓搬迁230穴，苗木政策处理93户。

【韩国AFW公司签约入驻】 4月23日，韩国AFW公司年产1.2亿件锂电池零件项目在发展大厦正式签约，AFW公司董事长金璟均、开发区党工委副书记、管委会常务副主任沈强等参加签约仪式。该项目总投资3500万美金，其中固定资产投入3200万美金，每亩投资强度达到400万元人民币，注册资金2000万美元。项目建成达产后，年销售收入可达到1.2亿美金。

【百草路北侧西区停车库工程开工建设】 5月25日上午，百草路北侧西区停车库工程正式开工建设。该项目总投资6000万元，属于浙江省自然博物馆配套工程。建筑层数为地上2层，建筑高度7.5米。建筑占地面积16633平方米，总建筑面积为地上27643平方米。设计停车库规模为865个，并同步实施市政、景观绿化等配套工程，总用地面积40216平方米。

【申嘉湖高速公路鹿山至孝源段通车】 6月28日，申嘉湖高速公路湖州鹿山至安吉孝源段举行通车仪式。市委副书记、市长钱三雄宣布通车，副市长项乐民主持仪式，县委副书记、县长陈永华致辞。

【首批企业家招商顾问】 8月20日，围绕电子信息、健康食药、高端装备制造三大主导产业，全力推动开发区以商引商，九位企业家被聘为开发区首批“招商顾问”，县委常委、开发区党工委书记、管委会主任徐卫勇同志为企业家颁发聘书。

【十二届安洽会共签约7个投资项目】 11月16日，以“改革创新，绿色发展”为主题的2019新时代“两山”试验区安吉县第十二届投资贸易人才洽谈会开幕式在县行政中心召开。开发区具体签约了国动(安吉)云数据基地项目，总投资100亿元，扬子江药业，光学基膜项目，总投资10.5亿元，耕盛堂总部经济产业园项目，总投资3亿元。水性色浆及纳米碳管浆料项目，总投资1.2亿元，风尚科技项目。总投资1.5亿元，新能源车辆充电装备项目，项目总投资1.2亿元。

【格力安吉智能制造产业园项目开工】 12月17日，安吉县举行第十二届安洽会重点项目集中

12月17日，格力安吉智能制造产业园项目开工仪式举行

开竣工暨格力安吉智能制造产业园项目开工仪式，集中展示安吉县项目建设的阶段性成果，推动全县上下迅速掀起新一轮项目建设热潮。

（丁乐章）

示范区安吉分区

【概况】 2019年，示范区围绕全县“两聚一美”发展大局，立足“工业新区、高铁新城”战略定位，全力聚焦经济发展主业，攻坚大项目、培育大产业、做强大平台、抓实大党建，经济建设取得了明显成效。全年完成财政总收入7.06亿元，实现规模以上工业总产值149亿元，工业性投入18.6亿元，同比分别增长15.9%、8.8%和40.8%。

按照“1＋2＋3”产业导向，全面优化“择商选资、招大引强”思路，聚焦沪杭、苏南等地，瞄准“高精尖、专特新”领域，加大“靶向招引”力度。累计新增签约亿元以上项目23个，新认定大好高项目13个，新引进优质外资项目2个，实到外资7000万美元。持续深化项目推进“四个一”工作机制，不断实现项目招引与推进无缝链接、高效服务。累计实现亿元以上项目开工17个，竣工12个，分别完成全年目标任务的113.3%、100%。强化土地集约节约利用，大力开展“腾笼换鸟”，累计盘活“双停”项目8个，盘活用地面积320亩。

新增产值超5亿元企业2家，累计7家；新增产值超10亿元企业1家，累计2家。完成“小升规”企业10家，“新上规”企业4家，规上企业总数达106家。大力实施“凤凰涅槃”行动，加大对低效企业整治力度，共完成低效企业出清30家，面积796亩，完成全年目标任务104.5%。强化科技人才支撑，新引进硕士、副高以上人才6人，成功申报“南太湖精英计划”项目7个，新增国家高新技术企业7家、省级研发中心4家、省级研究院2家、众创空间1家。积极引导重点企业与科研院所、高等院校开展技术创新和项目合作，促成美能电气与北京大学、添佶轴承与吉林大学、华丰纸业与陕西科技大学等12个校企合作项目。

3月11日，安吉县重点项目集中开竣工仪式洁美电子信息材料产业园（一期）项目现场

围绕“万亩千亿”大平台定位，持续拓展平台空间，全年累计完成征地1930余亩，拆迁121户。不断强化基础和配套设施保障，启动实施科创园、卫生院、高禹小学改造等重点工程，完成高禹中心幼儿园、福利院等民生工程。加快推进园区路网完善，天子湖南区完成长隆路、天子湖大道、兴建路（三段）、北湖路等4条道路建设，北区启动实施高铁快速路、建设路、建安路、创业路等6条道路工程，临港园区完成3号路、4号路、纬五路等3条道路建设。深入推进园区“污水零直排”创建，并成功通过验收。持续开展大气污染防治，对重点工程领域、重点涉气企业进行“回头看”，不断强化日常监管和整改。

扎实开展主题教育活动，做到理论学习有收获、思想政治受洗礼；举办“迎七一、守初心”主题活动暨“红智引擎杯”党建知识竞赛分区赛；持续深化党建阵地提升工程，实现37家党建阵地提升全覆盖，并集中开展授牌仪式；按照“创建一家、培育一家”总体思路，完成洁美电材党建示范点创建和华逸化纤党建展示厅提升工作。严格把好选人用人政治关，突出担当、实干精神，建立健全正向激励机制。全年新提拔正科长级领导1名、副科级领导干部2名，转任重要岗位领导1名，转任其他岗位领导3名。

召开监地融合发展推进大会,启动与南湖监狱土地置换工作。已完成签约并腾空房屋3户、搬离企业1家,签订《限期移苗承诺书》8份。扎实开展"三服务"活动,主动沉到一线,倾听企业心声,回应企业关切,做到"有求必应、应之必复、无事不扰"。全年共梳理解决各类问题270余件。结合文明城市创建,加强园区道路扬尘、停车秩序、工业垃圾等突出问题整治力度,加快推进美丽园区(企业)建设。

【"政企大讲堂"开班仪式】 1月26日,示范区联合天子湖镇、梅溪镇举办"政企大讲堂"开班仪式暨首期培训会。该活动与浙江东方财智商学院合作,共安排12期课程。首期由浙江东方财智教育学院创始人,民政部、发改委特聘专家贾奕琛主讲,围绕"股权激励、股权治理"主题,通过学习、培训、交流等方式,进一步开阔思路、眼界、胸襟,切实满足个人、企业及示范区发展需求。

【工业经济发展暨"6+N"亩均提升行动推进大会】 2月20日,2019年示范区安吉分区工业经济发展暨"6+N"亩均提升行动推进大会召开。会议回顾总结了2018年示范区经济工作及"6+N"亩均提升行动取得的主要成就,同时全面部署2019年示范区工作重点。会议还通报了2018年度示范区"十大纳税企业"和"县百强"工业企业、2018年度示范区先进基层站所和先进个人、区镇统筹融合先进个人、"十佳"先进工作者及爱岗敬业等名单,同时还为10位示范区招商顾问颁发聘书。

【全县一季度31个项目集中开竣工】 3月11日,全县一季度重点项目集中开竣工暨洁美电子信息材料产业园(一期)项目开工仪式在示范区隆重举行。此次仪式集中开工项目19个,总投资61亿元。其中开发区8个,示范区7个,孝丰镇、报福镇、昌硕街道和天子湖镇各1个。竣工项目12个,总投资16.5亿元。其中开发区4个,示范区3个,天荒坪镇、溪龙乡、报福镇、梅溪镇和县本级各1个。

【市委第三巡察组巡察示范区工作动员会】 3月15日,市委第三巡察组巡察中共湖州省际承接产业转移示范区安吉分区工作委员会工作动员会议召开。会前,市委巡察工作领导小组办公室副主任朱慧向县委常委、示范区党工委书记徐卫勇传达了市委书记马晓晖关于巡察工作的讲话和指示精神。会上,市委第三巡察组组长任玉林就即将开展的巡察工作作了动员讲话,朱慧就配合做好巡察工作提出要求,徐卫勇作表态发言。会议由县政协副主席、示范区管委会主任陈卫卫主持。

【洛阳理工学院人才专场招聘会】 3月27日—28日,示范区联合县人力社保局,组织园区25家企业赴洛阳理工学院开展人才专场招聘活动。通过现场介绍及政策宣讲,实现学校人才与企业岗位实际需求的无缝对接,为企业招引人才开辟全新通道。本次招聘共收到《学生应聘登记表》289份,达成初步意向100余人,其中大禹机械、力控科技与学生现场签订就业协议13份。

【丰树(安吉)国际产业园项目落户示范区】 4月2日,丰树(安吉)国际产业园项目签约,项目总投资10亿元,主要建设内容包括但不限于国际高端汽车零部件制造、先进精密制造中心、国内国际物流中心等提供相关仓储服务及配套服务。项目选

1月26日,示范区"政企大讲堂"开班仪式暨首期培训会

址五福路以南、兴盛路以东、天子湖大道以北区块，项目总用地面积 174 亩。

【示范区—昆山台资企业投资说明会】 4 月 20 日，2019 示范区安吉分区—昆山台资企业投资说明会在昆山举行。县委常委、示范区党工委书记徐卫勇，县政协副主席、示范区管委会主任陈卫卫，示范区相关领导干部以及昆山 70 余位台资企业家参加了此次推介会。其中昆山崴鼎薄膜科技有限公司、麦凯（上海）生物科技有限公司、上海友拓新材料有限公司等企业进行现场签约。

【承办全县两新组织党组织“迎七一、守初心”主题活动暨“红智引擎杯”党建知识竞赛分区赛】 6 月 24 日，由示范区承办的全县两新组织党组织“迎七一、守初心”主题活动暨“红智引擎杯”党建知识竞赛分区赛在天子湖镇高禹村委会举办。本次共有示范区杭摩新材料党支部、鄣吴镇山屿海党支部、示范区华特新材料党支部、梅溪镇惠嘉生物科技党支部、天子湖镇党群服务中心第一支部、溪龙乡万昌家具党支部、示范区洁美电材党支部共七支队伍参与竞赛。通过必答题、抢答题和风险题三轮角逐，天子湖镇党群服务中心第一支部夺得冠军，示范区洁美电材党支部夺得亚军，溪龙乡万昌家具党支部夺得季军。

【推进新时代“两山”试验区建设暨监地融合发展工作】 9 月 12 日，“两山”试验区建设工作大会召开，县政府和省南湖监狱共同制定了《监地融合发展实施方案》，并成立了以县长为组长，各有关部门主要领导为组员的工作领导小组。共同确定了“1＋3”工作体系，即以区镇为主体的土地置换专项工作组，和以南湖监狱为主体的违建处置、企业整治、侵种侵占处置三个专项工作组，抽调 48 名干部成立指挥部。建立每日一会商、每周一例会、每半月一研判、每月一推进会制度，共召开联席会议 6 次、专项推进会 8 次，排摸出违法违章建筑 135 户，面积 2.64 万平方米；“低小散”企业 70 家，面积 9.81 万平方米，侵种侵占相关案件 477 宗、面积 1.3 万亩，为示范区加速打造“万亩千亿大平台”提供契机。

【第七届祖名豆制品文化节暨二十五周年庆典】 11 月 14 日，由中国食品工业协会豆制品专业委员会主办，杭州高新开发区（滨江）都市精品农业服务协会协办，祖名豆制品股份有限公司承办的主题为“25 周年，正青春”的“第七届中国（祖名）豆制品文化节暨祖名二十五周年庆典”在安吉祖名豆制品食品有限公司举行，活动由浙江省经视频道著名评论员舒中胜主持，到场嘉宾有中国食品工业协会豆制品专业委员会秘书长吴月芳，上海市食品安全联合会会长顾振华，黑龙江九三农垦管理局局长王晓春、副局长董永忠，杭州市农村局副局长娄火明，滨江区农业农村局党组书记唐晓雄，副县长、示范区党工委书记管永丰等相关领导，中国豆制品行业 50 强企业等。

【惠嘉生物荣获国家科技进步二等奖】 12 月 25 日，浙江惠嘉生物科技股份有限公司“猪健康养殖的饲用抗生素替代关键技术及应用”项目，获 2019 年度国家科学技术进步二等奖。

【长虹制链入选浙江省“隐形冠军”】 12 月 26 日，浙江省经济和信息化厅公布了 2019 年浙江省“隐形冠军”及培育企业名单，示范区安吉长虹制链有限公司被认定为省“隐形冠军”，杭摩新材料集团股份有限公司同时被认定为省“隐形冠军”培育企业。

（向　丹）

安吉县笔架山农业高新技术产业园区

【概况】 2019 年 4 月，安吉县笔架山农业高新技术产业园区（简称“农高区”）党工委成立，农高区建设由农业农村局作为牵头指导单位，供销社不再负责，明确管委会具体负责农高区相关工作，农投公司作为县国投公司全资子公司负责项目申报、融资等工作。农高区位于安吉县主城区北郊笔架山，东西连省际产业转移示范区，南接安吉经济开发区，项目范围涉及递铺街道、梅溪镇、天子湖镇、溪龙乡等 4 个乡镇（街道）20 个行政村，规划面积约 150 平方公里，一期开发南片区约 33 平方公里。

7 月，县委办出台《关于做好 2019 年开发区、示范区、度假区、农高区运行机制优化工作的通知》（安委办发〔2019〕85 号）文件，优化农高区运行体制，明确日常管理考核、评先评优、干部推荐

6月15日,第一次党工委会议

管理等统一由农高区负责,待遇参照乡镇。目前,农高区工作人员共24人(其中县领导1名,副科级干部4名,其他派驻干部8名,农投公司工作人员11名)。

园区按照"四个一流(生态环境一流、规划理念一流、开发建设一流、运作模式一流)"和"四个领先(基础设施配套领先、管理服务保障领先、产业发展水平领先、农业综合效益领先)"的定位,坚持"生态立园、科技兴区,创新融合、共享共荣"的发展理念和"现代化、产业化、品牌化"的发展路径,着力培育提升"示范引领、创新驱动"的核心竞争力和区域影响力,全力创建国家级农业高新技术产业示范园区、省级农业科技园区、国家级农业科技园区、省级现代农业园区、国家级现代农业园区。

成功申报市级星创天地;国家农业科技园区、省级科技园区、省级现代农业园区获取创建资格;完成省级乡村振兴项目申报,项目以安吉白茶为主导产业,辐射园内相关主体,计划总投资2.6亿元,申请省级补助资金8000万元,启动项目建设工作;同时配合县财政局做好省级乡村振兴基金申报工作。

完成现代农业公共服务中心、中环道路、农高区主入口形象改造、国家高标准农田项目工程建设;完成农业综合开发区域生态循环农业项目育苗工厂、秸秆堆沤房、生态修复及河塘护岸工程、肥水一体化建设;完成农高区LOGO品牌视觉及应用体系设计。中环道路绿化景观、路灯工程已全面启动;青创园提升改造工程完成工程量的40%,田间基础设施建设及6幢装备式农业设施管理用房建设。

根据园区"6+1+1"产业布局,发挥园内全员的招商主观能动性,以大好高项目为目标,有针对性开展招商服务。外出招商40余次,收集线索60条,洽谈企业和机构60余家。与长三角办、上海农科院、浙江大学农业与生物技术学院、浙江省淡水所等大专院校初步建立战略合作关系。完成投资3000万元的露营基地项目、6000万元的美维循环农业示范园等8个项目成功签约,合同投资总额达5亿元。

(孙　芸)

递铺街道

【概况】 递铺街道东临德清,西连孝丰,南接余杭、临安,北靠溪龙、天子湖,地域面积237平方公里,辖33个村(社区),其中3个城市社区(浦源、阳光、桃城)。街道常住人口7.7万人,其中登记在册流动人口6.7万人。2017年,县委县政府从战略驱动的高度谋篇布局,作出"一区两街道"新一轮体制调整的决策部署,开发区与递铺街道职能分离,递铺街道统筹处理综合治理、农村发展、社会发展、生态治理等社会事务,不再肩负经济发展职能。2019年8月,开发区对"一区两街道"体制进行了进一步优化,征地拆迁职能划归递铺街道,相应工作人员一并划转。递铺街道立足统筹社会治理,服务开发区做大做强主平台的主要职责,制定了以"一带四园"为总体思路倾力打造全域美丽街道的长远发展蓝图,以"一年打基础、二年出形象、三年大变样"的三步走战略贯彻落实县委县政府"两聚一美"的决策部署。

2019年,递铺街道完成长乐、雾山寺、吉庆桥等10个安置小区整治工程。依托二级街道管理模式改革,突出违建管控这一重点,全面落实网格化巡查办法,严格落实即查即拆,全年拆违20.5万平方米。完成旧厂区、

7月25日，安城小城镇环境综合整治验收

旧住宅改造21万平方米，城中村改造25万平方米，实现拆后利用18万平方米。完成申嘉湖高速沿线点位整治261个，天目北路长乐段点位38个，浦源大道、永福路沿线点位87个。整治阳光大道、灵峰北路等主干道沿线点位211处，完成上级部门17批次考察、视察的道路沿线环境保障任务。开展非标准广告专项治理，拆除大型广告牌点位84处。取缔“三无”废品收购点211处。结合河长制，重点推进污水治理和饮用水提升。排查排污口8处，全部落实整改。整改维修农村污水总管网1500米，抢修运维点位532处，完成污水处理终端维修38座，治理黑臭水体28处，启动万亩午庄河水体问题应急治理。基本完成安城至马家渡农村饮用水管网提升改造项目，抢修农村自来水管网1300余处。严控秸秆焚烧、垃圾焚烧，查处40余起。启动塘浦园区、鞍马线园区等5处道路扬尘专项整治，强化洒水保障机制，有效确保$PM_{2.5}$浓度持续下降。

核心区基本建成，两山学院、火车总站、农高园等项目正常运营，牡丹农场秀樾里民宿正式营业，辐射区南北庄、义士塔、赤芝村的美丽乡村基础工程完成90%。成功创建横塘精品示范村，建成水利文化展示馆、农业湿地公园，村庄环境大幅提升，美丽乡村精品示范数量扩容至4个。赵家上精品示范村创建完成总进度80%。古城、鹤鹿溪通过复评。制定发展壮大村级集体经济三年行动实施计划，确定“飞地抱团”、“一村一策”的消薄方案。经济薄弱村和提档升级村共同出资，成立安吉众村联投实业发展有限公司，抱团消薄。银湾职工公寓项目完成前期调研、申报立项和项目设计，进入施工准备阶段。蚕桑场、义士塔综合楼竣工验收，六庄村文化礼堂项目主体建设基本完成。“云梦谷”项目政策处理全面完成。积极配合“笔架山”项目推进，拆除蚕房145户、300余间。完成木本油料提升项目300亩，森林抚育2100亩，珍贵树种基地80亩。成功创建美丽渔场1家、健康养殖示范户2家，推广稻渔综合种养模式1000余亩。浒溪流域综合治理——巡检司段完成40%。提升林道1.7公里，茶叶山生态修复6000余亩。省自博园正式开园，并获中国安装之星最高奖；古城遗址公园科保园和博物馆主体结顶，内部装修启动，实施科保园市政景观工程；中南百草原获省疗休养最佳目的地和省中小学生研学实践教育基地；景澜·老庄山居酒店顺利开业运营并获市四星级生态度假庄园；宋茗茶博园成功创建市AAA级生态休闲农场；新增三官、赵家上等4家AA级景区村庄；鹤鹿溪村成功列入县文旅融合示范村培育；新增凤栖梧桐等5家民宿。

全年发放各类救助和补贴900余万元。建成赵家上示范型居家养老服中心，推动荷花塘、马家村幸福邻里中心社会化运行。落实租赁企业保证金制度，严密防范欠薪事件。街道劳动仲裁调解中心调处个案340件，结案率97%以上。办理失地农民参加职工基本养老保险700人，贫困人员城乡居民基本养老保险应保尽保，新参保94人，城乡居民医疗保险稽核32人，待遇核定165人。积极开展育龄妇女健康服务，联合民主党派创立生育关怀基金。城北小学项目主体完工，南北庄中心幼儿园改造完成，基本完成第三、第四初级中学异地新建方案论证，启动安城中学、新民小学扩建前期工作。递铺街道卫生院综合楼投入使用,新建银湾、荷花塘、康山等6个卫生服务站,5个村成功创建省级卫生村。改造提升农村公路5.4公里,大中修4公里,完成6条农村公路生命安防工程3.2公里,改造危桥2座。完成1800余户退(现)役军人光荣牌悬挂,建成退役军人服务站,交通便利、功能齐全,确保退役军人活动有场所,诉求有渠道,解困有平台。完善文体基础设施,文体中心房建工程通过验收,横塘村成功创建省级中心村体育广场,埞坝村成功创建市级体育公园,营盘山体育公园初具雏形;创新实施新时代文明实践“12345”工作体系,成功举办“古越茶韵”“三国梅语”“金秋稻香”三场大型文旅活动。开展了以“新时代文明实践”、“全国文明城市创建”、“不忘初心,牢记使命”为宣传主题的三大系列文体活动,全年举办各类文化体育活动177场。

全年受理、调处各类矛盾纠纷203件,化解信访积案6起,其中市级积案3起。强化社区戒毒人员帮教,成功创建省级社区禁毒(康复)示范点。组织开展安全生产和消防安全百日攻坚整治行动,累计检查企业1947家,整改安全隐患1.2万余个。积极助推企业标准化创建,新创标准化创建7家,复评57家,继续实施企业安全生产社会化服务奖补207家,落实奖补资金58万元。30家省级重大安全隐患挂牌督办企业全面完成整改并通过上级验收。围绕重点项目落地和基础设施建设,启动征地拆迁“百日冲刺”,基本完成递孝污水管网、304省道、高速互通、浦源大道拓宽等基础设施政策处理,征地3600亩,拆迁210户,政策处理5000余亩,有力保障养生堂、扬子江药业、格力空调、宝业集团等20个大项目的落地和建设。完成建设用地复垦269亩、新增立项1112亩,土地开发88亩,旱改水150亩。以“政府减存量,市场除新增”为原则,双管齐下探索破解工业固废处理难题,小举措、大成效,解决了政府处理能力不足的困境,破解了企业工业垃圾堆积的难题。

4月7日,“乡愁递铺”递铺街道新时代文明实践之首届古越茶韵文化旅游节

启动二级街道管理模式改革,增设塘浦、双河、雾山寺和双河4个二级街道管理处,推动管理力量下沉、关口前移,发挥二级街道机动、快速、高效的作用。深化最多跑一次改革,开通“绿色通道”,实行“容缺办理”。不定期对村级综合窗口人员开展业务指导,开展村(社区)星级窗口评比,提升村级便民服务大厅服务能力。创新服务模式,全县率先启动平安家园卫队助力“最多跑一次”便民服务体系建设,充分发挥平安家园卫队“四熟一便利”的组织优势,为群众提供代办服务,打通服务群众“最后一公里”。坚持靠制度管人、按制度办事、用制度管权,出台《递铺街道财务管理制度》《递铺街道村级微型工程管理办法》、《规范村级外出考察活动》等文件,严格落实财经制度,进一步加强财务内部监督审核把关力度,强化内部资金往来、工程款支付的规范操作,从源头堵塞滋生腐败的漏洞。

【探索实施二级街道管理模式】 1月28日上午,递铺街道双河、塘浦、雾山寺、安城四个“二级街道”管理处正式挂牌成立。县委常委、开发区党工委书记赵怀君及递铺街道领导班子出席揭牌仪式,各村(社区)代表、二级街道管理处全体成员参加仪式。该管理模式以村(社区)为基础网格,划分四大工作区域,充实综合执法、安全生产监管、环境综合治理和综治信访领域的工作力量，推动管理力量下沉，服务力量靠前。同时以四个平台综合信息指挥室为中枢，以专职全科网格员为前锋，通过信息上传、派单落实、及时反馈、评价考核机制，实现问题闭环处理。

【省级社区戒毒(康复)示范点】 1月，递铺街道禁毒服务管理中心获评省级社区戒毒(康复)示范点。管理中心针对每一位社区戒毒(康复)人员，组建由一名禁毒社工、一名辖区民警、一名村(社区)干部、一名社区医生和家属构成的帮教小组，在规定的谈心、帮教之外，每季度至少开展一次家访、一次突击尿检，每半年进行一次毛发毒品检测和一次风险评估。同时通过向安吉县鱼鹰社会工作服务中心购买社会服务，运用专业化的社会工作方法对吸毒人员开展戒毒(康复)心理辅导，走访服务。

【新时代文明实践"三新"品牌】 3月5日，递铺街道"新时代、新居民、新形象"文明实践"三新"品牌主题活动暨新居民美丽家庭创建年启动仪式在递铺街道长乐社区举行。活动中公布了《递铺街道新居民美丽家庭创建试行办法》，发布志愿品牌服务，共五支服务队正式挂牌上线，分别是街道机关党工委"渔智"公益服务队、街道妇联两山女儿"家事巡诊团"公益服务队、街道工会无"法"不美公益服务队、街道团委"山芽芽"成长课堂志愿服务队、街道统战最炫民族风公益服务队。县社科联主席、县委宣传部副部长王伟静和县妇联县妇联党组书记、主席朱海燕发表讲话分别发表讲话。同时开展了"两山女儿"新安吉主妇培训班和"两山女儿""家事巡访团"首期家事预防调解业务培训。

【"双百"攻坚助力企业安全生产】 自2019年4月起，抽调100名干部组建专班力量，启动为期100天的安全生产"双百"攻坚行动，深入企业排查，把企业安全隐患划分蓝色、黄色、橙色、红色四个等级，按照定措施、定标准、定期限、定责任人的要求，整改一个、销号一个，确保整改闭环。截至6月底，累计排查企业1756家，发现隐患10258个，复查企业1728家，整改隐患9743个，其余隐患处于整改复查之中。对于企业的复杂疑难安全隐患，通过购买专业社会化服务，为企业"把脉问诊"，开出问题清单，帮助企业逐条整改，以完成重大事故隐患排查30家，整改市级挂牌重大事故隐患2家。

【全链条创业服务平台】 5月31日，递铺街道举行"豌豆荚工坊"揭牌仪式，标志着全县首批全链条创业服务平台正式启用。服务平台由闲置办公用房改建，服务人群为初创型大学生，实行3年免租政策，委托专业人力资源队伍负责日常管理运营，为入驻的小微创业企业或创业团队提供项目委托、工商注册、人事代理、财务托管等无偿服务，让创业者集中精力专注创业项目，填补了双创平台在服务大学生和初创型人才团队领域的空白。

【市场化模式探索破解工业固废处理难题】 递铺街道以"政府减存量，市场除新增"为原则，双管齐下探索破解工业固废处理难题，以公开竞争方式引入具有资质的第三方环保公司负责辖区内工业垃圾处置，存量垃圾由政府出资委托限期清运。自2019年7月1日起，依据固废污染防治法，引导企业与第三方公司按市场价格签订固废垃圾清运处置协议，同时指导企业分类收集，源头减量，促进可回收工业固废资源再利用，推动"以废养废"。

（罗时波）

2019年递铺街道村(社区)基本情况表

表9

村(社区)名	村民小组(个)	农户数(户)	人口数(人)	耕地面积(亩)	村级经济总收入(万元)	补助收入(万元)	经常性收入(万元)	其中：经营性收入(万元)	书记	主任
鲁家村	16	610	2310	1433	778.9	113.1	665.9	498.3	朱仁斌	裘丽琴

续表 9

村(社区)名	村民小组(个)	农户数(户)	人口数(人)	耕地面积(亩)	村级经济总收入(万元)	补助收入(万元)	经常性收入(万元)	其中:经营性收入(万元)	书记	主任
南北庄村	24	963	3258	2168	562.3	386.9	175.4	48.9	胡建国	郑火明
义士塔村	7	222	796	530	147.1	60.3	86.8	52.7	竺正祥	吕吉娣
赤芝村	25	1097	3574	1342	178.5	91.3	87.2	31.1	王乐华	张德煜
吉庆桥村	13	498	1520	713	167.7	22.1	145.6	111.4	朱惠荣	彭建伟
雾山寺村	8	470	1742	0	425.9	43.1	382.9	345.8	高国强	陶建军
荷花塘村	18	665	2585	1813	287.9	73.1	214.7	86	—	崔百顺
银湾村	10	425	1567	1324	342.2	50.6	291.6	265.2	卜建平	吴玑南
赵家上村	10	515	2244	480	358.3	126.7	231.6	106.1	张晓明	李晓林
三官村	22	975	3396	3380	394.1	101.3	292.8	213.5	徐彩琴	贺胜平
老庄村	23	535	2070	2829	593.3	535.9	57.4	31.6	王官仁	喻元根
青龙村	9	300	1037	1769	446.1	407.1	39	31.2	余成忠	罗荣安
东山垓村	13	312	1165	1725	334	252	82	68.3	王林顺	黄吉新
双河村	30	1512	4850	5920	694.7	218	476.8	302	江　斌	丁来庆
康山村	18	847	2725	1102	414.7	42.9	371.8	314.3	鲁健民	陈　磊
六庄村	11	468	1579	1913	241.4	187.8	53.7	35.8	李洪仁	俞　强
鹤鹿溪村	25	888	3088	4930	1441.9	1215.5	226.4	133.9	李升阳	邱新强
安城村	58	1520	5314	4244	418.9	124.7	294.2	210.2	吴国仁	程有平
横塘村	24	824	2827	4115	529	316.4	212.7	106.3	刘刚强	胡宝财
垅坝村	40	925	3315	4887	418.5	313.6	104.9	63.2	孙道珺	—
兰田村	19	755	2428	4915	417.7	364.4	53.3	40.4	谢传洋	汪小华
古城村	33	950	3443	4116	2045.6	1742.8	302.8	293.2	—	—
鞍山村	23	518	1896	2916	360.4	137.6	222.9	100.2	吴立群	王世新
马家村	19	850	3025	1371	322.7	231.2	91.5	51.1	田忠根	王贵福
蚕桑场村	4	120	365	10	116.4	30.7	85.6	45.2	马汝进	马汝进
万亩村	28	1427	4226	1896	585.3	49	536.3	407.6	林长顺	王国朝
长乐社区	23	714	2785	70	888.6	304.6	584	488.7	温兴元	徐强国
塘浦社区	12	477	1431	550	275.5	60	215.5	184.8	娄云红	杨浙龙
东浜社区	17	700	2004	450	261.4	58.9	202.5	95.2	鲍仁姣	陈永才
净土社区	9	593	1928	985	352.9	58.8	294.1	281.4	李志德	傅世泽
合　计	591	21675	74493	63896	14802.0	7720.4	7081.6	5043.6	—	—

昌硕街道

【概况】 昌硕街道区域面积100.94平方公里，常住人口约15万人。2019年，昌硕街道成功打赢“文明城市创建攻坚”“征迁遗留项目清零”“村级经济消薄振兴”等多场战役，75项年度重点工作顺利落地，民生实事工程全面完成。全年实现财政总收入7.0153亿元，增长19.8%，农村居民人均可支配收入36366元，同比增长9%。全年规上服务业营收超40亿元，6个行业综合平均增幅14.5%；全年销售额超亿元以上企业11家。服务业重点项目固定资产投资完成全年任务比例111.9%。天使乐园休闲度假园区提前完成道路、市政及河道提升改造，银润蓝城天使学校项目加快推进，城东美颂广场完成工程量46%。街道全年完成供地13宗，整体出让面积682.4亩，消化批而未供土地268亩，盘活存量用地86.5亩。完成低效用地出清102亩，其中国有亩均万元以下企业7家。走访184家企业，排摸难点堵点问题3类18项，全部完成协调解决。签约八戒安吉工业设计小镇和汇泉康养两个项目，总投资额21亿元。昌硕现代服务业中心建设完成选址部署。全年服务完成浙江股权交易中心创新板企业挂牌1家，成长板挂牌1家，股份制改造1家。灵峰社区获评浙江省电商专业社区。双一村成功获评省3A级景区村庄和县级文旅融合示范村等荣誉称号。

整合村(社区)、领办单位和自愿服务等力量，综合运用文明创建App、督查考核等有效机制，开展全域人居环境整治，水果市场、中心农贸市场等专业市场攻坚成效显著，200余处居住小区点位环境极大改观，7000余个楼道得到有效清理。举办公益宣传和公益活动300余场次，文明创建知晓率和群众满意度进一步提升。完成范潭、余墩、山头、朗里等7大区块征迁遗留清零工作，完成3915亩土地征收任务。完成长龙山抽水蓄能电站超高压28基铁塔建设的征地及政策处理，落实余墩老年房、商品房及上郎玉华路商铺分房工作。完成20个住宅小区污水零直排创建，施工面积26万平方米，惠及居民2349户，监测和疏通地下管网2.6万米。完成三友社区、双溪口村省级高标准资源循环利用中心建设，完成“虎哥”垃圾回收生活服务站32座，覆盖城区144个小区，受益家庭5万余户。关停水源保护地违规经营民宿农家乐3家、竹拉丝厂7家。城市辖区黑臭水体全面清零，递铺港省级断面管控点位水质持续保持在Ⅱ类水以上。双一村获选国家级美丽宜居示范村，三友、递铺、递二获得湖州市“百日攻坚行动”表彰奖励。

完成大厅窗口服务事项目录清单修订，247项服务内容及程序正式公布。“无证明村(社区)”创建有力推进，取消不合理证明事项42项。逝者身后“一件事”多部门联办服务机制上线运行，殡葬手续“零次跑”目标顺利达成。5189000热线全年服务居民34573次，办结率100%、满意率99.2%。“1890总动员”“幸福日·幸福邻里”志愿服务项目成为新品牌。天目社区获全国老年远程教育优秀学习收视点，昌硕社区获评浙江省书香社区。名都阳光城老小区改造工程被住建厅列入2019年度老旧小区改造样板工程。新建5个居家养老服务中心，24个居家养老服务中心实现社会化运行。全国残疾预防综合试验区创建加速推进，出生缺陷防治、残疾康复服务8项指标均有大幅度提升。3048名(现)退役军人及家属信息得到登记完善，1002名退伍士兵社保接续工作按期完成。新增就业岗位3000余个。面向辖区511名救助对象，合计发放各类救助补贴资金435万元。全年支出教育经费385万元。发放高龄老人补贴188.6万余元，6886名60岁以上老人接种流感疫苗。完成26000余辆ETC安装。“小城大爱·益路有你”公益微项目全面启动，举办各类活动约300次，54个公益项目直接服务人数5267人次。10类重点人群家庭医生签约服务率升至80%。全年新增村社物业资产11000平方米，物业年度总收入增加1000万元，9个村社在建物业资产超33000平方米。村社增收项目收入总额约600万元。完成2个薄弱村消薄。石鹰村和高坞岭村地质灾害点治理工作通过县级验收。完成双一村省级历史文化名村发展与规划编制。

拓展建立三级网格，党员骨干、楼道长、家园卫士近万人，实现点位进驻，“文明”App、“城市天网”、“5189000”热线等平台载体融合进网，保环境、促和谐、抓文明等27项职能纳入网格化综合管理。物调委、警调室、信访超市运行步入正轨，“逢一进格”的管理模式创新落实。启动《城市社区小区业委会换届选举及自治相关规范文本指导手册》的调研和试点工作，完成业委会成立换届指导手册初稿。广场社区被评为省级城乡社区治理成绩突出集体。全年受理矛盾纠纷592起，调解成功583起，成功率98.48%，成功化解两名历史疑难上访户问题。物调委运行成效显著，调解各类物业纠纷223起，成功调解211起，成功率94.6%。完成“全国两会”“庆祝建国70周年大会”和十九届四中全会等重大节点维稳安保，街道获2019年度湖州市信访维稳工作先进集体，双一村获平安湖州建设夺金鼎集体嘉奖。启动“春雷行动”百日攻坚，完成2818间安置出租房“回头看”整治。三里亭商贸城消防安全挂牌整治按期落地。转椅市场(一期)安全整治成效显著，200余户500余间商铺完成整顿，违规住宿、明火做饭等问题得到有效整改，商铺智能预警系统安装占比80%以上。范潭园区消防安全整治全面落地，拆除占用防火间距违法建筑8500平方米。辖区消防安全和交通、食药等重点领域安全防控不断加强，“利奇马”防台工作顺利完成。先后出动检查508人次，排查隐患493条，全部按期完成整改。全年办理行政处罚案件6起，协助完成市场监管案件134件，944家“厨房革命”App推广任务按期落实。玉磬社区创成2019年度全国综合减灾示范社区。

扎实开展“不忘初心·牢记使命”主题教育，严格贯彻落实“三会一课”“主题党日”等制度，先后开展“书记上党课”40余次。严格执行领导班子下村接访机制，全年解决民生问题300余件。强化党建工作创新，积极落实“党建+四治”“专班+临时党支部”等治理举措，成功解决小区各类建设难题20余项，中心农贸市场、竹业城等一批问题区域治理能力显著提升。以街道机构改革为契机，规范落实科室职能调整和机关中层干部选聘，创新开展机关科室长助理和城市社区党组织副书记选拔，推行街社两级“导师传帮带”，干部梯队化培育进入快车道。强化老干部资源运用，全年开展老干部志愿活动30余次，服务群众6000余人。先后处置不合格党员9名，慰问困难党员51名，表彰杰出党员30名。先后出台“零星工程”“小微工程”“村级集体投资项目决算审计”等管理制度。扎实做好机关廉政风险管控，重新梳理岗位廉政风险点53个，建立防控措施70条。举办廉政警示教育23次、发送廉政短信1000余条。物流行业工资集体协商制度正式实施，17名困难职工精准脱贫。“楼道妇女红微家”创新启动，391名微家主事人的邻里带动效应持续放大。玉磬和广场社区人大代表联络站升级完成，人大预算联网监督系统正式上线，代表履职渠道不断拓展。全年开展接待活动82次，收集问题125件，解决122件、协调落实3件。

11月6日，县委副书记、政法委书记赵德清率队到昌硕街道调研城市社区社会治理工作

【昌硕街道十周年晚会】 1月25日，纪念昌硕街道成立十周年，“十年奋进路·迈向新征程”主题文艺活动举行。2009年2月1日，昌硕街道办事处作为安吉县首个街道办事处正式成立，辖11个城市社区及8个村改居社区。2014年初，正式获批挂牌。2015年安吉县行政规划调整到位，新增双一等6个村。

【《双一村志》发布】 5月29日，《双一村志》发布会暨赠书仪式在双一村文化礼堂举行。《双一村志》编纂工作自2015年10月启动，历经三载，终于编纂完成。全书以千年双一、历史古村，红旗双一、林业名村，美丽双一、文明山村为要义，分17章，64节记述，全书共500页60万字。全面、系统地记载了双一村政治、经济、文化、自然、社会的历史与现状，展现了双一村的秀美山水、独特人文和特色经济，记载了乡韵、乡情和乡风，留住了乡愁。讴歌了双一人民坚韧不拔、团结拼搏的奋斗史迹和"勇于创新、敢为人先"的创新建业精神。

12月5日，首批20名昌硕街道派出所的民(辅)警兼任村(社)党组织副书记

【社区民(辅)警兼任村(社)党组织副书记】 12月5日，昌硕街道办事处举办社区民(辅)警兼任村(社)党组织副书记任命大会暨工作动员会，首批20名昌硕街道派出所的民(辅)警成为昌硕街道辖区内20个村(社区)的党组织副书记、主任助理，参与村社社会治理工作。

(马晓如)

2019年昌硕街道村(社区)基本情况表

表10

项目 村	村民小组(个)	农户数量(户)	人口数量(人)	劳动力数量(个)	土地面积(亩)	农村经济总收入(万元)	农民人均收入(元)	村级经济总收入(万元)	村级固定资产(万元)	书记	主任
递铺社区	20	1291	3435	2062	0	108186	34969	255	1231	周和民	蒋秋平
范潭社区	10	388	1191	732	0	22020	34554	510	3255	郑　涛	刘汉军
芝里社区	5	390	1221	779	20	22019	33158	140	143	郭梦骅	潘丽琴
上郎社区	6	356	645	428	0	78435	33225	72	5	陈富平	谢德潮
穆王城社区	6	353	1147	707	0	84033	33589	1005	654	潘一丁	朱小平
余墩社区	11	530	1898	1130	389	63800	34124	352	493	胡益法	龚家和
山头社区	7	396	1394	1009	0	15261	33612	1749	6227	王恭平	严　铁
递二社区	12	639	2233	1687	0	12843	34067	612	2585	干永海	冯安冬
朗里社区	13	616	1985	1060	340	84720	33970	1843	1161	李允河	丁　辉
三友社区	26	1580	5052	1541	620	112999	32695	759	853	张乐平	陈亚军
双一村	9	810	2670	1060	132	30440	34007	799	2507	朱学星	李为民
双溪口村	10	450	1815	1560	40	31515	33866	387	1045	丁自云	陈朝阳

续表 10

项目/村	村民小组(个)	农户数量(户)	人口数量(人)	劳动力数量(个)	土地面积(亩)	农村经济总收入(万元)	农民人均收入(元)	村级经济总收入(万元)	村级固定资产(万元)	书记	主任
石鹰村	9	494	1683	1080	219	20342	31054	290	117	何德根	何建国
高坞岭村	11	535	1905	1685	380	8292	30998	329	501	胡阿毛	蒋肖杰
合　计	155	8828	28274	16520	2140	694905	—	9102	20777	—	—

2019 年昌硕街道城市社区基本情况表

表 11

社　　区	户　数(户)	总人口(人)	区域面积(平方米)	社区书记	社区主任
玉磬社区	783	1835	0.62	梅明芬	李　静
天目社区	2771	7102	0.73	李建华	范　萍
铜山桥社区	701	1411	0.9	章红岩	胡秀平
桃园社区	1636	3780	1.41	周智红	盛颖兰
灵峰社区	2062	4649	1.2	楼亚芳	刘　燕
凤凰社区	1559	3703	0.9	陈贤琴	许民强
昌硕社区	2454	5562	0.73	张　敏	周　蓉
灵芝社区	2029	4467	0.62	孙　红	孙　红
新街桥社区	2600	5509	0.83	郑久忠	汪　霞
云鸿社区	1957	2941	0.95	胡惠芳	顾　艳
广场社区	6680	16667	0.85	郑　敏	陈义红
合　　计	25232	57626	9.74	—	—

灵峰街道

【概况】 2008 年 7 月从开发区单列成立灵峰旅游度假区,2011 年 6 月成立管委会,2014 年 2 月成立灵峰街道,实行“街区合一”管理体制。灵峰旅游度假区于 2018 年初成功创建国家级旅游度假区,成为全国 26 个国家级旅游度假区之一。是全国森林康养基地试点、省首批“坡地村镇”建设用地试点,是省级服务业集聚示范区、省森林城镇、省蔬果特色农业强镇、市美丽乡村示范乡镇。灵峰区位交通便捷。位于县域中心地带,是安吉接轨上海、融入杭州的桥头堡,距杭州仅半小时车程,到上海只需两个半小时。灵峰行政管辖面积 84 平方公里(度假区核心区域约 47.2 平方公里),下辖 8 个村(社区),2019 年,村均经营性收入 409 万元,农户 4670 户,户籍人口 17487 人,流动人口 24362 人。

灵峰平台功能完善。历年来,累计拆违 74 万平方米,“三改”175 万平方米,腾出土地 853 亩,拆后利用 746 亩。平台功能完善,基本实现基础设施全覆盖,“两纵两横”主路网框架已成型,7 个安置小区相继建成,“一溪一湖一路”形象初现。

灵峰产业特色鲜明。落地招商引资休闲项目 21 个,总投入约 300 亿元,已投入约 120 亿元,已运营竹博园、千年古刹灵峰寺、“中国百佳球场”龙王溪乡村俱乐部、百年央企港中旅投资的Club Med度假村、绿城桃花源投资的悦榕庄酒店、开元竹博园度假酒店、香溢度假村和美林度假村、最佳亲子游首选地田园嘉乐比以及高式熊（中国著名书法家、金石篆刻家、西泠印社名誉副社长、上海民建书画院院长）艺术馆等13个项目；在建县级三级综合性医院树兰医院（李兰娟、郑树森两位院士投资）、海游天地度假城、东方彩虹城等8个项目。

2019年，全年完成财政收入3.53亿元，增长17.3%。全年接待游客257.2万人次、过夜游客35.6万人次，实现旅游收入33.52亿元，分别增长10.53%、9.27%、10.99%。农民人均纯收入39351元，增长12.6%。完成合同外资3600万美元、实到外资2104万美元。完成服务业重点项目投资6.3亿元，增长16.7%。绿色金融招商超600家，实现税收超7000万元。项目“双进”有效发力。全年接待客商100余批次，新增在谈项目12个，新增签约项目3个。项目建设克难奋进，海游度假城停滞一年后重新启动，东方世贸彩虹城完成竣工验收，美颂农贸市场全面建成。帮助解决树兰生命谷山体滑坡、高式熊艺术馆证件办理、港中旅水源治理等问题30余个。资源要素充分保障。完成平台公司改制重组，资金保障能力大幅提高。全年争取农转指标258亩，完成供地241亩，完成低效出清31家，盘活土地131亩，新增复垦立项102亩，收储土地2宗80亩，完成1500亩高标准基本农田建设。全年引育领军人才1人，副高人才2人，引进大学生和各类人才300余名。举办各类培训10余次，参训800余人次。

致力做精创优，乡村经营更有活力，业态产品更加丰富。大地之光一期投入运营；小瘾半日村9家民宿正式开业，帘青被评为省金宿民宿；乡旅梦工厂完成小镇客厅建设及全部招商，6家民宿、餐厅正式营业；田园嘉乐比景区创成省级中小学生研学实践教育基地。美林度假村创成省中医药文化养生旅游示范基地；港中旅和乐小镇业态渐丰，竹博园、灵峰山景区、悦榕雅集商业街经营向好。创成省4A级景区街道。村域特色更加突出。灵峰村、城南社区发力物业经济，经营性收入走在全县前列；横山坞村借势借力创成县乡村经营、民宿村落、文旅融合三大示范村；剑山村试水夜光经济取得较好成效；大竹园村新浙派民居形象渐显；碧门村大力发展竹木产品电商，“悠然碧门”线上品牌越来越响；霞泉村内挖外拓，实现经营性收入破百万元；浒溪社区服务功能日益增强，“彩虹圈”越圈越大。基础配套不断完善。投入3000万元用于小城镇综合整治。完成灵溪公园建设，新增绿道7.8公里，入选省海绵城市建设典型案例，创成省体育公园。完成浒溪西岸景观带建设及5条道路市政景观改造，成功创建市级“四好”农村路。完成剑山变电所及8个电力下地工程建设。刘灵路、梅灵路自来水管网建设顺利启动。

6月4日，中国环境与发展国际合作委员会2019年年会以及世界环境日全球主场活动

生态治理从严从紧。$PM_{2.5}$浓度降至31微克/立方米，空气优良率达91%。完成20个点位污水治理。攻坚清零成效明显，累计拆迁49户2.7万平方米。开展环境整治30余次，解决重难点问题37个。累积拆违4万平方米，拆后利用率达95%以上。推行垃圾分类收集、运输、处理，资源循环利用中心累计处理厨余垃圾238吨，中转其他垃圾1万吨。完成青山陵园整治。新增彩色森林200亩，林相色彩

更丰富。文明创建抓细抓实。“网格化管理加专职巡查”机制全面推行。加大人财物保障,雾炮车、拖车等专业设备投入运行,累计参与人员30000余人次。完成10个安置小区集中整治,处理乱堆乱放1730余处,查处乱搭建86起,清理垃圾790余吨。新建停车场4处,新增停车位3000余个、电子警察系统5套。管理机制常态长效。建立环境治理“名单制+责任制+销号制”长效管理工作办法。制定出台《新增违法建筑责任追究暂行办法》,加大违建追责力度;制定《灵峰街道黑臭水体整治及长效管理工作方案》,对黑臭水体一治到底;制定《苗木移植管理办法》等3项制度,全方位规范苗木管理。

着力改善民生,社会保障更加给力。累计为低保户、特困人员、残疾人等发放救助资金220余万元。养老保险扩面达97%,医保参保率99.5%以上。完成街道儿童之家创建,承办2019年市儿童福利工作现场会并作交流发言。完成街道示范型居家养老服务中心规范化建设,实现各村(社区)社会化运行全覆盖。完成牌楼山(三期)公墓建设。实验幼儿园幸福里分园投入使用,灵峰小学扩建顺利推进,灵峰中心幼儿园进入招标程序。连续三年超额完成献血任务,实现促进健康卫生村全覆盖。发放创业贷款600余万元、教育教学奖励170余万元。开展各类文体活动30余场。综合文化站接待各级参观考察60余批次。完成城南消防站、浮玉路综合驿站、公共自行车系统建设。推出“平安360”社会治理体系,成功化解历史疑难积案3起、矛盾纠纷281起。碧门村创成省级民主法治村。查处安全生产、环境污染等违法案件30起,各项指标控制有效,全年未发生较大以上安全生产事故。

开展“不忘初心、牢记使命”主题教育,组织集中学习9次,发放学习资料2000余册,撰写调研报告26篇,专题党课17场。建立“5321”民情民意收集办理工作机制,开展“我为群众办小事”活动,收集解决问题157个。办结人大代表、议政员议案、建议36条。制定完善制度30余个,深化“最多跑一次”改革,取消涉村(社区)证明事项42项。严格落实“一岗双责”,开展“警示教育月”,与全体聘用干部签订承诺书。开展工程建设领域、重点项目推进、机关效能等监督检查50余次。全面推进公务卡强制结算,“三公”支出进一步规范。与此同时,司法、气象、档案、红十字、公积金、机关事务、外事侨务、地方志、人民防空、邮政等工作,都取得了新的成绩。

【“大手拉小手,新春双禁送福”活动】 1月25日,灵峰街道联合安吉县综合行政执法局灵峰执法所、灵峰中心幼儿园开展“大手拉小手,新春双禁送福”活动。在灵峰执法所执法队员带领下,志愿者和“双禁”小天使们走进城南社区竹林路、清水塘商铺、附近企业,为业主送去新春“福”字与祝福,并告知业主春节禁止燃放烟花爆竹。此次活动以“志愿者+双禁小天使”相结合的方式,提高更多市民对“双禁”工作的支持率和知晓率,累计共发放新春福字300余份,置换烟花爆竹20余个,发放大米100千克、鲜花50余盆。

【庆祝五四运动100周年彩虹跑活动】 4月27日,灵峰旅游度假区(灵峰街道)举行了庆祝五四运动100周年彩虹跑活动暨“七彩先锋”志愿品牌发布会。该活动在县委宣传部、团县委、县文旅局的指导下,由灵峰街道新时代文明实践所、团委、总工会、妇联、文体站、计生协承办。

4月27日,“出彩新时代 青春不一young”灵峰旅游度假区纪念五四运动100周年彩虹跑活动

【安吉海游天地度假城项目】 5月28日，灵峰旅游度假区在海游天地度假城工地举行了“海游天地度假城启动仪式”。安吉海游天地度假城选址在灵峰旅游度假区，总占地规模8000余亩，该项目定位为国际化都市短途休闲度假目的地，由酒店集群、精品购物、会议会展、康养体检、文创园区等主题组成，是灵峰旅游度假区的重要组成部分，建成后将成为长三角休闲新地标。

【台风型洪水人员转移综合演练】 为充分利用近年防汛信息化建设成果，完善救灾应急预案体系和指挥体系，检验整体联动机制。6月6日，灵峰街道组织开展了防汛应急四、三、二级响应演练。进行了台风型洪水人员转移综合演练培训并进行了演练。街道全体干部、村干部、企业负责人参加会议。参演人员围绕防汛流程、人员转移、抢险救灾、避灾场所等进行实战演练，以增强防汛抢险救灾能力和应急处置能力。培训会上播放了台风型洪水人员转移综合演练视频。

【大竹园农房工程】 6月27日，2019年度全省建设工程钱江杯奖（优质工程）获奖工程名单公布，灵峰街道大竹园省级农房设计落地示范工程成功入选。该工程立足原村落的自然肌理，以错落有致的排列组合方式进行布局，同步实施道路、市政管网、水系、绿化景观等相关配套设施，并从色彩、材质、纹理等细节入手，多层次、多角度体现竹乡特色。在施工过程中，建立乡镇街道管技术、村级机构管进度、村民管材料的联督机制，严把材料关、施工关。并组织职能部门专员驻点跟踪监查，保证工程质量安全及建设资金的公开透明。截至2019年，该工程共建设民居61幢，公共建筑2处，完成绿化1.6万平方米。

【“大地之光”艺术公社项目】 7月13日，灵峰旅游度假区（街道）剑山村蔓塘里自然村的“大地之光”艺术公社项目一期面向公众试运营。这个项目位于灵峰街道剑山村蔓塘里，是一个集文创光影秀、艺术展创、竹藤文化展示、乡村集市等业态为一体的乡村旅游综合体。项目占地586.433亩，一期投资2171万元。其商业运营主要有茶文化基地、竹文化传承基地、乡村振兴旅游示范基地三大块创新概念模式。

【灵峰街道侨联成立】 8月8日，灵峰街道侨联成立大会暨第一次归侨侨眷代表大会召开，机关、村（社区）、企业等20名代表参会。本次会议选举产生了街道归国华侨联合会成员，其中褚云根任联合会主席，王之雄、秦鲁任联合会副主席，郭宋赟任联合会秘书长。

【《流动大舞台》节目组走进灵峰】 8月28日上午8时，浙江电视台《流动大舞台》节目组走进灵峰国家级旅游度假区。这一台节目是为了进一步展示和宣传安吉法治建设成果和文化事业繁荣，丰富灵峰街道区域百姓文化生活，助力乡村振兴而举办的。活动在下属灵峰村下扇中心广场上举行。灵峰旅游度假党工委副书记、灵峰街道党委副书记、主任潘安国致辞。灵峰度假区干部群众400余人参加。

【2019世界老式汽车长三角公开赛】 9月25—26日，世界老式汽车长三角公开赛安吉站点的

9月25—26日，2019年世界老式汽车长三角公开赛浙江安吉站活动

赛事在灵峰旅游度假区举行，该赛事是世界级高端汽车文化综合活动，来自18个国家和地区的50辆经典老式汽车集中展示，所有车辆车龄均在50年以上，其中不乏“百岁老车”。此次活动内容包括老式汽车收车仪式、夜游灵峰、公路巡游、安吉特色旅游商品展示等，完美地体现了土洋结合，时尚与传统的交融，活动也让安吉群众大饱了眼福。

【“万名党员进党校”集中轮训主题教育专题培训班】 10月29日，灵峰旅游度假区(灵峰街道)“万名党员进党校”集中轮训主题教育专题培训班开班，度假区(街道)近千名党员接受集中培训。这次培训旨在深化推进“不忘初心、牢记使命”主题教育，引导广大党员进一步增强党性自觉，提升理论素养。街道党委副书记沈红林作开班动员；县委党校副校长、高级讲师王甲授党课；全体党员观看主题教育通用电视教材《新时代奋斗指南》《不忘初心学党章》《难忘初心》《学榜样践初心》四部电视片；最后进行主题教育试卷测试。

【浒溪公园绿道】 8月，灵峰浒溪公园绿道被湖州市实施全民健身计划领导小组办公室评为湖州最美绿道。绿道位于灵峰旅游度假区浒溪河畔，全长7.5公里，分为3公里、5公里、7公里三种环线，以绿水青山就是金山银山的“两山”理论为建设理念，融入了海绵城市、四季常花、绿道分离、无障碍通道、直饮水等理念，是一条兼具城市防汛、城市休闲功能，集亲水、商业、休闲、观光等设施一应俱全的滨河生态公共绿廊。

【田园嘉乐比入选浙江省中小学生研学实践教育基地】 12月31日，安吉田园嘉乐比研学基地入选第二批浙江省中小学生研学实践教育基地名单。近年来，该基地着力打造一批以成长挑战为主的夏令营、冬令营、毕业季等充实有趣的拓展研学项目，实施一批以劳动收获为主的果蔬采摘、采茶制茶等归园田居的农事体验项目，探索一批以自给自足为主的野炊石锅饭、亲子厨房土灶台、烧烤等独具特色的餐饮项目，同时配备一批以亲子体验为主的游船码头、萌堡乐园、萌宠表演、海狮表演等二十多个的游乐项目，成功构建了集文化交流、研学科普、农事体验、旅游观光、休闲娱乐为一体的研学综合体。该基地全年共接收县内外200余所中小学校研学团队600批次，受教师生21万余人。

(沈　丽)

2019年灵峰街道村(社区)基本情况表

表12

项目＼村	村民小组(个)	农户数量(户)	人口数量(人)	劳动力数量(个)	土地面积(亩)	农村经济总收入(万元)	农民人均收入(元)	村级经济总收入(万元)	村级固定资产(万元)	书记	主任
灵峰村	22	1204	4010	2600	16071	202976	39259	1328	11693	俞伟国	姚良才
剑山村	14	503	1752	1051	7243	30463	38800	808	2493	丁其军	潘　伟
横山坞村	11	458	1669	1165	8704	31812	41432	676	8117	蔡明福	郑光亮
大竹园村	16	564	2057	1320	11895	19882	37773	894	2599	褚飞明	俞亚琴
碧门村	16	495	1778	1192	15106	69565	41429	2023	2551	李亚财	吕卫东
霞泉村	17	544	1786	1063	14380	55365	40867	308	2525	庞森茂	梁旭芳
城南社区	21	902	3585	2182	21010	159716	37875	907	1296	朱新平	谷卫强
浒溪社区	—	401	850	—	—	—	—	—	—	管飞飞	杨超兰
合　计	117	5071	17487	10573	94409	569779	—	6944	31274	—	—

孝源街道

【概况】 孝源街道位于安吉中西部，东接天子湖镇，南接孝丰镇，西临安徽省，距县城15公里，12省道穿境而过。“七山一水两分田”，交通便利，环境优美。下辖5个行政村、38个村民小组、104个自然村，总人口10087人，约50平方公里。2019年7月，申嘉湖高速西延孝源互通建成通车；孝源村小城镇综合整治获省级样板、完成北部供水项目建设、高铁大道和申嘉湖再西延等道路供地、二百岭集镇整治、严省线梅村边段、老杭安场路段及青山湾段的隐患整治、皈山中学学生宿舍改建等工作；开始卫生院迁建工程；与浙江科技学院开展校地合作共建，实现人才、信息、实践平台等方面的互联互通。

2019年，孝源街道配合开发区“6＋N”亩均提升行动，落实精细化服务与管理，营商环境进一步优化。辖区企业全年实现规模工业总产值23.8亿元，同比增长18.2%；规模工业销售收入21.5亿元，同比增长12.2%；规模工业增加值5.6亿元，同比增长8.4%；规模工业利税2.2亿元，同比增长15.8%。依托文旅产业发展招引作用，打造影视文化产业平台，落户影视文化工作室（企业）570家，全年纳税超1亿元。以乡村经营示范村创建为契机，做好“茶、竹、参、企”的文章，壮大集体经济和提高农民收入，全年农业总收入达40.1亿元，农民人均纯收入38778元。推进茶园科学管理，推动品牌建设，实现茶企与合作社、茶农合作共赢，亩均增收达200元；推动毛竹整村流转和林下种养，流转毛竹7500亩，经营收入375万元；实现“北参南种”项目3.5万株人参落户尚书圩村“林下参”示范种植园，20亩人参观光体验区正在建设；支持五村合股创源公司各类经营，公司业绩持续向好，年经营收入2000余万元。以争创国家级文旅品牌为目标，深挖孝源“缝纫文化”，启动一期总投资6000万元的“云裳”特色小镇建设。皈山场村茶博荟、观音桥村环郭孝山绿道项目完成建设；洛四房村田园综合体，皈山场村缝纫文化馆、双创中心以及街道全域旅游导视系统等项目加速推进。尚书圩村对标全国乡村旅游重点村，投资2000万元对尚书圩景区实施全面提升，新增网红桥、彩虹滑道、太空漫步等重点游乐设施。景区全年收入170万元。

强化便民服务平台和机制建设，提升“党群服务直通车”效能，全年进村入企接待群众1000余人次，为群众办事200起。孝源老街改造、农村交通安全设施提升、主要道路亮化改造提升、孝源农贸市场提升等8件民生实事项目落实见效。社会救助、绿色殡葬、残疾人保障和文教卫等工作正常开展，基本养老保险扩面全面完成。深入推进扫黑除恶专项斗争，实施扫黑除恶“打伞破网攻坚年”专项行动。整合工作力量，创新“一厅统管、一人通办”工作法，构建信息指挥研判、矛盾纠纷调处、民主法治教培三大体系，全力推进孝源新时代“枫桥经验”实践。完善“村村驻警”工作机制，依托“家园卫士”，推进群防群治，实现治安工作向村组延伸。全年受理并有效回复信访件268件，排查并成功化解不稳定因素6起，成功调处化解各类矛盾纠纷155件，且无一例上访。皈山场获评省级民主法治村。洛四房村依法治村获湖州市民主法治建设标准化示范村，并入选湖州市乡村治理案例。持续推进企业安全生产标准化与企业可持续发展（SCORE）项目融合建设。实施特种设备部门联动专项整治，检查特种设备（锅炉）使用企业7家，下达《特种设备安全监察指令书》1份。深入开展危险化学品领域专项整治，累计排查企业30家，隐患点25处。建立了辖区92家企业安全隐患“一企一档”，深化安全生产应急管理长效机制。持续开展企业电力安全隐患治理，累计发现治理企业电力线路过载和电器线路老化隐患120条。推动22家规上企业设置安全区域集中充电装置，遏制电动自行车火灾高发势头。完成新增居住出租房专项整治，累计安装600余间居住出租房智能预警系统、烟感报警器等设施。多部门联动完成15家共计8000余平方米影响企业消防安全的违章构建物拆除。

扎实推进街村环境整治和村庄美化提升，获浙江省美丽乡村示范乡镇。全面统筹山、水、林系统治理，实施生态修复工程。有效落实“河长制”，街道90余处入河排水口水质正常。做好“拆、改、建、管”四字文章，全年拆违1.5万余平方米，“三改”14.51万平方米，得到市“无违

8月16日，孝源街道组织开展垃圾分类入户宣传活动

建”检查组充分肯定。百日攻坚排摸并整治各类问题整治点1523个，卫星遥感排查点位1220个，累计清理垃圾1395吨，杂物976吨，杂乱“五线”3115米，修复破损道路1033米。深入开展区域大气污染防治工作，全面改善区域环境空气质量，全年辖区内空气质量均达到国家质量二级标准及以上。全力推进2019年度“三色工程”项目建设。完成皈山村、观音桥、洛四房、尚书圩村农村生活污水治理，孝源村污水零直排整治。按照“防洪、景观、生态”三位一体的理念完成皈山溪景观河道和观音溪美丽河道整治，实现“河畅、水清、岸绿、景美”。推进申嘉湖高速再西延项目，完成698亩土地、32户农房的征迁任务。创立“一树一策”古树保护工作机制。全面加强省级森林村庄建设，完成白茶套种树木3000余亩、彩色森林建设1130亩、修复林道12公里，森林村庄全覆盖。完成观音桥村美丽乡村精品示范村创建迎检和洛四房村复评工作。美丽城镇建设起步平稳。全国文明城市创建全面推进。美丽乡村长效管理常态化运行。与浙江科技学院的校地合作，开展“践行两山理念、校地协同育人”主题活动，举办生态环保、建造节和“美村美家”庭院设计大赛等活动。

严格规范政府职能，建立并公布权力清单和责任清单。严格落实重大决策、重要人事任免、重大项目安排和大额资金使用(以下简称“三重一大”)事项集体决策制度，规范决策行为。深入开展“最多跑一次”，通过“便民服务大厅＋村级便民服务点＋流动服务车”三位一体模式，提供“党群服务、民生服务、综治服务、产业服务”四大服务，构建“小事不出门、大事不出村”的新长效服务机制。深化“三服务”进村入企大走访，提供各类服务100余次，解决问题200余件。围绕权力运行是否制衡、防控措施是否有力、制度机制是否健全等方面梳理街道各大办廉政、失职渎职风险点342项，村级风险点203项，全部制定防控措施。认真落实党风廉政建设主体责任和“一岗双责”，促进干部清正、政府清廉、政治清明，努力营造守法、廉洁、高效的服务环境。

【“村务卡”首发仪式】 2月22日，安吉县“村务卡”首发仪式在孝源街道举行。安吉县副县长仁贵明，县农业局副局长马忠义出席，街道全体机关干部、村两委干部和部分村民组长代表参

2月22日，“村务卡”首发暨“政村直联”试点启动仪式

加。今年年初，县纪委监委联合县农业农村局启动了村级非生产性“村务卡”发放工作，在全市首先实现村域全覆盖。为让“村务卡”使用更规范，还配套出台了相应的管理办法，对村务卡的日常保管、支付方式、报销程序等均进行了明文规定，确保各项操作有章可循。

【支部共建“千万＋”】 4月29日，浙江科技学院安吉校区后勤党支部与尚书圩村党总支结对共建仪式在尚书圩村文化礼堂举行。现场还举行了尚书圩村传统“拜师礼”文化表演、“青山护绿队”环保志愿者队授旗仪式、“浙江科技学院大学生劳动实践教育基地”授牌仪式、后勤党支部寿师傅生活课堂“成长快乐，带爱回家”孝心寒假活动颁奖仪式、花海种子赠送仪式等。

【2019年湖州市暨安吉县汛期综合应急救援实战演练】 7月30日下午，2019年湖州市暨安吉县汛期综合应急救援实战演练举行。本次演练模拟台风“韦帕”8月7日在浙江象山沿海登陆，登陆时最大风力16级，并以20公里/小时的速度向西北偏西移动。受其影响，全县自7日22时开始降雨，并逐步加大，直至9日凌晨2时，降雨过程基本结束。本次演练模拟了小流域山洪及地质灾害防御、高速公路建设防汛、景区防汛、危化企业防汛、水上救援、城市内涝防汛、建筑工地基坑边坡坍塌事故等场景。演练通过模拟情景、远程指挥、现场实施等方式，探索多预案、多类型、多专业救援力量整合的实战方案，为迎战可能袭击安吉县的超强台风做好各项防御准备。

（黄小龙）

2019年孝源街道各村基本情况表

表13

村名	村民小组数（个）	户数（户）	总人口（人）	劳动力（个）	农林合计面积（亩）	村级集体经济总收入（万元）	人均纯收入（农经口）（元）	书记	主任
皈山场村	15	906	3020	2102	24787	105	38741	徐正军	—
洛四房村	7	425	1352	867	8205	236	38115	叶林森	王云中
观音桥村	8	406	1352	841	14918	167	38119	吴正明（第一书记）	何强
尚书圩村	3	312	1039	697	9520	295	37913	李锡良	李忠仁
孝源村	5	875	3324	1460	26685	212	39442	马家斌	张方国
合计	38	2924	10087	5967	84115	1015	—	—	—

梅溪镇

【概况】 梅溪镇位于安吉县东北部，地处杭嘉湖平原西部边缘。东接长兴县和吴兴区；北连长兴县；西邻本县天子湖镇；南接德清县和本县递铺街道、溪龙乡。全镇总面积192平方公里。2019年，梅溪镇全年财政总收入实现4.55亿元，同比增长13%；城乡居民人均可支配收入和农民人均纯收入同比增长6%和9%，小城市培育和小城镇环境综合整治通过省级验收，“三村联创”获县级一等奖，完成7个村的消薄，“十项为民实事”工作。

实体经济快速增长，成功签约威立雅、长林垓竑谷农业等6个重点项目，总投资超13亿元；福斯特一期、临港热电二期、华策、安吉二院高端医养综合体一期等4个亿元项目开工；音画乡村一期、稻香居酒店等2个亿元项目竣工。完成线上服务业营业性收入7.1亿元，同比增幅22%，完成全年目标任务100%；完成服务业重点项目投资1亿元，完成全年目标任务110%。

11月26日,梅溪高端医养综合体(一期)项目奠基仪式

推广稻渔综合种养等新模式,建成800亩草滩农场稻虾共生示范区,现代渔业产值突破6000万元。累计投入1亿元,完成园区三号路、四号路、纬五路、兴梅路改造,梅溪吊桥建成通行,总投资4亿元的梅溪园区配套综合体项目开工建设,园区“两纵三横”平台框架全面拉开。完成兴山、湖北湾等重点区块拆迁160多户、征地1800多亩,盘活批而未供土地115亩,处置闲置土地11宗,争取用地指标120亩。全面打响“重点基础设施项目百日攻坚”大会战,申嘉湖高速西延建成通车,商合杭高铁、长湖申航道西延、“清水入湖”“两库”引水等重大项目征迁基本清零。深入推进“亩均出清”,完成低效企业出清230余亩,完成全年任务105%。整治散乱污企业11家,通过市县验收。公积金建缴净增650人,超额完成全年任务。加大企业培优育强,新增规上企业4家。扎实推进“三服务”活动,盘活闲置厂房1.2万平方米,建立梅溪镇电商公共服务中心,完成入驻电商企业7家,下属天猫品牌10余个,梅溪现代电商产业园初具规模。

完成“梅溪2030”城镇总体规划编制,一市三区规划基本形成。东河浜区块征迁基本清零,完成拆迁97户,腾出发展空间70亩。小城市培育试点获得省级补助资金2500万元,考核奖励550万元。注重城市亮点打造,完成振兴路等道路改造,梅晓线、梅青路、墅兴路等道路改造全速推进,建成武康桥市民中心和石龙村、梅溪村综合楼,城市焕发崭新魅力。开展文明城市创建,开展志愿服务2000余场次,全面加强晓墅农贸市场改造提升,收回晓墅农贸市场产权,大力开展开放小区、机动车违停、背街小巷等难点整治。试点开展康馨苑垃圾精准分类,解决垃圾分类“最后一公里”问题。梅溪镇获评全市“美丽城镇”长效管理示范镇。分类打造三山“郁金香小镇”、上舍“文旅小镇”、管城“孝沁小镇”精品示范村。三山村成功创建省级美丽宜居示范村,获得省级补助资金100万元。荆湾彩虹跑道获评省级优秀运动休闲绿道。深入推进乡村经营,加快驿站公园、精品民宿、白茶飘香观光带等节点项目打造,逐步打响“昆铜景区、乡村旅游”品牌。完成8个现代农业“两区”项目申报,建成省级粮食生产功能区6个。规范“三资”管理,创新“飞地物业”模式,完成7个村消薄任务。成功举办2019年安吉县首届龙虾文化节。加强农机管理与服务,全市水稻草害防治与侧深施肥机械化现场会在梅溪召开,成功创建省级平安农机示范乡镇和机器换人示范乡镇。完成“美丽高速”全线整治,启动“美丽航道”“美丽园区”建设。坚决遏制毁林毁竹种茶,完成生态修复6000亩。完成2个工业园区、3个生活小区污水零直排区建设,新建污水管网25公里,建成老龙坝污水净化生态湿地公园,争取中央专项资金4000万元,国控断面出境水质达到二类标准。全年空气质量优良率85%。完成石坞岭和董家塘水库除险加固、2个水毁工程、荆湾联合土斗圩区整治等重点水利工程建设,保障全镇安全度汛。加快推进全域土地综合整治与生态修复,完成“旱改水”450多亩、垦造耕地70多亩,签约200多户。全力推进城乡人居环境大整治“百日攻坚”行动,在全市率先开展建筑垃圾分类回收处理,全镇12个村卫生长效管理连续被评为10次“好”，繁花·路西等“七彩庭院”做法，获县美丽家庭示范村落创建一等奖。

抓好惠民项目落地推进，文体中心、镇中心卫生院、龙翔社区残疾人庇护中心、晓墅幼儿园钱坑桥分园、昆铜片区公墓建设工程（一期）等一批群众关心的民生项目加快推进。高质量建成昆山片、铜山片农村饮用水省级示范达标提标工程，解决4011人的饮水安全问题。完成农村困难群众危房改造4户。设立梅溪劳动纠纷多元化解中心，受理调处案件60余件、涉及金额200余万元，相关做法全市交流。完善社会救助体系，发放低保救助金等各类困难补助金750余万元。全面夯实就业创业基础，新增就业岗位500多个，帮助困难家庭成员就业80余人。中小学教育质量不断提升，晓墅幼儿园、紫梅幼儿园成为“安吉·真游戏”国际研讨会会场之一。新建3家村级文化礼堂，打造龙翔旱船、上舍龙舞、马村蚕桑3家展示馆，建成乡贤“梁瑞荣”新时代基层宣讲示范点，完成市级文明镇复评和2个市级文明村创建，梅溪池杉美景登上央视CCTV、“现身”北京地铁，梅溪“非遗团”登上北京世园会舞台，国家级非遗上舍化龙灯参加浙江非遗薪传演出活动。开展“无证明”创建工作试点、医保民生事项下延试点。“主妇曝光”助力文明实践公益创投活动获市县肯定，并作为乡镇唯一代表赴人民大会堂参与中华环境奖领奖。人武、计生、统计、档案、工青妇、民宗、史志和关心下一代等工作取得新成绩。充分运用新时代“枫桥经验”和“360”平安创建体系，打造共建共治共享的社会治理格局。成功化解省挂牌积案1起、疑难案件18起。扎实推进“扫黑除恶”专项斗争，推动社会风气进一步转变。全面启动“三百”护航平安夺鼎大会战，打赢新中国成立70周年等安保护航保卫战，平安梅溪建设实现连冠夺金鼎。

扎实开展“不忘初心、牢记使命”主题教育活动，落实政府党风廉政建设主体责任，严守中央“八项规定”精神。做好党政主要领导经济责任审计。加强财政资金绩效管理，“三公”经费持续下降。完成乡镇机构改革，政府职能更加优化。“三服务”活动落细落实，解决企业难题150余个，化解群众问题240余个，落实率100%。全年受理“12345”政府阳光热线1000余件，受理率、答复率、满意率均为100%。出台《梅溪镇机关干部效能建设“十严禁”管理办法（试行）》，全年开展正风肃纪督查50多次，推动机关转作风、提效能。坚决落实党委工作部署，强化民主集中制原则，严格执行“三重一大”民主决策等各项规定。认真参与人大代表问政会、政协委员与镇长“面对面”活动。全面推进政府信息公开，办理县、镇人大代表建议34件，办结率、满意率均100%。全面落实政府班子学法制度，政府决策法制化、规范化水平进一步提升。

【首届街坊节暨“我们的村晚”】 1月27日，梅溪镇首届街坊节暨“我们的村晚”在兴梅路紫梅广场举行。紫梅社区、龙翔社区、梅溪村等5个村（社区）的街坊邻里齐聚紫梅广场，参加邻里才艺秀、创意“邻里福”、市井点心汇等活动。通过这样的活动，浓厚过大年的氛围，弘扬社会美德，营造邻里和睦的好乡风。

【首届龙虾文化节】 6月22日，安吉县首届龙虾文化节在梅溪草滩农场开园。草滩农场作为安吉县唯一一家以龙虾为主题的现代农场，不仅实现了小龙虾生产年复一年的量变，还发生了有目共睹的质变。不仅产量年年提升，还不断创新养殖品种，率先开展了稻田养殖澳洲小青龙，实现了提质增效；同时通过创新养殖模式，从原来的单独养殖小龙虾到稻虾共生，拓展养殖规模，从原来的不到百亩发展为现在的二百多亩，并且示范带动了周边小龙虾养殖3000亩。现场，龙虾垂钓大赛、田园龙虾宴、集市等活动让市民和游客流连忘返。

【“梁瑞荣乡贤工作室”揭牌】 7月9日，安吉县委常委、统战部部长任烽到浙江峰晖竹木制品有限公司实地考察，并为“梁瑞荣乡贤工作室”揭牌。“梁瑞荣乡贤工作室”还吸纳了省党外知识分子联谊会常务理事沈顺新、梅溪镇侨联主席毛金明参与议事。梁瑞荣表示，该工作室的成立是为了搭建党外代表人士、热心乡贤的活动平台，团结一切党外力量，引导一方乡贤积极参与地方发展的重大活动，为地方党

7月9日,“梁瑞荣乡贤工作室”揭牌

委政府建言献策,推动地方社会经济发展。

【“银耀召溪”志愿服务队成立】 8月19日,梅溪镇举行社区老干部党支部集中揭牌暨“银耀召溪”老干部志愿服务队成立仪式,县委组织部副部长、县委老干部局局长石晨熹出席成立仪式。

【季博文皮划艇大赛创佳绩】 9月3日,梅溪小将季博文在2019国际皮划艇马拉松世锦赛中,代表中国获青年组19公里亚锦赛冠军、世锦赛季军;在2019年全国(静水)皮划艇锦标赛中获得男子单人划艇1000米和混双500米双冠军。

【梅溪镇举行梅溪高端医养综合体(一期)项目奠基仪式】 11月26日,梅溪高端医养综合体(一期)项目奠基仪式在安吉县第二人民医院东区隆重举行。安吉县副县长任贵明、安吉县卫生健康局局长顾建强、梅溪镇镇长徐启龙、君宜康|巨仁医疗集团董事长邹林、安吉第二医院董事顾岳炎、安吉信辉建设有限公司总经理吴林宝、君宜康|巨仁医疗集团领导、安吉第二医院医务人员及新闻媒体参加了开工仪式。

【“12·4”国家宪法日启动暨“助力创城、共筑和谐”法治派驻员专场服务活动】 12月4日,“12·4”国家宪法日启动暨“助力创城、共筑和谐”法治派驻员专场服务活动在梅溪白云公园隆重举行。县委常委、宣传部长陈旭华,县委常委、副县长项侃文,县司法局党委书记王峰,县司法局局长王晶,安吉县综合执法局党委书记、局长章熙翔,梅溪镇党委书记符海滨,宣传部部务会议成员、县文明办中心主任沈一平等出席活动。安吉县司法局局长王晶主持启动仪式。

(吴恒福)

2019年梅溪镇村(社区)基本情况表

表14

村别	村民小组数(个)	总面积(亩)	农户数(户)	人口数(人)	劳动力(人)	农民人均纯收入(元)	村集体总收入(万元)	书记	主任
马村村	22	21750	1170	4262	2506	30325	92.02	李志能	李文星
红庙村	33	15045	946	3503	2280	31960	79.77	谈立志	魏益兴
甲子村	17	10500	590	2135	1468	31178	86.95	白炳清	林炳毅
梅溪村	41	12075	1264	4250	3201	36812	117.68	吴文林	王传根
章湾村	11	6000	300	1220	940	33136	35.02	魏　斌	李全德
荆湾村	19	7170	680	2880	1647	35876	287.89	张利民	汪辉庆
小溪口村	21	11520	1318	4753	2880	28209	65.47	俞　敏	刘粉义
板桥村	37	21300	1512	5220	3620	27280	99.73	缪平水	项　成

续表 14

村　别	村　民小组数（个）	总面积（亩）	农户数（户）	人口数（人）	劳动力（人）	农民人均纯收入（元）	村集体总收入（万元）	书　记	主　任
华光村	19	6480	650	2305	1886	32000	89.04	李登富	黄兆龙
石龙村	27	22020	934	3280	2039	34344	61.01	林运森	周银湘
龙口村	31	12120	810	2978	1880	29733	38.81	沈万华	何明华
独山头村	9	15600	456	1710	980	33165	289.82	陈忠芳	王显林
干溪桥村	7	7350	142	703	400	32387	37.97	汪雪平	尚意华
长林垓村	26	25650	976	3320	2168	33260	80.79	谢传超	李方清
上舍村	14	6900	375	1320	830	43688	186.33	胡庆良	章维波
三山村	9	489	221	755	480	43895	359.06	徐　胜	周小勇
管城村	6	335	162	533	330	44255	129.23	郑继学	熊志明
路西村	12	750	482	1849	1238	30495	68.99	凌金贵	江利勇
钱坑桥村	9	1140	536	1930	1171	29545	49.45	肖月华	王伟冰
梓坊村	11	899	388	1380	895	29530	44.32	钱茂森	范义凤
铜山村	26	1472	692	2506	1472	30419	75.42	汪庆意	王元林
武康桥村	26	2446	1123	3756	1995	30000	116.02	罗明贵	徐国平
晓墅社区	14	6129	673	1957	1049	30100	514.28	陈双龙	杨　欢
紫梅社区	11	1008	1955	675	750	—	2400	周利平	邱水莹
龙翔社区	15	1392	2598	1270	2250	—	—	沈　琪	刘　佳
白云社区	18	1358	3058	1330	2190	—	2000	沈　渊	赵海霞
合　计	491	218898	24011	61780	42545	—	7405.07	—	—

天子湖镇

【概况】 天子湖镇，因辖区内的天子岗水库而得名（辖区现有安吉县第四大水库—天子岗水库，水库容量1861万立方米），成立于2012年5月，由原高禹、良朋两镇合并而成。镇域面积201平方公里，辖20个行政村和3个居民区，常住人口5.7万。天子湖镇区位优势明显，位于安吉县北部，东联梅溪镇，南接开发区（递铺街道），西邻安徽省广德县，北壤长兴县，是浙皖两省三县汇合点。地处杭州都市经济圈与皖江产业示范带的交汇处，长三角经济圈的中心腹地，距杭州68公里、南京150公里、上海200公里，是浙北产业发展的桥头堡和要素流动的蓄水池。铁路、公路、水运一体的综合交通运输格局不断完善，杭商高铁过境设站，杭长高速、申苏浙皖高速相互贯通，235国道穿境而过，04省道、11省道、12省道纵横交错，毗邻安吉临港经济区现代化港口码头，梅高线竣工后仅相距16千米。拥有全国首个A1类通用机场，成功首飞并投入运营，省属南湖监狱坐落其间。天子湖镇以省际边界的独特区位、工业重镇的历史地位和县域副中心的目标定位，是“省际承接产业转移示范区”的核心区。安吉县“十三五”规划明确提出，天子湖镇要建设县域副中心，依托高铁、高速、高空的独特优势，建立环笔架山的生态种养区，“两高”沿线的农旅观光区，多功能一体化的现代农业区，最美县域美丽乡村田园风光带。

高速铁路施工现场

2019年,全镇实现财政收入14422万元,同比增幅为12%;完成服务业固定资产投资9900万元,综合完成率108%。膨润土产业园初加工平台主体完工亩均改革完成出清企业40家,面积258亩,完成全年任务的106%。新增市定"大好高"项目数均完成县定任务的200%。实现农民人均收入31910元,同比增幅15.7%。深化与笔架山农高区战略合作,成功创建市级以上示范性家庭农场、合作社9家,建成县级以上美丽农业产业园10家,创建秸秆全域化利用示范点5个,争取上级农业补助资金530万元。晓云民天粮食合作社成为全省农作物秸秆综合利用现场推进会唯一参观点。规上服务业主营业务收入增幅20%,服务业重点项目完成投资9900万元,综合完成率108%。

完成园区、集镇等重点区块拆迁135户、征地1300亩。完成区块土方平整项目10个,平台拓展863亩。完成农转项目17个,新增建设用地面积334亩,整治批而未供土地564亩,盘活存量土地756亩。全力推进高铁新城基础设施PPP项目,天子湖大道、长隆路、兴建路、北湖路等4条主干道建成通车,高铁快速路、天长大道、吴址路、高天路、孙家路、站东路等9条路网框架基本形成,完成基础设施投入4.43亿元,超额完成全年目标的40%以上。监地融合纵深推进,与省南湖监狱共同抽调48名干部成立土地置换、违建处置、企业整治、侵种侵占处置"1+3"工作体系,按时完成土地置换和土地综合整治的攻坚任务,完成年度整体工作任务的120%。

做大做强天衡公司主平台,发展壮大实业投资、物业经营、农旅融合三大板块,全年经营性利润突破800万元。天衡小微企业产业园项目建成并完成招商使用,天衡职工公寓项目完成前期规划设计,项目总投资超1.6亿元。同时,不断拓展业务范畴,首期金融投资年收益突破400万元。全域化大物业管理模式,统筹天禹、创联、绿缘、金浩4家品牌物业,实现一体化管理全覆盖,打造物业公司服务示范点。充分激发各村微观主体活力,构筑异地物业、飞地组团、村企合作等多元化经营格局,全年村集体经营性总收入达2600万元,村均130万元,同比增长36.7%,完成11个村提档升级任务。总投资超3000万元的山水受荣·玻璃滑道漂流旅游项

山水受荣玻璃滑道漂流

目完成试运行。推进精品示范村、经营示范村、治理示范村三村联创，高禹村成功创建全国乡村治理示范村、乡村经营示范村，里沟村创建美丽乡村精品示范村基本完工，2个村通过精品示范村复评，2个村获评省级善治示范村。

严格实行生态功能控制，按照规划有序开发。开展集中拆除行动15次，拆除违建11.5万平方米，完成县级任务的110%。清理沿路沿线非法广告牌140处，整治乱堆乱放点220处，整改卫片执法点18个，整改拆除大棚房15处，面积1.38万平方米。排查整治黑臭水体27处，治理河道5公里。通过垃圾不落地村考核验收9个，实现镇域全覆盖。张芝、晓云2个村污水处理终端完成提升修复。清除垃圾杂物1.35万吨、拆违拆旧1.02万平方米，修复破损道路32.5公里，美化道路20公里，补种绿化2.35万平方米，修复污水终端190个。加快推进区域土地整治，完成旱改水项目131亩，完成限定目标的110%。通过国家卫生镇验收，高禹小城镇综合整治成省级样板。

加快实施重大民生工程，完成良朋小学道路改扩建工程验收，高禹小学危房改建项目完成招投标，发放教育教学奖励资金143万元。医疗保险参保率99.5%以上，户籍人口18周岁以上养老保险参保率95.6%。完成张芝村生态墓地扩建2500穴，7个村级骨灰堂项目稳步推进。新增就业创业800余人，发放低保补助、夕阳安康等各类救助帮扶资金830余万元，惠及困难群体1000余人。全年解决劳动纠纷174起，标的金额920余万元，获评“浙江省创建和谐劳动关系暨双爱活动先进组织”。全面巩固平安和谐局面，安全生产、综治维稳、环境保护等“大平安”工作扎实推进，成功夺取“平安天子湖”八连冠。工青妇、人武、老龄、科技、统计、档案等工作取得新成效。

实施农业五大“美丽工程”，聚力打造美丽农业集群，加快全镇由传统农业大镇升级为现代农业强镇发展步伐。打造南北湖省级湿地公园，东北部、西南部两大森林公园。其中，南北湖湿地公园雏形显现，镇东北部的吟诗、张芝、古苑等村有林场，西南部的良村、迂迢、受荣等村也有林业资源，以毛竹为主，推出两大森林公园，与南北湖湿地公园遥相呼应。美丽河湖大多为景观工程，主要涉及泥河、沙河综合治理；天子岗水库综合提升；一批中小型水库、小流域河塘综合升级，打造特色滨水景观带和亲水观光线；还有水环境优美村创建和节水型生态灌区，库塘清淤、病险库塘清零等水利工程。美丽田园将围绕西亩、溪港、里沟、长隆等村果蔬资源丰富，将打造西南部果蔬飘香田园综合体；高庄、高禹等村致力打造西北部稻鳖共生田园综合体；而东北部鱼肥虾美田园综合体以张芝、古苑、吟诗等村为主，南部打造金色稻香田园综合体，以良朋、晓云等村为主。美丽花园将做深高铁大道沿线环境文章，打造高铁沿线精品示范村集群，今年西亩村开展创建，里沟、迂迢、余石、长隆、受荣等村开展培育，乌泥坑、良村等进行孵化。

开展“不忘初心、牢记使命”主题教育，严格遵守中央“八项规定”，确保“三公”经费持续下降，大力落实精文简会。依法推进政务信息公开，自觉接受镇人大主席团、“两代表一委员”监督，办理人大代表建议21件，办结率、满意率均为100%。全力深化“三服务”活动，解决企业难题148个，化解群众问题207个，落实率98.6%。“全科无差别受理”实现全覆盖，办件量1.2万余件。持续开展镇干部每周固定下村、领导班子周六固定接待走访活动，抓住人民群众最直接、最现实的操心事、烦心事等关键小事，全年有效化解各类矛盾纠纷435件，调处成功率98%以上，处理各类信访案件80余起，12345热线1000余起，实现信访积案“零”增长、积案总量“负”增长。

【明康汇蔬菜精品园】 安吉县明康汇蔬菜精品园位于天子湖镇里沟村，是海亮集团旗下生鲜品牌。基地占地1100余亩，其中现代化设施300余亩，主要为叶菜类生产基地，实现立体循环农业可持续发展。2016年，明康汇蔬菜种植基地为G20峰会提供新鲜健康营养的各类蔬菜。通过把先进技术、设施、优良品种和产业开发结合起来，发挥试验、示范、推广、辐射作用，带动周边农户与明康汇集团合作，逐步将安吉县范围内优质农产品纳入明康汇集团的销售序列。

【“传承千年经典 学做儒雅少年”青春国学荟】 7月16日上午，第一届“传承千年经典 学做儒雅少年"青春国学荟在高禹村"春泥计划"国学诵读班中开展。活动通过礼拜老师、诵读经典、弹学古琴、演皮影戏、食忆苦饭等内容,让小朋友们感受先人的学习氛围、娱乐方式、饮食习惯,体验古时人们的生活方式,更好地理解与接受国学课堂的内容。除了学习传统经典文化,小朋友们还在高禹村电影院近距离感受捏糖人工艺并参与皮影戏的演出,体验非物质文化遗产的魅力。此次活动旨在教育孩子们要节约粮食,更重要的是为了让这些"00后"、"10后"在当今美好的生活环境下,感受古时老百姓的艰辛生活,体会劳动不易、幸福不易,珍惜现在的生活,将来更好地回馈社会。

【擦亮"小窗口"做好"大服务"】 8月2日上午,省委改革办副主任董继鸿,省委改革办改革一处副处长方刚毅,省委改革办改革一处副处长郭林将等一行来到天子湖镇高禹村调研"最多跑一次"改革工作开展情况,县委副书记、政法委书记赵德清,镇党委书记李明陪同调研。参观高禹村便民服务大厅,窗口工作人员介绍并演示了"无差别全科受理"一窗通办系统:村级办事清单中44项民生事项可以通过前台综合受理、后台分类审批、统一窗口出件的服务模式为群众服务;平安家园卫队"帮办代办系统":通过"线上预约+派单接单+一窗受理"方式,为有服务需求的群众提供代办服务,进一步推动"最多跑一次"改革逐步向村级延伸,真正实现了"办事不出村,一次不用跑"。

(胡　星)

2019年天子湖镇各村基本情况表

表15

行政村	村民组(个)	农户数(户)	总人口(人)	土地总面积(亩)	劳动力(个)	人均收入(元)	村集体总收入(万元)	村集体经常性收入(万元)	经营性收入(万元)	水田(亩)	旱地(亩)	水塘(亩)	林地(亩)	书记	主任
高庄村	21	916	3236	16426	1957	29866.91	978.70	231.7	228.4	5039	260	9800	3200	谢连贵	颜　骏
余石村	20	643	2317	13858	1540	28732.04	249.74	42.3	36.64	3632	—	314	4532	刘太喜	吕行祥
高禹村	47	1588	5679	29135	3854	34385.62	1075.69	485.84	448.91	5481	610	620	320	李更正	柯红标
吴址村	39	1130	4003	21195	2500	32609.89	583.42	138.99	123.8	6370	350	1156	5585	何顺喜	黎　江
南店村	16	537	1740	7264	1322	33370.99	388.38	231.78	105.58	2635	270	330	260	刘世传	吴银林
五福村	10	327	1022	6293	673	33629.34	153.39	70.4	60.54	610	—	—	—	陈良田	罗继金
南北湖村	20	607	2181	8775	1293	31636.86	163.72	39.97	37.8	3776	—	2300	—	李爱芹	黄凤娟
吟诗村	22	704	2386	11998	1415	32907.65	278.54	47.14	42.25	3997	—	350	2400	叶贤锋	陈　平
古苑村	15	463	1727	11897	843	31609.45	97.96	42.59	37.54	3223	100	700	1100	吴安意	胡秋英
张芝村	17	537	2002	11313	1040	33178.41	236.87	151.27	146.67	3400	—	100	400	朱桂兰	程超军
晓云村	16	759	2514	8138	1590	32035.36	190.28	41.72	38.41	3006	0	—	1860	刘　丽	程华东
良朋村	29	1437	4350	16098	2679	30066.42	482.95	146.58	130.09	3793	3383	695	8197	张光胜	姚有林
溪港村	13	508	1957	14405	1235	30361.69	190.31	38.52	36.4	1706	321	—	8460	项　云	李新武
里沟村	14	712	2203	9302	1423	33520.62	324.36	83.74	78.16	3456	376	—	3500	张斗志	叶书华
长隆村	11	540	1785	9872	1140	32761.90	175.85	58.6	54.97	2718	500	—	1000	刘武乐	—
西亩村	28	953	3306	14524	1940	31480.49	150.87	40.98	36.54	3596	1458	—	15691	董保华	钱公平
良村村	30	866	3122	29793	1865	31387.45	219.23	40.03	37.35	3171	918	—	13357	孙志锋	徐基强
乌泥坑村	11	336	1065	11091	600	31214.95	99.69	38.43	37.68	1097	630	—	8600	马传军	马雪佳

续表 15

行政村	村民组（个）	农户数（户）	总人口（人）	土地总面积（亩）	劳动力（个）	人均收入（元）	村集体总收入（万元）	村集体经常性收入（万元）	经营性收入（万元）	水田（亩）	旱地（亩）	水塘（亩）	林地（亩）	书记	主任
受荣村	17	394	1415	10867	900	31971.83	175.46	36.97	36.67	1456	420	520	8484	夏毓富	董毓芳
迂迢村	23	470	1696	11785	930	31143.87	125.43	37.17	36.3	855	757	—	9998	胡义群	孙实践
合　计	419	14427	49706	274029	30739	31910.06	6340.84	2044.72	1790.70	63017	10353	16885	96944	—	—

说明：数据截止于 2019 年 12 月 31 日

溪　龙　乡

【概况】 溪龙乡，位于安吉县东北部，是一个半山区半平原的乡镇，乡域面积 32.25 平方公里，常住人口 9063 人。建乡于 1950 年，取溪水曲折、蜿似游龙之意得名。辖 5 个行政村。溪龙是中国美丽乡村精品村全覆盖乡、全国环境优美乡、全国“一村一品”示范乡镇、国家级标准化农业示范区、国家级卫生乡镇、省级农业主导产业示范区、省级生态循环农业示范区、省级生态示范乡镇、省级文明乡、省级卫生乡、省级非物质文化遗产主题（实验）小镇、省级机器换人示范乡镇等。

2019 年，溪龙乡全年实现财政收入 10953 万元；工业性固定资产投资 11993 万元，规上工业总产值 125938 万元，规上工业增加值 26015 万元。农民人均收入 37945 元。全年累计完成合同外资 2500 万美元，实到外资 750 万美元，完成新增在谈项目 12 个，签约项目 2 个。区镇抱团合作项目——中力玻璃成功申报市定工业大好高。市重点工业项目启德二期 70000 平方米厂房顺利投产，艾特设备二期 27000 平方米厂房完成项目竣工验收，锦坤家具、天鹰五金、成新照明等标准厂房建设均完成施工。完成低效工业企业出清 6 家，出清面积 80.57 亩，综合完成率 125.5%。华祥皮革完成土地收储，双停项目安吉鼎烽塑料和安吉优尚家具均完成收购盘活，兴凯机械 7500 平方米钢结构厂房有序施工，鸿丰机械 5700 平方米标准厂房投入使用。扎实开展“服务企业、服务基层、服务群众”工作，重点围绕减小国际贸易影响、企业技改、金融服务和人才招聘等 4 大方面，深入开展企业帮扶活动，走访覆盖 32 家企业，收集并化解问题 19 项，帮助企业积极应对国际贸易挑战，防控化解金融风险。

着眼空间形态、产业布局、生态保护、基础设施、公共服务、农房风貌等领域，分层编制乡村两级战略规划和专项规划。配合开展国土空间规划调整，白茶小镇整体旅游策划方案通过县旅游综合会审，白茶博物馆、上马坎博物馆、小镇会客厅均完成上级部门规划方案会审。白茶小镇综合体项目核心业态完成用地报批并正式启动建设，完成白茶飘香精品观光带一期黄杜至鞍山等重点道路提升，乡政府至黄杜沿线景观节点打造有序推进。累计投入 3000 万元，完成乡村道路新建、改造总长度 9.5 公里，17 公里交通旅游环线。石家村路东区块市政工程、石溪线人行改造工程顺利完工，集镇垃圾中转站完成建筑施工和设备调试。万亩茶园观光平台完成提升改造，强电敷设、灯光照明等基础配套相继竣工。由“双一流”院校设计的新型竹屋在黄杜、新丰相继竣工，星级厕所正式投入使用。依托“数字城管”系统，搭建全乡“一张图”，全年累计处理案件 236 件，拆除违章建筑 51 处，整治面积 17100 平方米。结合文明城市创建及环境整治百日攻坚行动，集中拆除白茶街违建面积 3000 平方米，整治重点卫生区域 800 余处，完成拆后利用及美化亮化 2030 平方米。大力推进申嘉湖高速公路美丽廊道建设工作，排查整治点位 318 个，改造农业设施用房 1.2 万平方米，工业园区蓝改灰喷涂 5 万平方米。

创新推出安吉白茶产业社会治理服务模式，以驻点服务、上门代办等方式，全面助力“最多跑一次”改革，累计开展互联网、物联网技术推广授课2次，提供法律专项服务37次，帮助茶企茶农发放各类金融贷款8000余万元；以大数据、区块链技术为主题，提出茶叶品种改良、土壤成分优化、白茶品牌建设推广、产品溯源等专项方案5个。新增就业331人，失业再就业76人，引进大学生人才235人。组织开展企业招聘会，发布企业招聘信息103条，顺利完成企业动态用工调查、企业人才紧缺调查。大力实施全乡社会保险参保情况调查摸底，养老、医保参保率97%以上。健全完善劳动纠纷“多元化解”机制，搭建“溪龙乡劳动纠纷多元化解中心”工作平台，劳动纠纷调处结案率100%。全面助推教育质量提升，累计开展特色学校创建、教师专业技能拓展、学生潜质培育等活动5次。关注社会老龄化发展趋势，建成600平方米示范型居家养老服务中心并投入使用。关注全民健康管理，核实完善健康档案5700余份，联合县人民医院、妇保院等医共体，举办健康知识入村讲座5场。组队参加县老年体育运动会。完成文化走亲活动4场，《丰收锣鼓》、《文武双狮》完成文艺作品创制。夯实安全生产，大力开展安全生产月、粉尘专项治理、70周年大庆专项整治、消防春雷行动等专项治理7次，对园区企业、沿街商铺、小学幼儿园等单位和人员密集区累计排查115次，发现并整改隐患227处，整改率100%；为特殊群体和公共场所购置便捷式灭火器1600余个；全年共举办相关培训22场次，发放各类宣传资料1200余份。抓实社会治理，推动平安创建工作，优化编组家园卫队，实行日夜动态巡察超200次，平安三率不断提高；调整全科网格，充实“老娘舅和事佬”队伍力量，成功调解邻里矛盾纠纷28起。深入开展扫黑除恶专项斗争，排摸（举报）线索7起均得到妥善处置，群众安全感、满意度不断提升。

3月20日，溪龙乡举行安吉白茶产业社会治理服务中心成立仪式暨安吉白茶产业专场服务会

超额完成3省4县茶苗捐赠任务，全年派出30批次200余人次开展多方位、立体化技术指导，茶苗培植卓有成效。黄杜20名农民党员帮富群体获得全国东西协作与定点扶贫优秀案例荣誉。开展“不忘初心、牢记使命”主题教育，农村“七多”问题治理成效明显，党费收缴等基础工作有效夯实。成立“茶圣”五村联营公司，村级集体经济进一步壮大。黄杜村、后河村分别获市、县党建先锋示范村，溪龙乡党委获评县级整乡提升示范乡镇党委。深入落实“三服务”，扎实开展领导联村、干部联组、党员联户“三联”工作，解决群众身边小事129件。完成乡机关机构改革、村级后备干部选拔等中心重点工作。组建“美丽干部素能提升班”，全面锻造干部综合素质。钟玉英作为全国脱贫攻坚奖获得者受邀参加新中国成立70周年庆典观礼，盛阿伟同志获省“担当作为好支书”，钱义荣同志获市“人民满意公务员”。严格落实党风廉政党委主体责任，认真接受县委巡查，落实整改任务，《溪龙乡中心工作问责办法》等各项制度进一步健全，全年开展正风肃纪专项检查26次、发放督查通报8期，廉政风险点排查15个，从严治党管党氛围进一步浓厚。

落实人大代表议案、建议办理9条。受理办结县长热线156条。加强审计监督，不断健全政府债务风险管控机制。切实遵循重大事项“依法依规、集体决策、公开透明”，驻乡法律顾问实现政策咨询全天候、法律服务全覆盖。严格执行政务公开，县政务服务网累计上传发布信息87条。全乡机构改革顺利完成。“三服务”活动持续走深走实，累计收集问题事项116个，现场办理办结17个，本部门及上级研究解决99个，落实化解率和满意率100%。调整优化《溪龙乡机关干部工作规则》，研究出台《溪龙乡中心工作问责办法》，机关效能督查实现常态化。进一步完善交易平台工程类管理制度，全年累计完成招投标项目34个，节资增效348万元，资金节约率13.2%。常态化监管村级资金使用情况，累计监管资金4696.2万元，开展公开公示148次、抽查巡查12次。开展“不忘初心、牢记使命”主题教育，落实政府系统党风廉政建设主体责任，严守中央“八项规定”精神，大力落实精文简会。实施“开源节流”，政府债务化解成效明显。农村集体“三资”管理完成专项治理，村级财务支付进一步规范。公共财政一般性项目支出不断压缩，“三公”经费实现零增长。

【黄杜村党员帮富获评浙江骄傲】 1月15日，2018年度“最美浙江人—浙江骄傲”人物评选活动颁奖典礼在省人民大会堂举行。安吉帮富党员群体获2018年度“浙江骄傲”年度人物。

【白茶小镇综合体项目签约落地】 1月30日，中国·安吉白茶小镇乡村振兴综合体开发项目签约仪式在县行政中心举行。县委常委、常务副县长潘鸣出席仪式。县政府办、县委政研室、发改局、财政局、资源规划局、住建局、投资促进局等部门负责人，溪龙乡、上海爱家集团参加仪式，溪龙乡党委书记夏靓主持仪式。

【茶苗捐赠工作全面完成】 10月15日，四川青川、湖南古丈和贵州普安、沿河等三省四县1560万株，5127亩白叶一号完成种植，定植成活率95%以上。

10月15日，茶苗捐赠工作完成

【溪龙白茶产业社会治理服务中心】 3月20日，安吉白茶产业社会治理服务中心成立仪式暨安吉白茶产业专场服务会在溪龙乡举行。县政务办党委副书记、常务副主任朱车生，县政法委委务会议成员、综治办副主任钱群，溪龙乡党委书记夏靓，溪龙乡党委副书记、乡长孙传国，溪龙乡人大主席黄定瑞出席仪式。仪式由溪龙乡党委副书记陈瑜主持。

【安吉白茶文化年】 3月23日，2019年“最爱这片叶”安吉白茶文化年开幕仪式在溪龙乡举行，安吉县政协副主席、工商联主席梁霜，浙茶集团茶产业项目负责人胡玉杰，中茶所驻溪龙博士工作团团长李鑫出席仪式，溪龙乡党委书记夏靓致辞。

【湖州第十九个旅游惠民周启动】 5月18日，中国旅游日、国际博物馆日暨第十九个旅游惠民周活动启动仪式（湖州·安吉）在溪龙乡黄杜村举行。湖州市文化广电旅游局党委书记干永福，中共安吉县委副书记、政法委书记赵德清，安吉县文化和广电旅游体育局局长彭忠心，溪龙乡党委书记夏靓，溪龙乡党委副书记、乡长孙传国，湖州市旅游协会会长、中南百草原董事长崔世豪，上海银润（控股）集团总裁助理、安吉天使小镇乐园有限公司总经理刘福道等领导嘉宾出席本次活动。

【黄杜村与湖报集团党建共建】 5月25日，湖州市《永远跟党走——寻找红色创业故事》主题新闻实践活动走进安吉县溪龙乡黄杜村暨湖州日报报业集团区县联合支部与黄杜村党总支党建共建签约仪式在溪龙乡黄杜村举行。湖报集团党委书记、社长沈振建,安吉县委常委、宣传部长陈旭华出席仪式,溪龙乡党委书记夏靓致辞。

【溪龙乡与浙茶集团、中国银行合作共建】 8月23日,浙茶集团党委、中国银行浙江分行营业中心党支部与溪龙乡党委共同开展了"不忘初心 牢记使命"联合主题党日活动。溪龙乡党委书记夏靓、中国银行浙江省分行营业中心党支部书记林圣宽、浙江省茶叶集团股份有限公司党委书记吴骁分别交流各自单位党建工作的经验做法并相互借鉴学习。

【美丽乡村嘉年华举行】 11月1日,溪龙乡新丰村举行中国美丽乡村嘉年华暨2019溪乡龙"美家代言人"家庭行动成果展。县委常委、县纪委书记、县监委代主任柏建华,县文化和广电旅游体育局党委副书记、副局长罗福娣,县妇联副主席徐笛,县残联党组成员李萍,安吉农商银行副行长戴益众,县农业农村局农村社会事业发展科科长王怡君,溪龙乡领导班子、乡村两级干部、村民游客参与活动。

(王　凯)

2019年溪龙乡各村基本情况表

表16

项目＼村	村民小组(个)	农户数量(户)	人口数量(人)	劳动力数(个)	土地面积(亩)	农村经济总收入(万元)	农民人均收入(元)	村级经济总收入(万元)	村级固定资产(万元)	书记	主任
徐村湾村	23	638	2123	1530	12456	25640	35356	256	1612	施安龙	刘　司
后河村	13	343	1236	801	3354	10162	34830	596	3021	方忠华	余　凯
新丰村	9	372	1356	872	3628	14536	36099	440	2853	李正山	刘新平
溪龙村	21	884	2825	1760	13185	40042	36035	254	2501	贾根林	李云峰
黄杜村	9	418	1546	965	15762	32825	49100	291	1870	盛阿伟	钟玉英
合　计	75	2655	9086	5928	48385	123205	—	1837	11857	—	—

鄣　吴　镇

【概况】 鄣吴镇是浙江省湖州市安吉县辖镇,地处安吉县西北部,距离县城30公里,西北与安徽广德交界,是浙皖边贸重镇。镇域总面积49.5平方公里,总人口1.15万人。2019年实现财政收入3328万元,完成年度任务的109%;规上服务业综合完成率113%;农民人均纯收入35274元;全年旅游总人次26.8万人,全镇经济社会持续向好发展。

总投资31亿元的吴昌硕艺术小镇项目顺利落地。"安吉游戏"一期工程结顶、二期基础开挖,鄣吴溪3D特色漂流试漂,竹

10月12日,吴昌硕艺术小镇签约仪式举行

海右转启动征地，山屿海太阳城投入运营、浪漫谷完成供地。加快常青藤项目洽谈，启动扇艺微创园前期，扇业电商平台销售额超3500万元，超额完成扇企低小散出清。新建上吴中草药基地，完成玉华樱桃采摘园、上吴翠峰农庄改造提升，景坞果缘家庭农场申报省级示范性家庭农场。大力激发“文旅＋”产业发展新引擎，全力拓展古镇特色旅游新内涵，签约茂腾文旅，推动古镇运营开发研学项目，打造古镇学堂、才晴馆、龙口剧场等文旅特色节点，开发鄣吴IP形象文创产品，全力打造亲子旅游第一镇。

成功举办首届“吴昌硕国际艺术奖”，填补书画界“吴昌硕”独立奖项空白，海内外参赛作品4500余件，远赴日本北九州展出并受到极大反响。再版发行《吴昌硕和他的故里》，昌硕文化影响力提升。成功举办第三届中国·安吉亲子旅游节暨昌硕文旅节、第六届泛长三角知青文化节、“我陪父母游乡村—诗画鄣吴行”等系列活动。成功创建文旅融合示范镇，鄣吴村获评文旅融合示范村，玉华、景坞创成省AAA级景区村庄，上吴、上堡获评省A级景区村庄。整合各方资源，依托赛会节会聚力外宣推介，外界对昌硕故里的关注度持续增强。打造浙江省大学生乡村振兴创意大赛基地，依托“乡村出题＋高校答卷＋成果落地”模式，吸引浙江大学等13所重点高校29支团队600余师生走进鄣吴。

昌硕故里美丽乡村精品景观带全面建成，九大风情景观提升工程全部完工，鄣吴溪景观带、昌硕广场音乐喷泉、八府广场戏台和地雕华丽呈现。完成龙上线（龙口至上堡）年度改造任务，沿鄣吴溪（昌硕广场至黄石头段）绿道景观工程建成使用，昌硕花园安置小区市政景观工程完工。全年拆除新增及存量违建11960平方米，拆后利用11530平方米，完成县下达任务量的150%。深入实施美丽河湖建设，鄣吴溪入选县美丽河湖、县无违建河道。获评市级美丽城镇长效管理示范镇，玉华、景坞完成精品示范村复评。蓝天、清水、净土、清废四大行动全域实施，河长制、林长制、路长制全面落实。鄣吴镇成为全国森林康养基地试点建设乡镇；鄣吴、玉华、民乐入选省级一村万树示范村；玉华、景坞获评浙江省森林人家、浙江省森林氧吧。开展人居环境“百日攻坚”行动，全力打造“无废乡村”鄣吴模式，全镇域推行限塑试点，实现智慧农村环卫信息管理系统全覆盖，省级污水零直排区创建通过验收，美丽乡村长效管理保持全县前列。

聚力民生实事项目实施，龙上线改造提升（一期）、沿鄣吴溪绿道景观改造、污水零直排区建设等五大项目全面完成。农村危旧房改造、地质灾害点清零、村级避灾点全覆盖、生态公墓及骨灰堂建设均完成，农村饮用水改造提升工程启动实施，上吴、上堡全域土地整治三年行动成效初显。开展大调研大走访活动，走企访户790余家，开展访谈、座谈12场次，为群众现场办理和解答服务事项200余起。持续加大对困难群众帮扶力度，完成困难群众危房改造8户，建成无障碍小镇。深入开展“最多跑一次”改革，完善便民服务平台机制建设。全面加强教育、卫生、文体等事业，支持工青妇等群团组织建设，推进社会救助、绿色殡葬、残疾人保障、退役军人事务、老龄等工作，群众获得感、幸福感不断提升。狠抓消防、交通、食药品、安全生产等工作，全镇域安全防范意识显著提高。选树首届最美鄣吴人，推动乡贤等参与乡村治理。深入开展扫黑除恶专项斗争，完成新中国成立70周年护航任务，平安家园卫队获评全市基层治理创新比拼第二名，景坞村获评省善治示范村，玉华村获评市乡村治理示范村，群众安全感、满意度显著增强。

坚持科学决策、民主决策、依法依规相结合，自觉接受镇人大依法监督和社会舆论监督。扎实开展“选民接待日”活动，每月组织代表走进选区接待选民，收集意见建议12件，解决问题12件，满意率100%。开展人大代表议案办理，提交县代表议案4件，提交镇代表议案和建议22件均完成面商，正在加快实施。机构改革深入推进，职能调整更加完善。开展“不忘初心、牢记使命”主题教育，“四个意识”更加牢固、“四个自信”更加坚定、“两个维护”更加坚决。持续深化服务基层、服务群众、服务企业的“三服务”活动，听取和收集意见建议170余条，问题化解率99%。严格落实中央八项规定精神，坚决执行全面从严治党和廉洁从政各项规定，认真落实

"三重一大"、"五不直接分管"和村级民主决策程序。全面推广村级事务"六民六步"工作法,规范村级议事决策流程。持续强化财政绩效管理,扩大预算支出绩效评价范围,三公经费支出较去年下降 13.6%。全镇域推进清廉乡村建设,评选十佳清廉家庭,发布市级清廉家庭标准。

【新时代文明实践所(站)建设暨全国文明城市创建推进会】 1 月 8 日,鄣吴镇召开新时代文明实践所(站)建设暨全国文明城市创建推进会。镇党委委员舒丽强主持会议,党委书记高发义出席并发言,镇各村两委主职、鄣吴镇中层及以上干部、站所负责人参加。

【第三届浙江省大学生乡村振兴创意大赛"竞赛基地乡镇"】 10 月 30 日—11 月 1 日,"农信杯"第二届浙江省大学生乡村振兴创意大赛决赛在浙江农林大学胜利举行。73 所高校、212 个进入总决赛的项目团队、1000 余名高校师生展开了激烈角逐,大赛最终评选出金、银、铜等奖项,参与鄣吴镇创意设计项目的大学生团队共获金奖 4 项、银奖 2 项。作为湖州市竞赛合作基地乡镇,鄣吴镇受邀参加,荣获大赛"最佳组织奖",并成功入选第三届浙江省大学生乡村振兴创意大赛"竞赛基地乡镇"。

【吴昌硕艺术小镇项目】 10 月 12 日下午,安吉鄣吴·吴昌硕艺术小镇项目举行签约仪式。县领导陈永华、潘鸣、梁蕴伟、任贵明出席。国开行和伟光汇通相关人员参加签约仪式。该项目是 2018 年安洽会和国开行旗下的伟光汇通集团签约的一个项目,总投资 31 个亿,准备在挖掘安吉县、鄣吴镇历史文化和内涵上,打造特色文化旅游古镇,按国家 5A 级旅游景区标准进行规划、设计、建设和运营,打造"一个人一座城"的高品质文化旅游基地。将鄣吴打造成安吉及周边区域文化旅游集散中心和文化旅游产业引导的新型城镇典范。

10 月 30 日—11 月 1 日,2019 年浙江省大学生乡村振兴创意大赛——鄣吴竞赛基地启动仪式举行

【鄣吴镇古镇学堂文旅项目】 该项目主要是政府提供资源,由北京茂腾国际文化交流(北京)有限公司来推广运营。立足于深度挖掘重塑鄣吴历史文化、昌硕文化、知青文化、美丽乡村文化、特色传统教育资源,并对涉及的文化旅游、餐饮、生态养生、健康养老、文旅地产、影视艺术、广告传媒等相关产业开展市场化运作,完善涉及吃、住、行、游、购、娱的设施与服务,全方位打造鄣吴文旅生态品牌。

【鄣吴溪 3D 特色漂流】 该项目由鄣吴镇辖下六村联营成立的公司与民间资本合股成立的公司建设运营,是典型的村企合作项目,总投资 1.1 亿元,其中库下 3 村以自然资源和资金入股,库上 3 村以资金入股,6 村合计占漂流项目股份 30%,主要是以打造精品 3D 玻璃栈道漂流项目及沿溪配套景观,新建旅游集散中心、旅游公厕、停车场、道路等不断丰富鄣吴旅游业态和内涵。

【第三届中国·安吉亲子旅游节闭幕式暨鄣吴镇第三届昌硕文旅节、首届"吴昌硕国际艺术奖"颁奖典礼】 11 月 29 日,第三届中国·安吉亲子旅游节闭幕式暨鄣吴镇第三届昌硕文旅节、首届"吴昌硕国际艺术奖"颁奖典礼活动举行。县委常委、宣传部部长陈旭华,副县长任贵明,中国文联副主席、西泠印社副社长兼秘书长、中国书协副主席陈振濂,首届吴昌硕国际艺术奖执组会主任、新华社原党组成员、秘书长、新华书画院院长张锦,鄣吴镇党委书记吴丹妮分别致辞。

首届吴昌硕国际艺术奖执委会主任、副市长闵云宣布获奖情况。县文体旅游局、14个乡镇代表、企业项目代表等参加。

【百日攻坚行动】 6月至9月底，湖州市开展城乡人居环境大排摸大提升大督查“百日攻坚”行动，全面整治城乡人居环境，努力实现城市、乡镇、村庄、小区、河道、公路、田园等全域干净、整洁、有序。鄣吴镇相继推出微信曝光平台、扇出美丽大比拼、庭院美化大赛等多项创新亮点工作，其中“百日攻坚人人找茬”微信曝光台引导全民参与全民监督的案例被列入湖州市“百日攻坚行动”典型案例。

【第六届浙江鄣吴景坞泛长三角知青文化旅游节】 10月26—27日，2019第六届浙江鄣吴景坞泛长三角知青文化旅游节开幕仪式举行。镇党委副书记、镇长朱红星致欢迎词，镇党委书记吴丹妮宣布活动正式开幕。安吉老知青代表卢小牛发言，景坞村党总支部副书记、村委会主任方有顺为2位受聘老知青梁纪明、卢小牛颁发“红色宣讲员”聘书。县文体旅游局党委委员、总规划师侯文亮为景坞村“知青主题亲子旅游基地”授牌，村党总支书记徐建国上台领牌。

【村级事务“六民六步”工作法】 在全镇村级组织全面建立以村事民提、村事民议、村事民定、村事民办、村事民管、村事民评为主要内容的“六民六步”工作法，引导群众妥善处理村级事务，合理表达利益诉求，健全党组织引领下充满活力的村民自治制度。

（胡国骏）

2019年鄣吴镇各村基本情况表

表17

项目 \ 村	村民小组（个）	农户数量（户）	人口数量（人）	劳动力数量（个）	土地面积（亩）	农民人均收入（元）	村级经济总收入（万元）	村级固定资产（万元）	书记	主任
鄣吴村	39	1045	3610	2001	3005	39500	560	9000	顾先方	黄潮洪
玉华村	3	171	653	382	420	40069	580	1450	邱兴平	邱兴平
景坞村	24	779	2747	1566	1000	37783	394	1872	徐建国	方有顺
民乐村	7	244	810	503	9255	32248	325	172	汪月珍	王陈祥
上吴村	20	680	2502	834	1240	30261	194	315	朱有云	朱邦成
上堡村	10	241	845	586	568	31000	138	183	徐成贵	吴文正
合　计	103	3160	11167	5872	15488	—	2191	12992	—	—

杭　垓　镇

【概况】 杭垓镇位于安吉县西部，处赋石水库及老石坎水库的上游，西与安徽省宁国市、广德县毗邻，东临孝丰镇，南与报福镇、章村镇接壤，距县城30公里、宁国县城60公里，境内多山，属天目山北麓，地势西南高东北低，行政总面积266.56平方公里，辖18个行政村，有340个自然村，3.48万人。

2019年，全年完成规上工业总产值1.9亿元，规上工业增加值4225万元。银行存贷款总额均较去年大幅增长。扎实推进“亩均论英雄”改革，完成低效企业土地盘活182亩。规上服务业营业收入1.3亿元，其中零售业、住宿业分别增幅13%和40%。新增规上服务业1家，完成民宿规范挂牌2家。电商销售突破3亿元，曼龙、怡景园艺等电商企业脱颖而出。杭垓村被评为省级电商专业村。全年引进项目4个，在谈项目6个，分别完成目标任务的133%、100%。实到外资440万美元。“飞地抱团”电商物流园项目开

4月26日,杭垓镇电商物流园综合体项目暨“飞地抱团”项目开工

工建设,并申报市级农业与服务业大好高项目。欣远公司成功盘活。竹报泉、悠然九希酒店、环翠农庄、漫乡教育体验式酒店、大乐之野二期、磻溪民宿、和村民宿等多个休闲项目顺利推进。汤家花园精品民宿正式营业。完成新认定省级新产品5个,新增省级科技型企业1家,与浙江农林竹类研究所达成合作项目2个。效益农业成效初显,“安吉竹林鸡”纳入2019年第一批全国名特优新农产品名录。新增示范性家庭农场1家,省级家庭林场1家。唐舍村农业观光旅游项目实现规模经营。旅游基础设施进一步完善,新增3A级旅游厕所1座,公路驿站1座,乡村游憩地1个,停车场3个。唐舍村完成文旅融合示范村培育,和村村成功创建民宿村落。唐舍村、缫舍村3A级景区成功验收。全年旅游人数突破20万人次,较去年大幅增长。

完成12个经济欠发达村的“脱贫”任务。全年实现财政收入5965万元,同比增幅15.8%;农民人均纯收入33205元,同比增长9%。获国家级“中国竹木园艺制品之乡”、中国淘宝镇、国家卫生乡镇、省级样板小城镇等荣誉。

创建“红色继承人”党建品牌;建立“智慧党建云视频”学习系统,组织开展“千名党员集体党课”活动;全面深化“不忘初心、牢记使命”主题教育,开展“主题教育半小时”活动,通过“三服务”“四个走遍”“五个查摆”,对照问题,形成“查找一建账一销账一再查找”闭环回路,将主题教育落到实处。严把党员“入口关”“管理关”“出口关”,不断优化党员队伍结构;开展各支部标准化阵地建设,实施《杭垓镇各行政村、两新组织党建工作经费保障办法》,强化经费保障。桐杭村完成县级先锋示范村创建,杭垓村、磻溪村申报党建强基行动示范点。选派十余名年轻党员干部、支部书记“走出去”,到省市县先进村挂职学习,引进先进人才3名,增配村级力量18名,开拓思维眼界,提升干部队伍活力。重视人大、政协、统战工作,切实加强党管武装工作,退役军人、工青妇、科协、计生协、老龄、老干部、工商联、人才、广电、关心下一代等工作取得新进展。

以赋石水库饮用水源地保护为重点,推出多项举措,整治关停红线范围内企业、农家乐、养猪场等环境污染风险点,完成中央、省、市各项督察整改要求,确保水库水质常年达到二类水以上。全面开展“封山育林、限药减肥”工作,全面完成笋干加工行业废水整治提升工作。河长制、污水零直排、农村生活污水、治气治霾、三改一拆、垃圾长效管理等生态文明工作扎实推进,环境问题投诉举报办结率和群众满意率100%。完成小城镇环境综合整治三年建设。完成多年未动工的电信大楼主体建设,完成杭垓派出所迁建工程规划选址,新建卫生院工程统一纳入县政府PPP项目。扩大美丽乡村创建成果,将各村特色元素融入基础建设中,实行“一村一策”,打造“一村一品”。深入推进全国文明城市创建工作,垃圾分类、绿色出行、对标停车逐步成为常态,村规民约逐步内化于心、外化于行。全年组织开展文明实践活动100余场次,干部带领、党员带头、志愿者带动的共建共创氛围日趋浓厚。

申嘉湖高速孝源至唐舍段于今年7月动工,总长约34公里。申嘉湖高速西延杭垓段、“511”等交通工程项目有序推进,学校、卫生院、村级养老服务中心等设施改造升级,完成唐舍村市级体育休闲公园项目和游泳池项目建设，镇文体活动中心和图书馆正式投入使用。传承发扬非物质文化遗产、开展送文化下乡、举办农民体育节等活动，丰富群众业余文化生活。深化“最多跑一次”改革，开展“无欠薪”行动，全面提升主动服务意识。实现全镇3.6万人投保，全年共发放各类困难补助380余万元。成立乡镇公益基金会，定期开展义诊下乡、老弱病残上门等服务；主动靠前服务退役军人、扩大民政救助受益面，持续深化殡葬改革，加强劳动监察力度，拓展养老医疗保险覆盖面，推进“社银合作、学生舌尖上的安全”等暖心工程。深入推进平安创建工作，打造“3＋N”模式，构建基层社会治理新局面；构筑“365”边界治理体系，搭建省际边界“和谐走廊”；创建“最多访一次”边界信访民情代办管理系统，矛盾纠纷调解更加便捷有效；“专职网格员”“平安家园卫队”等群防群治队伍有效运转，扫黑除恶专项行动取得阶段性成果；完善应急管理机构和队伍结构，实现基层安全生产、防灾减灾等工作全覆盖，圆满完成县下达年度地质灾害防治任务，市级“平安村”实现全覆盖，全镇社会大局持续保持和谐稳定，实现“平安杭垓”十五连冠。

【特色“两山”转化行动动员和誓师大会】 3月21日，杭垓镇召开特色“两山”转化行动动员和誓师大会。主要内容是贯彻落实镇党代会和人代会精神，部署2019年经济工作、城乡建设、作风建设等方面的目标和要求。

【“飞地抱团”项目开工】 4月26日上午，杭垓镇电商物流园综合体项目暨“飞地抱团”项目举行开工仪式。县委副书记、政法委书记赵德清，副县长陈小龙，组织部副部长董良，农业农村局副局长马道青，杭垓镇党委书记王长林，镇长何伟锋等出席仪式。

【新的社会阶层人士联谊会成立】 6月4日上午，杭垓镇新的社会阶层人士联谊会成立大会在杭垓镇电商协会大楼召开。大会审议通过《杭垓镇新联会章程(草案)》和《第一届杭垓镇新的社会阶层代表人士联谊会会长、副会长、秘书长、理事建议名单》。

【千名党员集中主题党日】 杭垓镇为庆祝中国共产党建党98周年，1400余名党员齐聚一堂，举行庆祝建党98周年大会暨“砥砺初心强使命，助力赶超我先行”千名党员集中主题党日，回顾党的光辉历程，动员和激励广大党员干部群众解放思想、与时俱进、团结拼搏、扎实工作，为走出一条独具杭垓特色的“两山”转化之路而努力奋斗。

【文明城市创建再推进大会】 8月25日，为全面推进全国文明城市创建工作，进一步掀起群众性创建热潮，杭垓镇召开文明城市创建再推进大会，县文明办副主任李明星、全体镇干部，镇市场监管所、镇执法所、镇交警中队，各站所负责人，各村书记及文明创建分管村干部参加会议。

【乡镇公益基金会成立】 10月16日，杭垓镇公益基金会正式批准成立，为安吉县首家乡镇级公益基金会。县杭垓镇公益基金会第一次会议顺利召开，顺利通过各项议程。

【高速公路土地征迁任务完成】 11月12日，杭垓镇区块申嘉湖高速公路安吉孝源至唐舍段最

10月16日，杭垓镇公益金会成立

后一户征迁户完成签约。标志着历时一年两个月,工程主线范围内涉及的1200余户农户的土地征用、青苗赔偿、坟墓搬迁和房屋征收工作全面完成。

(沈　旭)

2019年杭垓镇各村基本情况表

表18

项目 村	村民小组(个)	农户数量(户)	人口数量(人)	劳动力数(个)	土地面积(亩)	农村经济收入(万元)	农民人均收入(元)	村级经济总收入(万元)	村级固定资产(万元)	书记	主任
杭垓村	19	1258	3464	1685	16561.95	114520	35478.98	185.93	1264.28	肖开东	王永平
松坑村	17	515	1766	906	21916.35	22044	36280.17	523.72	1448.02	程传法	曹　勇
桐杭村	19	658	2128	951	22511.85	15824	35851.37	853.96	1541.67	潘佩琴	单明星
唐舍村	19	465	1592	836	16951.05	10833	39401.00	841.12	4199.04	梅明星	周世强
尚梅村	31	779	2431	1072	27239.85	17957	31335.64	299.87	1141.32	丁谷中	陈永芹
新上塘村	30	786	2651	2060	25937.7	46072	32071.49	465.62	948.98	何红明	陈登学
缫舍村	23	810	2679	1971	28074.75	10270.88	36660.94	1230.09	1976.43	周先忠	姚明星
和村村	27	843	2945	1578	29462.4	9610.52	28857.83	548.83	2361.69	龚继生	李再清
七管村	12	356	1270	908	23268.45	3823.76	28641.34	367.63	936.85	陈有亮	胡来春
大坑村	11	434	1428	871	20240.55	4379.28	28178.98	287.82	1002.30	徐成新	杨希洲
磻溪村	27	824	2596	1338	36073.65	40342.76	35794.95	638.25	350.04	潘建刚	胡　坤
文岱村	10	281	932	472	11913.9	10564.44	29947.16	99.39	39.46	余大金	曾庆坤
桐坑村	19	575	575	330	13679.25	13582.16	28650.26	446.95	61.95	胡爱武	陈万峰
杭河村	13	332	1047	618	14790.15	8434.8	28015.24	262.42	35.80	孙贵明	陈贤镇
岭西村	9	251	824	529	7862.55	9028.76	32648.33	254.83	76.75	马明雁	董银红
高村村	17	533	1773	709	29580.45	16026	34577.55	190.78	1500.73	—	胡友春
姚村村	18	589	1803	921	30098.55	14952	34001.60	533.84	1158.98	王　斌	邵　刚
吴村村	19	523	1625	750	18755.7	13462	34454.90	205.93	86.75	—	项用明
合　计	340	10812	33529	18505	394919.1	381727.36	590847.72	8236.96	20131.03	—	—

孝　丰　镇

【概况】 孝丰镇位于安吉县西南部,是安吉西南部的经济、文化和贸易中心,行政区域面积191.4平方公里。2019年全年城镇居民可支配收入增长7.1%,农民人均纯收入增长10.3%。财政收入突破3亿元大关。孝丰主城区小城镇环境综合整治完工项目16个,完成投资额9341万元,完工率和投资完成率均100%。小城镇环境综合整治获省级样板。孝丰镇被评为省级突出贡献集体。省级竹产业特色强镇通过验收。争取省林科院专门出台支持国家安吉竹产业示范园区建设6项意见。城镇精细化管理卓有成效,智慧城管工作开展顺利。完成申嘉湖高速西延(孝丰段)征迁103户2200亩,完成金家弄城中村改造区块政策处理56户。

全年实现财政收入3.3亿元,同比增长13.6%。实现工业性投入2.7亿元,规上工业增加值8.5亿元,利税5.5亿元,分别完成全年计划的225.6%、108.9%和102%。山氏家具等3

3月24日，洁澄水业"一亿袋袋装水、两千万瓶瓶装水生产线"项目奠基仪式在孝丰镇举行

家企业完成股改，亿樽竹木等3家企业成长板挂牌，全竹板业创新板挂牌。全年完成小升规企业3家，新上规1家。亩均改革持续深化，出清低效用地715亩。围绕项目主引擎，深化"三服务"和"挂职副总"机制，新签约坤鸿新材料等项目4个，引进合同外资2230万美元，实到外资827.9万美元。新增洁澄水业、乌毡帽二期等市定"大好高"项目2个，远洲科技入选省重大产业项目，梦山水庄园完成主体建设的60%，全年新开工项目4个、竣工项目1个。成功承办全市区县"互看互学互比"现场会，获全县项目推进流动红旗。

全力推进国家安吉竹产业示范园区建设，优化总体规划，完成能源、地质灾害、水土保持等区域评价方案编制，"一纵一横"园区道路完成路基主体工程建设。永裕竹业获批农业产业化国家重点龙头企业，和也科技入选国家知识产权示范企业、省全创改革新型产学研合作资助项目，华夏竹木、佶竹科技被认定为国家高新技术企业。"智能防爆机器人"项目获市高层次人才创新创业大赛"一等奖"，实现全镇南太湖精英计划A类项目零突破。

深入推进小城镇环境综合整治，完成立面改造7万平方米，沥青铺设2.5万平方米，道板提升1.1万平方米。改造提升城市公厕17座。新增公共停车场6个，停车位4000余个。查处"三小车"违停8800余辆次。全面整治农贸市场脏乱差，拆除乱搭乱建3000余平方米，规范经营秩序。组建"五老"志愿者队伍，推行"街巷长"巡街制，对城镇主干道开展常态化巡查。构建主城区"五分钟"执法响应圈，实现点对点精准执法。创新开展"文明服务令"，探索以服务弥补文明缺失的社会治理新举措。

"五村联创"稳步推进，成立安吉五谷丰登实业有限公司，抱团合作经营。赋石村在2019年度美丽乡村精品示范村创建中获评一等奖第一名，潴口溪村、大竹村高质量通过复评。横溪坞村创成乡村经营示范村，城东社区通过复评。潴口溪村创成文旅融合示范村。完成农业精品园建设2个，新增市定"大好高"项目1个，"一村万树"特色村4个。新组建毛竹专业合作社3家，3个村完成省壮大村集体经济项目。新增省级示范性专业合作社1家，无公害农产品基地2家。竹根前村全域土地综合整治全县领先。创新"四互两提供"帮扶机制，白杨等4个村提前完成年集体经济经常性收入30万元以下消薄任务。镇党委书记翟金坚在全市党委书记工作交流会上以乡村振兴为主题作交流发言。

常态化推进"三改一拆"，累计拆除违建6.2万平方米。长效化实施"五水共治"，城市黑臭水体再排查无反弹，完成工业园区"污水零直排"建设，整治竹根前村、溪南村等河道6公里，建成水环境优美村1个、美丽河湖1条，镇域河道水质常年保持在Ⅱ类以上。开展餐饮油烟、秸秆焚烧、扬尘污染等专项治理，空气优良率全市领先。打造横溪坞村"零垃圾"村庄，赋石等2个村获全市城乡人居环境"百日攻坚行动"一等奖。

促进稳定就业，城镇就业率、高校毕业生就业率分别为98.7%和99.6%。健全困难群众帮扶机制，发放各类救助资金980余万元。建成宏德医疗残疾人之家，获评省五星级。完成乡镇敬老院公建民营社会化运行改革,养老服务水平稳步提升。积极构建和谐劳动关系,加强企业用工动态监测,化解劳动纠纷202起。完成大竹、大河村饮用水老旧管网提升,建成赋石水厂、老石坎水厂,有效缓解区域供水紧张。提前完成S306省道拓宽工程,改造提升农村公路及联网公路9公里、危桥4座、公路驿站2个。

打响“孝爱文明”品牌,创新“五全十项”工作法,完成“1所21站11点4基地”新时代文明实践阵地建设。举办第九届孝文化风情节,开展安吉首届龙舟赛、美丽乡村体育节等群众文体活动200余场次。新建文化礼堂2家。举办孝丰教育发展论坛,实施“孝爱育才”项目,为教育发展设立“加油站”。三眼井社区被评为全国老年远程教育优秀学习收视点。完成卫生院搬迁,就医环境显著提升。便民服务中心获评市最美医保窗口。竹根前村等2个村通过省级卫生村创建。建成竹产业园区职工文体中心。退役军人、老干部、工青妇、民宗、统计、供电、广电、档案等工作实现新成效。

深入推进“平安孝丰”建设,“网格主查、部门主销、平台主管”的工作格局成效显现。全力开展扫黑除恶专项斗争、平安护航建国70周年大庆专项行动,反邪教、禁毒、社区矫正等工作取得新进展。完成潴口溪村省级民主法治示范村创建。创新“12345”信访工作模式,《安吉有个鲁柏青》在央视播出,“谈鲁鲁”工作室获评市名牌人民调解工作室,矛盾纠纷化解率99.7%。孝丰派出所获评市枫桥式公安派出所。城东社区成功创建省级综合减灾示范社区,赋石等3个村被评为市级乡村治理示范村。横溪坞村“四个不出村”乡村治理经验得到市领导批示肯定。完善安全生产监管网络,加强隐患排查治理和重点行业领域监管,实现“平安孝丰”十三连冠。获“平安湖州”建设二等奖功。

深入开展“不忘初心,牢记使命”主题教育,政府自身建设得到新加强。深入推进依法行政。强化法治意识,健全重大行政决策程序,完善法律顾问、行政应诉等机制,行政权力运行更加规范。自觉接受镇人大监督,及时办理人大代表议案建议13件,满意率100%,有效保障人民群众的知情权、参与权和监督权。推进“最多跑一次”改革,推行便民服务大厅“无差别全科受理”和村级代办工作机制,让群众办事更快捷。创新实施“五访”工作法,并在全县推广,着力解决基层和群众反映的突出问题。全面落实党风廉政建设责任制,强化“一岗双责”。严格执行中央八项规定精神,三公经费持续下降。出台《孝丰镇进一步深化农村集体“三资”管理工作实施意见》等文件,提升村级事务规范化水平。

【“浙北第一党支部旧址”和“安吉县党史学堂”揭牌】 2月11日上午,“浙北第一党支部旧址”和“安吉县党史学堂”揭牌仪式在老石坎党史学堂举行。县委书记沈铭权,县委副书记、县长陈永华分别为“浙北第一党支部旧址”和“安吉县党史学堂”揭牌,县委副书记、政法委书记赵德清介绍党史学堂情况,千年古城,孝子故里,大孝爱国的红色基因代代传承,在这片红色的土地上影响着一代又一代人。

【新时代巾帼文明实践工作现场推进会暨“两山女儿”品牌发布会】 3月22日,安吉县新时代

2月11日,县委书记沈铭权,县委副书记、县长陈永华分别为“浙北第一党支部旧址”和“安吉县党史学堂”揭牌

巾帼文明实践工作现场推进会暨“两山女儿”品牌发布会在孝丰镇人民政府大会堂召开。湖州市妇联党委书记、主席金淦英，中共安吉县委副书记、政法委书记赵德清，安吉县妇联党组书记、妇联主席朱海燕等各位领导出席本次活动。孝丰镇妇联紧紧抓住新时代文明实践中心（试点）工作契机，率先推进新时代巾帼文明实践工作，围绕孝爱特色，树立“两山女儿”精神，实施“四大板块”工程，打造新时代巾帼孝爱文明实践品牌。

【洁澄水业奠基仪式】 3月24日，洁澄水业“一亿袋袋装水、两千万瓶瓶装水生产线”项目奠基仪式在孝丰镇举行。项目占地总面积2万平方米，总投资约5亿元。生产基地采用国际先进的袋装水生产线，是国内为数不多的专业化大型袋装水生产项目。除了建成一亿袋袋装水、两千万瓶瓶装水生产线外，孝丰镇还计划以水为核心，打造精品养生度假园区，通过建设水文化博物馆、体验中心等发展休闲旅游，致力于全民品质生活的再升级。

【孝丰银发党支部揭牌暨“丰城红管家”成立】 8月27日，孝丰镇三个城市社区银发党支部集中揭牌。银发党支部是面向居住在孝丰，组织关系在原单位的离退休干部组成，他们本着为人民服务的初心，离岗不离党、退休不褪色，以“丰城红管家”的使命感和责任感，积极投身到孝丰城镇建设、管理中去，推动孝丰镇全国文明城市创建。成立城市社区银发党支部，以“夕阳红”为引领，汇聚更多孝丰智慧；以“社区情”为引擎，贡献更多孝丰力量；以“家文化”为引导，打造更多孝丰样板。

【两新组织“两山青凝盟”品牌发布会】 9月5日下午，由安吉县委组织部（县委两新工委）、共青团安吉县委领衔主办的全县第二期“红智引擎、四季争先”主题活动暨两新组织“两山青凝盟”品牌发布现场会在孝丰镇顺利召开。市委组织部部务会议成员、两新工委副书记邹冬辉，县委常委、组织部长朱伟出席活动并讲话。现场会分两个阶段举行，第一阶段与会人员一行前往浙江普特医疗器械有限公司、安吉君澜度假酒店参观考察实地了解“两山青凝盟”运作模式；第二阶段“两山青凝盟”品牌发布。

【首批“文明服务令”】 11月底，孝丰镇推出第一批“文明服务令”，涵盖四个维度（城市、乡村、家庭、企业）、十个领域（文明停车、文明交通、文明卫生、文明养犬；垃圾分类、为民办事；矛盾纠纷、孝敬老人；企业卫生、关爱员工）的探索尝试。从“城镇、乡村、家庭、企业”四个维度，围绕“创新社会综合治理、深化城乡长效管理、特色化展示孝文化传承”等多个领域，探索实施“文明服务令”工作。

（张亚锋）

2019年孝丰镇村（社区）基本情况表

表19

项目 村	村民小组（个）	农户数量（户）	人口数量（人）	劳动力数量（个）	土地面积（亩）	农村经济总收入（万元）	农民人均收入（元）	村级经济总收入（万元）	村级固定资产（万元）	书记	主任
大竹竿村	10	347	1206	640	21750	4523	37500	135	1800	刘　林	石国庆
大河村	11	420	1492	940	900	40	25800	37	690	扶元明	刘旭国
老石坎村	17	625	2102	1463	2554	6684	31800	56	15058	吴宏强	金泰昌
下汤村	20	750	2501	1347	3351	34259	37517	150	1786	赵森华	陈周先
横柏村	14	423	1358	1040	1447	5749	31640	60	2478	朱贤年	潘如忠
溪南村	18	557	1782	1337	18283	5508	35462	107	1838	王宏光	王宏光
潴口溪村	14	600	2020	1160	1551	19540	38000	344	1345	叶国平	束明旺

续表 19

项目 村	村民小组(个)	农户数量(户)	人口数量(人)	劳动力数量(个)	土地面积(亩)	农村经济总收入(万元)	农民人均收入(元)	村级经济总收入(万元)	村级固定资产(万元)	书记	主任
孝丰社区	16	1033	3318	2156	7525	98080	72701	702	996	赵西明	赵西明
狮古桥村	19	638	1985	1265	1050	34310	32746	40	1400	徐启红	徐启红
城东社区	12	586	2038	1454	6900	827	41688	827	2077	裘卫星	唐秋根
城北社区	29	1260	4261	2826	19858	100	38000	70	2097	王财华	元伟人
横溪坞村	8	325	1087	531	1492	23155	44323	263	2745	裘松伟	高连中
赤坞村	18	826	2760	1780	1489	14600	25115	1904	792	林　立	陈银发
赋石村	14	658	2258	1495	837	8914	39478	401	6500	程品良	杜培生
夏阳村	9	453	1507	970	720	3487	28490	164	1220	肖世成	杨旺清
白杨村	13	492	1921	1120	5045	3245	24560	31	525	黄月明	周哉青
新村村	12	477	1420	848	1150	4422	26476	53	758	陈是良	马志彬
竹根前村	15	680	2315	1655	2044	9321	32418	232	1140	王金平	黄学中
合　计	269	11150	37331	24027	97946	276764	—	5576	45245	—	—

报　福　镇

【概况】 报福镇位于安吉县西南部,天目山北麓,东邻上墅乡,南接临安市,西与章村镇交界,北界孝丰镇、杭垓镇。地势南高北低,最高处位于桐坑岗,海拔1506.9米;最低处位于彭湖村,海拔100米,植被覆盖率90%以上,森林覆盖率86%。全镇总面积177.96平方公里,常住人口19094人。2019年,报福镇紧扣“1036”改革发展工作部署,深入实施“134100”工程,全年完成财政收入4267万元,同比增长12.8%,实现规模工业总产值1.9亿元、增加值4227.3万元、限上服务业营业收入3.2亿元,农村居民人均收入37428元,全年旅游人数超150万人次。

积极投入全县“招大引强攻坚行动”,全面完成区镇抱团招商任务,新增签约项目3个,其中红石崖景区项目计划投资35亿元。创新出台《项目服务管家工作机制》。成功盘活翠谷石浪景区并于8月重新试运营,大场坪项目完成最后6户政策处理工作,历时10余年之久的遗留问题成功清零,完成一号楼展示接待中心主体建筑。完成青山廊项目规划许可办理,绿化、道路浇筑等建设加速推进。完成悠然谷项目政策处理、规划审批及施工准备工作。完成金乐酒店一期80%内部装修,自来水管网、污水管网铺设全面完工。完成金福佳苑、竹海悠居、集镇商业街、物业二期主体结顶。

以“省级旅游风情小镇”创建为目标,完成上张村2A级景区村庄创建,报福、彭湖A级景区村庄创建,实现景区村庄全覆盖。持续完善提升旅游基础设施,完成景溪、上张、深溪、洪家4个AAA级旅游厕所建设。完成深溪公路驿站、统里慢行绿道建设。景溪村山民文化街经营建设取得显著成效,建成店面30余间,接待游客5万余人,增加集体经营性收入17万元,为乡村振兴、发展夜间经济提供了经验模式,获文旅融合示范村一等奖。举办福地闹元宵、“三月三”畲家风情文化旅游节、“十里景溪·悦动青春”山民音悦文化节、安吉玩水节、年味在安吉一景溪过大年等各类主题活动15余场次,累计接待游客150万人次,旅游收入超5亿元。创新推出“新山商会”,探索生态农产品全产业链建设。电商文化产业

9 月 28 日—10 月 7 日，开竹文化旅游节活动举行

园获评市文化产业园区。民宿提质增效成果显著，尚庭民宿获评省级白金宿，汀溪民宿获评省级银宿。

启动 2020—2035 报福镇土地利用规划方案修编，完成镇生态红线方案修编，开展全域土地综合整治工作，完成报福、彭湖两村全域土地综合整治和生态修复方案编制。完成第四次经济普查，全面完成县定亩均出清重点任务，出清企业 16 家、累计面积 79 亩，年亩均税收 36901 元，同比提高 605.7%。启动小微产业园规划设计。完成森林抚育 1500 亩，彩色森林 500 亩，景溪、上张完成流转毛竹林 9460 亩，进一步拓宽村集体和林农增收渠道。完成毛竹套种杨桐、三叶青 650 亩，推动杨桐基地扩面提质。全面推进村级资产资源盘活利用，十村累计清理经营性资源资产 67 处，盘活利用数 5 处，清理合同 8 份，年增收 4.6 万元。

以新时代“两山”试验区“三生融合”共同体建设为总抓手，深入推进“无废乡镇”“无废村庄”建设，全方位开展生态环境治理。制定出台《生态文明建设考核奖补办法》《生态文明建设行动方案》，针对重点领域、重点行业，常态实行“每周一督查、每月一例会、每季一评比”机制。全年开展督查 13 次，发现整改各类问题 553 处。坚决打击违建、盗采、抢种等行为。累计拆除 10 村违章建筑 104 处，面积 22000 平方米。完成全镇 2 处大棚房拆除工作，拆除面积 307 平方米。开展城乡人居环境“百日攻坚”专项行动，整治问题点位 2661 处。深化完善污水零直排长效机制。推进罗家费水库标准化创建和张坞溪小流域治理项目。深入实施农村生活污水提标改造试点工程，投资约 300 万元完成洪家、石岭、深溪、中张等 5 个行政村 418 户农村生活污水提标改造工作。治气治霾工作成效显著。

结合全国文明城市创建工作，完善“数字城管”平台，全面深化城镇精细化管理，树立执法权威，形成执法办案强势打击态势，全年办理各类案件 45 件，“美丽城镇”长效管理考核成绩优秀。集镇公共设施全面升级，新建公共停车区 4 处、停靠站 5 个、停车位 200 个、健身小广场 5 处。完成洪家和大场坪安置小区基础设施提升。提出“无废村庄”建设理念，科学制定“无废乡镇”实施方案，探索建立“无废乡镇”标准体系。镇村两级投入资金 70 万元，实现垃圾分类智慧化管理全覆盖，为垃圾计量化、减量化管理打下坚实基础。

聚力推进美丽乡镇建设，大力推进美丽乡村精品示范村创建，完成统里村、上张村验收和中张村复评。完成深溪村美丽河湖和统里、上张水环境优美村建设。景溪村成功通过“国家森林康养基地”和省级“一村万树”示范村创建。中张村成功通过“国家森林乡村”创建，石岭村被评为“省级公益林示范村”，上张村“古树公园”全面建成。十村联合创立“福兴”乡村振兴公司，物业一期顺利运营，二期完成建设，三期正在建设中。汤口村垂钓基地、“红美人”橘子园、梦想家园地等项目成效明显，集体经济突破 75 万元，“消薄”工作圆满完成。

深入推进移风易俗，落实殡改工作，做好“逝者身后一件事”，全面完成彭湖村、汤口村骨灰堂主体工程。持续推进低保扩面和精准核查工作，全年新增低保户 44 户 72 人，低保边缘户 3 户 8 人，临时救助 61 户 169 人，救助金额 319.8 万元。持续做好计生奖扶、特扶工作，全面落实责任医生签约、就医绿色通道制度，60周岁以上老年人免费流感疫苗接种率60.7%。全面完成农村留守儿童和困境儿童信息录入核对工作。组织开展本地招聘、外地引才相结合的方式，达成就业意向35起。全面加强欠薪治理，摸清底数、强化监管，成功调解6起农民工欠薪案件，追讨农民工工资70余万。全面完成报福综合农贸市场提升改造工程。成功通过全国卫生城镇创建。报福村、上张村成功创建省级卫生村。持续推进农村饮水提升工程，完成全镇域农饮水提升设计，完成统里村农饮水净化消毒设备安装，基本完成深溪村、洪家村联村供水项目建设。完成全镇联网公路5.35公里建设，完成报福至黄泥垄道路提升改造工程1.03公里，完成水毁道路修复100余处。

深化“平安报福”基层治理，创新实施“群众说事分诊台”建设，打造集中办公、便民服务、群众说事一体化综合性服务平台。构建专职网络员、家园卫队、红马甲巡逻队、“五福”调解队四支群防群治力量，累计开展平安巡防1200余次，参与人员6000人次，发现处置各类违法违规事件80余起。深入开展农村假冒伪劣食品专项整治行动。圆满完成建国70周年维稳安保，持续推进扫黑除恶专项斗争。完善安全生产责任体系，织密镇村企“三级责任一张网”，及时掌握辖区安全生产动态，做到安全生产检查全覆盖，全年安全事故总量持续下降。组建镇村应急救援队伍11支，实现基层安全生产、消防安全、防灾减灾、应急救援等工作全覆盖。镇村干部戮力同心，成功防御抗击“利奇马”台风，转移游客7000人次，实现人员零伤亡。

深入推进全国文明城市创建，推进集镇秩序管理、背街小巷、农贸市场等专项整治。持续开展寻找新时代文明实践闪光点活动，完成文明实践1中心10所1广场建设，开展文明实践活动100余场次。不断激发群众热情丰富文化创作，中张村作品《逐梦》获浙江省首届少数民族微电影优秀作品奖，景溪村村歌获湖州市村歌大赛银奖。完成报福镇镇歌制作发布。举办各类文体活动60余次，开展文化走亲活动4次，完成深溪村文化礼堂建设。工会、团委、妇联、人武、统战、教育、老龄、慈善、残联等事业取得新进步。

自觉接受人大监督和社会舆论监督。共办理议案建议5件，办结率100%，满意率100%。阳光政务更加透明，行政执法公示制度落实到位。受理阳光热线449余件，办结率100%。

全面开展“三服务”活动，确立“周三下村服务日”，服务企业主动上门、一企一策，针对企业需求、疏通堵点、消除痛点。服务群众主动认领、各负其责，努力以“最多跑一次”理念解决到位。服务基层主动作为、聚焦现实，补齐发展短板，增进民生福祉。持续开展“四季大走访”活动，全年累计开展镇域范围内企业走访240余次，召开企业座谈会30余次，走访农户5280户，收集问题539条，解决324条，解决率61%。

开展“不忘初心、牢记使命”主题教育活动，全面落实党风廉政建设责任，强化党章党规党纪意识，认真执行“三重一大”“一岗双责”“五不直接分管”和村级民主决策制度，强化项目资金、财务收支管理，严控公务支出。全年开展督查行动37次。加强村级财务管理，实现10村村务卡全部发放、激活和使用。每月常

6月9日，报福镇开展“大走访、话安全、送服务”进企业活动

态化开展党风廉政教育。坚持问题导向，根据巡察反馈整改意见，认真完成整改落实工作。

【第二届开竹节】 9月28日至10月7日，报福镇举办第二届开竹文化旅游节活动，继续探索"夜游经济"品牌，通过"以竹促游、以竹招商"模式填补夜游经济空白。为期10天的活动吸引了5万多名游客来到报福，旅游收入400余万元。活动成效显著，取得了良好经济效益和社会效益。

【禁毒融冰行动启动】 6月21日，2019年报福镇禁毒融冰行动启动仪式在报福镇举行。县公安局党委委员、副局长何敏捷，报福镇主要领导，禁毒大队、报福派出所、团县委有关负责人，平安家园卫队成员、各学校教师代表、专职网格员参加。"家圆融冰工作室"实行涉毒人员分级精细化管控帮扶，涉毒人员复吸率降至10%，禁毒工作成效显著。

（陈雅萍）

2019年报福镇各村基本情况表

表20

村名	特称	村民小组数（个）	户数（户）	总人口（人）	劳动力（个）	面积（平方公里）	村级集体经济总收入（万元）（含上级补助）	人均收入（元）	书记	主任
汤口村	生态汤口	10	310	1016	602	4.50	233.23	30585	蔡科技	陈纪军
上张村	古朴上张	11	519	1697	1005	10.80	438.83	32652	王炳法	雷金贤
中张村	民俗中张	20	604	1921	1128	28.84	596.25	33958	程驰	程文元
洪家村	田园洪家	13	547	1865	1144	11.80	272.16	39758	季高明	王洁
深溪村	美景深溪	15	465	1465	952	36.40	288.14	32984	童云飞	邹建敏
景溪村	十里景溪	11	393	1238	770	2.78	388.59	36957	黄大伟	许星潮
石岭村	石岭人家	10	269	904	593	35.00	136.41	34638	王为林	谢五一
报福村	休闲报福	31	874	2650	1589	10.44	597.38	36534	高彬波	金加忠
彭湖村	竹木彭湖	26	714	2299	1378	13.60	296.67	36934	高前进	周卫国
统里村	山水统里	41	811	2797	1727	23.80	587.29	33205	戴士根	郎小虎
合计		188	5506	17852	10888	177.96	3834.95	—	—	—

章村镇

【概况】 章村镇位于天目山北麓，安吉西南面，地处浙皖二省三县交界处，分别与浙江省临安市、安徽省宁国市、杭垓镇和报福镇相邻。距离县城约45公里，区域面积89.16平方公里，总人口1.58万（畲族540人），辖8个行政村。境内山清水秀，环境宜人，年平均气温15摄氏度，降水量1100－1900mm，空气质量1级，地表水质1级。1999年经上海地理学会专家组考证为黄浦江源头，上海市老市长汪道涵亲书"黄浦江之源"，穿镇而过的南溪为上海的母亲河，由此被誉为"黄浦江源第一镇"。镇内坐落有浙北第一高峰—海拔1587.4米的龙王山，森林资源丰富，森林面积11.26万亩，森林覆盖率85.2%，植被覆盖率93.2%，获2017年"中国森林养生基地"称号。

2019年，章村镇成功创建国家级卫生镇、省4A级景区镇，高分通过"污水零直排区"省级样板市级验收，获得市平安创建集体二等功、市级统计示范单位等荣誉。实现财政收入2124万元，完成年度目标任务108.9%，同比增长16.4%。规上服务业营业收入10298万元，同比增长15.5%。完成服务业固投1000万元，低效企业出清55.9亩，其中国有出让企业2家，完成年度目标任务

110.4%。签约、开工项目各1个,与上海恒邑投资有限公司签订“康养+”综合体项目框架协议,欢乐蜂人谷户外亲子项目基本完成基础设施建设。在谈重点线索项目2个,分别与文旅集团、嘉兴优优企业管理公司达成项目投资意向。市定“大好高”项目洞庭山矿泉水启动厂房主体工程建设。成功举办畲村过大年、玩水节等四季休闲汇活动,创新推出“黄浦江源清水百鱼宴”。依托生态优势,凭借“源头、畲族、高山”三张特色品牌,休闲旅游产业发展迅速,年接待游客突破45万人次。坚持因村制宜,全镇8个行政村实现“美丽乡村精品村”全覆盖。全镇共有各类民宿农家乐160余家,中高端民宿11家,旅游企业2家,漂流2处。完成游客服务中心建设及旅游标识导视系统设计。建成旅游公共服务基础设施6项,创建省级景区村庄7个,其中AAA级2个。新增精品民宿2家,农家乐规范挂牌10家。成功申报省级森林旅游地和疗养地。全镇旅游人次突破60万,实现旅游总收入2.8亿元。完成郎村村牛牯坳中草药基地提升、安吉章村生茂美丽牧场项目建设,创建县级示范性经营主体1家。绿色基地产品续展、无公害绿色农产品认证、农产品质量安全检测和畜牧免疫工作全面完成。完成林下经济项目529亩、森林抚育项目1366亩,提升林道3公里。浮塘村启动毛竹林流转工作试点,新流转毛竹林2165亩。长潭村、郎村村分别荣获“一村万树”示范村、“省级生态文化基地”荣誉称号。

以“高效毛竹、山地果蔬、珍稀坚果、特种养殖”为主导,完成高山蔬菜特色农业园、茅山水果园中园、高山珍稀干果精品园等特色园区。高山蔬菜面积1000余亩,各类水果面积1000余亩,毛竹林面积10万亩,农田面积6300亩。中草药种植初具规模,并形成了一定的影响力,全镇范围内共种植中草药2000余亩,其中芍药400余亩、三叶青350余亩、黄精150余亩、覆盆子800余亩。镇内现有一家从事中药材种植、生产、销售、产品研发、休闲养生于一体的安吉三叶青生物科技有限公司,先后获“三叶青药膳—安吉县非物质文化遗产”“浙江省中医药文化养生旅游示范基地”等荣誉称号。

全年拆违9068平方米,完成任务数133%。全面启动公交电气化工作,完成集镇夜间亮化美化。加速推进饮用水达标提标项目,高山村完成60%工程量,联村供水河垓村、章村村进场施工,茅山等4个村完成工程招投标。投入250万元完成涉及8个村17个水毁塌方点位抢修工作。长潭村顺利通过精品示范村复评,郎村村启动精品示范村、省级历史文化村落、省级美丽宜居村创建,完成整体工程量65%。全面提升污水处理能力,投入110万元修复45座农村生活污水终端。常态化开展水域环境大排查行动,劣五类水体全面消除,地表水环境功能区达标率100%。郎村村完成县水环境优美村创建验收,南溪长潭村段县级“美丽河湖”成功创建。积极探索生态文明建设微改革,与相邻镇生态文明建设取得初步合作意向。全面提升22家六小行业、7家公共性服务区域和2个住宅小区污水处理设施。切实打好治气治土攻坚战,“三化”管理实现全覆盖,加强秸秆焚烧巡查,劝阻违规行为15起,全年空气质量优。深入推进全国文明城市创建和国家卫生城镇创建,持续推进乱停乱放、乱拉乱搭治理,常态化开展背街小巷、违法广告、占道经营等集中整治行动,严格落实文明劝导、“双禁”巡防、犬类规范管理等工作。积极开展环境整治“百日攻坚”行动,共整治乱堆放点位近2000个,清运垃圾160余吨,郎村村获市一等奖,章村村、章里村获市二等奖。深化垃圾分类工作,开展智慧化管理试点,推行“三进户”制度,美丽乡村长效管理督查考核好评率97.5%。

“一村一策”全面打赢“消薄”攻坚战,完成集体增收项目8个,争取乡村振兴基金贷款400万元,其中茅山二期物业房、郎村牛牯坳风情园中草药基地两个省级集体增收试点项目顺利通过验收,浮塘村新建村级物业房、河垓村大力招引项目、章里村盘活存量资产实现增收,章村村采取资产租赁拓宽经营性收入渠道。实施“飞地抱团”增收计划,共投入710万元参与到县异地物业项目。长潭村积极开展经营性示范村创建。王孔线拓宽工程全面启动,完成高山村、章里村道路交通设施提升改造工程。完成所有乡道标志标牌新增维护和五贵岭到集镇及长潭、茅山2个村安全设施提升。环凤凰山健康绿道部分贯通。公共安全监控设施完成安装,并投入使用。完成政府应急救助保险全覆盖项目。新时代文明实践所“四位一体”改造提升工程完成硬装。签约责任医生农户给予补助项政策已修订完成,并按流程逐步落实。深化"最多跑一次"改革,全年"一窗受理"业务283项。关心关爱弱势群体,完成困难群众危房改造3户,发放低保及残疾人生活补贴200万余元、慰问及救助金20余万元。深化就业创业工作,申请发放创业贷400万元,培养技能人才58人、"两创"人才61人。新报县级非遗5项,郎村村成立畲族文化艺术团,将畲族"婚嫁、编织"等传统予以挖掘和发扬,创作出《畲山樵歌》等一大批富有民族特色的优秀作品。先后获得省级森林人家、省2A级景区村庄、国家民族特色村寨、浙江省文化示范村、安吉县中国美丽乡村精品村等诸多荣誉称号。《木鼓舞》获长三角文艺展演金奖。修订教学补助办法,投入117万元完成中学局部修缮、小学外墙立面改造。卫生院迁建工程已完成征地和方案会审,成功举办"健康素养进文化礼堂"等系列活动。章村派出所正式投入运行,扫黑除恶专项斗争成效明显,查处涉黑涉恶案件3起。深入推进平安网格建设,开展平安检查1400余次,发现整改问题1000余处。深化"来必和"工作室运行,调处各类纠纷52起,接办阳光热线151件,化解市挂牌积案1件;全面实施"家园卫士"工程,平安三率稳步提升,"平安章村"建设实现十四连冠。高度重视安全生产工作,联合执法检查250余次,下发责令整改书37份,责令停产7家。强化食品药品、道路交通、消防、校园等重点领域安全监管,全年未发生较大以上安全事故。

【"大有不同畲族年"活动】 1月19日,由中共安吉县委宣传部、中共安吉县委统战部、安吉县文化和广电旅游体育局、安吉县章村镇人民政府主办,章村镇新时代文明实践所、浙报传媒《江南游报》社承办,章村镇综合文化站、章村镇郎村村、华东旅游媒体联盟协办的安吉郎村"大有不同"畲族年活动在郎村凤麟广场启动。景区代表、媒体、自媒体大咖、网红以及500多名游客参与此次盛会。

1月19日,章村镇"大有不同畲族年"活动举行

【纪念五四运动100周年暨新时代文明实践文艺演出】 4月29日下午,以"凝聚青春力量·共建美丽章村"为主题的章村镇纪念五四运动100周年暨新时代文明实践文艺演出在河垓村文化礼堂隆重举行。活动中,章村镇党委书记叶鸣岗同志向青年朋友致以最衷心的祝愿,同时勉励大家再接再厉,以奋力奔跑的精神状态,以舍我其谁的担当姿态,为章村的经济社会发展做出更大的贡献。来自章村镇及兄弟乡镇的各行各业100多名青年朋友及少先队员们通过精彩纷呈的文艺演出向现场的观众展示出新时代新青年良好的精神面貌和无限的青春活力,表达了广大青年继承"五四"光荣传统,弘扬"五四"民族精神的决心。

【章村派出所正式成立】 6月6日上午,章村派出所揭牌仪式顺利举行。章村镇派出所的正式成立,标志着章村镇体系建设和政府职能方面,得到了进一步的完善和深化,也为章村镇今后的经济发展和谐稳定提供有力的保证。

【第三届中国·安吉玩水节】 6月29日,以"到安吉·玩水去"为主题的第三届中国·安吉玩水节在浙江安吉县章村镇正式开幕。本次活动由安吉县人民政府主办、安吉县文化和广电旅游体育局、安吉县章村镇人民政府、安吉县文旅集团联合承办。中共安吉县委常委、宣传部部长陈旭华，安吉县人大常委会副主任俞立安，安吉县文化和广电旅游体育局党委书记、局长彭忠心，安吉县章村镇党委书记叶鸣岗等多位领导，旅游业界专家，各媒体联盟单位与代表，安吉县涉水企业代表，长三角区域游客代表，共同参加了本次开幕式活动。

12月14日，章村镇举行项目投资合作签约仪式

【项目投资合作签约仪式】 12月14日下午，保华集团、上海恒邑投资发展有限公司与章村镇人民政府举行了项目投资合作签约仪式。保华集团常务副总裁、中国区首席代表、上海恒邑投资发展有限公司董事长杨燕，保华集团投资总监胡晓纯，上海漕河泾开发区华港实业有限公司总经理杨海峰，国际中国环境基金会秘书长储楷芸，上海恒邑投资发展有限公司副总经理樊荣，绿智汇产业联盟创办人陈光雄等一行十二人，县委常委、常务副县长潘鸣，章村镇党委书记唐春燕，章村镇党委副书记、镇长董建波及镇全体班子成员，宣传部、发改委、自然资源规划局、住建局、农业农村局、文体旅游局、投资促进中心、文旅集团等单位分管领导参加签约仪式，会议由章村镇党委书记唐春燕主持。

（黄仙露）

2019年章村镇各村基本情况表

表21

项目 村	村民小组（个）	农户数量（户）	人口数量（人）	劳动力数量（个）	土地面积（亩）	农村经济总收入（万元）	农民人均收入（元）	村级经济总收入（万元）	村级固定资产（万元）	书记	主任
长潭村	17	525	1832	1138	30814	15080	44429	663	1020	朱雪慧	方庙符
河垓村	15	598	2002	800	13425	30016	33974	131	692	储李梅	—
郎村村	13	490	1598	1120	15051	5874	35860	388	1369	郎洪业	—
浮塘村	10	380	1164	720	12699	6650	31000	176	527	何存芳	郑兴华
章村村	23	932	3007	1865	14999	19850	34708	186	899	—	杨存贵
高山村	11	338	1059	675	15370	9494	43082	320	434	蒋富珍	李炳龙
章里村	19	657	2138	1566	17178	14541	35865	295	1005	李胜平	潘兴荣
茅山村	16	720	2318	1752	11434	12525	35837	341	1487	王永富	周汉龙
合　计	124	4640	15118	9636	130970	114030	—	2500	7433	—	—

上墅乡

【概况】 上墅乡位于安吉县西南部，区域面积77.5平方公里，总人口1.52万人。2019年，上墅乡全年规上工业总产值、规上工业增加值、规上利税、财政总收入分别为9.27亿元、2.07亿元、8600万元、5681万元，分别完成全年计划的110.4%、112%、101%、115%，农民人均收入36667元，同比增长10.93%。

项目“双进”卓有成效，完成吾想园农旅综合体、安吉蜗牛湖艺术民宿村落、大聋音乐谷野奢度假村等3个休闲项目签约，总投资约5.6亿元。新引进慧动家居功能型配件公司、益医企业管理服务有限公司、金荣电子科技有限公司等重点企业3家，总投资约3.5亿元。产业结构持续升级，扶持、培育一二三产向高端化、品牌化方向发展。启动区域化品牌谋划，“安芝草”铁皮石斛获有机食品认证，富源水产成功申报“田希”品牌，田中园获评市级农业“大好高”项目。成功创建“中国竹家居制品之乡”“浙江省竹产业特色小镇”。腾退出清低效企业35家，完成低效企业出清面积167.58亩。推进小微产业园建设，完成一期114亩土地政策处理。成功创建省级高新技术研发中心2家，市级研发中心2家，县级研发中心4家，实现规上企业研发中心全覆盖。以蓝莲花开、云半间、含云山奢等为代表的一批精品民宿逐步彰显影响力，初步形成“民宿集群”效应。加快产业融合发展，推出田园采摘、工厂观光等游乐项目。推进营商环境大整治大提升“百日攻坚”行动，推动“三服务”做深做细做实。开展“营商十问”“营商十破”大讨论活动，推动形成《营商环境十条铁规》《人才精英十项计划》，全面清理“小隐患”，集中整改“大问题”，合力攻坚“硬骨头”，成功解决15个重点项目的32个难点问题，21项“几年陈”的历史遗留问题得到有效化解。

启动国土空间规划修编工作，明确生态保护红线，强化资源保护刚性。完成土地综合整治60亩，土地开发60亩，土地要素供给进一步优化。各类专项规划编制有序推进，共完成“刘彭线改道”“28公里自行车绿道”“北部三村联创总体规划”“刘家塘集镇整治”等规划方案会审；编制完成“乡村美学综合体”“顺天湖旅游综合体”“墨竹湾乡村总部众创园”“大塘湾乡村总部基地”“两山优创园”等项目规划。清晰“一轴两片四组团”的功能布局、“两纵两横三环线”的交通布局和“四园四带四街区”的产业布局。完成董岭村委至大汉岭、上墅针织厂至高埂上等8条、15.9公里道路的建设和提升任务，并对刘家塘大桥、罗村大桥、龙西友谊桥三座危桥进行改造提升，及时有效的疏通主要干线上的堵点、难点，入选市“四好农村路”示范乡镇。投入200余万元，新建公路驿站1座，港湾式候车亭8座，新增停车位276个、非机动车位132个。新开通上墅至九州昌硕广场、龙王小岭头至孝丰、施阮汤村至孝丰公交线路三条。整乡推进“三美一创”攻坚行动，“三村联创”高质量完成复评，“四村共建”高标准实施推进，刘家塘村获“国家森林乡村”和“市美丽乡村精品村”称号，龙王村获得“全国森林康养基地建设单位”称号，并通过县美丽乡村经营示范村验收，董岭村获“省最美氧吧”和“省森林康养基地”称号，田垓村成功创建“省级生态文化基地”并获市“人居环境提升百日攻坚行动”一等奖，施阮村成功创建县级“水环境优美村”，AA级景区村庄实现乡域全覆盖。“三改一拆”累计拆除违建32675平方米，完成全年任务的164%。“四边三化”获评“全省国土绿化美化成绩突出集体”。“五水共治”乡镇被市政府集体嘉奖。成立各个试点领导小组，对接上级部门争取政策，指导村级股份合作社建设经营，突破发展制约，各项试点有效推进。启动闲置农房、乡域竹林经营现状、村集体建设用地基础数据、农家乐经营情况、电商企业状况摸底调查；编制农家乐产业发展规划、现代农业展示厅规划；收储集体建设用地11亩。成立“浮玉晚姣”“过路滩”毛竹合作社，成功流转竹林2178亩。

完成示范性居家养老服务中心建设。完成上墅小学阅览室改造提升。加强乡、村两级就业平台规范化建设，发挥平台作用，提升农民创业就业水平，上墅村获评“市高质量就业村”。完成2019年“奖特扶”工作，新增奖扶70人，新增县扩面奖扶对象24人。积极开展新居民服务工作，为育龄妇女发放新居民服务卡。启动生态陵园四期建设,新增墓穴1000穴。完成罗村“综合供能服务站”“送药上山进岛便民服务点”“残疾人之家”等省级民生实事项目8项。不断加大文教卫事业投入,持续突出教育质量提升。开展健康促进与教育工作,着力县域医共体建设,提高农村医疗设施条件和服务水平。持续抓好各项赛事和全民健身,施阮村获评“省级小康体育提升村”。积极推进“最多跑一次”改革。刘家塘村、田垓村完成避灾安置场所规范化提升,并通过市级验收。大力开展扫黑除恶专项行动,设立扫黑除恶接访点,举办扫黑除恶宣传活动4场,发放宣传资料1700余份,刑事拘留9人。推进乡村治理网格化,分片区组织网格员开展各类走访、督查活动,累计发现和整改各类隐患412处。抓实企业安全生产专项整治,开展联合执法8次,关停企业4家,下发责令整改通知书75份。全年受理信访192件,同比下降25%,全年无赴京访。受理各类矛盾纠纷80件,调处率和成功率分别为100%、96%;圆满完成新中国成立70周年等各项重大安保任务。“红领巾”法学院在乡中心小学挂牌成立。龙王村、董岭村获评“省善治示范村”,刘家塘、施阮村、龙王村通过“省民主法治村”复评。

硬化上墅乡导师帮带,把“导师帮带”品牌擦亮,“主题教育”活动做深,“民需账本”机制健全,“主体责任”主业抓实,全面激发党建活力。全覆盖选派第一书记,抓好“带头人”,培育“领头雁”,村级组织队伍结构持续优化。抓实村村晋位、抓好整乡提升,市级先锋示范村达到3个,县级先锋示范村达到6个。依法行政全面加强,深入开展法治政府建设,全力提高依法行政水平。自觉接受人大和社会监督,全年办理议案建议8件,办结率、满意率均为100%;全年受理“12345”阳光热线216件,办结率为100%。高质量完成机构改革任务,有效提升政府运转效能。为民服务高效务实。深化“最多跑一次”改革,“一窗受理”平台全面使用,从服务、政策、制度、环境等多方面优化政府供给;全面深化“三服务”,开展“进村联企入户”活动,建立联村干部下村固定服务日制度,共走访企业183家次,走访农户1200余户。推动“主体责任”和“一岗双责”落地落实。严格执行中央八项规定精神,认真落实巡查问题整改,创新实施“阳光村务”机制,工程招标、制度执行等重点问题得到全面肃清。全面落实党风廉政建设责任制,强化纪律意识,认真执行“三重一大”“一岗双责”“五不直接分管”和“四个一律”等制度,强化项目资金、财务收支管理,严控公务开支;严肃监督、执纪问责,全年共开展正风肃纪检查35次。

9月25日,庆祝中华人民共和国成立70周年系列活动

【健康素养进农村文化礼堂启动仪式】 3月15日,安吉县健康素养进农村文化礼堂启动仪式在上墅乡刘家塘村文化礼堂举行。本次活动由县委宣传部、县卫健局、县文体旅游局、县妇联、县红十字会、县计生协会联合举办。在健康素养进农村文化礼堂这项工作上,上墅乡按照“一堂多能、一室多用”的原则,牢牢抓住文化礼堂这一主平台、主阵地,统筹各条线资源,加强健康传播,提高村民健康素养。

【乡镇机构改革、中层竞职上岗】 3月30日,上墅乡在全县率先完成乡镇机构改革、中层竞职上岗。按照精简统一效能的要求,综合设置7个综合性办公室和2

个事业单位。通过中层竞岗，激励大家拼激情、比担当，更快一步创佳绩、争一流，为高水平推动天目慢谷高质量，中间崛起提供坚强的组织保障。

【营商环境大整治大提升百日攻坚行动】 5月30日，上墅乡开展营商环境大整治大提升百日攻坚行动，旨在深入贯彻落实县委关于开展“营商环境优化年”活动要求，按照“5·29”优化营商环境座谈会会议精神，号召全乡上下，以高度的紧迫感和责任感，切实转变工作作风，以好的党风政风促乡风民风大转变，推动营商环境优化取得新突破。

【安吉县2019年“文化和自然遗产日”“世界环境日”暨上墅乡迎端午活动】 6月5日，安吉县2019年“文化和自然遗产日”“世界环境日”暨上墅乡迎端午活动在上墅乡龙王村举行，旨在让非遗传承之精神能代代相承、代代繁荣。安吉县非遗保护中心主任田忠忠为小小非遗讲解员发放聘书。县文化和广电旅游体育局党委委员项志周为文化志愿者队、“慢城阿姐”河嫂队、“宝贝计划”志愿者队授旗。

【庆祝建党98周年活动暨经济发展“七个一批”行动推进会】 6月29日，上墅乡举行经济发展“七个一批”行动推进会，助推上墅企业发展、项目推进。举行表彰先进，三个项目开业，四个项目开工，上墅十八家民宿项目签约等仪式；同时举行湖州地区首条夜间免费公交（上墅—九州）首发式。上墅乡党委书记刘斌为与会者上党课、作小结、作动员。安吉县委常委、宣传部长陈旭华，县政协副主席伍水荣，县委宣传部、团县委、县人力社保局、县广电台等相关负责人，上墅乡班子成员、机关干部，站所负责人，村两委班子成员，部分企业家代表、项目负责人，“十佳”两代表一委员、党员代表、村民代表及老干部出席活动。

【安吉县综合供能服务站项目开工仪式】 7月26日，安吉首座综合供能服务站在上墅罗村开工。安吉县人民政府副县长杜尉栋，县发改局党组书记、局长童师祥，上墅乡党委书记刘斌，县交通投资集团筹建组副组长何敏杰，浙江省石油股份有限公司总经理顾强，县政府有关部门、乡镇街道、开发区等单位领导，项目建设单位、监理单位、施工单位相关代表参加。该项目的开工建设，对发展罗村客运经济和繁荣商贸业态，完善乡村配套、提升乡村形象、带动乡村发展，将具有一定的战略意义。

【校园“两山”红领巾法学院落户上墅小学】 12月3日，上墅乡“与法相随逐梦路，不忘初心好扬帆”新时代文明实践“亲青帮”青少年法治宣传教育基地揭牌暨“两山”红领巾学院法学分院成立仪式在上墅小学举行。上墅乡党委副书记吴云浩致辞，安吉县司法局党委委员郑婧、共青团县委副书记汤永磊、县教育局党委委员万宝林共同揭牌，县人民检察院党组成员、副检察长陈昌松，县人民法院党组成员、政治处主任郭豪杰为首个乡镇级“检·爱童心”普法宣传基地授牌，上墅乡人武部长谢传斌为“检·爱童心”志愿者分队授旗，乡党委委员朱青莲为慢城阿姐家教团授旗，“亲青帮”青年法务帮帮团成员、青年检察官汪超发声，“亲青帮”青年法务帮帮团成员代表盛聪与乡团委代表、上墅小学少先队代表签署导师帮带证书，仪式最后开启“两山红领巾学院法学分院”开班第一课。

（徐　苗）

12月3日，湖州市首个校园“两山”红领巾法学院落户上墅小学

2019年上墅乡各村基本情况表

表22

项目 村	村民小组(个)	农户数量(户)	人口数量(人)	劳动力数量(个)	土地面积(亩)	农村经济总收入(万元)	农民人均收入(元)	村级经济总收入(万元)	村级固定资产(万元)	书记	主任
刘家塘村	14	622	2164	1426	10026	48415.00	41693	576.72	8460.80	褚雪松	蔡国明
田垓村	17	588	2006	1302	11505	39910.70	34776	224.72	1746.41	马小勇	陈吾强
上墅村	28	1001	2848	1960	9699	112143.54	35471	199.42	3636.17	戴尧生	张国栋
罗村村	16	689	2236	1441	7018	26521.60	35120	242.82	1222.69	鲍俞林	方福明
施阮村	15	685	2253	1427	14061	12611.28	34279	394.91	4292.85	李苗松	施根祥
龙王村	14	689	2115	1431	39866	14272.49	38614	649.62	4255.72	张春华	朱丽英
董岭村	3	132	496	345	18611	2677.37	38762	258.59	3604.48	王文贤	谢坚强
合计	107	4406	14118	9332	110786	256551.98	—	2546.81	27219.11	—	—

天荒坪镇

【概况】 天荒坪位于安吉县南端,东与杭州市余杭区交界,南与临安区接壤,西连上墅乡,北接灵峰街道,属西苕溪流域。行政区域面积113.63平方公里,2019年常住人口21697人。2019年,天荒坪镇全年实现财政收入1.37亿元,增长11.9%,新增在谈项目12个、签约项目5个,合同外资2200万美元,实到外资1050万美元,招引市定"大好高"项目3个(其中工业项目1个)。农民人均纯收入40523元,同比增长10.2%。获评省级"人民满意公务员集体"称号。

以"两山"理念为引领,编制"两山"示范区规划。确定"两山"示范区六个方面,37项具体任务,已完成16项。推进余村工业小区"退二进三",完成土地征用35亩,厂房拆除1.6万平方米。全面完成冷水洞农户拆迁。"年年有余"综合体完成主体建设,余村旅游接待大厅建成并投入使用。"两山"绿道二期建设完成,核心区块形象持续提升。成立"驻长龙山项目工作站",全年共化解矛盾纠纷160余起,妥善处置大溪施工便道和饮用水工程、横路环库道路和赤坞渣场林道修建、山河管理用房复建、银坑B段压覆盖处理等重大民生问题。12座500千伏输电塔基完成建设。在我们的服务保障下,实现国内首次400米级长斜井精准贯通。完成污水零直排园区建设、天然气管道铺设、渠道沟改道、两条10千伏强电入地等工程。完成园区规划编制、区域环评编制、三线一单调整。启动白水湾工业园区扩容、小微产业园征地拆迁工作。

全年实现规上工业总产值12.7亿元,辰霖家具竣工投产,美源家具开工建设。积极推动零土地技改,5家企业拆旧建新,零增地新建厂房13万平方米。亩均改革、低效出清、破解双停等超额完成县定目标。获评中国"淘宝镇",白水湾、港口获评中国"淘宝村"。"年年有余"综合体、翠篁溪谷度假酒店项目获评市定服务业"大好高"。祥生悦山青谷、布谷鸟希尔顿、陶源君澜等项目有序推进。举办"天荒坪之光"游客节。全年共接待游客861万人次,旅游总收入19.3亿元。建成现代农业园区200亩,林下经济种植500亩。农业绿色先行先试项目获评省级农业绿色发展示范,余村获评"森林体验国家重点建设基地"。绿城"桃花源"农业"大好高"项目投入运营。整治山塘水库5座,改善灌溉面积2500亩。新建省级家庭农场2家、市级2家,天池茶场通过省级绿色食品认证。

完成镇域生态红线评估划定。银坑、五鹤、白水湾通过美丽乡村精品示范村复评;港口成功创建乡村经营示范村，五鹤通过复评。浒溪河道集镇段获评省级“美丽河湖”。农民饮用水提标达标工程快速推进。全面启动乡村振兴森林综合体项目，完成污水零直排乡镇创建。开展城镇精细化管理，助推全国文明城市创建和“双百”攻坚行动，整治“六乱”700余处，新增停车位600余个，开展“三小车”整治50余次。出台《新增违法建筑防控整治实施办法》，累计拆违3.5万平方米，腾出土地2.8万平方米，完成“大棚房”专项整治。污染源整治360余处，15公里河道实现物业化保洁，美丽长效好评率96.4%。国庆70周年“两山”元素亮相天安门。顺利保障党和国家领导人及省部级领导调研百余人次，国内外重要考察团30万人次，承办世界和国家级重要会议（活动）等10余批，完成人民日报、新华社、中央电视台等主流媒体采访200余批。

卫生院迁建项目完成主体工程，警务中心主体结构建设完成，中心幼儿园迁改建项目完成AB楼加固工程和装修。客运站完成主体工程，并将投入使用。潘村水库除险加固工程全面完成，浒溪流域三条支流综合治理完成招投标。霞大线、港大线沿线环境整治初见成效。港山大桥启动建设，新马吉桥完成通车，完成7条农村联网公路提升。白水湾垃圾中转站建成使用。西鹤完成“消薄”目标。成功抵御“利奇马”超强台风和“9·5”超强降雨。护航建国70周年，“全科网格员”“平安家园卫队”作用发挥明显，全年共调处矛盾148件。深入开展“扫黑除恶”专项斗争，打掉涉恶犯罪团伙1个，破获涉恶刑事案件11起。创新实施信访“三上门”和联席会议机制，安全生产形势基本平稳。余村获全国乡村治理示范村，山河获省级民主法治村。白水湾、五鹤、山河成功创建省善治示范村。持续深化“最多跑一次”改革，窗口全年累计受理业务1万余件，办结率100%。西鹤成功创建省级卫生村，山河创成省级文化村。人武、民政、残联、老龄等工作有序推进。全年共发放各类救助、补助资金212万元。招引大学生创业创新644人，完成创业担保贷款545万元。公安、综合执法、交警、环保、市监、供电、交通、广电、金融、通讯、财税、邮政等部门统筹联动，服务大局作用进一步显现。

白水湾村党群服务中心

开展“不忘初心、牢记使命”主题教育，自觉接受各级人大代表监督、政协民主监督和社会舆论监督。办理各类议案建议40件，提案9件，办结率、满意率100%。接受人大巡视检查8次，全力保障民生实事项目落地。全年完成“三重一大”决策256项，有效推进了科学民主和依法决策。重大规范性文件实行报备登记，确保出台文件合法合规。严格执行合同签订前置审批机制，全年共审查合同361份。召开专题民主生活会2次，县委巡察反馈及整改会议十余次。严格落实党风廉政主体责任，三副班子会议专题研究“三资”管理。创新实施政府例会党风廉政建设月汇报制度。在重要节点、重大会议期间，开展“党纪教育一刻钟”。严格执行“一岗双责”制度，对每名干部每个岗位进行风险点排查。将智能技术与督查内容相结合，严明上班请销假制度。规范公务用车，严把“三公经费”支出关。

【县社区教育学院天荒坪分院开展应急救护知识培训】 4月2日下午，安吉县社区教育学院天荒坪分院（天荒坪中心成校）联合天荒坪镇红十字会邀请浙江省红十字会二级师资肖建琴在山河村文化礼堂为天荒坪镇各村妇女骨干和部分志愿者开展“急救知识”讲座。培训以理论讲解及操作示教的方式展开，将理论知识与实际操作有机地结合起来，并以互动的方式邀请村民现场进行练习操作，使村民们更好地了解并掌握基本的应急救护知识和技能。

【“两山”农业服务队成立仪式在天荒坪镇西鹤村举行】 4月28日，深化“三服务”助力乡村振兴——“两山”农业服务队成立仪式在天荒坪镇西鹤村举行。西鹤村支部书记梅良红，县委组织部副科级组织员、组织科长马赟，县农业农村局党委委员、副局长陈林泉，企业代表长龙山党总支书记、副总经理刘克奇，镇党委书记高发义参加。

【乡村振兴交流会暨第二届海峡两岸美丽乡村论坛】 9月17日下午，由海峡两岸关系研究中心、全国台湾同胞投资企业联谊会、省台办、省农业农村厅、市人民政府共同主办的乡村振兴交流会暨第二届海峡两岸美丽乡村论坛在安吉县天荒坪镇大年初一开幕。开幕式进行了浙台农业合作示范基地授牌仪式；安吉县委党校、中国财政科学研究院金融研究中心、台湾新北市农业局、递铺街道鲁家村等单位相关负责人作主题演讲；县投资促进中心、开发区、笔架山农业高新区等单位作产业合作推介；天津康农食品集团现代化农业生产项目、天荒坪绿道航空牡丹种植观光园项目与安吉县签约。除开幕式外，本届论坛还为来自海峡两岸的知名专家、农业与休闲产业方面的台商、台湾基层乡亲代表等200余人安排了基层走亲活动、浙台农业合作示范基地授牌仪式、主题演讲、产业合作推介、美丽乡村灯光秀、美丽乡村考察等多项丰富多彩的活动。

(马　颖)

2019年天荒坪镇各村基本情况表

表23

村　名	村民小组数(个)	农户数(户)	农业人口数(人)	劳动力数(个)	耕地面积(亩)	林地面积(亩)	集体总收入(万元)	经营性收入(万元)	村资产总计(万元)	书　记	主　任
大溪村	11	618	2211	1403	218	32554	481	191	3238	陈　军	徐向明
横路村	21	901	3363	2360	750	23718	497	39	1592	郎文火	汤利仁
余村村	8	280	1052	749	586	5565	570	253	3747	潘文革	俞小平
山河村	12	540	1632	939	355	5993	457	310	5764	邵林峰	沈校生
马吉村	17	553	1989	1171	875	8760	225	51	2064	朱泽明	徐　滨
银坑村	6	245	878	592	348	8357	556	170	1537	邵水良	李为民
井村村	12	439	1517	975	1103	4271	150	68	1057	王任胜	王秀耀
白水湾村	15	702	2710	1903	1877	10727	1590	258	3286	游如珍	盛锂铌
西鹤村	17	427	1572	1009	850	6672	361	110	1449	梅良红	竺胜奇
五鹤村	15	521	1920	1298	757	11958	1427	101	1901	李照宏	潘永强
港口村	28	839	2853	2075	952	13823	463	153	3581	凌云海	俞英俊
合　计	162	6065	21697	14474	8671	132398	6777	1704	29216	—	—

山　川　乡

【概况】 山川乡位于安吉县南端，东界余杭市、南邻临安市，西北与天荒坪接壤。行政区域总面积46.72平方公里。2019年，山川乡全年完成财政收入3003万元，实现增长25%；完成规上服务业营业收入2.16亿元，实现增长54%；农民人均收入40600元。全年接待境内外游客97.5万人次，实现旅游总收入2.73亿元，分别同比增长33.9%、37.8%。安吉山川旅游度假区管理委员会揭牌，成功入选省第二批运动休闲小镇、第四批旅游风情小镇培育单位名单。

创新制定出台《山川乡村级微型工程（劳务）支出管理办法》，创建清廉乡村两个，让村级工程在“阳光下”实施。云上草原试营业、新中国成立70周年安保任务、抗击台风等期间，乡村两级连续奋战、毫无怨言。围绕全乡的中心工作和重点项目推进，开展了“党员争先锋、一线破难题”活动，树立“领导干部带头在一线、业务科室服务在一线、行政村比拼在一线”的鲜明导向，加快了各项工作任务的推进。

2019年省旅建设开局平稳，体制机制不断完善，获批安吉山川旅游度假区管理委员会。完成省旅《总体规划》《总规环评》编制，通过省市县专家审查论证，上报省政府待批复。成立川美公司和山川乡商会，加快推进了度假区市场化、专业化运营和乡镇三服务工作，促进了乡村两级集体经济不断壮大。成功入选省第二批运动休闲小镇、第四批旅游风情小镇培育单位名单，实现“文旅体＋”产业的深度融合。实施区镇抱团招商，新增在谈项目6个，签约项目3个，竹溪庄园、住心川上、浪漫山川乡村度假综合体等项目通过县预评估会议。云上草原、灵溪山两大景区相继投入试运营，其中云上草原自7月试营业以来，共接待游客超29.4万人次，营业收入达6275万元。龙骏·家园、璞拉那乡村度假酒店、浪漫山川国际营地二期等项目对外营业。宋院南禅、宛若故里、续目·听涧、莱开森酒店等一批项目建设有序推进。亩均改革任务全面完成，服务业重点项目完成投资2.92亿元。品牌经营显魅力。深化山川IP形象塑造，获批商标注册证书36项，完成“大山·小川”吉祥物形象节点建设11处，开发相关文创产品20余个，动态、静态表情包100余个，度假区在形态、业态上共融互促，初步形成系统的旅游IP市场圈层。巧抓媒体营销，总冠名“星光大道”湖州地区选手选拔活动，全面打响“浪漫山川·云尚生活”品牌。以项目试运营、新时代文明实践活动为契机，举办“云上草原·云开初现”“奋斗新时代·践行两山路”等为主题的第八届浪漫风情系列活动15次。

成功入选首批省级避暑气候胜地名单。强化“三四五”联动，全年共拆除违建0.9万平方米，完成拆后利用1.5万平方米。全面深化大气污染防治，重点抓好扬尘治理、秸秆禁烧等工作，获全市首批“蓝天杯”。投入250万元完成山川村、九亩村农村生活污水处理提升工程，新增污水处理终端4座，创成全市首批“污水零直排区”。巩固小城镇环境综合整治成果，实施大小环线沿路美化彩化、节点改造、盛家堂公园、集镇亮化等工程，不断提升集镇品味。深化全域精细化管理，出台美丽城镇长效管理实施方案，获2019年度全市美丽城镇长效管理示范乡镇。新增厨余垃圾设备2套，垃圾分类更精细更高效。高家堂临时停车场、山川村委停车场等工程顺利完成，全乡新增停车位2300余个，山川（北弄）集散中心停车场建设有序推进。霞大线改造提升工程正式启动开工建设，完成旅游小环线、水淋坑至九亩、山川至马家弄、北弄至马家弄等农村路网提升21.6公里，全域旅游美丽大通道基本构成。农民饮用水提标达标工程全面铺开，新时代美丽水站、高坞里饮用水山塘、32公里联村管网提升等工程有序推进。新增旅游标识标牌30余处、文化礼堂1座、乡村游憩地2处、星级旅游厕所4座。山川村党群服务中心、文化礼堂建成并投入使用，村集体资产不断壮大，服务功能更加齐全；马家弄村完成党建展示馆建设，充分发挥党建引领优势，助力灵溪山景区顺利试营业；高家堂村入选中国美丽乡村建设十大模式，全民入股成立指南物业管理有限公司，以物业服务创新乡村经营新途径；大里村成功创成乡村经营示范村，浪漫山川国际营地运营全年累计培训达10万人次；船村村完成水淋坑景观节点、水环境建设，顺利通过美丽乡村精品示范村复评，实现提档升级；九亩村积极打造“十景八响”，全国首个金钱松森林公园开园迎客，获美丽乡村精品示范村创建一等奖。各村集体经营性收入平均达150万元，山川乡实现美丽乡村精品示范村全覆盖乡镇。

古道、古桥修建等7项为民办实事项目全部完成。新增乡级标准化居家养老服务照料中心1家。创成省级科技型企业1家，新引进大学生就业147名，新鉴定高技能人才27人，组织高级育婴师培训、创业论坛等活动15场次，累计争取青年创业贷款发放1579万元。出台乡村教师、乡村医生年限补助政策，年度补助金额达20万元。全县首个小学教室空调安装全覆盖，教师、学生宿舍标准化建设实现全覆盖，成立“两山”生态滑雪特色学校，船村村幼儿教学点完成提档升级。继续开展政府购买医疗服务，邀请县级以上专家医生到山川下沉坐诊218人次，方便群众家门口就医。助力全国文明城市创建，开展各类活动130余场，志愿服务5400余人次。成功举办“两山杯”全国山地户外运动多项赛、浙江省首届文化礼堂村运会等赛事。构建“浪漫山川·云上平安”诉援工作体系，综合信息指挥室、“四个平台”有效运转，全科网格系统更加完善。圆满完成护航全国“两会”、新中国成立70周年庆典、世界互联网大会等重大活动的维稳安保任务。成功调处各类矛盾纠纷64起。应急管理(安全生产)形势持续向好，加大食品药品、消防、出租房、特种设备安全监管力度，及时发现和整治各类安全隐患，辖区内无重大事故发生。

办理人大代表建议和议案14件，办结率和满意率均为100%。完善重大事项法制审查、专家咨询、社会公示等制度，主动听取社会各界人士意见，深化政府信息公开，提高透明度。深化“最多跑一次”改革，推进“智慧山川”建设，更好地为群众、企业提供帮办代办等业务。制定山川乡民宿(农家乐)办证流程。完善“乡主要领导领衔+工作专班跟进”服务重大项目模式，着力破解一批群众关心、制约发展的难题。

【山川乡商会成立】 6月5日，安吉县山川乡商会成立大会暨山川乡商会第一次会员大会召开，山川乡商会成立。会议审议通过了《安吉县山川乡商会章程》《安吉县山川乡商会财务管理及会费收取办法》《安吉县山川乡商会第一次会员(或会员代表)大会选举办法》，并选举产生第一届理事会理事和会长、副会长及秘书长，三服务谱山川商会新篇章。同日，山川乡商会第二次会员大会召开，来自商会的33名会员齐聚一堂，共同探讨商会发展大计，助推山川发展振兴，共同建设美好山川。

【省级运动休闲小镇】 7月2日，由浙江省体育局公布的省级运动休闲小镇培育名单，山川乡榜上有名。山川运动休闲小镇以山川运动为主题，“山川”为品牌标识，重点开发高山滑雪、露营、漂流、登山及山地探险体育等项目。依托山川赤豆洋、井空里、灵溪山、仙龙峡卓绝的自然条件和有利的户外开发条件，精心布局高山运动、峡谷运动长廊、山地探险体育、高山度假康养等特色内容，重点打造“云上草原高山滑雪生态旅游度假区”“仙龙峡运动生态旅游度假区”“井空里山地探险运动休闲功能区”“灵溪山登山运动休闲功能区”四大特色功能区。坚持规划引领，以“共同愿景、高质量发展”为共识，遵循“生态立乡、旅游强乡、文明兴乡”的战略主线，实现运动休闲小镇规划的“多规合一”，将运动休闲小镇纳入山川乡村振兴战略，融入安吉浪漫山川旅游度假区建设方案，发挥户外运动对地区经济社会结构转型、动能转化、经济软化的积极作用，放大运动休闲作为美丽经济、开放经济、共享经济的功能，带动山川地区经济社会高质量发展。

【第八届浪漫山川风情旅游系列活动】 2月18日上午，2019中国美丽乡村嘉年华第八届浪漫

10月26日，“两山杯”全国山地户外运动多项赛开幕

7 月 8 日，2019 中国美丽乡村嘉年华——第八届浪漫山川风情旅游系列活动暨云上草原项目试运营启动仪式举行

山川风情旅游系列活动，“新时代文明实践 共建健康山川”元宵活动暨国家级卫生乡复评（美丽庭院创建）启动仪式在山川乡大里村文化礼堂召开。推动浪漫山川文化产业发展，营造非遗保护工作的良好社会氛围，活动展示了印花糕、草编鞋、山袜子、鳌鱼灯、竹马灯、迎亲花轿等非遗项目。7 月 8 日，2019 中国美丽乡村嘉年华—第八届浪漫山川风情旅游系列活动暨云上草原项目试运营启动仪式举行。云上草原高山四季度假区的一期建成，是立足于长三角优秀的旅游生态环境，以生态为底，探索打造景区独特文化品牌，完善旅游服务配套设施，构建生态保护优先、功能复合带动、特色形象塑造、全产业链支撑的人地关系，打造观光—休闲—度假全产业链发展的多位一体，一年四季皆有丰富特色体验的复合型旅游度假区的全新尝试。8 月 28 日，2019 中国美丽乡村嘉年华—第八届浪漫山川风情旅游系列活动—“奋进新时代践行‘两山’路”登山活动暨灵溪山试运营启动仪式拉开帷幕。100 余位户外运动爱好者参加了活动。

【“两山杯”全国山地户外运动多项赛】 10 月 26 日，2019 年安吉山川·“两山杯”全国山地户外运动多项赛开启。本次比赛参赛人员分为精英组、公开组、体验组三个组别。专业组赛程安排为 2 天 6 赛段，包括越野跑、竹筏泅渡、漂流、高空场地拓展、溯溪、无序定向、绳索技能户外体验等项目。

【霞大线（山川至大里段）改建工程项目开工】 12 月 26 日，山川乡霞大线（山川至大里段）改建工程项目开工仪式举行。县人大常委会党组成员、副主任黄先国，县交通运输局党委书记、局长赵双勤，县交投集团党委书记、董事长屠继忠，山川乡党委书记邱竞明、乡长华建伟等领导、嘉宾以及社会各界代表共 200 余人参加了开工仪式。

（沈静怡）

2019 年山川乡各村基本情况表

表 24

村　名	村民小组数（个）	户　数（户）	总人口（人）	劳动力（个）	总面积（平方公里）	村级集体经济总收入（万元）	人均纯收入（元）	书　记	主　任
山川村	11	405	1403	970	6.69	163	40065	钟炳鑫	潘士华
高家堂村	9	250	865	535	6.49	207	42918	殷志龙	潘小众
马家弄村	7	241	888	612	8.82	112	42426	沈广宏	李建明
大里村	6	357	1113	710	8.39	355	40648	应忠东	—
船村村	7	287	1035	686	10.55	160	38870	方　丹	赵正平
九亩村	3	112	398	275	5.78	89	37778	管祥德	林国华
合　计	43	1652	5702	3788	46.72	1086	—	—	—

说 明

1. 本索引采用主题分析方法,按主题词首字拼音字母顺序和音序排列,首字相同,则按第二字的音序排列,以此类推。
2. 阿拉伯数字、外文字母开头的词,单独排列。
3. 本年鉴的文献特载、大事记、附录的内容及插图不做索引。

A

B

C

G

H

J

K

L

M

N

P

Q

R

S

T

W

X

Y

Z

数字开头